# 『色葉字類抄』の研究

藤本 灯 著

勉誠出版

# 序

辞書は一国の文化の水準を測る尺度であり、また同時にその文化の生み出した精華でもある。よく知られているように、本邦の辞書はまず、『日本書紀』に名のみ見えて実態未詳の『新字』を除けば、いずれもまず初めは中国のそれの摂取と模倣に終始し、漢字、漢語を中心とするものであった。平安時代の後半期、十二世紀にはイロハ引きの辞書として橘忠兼の『色葉字類抄』が出現する。和語を大量に掲載すること、検索に語の第一音節の音を用いてそれをイロハ順に配列するところから、日本化した辞書として理解されて来た。本書は幕末の国学者により注目され、近代に入ってからの研究は極めて盛んであって、これまでの研究は単行本や論文等、三〇〇点ほどにも上っている。

このように研究史の厚い『色葉字類抄』の研究に敢然と取り組んだ若手研究者の一人が『色葉字類抄』の研究』の著者、藤本灯氏である。同氏は東京大学文学部を卒業され、平成十七年四月に東京大学大学院人文社会系研究科に入学された。翌年秋に提出された修士論文はこの『色葉字類抄』を扱ったものであった。同氏は引き続き大学院博士課程でもこの研究を継続され、学位請求論文『『色葉字類抄』の研究』に対し、平成二十六年一月に東京大学から博士（文学）の学位が授与された。本書はこの博士論文を根幹としている。

私は藤本氏の卒業論文以来、指導を担当して来たため、同氏の研究や人物についていささか知るところがあった。

藤本氏の研究の特色の第一は、『色葉字類抄』（以下『字類抄』とする）の全体について研究しようとする点である。『字類抄』には三巻本で約一万三〇〇〇項目があり、従来の研究はこの中から数十項目を取り上げて検討を加え、これを本書全体の性格と見なすことが少なくなかった。これに対し、藤本氏の方法は『字類抄』を構成する二十一の部（畳字部、重点部など）を一つ一つ、その全体について検討しようとする。単なる抽出調査では満足せず、本書の隅々まで考究しようとする姿勢は敬服に値する。

同氏の研究の第二の特徴は、『字類抄』に掲載された語が、その編纂された時期のどのような文献と重なるか、当時の文献から大量のデータを採取して引き比べ、詳細に検討した点にある。この研究手法は既に修士論文の段階から用いられていたが、これにより本書の収録語彙は、従来言われて来たような貴族官僚の日記（古記録）の用語を集めたものなどではなく、遥かに広い範囲から収集されていることが明らかとなった。現存する文献で、『字類抄』の収録語彙と最もよく一致するのは『今昔物語集』であるとする同氏の調査結果は瞠目に値する。

第三の特徴は電子媒体を通じて、研究成果やデータを公開しようとしていることである。「色葉字類抄データベース」は既に構築が開始されて部分的に公開されており、完成の暁には『字類抄』を研究する者にとって、必須のものとなるであろう。

さらに、三巻本の『字類抄』をはじめ、二巻本、十巻本（『伊呂波字類抄』）や『世俗字類抄』まで含めた『字類抄』の類（これを藤本氏は「いろは字類抄」と総称する）の原本調査を広範に実施し、大量のデータを採取している。その範囲は概ね現在調査可能な伝本の大部分に亘っており、注目すべきである。

『字類抄』は前述のように多くの先行研究がありながら、なお、検討すべき問題を数多く残している。特に成立や編纂の過程は、本書の個々の記述が原則として典拠を示さないために謎に包まれている。このような問題を今後も藤本氏はこの著書で示したような方法を使って解明して行くことであろう。

博士課程在学中、次はこの部について検討したいと思います、と同氏は述べ、数ヶ月の後には確かな成果を出すということを繰り返して私を驚かせた。また博士論文執筆中に諸伝本の調査に北海道から九州まで訪書を重ね、約一年の後、閲覧可能なものはほぼ全て見てきましたと報告された時の驚愕を今も昨日のことのように思い出す。このように私は元指導教員として藤本氏の着眼の確かさに敬服し、また粘り強さとエネルギーに圧倒されて来たと言っても過言ではない。

本書は藤本灯氏とその『字類抄』研究にとって、出発点を示したに過ぎない。しかし既にして同氏は若年ながら『字類抄』の代表的な研究者の一人として学界に認められていると考えてよいであろう。同氏の研究が遠からず大成し、『色葉字類抄』の研究史に確かな足跡となって後世にまで伝えられることを心から祈念し、以て序とする。

平成二十八年一月

月本雅幸

# 緒　言

本書は、院政期に橘忠兼（伝未詳）により編纂された、イロハ引きの国語辞書『色葉字類抄』（以下、単に字類抄とも）の研究書である。

本書は七章から成る。本文との重複を厭わず各章の概要を記せば次の通りである。

**第一章「目的と方法」**では、本研究の目的や方法、先行研究に言及した。本研究を通して、平安・鎌倉時代の他文献を比較の対象とすることで、客観的に本辞書を位置付けることを目指した。

**第二・三章「『色葉字類抄』収録語彙の性格㈠・㈡」**では、本辞書に収録された語彙の性格を明らかにするため、字類抄中最も大部でかつ前時代の辞書の部門にはなかった畳字部語彙の実態調査を行った。

まず、イ篇畳字部語彙の、院政期を中心とする本邦の著作物（記録を含める）での用例を調査したところ、畳字部語彙の少なくとも約七割は、当時において書記需要のあった語であることが判明した。古記録、漢詩文、説話集等に各々特有の語彙が含まれるが、横断的に用いられた汎用性の高い語群も見出された。

二点目に、畳字部訓読語を概観したところ、別の音訓によって複数の箇所に掲出された語は、そうでない語に比べて用例が出やすい傾向にあった。重複掲出語が、より頻繁に、広範囲に使用された語であり、またそのような理由から複数の音や意味（訓）での検索が可能になるように配置されたものであると推測される。更に、字類抄諸本のうち、特に三巻本字類抄で新たに「〜哉」等の形式を持つ句の一類が追加されたことは、往来物や願文、また和漢混淆文のような素地を持つ文における書記需要が高まっていたためであろう。従来の研究では「文選読み」や『類聚名義抄』との重複を以て非日常的な要素であるとも概括されていたが、名義抄との重複が、字類抄の複数の表記の中でより当時一般的に用いられた表記であることを考えると、名義抄との比較によって一概に訓読語の性格を非日常的な語と位置付けることは適当ではなかったと言える。従来、畳字部訓読語については、主に上記のような異質な部分（漢文訓読的要素）が注目されていたため、それ以外の普通の語の存在が忘れられがちであったが、日常的に用いられ、それゆえに畳字部に収載されたと思われる語も相当数存在していることが明らかとなった。畳字部訓読語彙は雑多な語の集合でありつつも、辞書の利用という面から見れば、当時の書記上の需要を備えた語を十分に含む語群であったということになるであろう。

三点目に、畳字部長畳字の用例調査を行ったところ、『今昔物語集』のみに現れる語彙、また、説話や仏教関係書に出現するが、古記録等には頻繁に用いられない語群があった。一方で、漢籍である『白氏文集』に出現する「反魂香」のような語であっても説話集の『続古事談』に見られるようなこともあり、編纂者が、正格の漢文であることが求められるような高度な文章を離れて使用される可能性のある語と認識していたものも、少なからず含まれた語群であったと考えられる。一般に「記録語」と定義され得るような語でも、字類抄成立の頃には、記録・往来物・文書類を書記する以外の一般の場所でも用いられつつあったと考えることの出来る語もある。すなわち、従来の認識のように「記録語＝字類抄の語彙」とするには、あまりに多くの、古記録語彙とは位相の異なる、あるいは汎用性の高い（和漢混淆文や仏教関係書に頻繁に用いられる）語群が『色葉字類抄』には収められていたことが判明したのである。

**第四章「『色葉字類抄』と他文献との関連」**では、字類抄とその前後に成立した文献との関係について述べた。

まず、従来もその関係が度々指摘されてきた『和名類聚抄』（和名抄）については、新たに以下のような摂取状況が明らかとなった。

・和名抄巻一三　図絵具・巻一四　染色具　→字類抄　光彩部へ
・和名抄巻一五　膠漆具　→字類抄　雑物部へ

また、字類抄中で、『延喜式』を意味するところの「式」出典名を有する項目は『延喜式』本体にも見えるが、和名抄を介さず、直接あるいは別書を通して字類抄に採録されたものであることが判明した。一方で、「本朝式」出典名を有する項目は、和名抄からの孫引きであること、更に、字類抄の国郡部は、『延喜式』巻二二民部上ではなく、二〇巻本和名抄巻五国郡部を参照して編纂されたことを確認した。

次に、特徴的な語を有する部（重点部・名字部）と字類抄前後の辞書とを比較、検討した。

まず、重点部（「一々」等の畳語）について他辞書の重点部との比較と用例調査を行った結果、後世の『節用集』類とは異なる、字類抄に特有の性質の部であることが判明した。すなわち本書では、『節用集』にもあるような、日常的に用いられる平易な語の収録が見られる一方で、やはり漢詩文特有の語等、記録語以外の性質のものも少なからず保存される状況が確認されたのである。このことは、重点部語彙という特殊な語群が、正格漢文という枠組みを越え、変体漢文や和漢混淆文において使用されることも前提としていたことを示唆しているのであろうと考えられる。

次に、名字部（「則 ノリ」等）について排列の面を中心に調査を行ったが、字類抄中の他部（辞字部等の名字部と構造が似通った部）や他書（『掌中歴』）の排列とは無関係であり、また特定の家（藤原家等）に使用される字に偏ったような収録状況も窺うことは出来なかった。ただし排列の傾向として、上位字は一般的に漢字と訓の結び付きが強く、辞字部等他部に当該訓（あるいは用言の終止形）が収録されたり現行の古代人名辞典の類でも大部分を占めるような読み方、下位字は結び付きが特殊でそれらの辞典でも確認されないものが多かった。

第四章における調査・検討の結果を先行研究と併せて述べれば次のようになる。①字類抄は、二〇巻本和名抄の影響を受けており、その内容の殆どを引用踏襲している（『延喜式』など、和名抄を介さずに採られる例もある）。②字類抄と名義抄との影響関係は、一方的に字類抄→改編本名義抄の関係であったと考えられる。③『文鳳抄』以下後世の辞書類については、三巻本字類抄から直接影響を受けたものではないと考えられるものもあるが、字類抄からの流れを汲む辞書類であると言える。これらの書物が広く流布していたことは、字類抄が間接的にも後世の国語辞書類に与えた影響の大きさを物語るものである。④字類抄がイロハ引きを採用した初の辞書であるかという点については、『掌中歴』や『多羅葉記』等との前後関係が明らかにならなければ確実なことは言えないが、本書が、国語辞書がイロハ引きを採用した最初期の例であることは間違いない。また『掌中歴』と字類抄の先後関係については、従来言われるように『掌中歴』→字類抄という一方的な関係ではないことが判った。

第五章「国語資料としての『色葉字類抄』」では、まず、呉音が付されることが期待される畳字部仏法部語彙（仏教関係の語群）の音注を分析し、また補足的な用例調査によって、音韻資料としての『色葉字類抄』の価値を再検討した。音注調査の結果、字類抄仏法部内には、漢音系の声調／漢音形の仮名音注を持つ語があるが、特に仮名音注に関しては、当時の仏典以外の典籍で読まれる中で、そのような形に定着した蓋然性が高いものを採録したものであったものと結論付けた。この結果は、従来の指摘とは異なる面を示すものである。すなわち加点者が、従来の指摘通り漢音系の語を殆ど中国の韻書に依拠して付したものとは別に、仏教語については当代に日本で使用された語形を示そうとした仮名音注例が散見されたのである（声点については誤点と考えられるものも少なくなかった）。

また仏法部語彙の用例調査では、古記録等の実用的な文章を記す目的のための語というよりは、仏教説話等に用いられ、庶民にも通じる程度の難度の語が多く収録されていた事実が浮き彫りとなった。『今昔物語集』が仏法部語彙の六四％をカバーしていることからも、その多くは和漢混淆文のような素地の文章にも用いられることを期待されたものであったであろうことが前章に引き続き確認された。

第六章「字類抄諸伝本」では、『いろは字類抄』（『節用文字』、『色葉字類抄』、『世俗字類抄』、『伊呂波字類抄』の総称）の諸伝本について、『国書総目録』に示された写本の所蔵機関を中心に、広範囲に亘って調査を行った。本書では、基礎的な書誌調査の結果、『国書総目録』に掲載された情報の訂正（現在の所蔵状況）、また大まかな系統関係を報告し、一部図版の掲載を行った。調査の結果、これらの写本の多くが非常に良好な状態で残存していることが確認され、このことは今後の伝本研究の基礎作業となり得たものと考える。

終章では各章のまとめを行い、今後の課題と展望を示した。

以上のように、本書の内容は、様々な視点――収録語彙の平安時代における性格、他文献との影響関係、国語資料としての価値、伝本の系統等――から『色葉字類抄』の総合的な性格を捉え直すことを試みたものであり、延いては従来、単独の研究者が『色葉字類抄』全体（全部門）を見据えた調査を複数の手法により行うことの稀であった点を克服せんと挑んだ成果である。本書は著者の博士論文『色葉字類抄』の研究』（東京大学、二〇一三年提出）をベースとしており、既発表の論文が主であるが、多く加筆修正を含み、特に第二章全体（これは著者の修士論文に相当する部分である）と第六章の一部（個別の書誌調査結果および図版類）はここに初めて収録するものである。また周知の通り、『色葉字類抄』研究には既に多くの蓄積があることから、本書末尾に先行研究を一覧出来るようにした（著者の不勉強によりここに少なからず遺漏のあることを予想し、予めお詫び申し上げておく）。

古辞書研究の主流には、系統研究や出典研究が今なお鎮座しているが、一方で無視出来ない辞書の「内容」そのものに、著者は大きな関心を抱き続けてきた。著者の『色葉字類抄』研究は途についたばかりであるが、一旦本研究の在り方を世に問う機会を得て、ここに本書を刊行する次第である。

二〇一五年六月

藤本　灯　識

目次

## 第五章　国語資料としての『色葉字類抄』

## 終章　結論

# 凡　例

・文献の引用に当たり、旧字を通行字に改めた場合がある。
・本書で単に「字類抄」『色葉字類抄』と称する場合、三巻本『色葉字類抄』（特に前田本）を示すことがある。同じく「名義抄」は観智院本『類聚名義抄』を示すことがある。
・『色葉字類抄』本文の引用に当たり、原則として、（　）は著者注、／は改行、〈　〉はルビ・注文等を表す。
・『色葉字類抄』本文の所在（篇部丁数）の表示方法は、必要に応じて変更することがある。

例（ニ前田上40オ）…前田本上巻四〇丁表（ニ篇）

（辞字・中黒36オ8）…黒川本中巻三六丁表八行目（辞字部）

・先行研究の副題を、原則として、原表記に関わらず、「――」で括り示した場合がある。
・参考文献や注は、原則として節毎（第四章第二節は項毎）にその末尾に掲げた。また各節で脚注に既出の文献は特に参考文献欄に記載せずに本文内で既出論文として扱った場合がある。

# 第一章　目的と方法

『色葉字類抄《いろはじるいしょう》』は、天養（一一四四―一一四五）から治承（一一七七―一一八一）の頃に成立した、本邦初のイロハ引き国語辞書である。その成立・組織等についてのまとめは既に『古辞書の研究』（川瀬一馬、一九五五年）や『色葉字類抄研究並びに総合索引　黒川本・影印篇』付録の解説（峰岸明、一九七七年）に見えており、詳しくはそれらを参照されたいが、ここにも概略を述べておく。

［編者］跋文に見える編者の「内膳典膳橘忠兼」については橘家の家系図にも見えず、伝未詳とされる。なお「内膳典膳」は内膳司の次官で官位は従七位下に相当し、天皇の食事の調理・配膳に関わる職掌である。

［諸本の名称］『色葉字類抄』の名称は二巻本・三巻本に対して使用され、後に増補された一〇巻本は外題・内題等により『伊呂波字類抄』とするのが通例であるが、この中で特に三巻本を指して『色葉字類抄』と称することが多い。また三巻本の伝本の優れたものに鎌倉時代書写の前田本（尊経閣文庫本）があるが、中巻及び下巻の一部を欠くため、これを江戸時代に写した黒川本（完本）を補助的に用いることとなっている。他に

異本として、『節用文字』『世俗字類抄』がある。

［内容］三巻本『色葉字類抄』では、漢字語を見出しに掲げ（声調を付すものもある）、「読み」に当たる字音・和訓を小書きの片仮名で示し、一部の語には語義、用法、出典等の情報を主として漢字漢文で簡略に注記してある。

［意義分類と語数］イロハ四七篇の下位に、意義（あるいは語形による）分類二一部を排する。イロハを「篇」、意義分類の部門を「部」と称するのは、序文の次の箇所に拠る（傍線・読点著者）。

今揚色葉之一字、為詞條之初言、凡四十七篇、分為両巻、篇中勒部、令見者不労睥也

また、著者の集計による三巻本字類抄各部の語数を示せば、次表の通りである。

【凡例】

・黒川本の箇所には網掛けを施した。ただし、黒川本が独自に増補したと考えられる語については除いてある。

・人事部・辞字部・名字部に特に多く見られるように、一つの見出し語形に対して複数の字を排する場合、語形数ではなく、配当漢字語数（延べ語数）を示した。

・畳字部を中心として、部等の末尾に後筆と見られる語のある場合があるが、疑義のある語については、それぞれ次のように処理した。

〈語数に計上したもの〉ヲ篇畳字部訓読語「自然」、カ篇畳字部音読語「合別〜甲乙」、ソ篇畳字部音読語「損色」、オ篇員数部「夥」、セ篇畳字部音読語「絶入」

〈語数に計上しなかったもの〉ハ篇畳字部音読語「飽満」、カ篇雑物部「帹」、ケ篇畳字部音読語「検非違使」（官職部に計上）、コ篇畳字部音読語「拘惜」、シ篇畳字部音読語「参差」「昇座」

・畳字部長畳字（第三章第二節参照）については、配置に疑義の残る場合も、音読語中のものは音読語に、訓読語中のものは訓読語に計上した。

表1　三巻本『色葉字類抄』収録語数(延べ用字語数)

| 計 | 名字 | 姓氏 | 官職 | 国郡 | 諸寺 | 諸社 | 畳字(訓) | 畳字(音) | 重点 | 辞字 | 員数 | 方角 | 光彩 | 雑物 | 飲食 | 人事 | 人体 | 人倫 | 動物 | 植物 | 地儀 | 天象 | 部／篇 |
|---|---|---|---|---|---|---|---|---|---|---|---|---|---|---|---|---|---|---|---|---|---|---|---|
| 1299 | 6 | 39 | 6 | 11 | 5 | 6 | 58 | 127 | 7 | 426 | 5 | 4 | 9 | 40 | 17 | 292 | 13 | 23 | 70 | 54 | 52 | 29 | イ |
| 59 | 0 | 0 | 2 | 0 | 2 | 0 | 0 | 28 | 2 | 3 | 0 | 0 | 2 | 10 | 0 | 5 | 2 | 0 | 2 | 0 | 1 | 0 | ロ |
| 1292 | 5 | 22 | 12 | 4 | 3 | 2 | 19 | 188 | 7 | 390 | 13 | 18 | 3 | 122 | 2 | 218 | 54 | 15 | 74 | 74 | 36 | 11 | ハ |
| 325 | 0 | 7 | 2 | 0 | 2 | 1 | 11 | 28 | 1 | 151 | 2 | 2 | 2 | 8 | 15 | 29 | 7 | 2 | 28 | 17 | 7 | 3 | ニ |
| 647 | 0 | 3 | 5 | 0 | 4 | 1 | 21 | 124 | 0 | 196 | 0 | 52 | 3 | 67 | 18 | 72 | 12 | 7 | 23 | 19 | 16 | 4 | ホ |
| 208 | 0 | 1 | 3 | 0 | 0 | 0 | 0 | 89 | 5 | 39 | 1 | 0 | 0 | 21 | 1 | 20 | 11 | 1 | 4 | 4 | 8 | 0 | ヘ |
| 1085 | 64 | 16 | 9 | 6 | 0 | 0 | 12 | 116 | 8 | 619 | 7 | 3 | 1 | 57 | 5 | 39 | 4 | 19 | 26 | 20 | 41 | 13 | ト |
| 427 | 20 | 4 | 16 | 5 | 0 | 1 | 5 | 164 | 3 | 66 | 10 | 0 | 0 | 19 | 4 | 22 | 25 | 12 | 9 | 12 | 30 | 0 | チ |
| 153 | 0 | 0 | 3 | 0 | 0 | 0 | 0 | 111 | 3 | 3 | 2 | 0 | 0 | 8 | 0 | 11 | 2 | 2 | 2 | 4 | 2 | 0 | リ |
| 133 | 0 | 5 | 1 | 0 | 0 | 0 | 3 | 1 | 0 | 64 | 0 | 0 | 0 | 13 | 1 | 14 | 3 | 8 | 5 | 12 | 3 | 0 | ヌ |
| 21 | 0 | 0 | 0 | 0 | 0 | 0 | 0 | 15 | 0 | 0 | 0 | 0 | 0 | 5 | 0 | 0 | 0 | 1 | 0 | 0 | 0 | 0 | ル |
| 599 | 10 | 9 | 1 | 3 | 0 | 0 | 7 | 4 | 0 | 275 | 0 | 0 | 0 | 31 | 1 | 166 | 4 | 27 | 20 | 24 | 14 | 3 | ヲ |
| 444 | 0 | 9 | 0 | 1 | 0 | 0 | 11 | 45 | 1 | 157 | 0 | 0 | 1 | 33 | 3 | 136 | 10 | 9 | 7 | 16 | 5 | 0 | ワ |
| 2268 | 36 | 36 | 32 | 11 | 5 | 8 | 38 | 282 | 7 | 883 | 23 | 19 | 35 | 204 | 32 | 209 | 57 | 38 | 106 | 118 | 66 | 23 | カ |
| 527 | 54 | 8 | 0 | 1 | 1 | 2 | 14 | 39 | 4 | 257 | 5 | 0 | 0 | 16 | 3 | 74 | 4 | 8 | 8 | 12 | 2 | 15 | ヨ |
| 1491 | 65 | 39 | 13 | 5 | 5 | 4 | 49 | 125 | 4 | 671 | 12 | 9 | 2 | 120 | 7 | 207 | 13 | 19 | 40 | 27 | 49 | 6 | タ |
| 98 | 0 | 0 | 3 | 0 | 2 | 0 | 0 | 65 | 3 | 6 | 0 | 0 | 0 | 2 | 2 | 6 | 0 | 3 | 2 | 0 | 4 | 0 | レ |
| 415 | 0 | 4 | 8 | 0 | 0 | 0 | 15 | 70 | 4 | 172 | 2 | 11 | 0 | 18 | 8 | 47 | 3 | 9 | 12 | 9 | 12 | 11 | ソ |
| 1260 | 25 | 12 | 4 | 3 | 0 | 1 | 28 | 22 | 0 | 685 | 6 | 2 | 5 | 74 | 11 | 189 | 33 | 9 | 51 | 30 | 46 | 24 | ツ |
| 168 | 2 | 1 | 1 | 0 | 0 | 0 | 10 | 18 | 2 | 27 | 0 | 1 | 0 | 5 | 0 | 81 | 0 | 0 | 3 | 13 | 4 | 0 | ネ |
| 751 | 47 | 14 | 10 | 5 | 3 | 1 | 49 | 22 | 2 | 309 | 3 | 10 | 0 | 30 | 8 | 133 | 17 | 3 | 19 | 38 | 20 | 8 | ナ |
| 116 | 0 | 0 | 0 | 0 | 0 | 0 | 0 | 74 | 1 | 6 | 1 | 0 | 0 | 8 | 0 | 8 | 0 | 4 | 4 | 2 | 7 | 1 | ラ |
| 399 | 11 | 5 | 1 | 2 | 0 | 2 | 10 | 23 | 0 | 131 | 6 | 1 | 2 | 23 | 12 | 42 | 17 | 12 | 35 | 31 | 14 | 19 | ム |
| 1010 | 3 | 11 | 6 | 1 | 1 | 2 | 30 | 36 | 3 | 446 | 0 | 17 | 1 | 54 | 3 | 248 | 18 | 20 | 50 | 33 | 24 | 3 | ウ |
| 114 | 0 | 5 | 7 | 0 | 0 | 0 | 1 | 33 | 1 | 14 | 1 | 1 | 0 | 3 | 1 | 13 | 2 | 1 | 17 | 4 | 10 | 0 | ヰ |
| 429 | 74 | 1 | 1 | 1 | 0 | 0 | 10 | 8 | 1 | 212 | 2 | 8 | 0 | 20 | 1 | 43 | 8 | 0 | 10 | 16 | 11 | 2 | ノ |
| 965 | 4 | 35 | 7 | 8 | 0 | 4 | 26 | 38 | 0 | 406 | 28 | 2 | 0 | 57 | 8 | 171 | 13 | 36 | 55 | 49 | 8 | 10 | オ |
| 1154 | 3 | 15 | 14 | 0 | 2 | 0 | 10 | 257 | 15 | 294 | 7 | 5 | 40 | 125 | 17 | 96 | 29 | 11 | 61 | 85 | 50 | 18 | ク |
| 617 | 17 | 17 | 1 | 5 | 1 | 1 | 4 | 35 | 5 | 249 | 3 | 1 | 1 | 43 | 3 | 90 | 38 | 20 | 11 | 43 | 24 | 5 | ヤ |
| 817 | 27 | 6 | 0 | 1 | 0 | 2 | 17 | 12 | 1 | 414 | 4 | 5 | 2 | 50 | 4 | 138 | 27 | 26 | 16 | 27 | 38 | 0 | マ |
| 361 | 0 | 0 | 7 | 0 | 0 | 0 | 0 | 219 | 0 | 64 | 0 | 0 | 0 | 20 | 1 | 18 | 3 | 2 | 8 | 3 | 11 | 5 | ケ |
| 727 | 16 | 12 | 7 | 6 | 0 | 0 | 9 | 187 | 2 | 208 | 10 | 2 | 1 | 75 | 7 | 81 | 14 | 8 | 18 | 27 | 21 | 16 | フ |
| 985 | 12 | 8 | 7 | 3 | 4 | 0 | 28 | 161 | 6 | 312 | 5 | 0 | 7 | 72 | 20 | 137 | 43 | 18 | 37 | 61 | 23 | 21 | コ |
| 213 | 8 | 3 | 0 | 2 | 1 | 0 | 1 | 74 | 4 | 40 | 0 | 0 | 3 | 17 | 1 | 11 | 7 | 10 | 6 | 17 | 7 | 1 | エ |
| 277 | 2 | 1 | 4 | 0 | 0 | 0 | 8 | 115 | 5 | 7 | 3 | 0 | 23 | 30 | 1 | 28 | 5 | 3 | 11 | 0 | 18 | 13 | テ |
| 1777 | 38 | 37 | 6 | 9 | 1 | 2 | 43 | 38 | 3 | 817 | 18 | 11 | 45 | 98 | 49 | 191 | 47 | 33 | 73 | 98 | 62 | 58 | ア |
| 1050 | 16 | 20 | 20 | 5 | 0 | 1 | 25 | 185 | 9 | 317 | 5 | 3 | 0 | 98 | 38 | 137 | 12 | 8 | 50 | 34 | 52 | 15 | サ |
| 728 | 24 | 12 | 6 | 2 | 2 | 4 | 5 | 259 | 6 | 185 | 2 | 10 | 7 | 46 | 5 | 29 | 23 | 21 | 21 | 30 | 22 | 7 | キ |
| 328 | 18 | 2 | 1 | 1 | 0 | 0 | 7 | 10 | 2 | 135 | 0 | 0 | 0 | 38 | 3 | 63 | 12 | 0 | 2 | 10 | 9 | 15 | ユ |
| 212 | 0 | 0 | 2 | 0 | 0 | 0 | 6 | 29 | 2 | 88 | 0 | 2 | 0 | 6 | 2 | 29 | 10 | 11 | 8 | 11 | 6 | 0 | メ |
| 611 | 41 | 31 | 8 | 8 | 2 | 0 | 16 | 31 | 0 | 175 | 3 | 7 | 3 | 41 | 5 | 75 | 19 | 19 | 29 | 21 | 72 | 5 | ミ |
| 1524 | 10 | 17 | 26 | 5 | 2 | 1 | 21 | 502 | 10 | 432 | 8 | 6 | 18 | 106 | 23 | 123 | 40 | 21 | 46 | 44 | 54 | 9 | シ |
| 92 | 0 | 1 | 2 | 3 | 0 | 0 | 0 | 28 | 1 | 11 | 0 | 0 | 0 | 5 | 3 | 15 | 2 | 5 | 2 | 8 | 6 | 0 | ヱ |
| 938 | 25 | 16 | 6 | 10 | 3 | 4 | 16 | 127 | 2 | 322 | 8 | 8 | 16 | 77 | 23 | 42 | 39 | 27 | 41 | 58 | 26 | 42 | ヒ |
| 487 | 35 | 6 | 4 | 0 | 0 | 0 | 3 | 18 | 2 | 250 | 13 | 6 | 3 | 36 | 17 | 33 | 10 | 7 | 18 | 20 | 4 | 2 | モ |
| 429 | 0 | 0 | 15 | 2 | 0 | 0 | 2 | 206 | 11 | 77 | 2 | 0 | 1 | 19 | 5 | 27 | 7 | 4 | 18 | 5 | 27 | 1 | セ |
| 781 | 28 | 5 | 18 | 3 | 0 | 1 | 13 | 65 | 2 | 351 | 58 | 10 | 4 | 63 | 19 | 38 | 17 | 4 | 13 | 27 | 33 | 9 | ス |
| 30811 | 746 | 495 | 307 | 132 | 51 | 51 | 661 | 4453 | 157 | 11362 | 278 | 236 | 240 | 2133 | 409 | 3896 | 736 | 546 | 1171 | 1267 | 1057 | 427 | 計 |

以上の点を踏まえ、本章では、まず本研究の目的を述べ、次に従来の『色葉字類抄』研究のあり方と問題点、本研究の方法を述べる。

## 第一節　本研究の目的

本節では、本研究の目的とその価値について述べる。

【目的】『色葉字類抄』は本邦最初期のイロハ引き国語辞書であり、主に漢字の読みを求める目的で、国語学の他、中古・中世文学研究にも頻繁に用いられ、国語学史上も高く評価されて来た書物である。それにも関わらず、これまで、収録語彙の性格等について、総合的に考証されることは稀であった。例えば、先行する『和名類聚抄』には『箋注倭名類聚抄の研究』(不破浩子、未完)があり、辞書に掲載された語や訓について他書を引きながら解説した画期的な注釈書として注目されるが、『色葉字類抄』にはそのような網羅的な解説書が存在せず、現代の利用者が漢字の読みを求める拠り所とするにも、なお不安や不確実性が残る状況となっている。無論、このことの背景には、『和名類聚抄』のように典拠を示すことをしない『色葉字類抄』語彙の取り扱いの難しさがあるが、それを鑑みても、未だに研究の余地は大きく残されているのが現状である。本書では、『色葉字類抄』を様々な観点により分析することにより、今後の語彙研究者、辞書研究者、国語学者がどのように本書を利用すべきかという点について新たな知見を提供することを目的とする。

【価値】従来の『色葉字類抄』研究は、限られた部門や語を対象としたり、また限られた手法による調査が多かった。そこで本書では、複数の部について、各部の全てあるいは大部分の語を対象とし、それぞれの目的に応じて手法を変えつつ調査・検討を行い、また可能な限り調査の具体的な過程を示すようにした。このことにより、より実証的に『色葉字類抄』の在り方に迫ることを可能にした。更に、語の用法のみならず、音注や出典注記、伝本等も研究対象として加えることにより、多角的な視点で『色葉字類抄』を分析することを試みた点が、従来の研究にない本研究の価値である。

## 第二節　先行研究のまとめ

本節では、『色葉字類抄』（以下、字類抄とも）諸本についての先行研究とその流れ、問題点を記す。参考とする個々の研究については、次章からの検討の中で、より詳しく紹介するため、本節では概説に止める。また具体的な論文名等は本書末の「色葉字類抄研究文献（一覧）」を参照されたい。

『色葉字類抄』は、院政期に成立した画期的な国語辞書として、従来様々な視点から考察が加えられてきた。今その研究を便宜的に七通りに分類する。

A　『色葉字類抄』諸本間の異同や増補、その系譜（前後関係）についての研究
B　『色葉字類抄』の書式や注記についての研究
C　『色葉字類抄』中の音注についての研究
D　『色葉字類抄』に採録された語彙の典拠や用例、用字の研究

E 『色葉字類抄』と本邦文献との影響関係、辞書史における字類抄の位置付けについての研究
F 『色葉字類抄』の伝本研究
G 『色葉字類抄』の索引作成

これらの研究は『色葉字類抄』の存在意義と編者の意図解明へと向かっているか、あるいは言語資料としての価値を明らかにし、他文献の解読に貢献するために為されてきた。その内容について見てみると、実際にはそれぞれの研究領域は不可分であり互いを無視しては成り立ち得ないことが分かるが、これらを総合的な見地で把握するには未だ多くの課題と作業が残されており、各分野を地道に検討していく必要がある。

次に、A〜G各分野の研究の流れについて、特に三巻本『色葉字類抄』を中心としながら、代表的な研究や研究者を挙げる（同様の内容の連作については初期のものを代表とした）。

A 『色葉字類抄』諸本間の異同や増補、その系譜（前後関係）についての研究

三巻本『色葉字類抄』の前田本と黒川本の比較をされた山田孝雄氏の『色葉字類抄攷略』、石野つる子氏の『節用文字』の位置付け、青木孝氏や木村晟氏の三巻本と一〇巻本との比較、原形本とされる一本についての川瀬一馬氏、古屋彰氏の考察、三宅ちぐさ氏の『世俗字類抄』、高橋（大熊）久子氏の花山院本『伊呂波字類抄』を中心とした研究は、本分類の研究のうち中心的なものである。

また石野氏の研究に加え、以下の論考は字類抄の系譜を見る上で欠かせないものである。

河村正夫「伊呂波字類抄の成立に就いて」（国学4、一九三六年）

峰岸明「字類抄の系譜（上）――人事・辞字両部所収語の検討を通して――」（国語国文53‐9、一九八四年）
河野敏宏「十巻本『伊呂波字類抄』の位置付け」（訓点語と訓点資料76、一九八七年）
大熊久子『十巻本伊呂波字類抄の研究』（一九八八年）
小川知子［博士論文］『字類抄諸本の系統的関係』（北海道大学大学院文学研究科、二〇〇三年）

三巻本字類抄の成立と異本との関係については既にいくつかの仮説が設けられ、実証が俟たれるが、近年では、三宅ちぐさ氏が異本の一つである『世俗字類抄』を中心として調査を進められるのみである。

B　『色葉字類抄』の書式や注記についての研究

書式・注記については、山田俊雄氏（「―詞」注記）、峰岸明氏（「俗」注記）、舩城俊太郎氏（朱の合点）、村田正英氏（訓の並記）、原卓志氏（「―名」注記）、村井宏栄氏（「同」注記・「作」注記）らの研究があり、現在に至り、その大部分が解明されつつある。また峰岸明氏の「三巻本色葉字類抄解説」（『色葉字類抄研究並びに総合索引　黒川本・影印篇』、風間書房、一九七七年）にその一部のまとめが見られる。

C　『色葉字類抄』中の音注についての研究

字類抄の声点その他の音注については、櫻井茂治氏、山田俊雄氏を始めとして、以下のような論考がある。現在、特に声点については、全体として漢音のものが多いが、呉音のものも混ざり、また漢音は模範的なものを引き写したものが多く、生きた音韻資料としては優れたものではない、という認識になっている。

櫻井茂治「三巻本「色葉字類抄」所載のアクセント――形容詞・サ変動詞について――」（国学院雑誌60-4、一九五九年）

山田俊雄「三巻本色葉字類抄の中の漢字音の清濁一、二について」（成城文芸25、一九六一年）

鈴木真喜男「三巻本色葉字類抄の漢字音標記（一）――直音音注について――」（文芸と思想（福岡女子大学文学部）24、一九六三年）

奥村三雄「漢語アクセント小考――三巻本色葉字類抄を中心として――」（訓点語と訓点資料32、一九六六年）

鈴木真喜男「二巻本色葉字類抄における字音注の所在、および、直音音注」（文芸と思想（福岡女子大学文学部）28、一九六六年）

こまつひでお「声点の分布とその機能（1）――前田家蔵三巻本『色葉字類抄』における差声訓の分布の分析――」（国語国文35-7、一九六六年）

こまつひでお「三巻本『色葉字類抄』における「ヲ」「オ」の分布とその分析」（国語学69、一九六七年）

黒沢弘光「前田家本色葉字類抄畳字門の字音声点――清濁表示よりの考察――」（国文学　言語と文芸54、一九六七年）

二戸麻砂彦「前田家本色葉字類抄音注攷（Ⅰ）――同音字注の考察――」（国語研究（国学院大学国語研究会）42、一九七九年）

高松政雄「色葉字類抄の声点」（訓点語と訓点資料65、一九八〇年）

兪鳴蒙「三巻本色葉字類抄の反切注と出典（その1）」（摂大人文科学1、一九九四年）

梅崎光「色葉字類抄の声点小考」（語文研究79、一九九五年）

二戸麻砂彦「字類抄諸本の改編と反切音注」（国学院雑誌102-11、二〇〇一年）

佐々木勇「改編本『類聚名義抄』と三巻本『色葉字類抄』の漢音」（訓点語と訓点資料116、二〇〇六年）
二戸麻砂彦「二巻本色葉字類抄の同音字注」（山梨国際研究3、二〇〇八年）

## D　『色葉字類抄』に採録された語彙の典拠や用例・用字の研究

語彙についてはまず第一に佐藤喜代治氏の研究が挙げられる。また、漢籍との関係については、他に以下のものがある。

佐藤喜代治「色葉字類抄考証第二」（文化16-11（東北大学文学会）、一九五二年）
藏中進「色葉字類抄と遊仙窟」（神戸外大論叢16-11、一九六五年）
中村宗彦「『色葉字類抄』補訂試稿――文選出典訓を中心に――」（大谷女子大国文11、一九八一年）
佐藤喜代治「和刻本『漢書』の和訓――『色葉字類抄』との関連において――」（玉藻36、二〇〇〇年）
舩城俊太郎「白氏文集と色葉字類抄」（人文科学研究（新潟大学）121、二〇〇七年）

佐藤氏は、主に中国文献に『色葉字類抄』所収語彙の出典を求める研究方法が特徴的であり、その成果である『色葉字類抄略注』（一九九五年）は、『色葉字類抄』の名を冠する著作としては、『色葉字類抄研究並びに総合索引　黒川本・影印篇』（中田祝夫・峰岸明、一九七七年）以来、唯一のものとなっている。中田・峰岸（一九七七）の峰岸氏による巻末解説では、一九七七年以前の字類抄研究の概要を知ることが出来るが、以後に残された課題も多く指摘しており、字類抄研究の以後の再出発点を確認したものと見ることが出来る。

また、本邦での用例を基にしたものには、齋木一馬氏、山田俊雄氏、峰岸明氏にそれぞれ重要な論考がある。

齋木氏、峰岸氏が字類抄語彙の記録語としての用法を指摘した功績は大きい。この分野では他に訓点資料、古往来、漢詩文における用例調査報告が散見されるが、いずれも峰岸氏の実証した「当時の日常実用文の中、漢字仮名交じり文を含めてその表記に漢字を使用する文章のために、この書が有用なものであったろうことは、想像に難くない」（一九七七）との見地を覆すには至っていない。

齋木一馬「国語史料としての古記録の研究――記録語の例解――」（国学院雑誌55-22、一九五四年）

山田俊雄「色葉字類抄畳字門の訓読の語の性質――古辞書研究の意義にふれて――」（成城文芸33、一九五五年）

峰岸明「今昔物語集における漢字の用法に関する一試論（一）――副詞の漢字表記を中心に――」（国語学84、一九七一年）

一九八〇年代以降は、佐藤氏、峰岸氏の他、高松政雄氏、相坂一成氏、原卓志氏、三保忠夫氏、兪鳴蒙氏、萩原義雄氏による研究がある。

E　『色葉字類抄』と本邦文献との影響関係、辞書史における字類抄の位置付けの研究

本邦の辞書類との関係については、先行する『新撰字鏡』『和名類聚抄』、同時代の『類聚名義抄』（観智院本）、後代の『平他字類抄』や「節用集」類と比較されることが多く、『色葉字類抄』と前後の主要辞書との影響関係の強さは周知のものとなっている。

橋本進吉氏の「我が国の辞書と節用集」（『古本節用集の研究』、一九一六年）を始めとして、字類抄と『和名類聚

抄』（以下、和名抄とも）との関係については峰岸明氏、村田正英氏、原卓志氏、佐佐木隆氏、三宅ちぐさ氏に、『節用集』との関係については山田忠雄氏、『新撰字鏡』との関係については三宅ちぐさ氏、改編本『類聚名義抄』との関係については山本秀人氏、『東山往来』との関係については萩原義雄氏、『名語記』との関係については小林雄一氏に論考がある。

高橋久子氏は、字類抄から真名本『伊勢物語』への影響を論じており、字類抄から辞書以外の文献への影響についてはこれが唯一の論考である。また字類抄の価値についても、峰岸氏（一九七七）の他は左に挙げるものが代表的なものと言える（橋本進吉、時枝誠記、重松信弘、山田孝雄、山田俊雄、川瀬一馬、築島裕の各氏が字類抄の性格について言及しているが、その大部分は十分な字類抄の内部検証を経たものではなく、各氏の知識・経験・内省を根拠とした概説的位置付けに留まるものである）。

高橋久子「真名本伊勢物語と三巻本色葉字類抄」（学芸国語国文学27、一九九五年）
高橋久子「『色葉字類抄』の価値」（日本語学228、二〇〇〇年）

なお、字類抄の意義分類の源流が『平安韻字集』にあるという論が吉田金彦氏にあるが、築島裕氏、峰岸明氏らは、『平安韻字集』の成立年代が明確でないことからも、なお調査が必要かとされている。

吉田金彦「詩苑韻集の部類立てと色葉字類抄」（山田忠雄編『〈山田孝雄追憶〉本邦辞書史論叢』、三省堂、一九六七年）
築島裕「『色葉字類抄』の意義分類」（鈴木一彦・林巨樹編『品詞別日本文法講座10　品詞論の周辺』、明治書院、一九七三年）

F　『色葉字類抄』の伝本研究

伝本研究については、初期の前田本の紹介等や、Aで挙げた高橋久子氏による花山院本への論及を除けば、以下の二編以外には管見に入らない。

川瀬一馬『古辞書の研究』（大日本雄辯会講談社、一九五五年）

福永静哉「神宮文庫蔵本「色葉字類抄」管見――声点表記を中心に――」

（女子大国文（京都女子大学国文学会）35、一九六四年）

なお小川知子氏（二〇〇三）は、川瀬氏の伝本研究を年表化して示されたが、『国書総目録』を見ても多くの写本の存することは明らかであり、この分野についてはなお調査研究の余地があると考えられる。

G　『色葉字類抄』の索引作成

索引については特に、木下正俊氏、島田友啓氏、峰岸明氏、三宅ちぐさ氏らにその御労作がある（本書末索引目録参照）。

また、影印の刊行される中では、大東急記念文庫本（一〇巻本）の索引刊行が俟たれる。

以上に概観したように、従来の『色葉字類抄』研究では、特にA、C、Dの研究・調査が率先して行われ、成果を挙げて来たのであるが、この背景には、流行以外にも、各分野へのアプローチの容易さがあったものと理解される。

しかしAのうち系統論では、本書においては決定的な資料（編者自筆本など）を欠いており、現在は「可能性を提示しつつ、新資料の出現を待つ」という受動的な状況と言える。

また、Bについても本書の書式に関する形式的な面はかなり明らかにされて来たようであるが、これらが限なく言語化されるためには、ただ辞書の外形をなぞるだけではなく、収録された語彙の性質についても踏み込んだ調査と洞察が必要になるだろう。

Dはその研究量が突出しているが、二〇〇〇年以来、表面的には進捗していない。停滞の要因としては、近年の急速なデータベース化や索引刊行によって、出典へのアプローチが、個人でも短時間で可能になったことにより、成果をそのままの形で出し難くなったことが挙げられるだろう。また、佐藤喜代治氏の研究には、『色葉字類抄』の全巻を通してその収録語彙を扱うという特長がある一方で、語彙抽出の基準が明確でないという問題点があり、『色葉字類抄』研究必携の参考書になってはいても、なお不満が残るのが実情である。また語彙の位相について峰岸氏の研究により一定の知見が得られたことは右にも述べたが、峰岸氏が古記録の専門家であることからも、従来の用例調査資料に偏りがあることは否めない。近年の古典文献の情報公開やデータベース整備後に用例調査が急速に進んだかと言えば上記の通りむしろ滞っているのであり、一九九〇年代以前に提唱された字類抄語彙の位置付けが現在の豊富な資料に裏付けられ、実証されてきたとは言い難い。

Eの最大の問題点としては、主要辞書との対比に捉われるあまり、それらに介在する小規模な辞書や類書との有機的なつながりを見逃してしまっていることが挙げられる。細部に拘れば、結果として辞書史としての流れが見えにくくなる危険性があり、大きな視点を持つことは不可欠であるが、各書を辞書史上に位置付け、社会的な背景や変化と関連付けていく作業も必須と言えるだろう。

以上のような『色葉字類抄』研究の現況の下、著者が持った問題意識二点について、次に述べる。

一点目は、A~E（またはF）を眺める総合的な見地の欠如である。以前には山田俊雄氏、峰岸明氏らが複数の分野に亘る調査、また考察をされたが、近年では細分化された視点による研究が主流となっている。前にも述べた通り、「各分野の地道な検討」は必須の作業であるが、この作業の前提また向かう先には、『色葉字類抄』の書物としての性格や価値の解明といった目的があるべきであり、それらが明確に意識され、表示されるべきである。

二点目は一点目にも関連することであるが、方法論の未確立という点である。

例として著者の最も関心のある語彙研究の意義を考えると、問題となるのは前提の危うさだけではなく、現在提案されている実証方法にもあるようである。『色葉字類抄』の語彙研究には、所収語彙の種類を字類抄の辞書としての性質と切り離して調査を行うものと両者を関連付けるものの二者があるが、前者が佐藤氏の調査を始めとして語彙の典拠が徐々に明らかにされてきているのに対し、後者についての各調査は質量共に未だ十分でなく、方法論も確立されていないことが分かる。「量」の面では調査が部分的であることが要因であり、これは前者にも当てはまることであるが、一朝一夕に解決することは不可能である。しかし、「質」の面、すなわち『色葉字類抄』の語彙と辞書としての性質を結び付ける」ための方法論・共通見解の欠如は、単に意識の問題でありながら、この分野の研究の遅れをより深刻にしていると言っても過言ではない。以下に、ここで言う方法論の欠如とは如何なるものであるのか、私見を示す。

現在、「(古)辞書の性質」とは、収録語彙個々の客観的な性格とは別に、他の辞書との比較による相対的位置や後世における用途、編者の編纂企図・編纂方針・編纂材料（直接の典拠）等によって決定されている。例えば、山田俊雄氏（一九五五）は、「書誌学的事実に年代的配列と解説を与え、その間の影響関係を見て系譜を立てること」「その辞書の時代の（多くの場合前代からのものを極めて多くふくむが）国語史的事実の淵叢として、国語史の記述（狭い範囲では、語誌の記述）の際の資料としての価値を決定すること」「一つの辞書が成立してから後、実践的言語生活に対して有した意義を、正確に測定すること」の三つの観点、論点を常に総合して辞書を扱うべきであると述べられており、この主張は至極尤もなことであるが、実際にはこれら全てに同一の手段でアプローチすることは出来ず、現段階で（少なくとも『色葉字類抄』については）理想論であると言わざるを得ない。しかし、調査の規模を考慮した上で便宜上分割した観点について、「便宜的」であることを忘れ唯一の手段であるように錯覚するのでは、本末転倒である。視点の差によって生じる結論のずれを補うためには、やはりアプローチの方法の差異を意識し、語彙調査が中心に据える内容と結論への筋道を常に明確に示すことが求められるだろう。

具体的に『色葉字類抄』の研究に当てはめて考えると、例えば一部（特に特徴的な部門）の語彙を偏った性質の言語資料と照合することで『色葉字類抄』全体の性質や用途にまで言及したり、他辞書との比較や語彙の性格の一部を以て編者の編纂企図に辿り着こうとするような場合が少なくないが、これを見ても、右に示した前提が十分に認識されているとは言い難い。また、論者が立場を明らかにしないまま結論を提示する場合にも問題がある。例えば吉田氏（一九六七）の「異訓・両音の両部が字類抄にないのは字類抄が漢詩賦作成用に編纂されていない証」との主張は、如何なる語彙を収録したかという点よりもどのように使用されるために編纂されたかという点、そして他の韻書との体裁の差に注目しているのであって、字類抄内部の性質とは離れた観点があると言わなければならない。また、三宅氏（一九八二）が「「世俗字類抄」は、その呼称が示すように、『色葉字類抄』に比べ、より一般的・実用的な字類抄だったのではないかと考える」と述べられていることも、両者の比較を主眼としており『色葉字類抄』を実用的とする従来の主張に抵触するものではない、というような、常識的には自明であるようなことにも意識を配りながら受け入れることが必要になる。もし、「編者の企図」と「用途＝利用価値」を同一視したり、「語彙の客観的性質」と「他辞書との相対的な関係」を混同するようなことがしばしば行われるようになれば、方法と結論の間には当然のようにずれが生じ（あるいは読者がそう誤解し）、飛躍的な結論や無為な議論を招くことになりかねない。

更に、『色葉字類抄』が「何のための辞書か」を巡って頻繁に物議を醸してきたことに関しては、まず、編者・橘忠兼の企図を解明することは半永久的に不可能であるということを念頭に置かなければならない。編者自身がこの書物を利用した記録や他者の記録のうちにそれを示唆するものが残存していれば編纂過程や企図を再現することも比較的容易に行われようが、少なくとも『色葉字類抄』の場合はそのような資料が一切残っておらず、序跋も形式的なものであるため、最終的には想像に頼り、新たな資料の発見を俟つ以外にない。しかし、この点の解明を断念し放棄することは、辞書研究を無味乾燥な作業へと貶めることに他ならず、何らかの方法で可能な限り編者の企図に近付くことを考えねばならないだろう。その手段として、当時代における各収録語彙の性質や特徴に注目して編者の編纂態度と院政期の書記言語世界の実態に迫ることが有効であると考えることが出来るだろうが、表面的な語彙の集大成を評価することにもまた注意が必要である。編纂物がその編者の企図を十分に満たす内容であれば自ずとその性格も推測出来ようが、[1]結果的な所産の編纂物の内容は必ずしも編者の企図を満遍なく反映しているとは限らないためである。[2]また、それらとは別に、『色葉字類抄』の後世における用途という面（他辞書の材料になる場合は除く）では殆ど注目されていないのが現状であり、わずかに高橋久子氏が真名本『伊勢物語』との関係を指摘するに止まる。しかし、「何のための辞書か」という議論をより建設的に進めるための手段として、用途の研究も無視することは出来ない。[3]用途調査のためには院政期以降（『色葉字類抄』成立以降）の本邦漢字文献に幅広く当たることが必要となるだろう。
本書の課題は、以上の問題を克服し、より実証的に『色葉字類抄』の本質に近付くことである。

注

（1）「家童」の書記に供するとの編纂目的が窺える字類抄の序文の内容も、副次的な目的（あるいは建前）に過ぎず、編纂方針は別のところにあるという可能性も考えられる。

（2）「一編者の同時代的言語意識（ことに辞書の規範性をささへた要素としての言語意識）が、その記事の隅々まで行きわたつてゐるかどうか、精確なところは、今後の解明を期さなければならないと、筆者は考へてゐる。」（山田俊雄、一九六三年）。

（3）「もし辞書は、古辞書をも含めて、必ず実用されたという想定の下にその意義を考えるならば、その辞書の学史的意義、或はその他の意義は、単に、その成立の時代・作者・体裁・そのふくむ語彙の性質からのみ考えるべきではなく、むしろ如何に利用され実用され、言語生活の血肉として摂取されたかの、影響の面から論定すべきものと思うのである。」（山田俊雄、一九五五年）。

## 第三節　本研究の方法

本節では、次章以降に記す各調査・研究方法の概略について述べる。なお、各研究の詳細な手法については、該当章節に譲る。

第二・三章では、三巻本『色葉字類抄』に収録された語彙の性格を明らかにするため、字類抄中最も大部で、かつ前時代の辞書の部門にはなかった「畳字部」の語彙を取り上げ、調査を行った。構成は、次の通りである。

①畳字部語彙の性格――イ篇語彙の性格（第二章　第二節）
②畳字部語彙の性格――訓読語の性格（第三章　第一節）
③畳字部語彙の性格――長畳字の性格（第三章　第二節）

①では本研究の予備調査として、イロハ順の冒頭にあるイ篇の畳字部語彙（音読語と訓読語の延べ一八五語）の、院政期を中心とする本邦での用例を調査し、その傾向を探った。

②③では①で取り上げたうち、特徴的と考えられる畳字部訓読語（三六四語）と、三字以上の熟語である「長畳字」（一一九語）に注目し、同じく用例調査を行った。特に②では訓読語の品詞形式に注目し、編纂当時における『色葉字類抄』のあり方、また現在における字類抄への評価方法について考察を行った。

第四章では、三巻本『色葉字類抄』とその先後に成立した文献との関係について述べた。構成は次の通りである。

①字類抄中の出典表記と先行国書の検討（『和名類聚抄』を中心に）
②『色葉字類抄』と『和名類聚抄』の関係（「式」注記を中心に）
③重点部語彙の前後
④名字部語彙の前後
⑤字類抄と先後辞書

①では、字類抄中に示された出典表記を概観すると共に、出典として明示されないが実際には影響関係のあると言われる和名抄収録語彙と字類抄「光彩部」語彙との比較調査を行った。

②では、字類抄の「式」「本朝式」といった出典表記について、『延喜式』等からの直接引用であるか、和名抄からの引用であるかという点に注目して調査を行った。また和名抄から影響を受けた場合、その和名抄が如何なる性質の一本であるかということについても考察を行った。

③④は字類抄中で特徴的な語を収録する部（重点部は「一々」等の畳語を、名字部は「明」「光」等実名に使用される字を収める）であるが、特に先後の辞書類との比較や用例調査を行い、本部を字類抄に備えた意義と価値について考察した。重点部については特に近世節用集と、名字部については『掌中歴』との比較を行い、字類抄との影響関係について検討した。

⑤では①～④の結果を踏まえて、先後の文献と字類抄の関係を簡略に図示した。

第五章では、三巻本『色葉字類抄』の国語資料としての価値を、語彙そのもの以外の部分に求める目的で、「仏法部」語彙（二二六語）に付された音注を分析することによって、『色葉字類抄』の字音資料としての価値を再検討した。

第六章では、『いろは字類抄』（『節用文字』、二巻本・三巻本『色葉字類抄』、二巻本・七巻本『世俗字類抄』、一〇巻本『伊呂波字類抄』等の異本を総称してこのように呼ぶ）の伝本について、『国書総目録』に示された所蔵機関のものを中心に調査を行った。本書では基本的な書誌調査の結果、また『国書総目録』に掲載された情報の訂正（現在の所蔵状況）を報告し、一部伝本の図版を掲載した。

終章では、前章までのまとめと、そこから導かれる結論について述べ、本研究で見出された新たな課題を掲げた。

なお本研究（特に本書第二～五章）で中心的に用いるのは三巻本『色葉字類抄』であるが、これは、編者である橘忠兼が直接編纂に関わったと目されること、完成から程なく書写されたと考えられる古写本（前田本）が存することに拠る。

# 第二章　『色葉字類抄』収録語彙の性格㈠

第二・三章では、『色葉字類抄』の内部検証の始めとして、畳字部（漢字二字以上から成る熟語を収める）語彙の性格について述べる。特に、イ篇語彙の性格、訓読語の性格、長畳字の性格に注目し、当時の文献を対象とした用例調査を行う。

## 第一節　先行研究

『色葉字類抄』の先行研究については前章第二節に述べた通りであり、その中で著者は、先行研究を七種に分類したが、本章・次章ではそのうち次のDについて、調査、考察を深めたい。

D　『色葉字類抄』に採録された語彙の典拠や用例、用字の研究本章・次章に関連のある、特に語彙の典拠や用例の収集を中心とした研究には、代表的なものとして、佐藤喜代治氏(1)、山田俊雄氏(2)、峰岸明氏(3)、吉田金彦氏(4)、小林芳規氏(5)、高松政雄氏(6)、原卓志氏(7)、三保忠夫氏(8)、町田亙氏(9)等による著述がある（発表年順）。

従来の研究の結果、『色葉字類抄』は文章作成に資する目的で編纂されており、収録語彙については日記や書簡などの日常の書記に供するための語彙が大部分を占めている一方で、漢文訓読特有の語彙、漢詩作成のための語彙も少なからず存在する、という認識に収束してきている。これは、山田孝雄氏の述べられた「色葉字類抄の如きはその目的は漢詩文を作らむ為に用ゐるにあらずして実に当時実用の国文を草する人の用に供するにあらずばあらず(10)」との認識を土台として、多少の修正が加えられた見解と言うことが出来るだろう。しかし、町田氏（二〇〇一）も述べられる通り、この前提を実証的に解明した研究は未だなく、「実用語彙」「日常語彙」についても個人の解釈に委ねられているのが現状である。また、字類抄が日常語彙を多く収録していると言われる場合の多くは、韻書や同時代に成立した『類聚名義抄』との比較においてであって、字類抄自体の内部検証が十分に行われてきたとは言い難い。

また一方で、字類抄中で特に「非日常性」が示されているのは、山田俊雄氏（一九五五）が指摘された畳字部後半の訓読の語であるが、山田俊雄氏は、『類聚名義抄』収録語との重複及び「文選読み」の語の存在を以て訓読の語の非日常性を強調されている。しかし、名義抄との重複語には「所謂（イハユル）」「如何（イカン）」「於是（コ、ニ）」などの一般に広く使用されたであろう語彙も一定の割合で含まれており、単に名義抄に収録されているという事情によって非日常の語であることを示唆された手法はやや強引であったと言える。また、非日常語以外の語についての言及はされておらず、訓読の語の全体像についても未解明のままである。

本章・次章では畳字部の語彙を取り上げ、字類抄語彙の性格について再検討を行うこととする。

注

（1）①「色葉字類抄考證第一」（文化16-11、一九五二年）②「色葉字類抄考証第二」（文芸研究11、一九五二年）③「色葉字類抄考證（第三）」（東北大学文学部研究年報4、一九五三年）④「『色葉字類抄』続考略第一」（『国語論究　第1集』、明治書院、一九八六年）⑤「『本朝文粋』の和訓——『色葉字類抄』との関連において——」（文芸研究（東北大学）122、一九八九年）⑥「『色葉字類抄』続考略第二」（『国語論究　第2集』、明治書院、一九九〇年）⑦「『色葉字類抄』続考略第三」（『国語論究　第3集』、明治書院、一九九一年）⑧「『色葉字類抄』略注（巻上・中・下）」（明治書院、一九九五年）⑨「和刻本『漢書』の和訓——『色葉字類抄』との関連において——」（玉藻36、二〇〇〇年）⑩「和刻本『漢書』の和訓　続考——『色葉字類抄』との関連において——」（『国語論究　第8集』、明治書院、二〇〇〇年）。

（2）「色葉字類抄畳字門の訓読の語の性質——古辞書研究の意義にふれて——」（成城文芸3、一九五五年）。

（3）①「三巻本『色葉字類抄』に見える「俗」注記の意義について」（文学論藻32、一九六五年）②③④「『三巻本色葉字類抄』人事・辞字両部所収漢字の性格について（上・中・下）」（横浜国立大学人文紀要33・34、一九八六・一九八七年）。

（4）「詩苑韻集の部類立てと色葉字類抄」（山田忠雄編『山田孝雄追憶』本邦辞書史論叢』、三省堂、一九六七年）。

（5）『三巻本色葉字類抄登載語の研究——用例集稿・「イ」之部——』（一九七九年）。

（6）①「準漢語——字類抄畳字部中「|詞」註記語より——」（訓点語と訓点資料69、一九八三年）②「和用法の字音語——色葉字類抄畳字部より——」（訓点語と訓点資料69、一九八三年）。

（7）①「色葉字類抄に於ける別名の性格——古往来に於ける使用量と使用場面との分析を通して——」（鎌倉時代語研究8、一九八五年）②「三巻本色葉字類抄畳字部における「|名」注記について」（鎌倉時代語研究11、一九八八年）。

（8）「色葉字類抄畳字門語彙についての試論——「闘乱部」語彙の場合——」（国語語彙史の研究8、一九八七年）。

（9）「『色葉字類抄』所収語に関する一試論——三巻本重点部の語彙を中心に——」（立教大学日本文学87、二〇〇一年）。

（10）『国語学史』（宝文館、一九四三年）一五四頁。

## 第二節　畳字部語彙の性格——イ篇語彙の性格——

### 第一項　目的と方法

本節では、三巻本『色葉字類抄』に掲載されている語彙が院政期を中心にどのような使用分布を見せるのかということについて、イ篇畳字部の語彙を対象に調査を行う。調査の目的は、『色葉字類抄』の辞書としての性質を、直接の出典や後世における辞書としての用途という要素とは離れた視点から観察し、当時代（主に院政期）におけるこれらの語彙の性質を概観することによって、その語彙を収集・載録することの意義を考えることにある。具体的には次の二点に注目する。

〈一〉　当時における実用性（書記需要）を探る

三巻本『色葉字類抄』収録語彙と、字類抄成立以前に本邦で編まれた書物の語彙とを比較し、各収録語の使用頻度を調査することで、実際に当時の実用に即して編纂されたものかどうかを確認する。

〈二〉　実際の使用場面を探る

各収録語が、当時、本邦において如何なる種類の文献で使用されていたのか、分布を調査する。作者の性別や身分を問わず、また文章の表記形態（仮名・漢字）を問わず、一般に使用される語彙であるのか否かを確認する。

一点目については、『色葉字類抄』が従来「書くための辞書」と定義されてきたことについての問題提起に繋がる課題である。無論、院政期やその直前の使用例を以てすぐさま「平安時代の語彙」とすることは早計であるし、時代を遡った『和名類聚抄』（承平年間〔九三一―九三八〕成立）などの直接の典拠が認められていることには注意が必要である。ただし、『和名類聚抄』を大きく取り込んだという形跡や他の直接の典拠（『遊仙窟』など）の影響を指摘することは『色葉字類抄』の編纂過程を解明する上で意義深いが、それらの語彙も全てが取り込まれた訳ではなく取捨選択が存在する以上は、編者独自の語彙採録基準の存在を否定することは出来ない。

二点目について、従来は一部語彙と古記録や訓点資料との関係が指摘されていたが、それに仮名文学や説話集、歌語辞書などを加えて、語彙の位相を調査する。この際、「語」の枠組みを表記を超えて大きく捉え、平仮名・片仮名表記の形で示される用例をも採集することとする。直接の典拠についての調査とは別に、当時如何なる程度、当該語の流通や普遍性があったかを確認することは、有意義であろうと考えたためである。

具体的な調査方法としては、以下（a）に示す各文献のうちに、『色葉字類抄』の語彙（b）を求め、まず文献ごとに用例を示し、後に語ごとの検索結果を示す方法を採る。また、当該語の漢字表記、仮名表記の両方を調査対象とする。

〈調査対象とする語〉仮名表記例について、字類抄に音読語として掲げられた語に当て得る訓については考えない。また反対に、訓読の熟語の中に、字類抄中の（字音で読む場合の頭音が所属する）他部で別項として立てられる場合があるが[3]、その場合の音読の読みは参考までに止める。ただし、別項として立てられているか否かを問わず、音読の可能性を考え検索した場合がある。字類抄に示されたもの以外の用字や訓の可能性を必要以上に考えることはしないが、索め難い語については近似形の用字また訓にも注目して検索した場合がある。また、仮名で検索する場合に、明らかに同訓（同音）異義の熟語と判断出来るものは採らないが、字類抄中、用例中の語の意味が自明でない場合は参考として採ることがある。同じ漢字文字列で読み方によって異なる意味を持つ熟語（「一人」など）については、便宜的に文字列の抽出を優先し、必要に応じて用法を検討することとする。字類抄の品詞と異なる用例（いとをし↓いとをしみ、など）については、原則として採らない。

## （a）調査に使用する文献

一一世紀後半から一二世紀末の間に本邦で成立したとされる書物のうち、今回の調査に使用したものを、その内容および文体により分類して次に示す。使用した本文・索引については「第二項　用例調査結果」にてそれぞれ示した。ただし本節における各種データベース類は、いずれも平成一七年一〇月に使用したものを基とし、必要に応じて平成二五年に補強したものである。

〈A〉和文資料…『浜松中納言物語』『狭衣物語』『堤中納言物語』『讃岐典侍日記』『大鏡』『水鏡』
〈B〉説話…『法華百座聞書抄』『打聞集』『今昔物語集』『古本説話集』『宝物集』
〈C〉漢詩文…『本朝無題詩』
〈D〉古記録…『後二條師通記』『中右記』『殿暦』『玉葉』
〈E〉訓点資料…『白氏文集巻第三・四天永四年点』『興福寺本大慈恩寺三蔵法師伝古点』
〈F〉辞書…『類聚名義抄』『綺語抄』『和歌童蒙抄』『和歌初学抄』『袖中抄』
〈G〉補助資料…古文書・平安遺文・法制資料・古往来

## （b）調査に使用する『色葉字類抄』の語彙

『色葉字類抄』の調査対象語彙は、イ篇畳字部に収められた二〜四字（主に二字）の熟字・熟語類である。畳字部は語数の上でも『色葉字類抄』の中心を担っており、(4) その中でもイ篇畳字部は訓読の熟語の語数が充実している（次章参照）。更に、同音異字が少ないため、調査の手始めに当範囲を抜粋した次第である。また、本調査と類似したものに小林（一九七九）があるが、本研究は、前述の研究目的のために、新たに著者が時代・文献を設定し、調査を遂行したものである。

三巻本『色葉字類抄』イ篇畳字部の見出し語を以下に示す。前田本では延べ一八五語、黒川本では延べ一八六語が掲載されているが、黒川本で末尾に追加された語句「云為」は無視する。

＊語句の下の注文を（　）、改行を／で示した。
＊前田本と黒川本が異なる箇所については黒川本の異なる部分を［　］内に示した。黒川本では001はインセイ、010はイウケンとあることになる。
＊前田本のみにある語句は〈　〉で示した。
＊黒川本の本文に訂正がある場合は訂正後の字を訂正前の字の下に（　）で示した（［　］内で使用するため、注文の（　）とは区別される）。
＊見出し語の右傍に漢字単字や漢字熟語の読み、意味の表記がある場合は《　》で示した。
＊本文にある声点・合点などは全て省略し、読みは全て清音で示した。
＊本文の欠損部は□で示したが、二字以上の欠損と疑われても□一字で示した場合がある。
＊本文の字体は、原本の字形に近似のものを用いたが、一部通行の字体に改めた場合がある。
＊見出し語の前に001～185の整理番号を付した。

001 陰晴《クモルハル》（イム［ン］セイ／天部）
002 陰雲（同／インウン）
003 淫雨（イム［ン］ウ／五月已上雨也）
004 幽天（冬天／イウテン）

005 遊糸（春空也［毛］／イウシ）
006 夷則（イソク／七月名）
007 偸閑（イウカン／時尅分）
008 一旦（同分／イツタン）
009 幽奇（イウキ／地部）
010 幽玄（同／イウクヱ［ケ］ン）
011 右動（イウトウ／同）
012 隠路（同／イム［ン］ロ）
013 夷狄（郷里分／イテキ）
014 異域（イヰキ／同）
015 有年（豊稔分／イウネン／――穀也）
016 引率（田舎分／インソツ）
017 幽谷（五岳分／イウコク）
018 熊耳（同分／イウシ）
019 遊女（河海部／イウチヨ／舟艤分／又夫婦分）
020 淫奇（神社部／イム［ン］キ／霊異分）
021 引摂（佛法部／インセウ［ツ］）(5)
022 引導（同／インタウ）
023 因縁（内典分／インエン／又人倫部）

024 因果（同／インクワ）
025 一人（帝王部／イツシン／天子分）
026 遊観（践祚分／イウクワン）
027 意見（政理分／イケン）
028 揖讓（公卿部／イフシヤウ／輔翼分）
029 一割（官職［識（職）］分／イツカツ）
030 以往《サキツカタ》（古今部／イワウ）
031 以來（同／〈イライ〉）
032 以降（同／イカウ）
033 由緒（同／イウシヨ）
034 異桐（陰陽部／イトウ／祥瑞部）
035 醫方（――部／イハウ）
036 醫家（同部／イケ）
037 異父（人倫部／イフ）
038 一族（同／イツソク）
039 一門（同／イチモン）
040 隠逸（イムイツ［ン］）
041 異治［活］（イチ／武勇也）
042 逸物（イチフツ人也／イチモツ馬也）

043 婬奔（夫婦分／インホン）
044 婬欲（イム［ン］ヨク／同）
045 婬泆［活（泆）］（同／インシチ）
046 優美（美女分／イウヒ／美麗詞）
047 優艶（同艶（〈エモイハヌ〉）艶《〈エモイハヌ〉》詞／イウエン）
048 遊宴（イウエン）
049 優賞（イウシヤウ）
050 幼稚（少壮分／イウチ）
051 幼日（同／イウシチ）
052 幼少
053 邑老（民俗分／イウラウ）
054 有職（人情部／イウショク／又人事部）
055 一心（同）
056 一期（イチコ）
057 慇懃（インキン／苦［吾］詞也）
058 雄飛（イウヒ）
059 雄稱（イウショ［ヤ］ウ）
060 異様［柭（様）］（イヤウ）
061 異體（イテイ／已上別［列］様詞）

062 意趣（イシウ）
063 意胡（イコ）
064 意略（イリヤク）
065 意氣（イキ／已上同）
066 猶預（同部疑詞／イウヨ不定也／疑慮分）
067 一定（疑詞）
068 優恕（仁愛分／イウショ）
069 優免（同恩詞／免詞／イウメン）
070 陰謀《〈ハカリコト〉》（詐欺分／インホウ）
071 遊覧（イウラン／逍遥分）
072 遊放（イウハウ）
073 優遊（イウイウ）
074 優蕩（イウタウ）
075 優會（同／イウクワイ）
076 優長（稱誉分／イウチヤウ／才学〈分〉［｜｜］）
077 隠私（〈秘隠分／イムシ〉）(6)
078 隠居（［インキヨ］）
079 隠計（［インケイ］）
080 隠遁（已上籠居詞／［イントン］）

081 隠匿〈《カクル》〉（同／インチヨク）
082 一諾（然諾分／□□タク）(7)
083 友交（朋友部／イウカウ）
084 誘引（イウイン／集會分）
085 一院（尊遺（者）部）
086 有截（イウセチ／帝徳名）
087 猗頓（イトン／富貴分）
088 有隣（徳名／イウリン）
089 有口（文章部／イウコウ／弁才分）
090 有目（同／イウホク）
091 遊夏《イウカ》（学生也）
092 引級（教導分／インキフ）
093 意〈況〉（法家部／イクキヤ［カ］ウ）
094 依違（闘乱部／イヰ／非常分／相違詞）
095 倚蘭（イラン）
096 幽居（居處部／イウキヨ）
097 邑居（同／イウキヨ）
098 移徙［従（徙）］（イシ）
099 幽閑《カスカナリ》（同部／イウカン／――分）

100 衣裳（――部／イシヤウ）
101 衣冠（同／イクワン）
102 隠文（同部／インモン／鳥犀分）
103 異味（飲食部／〈イヒ〉）(8)
104 隠居（同部／〈インキヨ〉／〈盃酒分〉）
105 一盞（同／イツサン）
106 異能（伎藝部／イノウ）
107 郵舩《ムヤマノフネ》（驛傳分／イウセン／行旅部）
108 遊馬（牛馬部／イウハ）
109 壹欝（イキトヲル／雜部／イチウツ）
110 一切（イセツ［イツセツ］）
111 一滞（イツテイ）
112 伊望《ヲクリツヽシム》（イハウ）
113 伊欝《イキトヲル》（イウツ／不審詞也）
114 因准《ヨリナスラフ［ウ］》（インスキン）
115 已度《ワタル》（イト）
116 逸才（イツサイ／師子名）
117 育彩（イクサイ／孔雀名）
118 飲羽（イム［ン］ウ／射名）

119飲露（イム〔ン〕ロ／虫名）
120一擧（イツキョ　千里名／鶴一挙ニ千里ヲ〈以〉）
121優劣（両合部／イウレツ）
122一六（同）
123有若亡（長畳字）
124一字千金（同）
125一人當千
126一探手半
127一生不犯
128氣調（イキサシ）
129早晩（イツカ／〔イツシカ〕／〔□□之義也〕）(9)
130引唱（イサナフ）
131森然（イヨヽカナリ）
132所謂（イハユル）
133飆悠（イコメク）
134如何（イカン）
135云何（同）
136奈何（同）
137其奈（同）

138何況（イカニイハ／ムヤ〔イカニ／イハンヤ〕）
139幾多（イクソハク／イクハクソ）
140幾何（イクハク）
141何所（同）
142所幾（同）
143嶶議（同）
144幾許（同／イクハクハカリ）
145多少（同）
146屑少（イサヽカ）
147聞道（イフナラク）
148言説（同）
149長今（イヤメツラナリ／〔聖教序曰ー〕）
150糸惜（イトヲシ）
151不知（イサ／イサシラス）
152孰與（イツレ）
153何焉（同）
154去來（同／イサ）
155歸去（イサハ）
156何遑（イツチカ／イヌル）

157 氷舲（イカリフツ／ク［イ］ル）
158 何為（イカ、セム［ン］）
159 威猛（イカメシ）
160 器量（同）
161 利鬼（イラ、ク／ー臂也）
162 今来（イマヨリ／コノカタ）
163 於何（イトコニ／シテカ）
164 半漢（イサム）
165 勇［曾（勇）］堪（同）
166 沛艾《［ハイガイ］》（同）
167 簡略（イサ、カナリ［也］）
168 刑罰（イマシム）
169 警策［筞（策）］（同）
170 禁固（同）
171 経營（イトナム）

172 好色（イロコノミ）
173 固辞（イナフ）
174 忽諸（イルカセン［ニ］ス）
175 疋文（イヤシ）
176 不審（イフ［ソ（フ）］カシ）
177 未審（同）
178 掲焉（イチシルシ）
179 興販（イラス）
180 出挙（同）
181 班給（同）
182 綵緻《セイチ》（イロキヒシ）
183 潔齋（イサキヨシ）
184 清澄（同）
185 時勢粧（イマヤウ／スカタ）

ここに挙げたイ篇畳字部の内容を整理すると、001～127の一二七語が音読の熟語、128～185の五八語が訓読の熟語である（「078隠居（［インキヨ］）」と「104隠居（同部／〈インキヨ〉／〈盃酒分〉）」は二語として計上した）。

音読の熟語のグループには、読みが示されない語が一〇例ある。

「052幼少」「055一心（同）」「067一定（疑詞）」「085一院（尊遺（者）部）」「122一六（同）」「123有若亡（長畳字）」「124一字千金（同）」「125一人當千」「126一搩手半」「127一生不犯」

＊「079隠計（［インケイ］）」は黒川本の読みを採り、「082一諾（然諾分／□□タク）」は「イチタク」ないし「イツタク」を想定する。

また、傍訓などの形で訓が示される「001陰晴《クモルハル》[10]（イム［ン］セイ／天部）」「030以往《サキツカタ》（古今部／イワウ）」「107郵舩《ムヤマノフネ》（驛傳分／イウセン／行旅部）」は、訓も参照する。

同字で二種以上の音が示されるものは「042逸物（イチフツ人也／イチモツ馬也）」のみである。

訓読の熟語のグループは主に用言で構成されている（次章参照）。

音読のグループとは異なり、一一の項目について、同訓異表記（一部異義語）が見られる。

イカン　「134如何（イカン）」「135云何（同）」「136奈何（同）」「137其奈（同）」

イクハク　「140幾何（イクハク）」「141何所（同）」「142所幾（同）」「143嵗譏（同）」
「144幾許（同／イクハクハカリ）」「145多少（同）」

イフナラク　「147聞道（イフナラク）」「148言説（同）」

イサ　「151不知（イサ／イサシラス）」「154去來（同／イサ）」

イツレ　「152孰與（イツレ）」「153何焉（同）」「154去來（同／イサ）」
イカメシ　「159威猛（イカメシ）」「160器量（同）」
イサム　「164半漢（イサム）」「165勇［曾（勇）］堪（同）」
イマシム　「166沛艾《［ハイガイ］》（同）」
イフカシ　「168刑罸（イマシム）」「169警策［築（策）］（同）」「170禁固（同）」
イラス　「176不審（イフ［ソ（フ）］カシ）」「177未審（同）」
イサキヨシ　「179興販（イラス）」「180出挙（同）」「181班給（同）」
「183潔齋（イサキヨシ）」「184清澄（同）」

訓読語は延べ五八語であったが、同訓異表記のものを減じれば、実際の訓は二二種類しかないことになる（「154去來（同／イサ）」は「イサ」「イツレ」の両方に含まれる）(11)。

### 第二項　用例調査結果

#### 〈A〉和文資料

①『浜松中納言物語』…『校本濱松中納言物語』（小松茂美、二玄社、一九六四年）の索引・本文を使用。七〇〇頁台は本文下段の浅野本本文を採る。

②『狭衣物語』…内閣文庫蔵本の索引・本文（塚原鉄雄他編『狭衣物語語彙索引』、笠間書院、一九七五年）、日本古典文学大系79（岩波書店、一九六五年）を挙げ、深川本（吉田幸一、『深川本狭衣とその研究』、一九八二年）の該当箇所を▼以下に参照する場合がある。深川本の三四一頁以降は伝二條為定本。

③『堤中納言物語』…『堤中納言物語総索引』（鎌田廣夫編、白帝社、一九六五年）の索引、「日本古典文学大系13」（岩波書店、一九五七年）の本文を使用。

④『讃岐典侍日記』…『讃岐典侍日記――本文と索引――』（鎌田廣夫・相澤鏡子編、おうふう、一九九八年）の索引・本文を使用。

⑤『大鏡』…『大鏡の研究』（秋葉安太郎、桜楓社、一九六八年）の索引・本文を使用。千葉本に付された振り仮名を（　）内に示す。

⑥『水鏡』…『水鏡――本文及び総索引――』（榊原邦彦編、笠間書院、一九九〇年）の索引・本文を使用。欠字は〇で表す。補入・傍書などは全て省略した。

次に、各文献における用例を、『色葉字類抄』掲出順に示す。

＊表記（仮名遣い、濁点、句読点等）は各活字本に従うが、活字本編者が任意に漢字を宛てたもの等については各凡例に従って底本の形を復元するよう努めた。
＊漢字を通行の字体に改めた場合がある。
＊頁数は、使用した活字本に従い示した。
＊原則として、代表的な例のみを挙げることとする。
＊傍線・傍点著者。

①浜松中納言物語

128氣調（イキサシ）「いみしけれとあてにうつくしきいきさしの見るめにたかはすめつらしう」（719-17）

129早晩（イツカ／［イツシカ］／［□□之義也］）「このよには又いつかはと心ほそくかなしけなる御けしきをみるに」（123-9）

130引唱（イサナフ）「すき〳〵しさはあらはれていさなひたるをはしたなからんもいとおしうて」（229－6）

140幾何（イクハク）　141何所　142所幾　143嵗識　144幾許　145多少「またいくはくも経す立かえり来て」（462－4）

146屑少（イサヽカ）「いさゝかもねちけたるところなく」（21－5）

150糸惜（イトヲシ）「式部卿のみやおはしましにけんさらはいとをしうもあるへきかなと」（48－3）

151不知（イサ／イサシラス）「さはゆふとも姫君なんとをいさしらすとおほめき給へき御事にあらしと」（207－1）

152孰與（イツレ）　153何焉「いとうるはしくしやうそきかみあけていたる月かけともいつれともなくゐにかきたるやう也」（190－1）

154去來（イサ）「御ともの人の中にいはへたるもの有ていさ心みんとてよ中はかりに」（5－1）

158何為（イカヽセム［ン］）「五さいにてなんたうにいてわたり給ける女かよはぬみちをいかゝせんとなけきかなしみて」（346－4）

159威猛（イカメシ）　160器量「まひをしてふみをつくりあそひ給さまいかめしくおもしろし」（58－6）

171経營（イトナム）＊複合動詞のみ「よのつねなるましうおほしいとなみゝたるさまいみしからん」（457－6）、＊字音語の仮名書き「中納言ありしたちてけいめいしつゝ御車なひまてもてはやしとのゝ君たちもまいりて」（648－6）

173固辞（イナフ）「御むかへにまいりたるとの給にいなふへきならねは」（57－4）

175疋文（イヤシ）「ものきよけにさらほひていやしからす」（341－2）

178掲焉（イチシルシ）「さはいといちしるき事もありて」（218－6）

## ②狭衣物語

055一心「たゞ、「とく迎へさせ給へ」と、一心に思し入て」（内閣本（大系）・328頁）▼「たゝとくむかえさせ給へと一心におほしいりて」（深川本・巻三・140ウ）

130引唱（イサナフ）「東の方へ人の誘（いざな）ふにや、まかりなまし」（内閣本（大系）・73頁）▼「あつまの方へ人のさそふにやまかりなまし」（深川本・巻一・60オ）

135云何「「云何女身速得成仏」と、忍びやかに、わざとならずすさみ給へるけはひ、いとあはれなり」（内閣本（大系）・248頁）

140幾何（イクハク）　141何所　142所幾　143崁譏　144幾許　145多少「今いくばくも侍るまじきを、「今一度見ん」とは、おぼさぬにや」（内閣本（大系）・161頁）▼「いまいくはくも侍ましきをいま一とみんとおほさぬにや」（深川本・巻二・55ウ）

146屑少（イサヽカ）「ぬき足をして障子を放ちて、いさゝか開くるを、こなたより我も開けて」（内閣本（大系）・284頁）▼「ぬきあしによりてさうしをはなちていさゝかあくるをこなたよりひきあけて」（深川本・巻三・86ウ）

150糸惜（イトヲシ）「人の思ふらん事を（とゞめん）も、いとをし」（内閣本（大系）・58頁）▼「ひとの思てん事をとゝめんもいとをし」（深川本・巻一・40オ）

151不知（イサ／イサシラス）「いさや、はかぐ〳〵しかるまじき身にこそ侍めれ」（内閣本（大系）・77頁）▼いさやはか〳〵しかるましき身にこそ侍めれ」（深川本・巻一・64ウ）

152孰與（イツレ）　153何焉「思ひがけず、いづれにも音づれ給ふことは」（内閣本（大系）・34頁）▼「おもひかけすいつれにもおとつれたまふ事は」（深川本・巻一・77ウ）

154去來（イサ）「いさ、まだ、なを、「忌まじ」と思さば」（内閣本（大系）・99頁）▼「いさまた猶いましとおほさは」（深川本・巻一・94ウ）

158何為（イカヽセム［ン］）「あな、心憂の受領宿世や。きやつをいかゞせん〳〵」（内閣本（大系）・252頁）▼「あな心うのするすくせやくやつをいかにせん〳〵」（深川本・巻三・47ウ）

159威猛（イカメシ） 160器量（同）「小倉山の麓近く、いかめしき御堂造らせ給けるを」（内閣本（大系）・186頁）▼「をくらの山のふもとちかきいかめしき御たういそきつくらせ給けるを」（深川本・巻二・86ウ）

168刑罸（イマシム） 169警策［筗（筞）］ 170禁固「佛のせちに誡め給へるをこそ、思ひ至らぬ隈もありがたからめ」（内閣本（大系）・136頁）▼「仏のせちにいましめ給へる程こそ思ひいたらぬくまもありかたからめ」（深川本・巻二・22ウ）

171経營（イトナム）「川上に晒し營んを役にして、物見んことを營みたり」（内閣本（大系）・301頁）▼「かはかみにさらしいとなんをやくにしてものみん事をいとなみたり」（深川本・巻三・107オ〜ウ）

172好色（イロコノミ）「あな、かはゆの色好みや」（内閣本（大系）・86頁）▼「あなはゆのいろこのみや」（深川本・巻一・77オ）

173固辞（イナフ）「御使を物し給へれば、えぞ否び侍らずなりぬる」（内閣本（大系）・139頁）▼「これをつかひにてものし侍給つれはえこそいなひ侍らすなりぬれ」（深川本・巻二・27オ）

175疋文（イヤシ）「暇なく心をのみ盡す人々、高きも賎しきも」（内閣本（大系）・34頁）▼「ひまなく心をのみつくす人〳〵たかきもいやしきも」（深川本・巻一・7オ）

### ③堤中納言物語

130引唱（イサナフ）「大将の君のあながちにいざなひ給ひつれば」（403-16）

150糸惜（イトヲシ）「おもふらむところいとほしけれど」（367-5）

151不知（イサ／イサシラス）「れいのかひなくとも、かくときつばかりの御ことの葉をだに」とせめたまへば、
「いさや」とうちなげきているに、やをらつゞきていりぬ」（394－9）
154去來（イサ）「しばしたちとまりて、『さらばいざよ』とて」（373－6）「いざ人々にたとへきこえむ」（410－16）
175疋文（イヤシ）「いやしからぬすきものの、いたらぬところなく人にゆるされたる」（410－5）

**④讃岐典侍日記**

055一心「かはかりの人の一心に心に入て年ころ仏につかうまつりて六十余年になりぬるに」（44－2）
110一切（イセツ［イツセツ］）「仏法をあかめ一切衆生をあはれみさせ給ふ心」（34－5）
152孰與（イツレ）　153何焉「あやしのきぬの中よりおほし参らせていつれの行幸にもはなれす」（47－8）
154去來（イサ）「我はたゝわかれやいさとのみおほえて」（136－7）
158何為（イカ、セム［ン］）「いかゝせんとて参らんとそ」（80－3）
171経營（イトナム）※複合動詞のみ「つれつれのなくさめに法花経に花なり給ふにとていとなみあはれたるに
いと哀に見ゆる」（88－3）

**⑤大鏡**

042逸物（イチフツ人也／イチモツ馬也）「つよき御くるまにいちもちの御くるまうしかけて」（159－10）
054有職（人情部／イウショク／又人事部）「有職（イウショク）に御心うるはしくおはしますことは」（52－9）
085一院（尊遺（者）部）「大安寺は兜卒天の一院を天竺の祇園精舎に移造天竺の祇園精舎を唐の西明寺にうつし
つくり」（202－8）

100衣裳（ーー部／イシャウ）「つかうまつるものは衣裳をさへこそあてをこなはしめ給へ」（206－10）

101衣冠（同／イクワン）「辻にたちかたまりてみるに布衣々冠なる御前したるくるまの…」（233－5）

110一切（イセツ［イツセツ］）「よのおや一切衆生を一子のことくはくくみおほしめす」（25－3）

128氣調（イキサシ）「…ときゝなさるに御いきさしなといとくるしけなるを」（163－7）

129早晩（イツカ／［イツシカ］／［□□之義也］）「氣色ともいつしかきかまほしくおくゆかしき心ちするに」（4－10）

132所謂（イハユル）「それそいはゆるこのおきなかたからの君貞信（テイシン）公におはします」（37－5）

139幾多（イクソハク／イクハクソ）「よのなかにいくそはくあはれにもめてたくも興ありて」（239－12）

146屑少（イサゝカ）「人のみたてまつるにはいさゝかゝはらせたまふ事おはしまさゝりけれは」（22－3）

150糸惜（イトヲシ）「思いつるにいとおしくくやしき也」（64－4）

152孰與（イツレ）153何焉「この殿何（イツレノ）御時とはおほへ侍らす思に」（51－5）「御ひとつはらにあらすいつれにかありけん」（57－12）

159威猛（イカメシ）「法住寺をいかめしうをきてさせ給へる」（127－8）

171経營（イトナム）「つねよりもとりけいめ※してまちたてまつり給に」（162－9）

※…東松本・千葉本・桂宮本では「い」

173固辞（イナフ）「まことに御匣殿の御事のたまはせんをいなひ申さむも便なし」（72－4）

175疋文（イヤシ）「安穏泰平なる時にはあひなんやとおもふはおきならかいやしきや」（205－10）

178掲焉（イチシルシ）「御かほのいろ、月かけにはへて、いとしろくみえさせたまひしに、ひんくき（鬢茎）のけちえんにめてたくこそ、まことにおはしましゝか」（103－9）

183潔齋（イサキヨシ）「湯度々あみいみしう潔斎（ケツサイ）してきよまはりて」（54－5）

⑥水鏡

024因果（インクワ）「仏法わたり因果わきまへなとしてより」（14-7）

039一門（イチモン）「かの一門時○のほとにほろひうせにき」（112-4）

110一切（イセツ［イッセツ］）「三月にかはらてらにてはしめて一切経をかゝしめ給○き」（131-4）

140幾何（イクハク）　141何所　142所幾　143嶮巇　144幾許　145多少「申てのちいくはくの程○なくて」（183-3）

146屑少（イサヽカ）「みかとの御かたちにいさゝかもたかはぬ人いてきたれり」（62-6）「ゆめの御すかたにいさゝかたかひ給はさりき」（197-6）

150糸惜（イトヲシ）后○○の宮○みかとの御いとをしみをかうふれり」（60-4）

152孰與（イツレ）　153何焉「いつれのかみのたゝりをなし給へるそと七日いのり給しに」（38-1）

164半漢（イサム）　165勇［曽（勇）］堪　166沛艾［ハイガイ］》「かねて将軍の心をいさませさせ給しにこそ」（200-1）

167簡略（イサヽカナリ［也］）「御手にいさゝかなるきすなくして」（163-5）

168刑罰（イマシム）　169警策［箖（策）］　170禁固「かやうの事○も世のするをいましめんためにやおはしましけんとそ」（167-5）

173固辞（イナフ）「みかとこのことを申たまはんすらんあなかしこいなひ申給な」（171-2）

174忽諸（イルカセン［ニ］ス）「いかてわれらをいるかせにはいふへきそとてうちしかは」（113-4）

175疋文（イヤシ）「山部親王は御母いやしくおはす」（179-3）

183潔齋（イサキヨシ）「とまうしにまいれるにかくいさきよく後世おほす人にあひたてまつりぬるは」（6-2）

以上の用例の要点を、左にまとめて示す。また仮名文学と『色葉字類抄』の語彙を比較した結果を、〔表A〕

に示した。

## ①浜松中納言物語

・（仮名書きの部分で）音が一致するもの…なし

・（仮名書きの部分で）訓が一致するもの…「いきさし」「いつか」「いさなふ」「いくはく」「いさゝか」「いとをし」「いさしらす」（不知）」「いつれ」「いさ（去来）」「いかゝせん」「いかめし」「いとなむ（複合語）」「いなふ」「いやし」「いちしるし」

＊「171経營」を音読・仮名書きした「けいめい」がある。

＊「い」で始まる字音語[12]…「いちと（一度）」の他、「一日」「一二日」「一二人」等の数詞。

## ②狭衣物語

・漢字が一致するもの…「一心」「云何」

・訓が一致するもの…「いさなふ」「いくはく」「いさゝか」「いとをし」「いさや（不知）」「いつれ」「いさ（去来）」「いかゝせん（いかにせん）」「いかめし」「いましむ」「いとなむ」「いろこのみ」「いなふ」「いやし」

＊「いとなむ」は複合動詞の形でも現れる。

＊「171経營」を音読・仮名書きした「けいめい」がある。

＊「い」で始まる字音語…「一そう（一乗）」「一条」「一見於女人」「一ほん」

## ③堤中納言物語

・音が一致するもの…なし
・訓が一致するもの…「いさなふ」「いとほし（いとをし）」「いさ（不知）」「いさ（去来）」「いやし」
＊「い」で始まる字音語…「一しゃく」「一品」

④讃岐典侍日記
・漢字が一致するもの…「一心」「一切（衆生）」
・音が一致するもの…なし
・訓が一致するもの…「いつれ」「いさ（去来）」「いかゝせん」「いとなむ（複合語）」
＊「い」で始まる字音語…「一品」「一天」「一二」「一條院」

⑤大鏡
・漢字が一致するもの…「有職」「一院」「衣裳」「衣冠」「一切（衆生）」「所謂」「掲焉」「潔斎」
・音が一致するもの…「いちも（ち）」
・訓が一致するもの…「いきさし」「いつしか」「いはゆる」「いくそはく」「いさゝか」「いとをし」「いつれ」「いかめし」「いなふ」「いやし」
＊「171経営」を音読・仮名書きした「けいめい」がある。
＊「い」で始まる字音語…「以下」「已講」「一榮」「一伽藍」「一事」「一乗」「一大納言」「一条」（ほか「一條摂政」

「一條左大臣」「一條院」など）「一天下」「一度」（千葉本に「度〈ト〉」と振り仮名があることも）「一男」「一二月」「一二度」「一年」「一番」「一部」「一落」「一家」「一巻」「一雙」「一子」「一生精進」「一尺」「一首」「一寸」「一町」「一品」（一品宮等は多数）

## ⑥水鏡

・漢字が一致するもの…「因果」「一門」「一切（経）」

・音が一致するもの…なし

・訓が一致するもの…「いはく」「いさゝか」「いとをし（み）」「いつれ」「いさむ」「いさゝかなり」「いましむ」「いなふ」「いるかせ（に）」「いやし」「いさきよし」

＊「い」で始まる字音語…「以下」「已下・已上」「一巻」「一劫」「一尺二寸」「一寸二分」「一体」「一代」「一丈」「一帖」「一天下」「一度」「一日」「一二人」「一年」「一部」「一分」「一万巻」「一万頃」「一位」「一領」「一品舎人親王」

〔表A〕

| | 浜松 | 狭衣 | 堤 | 讃岐 | 大鏡 | 水鏡 | 備考 |
|---|---|---|---|---|---|---|---|
| 024 因果 | | | | | | ○ | |
| 039 一門 | | | | | | ○ | |
| 054 有職 | | | | | ○ | | |
| 055 一心 | | ○ | | ○ | | | |

| | | | | | | | |
|---|---|---|---|---|---|---|---|
| 085 一院 | | | | | ○ | | |
| 100 衣裳 | | | | | ○ | | |
| 101 衣冠 | | | | | ○ | | |
| 110 一切 | | | | ※ | ※ | ＊ | ※一切衆生　＊一切経 |
| 042 いちもつ（逸物） | | | | | ○ | | 大鏡・いちもち |
| 171 けいめい（経営） | ○ | ○ | | | ○ | | |
| 132 所謂 | | | | | ○ | | 大鏡・振り仮名「イ」 |
| 135 云何 | | ○ | | | | | 狭衣・法華経引用 |
| 178 掲焉 | | | | | ○ | | |
| 183 潔斎 | | | | | ○ | | 大鏡・サ変 |
| 128 いきさし | ○ | | | | ○ | | |
| 129 いつか・いつしか | ○ | | | | ○ | | 浜松・いつか、大鏡・いつしか |
| 130 いさなふ | ○ | ○ | ○ | | | | |
| 132 いはゆる | | | | | ○ | | |
| 139 いくそはく | | | | | ○ | | |
| 140〜145 いくはく | ○ | ○ | | | | ○ | |
| 146 いさゝか | ○ | ○ | | | ○ | ○ | |
| 150 いとをし | ○ | ○ | ○ | | ○ | ※ | 堤・いとほし、※いとをしみ |

| | | | | | | | |
|---|---|---|---|---|---|---|---|
| 151いさ・いさしらす(不知) | ○ | ○ | ○ | | | | |
| 152・153いつれ | ○ | ○ | | ○ | ○ | ○ | |
| 154いさ(去来) | ○ | ○ | ○ | ○ | | | |
| 158いかゝせむ | ○ | ※ | | ○ | | | ※深川本「いかにせん」 |
| 159・160いかめし | ○ | ○ | | | ○ | | |
| 164いさむ | | | | | | ○ | |
| 167いさゝかなり | | | | | | ○ | |
| 168~170いましむ | | ○ | | | | ○ | |
| 171いとなむ | ※ | ○ | | ※ | | | ※複合語 |
| 172いろこのみ | | ○ | | | | | |
| 173いなふ | ○ | ○ | | | ○ | ○ | |
| 174いるかせんす | | | | | | ○ | |
| 175いやし | ○ | ○ | ○ | | ○ | ○ | |
| 178いちしるし | ○ | | | | | | |
| 183いさきよし | | | | | | ○ | |

次に、右の結果のうち、注意すべき語について数点述べる。

・「因果」は仏教語であり、他に『宇津保物語』『栄花物語』『今昔物語集』（説話集については〈説話集〉の項に挙げる、以下同）『保元物語』『平治物語』『徒然草』『平家物語』『沙石集』等に見える。用いられる素地（文体・

内容）に制限（和漢混淆文的要素）のあることが分かる。

・字類抄に示された「一人」の音は「イッシン」のみであり、他の部門に別音・別訓でこの語を採らない。『日本国語大辞典（第二版）』（以下「日国」）では「一人」を「イチジン」「イチニン」「いちのひと」「ひとり」により意味分類しているが、(13)字類抄ではヒ篇辞字部に「一（ヒトリ）」があるのみである。(14)「帝王部」↓「天皇」の意の「一人」は『大鏡』、また日国によれば『本朝文粋』『平家物語』等に見えるようであるが、和文資料においては、「ひとりの人」の意の漢字表記「一人」また「ひとり」と仮名書きされる例が大多数である。『大鏡』『水鏡』には「一人」とは別に「一の人」の例がある。

・「一門」も純粋な和文ではあまり用いられず、『今昔物語集』『保元物語』『平治物語』『沙石集』等で見られる語である。

・『大鏡』にのみ現れた語について、「有職」は「有識」（『続日本紀』）の他、「いうそく」（『宇津保物語』『源氏物語』）、「いうしよく」（『宇津保物語』）、「ゆうそく」（『夜の寝覚』）などと和文でも仮名書きによって用いられる語である。

・「一心（に）」の二例は「集中・専念して」の意で、読みは「ひとつこころ」「イッシン」、また字類抄ネ篇、名義抄により「ねんごろに」「こころもはらに」等が考えられるが、(15)音読みと仮定し、計上した。他に『栄花物語』『今昔物語集』『将門記』『平家物語』『十訓抄』『沙石集』等に現れ、左の「一院」「衣裳」「衣冠」と同じく、説話集や軍記物語等の和漢混淆文を中心に使用される語のようである。

・「一院」(16)は他に『宇津保物語』『源氏物語』『栄花物語』『今昔物語集』『保元物語』『平治物語』『平家物語』、「衣裳」は『宇津保物語』『栄花物語』『今昔物語集』『保元物語』『平治物語』『徒然草』『平家物語』『沙石集』、「衣冠」は『今昔物語集』『方丈記』『平家物語』『宇治拾遺物語』『十訓抄』『沙石集』に見られる。

・「一切」は「一切衆生」「一切経」という熟語の一部として現れ、本調査では単独の副詞・名詞としては用いられていなかった（「一切の衆生」の読みは可能であるが）。一方で調査範囲を広げれば、『栄花物語』に「一切の所」、『今昔物語集』に「一切ノ事」、『保元物語』に「一切あるべからず」等と見られるが、これらの「一切」も原則として音読されていたと考えて良いだろう。(17) なお、字類抄には「一切」を含む仏教語は採られていない。

・「経営」について、文字列としては見つからなかったが、これを音読したと考えられる「けいめい」の例が浜松・狭衣・大鏡でそれぞれ見られた。ただし字類抄のケ篇畳字部で示される「経營」の読みは「ケイエイ」であり、和文で用いられた仮名表記とは異なる点に注目したい。なお、「けいめい」は『宇津保物語』『蜻蛉日記』『源氏物語』等でも用いられており、純粋な和文の素地の上では、字類抄に示された読み「ケイエイ」よりも定着した読みであったらしい。

・「所謂」は名義抄にも「所謂　イハユル」（法上・四九）とあり、また千葉本大鏡の振り仮名に「イ」とあることから「いはゆる」の読みを推測出来る。『日本書紀』に「所謂」とあり、漢文体では普通に用いられる語であるが、和文では通常「いはゆる」と仮名書きされており、「大鏡」にも漢字表記の他、仮名書きの例がある。

・「潔斎」はサ変動詞の音読例であり、ケ篇畳字部（中巻・黒川本）にあるように「潔斎　ケツサイ」と読むのであろう。この語はまた『大和物語』『宇津保物語』『大鏡』『将門記』『平家物語』『十訓抄』に音読例が見られ、しばしば「精進潔斎」等の熟語形で用いられる。

以上の諸文献に用例の現れなかった語について、調査の範囲（時代）を拡げ、『宇津保物語』『源氏物語』『栄花物語』『将門記』『保元物語』『平治物語』『平家物語』『太平記』で補い、左の表に掲げた。検索には『新編日本古典文学全集』（ジャパンナレッジ＋）を用い、訓読語の欄には音訓を問わず上記資料に出た漢字表記の有無を掲げた。

| | 宇 | 源 | 栄 | 将 | 保 | 平治 | 平家 | 太 |
|---|---|---|---|---|---|---|---|---|
| 008 一旦 | | | ○ | ○ | | ○ | ○ | ○ |
| 010 幽玄 | | | | | | | | ○ |
| 013 夷狄 | | | | ○ | | | ○ | |
| 014 異域 | | | | | ○ | | ○ | ○ |
| 016 引率 | | | | ○ | | | ○ | ○ |
| 017 幽谷 | | | | | | | | ○ |
| 021 引摂 | | | ○ | | | | ○ | |
| 022 引導 | | | | | | | ○ | ○ |
| 023 因縁 | ○ | | ○ | ○ | | | ○ | ○ |
| 025 一人 | | | | | | | ○ | |
| 027 意見 | | | | | ○ | | ○ | ○ |
| 028 揖讓 | | | | | | | | ○ |
| 030 以往 | | | | | | | | ○ |
| 031 以來 | | | | ○ | ○ | ○ | ○ | ○ |
| 032 以降 | | | | | | | ○ | ○ |
| 033 由緒 | | | | | ○ | | | ○ |

| 036 醫家 | 038 一族 | 044 婬欲 | 046 優美 | 048 遊宴 | 050 幼稚 | 052 幼少 | 053 邑老 | 056 一期 | 057 慇懃 | 062 意趣 | 065 意氣 | 067 一定 | 069 優免 | 070 陰謀 | 071 遊覧 | 076 優長 | 078 隠居 | 080 隠遁 |
|---|---|---|---|---|---|---|---|---|---|---|---|---|---|---|---|---|---|---|
| | | | | | | | | ○ | | | | | | | | | | |
| | ○ | | | | | | | | | | | | | | | | | |
| | | | | | | | | | | | ○ | ○ | | | | | | |
| | | | | | | | | | ○ | | ○ | | | | | | | |
| | ○ | | | ○ | | ○ | | ○ | | | | ○ | | | | | | |
| | ○ | | | ○ | | | | | | | | ○ | | | | | | ○ |
| ○ | ○ | | ○ | ○ | | ○ | ○ | ○ | ○ | ○ | | | | | ○ | | | |
| ○ | ○ | ○ | ○ | ○ | ○ | ○ | ○ | ○ | ○ | ○ | | ○ | ○ | ○ | ○ | ○ | ○ | ○ |

| 081 隠匿 | 082 一諾 | 084 誘引 | 096 幽居 | 099 幽閑 | 105 一盞 | 114 因准 | 120 一舉 | 125 一人當千 | 126 一摖手半 | 127 一生不犯 | 129 早晩 | 134 如何 | 136 奈何 | 138 何況 | 139 幾多 | 140 幾何 | 144 幾許 | 145 多少 |
|---|---|---|---|---|---|---|---|---|---|---|---|---|---|---|---|---|---|---|
| | | | | | | | | | | | | | | | | | | |
| | | | | | | | | | | | | | | | | | | |
| | | | | | ○ | | | | | | | | | | | | | |
| | | | | | | | | ○ | | | | | ○ | ○ | | | ○ | |
| | | | | | | | | ○ | | | | | | | | | | |
| | | | | | | | | ○ | | | | | | | ○ | ○ | | |
| | | | | ○ | | | | ○ | ○ | ○ | | ○ | | | | | | ○ |
| ○ | ○ | ○ | ○ | ○ | ○ | ○ | ○ | ○ | | | ○ | ○ | ○ | | ○ | | | ○ |
| | | | | | | | | | | | ※音読み例も採る | | | | | | | ※音読み例も採る |

| | | | | | | | | | |
|---|---|---|---|---|---|---|---|---|---|
| 148 言説 | | | | | | | | ○ | ※音読み例も採る |
| 150 糸惜 | | | | | | | ○ | ○ | |
| 151 不知 | | | | ○ | | | | ○ | ※文字列を採る |
| 154 去來 | | | | | | | | ○ | ※音読み例を除く |
| 158 何為 | | | | ○ | | | | | |
| 159 威猛 | | | | ○ | | | | ○ | ※音読み例も採る |
| 160 器量 | | | | | ○ | ○ | ○ | | ※音読み例も採る |
| 164 半漢 | | | | | | | | ○ | ※音読み例も採る |
| 169 警策 | ○ | ○ | | | | | | | ※音読み例も採る |
| 170 禁固 | | | | | | | | ○ | ※音読み例も採る |
| 171 経営 | ○ | ○ | | | | | ○ | ○ | ※音読み例も採る |
| 172 好色 | ○ | | | | | | | | ※音読み例も採る |
| 176 不審 | | | | ○ | ○ | | ○ | ○ | ※音読み例も採る |
| 178 掲焉 | | | | | | | | ○ | ※音読み例を除く |
| 183 潔齋 | ○ | | | ○ | | | ○ | ○ | ※音読み例も採る |

以上を概観すれば、『平家物語』『太平記』まで降ると三〇語近くが補われるものの、それ以前の和文には出現頻度の低い（あるいは出現しない）、次のような語も多くあることが分かる。

001陰晴　002陰雲　003淫雨　004幽天　005遊糸　006夷則　007偸閑

ただし、これを、和文の中で字音語が用いられない（字音語の母集団が小さい）という事実の反映とするのは無論早計である。中古以降、女流文学や仮名文学の中にも定着した漢語で、基本的な語として一般化したものは決して多いとは言えないものの少なくもなく、これは各文献の索引を眺めても了解出来るところであろう。字類抄が基礎語彙を進んで採録するという態度の元に編纂されているとすれば、和文の中に現れるような漢語を優先的に採集していたとしても不思議ではない（ただしそうでないことは以下に述べる通りである）。

そこで、字類抄の語彙を和文に引き当てる作業を一通り終了したのであるが、念のため、反対に和文の語彙を字類抄に引き当てる作業も試みておきたい。本調査（最初の六文献）の中で各文献の「い」で始まる字音語」として挙げた語のうち、イ篇畳字部以外の箇所に現れるものを調査し直すと、「一二」「已講」の二語が字類抄の中に見出された。

「一二　ツマヒラカナリ」（ツ篇・畳字部）

「已講　イカウ」（イ篇・官職部）

「一二」については、訓読の熟語として挙げられており、和文中にこの語がこのように読まれたとは考え難い。「已講」は『大鏡』の他『栄花物語』にも用例があるが、僧の階級を表すというこの語の元来の性質上、使用場面が限定されてしまう上に、古記録などでは格段に求め易い語であることから、和文での定着度と関連付けることは難しそうである。

更に、「「い」で始まる字音語」で字類抄に求め得なかった語彙のうち、「一」を冠する語で数詞としての役割が比較的強いものを除いても、「一度」「一乗」「一条」「一品」「一天」「一栄」「一劫」「以下・已下」「已上」「一生（精進）」等があるが、これらが音読・訓読の⑱いずれでも字類抄に採られなかった積極的な理由はどの辺りにあると言えるだろうか。一つの可能性として、字類抄の編者が「常識的に書き、読み得る漢語（既に和文中にも定着した漢語）を積極的に収集しなかった」と見ることは、字類抄に採られた「一心」「一院」などに読み仮名が示されていないことからも推測することが可能である。

次に、訓読の熟語を仮名表記したもの（ここでは「128いきさし」〜「183いさきよし」）について見る。訓読の熟語については、副詞と動詞が大部分を占めており、特に副詞は字類抄語彙の位相を知る手掛かりになりそうである（次章第一節参照）。

和文の語彙について、大野晋氏は、『文法と語彙』（岩波書店、一九八七年）の中で、「代表的古典文学における共通語」として、『万葉集』『枕草子』『源氏物語』『徒然草』四作品の共通語彙を挙げている。今、その中から今回の調査範囲に該当する訓を抽出すると、

名詞…「いづれ」
形容動詞…「いくばく」「いささか」
形容詞…「いやし」
感動詞…「いさ」「いざ」

の六語である。さらに八文献を加えて作成された大野氏の「奈良・平安時代和文脈系文学の基本語彙表」には、

「いかめし」「いざなふ」「いつしか」「いとなむ」「いとほし」「いましむ」の六語も出る。これを〔表A〕に照らせば、確かにこの一二語全てが現れており、二文献以上に共通もする基本的な語彙であるということが言えるだろう。反対に、次のような訓読語については、専ら漢詩文類に使用される語もあることが予想され、やはり和文類には現れない。

131森然（イヨ、カナリ）
133飆悠（イコメク）
149長今（イヤメツラナリ／［聖教序日ー］）
156何遑（イツチカ／イヌル）
157氷斡（イカリフツ／ク［イ］ル）

他に、和文調査の過程で気付いた点を述べておく。

①「042逸物」を「いちもち」と書いた例が『大鏡』で一例見つかったが、用法としては字類抄の注文の内容に適っており、仮名書きであっても理解され得る語と言える。(19)

②「144いくはくはかり」は現れなかったが、近似の形の「いかはかり」はしばしば現れ、また「いくらはかり」もあった。

③「156いつちかいぬる」について、「いつち」の用いられる文脈を見ると、大方は「いつちかいぬる」に近い用法で使用されているが、(20)「いぬる」そのものと共に使用した例は現れなかった。

④「158いかゝせむ」については、「いかゝはせん」「いかにせん」「いかにせんする」の形で現れる頻度が高く、「いかゝせん(む)」という固定訓ではあまり用いられないようであった。

⑤「いかん」について、和文中では「いかに／いかなり」の形で示される。

歴史物語や軍記物語は文体の上で王朝物語や日記文学と同じく「仮名文に時に漢字を交えた仮名文学作品」のジャンルに属する一方で、和漢混淆文の持つ漢文訓読的な要素が少なからず現れており、(21)このことが語彙の現れ方にも反映しているようである。著者が男性であるものに関しては、漢字表記の割合も和文の中では比較的高いため、女流仮名文学に現れないこれらの漢字文字列が見られるのは極自然な現象と言えるだろう。

〈B〉説話

漢字片仮名交じり文の資料として、説話集を調査した。このうち『古本説話集』は片仮名資料ではないが、便宜的に当群に加えた。

①『法華百座聞書抄』…『法華百座聞書抄総索引』(小林芳規編、武蔵野書院、一九七五年)の索引・本文を使用。

②『打聞集』…『打聞集の研究と総索引』(東辻保和編、清文堂出版、一九八一年)の索引・本文を使用。

③『今昔物語集』…『今昔物語集索引』(小峯和明編、岩波書店、二〇〇一年)の索引、『新日本古典文学大系33-37』(岩波書店)の本文を使用。

④『古本説話集』…『古本説話集総索引』(山内洋一郎編、風間書房、一九六九年)の索引・本文を使用。

⑤『宝物集』…『宮内庁書陵部蔵本宝物集総索引』(月本直子・月本雅幸編、汲古書院、一九九三年)の索引・本文を

使用。活字本で□で表されていた不明瞭な文字は（　）で、欠損部は□で示した。抄物書きは通常の字体に改めた。

次に、各文献における用例を、『色葉字類抄』掲出順に示す。

＊表記（濁点、句読点）は各活字本に従うが、文字の大小は区別して示さない。
＊活字本編者が加えた振り仮名は省略した。
＊漢字を通行の字体に改めた場合がある。
＊頁数の表記は、使用した活字本に従った。
＊原則として、代表的な例のみを挙げることとする。
＊傍線著者。

**①法華百座聞書抄**

021引摂（佛法部／インセウ［ツ］）「若ハ十念ニヲヨハストモ、一念二念ナリトモ引攝セム」（ウ378）
023因縁（内典分／インエン／又人倫部）「佛道ナル因縁トモアラマシトオホヘ候ニ」（オ461）
110一切（イセツ［イツセツ］）「阿彌陀佛ト申ス内ニ一切ノ法文ノシカシナカラ具シ給ニヨリ」（ウ11）「一切ノ女人ハ」（ウ329）※他に「一切有情」「一切皆空」「一切苦」「一切衆生」（オ291）
111一渧（イツテイ）「タヽウマレテハヘリヲリ一テイノミツヲエテハヘリシマヽニ、ノトヲウルフルハヘラス」
138何況（イカニイハ／ムヤ［イカニ／イハンヤ］）「イカニイカニイハムヤ」（オ279）「何況ヤ、フカク信シアツクタノミタテマツラセタマハム功徳ヲヤ」（オ91）

139幾多（イクソハク／イクハクソ）「世々生々佛法ニオキテハヒトコトモタカヘシ、トチキリシコトハイクソハクソ」（オ229）「マシテ、百年ノ間タ、ナセルトコロノ三途ノ業イクソハクソ」（ウ371）
140幾何（イクハク）　141何所　142所幾　143嵆譏　144幾許　145多少「ハシリカヘルミチニ、イクハクモユカスシテ、シニイリヌ」（オ39）
146屑少（イサ、カ）「ヒトツフタツノ願ノ心ヲイサ、カノヘ申スヘキ也」（ウ360）
152孰與（イツレ）　153何焉「イツレカ佛性ノソナハラサル」（オ439）
154去來（同／イサ）「イサコ、ロミニ極楽ヘトヒテマイラムトオモヒテ、トヒマイリヌ」（オ148）
159威猛（イカメシ）　160器量「イカメシキ大威徳ノ龍王ノ形ヲ現シテ」（ウ86）
175疋文（イヤシ）「當来ノ導師彌勒モイヤシカルヘキカハ」（オ429）
183潔齋（イサキヨシ）「イサキヨキ御願トイカ許随喜シ給ラム」（ウ59）

## ②打聞集

132所謂（イハユル）「イハルユ（ユル）羅什三蔵也」（163）

134如何（イカン）　135云何　136奈何　137其奈「国王問給、「如何」」（42）

138何況（イカニイハ／ムヤ［イカニ／イハンヤ］）「此事ヲ承引ヌ大臣・公卿多。何況○唐人云物ハ、我立所ノ道ヲ、帝王ヨリ初メテ…」（356）

140幾何（イクハク）　141何所　142所幾　143嵆譏　144幾許　145多少「其後イクバクナクテウセニケリ」（162）

152孰與（イツレ）　153何焉「是ハ何物イヅレノ国ヨリ来ルゾ」（20）

168刑罰（イマシム）　169警策［禁（策）］　170禁固「深ク閉門テ、重クイマシメテヲキタレ」（24）

172好色（イロコノミ）「夜這ヲナムイミジキ好色デシ給ケル」（384）

176不審（イフ［ソ（フ）］カシ）177未審「タレトモ不知。不審ケレバ、御共ノ人ニ、「此ハタレガ御ワシマスゾ」ト問バ」（70）「朝ニ見テ、夕ニ不見程ダニ不審タヘガタウヲボユルニ」（105）「此異国ヨリ来ル法ハ、善悪不知ネバイマダ不審シ」（365）

183潔齋（イサキヨシ）「実ノ功徳ハ、我心ノ内ノ本体ノ清クイサ清ヨキ仏ニテイマスガルヲ思ヒ顕ナム」（7）「汝ハ真ニ潔聖ナリケリ」（189）

③今昔物語集

008一旦（イッタン）「今ハ一旦ニ此ヲ捨テ死ヌ」（①14-7）「人ノ世間ノ榮花ハ只一旦ノ夢幻ノ如シ」（④38-1）
021引摂（佛法部／インセウ［ツ］）「我レハ此レ、汝ヲ引摂セムト為ニ、常ニ来テ守護ス」（③441-14）
022引導（インタウ）「当来世ニ成仏シテ、無数ノ衆生ヲ引導スベシ」（①82-13）「我レ汝ガ父重正ヲ引導シ畢キ」（④36-13）
023因縁（内典分／インエン／又人倫部）「世間ノ無常必ズ可畏シ。出家ノ因縁ハ必ズ遂難シ」（①19-5）「罪業ノ因縁ハ宛モ万劫ヲ重タル巌ニ似タリ」（④38-1）※他に「十二因縁」
024因果（インクワ）「少シ仏法ヲ悟リ因果ヲ知テ」（①373-11）「因果ヲ信ジテ三宝ヲ敬フ」（③340-14）
036醫家（イケ）「生レ給テ後、物宣フ事無シ。医家ニ被問ルニ、申シテ云ク」（①380-5）
038一族（イツソク）「其ノ釈種ト云ハ、釈迦如来ノ御一族ヲ云也」（①223-10）
039一門（イチモン）「而ニ我ガ一門ニ出家セル者独モ無クシテ」（①60-7）
042逸物（イチフツ人也／イチモツ馬也）「軍百人許ナム逸物ニ乗テ引懸テ、飛ガ如クニシテゾ過候ヌル」（④510-3）

043 婬奔（夫婦分／インホン）「天性淫奔ニシテ心色メカシ」（③511-14）

044 婬欲（イム［ン］ヨク）「経師譬ヒ婬欲ニシテ発テ心ヲ焦スガ如クニ思フト云フトモ」（③331-5）

052 幼少「幼少ノ時ヨリ法花経ノ第八巻ノ普門品ヲ読奉レリ」（③540-7）

054 有職（人情部／イウショク／又人事部）「難堪キ事多カリケレドモ、本ヨリ有職ナル者ニテ」（⑤504-7）

055 一心「法花経ヲ聞キ奉テ、一心ニ信仰セムニ」（①338-8）「永ク飲食ヲ断テ、一心ニ念佛ヲ唱ヘテ怠ル事無シ」（③388-3）

056 一期（イチコ）「一期ノ後ハ是空キ也」（③31-13）

061 異體（イテイ／已上別［列］様詞）「髪ハ乱レテ異体ノ物ヲ腰ニ引キ懸テ有リ」（③180-11）

062 意趣（イシウ）「聖人、意趣ヲ具ニ語リ給フ。王、此ノ事ヲ聞、貴ビ給フ事無限シ」（②18-11）

067 一定（疑詞）「季武、『然ハ一定カ』ト云ケレバ」（⑤175-13）「実ニ一定其ノ衣ト見給ハヾ」（⑤316-1）

085 一院（尊遺（者）部）「一院ノ内ノ人、皆此レヲ聞テ継テ、行テ聞クニ、其音有リ」（③248-15）

100 衣裳（ーー部／イシヤウ）「速ニ衣裳ヲ洗ヒ浄メ、身躰ニ沐浴セムト思フ」（③406-3）

101 衣冠（イクワン）「可参キ由被催タリケレバ、皆衣冠シテ参タル也」（⑤192-14）

104 隠居（〈インキヨ〉／〈盃酒分〉）「只隠居ヲ好ム心ノミ有リ」（③249-6）

110 一切（イセツ［イツセツ］）「亦、心ニ一切ノ事ヲ知レリ」（③203-5）「観音ハ一切ノ衆生ノ願ヲ満給フ事、祖ノ子ヲ哀ガ如シ」（③470-7）※他に「一切経」「一切衆」「一切衆生」「一切種智」「一切如来」「一切法界」

111 一渧（イツテイ）「水瓶ヲ傾ケテ、竜ニ授クルニ、一渧許ノ水ヲ受ツ」（④250-1）

126 一搩手半「衣ヲ脱テ仏師ニ与ヘテ、一搩手半ノ地蔵ノ像ヲ造リ奉テケリ」（④51-8）※一搩手は仏像の寸法を計る単位。親指と中指を張りつめた幅。約八寸。一搩手半はその一・五倍。

127一生不犯「其ノ外ニカノ一生不犯ノ僧ナレドモ入ル事無シ」（③135－9）

129早晩（イツカ／［イツシカ］／［□□之義也］）「夜ノ遅ク明ルヲイツシカト待程ニ」（⑤10－15）「口早カリケル僧ナレバ、何シカ、会フ人毎ニ此ノ事ヲ語リケレバ」（⑤469－2）

130引唱（イサナフ）「此ノ唱フ人ノ後ニ立テ行ク程ニ」（⑤467－9）※誘ナフ「我レ袈裟ヲ着テ諸ノ鹿ヲ誘ナフ」（①21－6）※率フ「『行テ聴聞シ給へ』ト率フ」（④286－12）

132所謂（イハユル）「大臣ノ御子ヲ産メリ。所謂ル淡海公、此レ也」（④322－15）

134如何（イカン）「『此レニ依テ正法五百年ヲ促メタリキ。其過ガ如何』ト」（①294－6）

138何況（イカニイハ／ムヤ［イカニ／イハンヤ］）「何況ヤ、心有ラム人ハ、必ズ恩ヲバ可知キ也」（⑤377－11）

144幾許（イクハクハカリ）「令度給ハム功徳幾許ヤ」（③74－4）※幾計「如此キノ霊験幾計ゾ」（③35－11）

150糸惜（イトヲシ）「万人ニ、『極テ糸惜』ト見スル姿シテゾ渡シケル」（④380－6）

151不知（イサ／イサシラス）「不知ヤ。其事難知シ」（④403－14）「不知、吉モ不思エド、某丸ト云男ノ」（⑤24－10）

152孰與（イツレ）　153何焉「今昔、東ノ方へ行者有ケリ。何レノ国トハ不知」（⑤80－2）

154去來（イサ）「亀、『然ラバ、イザ給へ』ト云テ」（①460－11）「猿ノ居ルゾ。去来、行テ見ム」（⑤374－8）※去来去来「皆行クニ、則光ヲモ「去来々々」ト倡ヒ将行ケバ」（④352－9）※去来サセ給へ「可然ニコソハ候フラメ。去来サセ給へ、己ガ家へ」（⑤26－6）※去来給へ「此ノ若キ男、『去来給へ』ト云テ、具シテ」（⑤467－15）

158何為（イカ、セム［ン］）「若シ此ル大人寄来タラバ何ガセムト為ル」（⑤482－3）

159威猛（イカメシ）　160器量「前ノ物ナド器量シク、酒ナド有レドモ」（③523－1）「形チ器量メシクテ色白シ」（④537－15）「器量ク大キナル白キ狗也ケリ」（⑤477－5）

161利鬼（イラ、ク／ー臂也）「乗タル狐モ、師子ノカク項ノ毛ヲイラヽケ、耳ヲ高ク指ヲ見ルニ」（①449－13）※イ

ラ、カス「鼻ヲ吹キイラ、カシテ、歯ヲ上咋テ鬚ヲイラ、カシテ居タリ」（②325-14）
164半漢（イサム）　165勇［曾（勇）］堪　166沛艾《［ハイガイ］》「若ク勇タリケル者ナレバ」（④367-8）
168刑罸（イマシム）　169警策［筞（策）］　170禁固「此等ニ刑罸ヲ不与ズシテ返テ官禄ヲ給フ」（③128-4）
171経営（イトナム）「様々ノ魚ヲ造リ、極ク経営ス」（⑤77-9）
172好色（イロコノミ）「極タル色好ニテ、色好ミケル盛ニ」（⑤396-11）
174忽諸（イルカセン［ニ］ス）「亦、常陸守ノ仰ヌル事ヲモ、事ニ触レテ忽緒ニシケリ」（④517-7）
176不審（イフ［ソ（フ）］カシ）「京ニ有ル我ガ不審シト思フ妻也ケリ」（⑤458-3）「弥ヨ不審ク思ヒ臥タル程ニ」（⑤458-11）※不審（フシム）「年来ノ不審ム積タリ」（④64-16）
178掲焉（イチシルシ）「祈リ奉ルニ験シ掲焉クシテ」（⑤441-11）※掲焉（ケチエン）「亦、霊験掲焉ナル事有テ、僧正ニ被成ニケリ」（⑤105-6）
183潔齋（イサキヨシ）「忽ニ女ニ沐浴潔斎セサセテ、精進ヲ始ム」（⑤84-8）

④古本説話集

044婬欲（イム［ン］ヨク）「このほうしのとしごろのいんよくといふ物をためをかせ給へりけるなりけり」（巻下／第六二／110オ）
067一定（疑詞）「一定極楽へまいらせ給ぬらん」（巻上／第二／11オ）
110一切（イセツ［イツセツ］）※一切衆生「一切衆生のくをぬかんと思ひてこそ」（巻下／第五六／84ウ）
138何況（イカニイハ／ムヤ［イカニ／イハンヤ］）「いかにいはむや、左右のたな心をあはせて、ひたひにあてゝ」（巻下／第七〇／136ウ）

140幾何（イクハク）　141何所　142所幾　143崁識　144幾許　145多少「其後、いくばくもなくて」（巻下／第五七／87ウ）
146屑少（イサ、カ）「いさゝかもはたらかば、たにゝをちいりぬべし」（巻下／第六十四／113ウ）「いさゝか心くるしきこともなくて」（巻下／第六五／120ウ）
150糸惜（イトヲシ）「いみじうしろう、みるにうたせむ事のいとをしうおぼえければ」（巻上／第四四／57ウ）「いとをしくいみじくて」（巻下／第四八／65ウ）
151不知（イサ／イサシラス）「いさ、我は、そのかねうづみもちてはじやになるめれば」（巻下／第五五／84オ）「『いさしらず』とのみいふなる」（巻下／第六五／121ウ）
152孰與（イツレ）　153何焉「いづれをかまいらすべき」（巻上／第九／22オ）
154去來（イサ）「さは、いざ、きよみづへ」（巻下／第五七／88オ）
158何為（イカ、セム［ン］）「かゝるあやしの物は、たゞうちみてすてんをば、いかゞせん」（巻下／第五四／79オ）
167簡略（イサ、カナリ［也］）「申ことのいとをしければ、いさゝかなることはからひ給をはりぬ」（巻下／第五八／90ウ）
168刑罰（イマシム）　169警策［筞（策）］　170禁固「つみにまかせて、おもくかろくいましむることあり」（巻上／第四四／57オ）
172好色（イロコノミ）「よにいみじき色ごのみは本院の侍従、みあれの宣旨と申たる」（巻上／第八／21ウ）「かゝるいろごのみにならせ給へる御ふるまひ」（巻上／第四〇／53ウ）
173固辞（イナフ）「くにのうちにある物なれば、えいなびきこえで」（巻下／第六一／106ウ）

⑤宝物集

023因縁（内典分／インエン／又人倫部）※十二因縁「尺尊之仏法ヲヒロメ給ニモ十二因縁ヲトキ」（24オ8）

044婬欲（イム［ン］ヨク）「命ヲ失フ婬欲ニタムラカサル、カユヘナリ」（35ウ4）
110一切（イセツ［イッセツ］）「一切之諸法ニヲイテヒトノコ、ロカクノコトシ」（24ウ14）※他に「一切有為法」「一切衆生」「一切諸仏」「一切諸法」「一切宝」
129早晩（イツカ／［イツシカ］／［□□之義也］）「ワスラレテシハシマトロムホトモカナイツカハキミヲユメナラテミム」（15ウ9）
132所謂（イハユル）「イワユル殺生偸盗婬酒妄語ナリ」（32オ7）
147聞道（イフナラク）　148言説「イウナラクナラクノソコニイリヌレハセチリモスタモカワラサリケリ」（9オ5）
150糸惜（イトヲシ）「院モイトヲシクヲホシメシケルナメリ」（4オ4）
152孰與（イツレ）　153何焉「イツレカ残害ナラストイウコトアル」（9ウ11）
171経営（イトナム）「ミナ聴聞スヘキコトヲイトナム」（31ウ3）
172好色（イロコノミ）「昔色コノミヒトニ愛セラレシトキ」（21ウ12）

以上の用例の要点を、左にまとめて示す。また説話集と『色葉字類抄』の語彙を比較した結果を、〔表B〕に示した。

〔表B〕
◎…漢字表記と仮名表記の両形あり。
○…音読語について漢字表記、訓読語について仮名表記か他表記あり。
●…音読語について仮名表記、訓読語について漢字表記あり。
＊参考までに、『宇治拾遺物語』『十訓抄』『沙石集』（『新編日本古典文学全集』（ジャパンナレッジ＋）により検索）の用例を加えた。

| | 百座 | 打聞 | 今昔 | 古本 | 宝物 | 宇治 | 十訓 | 沙石 | 備考 |
|---|---|---|---|---|---|---|---|---|---|
| 008 一旦 | | | ○ | | | | ○ | ○ | |
| 019 遊女 | | | | | | | ○ | ○ | |
| 021 引摂 | ○ | | ○ | | | | | ○ | |
| 022 引導 | | | ○ | | | | | ○ | |
| 023 因縁 | ○ | | ○ | | ○ | | ○ | ○ | |
| 024 因果 | | | ○ | | | | | | |
| 027 意見 | | | | | | | ○ | ○ | |
| 031 以來 | | | | | | | ○ | ○ | |
| 033 由緒 | | | | | | | ○ | ○ | |
| 036 醫家 | | | ○ | | | | | | |
| 038 一族 | | | ○ | | | | | ○ | |
| 039 一門 | | | ○ | | | | | | |
| 042 逸物 | | | ○ | | | ○ | ○ | | |
| 043 婬奔 | | | ○ | | | | | | |
| 044 婬欲 | | | ○ | ● | ○ | | | ○ | |
| 048 遊宴 | | | | | | | ○ | | |
| 050 幼稚 | | | | | | ○ | | ○ | |
| 052 幼少 | | | ○ | | | ○ | | ○ | |

| | | | | | | | | | |
|---|---|---|---|---|---|---|---|---|---|
| 054 有職 | | | ○ | | | | | | |
| 055 一心 | | | ○ | | | | | | |
| 056 一期 | | | ○ | | | | | ○ | |
| 057 慇懃 | | | | | | | ○ | | |
| 060 異様 | | | | | | ○ | | ○ | |
| 061 異體 | | | ○ | | | | | | |
| 062 意趣 | | | ○ | | | | ○ | | |
| 067 一定 | | | ○ | ○ | | ○ | | ○ | |
| 071 遊覧 | | | | | | | ○ | | |
| 076 優長 | | | | | | | ○ | | |
| 078 隠居 | | | ○ | | | | | ○ | |
| 080 隠遁 | | | | | | | | ○ | |
| 085 一院 | | | ○ | | | | | | |
| 098 移徙 | | | | | | | ○ | ○ | |
| 100 衣裳 | | | ○ | | | | | | |
| 101 衣冠 | | | ○ | | | | | | |
| 110 一切 | ○ | | ○ | ※ | ○ | | | | ※一切衆生 |
| 111 一渧 | ○ | | ○ | | | | | | 百座・一テイ |
| 118 飲羽 | | | | | | | ○ | | 十訓抄は漢文部分 |

| 121 優劣 | 125 一人當千 | 126 一探手半 | 127 一生不犯 | 129 早晩イツカ・イツシカ | 130 引唱イサナフ | 132 所謂イハユル | 134 如何 | 138 何況イカニイハムヤ | 139 幾多イクソハク | 140 幾何イクハク | 141 何所 | 142 所幾 | 143 嵗識 | 144 幾許 | 145 多少 | 146 屑少イサヽカ | 147 聞導イフナラク | 148 言説 |
|---|---|---|---|---|---|---|---|---|---|---|---|---|---|---|---|---|---|---|
| | | | | | | | | ◎ | ○ | ○ | | | | | | ○ | | |
| | | | | | | ○ | ● | ● | | ○ | | | | | | | | |
| | | ○ | ○ | ○ | ○ | ● | ● | ● | | | | | | ● | | | | |
| | | | | | | | | ○ | | ○ | | | | | | ○ | | |
| | | | | ○ | | ○ | | | | | | | | | | | ○ | |
| | ○ | | ○ | | | | | | | | | | | | | | | |
| ○ | ○ | | | | | | | | | | | | | | | | | |
| | | | | | | | | | | | | | | | | | | |
| | | | | | | | | | | | | | | | | | | |

| | | | | | | | | | |
|---|---|---|---|---|---|---|---|---|---|
| 150 糸惜イトヲシ | | | ● | ○ | ○ | | | | |
| 151 不知イサ・イサシラス | | | ● | ○ | | | | | |
| 152 孰與イツレ | | | | | | | | | |
| 153 何焉 | ○ | ○ | ○ | ○ | ○ | | | | |
| 154 去來イサ | ○ | | ◎ | ○ | | | | | |
| 158 何為イカヽセム | | | ○ | ○ | | | | | |
| 159 威猛イカメシ | ○ | | | | | | | | |
| 160 器量 | | | ● | | | | | | |
| 161 利鬼イラヽク | | | ○ | | | | | | 今昔・イラヽカス |
| 164 半漢イサム | | | | | | | | | 今昔・勇タル |
| 165 勇堪 | | | ○ | | | | | | |
| 166 沛艾 | | | | | | | | | |
| 167 簡略イサヽカナリ | | | | | | | | | |
| 168 刑罰イマシム | | | ● | | | | | | |
| 169 警策［筞(策)］ | | ○ | | ○ | | | | | |
| 170 禁固 | | | | | | | | | |
| 171 経營イトナム | | | ● | | ○ | | | | |
| 172 好色イロコノミ | | ● | 色好 | ○ | 色好ミ | | | | |
| 173 固辞イナフ | | | | ○ | | | | | |

| | | | | | | | | | |
|---|---|---|---|---|---|---|---|---|---|
| 174 忽諸 | | | ● | | | | | | |
| 175 疋文イヤシ | ○ | | | | | | | | |
| 176 不審 | | ● | ● | | | | | | |
| 178 掲焉 | | | ● | | | | | | |
| 183 潔齋イサキヨシ | ○ | ○ | ● | | | | | | |
| 184 清澄 | | | | | | | | | |

**①法華百座聞書抄**

・漢字が一致するもの…「引摂」「因縁」「一切」「何況ヤ」

・音が一致するもの…なし（「一テイ（一渧）」）

・訓が一致するもの…「イカニイハムヤ」「イクソハク」「イクハク」「イサヽカ」「イツレ」「イサ（去来）」「イカメシ」「イヤシ」「イサキヨシ」

＊「イ」で始まる字音語㉒…「イカウ」（ウ111）「一々」（オ26・ウ218・ウ387）「一行」（オ36・ウ243）「一月」（ウ370）「一偈」（オ90・オ196・オ371・オ404・オ463）「一恒河沙」（オ377）「一字」（オ38・オ45・オ49）「一事」（オ359）「一乗」（ウ286）「一乗妙法蓮華経」（オ179）「一善」（オ42・オ65・オ95）「一代教主」（ウ217）「一日」（ウ7）「一念」（ウ378）「一年」（ウ370）「一百座」（オ1）「一部」（オ281・ウ261）「一佛乗」（ウ284）「一品」（オ281・オ301・オ309・ウ357）「一句」（オ90・オ196・オ281・オ371・オ404・オ463）「一巻」（オ358・ウ254・ウ254・ウ258・ウ415・ウ421）「一草」（ウ95）「一四句偈」（オ381）「一針」（ウ95）「一体」（オ333・ウ112・ウ357）「一中劫」（ウ366）「印鏡」（オ364）

**②打聞集**

・漢字が一致するもの…「如何」「何況」「好色」「不審シ」
・音が一致するもの…なし
・訓が一致するもの…「イハルユ（ユル）」「イクバク」「イヅレ」「イマシム」
＊「183潔齋（イサキヨシ）」について、「イサ清ヨキ」「潔」の例がある。
＊「イ」で始まる字音語…「異国」「一尺」「已前」「一宿」「一事」「一時」「一丈」「一条」「一二丁」

### ③今昔物語集

・漢字が一致するもの…「一旦」「引摂」「引導」「因縁」「因果」「医家」「一族」「一門」「逸物」「淫奔」「婬欲」「幼少」「有職」「一心」「一期」「異体」「意趣」「一定」「一院」「衣裳」「衣冠」「隠居」「一切」「一渧」「一搩手半」「一生不犯」「所謂ル」「如何」「何況ヤ」「幾許」「糸惜」「不知」「去來」「器量シ」「刑罰」「経営」「忽緒」「不審シ」「掲焉シ」「潔斎」
・音が一致するもの…なし
・訓が一致するもの…「イツシカ／何シカ」「何レ」「イザ（去来）」「何ガセム」「色好（ミ）」
＊「130引唱（イサナフ）」について、「倡フ」「誘ナフ」「率フ」がある。
＊「161利鬼（イラ、ク／ー臂也）」について、「イラ、カス」がある。
＊「164～166イサム」について「勇タル」がある。
＊「イ」で始まる字音語…「已講」「異香」「移郷」「異口同音」「已下」「以下」「威験」「以後」「異国」「倚子」「移住」「医道」「一葉」「一荷」「一合」「一騎」「一行」「一旬」「一具」「一丸」「一夏」「一夏九旬」「一劫」「一歳」「一艘」「一字」「一寺」「一時」「一四句偈」「一七日」「一朱」「一乗」「一乗要決」「一事」「一前」「一善」「一駄」「一代教主」「一団」「一摶」「一秩「一丈」「一陣」「一塵」「一頭」「一条」「一帖」「一男」「一二」「一日一夜」

「一日一夜」「一任」「一念」「一倍」「一陪」「一房」「一枰」「一局」「一番」「一補」「一部」「一仏」「一分」「一辺地」「一麻」「一枚」「一万」「一米」「一面」「一毛」「一物」「一文」「一文一句」「一由旬」「一繭」「一里」「一両」「一領」「一類」「一和上」「一員」「一戒」「一茎」「一斤」「一軀」「一果」「一菓」「一巻」「一家」「一間」「一石」「一国」「一双」「一山」「一子」「一紙」「一生」「一床」「一夕」「一尺」「一宿」「一升」「一称一礼」「一身」「一寸」「一千」「一千軀」「一千日」「一束」「一足」「一孫」「一体」「一党」「一段」「一町」「一張」「一点」「一天下」「一足」「一百」「一表」「一遍」「一品」「異名」「医薬」「異類」「医療」「印契」「引声」「引接」「婬女」「印仏性」「印鎰」「婬穢」

**④古本説話集**

・漢字が一致するもの…「一定」「一切（衆生）」
・音が一致するもの…「いんよく」
・訓が一致するもの…「いかにいはむや」「いくばく」「いさゝか」「いとをし」「いさ／いさしらず（不知）」「いづれ」「いさ（去来）」「いかゞせん」「いさゝかなり」「いましむ」「いろごのみ／色ごのみ」「いなぶ」
＊「イ」で始まる字音語…「猶過」「衣架」「いちぜん（一善、正しくは一念か）[23]」「一前」「一条」「一度」「一尺」「一段」「一斗」

**⑤宝物集**

・漢字が一致するもの…「因縁」「婬欲」「一切」
・音が一致するもの…なし
・訓が一致するもの…「イツカ」「イワユル」「イウナラク」「イトヲシ」「イツレ」「イトナム」「色コノミ」

＊「イ」で始まる字音語…「一生」「姪女」「一角仙人」「一見於女人」「一劫」「一草一針」「一種」「一聲」「一千由旬」「一代聖教」「一宅」「一中劫」「一條」「一天下」「一天四海」「一度」「一日」「一念」「一年」「一分」「一品」

今回の調査に用いた文献はいずれも「説話集」に分類して差し支えのない内容を有すると考え一グループを形成したが、一様に扱うためには種々の問題を認識しておく必要がある。例えば、同じ漢字片仮名交じり文であっても表記体の差異[24]は全体の漢語・和語の量に影響していると考えられるし、そもそも『古本説話集』は平仮名文であること[25]、また他の四本に比べて『今昔物語集』の総語彙（漢語）量が多く特殊であること[26]、同作品中でも部分や巻によって語彙の種類に差があること等[27]は念頭に置いておかねばならない。しかし、和文の場合と同様に、三～五文献に共通して出現する語彙については説話集に見られる基本的な語彙として想定で出来るだろう。各文献の特異性は、語彙検討の中で見ていきたい。

＊以下、『法華百座聞書抄』→①・法華百座、『打聞集』→②・打聞集、『今昔物語集』→③・今昔、『古本説話集』→④・古本説話集、『宝物集』→⑤・宝物集と略することがある。

まず、漢字文字列の調査の結果、説話集（補足に用いたものを除く）に見られた熟語は四〇語（異なり語数）であった。このうち五文献あるいは四文献共通に現れる語はなかった。三文献共通の語は「因縁」（①③⑤）「一切」（①③⑤）「何況」（①②③）の三語、二文献共通の語は「引摂」（①③）「婬欲」（③⑤）「一定」（③④）「如何」（②③）「不審」（②③）の五語であり、二文献以上に共通する語の数は四〇語中八語であった。

この八語全てが③今昔に含まれることについては、総語彙量からも当然の結果と言え、同時に、他の今昔語彙（今昔のみに現れる字音語）の普遍性も高まったこととなる。従って、今昔にのみ現れる語彙を今昔特有の語彙とするのは早計であり、「(他の文献にも) 現れ得た」と考える方がより自然であろう。

各語の用法を確認しておくと、「一人」は和文と同様に「ひとりの人」の意味が優勢であり、字類抄に示された「イツシン」と同様の意味用法とは異なるものであった。ただし、『打聞抄』の用例中に「一人大臣」「一人長者」等の用法があることは、なお検討が必要であろう。

次に、右に挙げた「因縁」「一切」「何況」「引摂」「婬欲」「一定」「如何」「不審」の八語について、まず名詞用法の「因縁」「婬欲」は仏教・世俗・一般説話集において使用頻度の高い用語であって、音読の熟語として現れるものと考えて特に問題はないだろう。同じく仏教用語の「引摂」はサ変動詞の語幹か名詞として使用されている。「一切」は「一切衆生」など仏教用語の一部として用いられるのみでなく、「一切ノ(之)」「一切ヲ」など単独での用法が①③⑤において見られた。「一定」については③④で各一例「必ず・疑いもなく」の意味での用法が確認され、字類抄の注文の「疑詞」にも対応している。以上の五語は字類抄に音読の熟語として挙げられた語彙であるが、実際に、説話集中の用法でも音読語として使用されたと考えることが出来る。次に、訓読の熟語として挙げられた「不審」であるが、形容詞・形容動詞・名詞としての用法が見られる。形容詞用法では「不審シ・不審ケレ」などの送り仮名を有し、字類抄の「イフカシ」の読み・用法に合致している。形容動詞用法では「不審ナリ」、名詞用法では「不審サ」「不審」の形で現れているが、字類抄には音読の「フシン」(フ部・畳字部)も収録されている。「何況」は、①③に「何況ヤ」とあり、②「何況」、①「イカニイハムヤ」④「いかにいはむや」とも合わせて、漢文訓読語でありながら、説話集の中で十分に根付いた語であったと言えるだろう。「如何」は和文では専ら「いか(に、なり)」の形でのみ現れていたが、説話集では打聞集、今昔でそれぞれ一例、四例現れ、いずれも会話文で用いられている。

五文献のうち一文献にしか用例の出ないものは、一語を除き全て今昔の例である。唯一②打聞集で「好色」の一例が見えるが、この語は③④⑤でも「色好（ミ）」「色コノミ」「イロコノミ」という形で現れており、『打聞集』の特徴語とは言えない。[28] 残る今昔のみの三一語は、「一旦」「引導」「因果」「医家」「一族」「一門」「逸物」「淫奔」「幼少」「有職」「一心」「一期」「異体」「意趣」「一院」「衣裳」「衣冠」「隠居」「一渧」「一搩手半」「所謂ル」「幾許」「糸惜」「不知」「去來」「器量シ」「刑罰」「経営」「忽緒」「掲焉シ」「潔斎」である。この中で、字類抄に訓読の熟語として掲載された「所謂ル」〜「潔斎」のうち、「経営」「潔斎」は、今昔ではサ変動詞の音読例のみがあり、「刑罰」も音読された可能性が高い。他の訓読の熟語について、「所謂ル」「器量シ」「掲焉シ」などの送り仮名を有する語は、それぞれ字類抄の訓の通り「イハユル」「イカメシ」「イチシルシ」として使用されたのであろうし、「幾許」「糸惜」「不知」「去來」「忽緒」も字類抄の訓どおりに読まれたと考えるのが妥当であろう。今昔のみに現れた音読の熟語は、「一旦」「引導」「因果」「医家」「一族」「一門」「逸物」「淫奔」「幼少」「有職」「一心」「一期」「異体」「意趣」「一院」「衣裳」「衣冠」「隠居」「一渧」「一搩手半」の二〇語で、これらは字類抄で音読語に分類されただけでなく、今昔の中で実際に音読されたものと考えられる。このうち「因果」「一門」「逸物」「有職」「一心」「一院」「衣裳」「衣冠」は和文の歴史物語でも出現した語彙であった。また、「一渧」は法華百座中に「一テイ（ノミツ）」の例があった。これ以外の「一旦」「引導」「医家」「一族」「淫奔」「幼少」「一期」「異体」「意趣」「隠居」「一渧」「一搩手半」の一二語は、今回調査した和文・仮名交じり文の資料の中では今昔のみに現れる語として注意しておきたい。尚、「一搩手半」は、字類抄で「一搩」という二字の熟語としても採録されている。

仮名表記の中に一例ある音読語「いんよく」（古本説話集）については、右で述べた通り、平仮名資料の中に見える特殊な現象であり、片仮名文の中では字音語は漢字表記される傾向があるということにも注目したい。[29]

次に、訓読の熟語を仮名表記したもの（ここでは「129イツカ／イッシカ」〜「183イサキヨシ」）について見る。説話集に出た訓読の熟語の異なり語数は二三語である。その内容を見ると、和文のみに出た語が「いきさし」「いるかせ」「いちしるし」、説話集のみに出た語が「イカニイハムヤ」「イフナラク」「イラ、ク」の各三語であり、残りの二〇語は重複する結果となった。(30) 重複した語は、文章の種類（文体）を選ばず一般的に理解される日本語の語彙であるということが出来るだろう。一方、説話集のみに現れた仮名表記語「イカニイハムヤ」「イフナラク」「イラ、ク」について、前二者は漢文訓読語であり和文に取り入れられていないことを理解出来る。しかし、「イラ、ク」の語は、「日国」に『落窪物語』『源氏物語』の用例が引かれるなど和文でも用いられていた語であり、院政期を中心とする和文（特に物語）に現れないことが偶然であるのか、徐々に和文では用いられなくなっていったのかは本調査のみからでは判断し難い。

さて、ここで注目しておきたいのは、和文では同じ語を仮名・漢字両用で表すものは『大鏡』の「所謂」と「いはゆる」のみであり、作品によらず仮名・漢字表記の規則が概ね定まっていたのに対し、説話集では同じ語を漢字で表記したり、仮名で表記したりという揺れが多く見られることである。これをよく見ると、法華百座中の「何況ヤ⇕イカニイハムヤ」や今昔中の「去来⇕イザ」などの同一作品中の不統一（あるいは書き分け）を除けば、主に今昔と他の作品間の対立であることが分かる。

「所謂（③）⇕イハユル（②⑤）」
「何況（①②③⑤）⇕イカニイハムヤ（①④）」
「幾許（③）⇕イクハク（①②④）」
「糸惜（③）⇕イトヲシ（④⑤）」
「不知（③）⇕イサ（④）」

「去来（③）⇕イザ（①③④）」
「器量（③）⇕イカメシ（①）」
「好色（②）⇕イロコノミ（③④⑤）」

これは、漢字を主体とする今昔の表記体の性質に由来するものであり、漢字表記の用例の有無を「説話集」全体に拡大するのは誤った方法と言えそうである。音読の熟語について、今昔のみに見出せる用例を今昔の特徴語彙とするのは早計である旨を先に述べたが、「所謂ル」「幾許」「糸惜（シ）」「不知」「去来」「器量シ」などの訓読の用例はあくまで今昔のみの用例として認識しておきたい。

最後に、「イ」で始まる字音語として挙げた各文献の熟語のうち「一」を冠する語を除き、残った語と字類抄収録語彙を比較して、重複するものに傍線を付した。この結果、和文にも現れた「已講」「倚子」「衣架」の三語のみが重複しており、他の語は字類抄に採録されていないことが分かった。

①「已講」「印鏡」
②「異国」「已前」
③「已講」「異香」「移郷」「異口同音」「已下／以下」「威験」「以後」「異国」「倚子」「医道」「異名」「医薬」「異類」「医療」「印契」「引声」「引接」「婬女」「印仏性」「印鎰」「婬穢」
④「猶過」「衣架」
⑤「婬女」

追加調査として、『今昔物語集の語法の研究』（前掲）に挙げられている今昔の二字漢語（サ変動詞の語幹に限る）のうち、「あ・う・え・お」を頭音に持つ次の一五語と字類抄語彙の比較を試みたところ、約半数が字類抄に現れた。

「愛惜」「愛念」「愛楽」「哀愍」「哀憐」「悪事」「押領」「暗誦」「安置」「安楽」
「延年」「擁護」「臆気」「臆病」「飲食」

また、櫻井氏は別の御調査で、[31]『今昔物語集』『古今著聞集』『沙石集』『平家物語』『宇治拾遺物語』『撰集抄』『発心集』『古本説話集』『閑居友』『唐物語』の中で「他と共通せぬ二字から成る漢語サ変」を挙げておられるが、そのうちイを頭音に持つものを抽出し字類抄と比較すると、以下の通りである。

今昔物語集——「移郷」「移住」「衣冠」「一倍」「引導」
古今著聞集——「優如」（優恕）「遊覧」「一同」
沙石集————「憂愁」「幽閉」
平家物語———「引率」
撰集抄————「優遊」「一登」

ここに、今回の説話集調査で見出せなかった「遊覧」「優遊」「引率」の例があることには注意したいが、同時にこれらの語が、説話集で用いられる基本的な語彙の性格とは若干の隔たりがある、という傾向も示していると言えるのではないだろうか。ただし、「引導」は後に述べるように『沙石集』にも出る語である。

他に、説話集調査の過程で気が付いた点を述べる。

①「158イカヽセム」の用例は③④でしか見つからなかったが、②でも「イカヽセムスル」「何セムスル」の形で各一例あり、またさらに③で「イカニセム」「イカヽハセム」、④で「いかゞせまし」「いかゞせんずる」「いかゞはせむ」「いかゞはせむずる」の形が存在した。

②「162イマヨリコノカタ」「157イカリフツクル」は索引によっては検索が困難な語彙であるが、それぞれ「イマ」「イカリ」に注目して検索しても現れなかった。近似の語として今昔で「忿リ突居ル」[32]が在った。

③「144イクハクハカリ」について、今昔の「幾許」以外に用例が現れなかったが、「イカハカリ」「イカ許」「イクラハカリ」(法華百座)、「何許」「何計」「何ソ許」「幾時許」「何ラ許」「何ラ計」(今昔)、「いかばかり」(古本説話集)、「イカハカリ」(宝物集)の形が存在した。

④「156イツチカイヌル」について、「イツチ」の用いられる文脈を見ると、「イツチカイヌル」に近い用法で使用されているが[33]、「イヌル」と共に使用した例は現れなかった。

⑤法華百座中で「イカヽセム」の用例がなかったが、「イカヽ」を含む以下のような類似の用例が見つかった。

「イカヽシタリケム」(オ269)

「イカヽスヘカラムトヲモヒテ」(オ415)

「イカヽシ給トオホシテ」(ウ17)

「サテ其レハイカヽセラルヘキ」(ウ81)

「イカヽスヘカラムト思テ」（ウ85）
「イカヽアラムスラム」（ウ327）

⑥今昔中で、「幾」「聊」「営、営ム」「辞ブ」「禁ム」「縛ム」「誡ム」「苟シ」「卑シ」「弊シ」「賤シ」など、「イクハク」「イサ、カ」「イトナム」「イナフ」「イマシム」「イヤシ」に該当し得る語は存在したが、採らなかった。
⑦和文に出なかった以下の語群は、説話集でも現れなかった。

131森然（イヨヽカナリ）
133飆悠（イコメク）
149長今（イヤメツラナリ／［聖教序曰ー］）
156何遑（イツチカ／イヌル）
157氷餘（イカリフツ／ク［イ］ル）

〈C〉漢詩文

漢詩文集である『本朝無題詩』の語彙を調査した。

韻文調査の対象として、他には和歌資料が考えられる。詞書などの漢文で示される部分を除けば、本文の和歌の語彙には漢語を使用しないのが原則であるが、和文の場合と同様に、全く使用されないという訳ではないという実態が窺える。(34) しかし、概観するに、それらは和文で使用され得る漢語と重複しており、和歌特有に扱われる漢語の存在を認めることは出来なかったため、今回の調査では、音読・訓読の熟語共に〈A〉の和文資料の調査を以て代えることとした。ただし、和歌に特有の所謂「歌語」については、「〈F〉辞書」の項目で若干取り扱った。

また、同時代の釈教歌である『極楽願往生歌』を調査したところ、「イチ子ム（一念）」などの漢語使用は確認出来たが、今回の調査範囲に該当する語彙を見出すことは出来なかった。

『本朝無題詩』の用例を、『色葉字類抄』掲出順に示す。

＊『『本朝無題詩』の諸本の研究』（代表：久保田淳、一九九四年）の索引・本文を使用した。また、『本朝無題詩全注釈』（本間洋一、新典社、一九九二〜一九九四年）の注釈を参考にして「※」以下に示したものがある。
＊漢字を通行の字体に改めた場合がある。
＊整理番号は、使用した活字本に従った。
＊特に注記しない限り全ての用例を挙げるものとする。

## 本朝無題詩

001陰晴《クモルハル》（イム［ソ］セイ／天部）
「東南林暁任陰晴」（178-04）※東南の空は晴れたりくもったり
「陰晴霧雨映斜陽」（388-04）
002陰雲（インウン）
「松形山暗陰雲底」（404-03）
005遊糸（春空也［毛］／イウシ）
「遊糸繚乱望蒼蒼」（197-02）※糸遊は入り乱れ、春らしい空が広がっている
007偸閑（イウカン／時尅分）
「一日偸閑出鳳城」（545-01）※ある日暇を見つけて宮城を出

「偸閑出洛避喧嘩」（590-01）※暇をみつけて都をぬけ出し
「偸閑策馬也脂車」（642-01）
「偸閑乗輿出囂塵」（701-01）

009幽奇（イウキ／地部）
「地誇仙洞幽奇趣」（005-03）※仙境の奥深い趣が自慢で
「風煙水石幽奇地」（284-03）
「泉石幽奇看未厭」（286-09）
「一逐幽奇風景冷」（371-01）
「林亭寂寞也幽奇」（385-01）
「幽奇霊崛號熊野」（479-01）
「幽奇旁似畫〔畫〕圖屏」（487-02）
「幽奇形勝稀来去」（539-07）
「風流四面太幽奇」（563-02）
「桑艾幽奇被世知」（641-04）
「洞裏幽奇今古傳」（691-01）
「寺深地勝最幽奇」（724-01）
「上界幽奇素所聞」（738-01）
「物色幽奇傷客意」（766-07）

010幽玄（イウクヱ〔ケ〕ン）

「談僧漸識幽玄理」（565-07）※僧と語り合って、御仏の教えの深遠な道理を知り

012 隠路（イム［ン］ロ）

「牆隠路細柳依依」（448-04）※垣根の陰に、路は細く通っていて

017 幽谷（五岳分／イウコク）

「鳥囀關關幽谷中」（212-10）※鶯は（春先とて）奥深い谷でさえずっているようだ

「素意久栖幽谷月」（764-13）

019 遊女（河海部／イウチョ／舟艤分／又夫婦分）

「于時、遊女群来、唱歌曲」（317-10）

021 引摂（佛法部／インセウ［ツ］）

「毎憑引接（攝）涙難禁」（479-08）※彼岸への願いを頼むごとに

「心憑引攝涙先濟」（720-08）※浄土へのお導きにすがって

023 因縁（内典分／インエン／又人倫部）

「池臺佳會何因縁」（368-01）※この池台での佳会はどのような前世の縁によるのであろうか

「宿業因縁雖甚拙」（736-07）

031 以來（イライ）

「草創以来経幾歳」（640-03）

048 遊宴（イウエン）

「三日佳期遊宴幷」（094-02）

「歌酒家家遊宴春」（198-04）

「終宵遊宴興彌添」（256-08）
「猶催遊宴漏徐闌」（332-08）※遊宴に時を過ごして
053
邑老（民俗分／イウラウ）
「勧盞毎朝牽邑老」（096-05）※毎朝酒杯を勧め村老を呼び寄せ
「邑老語云、古人殖唐蘆之種、四時不枯也」（485-07）
「苞甌土宜邑老傳」（486-06）
055
一心
「縦使一心歸願海」（593-07）※たとえひたすら御仏の慈悲にすがるにしても
「一心恭敬禮三身」（634-08）
056
一期（イチコ）
「一期運命述懷落」（699-09）※己の一生涯の運命
065
意氣（イキ）
「意氣独高一醉中」（085-10）※その意気たるや（欲を求めて）酔えるが如き世にあってなお軒昂で
「醉中意氣如春暖」（342-05）
071
遊覧（イウラン／逍遥分）
「春日遊覧」（214-00）
「暮秋遊覧大井河」（467-00）
072
遊放（イウハウ）
「賓主連襟遊放辰」（020-01）

「寄語斯時遊放士」（223－15）
「閑乗蕭辰遊放処」（284－01）
「遊放不知老暗侵」（366－02）
「終朝遊放忘塵事」（374－15）
「林亭遊放四望忽」（383－01）
「従朝遊放漸覃晡」（387－08）
「終朝遊放興徐闌」（425－08）
「従朝遊放日将曛」（466－08）※朝から日暮れまで気儘に遊んで
「遊放未終忘日斜」（534－08）
「遊放送晨自及宵」（581－02）
「香刹境幽遊放好」（636－07）
「不唯佳節催遊放」（657－15）
「遊放於焉眺望賒」（752－12）

073優遊（イウイウ）

「竟夕優遊心未飽」（152－11）※夜もすがら優雅な遊びに時を過ごしたものの
「少日優遊猶少味」（174－07）
「以文曾友足優遊」（183－12）
「左琴右酒優遊処」（184－11）
「蕤賓令節足優遊」（261－01）

「夏日優遊興味餘」（266-01）
「優遊斯処感雖盡」（305-11）
「勝地優遊及夕陽」（392-01）
「優遊此処任沈吟」（416-08）
「更臨勝地恣優遊」（566-02）
「優遊幾許谷心神」（570-02）
「優遊終日在禅庭」（578-02）
「酌酒吟詩優遊処」（611-07）
「従晨竝駕好優遊」（615-02）
「一尋蕭寺得優遊」（627-02）
「優遊此処日徐倫（淪）」（640-08）
「終日優遊悵望程」（658-02）
「擧白優遊乗興行」（662-08）
「優遊此処経多歳」（691-07）
「輕軒高蓋許優遊」（692-02）
「此処優遊機累斷」（706-07）
「寺門乗興暫優遊」（726-01）
「洞裏優遊雲莫厭」（728-07）
「優遊漸及夕陽暉」（743-01）

「城北優遊感幾加」（750-02）

084 誘引（イウイン／集會分）

「誘引桂華乗興出」（166-01）

「誘引和風遊野外」（465-01）

「誘引詩情来此地」（470-11）※詩情に誘われるままこの地にやって来たのだが

「誘引群英遊此地」（638-07）

「風光誘引遠尋花」（702-04）

「華賓誘引到楢溪」（711-01）

「風煙誘引興相從」（730-01）

094 依違（闘乱部／イキ／非常分／相違詞）

「四時代謝不依違」（236-01）

「萬事依違未遇逢」（348-08）※すべてに遅滞乖離して、いまだ恵まれずにいる

096 幽居（居處部／イウキヨ）

「歳暮幽居排戸吟」（116-01）

「蕭相幽居雖掩古」（210-05）

「衡門寂寂一幽居」（246-01）

「人稀境静足幽居」（311-02）

「冬来秋過幽居処」（316-01）

「洛外幽居傍暮山」（408-04）

「擯俗幽居伊洛濆」（442-01）※隠栖する幽静な住居は都の川のほとり
「靖節幽居五柳斜」（447-06）
「洞裏幽居景気深」（454-01）
「蘭若幽居山月訪」（547-05）

099幽閑《カスカナリ》（イウカン／ーー分）
「撥簾相望慰幽閑」（026-02）
「洞雲深処訪幽閑」（214-08）
「幽閑夏気令心労」（257-01）
「幽閑窗裏夢方断」（294-07）
「松深苔老幽閑地」（356-01）
「林亭遠眺得幽閑」（407-02）
「一朝趁到叶幽閑」（409-02）
「茅屋幽閑無客至」（422-07）※この庵は物静かで訪う人もいない
「世尊寺裏幽閑処」（576-11）
「幽閑古寺有時尋」（592-01）
「初喜幽閑随素意」（603-05）
「古寺幽閑足式遨」（619-01）
「別墅〔野〕幽閑誰作伴」（632-19）
「此処幽閑興不堪」（729-08）

105 一盞（イッサン）
「一盞秋霜淳酒酌」（152-07）
「独醪一盞暫酡顔」（431-08）※濁酒を一杯楽しんで
「蹔傾一盞慰羇愁」（467-12）
107 郵船《ムヤマノフネ》（驛傳分／イウセン／行旅部）
「郵船未出風東曉」（489-03）※明け方になっても船は出ず
「郵船風急超波速」（490-05）
「郵船未出風生浦」（591-05）
「野（郵）船遙過晩雲低」（672-04）
121 優劣（両合部／イウレツ）
「嘗論優劣更非群」（048-08）
「初識艶陽優劣異」（206-07）※春にも、その恵みの及ぶ所と及ばざる所とがあると初めて知ったが
123 有若亡（長畳字）
「心嬾齢傾有若亡」（173-08）※かつ老いぼれとあっては、いてもいなくても同じようなもの
129 早晩（イツカ／「イツシカ」／「□□之義也」）
「早晩抽身趨紫微」（223-06）※いつかはきっと宮中に仕える身となりたいものだ
「燕遊早晩作仙人」（373-08）
「桂枝早晩欲擧紅」（394-08）
「前程早晩達華風」（492-02）

134 如何（イカン）
「鳥雀如何不遠（逮）情」（013-06）
「漬（満）葶如何顔氏觴」（054-32）
「詞海如何欲釣名」（091-08）
「緑醑如何河朔暁」（108-05）
「蒼蒼月下意如何」（167-02）
「如何俗境號夷蒲」（213-06）
「如何蓮府為梵宮」（419-06）
「山家秋暮意如何」（444-01）
「自斯餘日又如何」（512-08）

136 奈何
「閑逐陰涼意奈何」（372-01）
「宇縣風流趣奈何」（439-01）
「遂就浄筵意奈何」（526-02）
「唯此衰翁可奈何」（609-08）

137 其奈
「黄庭其奈昔焼丹」（055-10）
「其奈穹廬年暮後」（081-11）
「其奈西園飛蓋何」（185-02）

「仙娥〔妓〕其奈漢河頭」（193-01）
「其奈嵇康七不堪」（233-16）
「其奈潘郎昔興何」（255-12）
「其奈相催帰駕何」（305-12）
「其奈長従白社遊」（307-12）
「其奈官途萬里強」（432-08）
「其奈城東閑放何」（516-01）
「其奈北宗禪在南」（764-04）

138 何況（イカニイハ／ムヤ［イカニ／イハンヤ］）
「何況旻天三五光」（148-02）※まして秋の十五夜ともなれば尚更のこと

139 幾多（イクソハク／イクハクソ）
「愁吟翫月幾多宵」（184-02）※愁いつつ詩を吟じて幾夜月を眺めたことか
「城東東閣幾多奢」（208-02）

141 何所
「事事無成何所恨」（140-11）※何をか恨む所なる
「念念誦持何所喜」（357-07）※何をか喜ぶ所ぞ
「城外行行何所憶」（410-01）※何をか憶ふ所ぞ
「勝地遷居何所思」（414-07）※何をか思ふ所ぞ
「勝地佳名何所感」（419-01）※何所をか感ふ

「露地勝形何所在」（584－07）※何れの所にか在る
「鵬鶡許群何所喜」（703－07）※何をか喜ぶ所ぞ
「紙閣燈前何所聴」（768－07）※何をか聴く所ぞ

145多少
「多少瑩金旁擲地」（054－29）※菊花は金色をかがやかせて多く地に敷き
「経雨任風多少馥」（062－21）

148言説
「言説心閑地自偏」（390－01）※聞くところによれば、心静かにしていれば

151不知（イサ／イサシラス）
「遐齢傳契不知程」（032－02）
「氏姓不知誰種族」（047－05）
「不知両鬢〔髪〕變秋霜」（084－04）
「寒人秋晴遠不知」（137－06）
「蘺花雪〔雲〕壓不知秋」（150－06）
「不知此処寸陰過」（255－02）
「勝地不知炎熱来」（269－08）
「栄翁稱楽不知三」（343－08）
「遊放不知老暗侵」（366－02）
「聊敍所観、以悟不知矣」（438－00）

「低鶡不知有大鵬」（478-08）
「草創不知何年」（514-03）
「不知後曾及来茲」（529-08）
「洞中花色不知零」（608-04）
「不知白帝幾方歸」（758-04）

154
去來（イサ）
「煙波夜白去来潮」（184-06）
「信馬自然歸去来」（465-04）※馬の歩みのままにさあ帰ろうか
「此地時時得去来」（686-08）

155
歸去（イサハ）
「未詠五噫歸去歌」（185-10）※隠退の覚悟もいまだ持ちあわせぬ
「信馬自然歸去来」（465-04）※馬の歩みのままにさあ帰ろうか
「藻思纔成歸去処」（519-07）※さて帰ろうという時
「纏牽王事欲歸去」（547-07）
「歸去情慵任馬蹄」（574-08）
「柴關〔開〕日落将歸去」（644-07）
「林堂宴罷将歸去」（751-11）

158
何為（イカヽセム〔ン〕）
「穿垣奔走欲何為」（075-02）※一体何をしようというのやら

「春唯一日惜何為」（539－06）
「何為強慕有浮榮」（706－08）
「倩思來世欲何為」（732－06）
162今来（イマヨリ／コノカタ）
「今来見之、闃而無人」（462－03）
「今来山寺空閑処」（558－07）※今日こうして山寺の幽閑なる地に来り
「今来象外勝形地」（627－07）※今日こうして俗外の景勝地にやって来ているのだから
「今来圓覺勝形境」（652－07）※今日こうして円覚寺の素晴らしい勝地にやってきて
183潔齋（イサキヨシ）
「占期百日潔齋処」（360－01）

以上の調査より、字類抄語彙と『本朝無題詩』語彙の一致例をまとめて示すと、次の四三語となる。

〈音読の熟語として字類抄に掲載されている語〉
「陰晴」「陰雲」「遊糸」「偸閑」「幽奇」「幽玄」「隠路」「幽谷」「遊女」「引摂」「因縁」「以來」「遊宴」
「邑老」「一心」「一期」「意氣」「遊覧」「遊放」「優遊」「誘引」「依違」「幽居」「幽閑」「一盞」「郵舩」
「優劣」「有若亡」
〈訓読の熟語として字類抄に掲載されている語〉
「早晩」「如何」「奈何」「其奈」「何況」「幾多」「何所」「多少」「言説」「不知」「去來」「歸去」「何為」

「今来」「潔齋」

この四三語という数字は、全体の一八〇余語の約四分の一に当たる。時代を限定せず彼土の漢詩を直接調査すれば更に大きな数字が得られると考えられるが、この調査の意義は、本邦における語彙使用の実態を明らかにすることであるため、次に『和漢朗詠集』『本朝文粋』『本朝続文粋』の例を補足するのを以て十分であると考える。

〔表C〕

＊『和漢朗詠集』（新編日本古典文学全集（ジャパンナレッジ＋））、『本朝文粋』『本朝続文粋』（東京大学史料編纂所「平安遺文フルテキストデータベース」、二〇一三年七月使用）の用例を加えた。ただし「詩序」「願文」等の文章も含まれるため、参考に止める。

| | 無題 | 和漢 | 文粋 | 続粋 | 備考 |
|---|---|---|---|---|---|
| 001 陰晴 | ○ | | ○ | | |
| 002 陰雲 | ○ | | ○ | ○ | |
| 005 遊糸 | ○ | | ○ | | |
| 006 夷則 | | | ○ | | |
| 007 偸閑 | ○ | | | | |
| 008 一旦 | | ○ | ○ | | |
| 009 幽奇 | ○ | | ○ | ○ | |
| 010 幽玄 | ○ | | ○ | ○ | |
| 012 隠路 | ○ | | | | |

| | | | | | |
|---|---|---|---|---|---|
| 039 一門 | | | ○ | ○ | |
| 038 一族 | | | ○ | ○ | |
| 035 醫方 | | | | ○ | |
| 033 由緒 | | | ○ | ○ | |
| 032 以降 | | | ○ | ○ | |
| 031 以來 | ○ | | ○ | ○ | |
| 030 以往 | | | ○ | ○ | |
| 029 一割 | | | ○ | | |
| 028 揖讓 | | | ○ | ○ | |
| 025 一人 | | | ○ | | |
| 024 因果 | | | | ○ | |
| 023 因縁 | ○ | ○ | ○ | ○ | |
| 022 引導 | | | | ○ | |
| 021 引摂 | ○ | ○ | ○ | ○ | |
| 019 遊女 | ○ | ○ | ○ | | |
| 017 幽谷 | ○ | | ○ | | |
| 015 有年 | | | ○ | ○ | |
| 014 異域 | | | ○ | ○ | |
| 013 夷狄 | | | ○ | ○ | |

| 071遊覧 | 068優恕 | 067一定 | 065意氣 | 062意趣 | 061異體 | 058雄飛 | 057慇懃 | 056一期 | 055一心 | 054有職 | 053邑老 | 052幼少 | 051幼日 | 050幼稚 | 049優賞 | 048遊宴 | 043婬奔 | 040隠逸 |
|---|---|---|---|---|---|---|---|---|---|---|---|---|---|---|---|---|---|---|
| ○ | | | ○ | | | | | ○ | ○ | | ○ | | | | | ○ | | |
| | | | | | | | | | | | ○ | | | | | | | ○ |
| ○ | ○ | ○ | ○ | ○ | ○ | ○ | ○ | | ○ | ○ | ○ | ○ | ○ | ○ | ○ | ○ | ※ | ○ |
| ○ | | | | ○ | | ○ | ○ | ○ | | ○ | | | ○ | ○ | | | | ○ |
| | | | | | | | | | | | | | | | | | ※淫奔 | |

| 072 遊放 | 073 優遊 | 078 隠居 | 084 誘引 | 085 一院 | 086 有截 | 088 有隣 | 092 引級 | 094 依違 | 096 幽居 | 098 移徙 | 099 幽閑 | 100 衣裳 | 101 衣冠 | 105 一盞 | 107 郵舩 | 110 一切 | 114 因准 | 120 一舉 |
|---|---|---|---|---|---|---|---|---|---|---|---|---|---|---|---|---|---|---|
| ○ | ○ | | ○ | | | | | ○ | ○ | | ○ | | | ○ | ○ | | | |
| | ○ | | ○ | | | | | | | | ○ | ○ | | ○ | ○ | | | |
| | ○ | ○ | | ○ | ○ | ○ | | ○ | ○ | ※ | ○ | ○ | ○ | | | ○ | ○ | ○ |
| ○ | ○ | | ○ | ○ | ○ | ○ | ○ | ○ | ○ | ※ | ○ | ○ | | | | ○ | ○ | ○ |
| | | | | | | | | | | ※移徒 | | | | | | | | |

| 121 優劣 | 123 有若亡 | 124 一字千金 | 128 氣調 | 129 早晩 | 131 森然 | 132 所謂 | 134 如何 | 135 云何 | 136 奈何 | 137 其奈 | 138 何況 | 139 幾多 | 140 幾何 | 141 何所 | 144 幾許 | 145 多少 | 148 言説 | 151 不知 |
|---|---|---|---|---|---|---|---|---|---|---|---|---|---|---|---|---|---|---|
| ○ | ○ | | | ○ | | | ○ | | ○ | ○ | ○ | ○ | | ○ | | ○ | ○ | ○ |
| | | | ○ | ○ | | | | | ○ | ○ | | | ○ | | | | | ○ |
| ○ | ○ | ○ | | | | ○ | ○ | ○ | ○ | ○ | ○ | ○ | ○ | ○ | ○ | ○ | | ○ |
| ○ | | | | | ○ | ○ | ○ | | ○ | ○ | ○ | ○ | | ○ | ○ | ○ | | ○ |
| | | | | | | | | | | | | | | | | | | |

| | | | | | |
|---|---|---|---|---|---|
| 152 孰與 | | | ○ | ○ | |
| 154 去來 | ○ | | ○ | ○ | |
| 155 歸去 | ○ | | ○ | | |
| 158 何為 | ○ | | ○ | ○ | |
| 160 器量 | | | ○ | | |
| 162 今来 | ○ | | | | |
| 163 於何 | | ※ | ※ | ※ | ※於何○ |
| 164 半漢 | | | ○ | ○ | |
| 168 刑罰 | | | | ○ | |
| 169 警策［筞(策)］ | | | ○ | | |
| 171 経營 | | | ○ | | |
| 172 好色 | | | ○ | | |
| 173 固辞 | | | ○ | | |
| 174 忽諸 | | | ○ | | |
| 175 疋文 | | | ※ | | ※疋夫 |
| 176 不審 | | | ○ | ○ | |
| 177 未審 | | | ○ | ○ | |
| 178 掲焉 | | | ○ | ○ | |
| 180 出挙 | | | ○ | | |

| | | | | | |
|---|---|---|---|---|---|
| 181班給 | | | ○ | | |
| 183潔齋 | ○ | | ○ | | |

さて、字類抄と漢詩文との交渉については、吉田金彦氏が、次のように述べておられる。

もちろん字類抄も標出の大字は悉く漢字漢語ばかりであり、一見漢文漢詩のためのようにも見られ、またその様に使用不可能というわけではないが、純粋正格な漢文、配字韻律のやかましい詩賦韻文のためには、それ用の専書、つまり韻字書、特にここでは詩苑韻集とかもっと降れば平他字類抄などを使用したのであって、同じ漢字漢語の収録語の収録書であっても字類抄は日用記録のための、詩苑韻集は文学詩賦のための、それぞれ書くための辞書であったわけである。

（「詩苑韻集の部類立てと色葉字類抄」、山田忠雄編『〈山田孝雄追憶〉本邦辞書史論叢』、三省堂、一九六七年）

すなわち、吉田氏は、『詩苑韻集』との比較において字類抄を「文学詩賦」のための字書ではないとされたのである。これは相対的な評価としては妥当であると言える部分があるにしても、字類抄の内部検証において得られた位置付けとは言えず、この比較のみで字類抄と漢詩文語彙との関係を断ち切ることは出来ない。また吉田氏が右において「使用不可能という訳ではない」と述べておられる内容についても、使用者の視点や利用価値という面に重きを置いた評価であって、編纂を行った人物の意図とは全く別問題であるということにも注意しなければならない。これに対し、峰岸明氏が、二巻本『色葉字類抄』から三巻本『色葉字類抄』への編纂過程を追った上で、日常実用文の作成に供するという段階から一歩踏み込んで、漢詩文などの作成に供するという意図が『二巻本色葉字類抄』に比して一層鮮明に窺えるように思うのである。

（「『三巻本色葉字類抄』人事・辞字両部所収漢字の性格について（下）」、横浜国立大学人文紀要（語学・文学）34、一九八七年）

と述べられたのは、より字類抄内部に深く関わる洞察であると言えよう。

字類抄の系譜を辿り、増補関係を調べることは三巻本『色葉字類抄』の性格を知る上では必須の作業であるが、三巻本『色葉字類抄』という独立した編纂物の語彙、しかもその一端であるイ篇畳字部の語彙の中に、本邦人の手による漢詩文語彙が約四分の一も内包されているという事実は、決して字類抄と漢詩文語彙が無関係でないという背景を如実に表しているものと考えられる。無論、漢詩文の語彙は、そのまま漢詩文特有の語彙という訳ではない。「ことば」である以上は他の散文、韻文の語彙と重複する可能性があるのであるが、例えば和文と和漢混淆文の差異と、それらと漢詩文の差異とでは、文体・目的の上で意味合いが異なってくるのであって、当時代の文献の中で漢詩文にのみ見出される例や、圧倒的な数が漢詩文で見出される例があるとすれば、それらは漢詩文的、文学詩賦的な語彙であると評することが可能になるのである。

最後に、字類抄の訓読語彙と文選読みとの関連を指摘された山田俊雄氏（一九五五）、また字類抄語彙の訓の誤りを文選読みによって訂正された中村宗彦氏の研究があるが、(35) これに関連して、和名抄との関係も視野に入れた上で、字類抄語彙と文選読みとの関わりを積極的に追究することも有意義であると考える。また、『白氏文集』の訓点について、本書では〈E〉の訓点資料群として扱ったが、その検出された漢字文字列については、韻文資料として当群に加えるべきものである。

〈D〉古記録

公家日記資料として、古記録を調査した。調査に当たり、①〜③については「東京大学史料編纂所「古記録フルテキストデータベース」」及び『大日本古記録』、④については「吾妻鏡・玉葉データベース〔CD-ROM〕」（底本：新訂増補国史大系本）を利用した。

①『後二條師通記』
②『中右記』
③『殿暦』
④『玉葉』

次に、各文献における用例を、『色葉字類抄』掲出順に示す。

＊表記（特に異体字について）は各データベースの凡例、用字に従ったが、旧字を新字に改めた場合がある。。
＊用例は、①〜④の順に挙げた。
＊『玉葉』は、一一八〇年以前の記事に限定して調査を行った。
＊『後二條師通記』↓「後二」、「中右記」↓「中右」。
＊原則として、代表的な例のみを挙げた。

001
陰晴《クモルハル》（イム〔ン〕セイ／天部）
「今日朝間陰晴不定、仍人々遅參、御出之後多以参上也」（中右／康和四年閏五月二五日）
「八日、〈壬戌〉天陰晴、辰刻許為大衆使諸司十三人来」（殿暦／康和四年五月八日）

「乙亥、陰晴不定、大相国入道所労」（玉葉／仁安三年三月一三日）

002陰雲（インウン）
「四日、癸未、陰雲不定、風吹」（後二／寛治六年一一月四日）
「而雨脚殊甚、陰雲難晴、頭中将顕雅朝臣為御使参院」（中右／康和四年三月一八日）
「仍及申終拝礼、此間陰雲弥掩、微雨少灑」（玉葉／承安四年正月一日）

005遊糸（春空也［毛］／イウシ）
「不降、裏書、野草芳菲紅錦地、遊糸繚」（殿暦／康和三年一一月九日）

008一旦（イツタン）
「自余為人悪行雖留、不便事也、一旦申許也、至于予何事有哉」（後二／寛治五年閏七月二〇日）
「但座主慶朝濫悪之由、一旦可被問慶朝歟」（中右／長治元年一〇月二六日）
「本寮之沙汰云々、此事一旦雖有其謂、尚思慮可被」（玉葉／承安二年五月二〇日）

009幽奇（イウキ／地部）
「東西立二間廊為弓場殿、凡勝地幽奇、風流勝絶」（中右／承徳元年一〇月一七日）

010幽玄（イウクヱ［ケ］ン）
「如法令行明星之歌、興入幽玄、人々感歎」（中右／寛治六年七月二〇日）
「外無先例、於貞観者、幽玄也」（玉葉／治承元年八月二三日）

013夷狄（郷里分／イテキ）
「殿下仰云、為亡弊国之上、為夷狄地、遣官使令催済何事在哉」（中右／永長元年一〇月二四日）
「行頼申賀由了、又奥州夷狄秀平任鎮守府将軍」（玉葉／嘉応二年五月二七日）

014 異域（イキ）
「我朝第一之伽藍、異域無類之精舎也」（玉葉／治承五年正月一日）

015 有年（豊稔分／イウネン／ーー穀也）
「而風雨順時〈天〉稼穡有年〈牟〉事〈波〉」（後二／寛治六年二月二四日）

016 引率（田舎分／インソツ）
「殿上殿御坐、召頭弁、使等舞人引率、陪膳着座」（後二／応徳三年一一月一九日）
「遅明之間、内大臣引率公卿参仕宿院」（中右／寛治七年八月一五日）
「皆悉追帰彼寺、座主引率僧綱已講、可参院」（玉葉／嘉応元年一二月二三日）

019 遊女（河海部／イウチョ／舟艥分／又夫婦分）
「戌時許退出了、同時遊女二人来於北面方歌遊」（殿暦／長治二年三月七日）
「或人云、法皇皇子〈遊女腹、権右中弁親宗朝臣〉」（玉葉／安元二年一〇月二九日）

021 引摂（佛法部／インセウ［ツ］）
「阿弥陀如来莫誤来迎引摂誓」（玉葉／治承四年九月三日）

022 引導（インタウ）
「僧正云々、先供養了、引導師布施給」（玉葉／安元二年六月二九日）

023 因縁（内典分／インエン／又人倫部）
「功徳之殊勝、定為得道之因縁歟、説経之後及深更帰家」（中右／承徳元年九月五日）
「有此儀、恐神事懈怠之因縁歟、何況造内裏之条方」（玉葉／治承四年八月二九日）

027 意見（政理分／イケン）

「盛隆、其状委細、大略意見歟、如此事、職事須奉」（玉葉／承安元年一一月二八日）

028 揖譲（公卿部／イフシャウ／輔翼分）

「外記一人渡之、次少納言頗揖譲立座、左・右少弁同起座」（中右／嘉保二年八月一一日）

「於対南面有拝、予同拝、小揖譲〈シ天〉予先昇〈同南面階〉」（殿暦／天仁二年正月一日）

「抑、大饗臨時客、揖譲或三所、或二所、度々」（玉葉／承安二年正月二日）

030 以往《サキツカタ》（古今部／イワウ）

「七日、今日以往、去月八日以後、世間有穢疑」（中右／嘉保元年一一月七日）

「外記等不参、依寛治以往例也云々」（玉葉／治承三年三月一二日）

031 以來（〈イライ〉）

「献上消息云、衰老無極、往古以来無之」（後二／寛治五年八月一七日）

「凡諸国有如此事、近代以来地震未有如此例也」（中右／永長元年一二月九日）

「先被問刻限、天永以来不然、今度又不被問也」（玉葉／嘉応三年正月三日）

032 以降（イカウ）

「自昔以降、南北大衆蜂起之中」（玉葉／承安三年六月二三日）

033 由緒（イウショ）

「参内、興福寺相待裁報、有由緒者可参上也」（後二／寛治七年八月二五日）

「立観音像云々、但無願文、是有由緒也」（中右／寛治七年一一月二八日）

「此後無音留了、未知由緒、非無其興、尚可有歌」（玉葉／嘉応三年正月三日）

035 醫方（ーー部／イハウ）※医方抄

「主税頭定長、持来医方抄一帖〈即定長抄之、与禅門之書也〉」（玉葉／治承四年九月三日）

036
醫家（イケ）

「医家重康（丹波）弁陰陽師」（後二／永長元年一二月二八日）

「十四日、今日依医家説止二禁〔射脱カ〕水、祇薗読経結願了」（中右／承徳二年六月一四日）

「丁卯、天陰、雨不降、辰刻許医家薬院兼図書頭重康（丹波）来」（殿暦／康和三年九月九日）

「況家々説々不同、古来医家之論、只在此事」（玉葉／治承五年二月一五日）

037
異父（人倫部／イフ）

「従五位上同頼永〈追譲異父同母舎弟大和助高、具寺家奏状〉」（中右／嘉保二年三月二九日）

「法印入滅了、頼輔朝臣異父同母之兄也」（玉葉／安元二年六月三日）

038
一族（イツソク）

「于時、実父為大納言、彼猶以為希代、況於散位之人子哉、但一族事也、不可口外々々々々」（玉葉／承安五年四月七日）

039
一門（イチモン）

「所申之旨雖非無理、一門祭主者益人（大中臣）以後絶而不補、已及数百年」（後二／長和三年八月二四日）

「僧正者一門之棟梁、累葉之貴種也」（中右／承徳二年一〇月三〇日）

「長河庄〈在大和国〉、件庄余一門相伝〈天〉領掌〈シテ〉」（殿暦／嘉承二年七月一〇日）

「或人云、内大臣入道一門所労危急云々」（玉葉／治承三年七月二〇日）

046
優美（美女分／イウヒ／美麗詞）

「六条院渡虹橋上、優美不少、高陽院池上、水面澄如鏡」（後二／寛治七年正月一日）

「寅剋許退出、今夜御神楽之体誠優美也、神明自有感応歟」（中右／寛治元年一一月二一日）
「雖年少十四云々、作法優美、人々感歎」（玉葉／承安二年二月一二日）

048 遊宴（イウエン）
「此間管絃・歩弓・鞠・小弓可遊宴歟、従明日可候者也」（後二／康和元年二月二六日）

050 幼稚（少壮分／イウチ）
「〈左近師隆（源）朝臣、雖有幼稚之恐無殊失歟（略）〉」（中右／寛治四年正月一八日）
「此間主上御昼御座、幼稚《オサナク》御、仍入給了」（殿暦／嘉承二年七月一九日）
「幼稚之者須着濃色也」（玉葉／治承三年一一月五日）

052 幼少
「殿被仰云、明日使々・幼少人々従下御社所罷帰也」（後二／康和元年四月二四日）
「抑幼少之時参内之事、是希有例也」（中右／嘉保元年正月二七日）
「雖須出河原、依為幼少之者随宜也」（玉葉／安元三年四月二八日）

054 有職（人情部／イウショク／又人事部）
「因官位之尊卑、只仰有職元老之輩、令議奏者例」（玉葉／治承二年三月一八日）

055 一心
「天晴、酉刻許到鎰懸本根、一心見之、念金剛蔵王、万人示之」（後二／寛治二年七月二五日）
「斎〔祭〕主（大中臣親定）三位兼補定也、一心人々定申旨奏院」（殿暦／天仁二年正月二二日）
「随境界易乱、不及一心不乱、為之如何」（玉葉／安元二年九月八日）

056 一期（イチコ）

「而大宮弁北政所一期之間、令奉読満千部」（殿暦／康和四年正月二六日）

057 慇懃（インキン／苦［吾］詞也）

「臨終正念之宿願、一期之大要也」（玉葉／治承四年一二月二九日）

「須雖亮陰之後心閑被行、依慇懃之志、強被急行之由可作載云々」（玉葉／安元三年七月二日）

058 雄飛（イウヒ）

「所献黒鳥已負了、頗雖異物無雄飛興歟、入夜与蔵人大輔同車帰宅」（中右／嘉保元年三月一三日）

059 雄稱（イウショ［ヤ］ウ）

「共以夭亡、爰頼朝且雄称云、我於君無反逆之心」（玉葉／治承五年四月一一日）

060 異様［板（様）］（イヤウ）

「八日、己丑、晴、乞巧祭御供料異様、不便無極」（後二／寛治六年七月八日）

「外記、申云、此違奏甚異様、所載僻事等也」（玉葉／治承二年一二月二四日）

061 異體（イテイ／已上別［列］様詞）

「母并太上皇、執柄等女異体」（玉葉／仁安三年三月一一日）

062 意趣（イシウ）

「蔵人頭弁奏宣命、取御意趣仰下、内記召、宣命書仰也」（後二／永保三年二月一七日）

「又謁左衛門大夫入道、尋問出家意趣、不覚涙落」（中右／承徳元年一一月二六日）

「如此者、毎事似被遂御意趣、如何々々」（玉葉／治承五年三月二七日）

064 意略（イリヤク）

「作法頗相違之事等多、但事出意略」（中右／長治二年二月二八日）

「然而実者廻種種之意略、不可叶故、奉懸公家」（玉葉／承安三年七月三日）

065 意氣（イキ）
「又主上令吹笛給、御意気太神妙也」（玉葉／安元元年閏九月七日）

066 猶預（疑詞／イウヨ不定也／疑慮分）
「縦聖代、縦乱世、不可猶預、不可持疑」（玉葉／承安五年六月一〇日）

067 一定（疑詞）
「来十七日桜花御覧一定思食」（後二／康和元年三月一四日）
「大衆一定可参洛者、先差遣検非違使幷武士等於河原辺可禦者」（中右／嘉保二年一〇月二三日）
「余奏云、早可被行、但一定可被行者可参仕也」（殿暦／天永三年八月二五日）
「又或人云、於宅出者、一定可聟取太相国女云々」（玉葉／仁安二年五月一日）
「晴、今夜、大将参了、一定瘧病歟、仍明後日可加持也」（玉葉／治承五年七月三日）

068 優恕（仁愛分／イウショ）
「天気之趣、雖似優恕、還不知食案内歟」（玉葉／治承三年正月一六日）

069 優免（恩詞／免詞／イウメン）
「今度咎只可被優免者、又参内、参関白殿御直廬、付経敏令申」（中右／嘉保二年一二月一九日）
「去夜召籠之者、翌日優免、不可然之故也」（玉葉／安元二年五月一六日）

071 遊覧（イウラン／逍遥分）
「仙院御遊覧之由承了、延引明日候之由聞之」（後二／寛治七年三月九日）
「十日、天晴、上皇遊覧鳥羽辺宅幷右大臣（源顕房）古河水閣」（中右／寛治元年二月一〇日）

「今日、執政之臣遊覧洛外、是可然哉」（玉葉／嘉応三年三月二日）

073優遊（イウイウ）

「酣酔優遊、興味未尽」（中右／嘉保元年三月二八日）

076優長（稱誉分／イウチヤウ／才学〈分〉）

「此外多吐才学、道之優長誰人比肩乎、可貴可褒」（玉葉／安元三年正月一二日）

078隠居（［インキヨ］）

「蔵人長（永）雅（藤原）〈を〉尋、而件蔵人隠居不相合、仍申訴、為之簡けつられむこと如何」（殿暦／康和五年九月二六日）

「大略世間事無益、有隠居之思由也、余加制止了」（玉葉／治承三年四月二日）

082一諾（然諾分／□□タク）

「更、且始行如何、三卿一諾、余移着外座」（玉葉／安元二年三月三〇日）

085一院（尊遺（者）部）

「九日、丙寅、丑剋一院御出家、醍醐法眼勝覚奉剃御髪」（後二／永長元年八月九日）

「此後関白殿下為奏御慶賀、令参一院御所六条殿給」（中右／嘉保元年三月二二日）

「一昨日一院（白河法皇）渡御高松、依月蝕之御祈也」（殿暦／長治元年八月一六日）

「雨下、伝聞、自関東称一院第三親王〈被伐害也〉」（玉葉／治承四年一一月二三日）

086有截（イウセチ／帝徳名）

「二天為無（無為）〈仁〉、四海有截〈仁〉護恤給〈へと〉」（後二／寛治四年一二月一四日）

089有口（文章部／イウコウ／弁才分）※有口舌、有口外、有口論

「依神事不信之上、可有口舌者、卜形覧上卿了」（中右／嘉保二年九月五日）
「令卜筮之處有慶、又有口舌云々」（殿暦／永久五年一二月一一日）
「努力々々、不可有口外」（玉葉／安元三年五月三日）
「兼重於院、与院御随身有口論之聞、為謝其恐也」（玉葉／治承四年五月七日）
092引級（教導分／インキフ）　※「玉葉」では、寿永元年以降に使用され始める。
094依違（闘乱部／イキ／非常分／相違詞）
「神心迷乱、身躰依違」（中右／嘉保元年一〇月二四日）
「群議、今被報奏之旨、依違了、何様可候哉云々」（玉葉／治承五年閏二月七日）
098移徙［従（徙）］（イシ）
「為御使可参院、今夕中宮御移徙堀川院、備中守仲実（藤原）朝臣欲聴昇殿、是造営堀川院也」（中右／長治元年四月一一日）
「而延暦已有移徙、今度犯土何事之有哉」（玉葉／治承四年八月二九日）
099幽閑《カスカナリ》（イウカン／ーー分）
「延暦寺実性僧都、依好幽閑之地、此処結草庵」（玉葉／承安三年七月二一日）
100衣裳（ーー部／イシヤウ）
「此間雨脚殊甚、人々殊以濕衣裳」（中右／康和四年二月二七日）
「其儀先拝奉氏神、次御衣裳袈裟〈を〉着給」（殿暦／康和四年正月二六日）
101衣冠（イクワン）
「亥剋許帰亭、前駈衣冠、随身道程烏帽也」（後二／応徳三年二月一日）

「廿日、辰時許人々又着衣冠参入」（中右／寛治六年三月二〇日）
「則参広隆寺、前駈衣冠、余着冠直衣」（殿暦／長治元年二月七日）
「依密儀陪膳已下皆衣冠也」（玉葉／承安四年二月二日）

102 隠文（インモン／鳥犀分）
「法性寺御八講日被帯隠文云々」（後二／永長元年二月一九日）
「黒半臂、真実飾剣、紫淡平緒、隠文帯〈マロトモ〉、付魚袋」（殿暦／天仁元年一〇月二一日）

110 一切（イセツ［イッセツ］）
「件浜川事也、御返事云、一切事更不知之由所被仰也」（後二／寛治五年八月一〇日）
「今日初参也、余云、一切不知案内、如此事」（玉葉／承安二年九月一七日）

114 因准《ヨリナスラフ［ウ］》（インスキン）
「申云、外記・史等城外如常、因准件例被行、何難有乎」（後二／永長元年正月二五日）
「式部省請、殊蒙天恩、因准先例、以史生従七位上藤井宿禰有包、被拝任諸国、目闕状」（玉葉／承安四年一二月一日）

121 優劣（両合部／イウレツ）
「何謂違失、又依問答之優劣者、何強嫌法座哉」（玉葉／安元三年七月八日）

123 有若亡（長畳字）
「凡主上未練、関白有若亡、左大臣物忩被申行之」（玉葉／治承四年正月二〇日）

126 一搩手半
「寅、終日雨降、此日公家供養白檀釈迦三尊〈一搩手半、仏師法眼院慶造之〉」（玉葉／安元三年七月五日）

129早晩（イツカ／［イツシカ］／［□□之義也］）
「此間余為見事、早晩向高御座之処、龍尾壇下雑人成群」（殿暦／嘉承二年一二月一日）

132所謂（イハユル）
「相揖出了、是所謂壁中揖也、近代絶了歟」（中右／嘉保元年一〇月一〇日）
「然而先例納言書之例、尤以不吉、所謂、前坊之時、伊房書之也」（玉葉／仁安二年一二月九日）

134如何（イカン）
「晴、下侍所事如何、被召相撲人如何、可侍者也」（後二／応徳三年九月一〇日）
「先例皆有取物如何、今日内御物忌也」（中右／寛治四年四月九日）
「以検非違使被催如何、余申云、事神事也、極不便也」（殿暦／康和三年一二月一二日）
「余云、拍子無便宜如何、宗家卿云、只可打鳴」（玉葉／承安二年八月一一日）

136奈何
「有忠庁頭遠下座申侍、仰下奈何、人々申侍者也」（後二／応徳二年二月一〇日）
「余参進、被仰云、如此時多被行非常放〔赦〕、奈何、余申云、尤可然、早可被行也」（殿暦／永久二年一一月二九日）
「以人意推万事、神慮奈何之」（玉葉／承安二年五月二九日）

（137其奈）
（「但不救民憂者、其奈遁天譴何［奈原作条］」（玉葉／養和元年七月一五日））

138何況（イカニイハ／ムヤ［イカニ／イハンヤ］）
「最初中納言着奥云々、何況大納言不可着奥者也」（後二／寛治六年一一月二五日）
「先京中不可有死人、何況其頭在禁中哉」（中右／承徳元年三月六日）

「公事猶以如例、何況他事哉」（玉葉／治承二年一一月二日）

139 幾多（イクソハク／イクハクソ）

「武士群集、不知幾多」（玉葉／嘉応二年正月二一日）

141 何所

「件陣〔障〕子皆悉可被押縁、又縁絹何所被調」（後二／応徳三年八月一六日）

「頭弁還来、可被造御所者、何所〈ヲ〉可被用哉」（殿暦／天永三年五月一五日）

「出御昼御座之時、可候何所哉云々」（玉葉／治承三年一二月八日）

144 幾許（イクハクハカリ）

「重仰云、不指期變、以幾許日數可爲期哉」（中右／康和四年九月二一日）

145 多少

「鋪東西座〈敷下蘆蔽、其上敷畳、於多少追可注云々〉」（後二／寛治五年一一月二五日）

「先至日月蝕者、随蝕之多少、有慎之軽重、去夜已皆既蝕也」（中右／康和五年二月一七日）

「懇志之厚薄、有捧物之多少、若依彼例有此儀歟」（玉葉／安元三年六月五日）

150 糸惜（イトヲシ）

「件敦時年来余随身也、而依病辞退、依糸惜思奉院」（殿暦／天永三年八月一四日）

「抑今度良通加級、兼不思入、又不思寄、暗有此恩之条、若依超越之条糸惜歟」（玉葉／治承三年一〇月九日）

151 不知（イサ／イサシラス）

「大師御衆行処也、件所本自全以不知、希有之事也」（後二／康和元年三月二三日）

「或又不上道云々、実否不知」（中右／寛治六年九月二〇日）

「雨降、昨今日物忌云々、余不知、奇怪也」（殿暦／永久四年三月一九日）
「此事、始終本末、全以不知、更難示是非」（玉葉／嘉応二年四月二三日）

155 帰去（イサハ）
「良久談話、深更帰去了」（玉葉／承安三年二月七日）

158 何為（イカ、セム［ン］）
「不知案内之内人如此、何為云々」（玉葉／仁安二年一一月一六日）

160 器量
「内弁召舎人声遥聞外弁座、器量之由人々感気」（中右／長治元年正月一六日）
「人望不軽、才朗顕密、器量尤重」（玉葉／治承元年一〇月一六日）

163 於何（イトコニ／シテカ）※「於何所」のみ
「來云、八省小安殿有穢物、於何所可立奉幣乎」（殿暦／元永元年八月一三日）
「有院御気色者、先於何所可被始哉」（玉葉／治承五年七月一日）

164 半漢（イサム）
「次左覂馬二疋、於東庭半漢陸梁〈騎士二人、口取八人〉」（殿暦／天仁二年九月六日）

166 沛艾《［ハイガイ］》
「余随身近衛也、雖乗之依沛艾不得乗、引出了」（殿暦／長治元年正月二日）

167 簡略（イサ、カナリ［也］）
「尋取、信範所持参也、簡略之条、大略以彼可被計」（玉葉／嘉応二年一〇月七日）

168 刑罰（イマシム）

「僧之所行、被施厳粛之刑罰也」（玉葉／治承五年閏二月二〇日）

170 禁固

「捕召、即放免、又召取禁固之、身体已損了云々」（玉葉／安元三年六月六日）

171 経営（イトナム）

「太政大臣法眼（澄仁）経営之由承之、依遅承而所未献也」（後二／寛治六年一二月三〇日）

「御門殿、次参左府（源俊房）、経営事依申合也」（中右／長治元年一二月六日）

「御調度新調持参、〈是中納言御経営之間料歟〉余於御前見之」（殿暦／天永二年一〇月一七日）

「装束、今度事、院中之経営、華麗過差、已超先例」（玉葉／承安三年一〇月二一日）

173 固辞（イナフ）

「又有盃酌、予頻雖譲法印、依被固辞取盃猶〔指〕法印」（中右／承徳二年一〇月一五日）

「余申云、准三宮全不可候、固辞申、仍内舎人随身許也」（殿暦／天仁元年一〇月一五日）

「殿下被譲下官、下官固辞、主人取之、次第如恒」（玉葉／仁安三年正月二日）

174 忩諸（イルカセン［ニ］ス）

「忝父子之間也、御寺争忩諸彼寺哉、彼寺豈蔑爾御」（玉葉／承安三年七月二一日）

176 不審（イフ［ソ（フ）］カシ）

「此間道路川辺、世間不静、不審所思給也」（後二／康和元年六月七日）

「上皇御使参入、大夫相逢、此間不審事々具了哉由云々」（中右／寛治七年二月二二日）

「丑刻許行幸還御歟、不参間頗不審也、不出行、辰刻許服薬」（殿暦／康和四年正月三日）

「上道不練事、此両事尤不審也」（玉葉／仁安二年三月二三日）

178 掲焉（イチシルシ）
「仏名之間、夜及深更、鐘声掲焉、耳根分明、霊験功徳」（後二／永長元年一二月二一日）
「法勝寺円堂〈丈六愛染明王者〉霊験誠以掲焉也」（中右／嘉保二年五月二七日）

181 班給
「晴、石清水臨時祭也、払暁依例班給装束等、関白殿令候給云々」（中右／承徳元年三月一六日）
「丞給除目立小庭、上卿命云、班給《マケタマヘ》、微音称唯退出」（中右／康和五年一二月二一日）

183 潔齋（イサキヨシ）
「御返事云、兼日三箇日潔斎之後可有之歟」（後二／寛治七年三月一九日）
「遷宮行事、毎月一日十一日致潔斎也、依為初日、出河原也」（中右／嘉保元年七月一日）
「天晴、今日薗韓神祭、予思忘不潔斎、仍沐浴、戌剋許向河原」（殿暦／天永元年二月八日）
「辰刻沐浴、為致潔斎也、巳刻、著束帯」（玉葉／嘉応二年二月一五日）

古記録語彙と『色葉字類抄』の語彙を比較した結果を、〔表D〕に示した。

〔表D〕

＊四文献に出なかった用例について、『貞信公記』『小右記』『御堂関白記』『愚昧記』『猪隈関白記』『岡屋関白記』『民経記』『経俊卿記』『後愚昧記』『看聞日記』『建内記』（東京大学史料編纂所「古記録フルテキストデータベース」、二〇一三年七月使用）で補い、「備考、補足」欄に示した。

| | 後二 | 中右 | 殿暦 | 玉葉 | 備考、補足 |
|---|---|---|---|---|---|
| 001 陰晴 | | ○ | ○ | ○ | |
| 002 陰雲 | ○ | ○ | | ○ | |
| 003 淫雨 | | | | | 建内記 |
| 005 遊糸 | | | ○ | | |
| 006 夷則 | | | | | 岡屋関白記、建内記 |
| 007 倫閑 | | | | | 小右記、建内記 |
| 008 一旦 | ○ | ○ | | ○ | |
| 009 幽奇 | | ○ | | | |
| 010 幽玄 | | ○ | | ○ | |
| 013 夷狄 | | ○ | | ○ | |
| 014 異域 | | | | ○ | |
| 015 有年 | ○ | | | | |
| 016 引率 | ○ | ○ | | ○ | |
| 017 幽谷 | | | | | 小右記 |
| 019 遊女 | | | ○ | ○ | |
| 021 引摂 | | | | ○ | |
| 022 引導 | | | | ○ | |

| | | | | | |
|---|---|---|---|---|---|
| 023 因縁 | | ○ | | ○ | |
| 024 因果 | | | | | 後愚昧記 |
| 027 意見 | | | | ○ | |
| 028 揖讓 | | ○ | ○ | ○ | |
| 030 以往 | | ○ | | ○ | |
| 031 以來 | ○ | ○ | | ○ | |
| 032 以降 | | | | ○ | |
| 033 由緒 | ○ | ○ | | ○ | |
| 035 醫方 | | | | ○ | |
| 036 醫家 | ○ | ○ | ○ | ○ | |
| 037 異父 | | ○ | | ○ | |
| 038 一族 | | | | ○ | |
| 039 一門 | ○ | ○ | ○ | ○ | |
| 042 逸物 | | | | | 愚昧記 |
| 046 優美 | ○ | ○ | | ○ | |
| 048 遊宴 | ○ | | | | |
| 049 優賞 | | | | | 建内記 |
| 050 幼稚 | | ○ | ○ | ○ | |
| 052 幼少 | ○ | ○ | | ○ | |

| | | | | | |
|---|---|---|---|---|---|
| 054 有職 | | | | ○ | |
| 055 一心 | ○ | | ○ | ○ | |
| 056 一期 | | | ○ | ○ | |
| 057 慇懃 | | | | ○ | |
| 058 雄飛 | | ○ | | | |
| 059 雄稱 | | | | ○ | |
| 060 異様 | ○ | | | ○ | |
| 061 異體 | | | | ○ | |
| 062 意趣 | ○ | ○ | | ○ | |
| 064 意略 | | ○ | | ○ | |
| 065 意氣 | | | | ○ | |
| 066 猶預 | | | | ○ | |
| 067 一定 | ○ | ○ | ○ | ○ | |
| 068 優恕 | | | | ○ | |
| 069 優免 | | ○ | | ○ | |
| 070 陰謀 | | | | | 建内記 |
| 071 遊覧 | ○ | ○ | | ○ | |
| 073 優遊 | | ○ | | | |
| 076 優長 | | | | ○ | |

| | | | | | |
|---|---|---|---|---|---|
| 078 隠居 | | | ○ | ○ | |
| 080 隠遁 | | | | | 小右記、民経記、経俊卿記、建内記 |
| 082 一諾 | | | | ○ | |
| 084 誘引 | | | | | 民経記、建内記 |
| 085 一院 | ○ | ○ | ○ | ○ | |
| 086 有截 | ○ | | | | |
| 088 有隣 | | | | | 小右記 |
| 089 有口 | | ※ | ※ | ※ | ※有口舌、有口外、有口論 |
| 090 有目 | | | | | 小右記、愚昧記、民経記 |
| 092 引級 | | | | | 玉葉（寿永元年以降）、民経記、建内記 |
| 094 依違 | | ○ | | ○ | |
| 096 幽居 | | | | | 猪隈関白記 |
| 098 移徙 | | ○ | | ○ | |
| 099 幽閑 | | | | ○ | |
| 100 衣裳 | | ○ | ○ | | |
| 101 衣冠 | ○ | ○ | ○ | ○ | |
| 102 隠文 | ○ | | ○ | | |
| 103 異味 | | | | | 建内記 |
| 105 一盞 | | | | | 看聞日記、建内記 |

| | | | | | |
|---|---|---|---|---|---|
| 109 壹欝 | | | | | 民経記 |
| 110 一切 | ○ | | | ○ | |
| 114 因准 | ○ | | | ○ | |
| 120 一舉 | | | | | 民経記 |
| 121 優劣 | | | | ○ | |
| 123 有若亡 | | | | ○ | |
| 126 一搩手半 | | | | ○ | |
| 129 早晩 | | | ○ | | |
| 132 所謂 | | ○ | | ○ | |
| 134 如何 | ○ | ○ | ○ | ○ | |
| 136 奈何 | ○ | | ○ | ○ | |
| 137 其奈 | | | | ※ | ※其奈遁天譎何［奈原作条］ |
| 138 何況 | ○ | ○ | | ○ | |
| 139 幾多 | | | | ○ | |
| 141 何所 | ○ | | ○ | ○ | |
| 144 幾許 | | ○ | | | |
| 145 多少 | ○ | ○ | | ○ | |
| 148 言説 | | | | | 民経記、建内記 |
| 150 糸惜 | | | ○ | ○ | |

| | | | | | |
|---|---|---|---|---|---|
| 151 不知 | ○ | ○ | ○ | ○ | |
| 155 歸去 | | | | ○ | |
| 158 何為 | | | | ○ | |
| 160 器量 | | ○ | | ○ | |
| 162 今来 | | | | | 小右記 |
| 163 於何 | | | ※ | ※ | ※於何所 |
| 164 半漢 | | | ○ | | |
| 165 勇堪 | | | | | 小右記、愚昧記 |
| 166 沛艾 | | | ○ | | |
| 167 簡略 | | | | ○ | |
| 168 刑罸 | | | | ○ | |
| 170 禁固 | | | | ○ | |
| 171 経營 | ○ | ○ | ○ | ○ | |
| 172 好色 | | | | | 小右記、岡屋関白記、後愚昧記 |
| 173 固辞 | | ○ | ○ | ○ | |
| 174 忽諸 | | | | ○ | |
| 175 疋文 | | | | | (疋夫) 小右記 |
| 176 不審 | ○ | ○ | ○ | ○ | |
| 178 掲焉 | ○ | ○ | | | |

| | | | | | |
|---|---|---|---|---|---|
| 180 出挙 | | | | | 貞信公記、猪隈関白記、建内記 |
| 181 班給 | | ○ | | | |
| 183 潔齋 | ○ | ○ | ○ | ○ | |
| 184 清澄 | | | | | 御堂関白記 |

古記録は所謂変体漢文・和化漢文によって表記される言語を有する。本調査は原則として漢字文字列の一致例を採集したものであるが、それぞれの用例が和語であるか、漢語であるか、あるいは音読・訓読のいずれを想定した語であるのかという点については識別が困難な場合がある。峰岸明氏は、音読・訓読の蓋然性が高いそれぞれの場合について一応の識別基準を示されているが、[36] ここでは、各語の音訓の別には殊更に頓着することはせず、問題があると思われる語以外については字類抄の編者が採録した熟語との一致例として認める方針を採った。

まず、四文献全て、また三文献に共通して出現した語彙については、古記録の基本的な用語、日記を書記する際に需要の高い語として認定することが出来るだろう。特に、三文献共通の語彙を見ると、いずれも総語彙量の多い『玉葉』では使用されている。すなわち、現れなかった一文献については、偶然使用されなかったか、あるいはその文献が特殊であるか、いずれかの原因が想定されるのであるが、〈『殿暦』以外に共通する語〉が殊更に多いことからも、（漢語の）語彙量や語彙の性質という面で『殿暦』の特殊性が際立っているものと考えられる。

〈四文献共通の語〉

「醫家」「一門」「一定」「一院」「衣冠」「如何」「不知」「経營」「不審」「潔斎」

〈三文献共通の語〉

『後二條師通記』以外に共通…「陰晴」「揖讓」「幼稚」（「有口」）「固辞」

『中右記』以外に共通…「一心」「奈何」「何所」

『殿暦』以外に共通…「陰雲」「一旦」「引率」「以來」「由緒」「優美」「幼少」「意趣」「遊覧」「何況」「多少」

＊「陰晴」…「陰晴不定」の形で用いられることが多い。『玉葉』を中心として用例数は十分にあるが、『後二條師通記』では出ない。峰岸氏によれば、「陰晴」と同じ意味を表す「晴陰」の語が主として使用される日記もあり、「後二條」等はそれに当たるが、字類抄は「晴陰」を採録していない。

＊「不知」…訓法は「シラス」[37]が妥当と考えられる。

＊「経營」…齋木一馬氏によれば「記録語」であり、「経営参入」「走経営」などの形で、「忩ぐ・忙しい・慌てる・忩忙・周章」の意味を表す。

次に、二文献に共通する語、一文献にのみ出現する語を示す。この中には、用例が少なく用法が明らかでないものも含まれているため、注意が必要である。二文献共通の語は特に『玉葉』とそれ以外のいずれかの文献に共通することが多く、右に挙げた三文献共通の語と同等の価値があるもの（書記需要のある語）と考えられるが、その中で特に『中右記』との共通語が多いことに注目しておきたい。更に、一文献のみに現れる語は、今回の調査からのみであっても各記録に特徴的な語彙と言うことは一応可能であるが、他の古記録、他のジャンルの文献との関係についての比較調査を俟ちたい。『玉葉』のみの例が多いのは、その語彙量によるのであろうが、他の文献の場合と同様に『玉葉』にも特徴的な語彙も含まれていると考えるのが自然である。

〈二文献共通の語〉
『後二條師通記』『中右記』…「掲焉」
『後二條師通記』『殿暦』…「隠文」
『後二條師通記』『玉葉』…「異様」「一切」「因准」
『中右記』『殿暦』…「衣裳」
『中右記』『玉葉』…「幽玄」「夷狄」「因縁」「以往」「異父」「意略」「優免」「依違」「移徙」「所謂」「器量」
『殿暦』『玉葉』…「遊女」「一期」「隠居」「糸惜」（「於何」）

＊「於何」…「於何所」「於何処」。「141何所」との連結語として捉えるべきか。

〈一文献のみに出現する語〉
『後二條師通記』…「有年」「遊宴」「有截」
『中右記』…「幽奇」「雄飛」「優遊」「幾許」「班給」
『殿暦』…「遊糸」「早晩」「半漢」「沛艾」
『玉葉』…「異域」「引摂」「引導」「意見」「以降」「醫方（抄）」「一族」「有職」「慇懃」「雄稱」「異體」「意氣」「猶預」「優恕」「優長」「一諾」（「引級」）「幽閑」「優劣」「有若亡」「一丈手半」「幾多」「歸去」「何為」「簡略」「刑罸」「禁固」「忽諸」

＊「引級」…斎木氏によれば「記録語」であり、「加担す、贔屓す」の意味。
＊「有若亡」…斎木氏によれば「記録語」であり、「有名無実、だらしなし、不届、けしからぬ」の意味。
＊「歸去」…「イサハ」の訓は当てはまらない。

以上のように、字類抄イ篇畳字部の異なり一八四語のうち、用法不明なものも含めれば半数の語（九二語）がこの四文献において使用されているということが確認された。また『貞信公記』『小右記』等一一文献を加えた一五文献では一一七語の使用が認められ、これは字類抄語彙の約六三%に当たる。すなわち古記録内の書記言語と字類抄畳字部との密接な結び付きが裏付けられることとなった。

字類抄語彙の中核が日常語であり、それが記録語と重なっているという論が峰岸明氏にあり、このことについては次項に論じることとするが、ここでは、ただ古記録に字類抄採録語彙が出現するというだけでなく、一つの文献の中に何度も出る語があるという現象に言及しておきたい。例えば、四文献に各数例現れる語彙と、三文献に各数一〇例現れる語彙とでは、自ずからその語の書記需要性（日常性）が異なってくると考えられるため、今後の研究ではそのような視点も必要になるだろう。

〈E〉**訓点資料**

漢文訓読の資料として、次の訓点資料を調査した。

①白氏文集　巻第三・四　天永四年点…『神田本白氏文集の研究』（太田次男・小林芳規、勉誠社、一九八二年）

②興福寺本大慈恩寺三蔵法師伝　古点…『興福寺本大慈恩寺三蔵法師伝古点の国語学的研究』（築島裕、東京大学出版会、一九六五〜一九六七年）

＊①白氏文集　②三蔵法師伝　と略することがある。

次に、各文献における用例を、『色葉字類抄』掲出順に示す。

＊漢字を通行の字体に改めた場合がある。
＊頁数等の表記は、使用した活字本に従った。
＊参考までに、訓点の有無を問わず漢字文字列の一致したものも採った（文字列が一致しても付訓が字類抄と一致しないものは原則として採らないが、用例量が十分でない場合は採った場合がある）。同訓（音）異字は採らない。
＊①の本文は原文の形で、②は築島裕氏の訳文を参考にして示した。
＊本文に付された訓点について、当該語の読みに関連する部分以外は全て省略した。
＊原則として、代表的な例のみを挙げることとする。

## ①白氏文集　巻第三・四　天永四年点

023 因縁（内典分／インエン／又人倫部）
「翁臂折来幾年兼問至折何因縁」（三162）

043 婬奔（夫婦分／インホン）※淫奔
「井底引銀瓶止淫奔也」（三26）

100 衣裳（ーー部／イシヤウ）
「小頭鞋履窄衣裳」（三138）

101 衣冠（イクワン）
「歳一日許唐人之没蕃者服唐衣冠」（三353）

134 如何（イカン）
「少苦老苦両如何」（三141）

136 奈何
「薄将奈何《セム》　一奉寝宮年月多」（四205）

137 其奈
「其奈出門無去処」（四256）
138 何況（イカニイハ／ムヤ［イカニ／イハンヤ］）
「何況ャ 褒妲之色」（四314）
139 幾多（イクソハク／イクハクソ）
「幾多《イクハクノ》地吾君不遊有深意」（四33）
「神龍饗幾多《イクハクソ》林鼠山狐長酔飽」（四323）※「幾多」左傍に「ハカリソ」
145 多少
「多少《イコソハクノ》春玄宗末歳初選入々時」（三126）
147 聞道（イフナラク）
「聞道《イフナラク》雲南有濾水椒花落時」（三166）※「イフナラク」に合点、左傍に「イハク」
185 時勢粧（イマヤウ／スカタ）
「天宝年中 時勢粧《イマヤウスカタナレハ》 上陽人苦最多」（三140）
※右傍「イマヤウスカタナレハ」に合点、他「ソノカミスカタナレハ」「フルメキスカタナレハ」の訓

**②興福寺本大慈恩寺三蔵法師伝　古点**

008 一旦（イツタン）
「閻ニ来（リ）入（ラ）ハ、一旦ニ王知（ラ）ハ」（四178）
014 異域（イヰキ）

「法師能（ク）［於］異域ニシテ是（ノ）深法ヲ得タリ」（六281）

017 幽谷（五岳分／イウコク）

「高岸ヲ論（メ）テ幽谷ト為ス」（八400）

023 因縁（内典分／インエン／又人倫部）

「我カ三年ヨリ前ノ病惣ノ因縁ヲ説（ク）可（シ）」（三248）

024 因果（インクワ）

「法師為ニ呪願シテ幷（ヒ）ニ報応因果ヲ説（キ）テ」（二423）

035 醫方（――部／イハウ）

「俗典吠陀等（ノ）書。因明。聲明。醫方。術数ニ至（ル）マテ」（三302）

055 一心

「一心ニ独リ察（ル）コト（ヲ）為（ルコト）難シト」（六214）

056 一期（イチコ）

（「鏘鏘濟濟トシテ亦一期期《キ》ノ［之］盛ナルナリ［也］」（一037））

057 慇懃（インキン／苦［吾］詞也）

「殷勤（ノ）［之］言、今猶（シ）耳ニ在（リ）」（七323）

071 遊覧（イウラン／逍遥分）

「郷ニ還（ル）コト得テ舊壥ヲ遊覧ス」（九343）

101 衣冠（イクワン）

「恒沙ノ国土普く衣冠《火ン》（ヲ）襲（ネ）」（七088）

110一切（イセツ［イツセツ］）※「一切経」等の熟語を除く
「諸ノ悪行（ヲ）捨（テ）［及］諸法ヲ廣宣シ、一切ヲ利安セム」（三039）
「如何（ソ）一切是（レ）実（ナリト）言（フコトヲ）得（ム）」（四386）
121優劣（両合部／イウレツ）
「其（ノ）優劣ヲ較フルニ」（九014）
「竝日ニ［而］優《イウ》劣ヲ論（シ）」（九280）
132所謂（イハユル）
「三蔵法師玄奘（ト）イフ者有リ、所-謂當今之能仁（ナリ）［也］」（八025）
134如何（イカン）
「深累如何《イカ、》自（ラ）免レム」（八260）
「古ヨリ来カタ翻訳ノ儀式如何」（八303）
136奈何
「當ニ処ル可（キ）コト難（カル）［當］（シ）、奈-何《イカン》奈何」（七326）
140幾何
「陰ヲ顧ミ、景〈日〉ヲ視（ル）ニ能ク復幾-何《イクハク》ハカリソ」（九387）
144幾許（イクハクハカリ）
「師、幾許ノ資粮ヲカ須（キム）トスル」（五278）
174忽諸（イルカセン［ニ］ス）
「唯シ恐（ルラ）クハ三蔵の梵本零落シテ忽-諸《イルカセ》ニナリナムトス」（七286）

176 不審（イフ［ソ（フ）］カシ）

「節候漸（ク）暖（カナリ）、不審《イフカシ》」（七312）

177 未審

「固ニ法門（ノ）［之］美ナリ、未審《イフカ》シ」（八302）

以上の調査結果を、〔表E〕に示した。

〔表E〕

＊◎…漢字文字列と付訓の関係が字類抄の例と完全一致したもの、近似のもの

＊○…漢字文字列のみが一致したもの

＊補足として、字類抄訓読語については、『訓点語彙集成　第一巻　あ〜い』（築島裕編、汲古書院、二〇〇七年）を参照し、補足欄に挙げた。多数の例がある場合には完全付訓の例を代表として挙げた。

| | 文集 | 三蔵 | 補足 |
|---|---|---|---|
| 008 一旦 | | ○ | |
| 014 異域 | | ○ | |
| 017 幽谷 | | ○ | |
| 023 因縁 | ○ | ○ | |
| 024 因果 | | ○ | |
| 035 醫方 | | ○ | |

| | | | |
|---|---|---|---|
| 043 婬奔 | 淫奔 | | |
| 055 一心 | | ○ | |
| 056 一期 | | 〈ーキ〉 | |
| 057 慇懃 | | ○ | |
| 071 遊覧 | | ○ | |
| 100 衣裳 | ○ | | |
| 101 衣冠 | ○ | ◎ | |
| 110 一切 | | ○ | |
| 121 優劣 | | ◎ | |
| 128 氣調 | | | ーのイキサシ（遊仙窟康永三年点） |
| 131 森然 | | | イヨヤカナリ（大毗盧遮那経疏保安元年点）イヨヨカなり（大毗盧遮那経疏寛治七年・嘉保元年点）イヨヤカニアラシメヨ（大毗盧遮那成仏経疏永久二年点）イヨヤカ□□（大毗盧遮那経疏仁平元年点） |
| 132 所謂 | | ○ | イハユル（三教指帰久寿二年点、古文孝経仁治二年点、観音講式正応元年点、五行大義元弘三年点） |
| 134 如何 | ○ | ◎ | イカン（史記孝文本紀延久五年点、大毗盧遮那成仏経疏永保二年点、大唐西域記長寛元年点、因明義草仁安四年点、遊仙窟康永三年点） |
| 135 云何 | | | ーカンカ…ヤ（聖无動尊大威怒王念誦儀軌永久天治頃点） |
| 136 奈何 | ーセム | ◎ | イカン（史記殷本紀建暦元年点、作文大体鎌倉中期点） |
| 137 其奈 | ○ | | |
| 138 何況 | ーヤ | | イカニイハムヤ（法華文句平安後期点） |

| | | | |
|---|---|---|---|
| 139 幾多 | ◎ | | イクソハク（作文大体鎌倉中期点） |
| 140 幾何 | | ○ | イクソハク（金光明最勝王経平安後期点、大毗盧遮那経承暦二年点、妙法蓮華経寛治元年点、将門記承徳三年点、文鏡秘府論保延四年点）イクハクソ（日本国現報善悪霊異記弘仁頃点、大唐西域記長寛元年点、世俗諺文鎌倉中期点、観音講式正応元年点）イクハク（大唐西域記長寛元年点、一字頂輪王儀軌元暦二年点） |
| 142 所幾 | | | （幾所　イクハク　大般若経字抄長元五年点、大毗盧遮那成仏経疏永保二年点、大毗盧遮那成仏経疏康和五年点、大般若経音義鎌倉初期点、大般若経音義弘安九年点） |
| 144 幾許 | | ○ | イクハク（大般若経音義鎌倉初期点、大般若経音義弘安九年点）イクハクソ（観音講式正応元年点） |
| 145 多少 | ◎ | | イクハク（百法顕幽抄延喜頃点、高僧伝康和二年点、法華経伝記大治五年点） |
| 147 聞導 | ◎ | | |
| 148 言説 | | | （聞説　イフナラク　三蔵法師伝） |
| 149 長今 | | | （長令　イヤメツラナリ　大般若経建暦二年～貞応三年点） |
| 152 孰與 | | | イツレ（日本書紀院政期点） |
| 154 去來 | | | イサ（日本書紀栄治二年点）イサ古（妙法蓮華経寛治二年点） |
| 155 歸去 | | | （帰来　イサ禾　白氏文集建長四年他点） |
| 166 沛艾 | | | （霈艾　イサム　三教指帰久寿二年点） |
| 173 固辞 | | | イナヒて（日本書紀平安後期点）イナヒ（日本書紀院政初期点） |
| 174 忽諸 | | ◎ | |
| 175 疋文 | | | （匹夫　イヤシキヒト　日本書紀栄治二年点） |
| 176 不審 | | ◎ | イフカシ（三教指帰注集長承三年点、弘決外典鈔弘安七年点、遊仙窟康永三年点） |

| | | | |
|---|---|---|---|
| 177未審 | | ◎ | イフカシ（大日経義釈演密鈔長承三年点、弘決外典鈔弘安七年点） |
| 182綵緻 | | | （緻　イロキビシ　法華経単字保延二年点） |
| 185時勢粧 | ◎ | | |

A～Dの文献と異なり、訓点資料の本文は「当時」「本邦」において著されたものではない。付された訓点に関しても、当時性を問うと、移点や形式保持という面から確かなことは言えない。また訓点資料の語彙（付訓）は、一般的な和語や当時普及していた日常的な語によって示されるばかりでなく、漢文訓読特有の語を用いたり、各博士家による恣意的な翻訳語で漢字文字列と訓を結び付けたりすることがあろうために、必ずしも仮名から漢字を再現するために適切な語群であるとは言えない面がある。すなわち、本調査でも一応漢字文字列を採集し、表のうちに○で示したものがあるが、この文字列が必ずしも当時本邦において書記需要があった文字とは言い難いし、またその訓についても漢字の字面を再現するものとしては不適当な場合があるということになる。

しかし、これは理想の辞書（編纂）を常識的に想定した場合の論理であって、辞書編纂者の立場に立てば、既存の字書から漢字とその音訓をセットで引用するのと同程度に、訓点資料から漢字と訓をセットで採集することは容易な作業であり、仮名から漢字を、漢字から仮名を自らの知識のみによって再現するよりは遙かに時間の短縮に繋がったものと考えられる。

これらの漢文訓読語が実際に当時如何なる感覚で扱われていたかという点に著者の想像は及ばないが、ある特殊な世界の中ではあるものの、これらの語彙が当時代においてたとえ「読まれるため」のみにでも存し、生きた語彙であったことを想定し、音読の熟語の一致例も採集した次第である。

さて、既に、字類抄と漢文訓読語の関わりは山田俊雄氏によって鋭く指摘されている。

この畳字門の中に、文選読みの語の訓読をとつたものがかなり存するということは、本編著者の深く注目する第二点である。文選読みの語が、平安時代から後の時代に長く、文学作品表現の中に、活用されてきた事実を知つているが、しかし平安時代において仮に数十例と考えられるそのすべてが後代に、日常語として使われ、書記され、読解されたという確証は存しないのみか、むしろ特殊な場合、たとえば漢文訓読というような、伝統的な学問の作業の中において、主として保存されたと言われていることに照らして見ると、国語の語形から、その語を書記する漢字を求める字書・辞書の場合、文選読みの語の漢字の字面を示すことが、一体、日常語・一般人の普通の語の登録だといいうるのであろうか、私は疑う。（中略）この字類抄が、如何に組織、体例の上で画期的なものであつても、その内容においてなお古いものを多く承けついでいることは否定し去ることが出来ない。かくて、色葉字類抄の畳字門の訓読の語は漢文訓読的な言語行動の圏外に遠く及んで日常的であつたというよりは、やはりなおかなりの位置を漢文訓読的教養にも与えていたのではないかと思われる。（「色葉字類抄畳字門の訓読の語の性質――古辞書研究の意義にふれて――」、成城文芸33、一九五五年）

これに対し、吉田金彦氏は、

山田俊雄氏は字類抄畳字門の訓読の語は名義抄と相掩うような漢文訓読的性質を多分にもつとして、字類抄所収語が一般に日常実用の普通語であるといわれている事に対して警告された。まことにその通りで、畳字部に字音語の部分と訓読語の部分とがあり、後者は訓点語系統の語である。例えば「イ」部畳字部訓読部の最初にある「気調」などは遊仙窟にある語であり、その下の「森然」は文選にあるので顕著な語である。一語や二語ですべてを律する訳では決してないが、訓点資料所出の語と一致するものが圧倒的に多いので、この部分は或いは点本資料から直接もしくは間接に語を採録したことが考えられる。また、訓点語らしいものが、畳字以外の部からも少からず指摘しうるようであるが、しかし全体の分量からみれば決して多くはない。

（「詩苑韻集の部類立てと色葉字類抄」、山田忠雄編『山田孝雄追憶　本邦辞書史論叢』、一九六七年、四六五-四六六頁）

と山田氏を支持されている。しかし、実際に平安時代の漢文訓読語全般と字類抄の訓を対照することによって、字類抄語彙中の漢文訓読語の割合を調査した研究は未だなく、右のような一、二の指摘に止まっているようである。また、漢文訓読特有語の中でも一般の和文などにも混入し定着した語について、果たして漢文訓読語という括りで扱って良いのかという問題もある。以上の点を踏まえて、①白氏文集②三蔵法師伝の用例を見ると、まず、①は文芸作品であり、②は仏書であることから、純粋にそれぞれの用例として捉えねばならない。築島裕氏は、この二文献の語彙の特徴を比較して述べておられるが、(38) 確かにイ篇畳字部の調査からも、訓読の熟語で①②の両者に共通して見られるものは「如何」のみであった。また、吉田氏の言われるように畳字部以外で漢文訓読語が見出し難いということが事実であれば、古記録や漢詩文の調査結果と比較してもこの二文献と字類抄語彙の一致率は決して大きい数字であるとは言えない。更に、本文の漢文に使用されている語彙を見ても、変体漢文や和漢混淆文で見出し難い漢語は殆どないということが分かる。

なお、今回の調査範囲からずれるが、特に訓点資料以外のいずれの文献でも見出し難かった語彙で①②にも現れなかった例を、次の三書に挙げられた例を以て補足する（一部〔表E〕補足欄と重複するものも挙げる）。

『平安時代の漢文訓読語につきての研究』（築島裕、東京大学出版会、一九六三年）
『平安鎌倉時代に於ける漢籍訓読の国語史的研究』（小林芳規、東京大学出版会、一九六七年）
『平安時代における訓点語の文法』（大坪併治、風間書房、一九八一年）
↓以下、「築島」「小林」「大坪」

・「築島」※該当語彙の読み以外の訓点は全て省略した。
005遊糸（春空也［毛］／イウシ）
「猶如遊絲《イウシノ》従春風蜘蛛網重樹」（極楽遊意長承点八ノ一）
145多少
「多　少《イクハクソヤ》〔乎〕」（法華経伝記巻第八大治点）
149長今（イヤメツラナリ／［聖教序曰―］）
「長令《イヤメツラナリ》」（大般若経巻第一建長六年点）※「令」は原文「今」
「造鑿とイヤメツラナリ」（遊仙窟康永点）

・「小林」※四三一頁。傍点・傍線などは省略した。また、用例を省略した部分がある。
154去來（イサ）
155歸去（イサハ）

「教行信證には、「歸去來」を「イザイナム」と訓じた三例がある。（中略）「去來」は履中紀に「去來此云伊奘」とあり、萬葉集にも八例の用例があって、それが白話風な用字であることは指摘されている（神田秀夫「萬葉集の用字の一側面」萬葉集大成十一）。漢譯佛典にも用いられたことは推測できる。名義抄（觀智院本）にも「去來イサ」とある。陶潛の「歸去來辭」の訓は道眞の傳説によって知られている。これが事實とすれば、「去來《イサ》」の訓が古くから存したことになる。（中略）大東急記念文庫藏文集寛喜三年點には、

「去來《イサワ》」（巻二十二）
「歸來《イサワ》」（巻五十四）
「歸・去來《イサワ》」（巻二十二）

「去來」を「イザワ」と訓じ又「歸來」をも訓じている。「歸去來」も「歸」と「去來」との間に讀點を打ち「去來」の方を「イザワ」と訓んでいる。」

・「大坪」※返り点、該当語彙以外の読み仮名を省略した。

132所謂（イハユル）
「所-謂《イハユル》額、兩の乳、心、及（び）下分なり」（仁・金剛頂瑜伽護摩儀軌康和点）

135云何
「云何《イカナル》ヲか名（づけ）て為る起伏三昧と」（仁・金剛頂瑜伽護摩儀軌康和点）
「云何《イカ》ニゾ心法染する貪瞋癡に」（書・大乗本生心地観経院政期点）

140幾何（イクハク）
「其（の）數幾-何《イクバク》ぞ」（龍・妙法蓮華経平安末期点）

145多少

「三十の障をは多少《イクバク》の時にか斷ち盡す」（東・百法顕幽抄平安中期点）

173固辞（イナフ）

「再三に固辞《イナ》ビて不就」（東洋・日本書紀平安中期点　皇極三年）

〈F〉辞書

『色葉字類抄』以前に本邦で成立した辞書で、字類抄との関係が指摘されているものには『和名類聚抄』『類聚名義抄』（以下和名抄、名義抄）がある。和名抄語彙については成立時期も本節の冒頭に示した調査範囲の外であり、また本書第四章で改めて検討するため、本節では考察対象としない。一方、山田俊雄氏は「色葉字類抄畳字門の訓読の語の性質――古辞書研究の意義にふれて――」(39)の中で、名義抄語彙と字類抄イ篇畳字部の訓読語彙との比較調査を行っている。ここに改めて両本の重複語彙を挙げる。

〔表F〕

＊名義抄本文は観智院本を使用した。
『類聚名義抄』（正宗敦夫校訂、風間書房、一九五四年）
＊名義抄の声点・合符等は省略した。
＊名義抄の本文は、該当語以外の部分は省略した。
＊山田氏の調査と異なる語には★印を付し、該当部分を「　」で示した。

| 名義抄 | 字類抄 |
|---|---|
| （僧下一一二）氣調　イキ「ナ」シ★ | 128氣調（イキサシ） |
| （仏中一〇二）早晩　イツカ | 129早晩（イツカ／「イツシカ」／「□□之義也」） |

(仏中四四) 引唱　イサナフ
(法上四九) 所謂　イハユル
(僧下五五) 飄悠　イロメク
(仏上八) 如何　イカン (ニ) ニン
(仏上八) 云何　イカム
(仏上八) 奈何　イカン (ニ) ニン
(僧中四〇) 幾多　イクソハク
(僧下一〇一) 幾何イクハク／イクソハク
　※「幾何」…佛上八、僧中四〇で「イクソハク」
(僧中四〇)「所何」★
(僧中四〇) 幾所　同 (イクソハク)
(法上六〇、僧中四〇) 幾許　イクハクハカリ／イクラハカリ
(法下一三五) 多少　ソコハク／イクソハク
(仏上四五) 聞道　イフナラク
(僧中三三) 不知　イサ
(仏下末一五) 孰與　イツレ／イカム
(仏上八) 何焉　イツレ
(仏上八四、僧下八一) 去來　イサ
(「仏」上四七) 何遑　イツチカイヌル★
(法上四四、僧中三六) 氷舲　イカリフツクル
(仏上八) 何為　イカ「ム」カセン★
(法上六) 半漢　イサム
(法中一一一) 経營　トメクル／トイトナム

130 引唱 (イサナフ)
132 所謂 (イハユル)
133 飄悠 (イコメク)
134 如何 (イカン)
135 云何 (同)
136 奈何 (同)
139 幾多 (イクソハク／イクハクソ)
140 幾何 (イクハク)
141 何所 (同)
142 所幾 (同)
144 幾許 (同／イクハクハカリ)
145 多少 (同)
147 聞導 (イフナラク)
151 不知 (イサ／イサシラス)
152 孰與 (イツレ)
153 何焉 (同)
154 去來 (同／イサ)
156 何遑 (イツチカ／イヌル)
157 氷舲 (イカリフツ／ク [イ] ル)
158 何為 (イカ、セム [ン])
164 半漢 (イサム)
171 経營 (イトナム)

| | | |
|---|---|---|
| (法中八三) 忽諸 | イルカセ | 174 忽諸（イルカセン［二］ス） |
| (僧下一一一) 疋夫 | イヤシ | 175 疋文（イヤシ） |
| (法下四八) 不審 | イフカシ | 176 不審（イフ［ソ（フ）］カシ） |
| (法下四八) 未審 | イフカシ | 177 未審（同） |
| (仏下本五五) 掲焉 | イチシルシ | 178 掲焉（イチシルシ） |
| (法中一四) 班合 | イラス | 181 班給（同） |
| (法中一三五) 綵緻 | イロキヒシ | 182 綵緻《セイチ》（イロキヒシ） |
| (法下三六) 時勢粧 | イマヤウスカタ | 185 時勢粧（イマヤウ／スカタ） |

以上、延べ三二語の訓が一致もしくは類似していることを、山田氏は指摘している。改めてこれらの用字を見ると、「聞道—聞道」「疋夫—疋文」「班合—班給」、また「所何—何所」「幾所—所幾」というような差があり、訓も「イキナシ—イキサシ」「イカムカセン—イカ、セム」「イルカセ—イルカセンス」など若干の差が認められる。そのため、(両本の誤字の問題も存するが) 完全に一致しているものは三二語を下回ることになる。また、名義抄は周知の如く多字多訓の語が多く、その中の一つの用字、一つの訓と偶然の一致（あるいはそれが通行字であれば必然の一致であるが）があったとしても、「両本に一致する語彙が存する」という以上の発言は現段階では控えなければならないだろう。山田氏は「本書の畳字門の訓読の語であつて、しかも名義抄に、その字面で、同訓で既に見えているものは、全体八〇九の中二五五になる。約三分の一近くが、そのまゝ名義抄と相重なるという勘定になるのである」と計算をされており、当然これは注目に値する数値であるが、それでは残りの三分の二は如何なる性質であるのかという疑問が残る。著者はこの問題について改めて次章以降に述べることとし、本節では一致の語を掲げるに止める。

次に、歌語辞書・歌論書の類について見る。

これまでは字類抄イ篇畳字部を母体とした調査を行ってきたが、歌語の場合はその性質上、字音語があったとしても畳字部以外の部に分類配置された可能性が高い。そこで本調査では歌語辞書を母体として、畳字部語彙の範囲外で「歌語」と字類抄の関わりを考えたい。

調査対象は以下の四書である。④『袖中抄』については、一一八五年以降の成立であり、本書の調査範囲と若干ずれるが、その採録範囲が『万葉集』〜平安時代の歌集に出た語彙であること、また（調査結果より）字類抄語彙との交渉がない等の理由からも敢えて取り上げることとした。

①『綺語抄』…『歌学文庫2』（室松岩雄編、一致堂書店、一九一〇年）（底本：井上頼圀蔵本）

②『和歌童蒙抄』…『日本歌学大系　第一巻』（佐々木信綱編、風間書房、一九五七年）

③『和歌初学抄』…『日本歌学大系　第二巻』（佐々木信綱編、風間書房、一九五六年）

④『袖中抄』…『袖中抄の校本と研究』（橋本不美男・後藤祥子、笠間書院、一九八五年）

まず、より見出し語が端的な形で示されている①『綺語抄』、④『袖中抄』の中で「い」を頭音に持つ見出し語を挙げる。

＊表記は各活字本に従った。
＊畳字部に限らず字類抄イ篇中の二字以上の漢字連結の音・訓と一致する部分に傍線を付した。
＊字類抄中の用字は以下の通り。

「イサ↓不知」「イソノカミ↓石上」「イヅ↓伊豆」「イナオホセドリ↓稲負鳥」「イモセノ山↓妹背山（イモセヤマ）」

①綺語抄（三一語）

〈巻上〉「いさよふ」「いさらなみ」「いやひけに」「いなのめ」「いさゝめ」「いさなみに」「いはか根のこゝしく山」「いをしろく」「いはにふれ」「いはかきぬま」「いはかきぬま」「いは井」「いた井」「いほへなみ」「いそもとゆすりたつなみ」「いそもとゝろによするなみ」「いそわ」「いけにしらなみ」

〈巻中〉「いも」「いしゐのてこ」「いやこむと」「いちしろく」「いてゝみつゝ」「いなむしろ」「いなふね」

〈巻下〉「いなおほせどり」「いはしろのゝへのしたくさ（とよめり）」「いわもとすけ」「いはほすけ」「いなつま」「いはしろのむすひまつ」

④袖中抄（二三語）

「イサヤ河」「イサヨヒ」「イサヨフ月」「イシブミ」「イシミ」「イソナツムメザシ」「イソノカミフル」「イソノマユ」「イツサヤムサヤ」「イツシバハラ」「イヅテフネ」「イナオホセドリ」「イナノメ」「イナフネ」「イナムシロ」「イハガネ」「イハ代ノ松」「イハヅナ」「イハトガシハ」「イハ橋」「イモセノ山」「イヤトシノハ」「イリヌルイソノ草」

「稲負鳥」「石上」「妹背山」の三語が、『綺語抄』『袖中抄』の見出し語で字類抄語彙と一致する単語として認められる。この三語はこれらの辞書に偶然出現した（和文の散文でも韻文でも使用される）一般性の高い語彙というよりは、主に歌語として用いられる特徴的な語彙であり、この種類の単語が出現するという事実は、字類抄が歌語をも採録したことを否定するものではない。しかし、その一方で、「イソ～」「イナ～」「イハ～」といった他の歌語を字類抄中に全く見出せないという結果は、より注目されるべきである（字類抄の採録基準に語形上見合わぬ語彙を除いても、一致しない単語の割合は圧倒的に高い）。右の調査量は些少であったが、推測が許されるならば、字類抄に歌語が現れるという事実は、

・字類抄編者が先行書から消極的に継承した歌語がいくらかある。
・当時、特に漢字表記の求められなかった歌語（和語）は積極的に採集されなかった。
・すなわち編者は、字類抄を文章を書くための辞書として想定していた。
・語の採集は専ら漢字表記の語彙（漢語）の側から行われた。

というような背景に繋がっていく蓋然性が高いのではないだろうか。

この点を留保しつつ、次に③『和歌初学抄』についての調査結果を示す。

初学抄の分類項目である〈古歌詞〉〈秀句〉〈所名〉などの語彙は除き、〈由緒詞〉〈必次詞〉〈喩来物〉〈物名〉の語彙のみを対象とし、このうち「い」を頭音に持つ語を全て挙げた。

＊畳字部に限らず字類抄イ篇中の二字以上の漢字連結の音・訓と完全に一致するものに傍線を付した。
＊〈由緒詞〉の語彙については一字以上の漢字の音・訓と一致するものにも傍線を付した。
＊字類抄中の用字は以下の通り。
「いそふ↓争／競」「イハネ↓姉／女兄」「イハツヽジ↓羊躑躅」「イハシミツ↓石清水／妙美井」

**③和歌初学抄**

〈由緒詞〉「いやとしのは（彌年也）」「いやしきふる（彌フル也）」「いやまし（彌マサル也）」「いそふ（争也）」「いたぶる（甚振也）」「いさゝめ（イサヽカノコト也）」「いきのを（氣也）」「いともかしこし（最カシコキ也）」

「いとなし（イトマナシ）」

〈必次詞〉「いその神ふる」「いなしきのたび」

〈喩来物〉「イハホ」「イナヅマ」「イハ」「イハミガタ」「イト」「イサリビ」「イソノ神」「イスカノハシ」

〈物名〉「イサヨヒ」「イサヨフ月」「イサヨフクモ」「イヘ風」「イサラナミ」「イモキノ」「イホシロヲ田」「イサラ河」「イハネ」「イサゴ」「イヤチヘシキニヨスルナミ」「イロガヒ」「イソガヒ」「イハガキ」「イタド」「イシ神」「イロハ」「イロエ」「イロト」「イモセ」「イモ」「イナムシロ」「イシノマクラ」「イソマクラ」「イハマクラ」「イナフネ」「イヅテ船」「イシブネ」「イセブネ」「イヨスダレ」「イチメガサ」「イハネマツ」「イソノワカ松」「イヌザクラ」「イトザクラ」「イハツヽジ」「イハト柏」「イハガキモミヂ」「イハカヅラ」「イサヽムラタケ」「イトハギ」「イトスヽキ」「イハホスゲ」「イハモトスゲ」「イヅミノコスゲ」「イツマデグサ」「イリエノコモ」「イソ千鳥」「イハシミヅ」「イハガキシ水」「イタヰノシ水」「イハヒノシ水」「イシヰノ水」「イケ水」「イサリタクヒ」「イサリビ」「石ヨリイヅルヒ」「イヤオヒ月」

この結果でも、動詞や名詞の類の歌語（全て和語）の多くが字類抄中の単字・熟字の訓と一致していなかった。更に、歌語の採録が積極的に行われなかったという事実を裏付けるために、②『和歌童蒙抄』の引歌のうちに示された二字以上の漢字文字列（イ以外を頭音に持つものを含む）を全て抽出して、字類抄所収語のうちに検索し、一致するものに傍線を付した。（点線は、字体が近似のもの）

②和歌童蒙抄

「八雲」「八重垣」「女郎花」「白露」「時鳥」「郭公」「春風」「櫻花」「山櫻」「白雲」「春日」「春駒」「秋風」「千代」「山河」「遠近」「鏡山」「雲井」「八重山」「秋萩」「藤浪」「奥山」「卯花」「五月雨」「菖蒲」「玉緒」「初風」「紅葉」「屋根」「苗代」「松山」「谷川」「今朝」（「出雲」「吉野」「三笠」）

ここに挙げた熟語は、実際の和歌の中で漢字表記されるか否かは別としても語としては和歌に頻出するものであるが、歌語固有の読みや意味を持つことなく、現代の我々にも理解出来る基本的な語が多い。しかし、字類抄と一致した語を眺めると、ほぼ全てが動植物名、地名あるいは熟字訓の類であり、「白露」「千代」「雲井」「玉緒」などのそれに含まれぬ単語は字類抄には採られていないことが分かる。

これは、語の意味の問題も当然関連していると考えられるが、また語に使用された漢字の難易度とも関係があるように思われる。すなわち、単字に分解した際に、それぞれの字の読みや意味が保たれている熟語（「春＋風」「谷＋川」など）については、熟語の形では採録していないことが多いのである。その事情として、単字の組み合わせで無限に広がる熟語の採集を制限しているのだと考えることも出来るし、また、読みから漢字を索めるのであれば熟語単位でなくとも各単字の読みから検索出来れば十分であろうという編纂態度を読み取ることも出来る。いずれにせよ、字類抄の編者には、院政期以前に本邦で使用されていた語彙を網羅的に収録する目的があった訳ではなく、「字を索める」用途を前提にして編んだものであると想像することが許されるのではないだろうか。また歌語という観点に戻って考えれば、右の結果や、歌語の中でも忘れることの出来ない基本的な語彙が多く漏れていることからも、歌語と字類抄語彙の関係の希薄さを指摘出来るだろう。そして、名義抄の場合とは異なり、これらの歌語辞書と字類抄の影響関係は明らかに存在しないということも付け加えておきたい。

## 〈G〉補助資料

〈A〉～〈F〉の補足として、次の資料を調査した。

①平安遺文…東京大学史料編纂所「平安遺文フルテキストデータベース」（二〇〇五年一〇月使用）
②古文書…東京大学史料編纂所「古文書フルテキストデータベース」（二〇〇五年一〇月使用）
③『類聚三代格』…『類聚三代格総索引』（米田雄介、高科書店、一九九一年）、『改訂増補国史大系』（吉川弘文館）
④『明衡往来』…『雲州往来　享禄本　研究と総索引』（三保忠夫・三保サト子、和泉書院、一九八二年）
⑤『高山寺本古往来』…『高山寺本古往来表白集』（高山寺資料叢書22、東京大学出版会、一九七二年）

各文献における用例を、『色葉字類抄』掲出順に示す。

＊表記は各活字本・データベースに従った。
＊漢字を通行の字体に改めた場合がある。
＊①②に関しては、西暦一〇五〇～一一八〇年の間の記事に限定して調査を行った。
＊④⑤について、付訓の有無に関わらず、漢字文字列の一致したものを採った（文字列が一致しても付訓が字類抄と一致しないものは原則として採らないが、用例量が十分でない場合は採ることがある）。同訓（音）異字は採らなかった。また付訓は、当該語の読みに関わらない部分は全て省略した。
＊⑤の本文は白文の形で、④は三保忠夫氏の読み下し文を参考にして示した。
＊特に注記しない限り全ての用例を挙げるものとするが、一つの文献の中の近似の用例については省略した場合がある。

### ①平安遺文・②古文書

008 一旦（イツタン）
「使云、小使申状一旦申許也」（石清水文書（田中）、治承四年六月一六日）

038 一族（イツソク）
「誠是無双霊祠也、誰不帰向乎、爰当家素稟一族、久仰威神、就中近年利益掲焉」（厳島野坂文書、治承四年四月一五日）
「罷向入道大相国・前右大将幷彼一族許之輩□、尋問交名、差副別使」（石山寺所蔵聖教目録裏文書、治承四年一一月二二日）

062 意趣（イシウ）
「仍為遂藤大夫之意趣、或令出家修善根、或与世路之相折令着衣装了」（厳島野坂文書、治承四年九月七日）

085 一院（尊遺［者］部）
「可令早任鳥羽院幷一院庁御下文、停止田仲・吉仲両庄妨高野山訴申荒川庄北堺事」（高野山文書続宝簡集四六、治承四年一二月）

094 依違（闘乱部／イキ／非常分／相違詞）
「但於恒例除田者、不可依違之状、所宣如件者、住人宜承知」（鹿島大禰宜家文書、治承四年七月一八日）

096 幽居（居處部／イウキヨ）
「摂州平野之勝地、為遁世退老之幽居、依其境之相近、聞此崎之為要」（内閣文庫所蔵摂津国古文書、治承四年二月二〇日）

110 一切（イセツ［イツセツ］）
「御下文案、合三通進覧之、此外一切不候也」（高野山文書続宝簡集六十五、（治承四年？）五月一三日）

「雖参洛、田仲庄官長明等一切不参云云、以知非理矣」（高野山文書続宝簡集四六、治承四年一二月二四日）

114 因准《ヨリナスラフ［ウ］》（インスキン）

「修和田船瀬之旧瀬泊、聖代之政尤足因准」（内閣文庫所蔵摂津国古文書、治承四年二月二〇日）

134 如何（イカン）

「粟屋郷之□□□御給之由承候事如何」（厳島野坂文書、治承四年九月七日）

「京□□可有御対面者□□許歟、如何、但御□□以後也」（石山寺所蔵聖教目録裏文書、治承四年一二月二〇日）

138 何況（イカニイハ／ムヤ［イカニ／イハンヤ］）

「而為国為人、更不致為歎之事、何況於神社仏事之事哉」（厳島神社文書、治承四年一〇月一八日）

151 不知（イサ／イサシラス）

「横競望領（預カ）所職之条、不知案内左道事也」（僧綱申文裏文書、治承四年三月）

「件事全非中堂之沙汰、不知之由所申候也」（石山寺所蔵聖教目録裏文書、治承四年一一月二〇日）

158 何為（イカ、セム［ン］）

「本寺雖訴申、御室更無御沙汰、何為哉」（僧綱申文裏文書、治承四年三月）

174 忽諸（イルカセン［ニ］ス）

「或平民顧己者、篭膏腴失公田、即仮権勢威、忽諸国郡事、如此之漸、国之彫弊也」

（田中忠三郎氏所蔵文集、永承五年七月二一日）

176 不審（イフ［ソ（フ）］カシ）

「御尋候ハハ、御不審候ましく候」（穂久迩文庫所蔵文書、治承四年八月二二日）

「又付他文書御沙汰候歟、尤以不審候事也」（厳島野坂文書、治承四年九月七日）

「光雅未相逢彼能清、極不審候、恐々謹言」（高野山文書宝簡集四七、（治承四年？）一〇月二七日）

178 掲焉（イチシルシ）

「一族、久仰威神、就中近年利益掲焉也」（厳島野坂文書、治承四年四月一五日）

180 出挙

「出挙物米弐拾石参斗七升」（筒井寛聖氏所蔵東大寺文書、治承四年八月一六日）

「而承安参年二月之比、文学房出挙米壱石伍斗借請畢」（東大寺文書四ノ七七、治承四年一一月三日）

「大春日重時、安部末友出挙之代辨進文書一枚」（保阪潤治氏所蔵東大寺文書、治承四年一一月一五日）

**③類聚三代格**

013 夷狄（郷里分／イテキ）

「弓馬闘夷狄所長」（二一〇（1））

「此国東有夷狄之危」（二一二（14））

「此国本夷狄之地」（二一三（3））

「昼夜不休。夷狄之情」（二六七（16））

「夫夷狄為性」（五六七（11））

027 意見（政理分／イケン）

「公卿意見事」（二八三（2））

「公卿意見事」（二八三（4））

「以前意見奏状」（二八四（16））

033 由緒（イウショ）

「尋其由緒縁無定例」（一九一（9））

「尋□彼□彼由緒」（三四四（4））

「空過秩限遂為身煩。伏尋由緒」（四〇二（4））

「言上由緒被免此役者」（四九三（10））

「侵害尤甚。静尋由緒」（五六五（8））

「聞其由緒非宛資用」（六〇一（13））

「不必明尋其由緒」（六三〇（9））

043 婬奔（夫婦分／インホン）

「或挟婬奔而通奴」（一四二（2））

「婬奔之徒既同淇上」（四九六（11））

「或挟淫奔而通奴」（五二二（12））

「至有闘争間起淫奔相追」（五九〇（3））

081 隠匿《カクル》（インチョク）

「擬任郡司隠匿其職被拝除者」（三〇七（5））

「若隠匿不首。為他被告」（五二八（16））

「若有隠匿則処厳科」（六二八（7））

093 意〈況〉（法家部／イクキヤ［カ］ウ）

「莫不曰斯。尋其意況」（一一八（11））

「推彼意況不異群盗」（五九四（1））
「或量其意況難恤之色」（六三一（16））
「量其意況実是同罪」（六四四（4））
101衣冠（イクワン）
「假令気體強壮。衣冠整鮮」（五五四（6））
106異能（伎藝部／イノウ）
「據異能供節用籍駈使等事」（一八六（1））
110一切（イセツ［イツセツ］）※「一切経（論）」「一切護法」「一切衆生」など熟語の形でのみ出現
170禁固
「犯法濫入者。禁固其身」（五六五（2））
「六位已下依例禁固」（五九七（15））
「勘責禁固殆過囚人」（六一七（13））
177未審
「有犯應須糺劾而未審実者」（六三三（6））
180出挙
「出挙正税」（三六（16））
「便令講師三綱依件出挙」（一二一（4））
「加以出挙収納計帳朝集之政」（二四七（3））
「前人出挙」（二六四（12））

「或以出挙収納為期」（二六五（2））
「管内出挙」（二六六（5））
「毎年出挙」（二七八（15））
「輾進調庸出挙官稲」進調庸（三一四（13））
「應停止除出挙正税本稲以外盡□□」（三四九（3））
「出挙正税」（三四九（5））
「應令糙、年中出挙雑用遺稲幷前司分付古稲事」（三五〇（15））
「年中出挙雑用之外」（三五〇（16））
「出挙事」（三九五（2））
「出挙事」（三九五（5））
「毎年出挙以其息利永支寺用」（三九五（6））
「東山道出挙正税事」（三九五（10））
「出挙百束以下十束已上」（三九五（11））
「雑色稲出挙息利」（三九六（9））
「應出挙群発稲五萬束輛」（三九六（12））
「毎年出挙以利宛粮」（三九六（14））
「依舊出挙濟擬飢乏」（三九六（15））
「當時出挙正税之欠」（三九七（4））
「應出挙霊安寺燉稲四千束輛」（三九九（12））

「毎年出挙」（三九九（13））
「應出挙文殊会墩稲事」（四〇〇（11））
「織出挙件稲以息利加先数」（四〇〇（9））
「但其代出挙正税令塡」（四〇〇（16））
「應科責出挙収納之日有犯吏□事」（四〇一（3））
「出挙収納幷下雑稲□□」（四〇一（11））
「出挙徒給貧弊之民」（四〇二（4））
「應禁断稲代□償田宅□物更出挙事」（四〇二（14））
「應禁断王臣家出挙私物事」（四〇三（8））
「或王臣家出挙私物妨民□農□農業」（四〇三（11））
「一應禁断出挙私稲事」（四〇三（16））
「京畿百姓出挙穎稲」（四〇四（1））
「禁断出挙財物以宅地園圃為質事」（四〇四（4））
「右豊富百姓出挙銭財」（四〇四（5））
「出挙官稲毎国有数」（四〇四（11））
「禁断出挙財物以宅地園圃為質輀」（四〇四（16））
「出挙雑用不足者」（四三二（8））
「春月勤於出挙耕稼」（五九九（4））
「凡公私以財物出挙者任依私契」（六〇二（11））

「公私以銭出挙」（六〇二（15））
「或云是家之出挙物」（六〇四（15））
「出挙収納不能自由」（六〇五（10））
「一同隠截出挙之坐」（六一〇（6））

181班給

「班給公私曾不中用」（三三〇（5））
「開発空閑地納其地子稲班給運進調庸百姓之尤窮幷貧不能自存者」（三九二（7））
「並耽撿班給不許詐冐」（三九五（12））
「應且実録且班給王臣幷富家百姓稲穀輌」（三九九（3））
「令且実録且班給」（三九九（8））
「言上実録班給之状」（三九九（9））
「自筌諸国五六十年或不班給」（四二七（11））
「待裁班給」（四二七（16））
「凡班給口分」（四二八（5））
「班給口分」（四二九（9））

183潔齋（イサキヨシ）

「掃修神社。潔齋祭事」（六（13））
「致潔齋慎令祭祀」（十八（3））
「而頃年之間。事乖潔齋」（二六（7））

「一向潔齋勤供御事」（六一五（13））

## ④明衡往来

007偸閑（イウカン／時尅分）

「偸閑《アカラサマ》ニ罷リ向（ハント）欲フ〔之〕処ニ」（45ウ8）

009幽奇（イウキ／地部）

「山川ノ〔之〕幽奇《キ》ヲ望メハ」（18オ4）

019遊女（河海部／イウチヨ／舟艤分／又夫婦分）

「又嵯峨ノ別墅景趣幽奇《キ》ナル歟」（33ウ9）

「遊女一両ノ舩」（46ウ4）

033由緒（イウシヨ）

「大略不定歟、由緒無（キ）ニ非（ズ）」（21オ9）

036醫家（イケ）

「但シ、醫家《キケ》ノ〔之〕習（ヒ）」（54ウ2）

040隠逸（イムイツ〔ン〕）

「嵯峨ノ別墅、隠逸ノ〔之〕棲居為（ル）可（シ）」（73オ1）

052幼少

「件ノ男、幼少ノ〔之〕時、本性愚頑ニシテ」（19ウ5）

057慇懃（インキン／苦〔吾〕詞也）

「二世疑ヒ無（シ）、慇懃《インキン》ニ誠ヲ致サハ」（23オ6）

058 雄飛（イウヒ）

「近代各其（ノ）雄飛ノ〔之〕詞ヲ称シテ」（32ウ8）

067 一定（疑詞）

「追ツテ一定ヲ啓ス可（ク）侍リ」（2ウ2）

「来（ル）十一日、大略一定ト云々」（29オ8）

「去留ノ〔之〕間、未タ一定有（ラ）〔未〕（ラム）歟」（31ウ1）

「右中弁四品ノ事、一定ト云々」（31ウ7）

068 優恕（仁愛分／イウショ）

「今年、国ノ闕少キニ依（リ）、暫ク優恕《ショ》（セ）被ル」（29ウ4）

071 遊覧（イウラン／逍遥分）

「詩酒ノ〔之〕会、遊覧（ノ）〔之〕興」（1オ4）

「遊覧（ノ）〔之〕興、此（ノ）時ニ在ル者歟」（18オ7）

「藤拾遺、遊覧（ス）可（キ）約有リ」（66ウ2）

072 遊放（イウハウ）

「水石ノ〔之〕地ヲトメテ、遊放ス可（ク）侍リ」（39ウ5）

「然ル可キ閑日ニ遊放（セ）被（ル）可（キ）也」（67オ8）

「忩劇弥倍シテ遊放ノ〔之〕興ヲ催シ難（キ）歟」（72オ1）

073 優遊（イウイウ）

「絃管一両ノ曲以（テ）優遊ニ備フ」（72ウ1）

078隠居（［インキョ］）

「隠居シテ手自點（ズ）可ク侍リ」（42ウ9）

080隠遁（已上籠居詞／［イントン］）

「最所望也、隠遁ノ〔之〕身、不審惟多シ」（60ウ6）

084誘引（イウイン／集會分）

「若誘《イウ》引有（ラバ）〔者〕、相随フ可キ也」（2オ1）

「一日白河ニ参（ズ）可（キ）〔之〕由、誘引有（リ）ト雖（モ）」（5ウ10）

「先年或ル人ノ誘《イウ》引ニ依（リ）」（9ウ1）

「今誘引有（リ）、何ソ高駕ニ従ハ不（ラム）乎」（40オ1）

「歌仙ノ〔之〕人々、誘引（セ）令（メ）給ヘ」（59ウ1）

「四位ノ少将藤少納言誘引（セ）令メ給ヘ耳、謹言」（71オ010）

099幽閑《カスカナリ》（イウカン／ーー分）

「山亭ノ幽閑、俗事忘レタルカ如シ」（72ウ1）

100衣裳（ーー部／イシヤウ）

「金銀ヲ鏤メテ衣裳ヲ餝リ」（8ウ8）

101衣冠（イクワン）

「衣冠ヲ正シテ参（ゼ）被（ル）可（キ）」（39オ7）

121優劣（両合部／イウレツ）

「専師ノ〔之〕優劣《イウレツ》ニ依（ラ）不ル」（20オ8）
「思（フ）所各異ナリ、優劣心ニ任セタリ」（32ウ8）

125一人當千

「重代ノ名物也、頗ル一人當千ト謂（ヒツ）可（キ）歟」（45オ1）

132所謂（イハユル）

「所謂《ユハユル》席上ノ〔之〕珎也」（4オ3）
「所謂《ユル》有名無実ナル者也」（12ウ6）
「一ノ師匠有リ、所謂《イハユル》萱生也」（22オ1）

134如何（イカン）

「汝如何者《イカントナレハ》、答（フ）ルニ此ノ告ケ無（キ）〔之〕由ヲ以（テ）ス」（2オ1）
「還（ツ）テ雄張ヲ表スルニ似（タル）歟、如何々々、謹言」（4ウ9）
「密々ニ見物セント欲フ、如何《イカン》」（8オ10）
「実（ナル）歟、如何」（11ウ4）
「華轅ヲ促サ令（メ）給へ、如何《イカン》」（13ウ4）
「花轂ヲ促サ令（メ）ムニ如何《イカン》」（18オ8）
「今月ノ廿日比、如何《イカン》」（18ウ9）
「道（セ）令（メ）給へ、如何《イカン》」（33オ9）
「時ノ人ノ謂ワンコト、如何《イカン》」（36ウ7）
「旬ノ儀如何《イカン》」（37オ1）

「江口ノ邊ニ遊豫セント欲フ　如何《イカン》」（46ウ8）
「洛妃ノ如シト云々、如何《イカン》」（49オ6）
「所望（ノ）成敗如何《イカン》」（52ウ6）
「四神ヲ備フ可（キ）、如何《イカン》」（53ウ8）
「故舊ノ〔之〕説、如何」（53ウ10）
「右、其（ノ）方、如何」（54オ7）
「其（ノ）理如何」（54ウ10）
「其（ノ）意如何」（55オ2）
「腹赤ノ奏、其ノ赴キ如何《イカン》」（58オ10）
「其（ノ）故如何トナレハ」（62オ1）
「諸国ノ宰吏ノ〔之〕功過、其（ノ）定メ如何《イカン》」（64オ6）
「代官ヲ用（ヰ）被（レバ）如何《イカン》」（73ウ7）

136 奈何
「落蘂葩ヲ乱シ、狂風ヲ奈何《イカン》（セム）」（66ウ1）

137 其奈
（「弾正（ノ）式ニ在リト云々、其奈哉《ソレイカンヤ》、謹言」（55オ4））

138 何況（イカニイハ／ムヤ「イカニ／イハンヤ」）
「何《ニ》況ヤ此等ノ〔之〕少事ヲ哉」（17ウ8）
「何況ヤ昭陽舎ノ〔之〕春ノ朝」（68ウ10）

154 去來（イサ）
「去来、又去来、花ノ時過キ易キ者也」（66ウ2）
158 何為（イカ、セム〔ン〕）
「殿最何為《イカヽセ》ン、此（ノ）如（キ）ノ〔之〕由」（62オ5）
164 半漢（イサム）
「就中ニ半漢ノ逸足、控御ニ能ハ不（ル）歟」（6ウ1）
「則驊騮緑耳ノ〔之〕半漢《ハンカン》（ナリ）」（10オ1）
「驊騮相競テ風ニ向（ヒテ）半漢ス」（71オ6）
166 沛艾《［ハイガイ］》
「牽馬ノ〔之〕躰、最其（ノ）興有リ、沛艾《カイ》ノ〔之〕間、其ノ汗色有リ」（10ウ5）
「未タ其（ノ）実ヲ見〔未〕、頗る以（テ）沛艾《ハイカイ》ト云々」（59ウ8）
「細馬一疋借（シ）及（サ）被可（シ）、沛艾《ハイカイ》要トセ不」（63ウ10）
171 経營（イトナム）
「抑彼ノ御経営、何才ノ事ソ哉」（45ウ3）
172 好色（イロコノミ）
「曾テ好色ノ〔之〕人無シ」（28ウ1）
173 固辞（イナフ）
「如何、固辞《コシ》スルニ能ハ不」（8オ10）
176 不審（イフ〔ソ（フ）〕カシ）

「右、不審ノ〔之〕処ニ、今音簡ヲ投ケ被（レ）タリ」（29ウ10）
「侍中知（ラ）不ト雖（モ）、不審ヲ散センカ為ニ」（37オ2）
「誰ノ人ノ説ソ乎、尤不審也」（49ウ5）
「久（シク）案内ヲ申（サ）不（ル）〔之〕間、不審尤多シ」（56オ7）
「右、不審ノ〔之〕間、幸ニ此（ノ）仰（セ）ヲ賜ル」（56ウ3）
「歌曲ノ由縁不審ナリ」（58ウ1）
「最所望也、隠遁ノ〔之〕身、不審惟多シ」（60ウ6）

178 掲焉（イチシルシ）
「隠ル、コト鼠ノ如ナル〔之〕者有（リ）、強弱掲焉《ケチエン》也」（9ウ9）

**⑤高山寺本古往来**

021 引摂（佛法部／インセウ〔ツ〕）
「後世罪業愚身所怙只我大師御引摂《セフ》也」（199）

023 因縁（内典分／インエン／又人倫部）
「而頃年相就因縁経廻外土」（44）

048 遊宴（イウエン）
「閑居者禅定之倫遊宴《イウエン》者延年之計」（334）

067 一定（疑詞）
「案内行事所追可申一定之由侍」（159）

078 隠居（[インキョ]）
「去夏聊為遂宿願隠居《インキョ》思給侍」（185）

123 有若亡（長畳字）
「背如泥甚有《イウ》若亡《ハウ》也」（249）

132 所謂（イハユル）
「所-謂《イハユル》五禁之中最初誡之」（254）

134 如何（イカン）
「仰為之如何」（29）
「御従之未坐如何不具謹言」（48）
「従明後日被始之由云實否如何」（151）
「駒鹿毛菊額尾駮等之中被召用如何」（166）
「且為聞法被同道如何謹言々々」（178）
「御従之食幷御馬芻如何甚以鬱申」（226）
「其由如何」（254）
「謹言新年之後禅下如何」（287）
「忝枉光駕如何々々」（319）
「忝被光臨者如何々々」（344）
「於殿上君達蔵人如雲集来无可然処居之ヲ如何《イカン》」（373）
「殊枉光被御覧如何」（382）

「如此之比動静如何」(391)
158何為（イカ、セム［ソ］）
「為《セム》之何《イカン》々」(162)
171経営（イトナム）
「依被参石山寺之経営」(90)
「彼経営之後任理可糺申」(93)
「今其経営漸畢」(432)
176不審（イフ［ソ（フ）］カシ）
「頃年之際依無指事久不申承不審無極」(185)
181班給
「以前班《ハン》-給《キウ》一両駈使並所部下人等先畢」(28)

補助資料①～⑤に出現する語彙と『色葉字類抄』の語彙を比較した結果を、〔表G〕に示した。

〔表G〕

| | ①平遺・②文書 | ③三格 | ④明往 | ⑤高往 | 備考 |
|---|---|---|---|---|---|
| 007 偸閑 | | | ○ | | |

＊古往来の用例で、漢字と付訓が字類抄の例あるいは想定される音訓と一致あるいは類似するものを◎、付訓がなく、あっても字類抄の音訓等と一致しないが文字列が存在する語を○で示した。

| 068 優恕 | 067 一定 | 062 意趣 | 058 雄飛 | 057 慇懃 | 052 幼少 | 048 遊宴 | 043 婬奔 | 040 隠逸 | 038 一族 | 036 醫家 | 033 由緒 | 027 意見 | 023 因縁 | 021 引摂 | 019 遊女 | 013 夷狄 | 009 幽奇 | 008 一旦 |
|---|---|---|---|---|---|---|---|---|---|---|---|---|---|---|---|---|---|---|
| | | ○ | | | | | | | ○ | | | | | | | | | ○ |
| | | | | | | | ○ | | | | ○ | ○ | | | | ○ | | |
| ◎ | ○ | | ○ | ◎ | ○ | | | ○ | | ◎ | ○ | | | | ○ | | ◎ | |
| | ○ | | | | | ◎ | | | | | | | ○ | ◎ | | | | |
| | | | | | | | | | | | | | | | | | | |

| | | | | | |
|---|---|---|---|---|---|
| 071 遊覧 | | | ○ | | |
| 072 遊放 | | | ○ | | |
| 073 優遊 | | | ○ | | |
| 078 隠居 | | | ○ | ◎ | |
| 080 隠遁 | | | ○ | | |
| 081 隠匿 | | ○ | | | |
| 084 誘引 | | | ◎ | | |
| 085 一院 | ○ | | | | |
| 093 意〈況〉 | | ○ | | | |
| 094 依違 | ○ | | | | |
| 096 幽居 | ○ | | | | |
| 099 幽閑 | | | ○ | | |
| 100 衣裳 | | | ○ | | |
| 101 衣冠 | | ○ | ○ | | |
| 106 異能 | | ○ | | | |
| 110 一切 | ○ | ※ | | | ※一切経等の熟語 |
| 114 因准 | ○ | | | | |
| 121 優劣 | | | ◎ | | |
| 123 有若亡 | | | | ◎ | |

| | | | | | |
|---|---|---|---|---|---|
| 125 一人當千 | | | ○ | | |
| 132 所謂 | | | ◎ | ◎ | |
| 134 如何 | ○ | | ◎ | ○ | |
| 136 奈何 | | | ◎ | | |
| 137 其奈 | | | ※ | | ※其奈哉〈ソレイカンヤ〉 |
| 138 何況 | ○ | | ◎ | | |
| 151 不知 | ○ | | | | |
| 154 去來 | | | ○ | | |
| 158 何為 | ○ | | ◎ | ◎ | |
| 164 半漢 | | | ○ | | |
| 166 沛艾 | | | ○ | | |
| 170 禁固 | | ○ | | | |
| 171 経營 | | | ○ | ○ | |
| 172 好色 | | | ○ | | |
| 173 固辞 | | | ○ | | |
| 174 忽諸 | ○ | | | | |
| 176 不審 | ○ | | ○ | ○ | |
| 177 未審 | | ○ | | | |
| 178 掲焉 | ○ | | ○ | | |

| 180出挙 | 181班給 | 183潔齋 |
|---|---|---|
| ○ | | |
| ○ | ○ | ○ |
| | | |
| | ○ | |
| | | |

この①～⑤の資料は、それぞれが作成された基盤や目的、文体が異なるため、同一視して論ずることに意味はなく、次項の考察のうちで補助的に活用したい。

問題点のみを確認しておくと、まず表に現れた151以降の訓読の熟語のうち「不知」「禁固」「忽諸」「未審」「出挙」「班給」「潔斎」等、古往来以外の文献を中心に出現した用例は、古記録の場合と同様に、字類抄に示された訓としての用法（訓読すべき熟語）であるか否かを判断し難く、それぞれ文脈に応じた用法として理解しておく必要がある。例えば、『類聚三代格』に現れた「班給」「出挙」は政治上の制度を表す語彙であるが、それぞれ字音語「ハンキフ」「シユツコ」として認識するのが妥当であり、[40] その語義と関連すると考えられる「イラス」（貸す）という訓を直接当てて読むべきではない。他の、単に文字列の一致により挙げた用例（上以外に、字類抄イ篇で訓読の熟語として挙がっているが、古往来で音読された用例、古往来で音の示されない音読の熟語）についても同様である。

次に、④⑤の古往来については、その語彙の位相や文章の基盤も比較的活発に研究されている分野であり、各往来物（語彙）の特徴が明らかにされると共に、字類抄との関連も一部ながら指摘されている。そこで、本項で扱った『明衡往来』と『高山寺本古往来』との関係についての字類抄研究を参考にしつつ、本調査の結果を振り返る。

まず、『明衡往来』（雲州往来）については、原卓志氏が字類抄の「別名」と比較調査され、[41]「院政期以降に成立した往来の中に使用された別名は、ほとんど雲州往来に於いて使用されている別名の中に包摂されている」との結論を導かれた。原氏によれば、当往来は中流貴族の消息を類聚したものであるが故に（『高山寺本古往来』などの

「僧俗混在型」に比して）文人色が色濃く、表現効果を狙った漢文調の詩的表現をする場合が多く見られるようである。今回の調査について、〔表G〕で④⑤のうち④のみに現れた語彙を見ると、「雄飛」「遊放」「優遊」を始めとして、確かに漢詩文的な表現が在ることが確認出来る。これに対し、⑤のみに現れる「引摂」「因縁」などの語彙は仏教的であるということが出来るだろう。同じ「往来物」として分類しても、その表現構造、語彙の種類には少なからず差異があることを認識しておかねばならない。

『高山寺本古往来』については、小林芳規氏が、「國語史料としての高山寺本古往來」（『高山寺本古往来表白集』）の中で「高山寺本古往来は、和化漢文ではあるが、各漢字に加へられた豊富な振仮名によつて、その訓みが知られる。振仮名のない漢字も、先述のやうに、訓漢字又は、再出字等であつて、その訓みが判明するから、全巻に亘つて、訓読文を復元することが可能となる。それは文体上、打聞集・法華百座聞書抄等の片仮名文と同種のものに類することになり、語法研究資料にも堪へ得ると考へられる。」「高山寺本古往来の用語、特に漢語を見ると、平安時代の和文には見出し難い語が少なくない。しかし当時の古文書には、同じ語と見られるものが屢々拾はれる。これは、表現素材に共通するものがあることに依ると思はれる。しかも色葉字類抄に収載されてゐる語であることが多いことによると、当時の通用語であつたのであらう。にも拘らず、従来の国語字書に、用例として収載されることが見逃され、又、項出語そのものにも成り得ない語のあつたのは、和文の用語に重点を置いた従来の国語字書の編纂に問題があつたのであらう。」と述べられ、片仮名文の文体や古文書語彙との類似を指摘されている。なお、字類抄の収載語彙を当時の通用語であるとすることについては本節末また次章で詳しく検討するため、ここでは保留する。山田俊雄氏は、当古往来のうち音読に従ったと思われる漢語と字類抄畳字部の語彙を対照調査され[42]、「字類抄所収語との共通のものが尠くないことが明らかである」「字類抄畳字門の語が、これら古往来の用語と相似たレベルにあるもの」であるとの指摘をされた。実際に山田氏の挙げられた高山寺本語彙のうちにも字類抄と一致しない語が多く存する一方で、その一致例も見過ごせない数に上っており、高山寺本の性質と字類抄の性質で一致する部分があることは認められる。しかし、〔表G〕により明らかなように、字類抄の語彙で高山寺本に現れないもの、しかも性質の異なるとされる『明衡往来』に現れるものが相当数存在する以上、字類抄の語彙全般と高山寺本の性質を安易に関連付けることは出来ない。今後、高山寺本で用いられなかった字類抄の語彙が、高山寺本の語彙の性質と似通ったものであるか、あるいは異質な語彙が大部分を占めているのか、という点についても、究明していく必要があるだろう。

最後に、同時代の『和泉往来』『江談抄』の一部を挙げ、その語彙の字類抄への収載状況を示し、新たな調査の在り方について示唆しておく。

参考

三巻本『色葉字類抄』に掲載された語が実際の文章の中でどのように用いられているか、『和泉往来』『江談抄』の例を挙げる。文中にある二字以上の熟語のうち『色葉字類抄』に掲載されている語（畳字部に限らない）を□で示した。

**【和泉往来】**

27 [二月]　夾鐘

28 和風緩扇暖露稍降、依无[慇懃]、雖有所憚

29 不耐懇懐[執啓]事由、抑欲趣任国[進発][不日]、雖

30 不本望、今亦何為、旅具无儲、駑駘未有、坂東之
31 人、為宗勇堪、随其気色、進止之者、猷豫之心、未
32 迨一定、爰復、美作新司、同比首途姻婭之間、點
33 而難忍、事々在面、蜜々上聞、出城向途、欲尋時
34 苗留犢之塵矣、入境聞風、欲知羊続懸魚之跡焉、
35 聞古習今見人知我

86 　　　　　向前薬師、鳴戸之今様歌
87 曲挍此彼古躰、加之、和歌是述懐、快弁四病、所謂四者、岸
88 樹、風燭、浪舟、落花是也、了知畳句連句麝香薫
89 満、翰林能筆、道祐色帋、篤木薄様、上紙、剰苔散
90 床、葦手假名品々取虵尾、様々捨書、和漢交接也、動
91 静美艶、不能賣目、瞻姿難堪、聴音易耽、若此楊貴
92 妃之後身歟、為當王昭君之再来歟、或佳辰令月詠、
93 或誦常在霊山、亦復、絲竹管絃、皆是達也

**【江談抄】**

巻五（七一）源中将師時亭文会篤昌事

被命云、文場何等事侍哉。答云、指事不候。一日コソ源中将師時亭文会候シカ。

被答云、昨日進士篤昌所来談也。人々詩大略聞之。貴下詩篤昌頗不受歟。答云、尤理也。又篤昌詩希有也。坐人々被申候如何。被命云、然也。不足言者歟。事外ニ英雄之詞ヲコソ称シ侍シカ。文場気色如何。答云、傍若無人也。奇怪第一事不可過之。奴袴事可有制止事也。被命云、立英雄尤理也。宝志野馬台讖ニ、天命在三公、百王流畢竭、猿犬称英雄ト見タリ。王法衰微、憲章不被許之徴也。予答云、件讖何事起乎。被命云、未被治歟如何。答云、不知候。被命云、件讖者是我朝衰相ヲ寄テ候也。依之将来テ号讖書也。仍為之日本国云野馬台也。又渡本朝有由緒事也。

### 第三項　考察

まず、前項で行った各文献の調査結果を確認する。

#### 〈A〉和文資料

物語・日記文学を対象として、漢字文字列、仮名の両者に対する調査を行った。まず、漢語（及び字音語を表す仮名）の使用という面から見ると、社会生活や文化生活の細部を描写しようとする過程で少なからず需要があったものと考えられる。時代を遡った『源氏物語』にしても、漢語の使用を完全に避けることは出来なかったのであり、既に本邦において定着していた漢語がいくらか存在したのは確かである。しかし、それと同時に、一つの独立した文芸ジャンルとして、必要以上の漢語使用が抑制されていたこともまた別の側面として認識されなければならない。これは、著者の教養や知的レベルとは別に、読者層の能力が問われる問題もあると考えられるが、いずれにせよ字類抄に示されるが如き字音語は和文資料には現れ難いことが予想された。結果として、六文献で「因果」「一門」「有職」「一心」「一院」「衣裳」「衣冠」「いちもち（逸物）」の七語が見つかったのであるが、歴史物語を除けば「一心」の一語に過ぎなかった。また、「一心」には字類抄中に音が示されていないというような心細い内容であった。畳字部音読語の中には音が示されず文字列のみが掲出される語が少数存するが、それもイ篇では「一心」「一院」「幼少」「一定」というような比較的読みの易しいと思われる語及び長畳字に限られており、そのうち二語が和文で使用されているということから、著者は、

・字類抄編者は、常識的に書き、読み得る漢語を採録することに消極的であったのではないか。

と考えたのである。更には、浜松・狭衣・大鏡に現れた「けいめい」という字音語の仮名書き例について（「経営」の語を和文では専らこのように表記したようであるが）字類抄では「ケイエイ」の音しか採っていないという事実も確認された。もし和文で使用されるレベルの字音語をも掲載しようとしたのであれば、「経営」の音として「けいめい」を載せることも有り得ただろう。また、和文の中の「い」を頭音に持つ字音語を採集して字類抄に当たったところ、ただ一例「已講」のみが一致したが、他の全ての字音語は見出されなかった。このことは、和文中に字音語が多く用いられないという要素を超えて、当時代、和文に書記需要があった字音語を採録しなかったという字類抄の編纂態度を表している。

次に、訓読の熟語として掲出された漢語・漢字語の読み仮名と和文語彙との一致例についても確認しておく。この調査は、字類抄の掲出訓の難易度と各語の書記需要を知る手掛かりになることを期待して行ったのであるが、和文の基本語彙（「いとをし」「いやし」「いさ」など）以外にも、和漢混淆文・漢文訓読体に特徴的な語彙とされ

る「いはゆる」「いくそはく」「いるかせ」などが歴史物語に現れた。ただし、「イツチカイヌル」「イマヨリコノカタ」「イトコニシテカ」のような、和語でありながら限定的に使用された連結語は、いずれの和文文献でも現れなかった。

以上のことから、まず、字音語について、和文語彙と字類抄語彙の関係（重なり方）が希薄であること、そして訓読の熟語の仮名表記用例について、漢字の読みを和語で示したものである以上、和文にその用語が現れるのは当然であるが、なお見出せない語彙が少なからず残ることが確認された。すなわち、字類抄の辞書としての性格のうちに、「和文に用いられる語彙レベルの字音語・字訓語を表記するために用いる字書」「（実際の書記に供するか否かは別として）学習効果を狙った漢字字書」であるという可能性を想定することが殆ど不可能であることになるだろう。

〈B〉説話

説話集を対象に、和文と同様の調査を行った。この中には、文体として和文体に近いものと漢文訓読体に近いものの両者が含まれるが、説話という内容を考慮して同一のカテゴリーで扱ったのである。説話集の内容に相応しい世俗的あるいは仏教的な用語が現れること、また漢文訓読系の副詞が現れることが期待されたが、実際に、和文に勝る数の漢字文字列の一致例及び「イカニイハムヤ」「イフナラク」等の漢文訓読特有語が現れた。ただし、漢字の一致例の殆ど全てを今昔の用例が蔽っている事実には注意が必要である。また、説話集以外の全ての用例を併せて考えた場合に、今昔には「所謂ル」「何況ヤ」「糸惜シ」「器量シ」「不審シ」「掲焉シ」等の送り仮名を伴った明らかな訓読例があること、また同じく今昔に「因果」「逸物」「一滞」「一揉手半」など他に出難かった用例があることは、注目すべき現象と言える。しかし、反対に今昔の他の字音語を字類抄に引き当ててみると、必ずしも網羅性がある訳ではなく、単純に今昔の語彙の拡がり、多様性で説明出来る範囲であると考えることも出来よう。

このように、字類抄のイ篇畳字部語彙の約五分の一を『今昔物語集』が消化しているということが確認され、使用範囲、書記需要という面において説話集の存在を無視出来ない結果となった。その一方で、説話集のような作品のための語彙に貢献するために存したというには、かなりの遺漏もあったであろう字類抄の採録状況にも留意しておきたい。

〈C〉漢詩文

本邦人の手になる漢詩文集『本朝無題詩』の語彙を調査した。『色葉字類抄』が漢詩文の作成のための語彙を収録しているという指摘が従来あり、これに対し実際の使用例、使用頻度を明らかにする目的で調査を行ったものである。字類抄と漢詩文語彙の交渉については、特に、出典や彼土における用例、漢籍に付された訓点という面では注目されていたが、本邦における使用という視点では深く論じられて来なかった。今回は主に『本朝無題詩』を調査したが、四三の語句が字類抄と一致しており、しかも他のジャンルの文献に現れ難かった「陰路」「邑老」「一盞」「言説」等の語句も現れた。築島裕氏は『世俗字類抄』『色葉字類抄』などの辞書も、漢語を多く収録し、漢詩文製作の用に供することがその編纂の一大目的であったことは、跋文からも知られる」として字類抄の性格の一端を述べておられるが、(43) これを断言することは存外難しく、字類抄の排列や体裁、声調表示の面からも正格の漢文を書くために都合が良いとは言い難いし、また内容を見ても、漢詩文に特徴的な語句は極一部に過ぎないのであるから、字類抄の編者にとって、少なくとも漢詩文を作成する目的が大部分であったとは言えないのではないかと著者は考える。

### 〈D〉古記録

『色葉字類抄』は、漢詩文作成のための語彙や漢文訓読の語彙と並んで、古記録や古往来に使用された記録語との関連が強調されることが多いようである。特に、峰岸明氏が、字類抄について、「編者が日常常用の漢字・漢語から資料収集の作業を進めて行ったのではないかと推測する」とされ、実際に副詞の漢字表記を中心に古記録と照合する事によってある程度の確証を得られたのであるが(44)、この他、畳字部の語彙について古記録と比較対照した調査はないようである(45)。峰岸氏は特に一訓多字の語の用字面を中心に扱われたのであるが、本書では、主に二字の熟語が採録された畳字部の「語彙」としての使用状況が如何なるものであるのかを明らかにするために、調査を行ったのである。調査で得られた用例を見ると、字類抄掲出語の半数以上の漢字文字列がイ篇畳字部語彙と一致しており、従来の認識を概ね肯定する結果となった。このうちには用法不明な語や字類抄の示す用法と一致しない例が含まれる一方で、調査範囲を字類抄成立以後にまで拡げれば新たに出現する語彙が存在することが確認され、院政期を中心とした古記録の用語と字類抄語彙の一致例からは、字類抄と古記録的素地の共通性が窺われる結果となった。そして著者は、この一致した語群がどの記録の中で用いられているかという点に注目して、大まかながらも調査を行ったのであるが、この調査から気付いた点を、次に二点挙げておきたい。一点目は、高い頻度で繰り返し用いられる語は古記録の中でもかなり少数の語に限られるということ、二点目は、『玉葉』『中右記』の用例が非常に豊富に出たが、純粋に一致語の数の面では、『後二條師通記』『殿暦』は『今昔物語集』にも劣っているということである。

無論、総語彙量を考慮すれば同じ条件で比較することに意味はないのであるが、「変体漢文」と「和漢混淆文」について、表記の差はともかく用いられる漢語の幅に関しては、書物の内容、著者の表現意欲による部分が大きいのではないかと著者は考えている。すなわち、古記録の中でも著述の目的や内容によってそれぞれの特色をよく理解した上でなければ「古記録（の一部）で用いられる」ことを以て日常的な用語であるか否かを定めることは出来ないということである。そして、この問題が、字類抄語彙と「日常実用の記録語」との交渉に深く関わっていることは、言うまでもない。

### 〈E〉訓点資料

『色葉字類抄』の畳字部訓読の熟語については、従来、山田俊雄氏の論を始めとして『類聚名義抄』の訓、『文選』『遊仙窟』訓点との関連が指摘されており、このことによって、字類抄に日常語のみではなく漢文訓読語が含まれている、という現在の認識に繋がっているのであるが、その上で、一一〜一二世紀に付された他の訓点資料中に字類抄との重複語が如何程存在するかを確認するために、代表として『白氏文集』『大慈恩寺三蔵法師伝』の本文及び付訓の調査を行った。結果として、一一例の漢字と訓の一致例を見つけることが出来たのであるが、この内容をよく見てみると、訓点資料特有と思われる単語は、

「147聞道」「182綵緻」「185時勢粧」

等のみであり、他は古記録、本邦漢詩文等とも重複する語であった。147は「イフナラク」という訓のみならば説話集に浸透しつつある語であるが、その用字を考慮に入れれば漢文訓読特有語であると言えるだろう。また、185の例は名義抄との一致例でもある。他の文献との重複例は、「衣冠」「優劣」「奈何」など、一見特徴のない語に止まり、訓点資料の特徴語とは言い難い。しかし、実際に漢文訓読特有語が畳字部に殆ど見られないかと言えばそうではなく、本書の調査範囲外の訓点資料に、「長今（長令）（イヤメツラナリ）」「帰去（イサハ）」「森然（イヨ、カ

ナリ）」などの字類抄採録訓が存在していることは既に確認されている。よって、字類抄が、名義抄との一致例を始めとして訓点資料でしか見られない訓を採録しているという説には首肯出来るのであるが、それでは一体その訓から漢字を再現する際にどの程度の書記需要があったかと問われれば、ほぼ皆無に等しかったと言わざるを得ないのである。すなわち、訓点資料に示された訓が、漢字の唯一正確の読み方を示すものではなく、ある文脈における熟語の意義を示すことがむしろ普通であることを鑑みれば、字類抄においても、漢字と訓との直接的な関係を示したと言うよりは、漢文訓読の用例を示した、あるいは漢字熟語の意味らしきものを表したと考えるのが妥当ではないだろうか。とすれば、字類抄の如きイロハ引きの排列においてこのような漢文訓読特有語（の中でも使用頻度の限りなく低い語）を採録することは、殆ど無意味なのであって、それどころか、もし漢語・漢文の知識の乏しい者が利用すれば、誤解をも引き起こしかねない不親切な掲出であるということになるだろう。

以上のように、利用者の便を優先して考えれば非常に不都合な排列で編纂された字類抄であるが、このような不都合な面にこそ、編者の意図、あるいは編纂方法の一端がよく顕れていると疑うことも出来るだろう。この点については、後に、他の文献の用例調査結果と総合して述べ、また次章以降でも考えることとする。

## 〈F〉辞書

本節では、字類抄の系譜や他辞書との影響関係については問題にしないが、参考までに『類聚名義抄』及び歌語辞書・歌論書との一致例を示した。名義抄は、訓読の熟語の一致例のみを調査したのであるが、実際に完全に一致するという例は〔表F〕に示したよりも更に少なくなる。これらの語彙について、名義抄の多字多訓が字類抄と一致している訓が、名義抄の中でもより一般的な読み方であったと推測することが可能であろう。また、『袖中抄』を始めとする歌語辞書の見出し語（及び引歌中の漢語）との一致例は、実質的には殆ど見られず、畳字部以外を対象にして行った調査からも、歌語を積極的に採集したとは考え難い結果となった。和歌が仮名表記されるものであるという原則に目を瞑っても、字類抄が、動植物名や歌枕としての和語は採りつつ「白露」「千代」などの一般的な語句を採集しない意義について、何らかの編者の語句採録基準があったものと推測されるのである。

### 〈G〉補助資料

補助資料として、「平安遺文」「古文書」『類聚三代格』『明衡往来』『高山寺本古往来』を調査した。この結果、特に後三者ではそれぞれ他の結果を補足し得る用例が現れた。(46) 古往来については、古記録と共に「記録語」として扱うべき面もあるが、このような古記録・古往来に使用された語彙を以て直ちに日常記録語、日常書簡用語として括る態度には注意しなければならない。使用語彙の中には、確かに、繰り返し用いられて需要が大きく、しかも他のジャンルの文献では見出し難いものが存在するが、その一方で、著者の文芸色が色濃く表れた表現や稀にしか用いられない語句もあり、文献毎の特色も把握した上でこの二者をよく区別して論じなければならない。また、吉田金彦氏は、『高山寺本古往来』の如き古往来と字類抄との交渉を推測されているが、(47) 今回の結果からはそれを裏付ける結果は見出せなかった。

次に、具体的な用例内容等については既に記述した通りであるから繰り返さないが、全文献における用例の有無を〔表H〕にまとめて示した。

〔表H〕

＊「和文」「説話集」は、漢字文字列と字音語の仮名書きを○、訓読語の仮名書きを△で、訓読語で○と△の要素を含むものを◎で示した。また「和文」は王朝物語、歴史物語、軍記物語の三欄に分け、「説話集」は『今昔物

語集』を独立させ二欄とした。
＊漢詩文は、『本朝無題詩』『和漢朗詠集』を「詩」欄に、『本朝文粋』『本朝続文粋』を「粋」欄に示した。
＊古記録から『玉葉』を独立させ「玉」欄に、『小右記』等参考としたものは「他」欄に示した。
＊他、平安遺文・古文書（遺・文）、『類聚三代格』（格）、古往来（往）、訓点資料（訓）、『類聚名義抄』（名）についてそれぞれ欄を設け示した。これらの◎は付訓により字類抄の音訓と一致すると考えられるものを表す。また名義抄の○は字類抄と漢字の字順が異なるものである。
＊本調査対象外の欄を「―」で示した。

| | 物語 | | | 説話 | | 漢詩 | | 古記録 | | | 遺・文 | 格 | 往 | 訓 | 名 | 備考 |
|---|---|---|---|---|---|---|---|---|---|---|---|---|---|---|---|---|
| | 王 | 歴 | 軍 | 説 | 今 | 詩 | 粋 | 記 | 玉 | 他 | | | | | | |
| 001 陰晴 | | | | | | ○ | ○ | ○ | ○ | ― | | | | ― | ― | |
| 002 陰雲 | | | | | | ○ | ○ | ○ | ○ | ― | | | | ― | ― | |
| 003 淫雨 | | | | | | | | | | ○ | | | | ― | ― | |
| 004 幽天 | | | | | | | | | | | | | | ― | ― | |
| 005 遊糸 | | | | | | ○ | ○ | ○ | | ― | | | | ― | ― | |
| 006 夷則 | | | | | | | ○ | | | ○ | | | | ― | ― | |
| 007 偸閑 | | | | | | ○ | | | | ○ | | | ○ | ― | ― | |
| 008 一旦 | | ○ | ○ | ○ | ○ | ○ | ○ | ○ | ○ | ― | ○ | | | ― | ― | |
| 009 幽奇 | | | | | | ○ | ○ | ○ | | ― | | | ◎ | ― | ― | |
| 010 幽玄 | | | ○ | | | ○ | ○ | ○ | ○ | ― | | | | ― | ― | |
| 011 右動 | | | | | | | | | | | | | | ― | ― | |

| 030 以往 | 029 一割 | 028 揖譲 | 027 意見 | 026 遊観 | 025 一人 | 024 因果 | 023 因縁 | 022 引導 | 021 引摂 | 020 淫奇 | 019 遊女 | 018 熊耳 | 017 幽谷 | 016 引率 | 015 有年 | 014 異域 | 013 夷狄 | 012 隠路 |
|---|---|---|---|---|---|---|---|---|---|---|---|---|---|---|---|---|---|---|
| | | | | | | | ○ | | | | | | | | | | | |
| | | | | | | ○ | ○ | | ○ | | | | | | | | | |
| ○ | | ○ | ○ | | ○ | — | ○ | ○ | ○ | | | | ○ | ○ | | ○ | ○ | |
| | | | ○ | | | | ○ | ○ | ○ | | ○ | | | | | | | |
| | | | | | | | ○ | ○ | ○ | | | | | | | | | |
| | | | | | | | ○ | | ○ | | ○ | | ○ | | | | | ○ |
| ○ | ○ | ○ | | | ○ | ○ | ○ | ○ | ○ | | ○ | | ○ | | ○ | ○ | ○ | |
| ○ | | ○ | | | | | ○ | | | | ○ | | | ○ | ○ | | ○ | |
| ○ | | ○ | ○ | | | | ○ | ○ | ○ | | ○ | | | ○ | | ○ | ○ | |
| — | | — | — | | | ○ | — | — | — | | — | | ○ | — | — | — | — | |
| | | | | | | | | | | | | | | | | | | |
| | | | ○ | | | | | | | | | | | | | | ○ | |
| | | | | | | | ○ | | ◎ | | ○ | | | | | | | |
| — | — | — | — | — | — | — | — | — | — | — | — | — | — | — | — | — | — | — |
| — | — | — | — | — | — | — | — | — | — | — | — | — | — | — | — | — | — | — |
| | | | | | | | | | | | | | | | | | | |

| | | | | | | | | | | | | | | | |
|---|---|---|---|---|---|---|---|---|---|---|---|---|---|---|---|
| 031 以來 | | | ○ | ○ | | ○ | ○ | ○ | ○ | — | | | | — | — |
| 032 以降 | | | ○ | | | | ○ | | ○ | — | | | | — | — |
| 033 由緒 | | | ○ | | | | ○ | ○ | ○ | — | | ○ | ○ | — | — |
| 034 異桐 | | | | | | | | | | | | | | — | — |
| 035 醫方 | | | | | | | ○ | | ○ | — | | | | — | — |
| 036 醫家 | | | ○ | | ○ | | | ○ | ○ | — | | | ◎ | — | — |
| 037 異父 | | | | | | | | ○ | ○ | — | | | | — | — |
| 038 一族 | ○ | | ○ | ○ | ○ | | ○ | | ○ | — | ○ | | | — | — |
| 039 一門 | | ○ | | | | | ○ | ○ | ○ | — | | | | — | — |
| 040 隠逸 | | | | | | ○ | ○ | | | | | | ○ | — | — |
| 041 異治［活］ | | | | | | | | | | | | | | — | — |
| 042 逸物 | | ○ | — | ○ | ○ | | | | | ○ | | | | — | — |
| 043 婬奔 | | | | | ○ | | ○ | | | | | ○ | | — | — |
| 044 婬欲 | | | ○ | ○ | ○ | | | | | | | | | — | — |
| 045 婬泆 | | | | | | | | | | | | | | — | — |
| 046 優美 | | | ○ | | | | | ○ | ○ | — | | | | — | — |
| 047 優艶 | | | | | | | | | | | | | | — | — |
| 048 遊宴 | | | ○ | ○ | | ○ | ○ | ○ | | — | | | ◎ | — | — |
| 049 優賞 | | | | | | | ○ | | | ○ | | | | — | — |

| 068 優恕 | 067 一定 | 066 猶預 | 065 意氣 | 064 意略 | 063 意胡 | 062 意趣 | 061 異體 | 060 異様 | 059 雄稱 | 058 雄飛 | 057 慇懃 | 056 一期 | 055 一心 | 054 有職 | 053 邑老 | 052 幼少 | 051 幼日 | 050 幼稚 |
|---|---|---|---|---|---|---|---|---|---|---|---|---|---|---|---|---|---|---|
| | | | | | | | | | | | | ○ | ○ | | | | | |
| | ○ | | ○ | | | | | | | | | | | ○ | | | | |
| | ○ | | ○ | | | ○ | | | | | ○ | ○ | — | — | ○ | ○ | | ○ |
| | ○ | | | | | ○ | | ○ | | | ○ | ○ | | | | ○ | | ○ |
| | ○ | | | | | ○ | ○ | | | | | ○ | ○ | ○ | | ○ | | |
| | | | ○ | | | | | | | | | ○ | ○ | | ○ | | | |
| ○ | ○ | | ○ | | | ○ | ○ | | | ○ | ○ | ○ | ○ | ○ | ○ | ○ | ○ | ○ |
| | ○ | | | ○ | | ○ | | ○ | | ○ | | ○ | | | | ○ | | ○ |
| ○ | ○ | ○ | ○ | ○ | | ○ | ○ | ○ | ○ | | ○ | ○ | ○ | ○ | | ○ | | ○ |
| — | — | — | — | — | | — | — | — | — | — | — | — | — | — | | — | | — |
| | | | | | | ○ | | | | | | | | | | | | |
| | | | | | | | | | | | | | | | | | | |
| ◎ | ○ | | | | | | | | | ○ | ◎ | | | | | ○ | | |
| — | — | — | — | — | — | — | — | — | — | — | — | — | — | — | — | — | — | — |
| — | — | — | — | — | — | — | — | — | — | — | — | — | — | — | — | — | — | — |
| | | | | | | | | | | | | | | | | | | |

| 087 猗頓 | 086 有截 | 085 一院 | 084 誘引 | 083 友交 | 082 一諾 | 081 隠匿 | 080 隠遁 | 079 隠計 | 078 隠居 | 077 隠私 | 076 優長 | 075 優會 | 074 優蕩 | 073 優遊 | 072 遊放 | 071 遊覧 | 070 陰謀 | 069 優免 |
|---|---|---|---|---|---|---|---|---|---|---|---|---|---|---|---|---|---|---|
| | | | | | | | | | | | | | | | | | | |
| | | ○ | | | | | | | | | | | | | | | | |
| | | — | ○ | | ○ | ○ | ○ | | ○ | | ○ | | | | | ○ | ○ | ○ |
| | | | | | | | ○ | | ○ | | ○ | | | | | ○ | | |
| | | ○ | | | | | | | ○ | | | | | | | | | |
| | | | ○ | | | | | | | | | | | ○ | ○ | ○ | | |
| | ○ | ○ | ○ | | | | | | ○ | | | | | ○ | ○ | ○ | | |
| | ○ | ○ | | | | | | | ○ | | | | | ○ | | ○ | | ○ |
| | | ○ | | | ○ | | | | ○ | | ○ | | | | | ○ | | ○ |
| | — | — | ○ | | — | | ○ | | — | | — | | | — | | — | ○ | — |
| | | ○ | | | | | | | | | | | | | | | | |
| | | | | | | ○ | | | | | | | | | | | | |
| | | | ◎ | | | | ○ | | ◎ | | | | | ○ | ○ | ○ | | |
| — | — | — | — | — | — | — | — | — | — | — | — | — | — | — | — | — | — | — |
| — | — | — | — | — | — | — | — | — | — | — | — | — | — | — | — | — | — | — |
| | | | | | | | | | | | | | | | | | | |

| 106 異能 | 105 一盞 | 104 隠居 | 103 異味 | 102 隠文 | 101 衣冠 | 100 衣裳 | 099 幽閑 | 098 移徙 | 097 邑居 | 096 幽居 | 095 倚蘭 | 094 依違 | 093 意〈況〉 | 092 引級 | 091 遊夏 | 090 有目 | 089 有口 | 088 有隣 |
|---|---|---|---|---|---|---|---|---|---|---|---|---|---|---|---|---|---|---|
| | | — | | | | | | | | | | | | | | | | |
| | ○ | — | | | ○ | ○ | | | | | | | | | | | | |
| | ○ | — | | | — | — | ○ | | | ○ | | | | | | | | |
| | | — | | | | | | ○ | | | | | | | | | | |
| | | — | | | ○ | ○ | | | | | | | | | | | | |
| | ○ | — | | | | ○ | ○ | | | ○ | | ○ | | | | | | |
| | | — | | | ○ | ○ | ○ | ○ | | ○ | | ○ | | ○ | | | | ○ |
| | | — | | ○ | ○ | ○ | | ○ | | | | ○ | | | | | ※ | |
| | | — | | ○ | ○ | ○ | ○ | ○ | | | | ○ | | | | | ※ | |
| | ○ | — | ○ | — | — | — | — | — | | ○ | | — | | ○ | | ○ | | ○ |
| | | — | | | | | | | | ○ | | ○ | | | | | | |
| ○ | | — | | | ○ | | | | | | | | ○ | | | | | |
| | | — | | | ○ | ○ | ○ | | | | | | | | | | | |
| — | — | — | — | — | — | — | — | — | — | — | — | — | — | — | — | — | — | — |
| — | — | — | — | — | — | — | — | — | — | — | — | — | — | — | — | — | — | — |
| | | 078 隠居 | | | | | | | | | | | | | | | ※有口○ | |

| 107 郵舩 | 108 遊馬 | 109 壹欝 | 110 一切 | 111 一渧 | 112 伊望 | 113 伊欝 | 114 因准 | 115 已度 | 116 逸才 | 117 育彩 | 118 飲羽 | 119 飲露 | 120 一擧 | 121 優劣 | 122 一六 | 123 有若亡 | 124 一字千金 | 125 一人當千 |
|---|---|---|---|---|---|---|---|---|---|---|---|---|---|---|---|---|---|---|
| | | | | | | | | | | | | | | | | | | |
| | | | ○ | | | | | | | | | | | | | | | |
| | | | — | | | | ○ | | | | | | ○ | | | | | ○ |
| | | | ○ | ○ | | | | | | | ○ | | | ○ | | | | ○ |
| | | | ○ | ○ | | | | | | | | | | | | | | |
| ○ | | | | | | | | | | | | | | ○ | | ○ | | |
| | | | ○ | | | | ○ | | | | | | ○ | ○ | | ○ | ○ | |
| | | | ○ | | | | ○ | | | | | | | | | | | |
| | | | ○ | | | | ○ | | | | | | | ○ | | ○ | | |
| | | ○ | — | | | | — | | | | | | ○ | — | | — | | |
| | | | | | | | ○ | | | | | | | | | | | |
| | | | | | | | | | | | | | | | | | | |
| | | | | | | | | | | | | | | ◎ | | ◎ | | ○ |
| — | — | — | — | — | — | — | — | — | — | — | — | — | — | — | — | — | — | — |
| — | — | — | — | — | — | — | — | — | — | — | — | — | — | — | — | — | — | — |
| | | | | | | | | | | | | | | | | | | |

| 126 一搩手半 | 127 一生不犯 | 128 氣調 | 129 早晩 | 130 引唱 | 131 森然 | 132 所謂 | 133 飆悠 | 134 如何 | 135 云何 | 136 奈何 | 137 其奈 | 138 何況 | 139 幾多 | 140 幾何 | 141 何所 | 142 所幾 | 143 嶶譏 | 144 幾許 |
|---|---|---|---|---|---|---|---|---|---|---|---|---|---|---|---|---|---|---|
| | | △ | △ | △ | | | | | ○ | | | | | △ | | | | |
| | | △ | △ | | | ◎ | | | | | | | △ | △ | | | | |
| ○ | ○ | | △ | | | — | | ○ | — | ○ | | ○ | ○ | ○ | | | | ○ |
| | ○ | | △ | | | △ | | ○ | | | | ○ | △ | △ | | | | |
| ○ | ○ | | △ | △ | | ○ | | ○ | | | | ○ | | | | | | ○ |
| | | ○ | ○ | | | | | ○ | | ○ | ○ | ○ | ○ | ○ | ○ | | | |
| | | | | | ○ | ○ | | ○ | ○ | ○ | ○ | ○ | ○ | ○ | ○ | | | ○ |
| | | | ○ | | | ○ | | ○ | | ○ | | ○ | | | ○ | | | ○ |
| ○ | | | | | | ○ | | ○ | | ○ | | ○ | ○ | | ○ | | | |
| — | | | | | | — | | — | | — | — | — | — | | — | | | — |
| | | | | | | | | ○ | | | | ○ | | | | | | |
| | | | | | | | | | | | | | | | | | | |
| | | | | | | ◎ | | ◎ | | ○ | ※ | ◎ | | | | | | |
| — | — | ◎ | | | ◎ | ◎ | | ◎ | ◎ | ◎ | | ◎ | ◎ | ◎ | | ◎ | | ◎ |
| — | — | ◎ | ◎ | ◎ | | ◎ | ◎ | ◎ | ◎ | ◎ | | | ◎ | ◎ | ○ | ○ | | ◎ |
| | | | | | | | | | | | ※ソレイカン | | | | | | | |

| 163 於何 | 162 今来 | 161 利鬼 | 160 器量 | 159 威猛 | 158 何為 | 157 氷紟 | 156 何遑 | 155 歸去 | 154 去來 | 153 何焉 | 152 孰與 | 151 不知 | 150 糸惜 | 149 長今 | 148 言説 | 147 聞導 | 146 屑少 | 145 多少 |
|---|---|---|---|---|---|---|---|---|---|---|---|---|---|---|---|---|---|---|
| | | | | △ | △ | | | | △ | | △ | △ | △ | | | | △ | |
| | | | | △ | | | | | | | △ | | △ | | | | △ | |
| | | | ○ | ○ | ○ | | | | ○ | | | ○ | ○ | | ○ | | | ○ |
| | | | | △ | △ | | | | △ | | △ | △ | △ | | | △ | △ | |
| | | △ | ○ | | △ | | | | ○ | | △ | ○ | ○ | | | | | |
| | ○ | | | | ○ | | | ○ | ○ | | | ○ | | | ○ | | | ○ |
| ※ | | | ○ | | ○ | | | ○ | ○ | | ○ | ○ | | | | | | ○ |
| ※ | | | ○ | | | | | | | | | ○ | ○ | | | | | ○ |
| ※ | | | ○ | | ○ | | | ○ | | | | ○ | ○ | | | | | ○ |
| | ○ | | — | | — | | | — | | | | — | — | | ○ | | | — |
| | | | | | ○ | | | | | | | ○ | | | | | | |
| | | | | | | | | | | | | | | | | | | |
| | | | | | ◎ | | | | ○ | | | | | | | | | |
| | | | | | | | | ◎ | ◎ | | ◎ | | | ◎ | | ◎ | | ◎ |
| | | | | | ◎ | ◎ | ◎ | | ◎ | ◎ | ◎ | ◎ | | | | ○ | | ◎ |
| ※於何○ | | | | | | | | | | | | | | | | | | |

| | | | | | | | | | | | | | | | | |
|---|---|---|---|---|---|---|---|---|---|---|---|---|---|---|---|---|
| 164 半漢 | | △ | ○ | | △ | | ○ | ○ | | — | | | ○ | | ◎ | |
| 165 勇堪 | | | | | | | | | | ○ | | | | | | |
| 166 沛艾 | | | | | | | | ○ | | — | | | ○ | ◎ | | |
| 167 簡略 | | △ | | △ | | | | | ○ | — | | | | | | |
| 168 刑罰 | ◎ | △ | | △ | ○ | | ○ | | ○ | — | | | | | | |
| 169 警策 | | | | | | | ○ | | | | | | | | | |
| 170 禁固 | | | ○ | | | | | | ○ | — | | ○ | | | | |
| 171 経営 | ◎ | ○ | ○ | △ | ○ | | ○ | ○ | ○ | — | | | ○ | | ◎ | |
| 172 好色 | ◎ | | | ○ | △ | | ○ | | | ○ | | | ○ | | | |
| 173 固辞 | △ | △ | | | | | ○ | ○ | ○ | — | | | ○ | ◎ | | |
| 174 忽諸 | | △ | | | ○ | | ○ | | ○ | — | ○ | | | ◎ | ◎ | |
| 175 疋文 | △ | △ | | △ | | | ○ | | | ○ | | | | ◎ | ○ | |
| 176 不審 | | | ○ | ○ | ○ | | ○ | ○ | ○ | — | ○ | | ○ | ◎ | ◎ | |
| 177 未審 | | | | | | | ○ | | | | | ○ | | ◎ | ◎ | |
| 178 掲焉 | △ | ○ | ○ | | ○ | | ○ | ○ | | — | ○ | | ○ | | ◎ | |
| 179 興販 | | | | | | | | | | | | | | | | |
| 180 出挙 | | | | | | | ○ | | | ○ | ○ | ○ | | | | |
| 181 班給 | | | | | | | ○ | ○ | | — | | ○ | ○ | | ○ | |
| 182 綵緻 | | | | | | | | | | | | | | ◎ | ◎ | |

| | | | | | | | | | | | | | | | | |
|---|---|---|---|---|---|---|---|---|---|---|---|---|---|---|---|---|
| 183 潔齋 | ○ | ◎ | ○ | △ | ○ | ○ | ○ | ○ | ○ | ― | | ○ | | | | |
| 184 清澄 | | △ | | | | | | | | ○ | | | | | | |
| 185 時勢粧 | | | | | | | | | | | | | | ◎ | ◎ | |

まず、本用例調査で得られなかった二九語を挙げる。

「004幽天」「011右動」「018熊耳」「020淫奇」「026遊観」「034異桐」「041異治」「045姪泆」「047優艶」「063意胡」
「074優蕩」「075優會」「077隠私」「079隠計」「083友交」「087猗頓」「089有口」「091遊夏」「095倚蘭」「097邑居」
「108遊馬」「112伊望」「113伊欝」「115已度」「116逸才」「117育彩」「119飲露」「122一六」「179興販」

イ篇畳字部の異なり語数は一八四語であるから（「隠居」が重複）、その約一六%が現れなかった計算になる。今回の限られた調査資料群のうちにこれらの語彙が使用されないことを、そのまま院政期の書記言語の実態に結び付けることは出来ないが、例え本調査範囲外で使用例が見つかったとしても、極めて限定的な範囲で使用されるものであることに変わりはない。また、音読の熟語の中でも、「020淫奇」「034異桐」「047優艶」「063意胡」「074優蕩」「075優會」「083友交」「108遊馬」「117育彩」等、その字面から意味の想像出来そうなものも含まれているが、字類抄以前の使用例が容易には見つからない語彙である。誤字や和製漢語である可能性も考えなくてはならないが、どちらにせよ書記需要が高い語彙とは言えないだろう。このように見てみると、これらの二九語は、「漢籍に出典を求めることが出来るが本邦での当時の使用例に乏しいもの」「誤字が含まれるためか、いずれの文献でも例がないもの」「(漢文訓読上の)限定的な訓・意味を表したもの」の三様に捉えられるようである。

次に、〔表H〕に挙げた語彙の中でその一致例が『類聚名義抄』の掲出語に限られるもの、また、その訓が和文資料・説話集に現れるが漢字文字列が見つからないもの(あるいは名義抄にのみ見つかるもの)を示す。

〈漢字と訓の一致例・類似例が名義抄にのみ見つかるもの〉―四語

「133飆悠」「153何焉」「156何遑」「157氷軨」

〈訓のみ和文資料・説話集に見つかるもの〉―四語

「130引唱」「143嵚巇」「146屑少」「161利鬼」

前者四例は、漢文訓読における漢語とその訓の関係を示すものの中で、今回の調査範囲に(名義抄以外には)出現しなかったものである。よってこれらは、当時における書記言語の実態を考えると、殆ど需要のなかった漢語と認定出来る。後者四例もこれらに準ずるものであり、名義抄には出なかったが、おそらく漢文訓読における訓か、もしくは漢語の字義を表した和語であることが窺われる。

また、名義抄と訓点資料の二種のみに出現した語(付訓の一致するもの)は、次の三語である。これらも漢文訓読語であるが、実際に今回の調査で得られた語である点で、より当時性への信頼度が高いと言えよう。また、「イフナラク」の訓は『宝物集』の歌の中に使用されており、漢文訓読から和漢混淆文に進出しつつあった語とも考えられるが、いずれも漢字による書記需要は特に大きくなかったものと考えられる。

「147聞道（イフナラク）」
「182綵緻《セイチ》（イロキヒシ）」
「185時勢粧（イマヤウ／スカタ）」

さて、右に挙げた四〇語を除いた一四四語が、当時代、本邦における「書記例」の得られた熟語の数である。すなわち、異なり一八四語の二割強について書記言語としての実証が為されなかった一方で、残りの八割弱はこの狭い調査範囲中でも用例の得られた語であるということになる。このいずれの数を大小と考えるかは調査者の事前の予想によるものであろうが、著者は、四〇語もの語彙の書記例が実際の文献に見えなかったことは、これが調査文献を増やしても今後大きく変動する数ではなかろうという推測の下で、大きい数字であると評価出来ると考える。

それでは最後に、残りの一四四語を音読の語と訓読の語（字類抄の分類に従う）に分け、更にいくつかのグループに分類することによって、[48] これらの語彙の書記需要について考えたい。

《音読の語》

□著者の分類した文献ジャンル四種以上に共通して現れた語[49]―二三語

「008一旦」「013夷狄」「021引摂」「023因縁」「033由緒」「038一族」「048遊宴」「052幼少」「056一期」「057慇懃」
「062意趣」「067一定」「071遊覧」「078隠居」「084誘引」「085一院」「096幽居」「099幽閑」「100衣裳」「101衣冠」
「114因准」「121優劣」

→「一」を冠する語が五語あり、これらは和文資料や説話集に出現する語でもある。また、「021引摂」「023

因縁」などは古記録・古往来・説話集・漢詩文に使用され、元は仏教用語でありながら既に一般的に浸透している語であったと言えるだろう。またこれらの語は全て物語あるいは説話集の例を含んでいる。

□著者の分類した文献ジャンル三種に共通して現れた語―三一語

物語・説話集を含まない…「007偸閑」「009幽奇」「058雄飛」「068優恕」「073優遊」「094依違」「123有若亡」

物語・説話集を含む…「010幽玄」「014異域」「017幽谷」「019遊女」「022引導」「024因果」「027意見」「028揖讓」「030以往」「031以來」「032以降」「036醫家」「039一門」「043姪奔」「050幼稚」「054有職」「055一心」「061異體」「065意氣」「080隠遁」「098移徙」「105一盞」「110一切」「120一擧」

→三一語中二四語は和文でも用いられ、右の二一語に準ずる使用範囲を持つ語である。

□著者の分類した文献ジャンル二種に共通して現れた語―二三語

■古記録＋漢詩文　＊漢詩文が文粋・続文粋の場合は注記する。

「001陰晴」「002陰雲」「005遊糸」「006夷則」(文粋)「049優賞」(文粋)「092引級」(続文粋)

「015有年」(文粋・続文粋)「086有截」(文粋・続文粋)「088有隣」(文粋・続文粋)

■古記録＋歴史・説話・今昔

「042逸物」

■古記録＋軍記・説話

「076優長」

■古記録＋軍記・今昔

「126一揆手半」

■古記録＋軍記

「016引率」「046優美」「069優免」「070陰謀」「082一諾」

■古記録＋説話

「060異様」

■文粋＋軍記

「025一人」

■漢詩文＋古往来

「040隠逸」「072遊放」

■漢詩文＋軍記

「053邑老」

■軍記＋格

「081隠匿」

↓古記録と漢詩文に共通した語彙はいずれも漢字文献で用いられるものとも考えられるが、「逸物」〜「邑老」の一三語はより一般化した、和漢混淆文にも用いられる語彙であったことが分かる。

□著者の分類した文献ジャンル一種のみに現れた語―二三語

■古記録のみ―九語

・『小右記』『愚昧記』『民経記』のみ…「090有目」

・『後二條師通記』『殿暦』のみ…「102隠文」

・『中右記』『玉葉』のみ…「037異父」「059雄稱」「064意略」「066猶預」

・『民経記』のみ…「109壹欝」

・『建内記』のみ…「003淫雨」「103異味」

■漢詩文のみ―六語

・無題詩・和漢朗詠のみ

「107郵舩」

・無題詩のみ

「012隠路」

・文粋・続文粋のみ

「051幼日」

・文粋のみ

「029一割」「124一字千金」

・続文粋のみ

「035醫方」

■軍記・説話・今昔のみ―二語

「044婬欲」「127一生不犯」

■軍記・説話・古往来のみ―一語

「125一人當千」

■説話・今昔のみ─一語

「111一渧」

■説話のみ─一語

「118飲羽」

■類聚三代格のみ─二語

「093意況」「106異能」

《訓読の語》

□著者の分類した文献ジャンル四種以上に共通して現れた語（漢字文字列）で、訓点、今昔の送り仮名、名義抄の訓などからいずれの文献でも訓読された蓋然性が高いと推察される語─六語

「132所謂」「134如何」「奈何」

「138何況」「158何為」「174忽諸」

↓副詞を中心とするこれらの語彙は、字音語としてではなく和語として十分定着した語彙であって、しかも漢字と訓の結び付きが強い例である。訓点資料のみではなく、『今昔物語集』や『本朝無題詩』での用例が多いことからも、「読む」「書く」のいずれの需要も高かったことが知られる。

□名義抄、訓点資料の訓を除き、実際に訓読された蓋然性の高い例が一例でもある語─一四語

「129早晩」「135云何」「137其奈」「139幾多」「150糸惜」「151不知」「152孰與」「154去來」「144幾許」「145多少」

「160器量」「176不審」「177未審」「178掲焉」

↓「144幾許」「150糸惜」などは、訓読されたことが明らかである。「160器量」「176不審」「178掲焉」は、いずれも字音語としての用例と思われる場合があり、「151不知」も概ねは「シラス」の用例であるが、今昔において「イサ」の訓読例が知られるのである。これら一四の語彙も読み書き両面の需要が認められる。

□和文等に和訓があるが、他の漢字表記例では音読された蓋然性が高いと推察される語―一五語

「148言説」「159威猛」「164半漢」「165勇堪」「166沛艾」「167簡略」「168刑罸」「169警策」「170禁固」「171経營」「172好色」「173固辞」「175疋文（夫）」「183潔齋」「184清澄」

□和文等に和訓がなく、他の漢字表記例でも音読された蓋然性が高いと推察される語―二語

「180出挙」「181班給」（イラス）

↓これらの一七語は、おそらく字音語としての印象の強かった語彙であり、字類抄でも別篇に音が示されていることがある。すなわち、これらの訓は漢字文字列との結び付きが比較的弱く、訓から漢字を再現する需要はあまりなかったものと言える。字類抄が字音語の採録を主たる目的としており、副次的にその意味を示し得る訓を訓読の熟語として採ったと考えるのも強ち的外れではなかろう。

□漢文訓読上の訓と考えられる語―九語

「131森然」「140幾何」「142所幾」「149長今」「128氣調」「141何所」「155歸去」「162今来」「163於何」

↓「141何所」がイクハクの訓に並べられているのは不可解である。「今来」「於何」はそれぞれ漢文訓読の語彙の一と思われるが、この漢字文字列を抽出すると、いずれも「いまよりこのかた」「いどこにして

か」の意味を表すものとは異なるようである。

さて、本節では、三巻本『色葉字類抄』のイ篇畳字部語彙（異なり語数一八四語）を対象として、一一世紀後半〜一二世紀末を中心として本邦で成立した様々なジャンルの書物の語彙の中にその用例を求めて来た。この作業は、いわば『色葉字類抄』収録語彙の使用実態調査であり、字類抄が、成立当時において如何程「書記」の上で必要とされていた語彙を収録したのかを明らかにする目的があったのである。用例の詳細については繰り返さないが、この結果が従来の説や字類抄に対する認識をどれほど肯定するものであるか、あるいは新しい解釈を示し得るものか、著者の考えを述べたいと思う。

まず、字類抄語彙の中心が「日常実用の書記言語」であるとされて来たことについて、この「日常語」「常用語」の定義を行う必要があるだろう。次に、諸先学の解釈を引用する。（発表年順。傍線著者）

□「色葉字類抄の「畳字」部語彙はいわゆる当時の節用語（「節用」の意味は「時々要る」意が正しいとされる。橋本進吉博士「古本節用集の研究」二九三ページ）を集成してある点で、まことに貴重なものである。」（青木孝、「色葉字類抄畳字門語彙の出入について――三巻本と十巻本との比較――」、青山学院女子短期大学紀要17、一九六三年）

□「本書が、畳字門などにおいてとくに日常書簡用語をふくむとはいひ乍ら、その書簡用語が、当代の文学の表現―ことに、和漢混淆的な文章の表現と共通の基盤に根ざしてゐることを証するといふ点では、粗大な視点は、むしろ有用なものといふべきかも知れない。狭義の、書簡用語としては、後でもふれる拙稿にのべたやうに、読み手（つまり宛名人）に対する待遇を籠めた語であり、会釈の語に限るべきであるが、拡大した意義では、一般の和漢混淆的文学表現と相重なるといふことが適切である。」

（山田俊雄、「色葉字類抄畳字門の漢語とその用字――その二 訓読の語――」、成城文芸39、一九六五年）

□「日常実用文の最たるものに記録資料を挙げることができよう。」として今昔の副詞表記を『長秋記』『殿暦』『永昌記』『兵範記』『山塊記』に調査され、「副詞の表記に使用された諸漢字の検討からの立論であるが、本集における漢字使用の基盤は正に日常常用の漢字群にあったと思われる。」「本集において副詞の表記には、当時、漢文訓読の場で、漢字とその和訓という関係で語と漢字との結び付きが承認されていた漢字（いわば訓読対象漢字）群のなかから、表記すべき漢字が撰定されたのではなくして、それら漢字群の漢字とは別に当事認識・使用されていた、その語を表記すべき漢字として最も定着度の高い日常常用の漢字（いわば書記常用漢字）が採用されたものと推考する。」
（峰岸明、「今昔物語集における漢字の用法に関する一試論（一）（二）――副詞の漢字表記を中心に――」、国語学84・85、一九七一年）

□「院政期乃至鎌倉時代の漢字片仮名交じり文において使用された漢字は、『三巻本色葉字類抄』各篇人事・辞字両部所収各項目に採録掲出された諸漢字中、掲出第一位の漢字七五・七%、掲出第二位の漢字六・五%、掲出第三位の漢字二・六%などと掲出最上位の漢字に集中するのである。しかも、それらの漢字では、一文献中においてその使用度が高いのみでなく、複数の文献にその使用例を求め得る、いはば日常常用の漢字と認むべきものが多数を占めるのである。この書の人事部・辞字部においては、そのような日常実用文に使用された漢字、殊に常用の漢字を漢字採録の基本に置き、それに基づいて、同訓の漢字の集録が進められたのではあるまいか。」

（峰岸明、「『三巻本色葉字類抄』人事・辞字両部所収漢字の性格について（下）」、横浜国立大学人文紀要（語学・文学）34、一九八七年）

□（字類抄重点部の語彙と『平安韻字集』『類聚名義抄』語彙との比較において）「つまり、日常の実用に用いる語というのは、わずかな種類の語を頻繁に用いるものであることがわかる。」

（町田亙、「『色葉字類抄』所収語に関する一試論――三巻本重点部の語彙を中心に――」、立教大学日本文学87、二〇〇一年）

これらのうち、峰岸氏は特に大方が一字の漢字で示される副詞の表記について述べられており、字類抄中でも辞字部などの多字多訓の語彙については確かにそのような性質が認められるのであるが、畳字部の一語につき一〜二の音訓しか示されぬ語彙についてはそのまま当てはめることは出来ない。しかし、定着度や本邦での漢字の受容という面に着目すれば、畳字部においても同様の視点を以て扱うことは可能であろう。

町田氏の示された「わずかな種類の語を頻繁に用いる」という、いわば基本語彙を指す定義は、字類抄に当てはめてみればやはり峰岸氏と同様に一字多訓の語彙への評価と取らざるを得ない。結局、青木氏の言われる「節用語」との表現が最も無難であると考えられるが、「時々要る」という曖昧な定義には、全ての語彙を内包しかねない危うさがある。例えば、我々が使用する現代の「国語辞書」類に掲載された語彙などが、その殆どが書記需要のないにも関わらず全体としては「時々要る」イメージを与えているようなものである。

また、峰岸氏の「記録資料」、山田氏の「日常書簡用語」「和漢混淆的な文章」という文体・文献の形式によるジャンルからの規定は（勿論山田氏は日常語の定義を行われようとしたものではないが）、それらの文献に現れた語を「日常語」と定義するという内容を含む一方で、「ある種の資料に現れる語は殆ど日常語彙として認められる」という極論として、「日常語」の定義を読者に委ねてしまう危険性がある。ここでは、結果論的な規定をとりあえず保留して、なるべく抽象的な定義を行った上で、畳字部語彙を眺めるべきであろう。

さて、ここで仮に「日常語＝書記需要の高い語」とし、字類抄畳字部語彙に如何程の日常語が含まれていたかを見ると、日常語と認められるものは約七割であるという結論を得た。これは、全一八四語中約一六パーセント（二九語）が実際の用例として現れず、残る一五五語から、更に訓読の熟語のうち訓読の用法として不適切な二六語を差し引いた結果である。すなわち、イ篇畳字部の有する語彙のうち「当時、書記需要のあった語」は約七割であり、字類抄が書記需要の少ない漢語についても十分な数を採録していることが確認されたこととなる。書記需要の少ない漢語の中には、前述の通り、漢文訓読の語、漢籍に出典を確認出来るが本邦に使用例のない語、漢籍にも本邦にも使用例のない語、というような全く書記需要のないと考えられる語も含まれており、これらの語彙を採録する以上、字類抄が純粋に「漢字・漢文を書記するための字書」であるとは到底言えなくなるだろう。

これまでの点から、『色葉字類抄』が、実際の書記に供するのみではなく、漢籍の語彙や特殊な訓を収集することによって採録範囲を一面においては積極的に拡げているという現象が認められることを指摘したい。

使用例の認められる語の性格と、延いては字類抄の編纂態度に関わる事実について、新たにここに述べる。

①字類抄は和文で用いられる漢語の採集には消極的である。

②字類抄は歌語の採集はしていない。動植物・地名・熟字訓以外の、特に単字の組み合わせによる熟語（和名を表す漢字語）は採録しない傾向がある。

③和漢混淆文、特に『今昔物語集』に用いられる語が字類抄中には多く存在し、また『今昔物語集』の如き訓読の在り方を前提にしたような訓読の熟語の採録がある。

④漢詩文特有の語彙が字類抄中に数例存在する。
⑤和漢混淆文系語彙と漢詩文系語彙とはあまり重複しない傾向がある。
⑥古記録の語彙は、他のジャンルの語彙よりも明らかに多く字類抄中に採られているが、『玉葉』『中右記』を除けば、他の文献と圧倒的という程の差はない。
⑦古記録・古往来中には、最低限の簡素な表現のみならず、漢詩文の語彙を前提としたような文芸的・修飾的な表現を持つ語彙が現れる。
⑧訓点資料以外で訓読例の見つかった訓読の熟語は、いずれも定着度（漢字と訓の連結度）の高い語であり、元は漢文訓読語であっても他のジャンルで幅広く使用されているものが多い。

以上のことから、字類抄畳字部に採録された語彙の種類をより正確に形容するならば、「特定の場面で使用される語と、場面を問わず使用され得る語が混在している」ということになる。しかも、特定の場面というのは、古記録や古往来のみでなく、漢詩文や法制資料、説話集にも言えることであって、何か一つの目的のための語彙が多くを占めるという明確な特徴は見出せなかった。ただし、和名を完備しようという意識は薄く、畳字部について言えば、その採録語の中心が字音語であった可能性は高いものと考えられる。

最後に、用例調査結果から読み取れる客観的な特徴を把握した上で、「何故このような語彙を採録したのか」「この種の語彙を採録することによって如何なる性格の書物を編纂することを目指したのか」というような、『色葉字類抄』の編纂者の意図、編纂態度を推し量っていきたい。

『色葉字類抄』が書記需要の低い漢語を多く収録しているということに関して、第一に考えられるのは、前代の字書・辞書からの積極的・消極的継承であるということである。当時代においては需要がなくとも、参照にした先行字書への編纂者の信頼度が高い場合には、無条件に採録することもあり得たであろうし、もしくは編纂者に語彙の当時性の有無を確認するだけの知識が十分になかったという事情も考えられる。特に訓読の熟語を見ると、無条件に継承した漢文訓読語が少なからず存在するのではないかと疑われるのである。第二には、そもそも『色葉字類抄』が「イロハ引き字書」としての能力を重視して編纂されたものではないのではないかということである。音や訓は、いわば理解を促すための付随物であって、要は漢語それ自体にあると考えれば、正確な音訓を示すことよりも語の掲出を優先させ、結果として書記需要や訓の妥当性についての検討がおざなりになってしまった（あるいは意図的に省略した）ということになり、辻褄が合う。もしそうであるとすれば、音は一つの語にいくつもないから問題はないとしても、訓の方は恣意的なものが残り、イロハ引きで語を索めることに大きな障害が生まれることとなるだろう。ただし、この点は、『色葉字類抄』の内容が前時代の意義分類体辞書の特徴を残しているものとして理解出来る。すなわち、そもそも将来の検索需要を見越して収集した漢語のみで構成されている訳ではないために、結果的に理解語彙や古い時代の語が残ってしまったという事情である。更に詳しく言えば、語の下に付された音は「語の読み」を表しており、訓は「語の読み」「語の意味」を表しているということである。我々は字類抄がイロハ引きの書記用字書であると信じ過ぎるために、（その用字が正確であるかはともかく）読みから漢字を再現出来るように作成されたものだと思いがちである。しかし、実際の語彙収集過程を想像すれば、漢字文字列を拾ってきた上で最終的に編者の当てた音訓の頭音によってイロハ順に分類されたと考えるのが穏当であって、読みに当てはまる漢語を順に収集するなどという非効率な作業は想定され難いのである。一般的に、語の下の訓は「読み」であって、意味であるとはあまり考えられないが（名義抄のような一字多訓のものは除くが）、訓読の熟語についてはその実際の用例がなかったと想像することも可能である（「出挙／班給（イラス）」等）。第三に、第一、第二の点と関連して、字類抄に、「語の保存」を目指した面があるということが考えられる。とすれば、当時代に全ての語彙の用例が見つからなくとも全く問題はない。しかし、古い語形や普通行われない漢字表記と、当時通用の語彙・表記が混在している以上、実際に字類抄を参照して書記活動を行う際には注意が必要になるだろう。この点は、当時代のある程度以上の知識層の間に共通理解としてあったか、あるいは編纂者が共通理解の得られる層を利用者として想定していたと考えれば納得出来る。第四には、畳字部の特異性がある。まず、訓読の語彙についてであるが、例えば「イヤシ」という語を漢字で再現しようとしたとき、字類抄を索引で引くと「賎」（イ篇人事部）、「暗陋」（ア篇畳字部）、「疋文（夫）」（イ篇畳字部）という用字が見つかる。「暗陋」はア部の採録語であるから実際には「賎」「疋文（夫）」の二語が現れることとなろう。このとき、普通の和的な表現が求められる場面で前者を選択しない者はいないのであって（実際に今昔ではこの用字の例は多数見つかった）、後者がいずれかの限定的な使用方法を持つ語であることは誰の目にも明らかである。また、これが漢文表記において需要のある場合であっても同様の効果が得られるだろう。すなわち、畳字部に示された訓読の熟語のうち、特に動詞・形容詞・形容動詞形の訓を持つものは、書記用の一般的な用字として認識しないという一種の了解、共通認識があったと考えるのが自然である（次章参照）。これを字音語に拡げて解釈すれば、同じ二字熟語でも一般名詞の類は大方が他の部に意義分類され、その余った部分が畳字部に採られているのであるから、いわば残り物として様々な性質・需要の度合のものが混在する結果となっても不思議はない。ただし、分類が語形上のものであるとは言え、畳字部の語彙量は字類抄の中核を占めるものであるから、軽視出来ず、このような混乱が起こり得るのだとも言える。

次に、字類抄が、一般的に幅広く使用される語彙のみならず、様々なジャンルの文献における特徴的な語彙を採録している点について、その編纂事情がどの辺にあると言えるか、考えたい。語彙の位相に関する認識として、少なくとも平安時代においては文章の表記形態や文体によって語彙・語法にそれぞれ特色があり、築島裕氏は具体的に漢文訓読語と仮名文学語の対立を指摘されている。[50] また峰岸明氏は記録語と仮名文学語を比較して特徴を指摘されているが、[51] このことからも、ある基準を以て「仮名文章特有語」「漢文訓読特有語」「記録語」を始めとした、文体と語彙を連結させる呼称が成立していったことは不自然な現象ではない。しかし、各文体に特徴的な語彙の存在を確認出来る一方で、徐々に和漢混淆文等に本来別分野特有であったはずの語彙が流入し、結果的に平安時代後期から鎌倉時代にかけてこれらの語彙・語法の境界の一部が曖昧になってしまったという事実もある。今回の調査でも、『今昔物語集』のみならず説話集類全般に仏典用語である漢語や漢文訓読特有の副詞などが現れた。著者が調査範囲とした約一三〇年の間にも、その語彙体系が全く変化しなかったということは有り得ないだろう。すなわち、従来為されてきた字類抄語彙の性格に対する評価というのは、本節の調査のように字類抄成立以前の位相に従って類別したものであるか、あるいは字類抄成立以後に結果的に展開した書記言語世界により判断したものであるが、編纂当時、移り行く言語体系の中で、編者が「将来幅広く使用していくべき漢語」「書記の場面を問わずに日本語として取り入れ得る漢語」という意識を持って語彙収集を行った、という想像の入る余地も、いくらか残っているのではないかと著者は考えている。また、語法の骨格となる部分や待遇表現、一部の特有語彙についてはある程度変化が緩やかであることは否めないが、漢語、特に名詞類は互いに交渉し、受容される速度が速かったものと予想される。当時における将来の語彙（漢語）使用方法は編者の負うところではなく利用者に委ねられるものではあるが、その使用範囲を、可能な限り、多様性を持たせつつ拡大しようと試みた結果の集大成が、この『色葉字類抄』であると考えられるのではないか。

また、最終的に和文にまで定着した漢語について、峰岸氏は「これらは、知識層の語彙体系という限定の下にではあるが、当時の国語語彙の中に混在する漢語のうち、最も日常語化した常用の漢語であって、仮名文学という特殊な文芸作品の中でも使用され得たものと理解すべきものではあるまいか。換言すれば、仮名文学作品などに見える漢語というものは、上述の如き当時における漢語語彙体系の広く且つ厚い基盤に支えられた、最も常用度の高い極一部の日常漢語であったということである」と述べられ、また、和漢混淆文についても「和漢混淆文に用いられた漢語についてその文体とのかかわりを観察する場合には、少なくとも二群、さらには三群のものを区別すべきではないかと考えている。その二群というのは、その出自が仏典、漢籍いずれに求められるかという区別に基づくものであって、象徴的な言い方をすれば、〈仏典系漢語〉〈漢籍系漢語〉と言うことが出来る。さらに三群というのは、これらに〈日常漢語〉という概念を加えたものである。ここに日常漢語と言うのは、仏典・漢籍に源流はあるが、本邦に入って日常語となったもの、また、仏典・漢籍に典拠を求めることが出来ず、本邦において新たに造られたと見られるもの、これらのことである。しかして、その日常漢語の中核を占めるものとして記録語出自の漢語を想定している」と指摘された。(52)この「日常漢語」とは、定着度の高い漢語・和製漢語を表すものであるが、実は字類抄に掲げられた語彙群には、この「日常漢語」のうち特に和文にも浸透していた漢語（字音語）、歌論書等に現れる和名を表す漢字文字列（字訓語）は、あまり含まれていないのである。字類抄の編纂者は、和文にも根付いた基礎的な単語や、和的な事象や情景を表す語彙に対して、字類抄に敢えて掲載する需要を感じなかったのかもしれないし、また漢字で表現された語彙の中でも、使いこなし難い上位の漢語と扱いの易しい下位の漢語に区別して、上位の漢語を辞書に掲載すべきものとしてより評価していたのかもしれない。このように、字類抄が、常識的に読み、書き得る語を掲載することに積極的ではなかったということからは、編纂者が、この辞書の利用者に、学問初心者ではなく既に中級以上の知識を持つところの男性貴族層を想定していたとも考えられる。

これを受けて著者はやはり、日常実用の語とはすなわち「書記需要の大きい語彙」のことであると考えたい。用例数の上で稀にしか現れない語彙、漢籍にしか現れない語彙は、非日常の語彙であり、当時の普通の日本語とは離れた特殊な世界の語彙であると定義するべきである。この定義によれば、正格の漢文や公文書、説話集などに現れなくとも書簡や日記に頻繁に現れる語彙は、限られた用法であっても「日常的に用いられた書記需要の高い語」であると言うことが可能であろうし、逆もまた然りである。また、漢詩文作成という特別の作業の中においても頻繁に用いられる語は「日常語」に準じると言え、説話集にしか用いられなくとも多用されれば「日常語」となろう。また、様々なジャンルの文章・文芸に使用範囲がまたがっていてもそれぞれの使用が極稀な場合は、非日常語となろう。これらは、作者の素養や表現意識に負う部分が多く、例え読者の理解語彙であったとしても、普通には用いない語彙であるためである。よって今後、使用文献のジャンルの偏りのみならず、その使用頻度についても注目した調査を行うべきとも考える。

それでは、調査で得られた用例から判明した事実〈X〉とそこから導かれる推論〈Y〉を示して、本節の締め括りとしたい。

〈X〉『色葉字類抄』の畳字部に採録された語彙の少なくとも約七割は、当時において書記需要のあった語である。その語彙のバリエーションは多彩であり、古記録、漢詩文、説話集等にそれぞれ特有の語彙が含まれている。ただし漢字語の収集は網羅的でなく、特に和語を表す訓読の熟語の採録には消極的であったと考えられ、また、畳字部の訓読の熟語に当てられた訓には、検討を要するものが多く含まれている（次章にて検討）。

〈Y〉『色葉字類抄』は、語の読みと凡その意味が分かれば、それに当てる漢字を再現することが可能な辞書である。多字多訓の語のみならず、漢字二字以上から成る熟語についても用字を取捨選択する能力を求められるが、これは、利用者層に一定水準以上の漢語知識の持ち主を想定したためであろう。また、『色葉字類抄』は、特殊な種類の文章を書記するための専用の字書ではなく、結果的に、語の保存と共に将来の国文全般の需要に備えたものとなったという点で、現代国語辞書に似た性格を持つものと考えられる。

注

（1）吉田金彦氏（「詩苑韻集の部類立てと色葉字類抄」、山田忠雄編『〔山田孝雄追憶〕本邦辞書史論叢』、一九六七年）は、和名抄からの分類法の影響を否定された。

（2）「色葉字類抄と遊仙窟」（藏中進、神戸外大論叢16―1、一九六五年）。

（3）山田俊雄氏（一九五五）によれば、「畳字門の中で訓読の語は、その約七分の一は字音語の部において訓を与えられたものと一致する」。

（4）本書第一章の語数表参照。

（5）「前田本「ウ」なるを黒川本「ツ」に誤れるもの（伊）（畳字）引摂インセウ（黒川「セツ」とせるは字音の誤認に基づくものとも考えられざるにあらず。されど次の例もあればここにあぐ）（加）（国郡）河内　茨田マウタ」（山田孝雄、『色葉字類抄攷略』、一九二八年、一一七頁）。

（6）本来前田本では「隠□（□隠分／□ムシ）」の□部分が欠損しているが、山田孝雄氏の説（『色葉字類抄攷略』、一二頁）を採りそれぞれ「私」「秘」「イ」とした。黒川本では「隠」のみあり、注記はない。

（7）本来前田本では「二□（□□分／□□タク）」の□部分が欠損しており、前二者は山田孝雄氏の説（『色葉字類抄攷略』、一二頁）を採りそれぞれ「諾」「然諾」としたが、読みは保留とした。黒川本は「二」のみあり、注記はない。

（8）前田本でも「ヒ」は不鮮明。

（9）「不定」か。

（10）「クモルハル」が意味・訓のいずれを示すものかは不明である。山田俊雄氏（一九五五）は「一字一字についてその代表的な定訓を示したもの」「単字の訓の二個の連結にすぎない」とするが「熟合したもの全体に対する訓」（サキツカタなど）とは別としている。

(11) 「去来」の注文の「同」が示すものが、上の「イツレ」、下の「イサハ」のいずれであるか不明。山田俊雄氏（一九五五）は「イサハ」に分類しており、字義上も妥当であるが、排列の原則上、上の読みに属するものとして処理した。

(12) 「音読が予想され得る二字以上の漢字文字列」ないし「二字以上の漢字を当てると予想され得る、平仮名表記を含む字音語」の中で「い」を頭音に持つが『色葉字類抄』イ篇畳字部に現れない単語。

(13) 「一人」「一の人」について、『平安時代文学語彙の研究　続編』（原田芳起、風間書房、一九七三年）第一部第三章「一の上・一の人という呼称」に詳しい。字類抄の「一人」にも言及。

(14) 「一人　ヒトリ」（類聚名義抄・仏上・一）。

(15) 「一心　コ、ロヲモハラニス」（名義抄・仏上・七三）。「一心　ネンコロナリ」（字類抄・ネ篇畳字部）。

(16) 『平安時代文学語彙の研究　続編』（前掲）「第一部第一章「一院」名義弁証」参照。字類抄の「一院」にも言及。

(17) 「一切　アマネシ」（名義抄・仏上・七四）。

(18) 「平安朝数名詞考　仮名文における表記とその読み方」（原田芳起、『平安時代文学語彙の研究』、風間書房、一九六五年）参照。

(19) 原田氏（前掲、一九六五）は「いちもち」について、「当時の口語に熟していたと思われる語で、宇津保以外の仮名文にはあまり見かけられていない漢語」とし、「これらがたいてい字類抄その他の辞書に出ていることを思うと、平安時代の口語の中の漢語の量は、今日考えるよりもはるかに大きかったように思われる」と論じている。

(20) 『狭衣物語』の例↓「心苦しうて、「いづちかまからん」など、申て」（内閣本（日本古典文学大系）・五三頁）▼「心くるしうていつちかなと申給て」（深川本・巻一・34オ）、「いづちも〳〵まかりなん」（内閣本（日本古典文学大系）・七三頁）▼「いつちも〳〵まかりなん」（深川本・巻一・59ウ）、「いづちも〳〵消えや失せなまし」（内閣本（日本古典文学大系）・二〇〇頁）▼「いつちも〳〵きえやえせなまし」（深川本・巻二・106オ）、「いづちにも〳〵、早く行き失せ給ひね」（内閣本（日本古典文学大系）・二五三頁）▼「いつちも〳〵はやうゆきうせ給ね」（深川本・巻三・48ウ）。

(21) 今回の調査に用いた文献のうち、例えば『浜松中納言物語』と『大鏡』では、成立時期・文体・語彙の位相に隔たりがあるため、語彙についても一概に論じることは出来ないが、重複する語については基礎語彙に準じるものと想定して同時に扱うことが可能であろう。

(22)「音読が予想され得る二字以上の漢字文字列」ないし「二字以上の漢字を当てると予想され得る、片仮名表記を含む字音語」の中で「い」を頭音に持つが『色葉字類抄』イ部畳字門に現れない単語。

(23)「いちぜんの心をゝこしてをがむ人は」（巻下、第七〇、136ウ）。

(24) 小林芳規氏は、『中世片仮名文の国語史的研究』（広島大学文学部紀要特輯号3、一九七一年）の中で、「漢字が主となり、仮名はテニヲハ等を主に宣命体に小書して示すもの」（片仮名交じり文）として『今昔物語集』・金沢文庫本『仏教説話集』を、「片仮名を主として若干の漢字を交えるもの」（漢字交じり片仮名文）として『極楽願往生歌』『法華百座聞書抄』を挙げ、両者が当初その成立基盤と文体の性格とを異にしており、前者が漢文訓読の注記に源を発しているのに対して後者を（イ）僧侶等の私的な和歌（ロ）平仮名文の平仮名の部分を片仮名に書き換えたもの（その漢字の性格は和文のそれに基本的に通じている）、の二種類に分類して示している。また、院政期には前後者間に明らかな差異があったが、次第に両類が合流し、差異がなくなっていく、ともしている。峰岸明氏は、「和漢混淆文の語彙」（山田俊雄・馬淵和夫編『日本の説話7　言葉と表現』、東京美術、一九七四年）の中で、和漢混淆文の説話集を「漢字片仮名交り文」「片仮名漢字交り文」「漢字平仮名交り文」「平仮名漢字交り文」「漢字片仮名平仮名交り文」に分類し、さらに「和文体」「漢文（訓読）体」「記録体」の勢力・性格による作品分類を試みている（二四七頁）。また峰岸氏は今昔を漢文訓読調、『打聞集』を和文調、『古本説話集』を「最も和文に近い」としている。

(25) 峰岸明氏（前掲、一九七四）によれば、古本説話集の巻上は主に和歌説話であり『源氏物語』寄り、巻下は主に世俗仏教説話であり『宇治拾遺物語』寄りである。

(26)「今昔物語集の語彙」（有賀嘉寿子、佐藤喜代治編『講座日本語の語彙3　古代の語彙』、明治書院、一九八二年）によれば、今昔の総語彙のうち四一・九％が漢語である。

(27)「今昔物語集の文体の一般的傾向としては、巻二〇以前に漢文訓読体の傾向が強く、巻二二以後に和文体の傾向が強い」「文体と漢語分布の関係では、巻二〇と巻二二を境に、前半に使用が多く、後半に使用が少ない。これは、漢語（サ変語幹）を漢文訓読体の指標と考えた場合、前半に漢文訓読文体の傾向が強く、後半に和文体の傾向が強いという、一般的傾向と一致する」（桜井光昭、『今昔物語集の語法の研究』、明治書院、一九六六年）、

「天竺震旦部には、漢文の訓読から来ている語法や言い回しが随所に見られる」「本朝部後半にあっては先行文献に依拠したと思われる説話は非常に少なくなっているが、特に伝承説話が多くとられ説話の内容に於いて又文章に於いて異彩を放っているのは巻廿六、七、八、九の四巻であろう。これらの巻々では、今昔の編著者は自由に筆を駆使したものと思える。勿論今昔の編著者の素養や筆癖で漢文脈の現れないこともないが、字音語の使用も少なくなり最も純粋な国文調を見ることが出来る。特にその会話の部分には当代の口語が現れているものと思われる」「和漢両文脈の混在は天竺震旦部と本朝部との対立に於いて見られる現象のみではなく、歴然と見られる巻廿はもとより大なり小なり今昔全巻を通じての現象である」（山田巖、「今昔物語集における和漢両文脈の混在について」、『院政期言語の研究』、桜楓社、一九八二年）。

(28) ただし、②の例は音訓不明。字類抄に「好色　カウソイ（ク）」（カ部・畳字門）。

(29) 他に、『法華百座聞書抄』に「一テイ」の例が在る。

(30) ただし、「いるかせ」「イサナフ」「イサム」は純粋な仮名表記の一致例ではない。また、「いるかせ」「いちしるし」は『今昔物語集』の「忽緒」「掲焉シ」に相当しており、和文に特徴的な語ではない。峰岸明氏は「和漢混淆文の語彙」（前掲）で、「説話文学作品に見える和文調の用語」として「いとほし」、「説話文学作品に見える漢文訓読調の用語」として「イカニイハムヤ」「イハユル」を挙げ、和文調を形成する和文特有語（ここでは「いとほし」）が、多くの場合、仮名表記か漢字の借字表記であることを指摘している。

(31) 「説話文学の語彙」（櫻井光昭、『講座日本語の語彙4 中世の語彙』、明治書院、一九八一年）。

(32) 「…ト思テ、俄ニ忿リ突居タレバ、走リ早マリタル者、我ニ蹴躓テ倒タルニ」（④351-6）。

(33) 「我イツチモユキウセナムトオホシテ」（法華百座聞書抄、ウ339）、「をのがむすめは、いづちかいにし」（古本説話集・巻下・第二十八・45オ）、「いづちともなくてうせ給にければ」（古本説話集・巻下・第六十二・110オ）、「いづちも〳〵まかりやしなましと」（古本説話集・巻下・第六十七・126ウ）。

(34) 「漢語は、また伝統を重視する和歌の世界にも語数は多くないが進出している。（中略）異なり語数（混種語を含む）は『万葉集』二七語、『古今和歌集』三語、『後撰和歌集』七語となり、国語化した語、和語に言い換えるべきもののない語が中心になっている。」（佐藤武義、「古代語彙の概説」、『講座日本語の語彙3 古代の語彙』、明治書院、一九八二年）。

(35) 「『色葉字類抄』補訂試稿――文選出典訓を中心に――」（大谷女子大国文11、一九八一年）。

(36)『平安時代古記録の国語学的研究』（東京大学出版会、一九八六年）五四頁。
(37)『古記録の研究　上』（吉川弘文館、一九八九年）。
(38)「訓点資料の中に漢語が多用されることについては、既に述べたことがあるが、興福寺蔵大慈恩寺三蔵法師伝古点（承徳三年〈一〇九九〉及び永久四年〈一一一六〉）では、自立語の和語の異なり語数が一六五七語（一四・二％）であるのに対して、漢語は実に一〇〇三七語（八五・八％）に上っており、使用回数の上から見ても、和語が約五七％、漢語が約四三％となっている。同じ訓点資料でも、文集（白氏文集）天永四年〈一一一三〉点は、文芸作品であって、和語が比較的多く、和語の異なり語数が一三五一語で四一・六％、漢語が一九〇〇語で五八・四％と数えられた。これは、源氏物語で、和語の異なり語数が九四・一％、漢語が四・八％（他に和漢複合語が一・二％）を占めているのと比べると、如何に漢語が多量に用いられているかを察することが出来る。」（『平安時代の国語』、東京堂出版、一九八七年）。
(39)「色葉字類抄畳字門の訓読の語の性質――古辞書研究の意義にふれて――」（成城文芸3、一九五五年）。二本の直接の参照関係を強調したものではなく、語彙の性質の類似を論じた内容。
(40)「ハンキフ」「シユツコ」の音はそれぞれ字類抄ハ篇・シ篇畳字部に収録されている。
(41)「色葉字類抄に於ける別名の性格――古往来に於ける使用量と使用場面との分析を通して――」（鎌倉時代語研究8、一九八五年）。
(42)「高山寺本古往来に見える漢語」（成城文芸37、一九六四年）。
(43)「本邦における漢文の展開」（山田俊雄・馬淵和夫編『日本の説話7　言葉と表現』、東京美術、一九七四年）。
(44)『平安時代古記録の国語学的研究』（東京大学出版会、一九八六年）。
(45)三保忠夫氏の「色葉字類抄畳字門語彙についての試論――「闘乱部」語彙の場合――」（国語語彙史の研究8、一九八七年）を除く。ただしこれは、闘乱部の特徴を明らかにする目的で行われたものである。
(46)「平安遺文」「古文書」の各データベースはいずれも二〇〇五年の調査の結果を掲げたものであり、現在の視点から見て甚だ不十分であることは明らかである。ただし、この不足によって本節で立てた見通しが覆ることはないと判断し、敢えて当時の結果のみを掲げることとした。
(47)「例えば、「ロ」「ヘ」「ル」など決してそれらを語頭とする訓読語がない訳ではないものでもこれを欠いており、訓読系の語の蒐集は十分行きとどいてはおらず、副次的な採語であったらしいのである。とすれば、やはりそれ以外の部分が重要な意味をもつものであろう。その大部分の収容語は、私は平安時代の公卿日記・往来物・消息・記録などの古文書に用いられた和化漢文（変体漢文）の用語と一致するものが多いことを指摘したい。かつて私は高山寺蔵の古往来一本について翻刻したことがあったが、その調査途中、本書の用語が字類抄の収容語と多数一致し、両本の語の関係の密接なることを発見した。また山田俊雄氏も右同書中の漢語を摘出されて、具体的に字類抄と合致するものを注記されたが、それによると音読された漢語の中で一字の語のものでは約二分の一強、二字の漢語では約三分の一強、それぞれの合致の度合いを示している。（中略）字類抄は高山寺本の如き往来を参照して語を増加したかもしれぬし、また逆に当時の往来は字類抄を座右に備えて往来の書記に当ったかもしれないのである。（中略）辞書と往来物との出没が一般に中古来ほぼ同時代であることを思えば、字類抄と右の古往来とが内容面においても、相即不離の関係だったのではないかと見て、強ち不当な推測ではあるまいと思われる。」（「詩苑韻集の部類立てと色葉字類抄」、山田忠雄編『山田孝雄追憶』本邦辞書史論叢』、一九六七年、四六六–四六七頁）。

(48) 上位の分類を優先する。「説話集のみに現れた語」に「今昔物語集のみに現れた語」は含まない。

(49) 「平安遺文」はその用例により古記録と古文書に分類し、計上した。また四種のうちに、和文の訓読語、訓点資料、名義抄は含めない。

(50) 『平安時代の漢文訓読語につきての研究』（東京大学出版会、一九六三年）。

(51) 「記録の語彙」（佐藤喜代治編『講座日本語の語彙3 古代の語彙』、明治書院、一九八二年）。

(52) 「和漢混淆文の語彙」（山田俊雄・馬淵和夫編『日本の説話7 言葉と表現』、東京美術、一九七四年）の中で、漢籍系漢語として「幽閑・幽奇」、日常漢語として「掲焉・固辞」などを示された。また、町田亙氏（二〇〇一年一二月）は、重点部の語彙を対象に、「古記録」系統と「漢詩文」系統の各文献での使用状況を比較調査しておられる。この調査からは、重点部語彙（畳語）の異なり語数は漢詩文系の方が多く、古記録系では偏った語を繰り返し使用するという特徴が見出され、結果として『色葉字類抄』所収語彙との一致率（『色葉字類抄』基準）は古記録系が五五・〇%であるのに対して漢詩文系が六〇・四%と、後者の語彙がより多く収録されているということが明らかにされた。すなわち、町田氏の論点とはずれるものの、用例調査や典拠という面に注目すれば、簡素な表現を主とする古記録のみならず、より語彙の広がりのある漢詩文系の文献や文学詩賦的な表現を含む文章も無視することは出来ないということになる。

# 第三章　『色葉字類抄』収録語彙の性格(二)

## 第一節　畳字部語彙の性格——訓読の語の性格——

### 第一項　目的と方法

三巻本『色葉字類抄』には延べ約三万八一一字語が収められており、[1]当時の理解語彙や使用語彙の一端を窺うことが出来る。その字類抄二一部のうち最大の異なり語数（辞字部は異なり一四五八語）を有するのが、二一部の一五番目に位置する畳字部である。

畳字部は、二一部中一三番目の辞字部、一四番目の重点部とともに、語の意味のみならず外形によって分類された数少ない部であり、二字以上の漢字から構成される熟語によって成り立っている。畳字部の内部は大きく音読語と訓読語に区別され、部の前半に音読語、後半に訓読語が配置されるのが普通であるが、数の上では音読語が圧倒しており、畳字部の約九割弱（四四五三／五一一七語）を占めている。

畳字部音読語に関してはその組織や排列を山田孝雄氏（『色葉字類抄攻略』、西東書房、一九二八年）、峰岸明氏[2]らが明らかにされてきた一方で、語の意味用法や性質については多く未解明のままである。反対に、畳字部訓読語に関しては、一部の異質な性質（文選読みなど）について山田俊雄氏に御論稿があるが[(3)]、全体の体裁について詳細に示されたものは、未だにないようである。

そこで本節では、畳字部訓読語の掲出形式、すなわち利用者に向けて訓読語彙がどのように示されているかを客観的に分析することで『色葉字類抄』の基礎研究に供し、今後の『色葉字類抄』研究の課題を考える機会としたい。主に次の五項目について調査し、その対象とする訓読語は前田本に現存する部分とする。なお、訓読語一覧は「用例」とともに示す。

・訓読語の語数、熟語の構成字数、声点や注文の有無など、主に語の外形に関する情報
・異本との比較〜二巻本『色葉字類抄』、二巻本『世俗字類抄』との重複語、各本の特有語
・訓読語の三巻本『色葉字類抄』内における重複掲出
・訓読語の当時の用例
・訓読語の品詞別分類

### 第二項　訓読の語の概観——体裁の面より——

まず、畳字部訓読語の語数を【表1】に示し、表上部の番号に従って解説を行う。表の欄内が空白の場合は、該当の項目がないことを表し、「—」は、該当の篇にそもそも訓読語が存在しないことを表す。

【表1】前田本『色葉字類抄』畳字部中の訓読語数

| 1 区切りの星点 | 2 篇 | 3 見出し語数 | 4 （二字熟語） | 5 （三字熟語） | 6 （四字熟語） | 7 声点付（一字） | 8 声点付（二字） | 9 声点付（仮名） | 10 音読付（一字） | 11 音読付（二字） | 12 注記付 | 13 注文ナシ |
|---|---|---|---|---|---|---|---|---|---|---|---|---|
| | イ | 58 | 57 | 1 | | 1 | 2 | | | 1 | 1 | |
| — | ロ | 0 | — | — | — | — | — | — | — | — | — | — |
| | ハ | 19 | 19 | | | 1 | 3 | | | 2 | 2 | |
| 脱 | ニ | 11 | 11 | | | | 3 | 1 | | 1 | 3 | |
| | ホ | 21 | 21 | | | | 2 | 2 | | 3 | 1 | |
| — | ヘ | 0 | — | — | — | — | — | — | — | — | — | — |
| | ト | 12 | 12 | | | 1 | 3 | | 1 | 3 | 1 | |
| | チ | 5 | 5 | | | | 1 | | | 1 | 1 | |
| — | リ | 0 | — | — | — | — | — | — | — | — | — | — |
| | ヌ | 3 | 3 | | | | | | | 1 | | |
| — | ル | 0 | — | — | — | — | — | — | — | — | — | — |
| | ヲ | 7 | 6 | | 1 | 1 | 1 | | | 2 | 2 | |
| 脱 | ワ | 11 | 9 | | 2 | | 2 | | | 2 | 1 | 1 |
| | カ | 38 | 36 | 2 | | 1 | 10 | 3 | 2 | 6 | 6 | |
| 脱 | ヨ | 14 | 14 | | | | 5 | | | 2 | 2 | |
| | コ | 28 | 28 | | | | | | | | 1 | |
| | エ | 1 | | 1 | | | | | | | 1 | |
| | テ | 8 | 8 | | | | | 1 | | | | |
| | ア | 43 | 42 | 1 | | | 7 | 6 | | 7 | | 1 |
| | サ | 25 | 25 | | | 3 | 3 | 1 | | 1 | 2 | |
| | キ | 5 | 5 | | | 0 | 1 | | | 1 | | |
| | シ | 21 | 21 | | | | 1 | 1 | | 1 | 3 | |
| — | ヱ | 0 | — | — | — | — | — | — | — | — | — | — |
| | ヒ | 16 | 16 | | | | 5 | | | 4 | 3 | |
| | モ | 3 | 3 | | | | | | | | | 1 |
| | セ | 2 | 2 | | | | | | | | | |
| | ス | 13 | 13 | | | | 1 | | | | 1 | |
| | 計 | 364 | 356 | 5 | 3 | 8 | 50 | 15 | 3 | 38 | 31 | 3 |

〔1〕　訓読語は畳字部の後半に位置するため、最初の訓読語の前には音読語との区切を示す朱の星点があるのが普通であるが、ニワヨの三篇ではこの星点が脱落している。しかし、後代に補入された語や長畳字（三字以上の熟語）排列の揺れ（次項目参照）を除けば、概ね「畳字部の前半が音読語、後半が訓読語」という形式を保っている。

〔2・3〕　前田本『色葉字類抄』畳字部中の訓読語は、計三六四語である。これは、前田本の存する上巻イ〜ヨ篇及び下巻コ〜キ、シ〜ス篇の畳字部のうち、訓読語が掲載されていないロヘリルヱ篇を除く二二篇の語の総数であり、以下の数値は、全て二二篇中のものとする。（中巻所収の語及びユ〜ミ篇の語については調査の対象とせず、黒川本は参照するに止める）。また、次の一〇語は三六四語内で別訓を持つものであり、これらを考慮に入れると、見出し語の漢字文字列の異なり語数は三五四語となる。これらの重複掲載語には、どのような場合にどちらの訓み方に従えば良いのかということを示す注記等はない。

沛艾　イサム・（アクナフ）
徒歩　ハタシ・カチアルキ
卒尓　ニハカナリ・アカラサマ
發越　ニホフ・カヲル
勦説　トリコト・サカシラ
只且　カクハカリ・シハラク
固護　カタオモフキ・ヒタヲモフキ
卓犖　コエスクル・スクレタリ
周章　アハツ・サハク
無端　アチキナシ・ス丶ロニ

また、訓読語は漢字熟語に当てた和訓の頭音によってイ〜スの各篇に排列されているため、基準となる頭音は和訓の一部であると予想されるところであるが、音読み＋訓読みから成る句の「王事靡盬（ワウシモロイコトナシ）」「請降（カウコウ）」や所謂重箱読みの「際目（サイメ）」の三語は、それぞれワ篇、カ篇、サ篇の訓読語グループに配置されている。ただし、「无所詮（ショセンナシ）」「乳錦莖虎（ジウコハ（トラ）ヲクフ）」「取蚍尾（スサビ）」等は音読部に位置するなど、振り分けの基準は必ずしも判然としない。今回の調査では、字類抄中の分類に従い、前三者も訓読語に数えた。ただしシ篇「任意　ジミ」は音読語とし、表に計上しなかった。

〔4～6〕　畳字部には漢字二字以上から成る熟語が収められているが、訓読語三六四語の内訳は、二字熟語が三五六語、三字熟語が五語、四字熟語が三語であり、音読語と同様に、二字熟語がその大半を占めている。

〔7～11〕　畳字部音読語には漢字に声点が付されているものが多いが、訓読語のうち漢字二字ともに声点が付されたものは五〇語、一字のみに付されたものは八語であり、訓を示す片仮名に付されたものは一五語である。これに関連して、訓読語として掲げられた二字熟語のうちその字音をも片仮名で示したものは、漢字二字とも示したものが三八語、一字のみ示したものが三語ある。ホ篇収録の「鬖鬑」の下字の右傍に別筆で「タイ」とあるものは無視した。声点と字音表示の対応は必ずしも規則的ではない（包含関係にない）が、声点付の熟語五八語と音読の熟語四一語のうち重複しているものが三五語であるため、音読の熟語が差声されている傾向にあるとは言えるだろう。畳字部音読語との関係については後述する。

〔12・13〕　畳字部音読語は基本的に部・分（人倫部や美女分など）により意義分類されているが、訓読語はこの意義分類下になく、したがって大半の語の注文中には部・分の表示がない。漢字に対応する訓（仮名）以外

に意味（分類）・字体・用法等に関する注記を持つ訓読語は三一語であり、全体の約八・五％に止まる。また、注記の中心となる片仮名訓も含め、注記が一切ない見出し語のみのものも、三語存在する。

### 第三項　訓読の語の概観――異本との比較より――

次に、二巻本『色葉字類抄』（以下「二色葉」）(4)及び二巻本『世俗字類抄』（以下「二世俗」）(5)と比較することによって、三巻本『色葉字類抄』（以下「三色葉」）に収録された畳字部訓読語の特徴を考えたい。これら三本の比較に当たっては、単純に畳字部同士の比較とし、増補改編時に他部より移入した語や他部に転じた語、他部注記から見出し語に昇格した語については考慮に入れない。(6)また、前田本に欠ける篇については省略し、三巻本で訓読語を持たないロヘリルヱ篇についても他二本でも訓読語掲出がないため、実質的には二二篇で比較を行った。

【表2】二色葉・二世俗との重複語数、各本特有語数

| 2 | 3 | 14 | 15 | 16 | 17 | 18 |
|---|---|---|---|---|---|---|
| 篇 | 見出し語数 | 二色葉との重複 | 二色葉特有語 | 二世俗との重複 | 二世俗特有語 | 三色葉特有語 |
| イ | 58 | 56 | 6 | 27 | 6 | 1 |
| ロ | 0 | ' | ' | ' | ' | ' |
| ハ | 19 | 16 | 1 | 7 |  | 2 |
| ニ | 11 | 10 |  | 6 | 1 | 1 |
| ホ | 21 | 19 | 2 | 4 | 1 | 2 |
| ヘ | 0 | ' | ' | ' | ' | ' |
| ト | 12 | 8 | 1 | 2 |  | 4 |
| チ | 5 | 3 | 2 | 1 |  | 2 |
| リ | 0 | ' | ' | ' | ' | ' |
| ヌ | 3 | 3 |  | 2 |  |  |
| ル | 0 | ' | ' | ' | ' | ' |
| ヲ | 7 | 5 |  | 2 | 6 | 2 |
| ワ | 11 | 9 |  | 2 |  | 2 |
| カ | 38 | 33 | 3 | 13 | 2 | 5 |
| ヨ | 14 | 13 |  | 8 |  | 1 |
| コ | 28 | 26 | 1 | 14 |  | 2 |
| エ | 1 | 1 |  | 1 |  |  |
| テ | 8 | 6 |  | 4 |  | 2 |
| ア | 43 | 42 |  | 18 | 1 | 1 |
| サ | 25 | 25 | 1 | 12 | 2 |  |
| キ | 5 | 5 |  | 2 |  |  |
| シ | 21 | 20 |  | 7 | 7 | 1 |
| ヱ | 0 | ' | ' | ' | ' | ' |
| ヒ | 16 | 16 | 1 | 3 |  |  |
| モ | 3 | 3 | 1 | 3 |  |  |
| セ | 2 | 2 |  | 0 |  |  |
| ス | 13 | 10 | 1 | 2 |  | 3 |
| 計 | 364 | 331 | 20 | 140 | 26 | 31 |

〔14・15〕二色葉畳字部所収の訓読語との比較…〔14〕は三色葉と二色葉の見出しで重複する語の数を、〔15〕

は二色葉所収語のうち三色葉にない項目数を表す（二色葉と二世俗の重複語は考えない）。(7)〔16・17〕もこれと同様の要領で掲げた。すなわち、全三六四語のうち、二色葉と三色葉の両本にある語が三三一語（約九割）、二色葉のみにある語が二〇語、三色葉のみにある語が三三語となる。ただし、〔14〕に関しては、見出し語の概ねの一致をみて重複語と認定した。これは、見出し語の字体のみならず注記にも異同のある場合が少なくないが（多くは二色葉の誤脱字のため）、今回の調査ではそのような厳密な視点は不要と判断したためである。また、二色葉カ篇に「徒跣」「徒歩」の二語として掲出されていた語が、三色葉では一語にまとめられ「徒跣　カチアルキ　又下字歩」とされた一例については、「徒歩」を二色葉特有語と数えた。（〔14〕〔15〕の和を二色葉の語数とするため）

なお、二色葉と三色葉の訓読語の排列については、峰岸明氏による解説（注2、一四頁）に詳しい。峰岸氏によれば、畳字部の音読語が二色葉から三色葉に至るまでに大幅な改訂が加えられたのに対し、訓読部は「この書の原態を保存する結果となっている」ようである。

〔16・17〕二世俗畳字部所収の訓読語との比較…三色葉ヨ篇の見出し語「終宵」「通夜」「佳辰」「令月」は、二世俗では「終宵同通夜」「佳辰令月同」と統合されているが、四語とも重複語とした。また三色葉ヒ篇「長成」と二世俗「成長」は訓「ヒト、ナル」が一致しているため重複語とした。

二世俗は、畳字部中の語を音読語↓訓読語の順に排列するという『色葉字類抄』系の方針が未整備であったため、音訓混合の状態で収録されている。更に、大半の熟語の読みが示されないことから、頭音が同じ所属の場合に音読語・訓読語の区別が付かない場合がある（「儳（讒）言」（ザンゲン／サカシラ）等）。よって、右表の〔16〕は〔14〕と同様に漢字文字列の重複を以て語を同定し、〔17〕については明らかに訓読語と認められる語以外は表に計上しなかった。

〔18〕三色葉に収録されながら、他の二本ともにない項目数を表す。なお、二色葉になく二世俗にある項目はイ篇・ハ篇の各一語（「引唱」「切歯」）のみであるから、他篇の〔18〕の数字は〔3〕と〔14〕の差と同値である。

字類抄の系統関係については今なお不明な部分が多い。三巻本より古態を備える二巻本系統独自の収録語であっても、三巻本編纂後に補入されたものとなれば、〔15〕〔17〕の語を以てすぐさま三巻本編纂時に削減されたものと断じ、三巻本の特徴に結び付けることは出来ない。しかし、〔18〕の如く三巻本で独自に採録したと考えられる訓読語については、やはり確認しておく必要があるだろう。「三色葉特有語」は以下の三一語である。

幾何（イクハク）
[末] 魀𩲃（ハシタナシ）
[末] 雪恥（ハチヲキヨム／恥辱分）
早卒（ニハカナリ）
[末] 風聞（ホノギ）
[末] 放縦（ホシキマヽ）
左右（トサマカウサマ）
[末] 常夏（トコナツ）
[末] 等閑（トオサカル）

[末] 弁備（ト丶ノフ）
[末] 誓事（チカコト／言イ本）
[末] 寐弱（チカラナシ）
[末] 被及給哉（ヲヨホシタマハレナムヤ／乞詞）
[末] 自然（ヲノツカラ）
瘴雲（ワサワヒ）
[末] 可被分給（ワカチタマハルヘシ／乞詞）
彼此（カレコレ）
辺哉（カタハラクルシキカナ）

齗哉（カナシキカナヤ）
如此（カクノコトシ）
方違（カタ、カヘ）
末　无由（ヨシナシ）
末　謌哉（コ、ロヨイカナヤ）
末　惟谷（コレキハマル）
末　不相（テウタウセズ）

末　手継（テツキ）
末　白馬（アオウマ）
凌轢（シヘタク）
末　怠荒（スサヒ）
末　断絶（スクレタリ）
末　諸捨（ステメヤ／云不令捨之義也）

右の一覧を見ると、「幾何（イクハク）」「早卒（ニハカナリ）」「瘴雲（ワサワヒ）」の如く同訓異字の熟語に引かれて加えられたものがある一方で、「被及給哉」「可被分給」「辺哉」「齗哉」「謌哉」「諸捨」等、ある種の文章を記すために新しく設けられた句類が存在することが分かる。「〜哉」の句については、前田本の欠ける中巻ツ篇（28ウ）にも「私哉（ツレナイカナヤ）」「䍜哉（ツレナイカナヤ）」「蚕哉（ツライカナヤ）」の三語があり、右の四語と合わせた全七語については二色葉・二世俗に一切収録されていないことからも、「〜哉」のような句が三巻本において意図的に加えられたものであると考えることが出来る。(8)

また、各篇の末尾周辺に配置されたものには語の上に末を付して示したが、同訓異字を持つ語とカ篇の熟語を除けば殆どの語が各篇末尾に固まって位置している。これは、これらの三巻本特有語が、二巻本から三巻本に至るまでに大量の畳字部音読語とともに新たに増補された語群であり、三巻本の特徴の一端を成していることを示している。

また著書による三巻本の語数は本書第一章に示した通りであるが、異本調査をされた三宅ちぐさ氏の御調査(9)

【表3】　三色葉と二世俗の語数比較

| 比率 | 畳字部漢語数 | 畳字部総語数 | 総語数 | |
|---|---|---|---|---|
| 90.1 | 4521 | 5016 | 13312 | 三色葉 |
| 84.1 | 1574 | 1872 | 8766 | 二世俗 |

【表4】　畳字部中の訓読語数

| 重複比率 | 三色葉と一致する訓読語数 | |
|---|---|---|
| 100 | 676 | 三色葉 |
| 82.7 | 559 | 二色葉 |
| 38.5* | 268 | 二世俗 |

*559/676=0.8269…、268/676=0.3964…。後者は誤りか。

（【表3】）によれば、三巻本『色葉字類抄』全一万三三一二語のうち、約三八％が畳字部に収録されており、さらに畳字部の約九〇％が漢語（字音語を含む語）であるということである（三色葉の数字は三宅氏が峰岸明氏の調査結果（注2）を引用したもの）。峰岸氏は「漢語として算出したもの」に「畳字部の訓読語は加えていない」、また「一語に二種類以上の漢字表記が存する場合、それらの用字数は、当然のことながら、語数に算入していない」とされていることから、差数の四九五語は訓読語の訓に着目した異なり語数ということになるだろう。同様に、三宅氏の調査によると二世俗の訓読語の異なり語数は二九八語となる。

【表4】では延べ語数を扱っているものと考えられるため、直接【表3】との比較は出来ないが、【表2】の結果も併せて考えれば、二世俗は、三色葉との重複語が二色葉と三色葉の重複語の半数以下であるにも関わらず、その特有語が二色葉よりも多いということになる。これは、『色葉』系と『世俗』系との内容上の隔たりを表しているが、一方で、三色葉の畳字部訓読語は二色葉から継承した部分が多く、三色葉独自の特徴を考えるに当たっては少数の三色葉特有語から推察せざるを得ないということが明らかとなった。

ただし、訓読語の延べ語数が最も多く、語の取捨選択を行った上でより体裁も整備された三巻本『色葉字類抄』掲載の語を考えることは、なお有意義であると考えられる。[10]

### 第四項　訓読の語の概観――『色葉字類抄』内での重複掲出より――

畳字部訓読語の中に声点の付された五八語のあることは前述の通りであるが、そのうち特に熟語を構成している漢字全て（二字とも）に差声されている場合は、当該熟語が音読語としても存在していることを示唆している。

山田俊雄氏（注3、第二論文）は、畳字部訓読語が畳字部音読語として再出するものを示しておられるが、それによれば訓読語六八二語のうち一八〇語以上が音読語としても掲出されている。また山田氏（注3、第一論文）は、畳字部音読語には音訓併存の語（イ篇音読部で「以往《サキツカタ》 イワウ」とあるようなもの）が四九五語あるが、そのうちそのままの語形で畳字部訓読語として再出する七一語に文選読みと重なる部分も多いことから、「この字類抄が、如何に組織、体例の上で画期的なものであっても、その内容においてなお古いものを多く承けついでいることは否定し去ることが出来ない」とされたのである。

しかし、音訓併合の形で示された場合に限らず、同じ語句が二箇所以上に違う語形で掲出されていることについては、なお再考の余地があるように思われる。そこで、これらの重複掲出を論じる手がかりとして、次の調査を行った。

畳字部訓読語三六四語が、それぞれ字類抄の畳字部や他部で音読語や訓読語として別に立項されている例を探し[11]（文字列としての）出現回数・内容により分類して【表5】に示した。調査対象範囲は前田本の欠ける部分も含め、「回数」の項目では、三巻本『色葉字類抄』中に同じ熟語が見出し語として出現する回数を示した[12]。

表から、三六四語の約三八%に当たる一三九語が何らかの語形で別の箇所にも現れていることが分かった（同じ語形で別の意義分類が為された例もある）。また、当該訓読語の他に音読語を持つものは【b】【c】【d】を除いた一一七語、同様に別の訓読語を持つものは四五語、音読語と別の訓読語両方を持つものは二三語（いずれも延べ熟

【表5】 重複掲出回数と内容

| | 回数 | 内容 | 所属部（順同） | 語数 |
|---|---|---|---|---|
| 【a】 | 2 | 他に一例音読語が在る例 | 畳字部 | 91 |
| 【b】 | 2 | 他に一例訓読語が在る例 | 畳字部 | 18 |
| 【c】 | 2 | 他に一例訓読語が在る例 | 天象部 | 1 |
| 【d】 | 2 | 他に一例訓読語が在る例 | 人事部 | 3 |
| 【e】 | 3 | 他に二例音読語が在る例 | 畳字部・畳字部 | 3 |
| 【f】 | 3 | 他に一例の音読語と一例の訓読語が在る例 | 畳字部・畳字部 | 13 |
| 【g】 | 3 | 他に一例の音読語と一例の訓読語が在る例 | 畳字部・天象部 | 1 |
| 【h】 | 3 | 他に一例の音読語と一例の訓読語が在る例 | 畳字部・動物部 | 1 |
| 【i】 | 3 | 他に一例の音読語と一例の訓読語が在る例 | 畳字部・人倫部 | 2 |
| 【j】 | 3 | 他に一例の音読語と一例の訓読語が在る例 | 重点部・畳字部 | 1 |
| 【k】 | 4 | 他に一例の音読語と二例の訓読語が在る例 | 畳字部・天象部・天象部 | 1 |
| 【l】 | 4 | 他に一例の音読語と二例の訓読語が在る例 | 畳字部・畳字部・畳字部 | 4 |
| | | | 計 | 139 |

語数）である。具体的には次のような例がある。

①卒尔　ニハカナリ　（ニ篇畳字部・上40ウ）
卒尔　ニハカニ／ソツシ　（ソ篇畳字部・中19オ）
卒尔　アカラサマ　（ア篇畳字部・下39ウ）
卒尔　ユクリナシ　（ユ篇畳字部・下56ウ）
②以往　イニシヘ　（イ篇天象部・上2オ）
以往　サキツカタ／イワウ　（イ篇畳字部・上12ウ）
以往　アナタ　（ア篇畳字部・下24ウ）
以往　サキツカタ　（サ篇畳字部・下53ウ）
③面現　ヒタヲモテ　（ヒ篇人事部・下93ウ）
面現　ヒタヲモテ　（ヒ篇畳字部・下99オ）

①の例のような場合、実際の文章中での読み方を特定し難いため、文字列調査以上の用例調査を行うには困難が予想される。また、字類抄の中で、何故このように複数の音訓を以て熟語を掲出する必要があったのかという疑問も生じる。

この他にも、他の語（主に一字で用言を表す辞字部の語）

の注記に熟語が現れることや、訓読語注記に辞字部の字が示されることがある。後者は単純に意味注記とも考えられるが、見出し語と注記の影響関係（掲出の先後関係）については、別に調査が必要である。

例　切歯（ハヲクヒシハル）↓切（クヒシハル　ー歯也）
　　威儀（カシツク）↓威（キー儀於非反）
　　任意（ジミ）↓任（マカス　ー意）
　　大索（アサリ／アサル　捜也）↓捜（アサル）
　　孟浪（アラシ　麁也）↓麁（アラシ）

## 第五項　用例調査結果

次に著者は、畳字部訓読語中にある文選読みの語の訓が、多く用言の形式を持つこと、また字類抄と名義抄の重複語のうち前章に述べた「所謂（イハユル）」などの語はそれら用言とは別に扱う必要があるのではないかという点に注目し、畳字部後半の訓読語を訓の品詞形式によって分類することを試みた。更に、これらの語彙について当時代の文献に用例（漢文引用などによる理解語彙としての用法も含む）を求めることによって、各語の書記需要を併せて調査した。具体的には、三巻本『色葉字類抄』畳字部（前田本に存する部分）に訓読語として掲出された熟語について、その漢字文字列を対象として、平安時代後半～鎌倉時代前半に本邦で著された文献を中心に用例採集を行った。

調査対象とした語句本文と、用例の出現した文献を挙げる。

【『色葉字類抄』本文】

・前田本の存する部分の畳字部訓読語を掲載順に挙げ、見出し語に001～364の整理番号を付した。(13)

・傍訓、割注等は一括して語の下に示した。本文にある音読みは〈 〉で示した。

・特に差異が問題にならない範囲において、異体字を通行字体に改めた場合がある。

・誤表記等の可能性も含め、原文のままに示すことを心がけたが、明らかな誤りは〔 〕に正しいと思われる形を推定して示した。

・本文にある声点の詳細は省略したが、差声されている字に傍線を付した。また、差声されていない読みは全て清音で示した。

【調査文献及び調査方法】

・見出し語、注文の下に、上掲語の出現する資料名を、それぞれ略称で示した。

・音○訓○は三巻本『色葉字類抄』中に別項として音読語、訓読語が立てられている数（島田友啓編『色葉字類抄漢字索引』古字書索引叢刊、一九六六～一九七〇年）により、対象には前田本欠損部分も含む）を表す。例えば、「070徒跣〈トセン〉／ハタシ　…音1訓1」は、ハ篇畳字部の当該語（ハタシ）以外に「トセン（ト篇畳字部）」「167カチアルキ（カ篇畳字部）」の掲出があることを示す。

・二色は二巻本『色葉字類抄』（『色葉字類抄二　二巻本』、尊経閣善本影印集成19、八木書店、二〇〇〇年）にある語、二世は二巻本『世俗字類抄』（三宅ちぐさ編『天理大学附属天理図書館蔵　世俗字類抄　影印ならびに研究・索引』、翰林書房、一九九八年）にある語を表す。

・同じ文字列を持つ熟語でも、明らかに異なる用法によると考えられる用例は省略したが（例えば「024不知〈イサ)」については感動詞以外の用例を省略した)、用例の少ない場合に音読み例等を示した場合がある。音訓の表示形式は各索引に従う。

・用例検索には主に見出し語の漢字を用い、注記中の「又下字作〜」等に示された表記は参考までに止めた。

・参考として異体字や異表記による用例検索を行った場合、「329白癡　シレモノ　又下字物　…音1・二色・二世「白物」↓(用例)」の形式で掲げた。

・異なる訓を持つ同表記語(重複掲出語)の漢字のみによる用例は、最初に掲出された語に代表させることによって後は省略し、「280周章　サハク　騒也　…音1訓1・二色　類　↓241周章」のように示した。この場合、名義抄には「サハク」の例があることを表す。

・調査用文献において用例が一例も見出せなかった語の下に×を付した。名義抄にのみ用例が見える場合は「×　類」とした。

※以上、本節に述べることのない情報についても、今後の研究に供するため付記した。

・調査に用いた資料を次に挙げる(五十音順)。

○吾　吾妻鏡…「吾妻鏡・玉葉データベース[CD-ROM]」:新訂増補国史大系本(吉川弘文館、一九九九年)

○雲　雲州往来…『享禄本雲州往来 研究と総索引』(三保忠夫・三保サト子編、和泉書院、一九八二年)

○往　往生要集…『最明寺本往生要集』(築島裕・坂詰力治・後藤剛編、汲古書院、一九八八〜二〇〇三年)

○和　和泉往来…『高野山西南院本　和泉往来和訓索引』(訓点語と訓点資料42、一九七〇年)・『高野山西南院藏本和泉往来總索引』(築島裕編、汲古書院、二〇〇四年)

○葉　玉葉…「吾妻鏡・玉葉データベース[CD-ROM]」:新訂増補国史大系本(吉川弘文館、一九九九年)

○高　高山寺本古往來…『高山寺本古往来表白集』(高山寺資料叢書2、東京大学出版会、一九七二年)

○江　江談抄…『江談抄・中外抄・富家語』（新日本古典文学大系32、岩波書店、一九九七年）
○都　江都督納言願文集…『江都督納言願文集』（平泉澄校勘、至文堂、一九二九年）、『江都督納言願文集』（六地蔵寺善本叢刊3、汲古書院、一九八四年）
○古記録　東京大学史料編纂所「古記録フルテキストデータベース」（二〇〇八年九月使用、一〇世紀末〜一五世紀初を中心とする）

貞　貞信公記　九　九暦　小　小右記　御　御堂関白記
後　後二條師通記　中　中右記　殿　殿暦　岡　岡屋関白記
深　深心院関白記　猪　猪隈関白記　民　民経記　経　経俊卿記
建　建内記　薩　薩戒記　全　以上全資料を含む

○古文書　東京大学史料編纂所「古文書フルテキストデータベース」（二〇〇八年九月使用、九世紀後半〜一五世紀初を中心とする）＊詳細は省略した
○今　今昔物語集…『今昔物語集』（新日本古典文学大系33-37、岩波書店、一九九三〜一九九九年）、『今昔物語集漢字索引』（馬淵和夫監修、笠間書院、一九八四年）、『今昔物語集索引』（小峯和明編、新日本古典文学大系別巻4、岩波書店、二〇〇一年）
○諺　世俗諺文…「世俗諺文和訓索引」（西崎亨、訓点語と訓点資料48、一九七二年）
○中　中外抄…『江談抄・中外抄・富家語』（新日本古典文学大系32、岩波書店、一九九七年）
○白　白氏文集巻三・四天永四年点…『神田本白氏文集の研究』（太田次男・小林芳規著、勉誠社、一九八二年）
○富　富家語…『江談抄・中外抄・富家語』（新日本古典文学大系32、岩波書店、一九九七年）
○遺　平安遺文…東京大学史料編纂所「平安遺文フルテキストデータベース」（二〇〇八年九月使用）＊「未

収」「国大」等を含む。代表して一例の文書番号を示した。文献名は省略した

○題　本朝無題詩…『『本朝無題詩』の諸本の研究』（久保田淳代表、一九九四年）

○粋　本朝文粋…『本朝文粋』（新日本古典文学大系27、岩波書店、一九九二年）、『本朝文粋漢字索引』（藤井俊博編、おうふう、一九九七年）＊用例の出現した部立が四種以内の場合は全て、五種以上の場合は一部について（　）内に略称を示した

○麗　本朝麗藻…『校本本朝麗藻』（大曾根章介・佐伯雅子共編、汲古書院、一九九二年）、『本朝麗藻簡注』（川口久雄・本朝麗藻を読む会編、勉誠社、一九九三年）

○遊　遊仙窟…『醍醐寺蔵本遊仙窟総索引』（築島裕監修、汲古書院、一九九五年）

○類　観智院本類聚名義抄…『類聚名義抄』（天理図書館善本叢書32-34、八木書店、一九七六年）、『類聚名義抄（仮名索引・漢字索引）』（正宗敦夫校訂、風間書房、一九五五年）＊字類抄と字体や仮名が異なる場合、名義抄の該当箇所を「　」で示した。また、字類抄の複数訓のうち一つしか重複しない場合、名義抄の持つ一訓を「　」で示した。名義抄の複数訓のうち一つが字類抄の訓と一致する場合は特に示さなかった

**【参考文献】**

『三巻本色葉字類抄登載語の研究——用例集稿・「イ」之部』（小林芳規編、一九七九年）
『古文書古記録難訓用例大辞典』（林陸朗監修、柏書房、一九八九年）
『訓点語の研究〔改訂版〕』（大坪併治、風間書房、一九九二～一九九三年）
『訓点語彙集成』（築島裕編、汲古書院、二〇〇七～二〇〇九年）
＊用例末尾に「集（　）」の形で文献番号を示した場合がある

『日本国語大辞典〔第二版〕』（小学館、二〇〇〇～二〇〇二年）

＊「日国オンライン」（ジャパンナレッジ＋）全文検索

001気調｜　イキサシ　…[二色]・[二世]　遊「気調のイキサシは・ソヘラヒハ」・類「イキナシ」

002早晩　イツカ　…[音1]・[二色]・[二世]　葉・古記録（小御殿岡建薩）・古文書・遺（別聚符宣抄　他）・題・粋（落）・類

003引唱　イサナフ　…[二世]　遺（政事要略　他）・類

004森然　イヨヽカナリ　…[音1]・[二色]・[二世]　古文書・遺（朝野群載　他）・麗

005所謂　イハユル　…[二色]・[二世]　吾・雲・往「イハユル」・和「イハイル」・葉・高・江・古記録（貞九小御後中岡深猪民建薩）・古文書・今「所謂ル」・遺（東大寺文書　他）・粋（意序他）・麗・類

006飆悠　イコメク　…[二色]　×　類「イロメク」

007如何　イカン　…[二色]・[二世]　吾・雲・往「イカン」・葉・高・江・古記録（全）・古文書・諺「イカン」・今・中・富・白・遺（政事要略　他）・題・粋（奏詩）・麗・遊「イカン」・類

008云何　同　…[二色]　往「イカン」・葉・古文書・遺（東大寺文書　他）・粋（詩牒願）・類「イカム」

009奈何　同　…[二色]・[二世]　吾・雲・葉・都「イカン」・古記録（九小殿）・古文書・諺「ナンソ」・白・遺（尊経閣所蔵文書　他）・題・粋（願詩他）・類

010其奈　同　…[二色]・[二世]　葉・江・都「イカン」・古記録（小猪）・古文書・遺（尊経閣所蔵文書　他）・題・粋（願詩他）・麗

011何況　イカニイハムヤ　…[二色]・[二世]　吾・往「イカニイハムヤ」・葉・江・都「何ニ況ヤ」・古記録（九

小御後中猪民経建)・古文書・今「何況ヤ・何況フヤ」・白・遺(政事要略 他)・題・粋(奏願他)

012 幾多 イクソハク／イクハクソ …二色・二世 往「イクバク」・葉・江・都「イクハクノ」・古記録(九御)・古文書・白「イクハクノ・イクハクソ・——ハカリソ」・遺(中尊寺経蔵文書 他)・題・粋(詔)・麗・類「イクハク・イクソハク・イクバクバカリ」

013 幾何 イクハク …往「イクバク」・都「イクハクソ」・古文書・諺「イクハクソ」・遺(石清水文書 他)・粋(意序)・類

014 何所 同 …二色 吾・葉・江・古記録(小御後中殿岡深猪民建薩)・古文書・遺(政事要略 他)・題・粋(雑表)・麗「何処」

015 所幾 同 …二色 × 類「幾所」

016 微識 同 …二色 ×

017 幾許 同 イクハクハカリ …二色・二世 往「イクソバク・イクバク」・古記録(小中)・古文書・今・遺(台明寺文書 他)・題・粋(対詩起)・麗・遊「ソコハク」・類

018 多少 同 …音1・二色 吾・葉・古記録(貞小後中民建薩)・古文書・今・遺(政事要略 他)・題・粋(意詩他)・類「イクソハク・ソコバク」

019 屑少 イサヽカ …二色 ×

020 聞導 イフナラク …二世 白・遺(園城寺文書)・題・類「聞道」

021 言説 同 …二世 古記録(建)・題

022 長今 イヤメツラナリ …二色 遺(広隆寺文書 他)・集「トコメツラナリ」(11160007)

023 糸惜 イトヲシ …二色 吾・葉・古記録(殿)・古文書・今「糸惜シ」・遺(半井家本『医心方』紙背文書)

024 不知　イサ／イサシラス　…音1・二色・二世　江・今「不知・不知ヤ」・類「イサ」

025 孰與　イツレ　…二色・二世　都・古文書・遺（本朝続文粋）・粋（表文）・類

026 何焉　同　…二色　×　類

027 去来　同／イサ　…音1・二色・二世　雲・江・都・今「去来・去来サセ給へ・去来給へ」・題・粋（賦）・類「イザ」

028 帰去　イサハ　…二色　吾・葉・江・古記録（貞九小御民）・題・粋（詩雑）

029 何遑　イツチカイヌル　…二色　×　類

030 氷矜　イカリフツクル　…二色　×　類

031 何為　イカヽセム　…訓1・二色・二世　雲・和「イカヽセム」・葉・高・都「イカヽセン」・古記録（貞小中岡猪民建薩）・古文書・今「何カ為ム」・諺「イカヽセム」・遺（政事要略　他）・題・粋（詩奏）・麗・遊「イカニスレハカ」・類「イカムカセン」

032 威猛　イカメシ　…音1・二色・二世　吾・古文書・遺（政事要略　他）

033 器量　同　…音1・二色・二世　吾・葉・古記録（小中岡猪民経建）・古文書・今「器量シ」・遺（政事要略　他）・粋（位）

034 利鬼　イラヽク　｜臂也　…二色・二世　×

035 今来　イマヨリコノカタ　…音1・二色・二世　吾・葉・都・古文書・遺（東大寺文書　他）・題・類「コノコロ」

036 於何　イトコニシテカ　…二色　吾・葉・都「於何處」・古記録「於何処」・古文書「於何方」・遺「於何処」（根来要書　他）・類「イカン〈ニ〉」

037半漢 イサム …[音1]・[二色]・ 雲・古記録（殿）・古文書・粋（表）・類
038勇堪 同 …[二色] 和「ヨンカウ」・古記録（小）・遺（朝野群載 他）
039沛艾 同 …[音1訓1]・[二色] 吾・雲・江・古記録（殿民）・類「アグナフ」
040簡略 イサヽカナリ …[音1]・[二色]・[二世] 葉・古記録（小建薩）・古文書・遺（類聚三代格）
041刑罸 イマシム …[音1]・[二色] 葉・江・古文書・遺（類聚三代格 他）
042警策 同 …[音2]・[二色] 題・粋（対詩）
043禁固 同 …[音1]・[二色] 吾・葉・古記録（小）・古文書・遺（政事要略 他）
044経営 イトナム …[訓1]・[二色]・[二世] 吾・葉・古記録（九小御後中殿民経建薩）・古文書・今・遺（政事要
略 他）・粋（雑願）・類「トイトナム」
045好色 イロコノミ …[音1]・[二色] 吾・雲・古記録（小中岡）・今「色好ミ・好色」・遺（政事要略 他）・粋
（和詩）
046固辞 イナフ …[音1]・[二色] 吾・雲・葉・古記録（小中殿岡猪民建薩）・古文書・遺（類聚三代格 他）・粋（表）
047忽諸 イルカセンス …[音1]・[二色]・[二世] 吾・葉・古記録（小中民）・古文書・今「忽緒」・遺（東大寺文
書 他）・粋（知）・類「イルカセ」
048疋文（夫） イヤシ …[音1訓1]・[二色] 吾「疋夫」・江「疋夫 イヤシヒト」・古記録（小民）「疋夫」・古
文書「疋夫」・粋「疋夫」（奏詔）
049不審 イフカシ …[音1]・[二色]・[二世] 吾・雲・葉・江・古記録（九小御後中殿岡深猪民経建薩）・古文書・
今「不審シ」・中・富・遺（政事要略 他）・粋（記奏対）・麗・遊「イフカシ」・類
050未審 同 …[二色] 古文書・遺（政事要略 他）・粋（対）・類

051 掲焉｜ イチシルシ …音1・二色・二世 吾・雲・葉・江・古記録（小後中猪民）・古文書・今「掲焉シ」・
遺（東大寺文書 他）・粋（詩）・類
052 興販 イラス …二色 古文書・遺（政事要略 他）
053 出挙 同 …音1・二色 吾・葉・古記録（貞猪建薩）・古文書・遺（政事要略 他）・粋（官意）
054 班給 同 …音1・二色 古記録（九小中）・古文書・遺（政事要略 他）・粋（意）・類「班合」
055 綵緻｜ 〈サイチ〉／イロキヒシ …音1・二色 ×類
056 潔斎 イサキヨシ …二色・二世 吾・葉・都・古記録（貞小御猪建）・古文書・中・遺（政事要略 他）・題・
粋（意）・遊「潔斎トキヨマハルコト・モノイミスルコト」・類「モノイミス・キヨマハル」
057 清澄 同 …二色 古記録（御）
058 時勢粧 イマヤウスカタ …二色 白「イマヤウスカタナレハ・フルメキスカタナレハ・ソノカミスカタ
ナレハ」・類
059 忝辱 ハツカシ …二色 集（11340007・12410003）
060 狼抗｜ ハラアシ …二色 ×類
061 終頭 ハテツカタ …二色・二世 葉・古記録（岡深猪民）・古文書・遺（政事要略）・類
062 半面 ハタカクル …二色・二世 吾・遊「半面とハタカクレタルヲ」・類
063 聲華 ハナヤカナリ／ハナヤカニ …二色・二世 雲・遺（朝野群載）・題・粋（讃）・類
064 嗽獲 ハヲト丶キ …二色 ×類「トハオト丶キス・トハオトシテ・ハオトシテ」
065 商確 ハカリサタム …二色 ×類
066 皷腹 ハラタ〔ツ〕丶ミウツ …二色・二世 古記録（小）・諺「遊皷腹而 アソヒハラツ丶ミウチ・皷腹

ハラツヽミ」・中「腹皷打」・類「ハラツヽミウツ」

067 蔓莚　ハヒコル　…二色・二世　類・集（11280014）

068 勁捷　〈ケイセウ〉／ハヤワサ　…二色　粋（詩）

069 怗騎　ハツマ／ハツセ　…二色　×　類「ハツマ」

070 徒跣　〈トセン〉／ハタシ　…音1訓1・二色・二世　葉・古記録（九小民）・粋（雑）・類

071 岌呇　ハタメク　…二色　×

072 无墓　ハカナシ　…二色　今「墓無シ」・類

073 所難　ハヽカラル　…二色　古文書・遺（政事要略　他）・粋（意奏）

074 含嬌　ハチシラフ　…二色　遊「含嬌とハチシライテ」

075 魁魁　ハシタナシ　…×

076 切歯　ハヲクヒシハル　呵嘖分　…二世　古文書・遺（石清水田中家文書・本朝続文粋）

077 雪恥　ハチヲキヨム　恥辱分　…古記録（小建）・古文書

078 輾然　ニコヽ／ニコヽンズ　笑詞也　輾イ本　…二色・二世　類「ニコヽ」・集（11550009）

079 皃尓　同　莞イ本　…二色・二世　類「トニコヽニ」・集（11280014）

080 睚眦　ニラム　…音1訓1・二色・二世　粋（表）・類・集（08105015）

081 白眼　同　…訓1・二色・二世　×　類「ソメニミル」

082 駑駘　〈ドタイ〉／ニフシ　…音1・二色・二世　吾・雲・和「トタイ」・古記録（小）・遺（石清水田中家文書）・類「駘　駑—」

083 純魯　同　…二色　×

084 卒尓　ニハカナリ　…音1訓2・二色・二世　吾・雲・葉・古記録（中深民建薩）・古文書・遺（古梓堂文庫所蔵文書　他）・題・遊「率尓とニハカニシて」・類「ニハカニ」
085 早卒　同　…古記録（御）
086 造次　同　…訓1・二色　吾・葉・古記録（岡）・古文書・遺（政事要略　他）・粋（詩願）・麗・類「ニハカニ」
087 斗頓　同　…二色　×
088 發越　ニホフ　匂也　…音1訓1・二色　×　類「カホル」
089 寥廓　〈レウクワク〉／ホカラカ　…二色　粋（詩）
090 清朗　同　…二色　雲・古記録（小）・古文書・遺（禅定寺文書）
091 倨兢　ホコル　…二色　×
092 誇尚　同　…二色　古文書
093 髣髴　〈ハウヒ〉／ホノカナリ　又作彷彿　…音1・二色・二世　吾・葉・江・古文書・都・白「ホノカナレトモ」・遺（政事要略　他）・粋（賦詩）・類「ホノカニ」
094 仿像　同　…二色　×　類
095 靉靆　同　…二色　粋「靉靆」（賦）・今「靉靆ク」
096 瞟眇　同　…二色　吾「縹眇」・粋（対）「縹眇」
097 響蒙　同　…二色　×
098 潦倒　〈ラウタウ〉／ホヽク／ホヽケタリ　…二色・二世　類「ホヽケタル」・集「ヲチフレタル」（15080001）
099 自由　ホシマヽ　…音1・二色・二世　吾・雲・往「ホシママ」・葉・古記録（小中岡猪民経建薩）・古文書・遺（政事要略　他）・題・麗

100 縦矜 同 …二色 ×
101 自恣 同 …音1・二色 集（11020007・11140007・11340002）
102 偃蹇 同 …二色 題・類「ヲコル」
103 庄犬 同 …二色 ×
104 憍雍 同 …二色 ×
105 容憍 同 …二色 ×
106 惘然 ホル …音1・二色・二世 吾・葉・古記録（深民経建薩）・遺（性霊集）
107 浮出 ホノメキイツ …二色 吾・古文書・今「浮出ス」・遊「ウキイツ」
108 風聞 ホノギ …音1 吾・雲・葉・江・都「ホノカニキク」・古記録（小後中殿岡深猪民経建薩）・古文書・
今・遺（政事要略 他）・粋（表願他）・麗
109 放縦 ホシキマヽ …音1 遺（類聚三代格・政事要略）
110 不古 トコメツラナリ …二色 集（12540005）
111 勦説 トリコト 花詞 稱我言 …訓1・二色 × 類「サカシラ」
112 駻隠 〈ハウ〉／トヽメク …二色 × 類
113 僄狡 〈ヘウカウ〉／トキモノ …二色 × 類「（僄狡）トヽシ」
114 左右 トサマカウサマ …音1訓1 吾・雲・葉・高「左右ニ」・江・古記録（全）・古文書・今・中・富・
遺（類聚三代格 他）・題・粋（詩願他）・麗・類「トニカクニ・タスケ・タスク」・集（11630001）
115 遥點 トヲヨソ …音1・二色 古記録（小）・古文書・遺（政事要略）・類「トホヨソ」
116 擁滞 〈キヨウタイ〉／トヽコホル …音1・二色・二世 古文書・遺（政事要略 他）

117 終古 トコシナへ …訓1・二色 葉・類・集（11705001）
118 解纜 〈カンラム〉／トモツナヲトク …音1・二色・二世 吾・和「トモツナヲトク」・葉・古記録（小中）・古文書・遺（朝野群載 他）
119 常夏 トコナツ …×
120 等閑 トオサカル …音1訓1 吾・葉・古記録（小民建薩）・古文書・今・遺（蘆山寺文書 他）・題・粋（行）・類「アカラサマ・ナホサリカテラ・ナヲサリカテラ」
121 弁備 ト、ノフ …音1 吾・葉・古記録（貞九小中岡深民経）・古文書・遺（政事要略 他）
122 握怦 チ、ケシ …二色 類・集「握怦トチ、ケタルコト」（14270001）
123 交加 チリカフ …二色 題・類
124 贔屓 〈ヒイキ〉／チカラヲコシ …音1・二色・二世 葉「贔負」・古文書・遺（本朝続文粋）・粋（表祭）・類「トチカラオコシメ・トチカラオコシス」
125 誓事 チカコト 言イ本 …古文書
126 尫弱 チカラナシ …音1 吾・葉・古記録（小民経）・古文書・遺（類聚符宣抄 他）
127 叩頭 ヌカツク …二色・二世 古文書・遺（政事要略 他）・粋（落）
128 頓首 同 …訓1・二色 吾・雲・葉・古記録（九小後猪民経建薩）・古文書・遺（政事要略 他）・粋（表）
129 猶悠 〈ユイウ〉／ヌルシ …音1・二色・二世 ×
130 蒙籠 〈モウロウ〉／ヲクラシ …二色・二世 遺（本朝続文粋）・粋（詩）
131 𪔵矇 同 …二色 ×
132 名言 ヲト …音1・二色 古記録（小）・古文書・遺（類聚三代格 他）

133 排却〈ハイキヤク〉／ヲヒヤカス　…音1・二色・二世　遺（類聚三代格）
134 除非　ヲク　置也　…二色　古文書・遺（類聚三代格　他）
135 被及給哉　ヲヨホシタマハレナムヤ　乞詞　…高「被恩及給者甚以所望也・被及給者寂所望也」・遺「及給哉」（京都大学所蔵兵範記保元二年冬巻裏文書）
136 自然　ヲノツカラ　…音1　吾・雲・和「ヲノツカラ」・葉・高「シセンニ」・江・古記録（貞九小御後中殿岡猪民経建薩）・古文書・今「自然ラ」・中・富・遺（政事要略　他）・題・粋（賦願他）・麗・遊「ヲーに・とヲノツカラに」・類
137 憀慓〈リウリツ〉／ワヒシ　…二色・二世　葉「懼慓」
138 憞溷〈タンコン〉／ワツラハシ　…二色　×
139 余儂　ワレラ　…二色　×
140 煙塵　ワサワヒ　…二色　吾・題・粋（表対）
141 禍胎　同　…二色　古記録（岡）・遺（政事要略　他）・粋（銘表対）
142 秡務　同　…二色　×
143 瘴煙　同　…二色　都「シヤウエン」・古記録（民）・古文書・遺（朝野群載・類聚符宣抄）
144 瘴雲　同　…×
145 厄死　…二色　×
146 王事靡濫　ワウジモロイコトナシ　…二色・二世　吾・江・都・古記録「王事莫監」（建）・諺・遺（神宮司庁本類聚神祇本源裏文書　他）・粋（詩文祭）
147 可被分給　ワカチタマハルヘシ　乞詞　…和「分給　ワカチタマヱル（分給弥味、拝悦無涯）」・高「分チ給

ハ、幸也」・古文書「可被分」・遺「被分給」（九条家本延喜式巻三十裏文書　他）

148勾引　カトフ　…二色・二世　吾・古記録（民）・古文書・今「勾引ス」・遺（書陵部所蔵壬生家古文書　他）

149忸怩〈ヂクヂ〉／カヲアカム　…音1・二色・二世　遺（類聚三代格　他）

150帰歟　カヘンナン　…二色・二世　葉・古記録（小後中猪民）・古文書・遺（本朝続文粋・金剛寺文書）・題・粋（表和詩）

151只且〈シヨ〉／カクハカリ　…訓1・二色・二世　葉・古記録（小中）・古文書・類・題

152陂陁〈ヒチ〉／カタクツレ　…二色・二世　遺「陂池」（政事要略）・類「陂池　トカタクツレシテ・カタクヅシ」

153参差〈シムシ〉／カタ、カヒナリ　…音1・二色・二世　吾・葉・古記録（殿岡深猪民経建）・古文書・遺（政事要略　他）・題・粋（奏序賦）・遊「参差トカタ、カヒナルコトヲ・カタ、カヒナリ・とシナ〳〵ニシ」・類「カタチカヒ」

154陸離　同　…二色　×　類「カタチヒ」

155酷烈　カホル　…二色　遺（本朝続文粋・朝野群載）・粋（論）・類

156蕭瑟　カスカナリ　…二色・二世　都「セウシツ」・古記録（民）・題・粋（詩）・類「トカスカニシテ」

157蕭條〈セウ〉／同　又下字索〈サク〉　…二色　吾・雲・都・古記録（後民）・遺（本朝続文粋）・題・粋（詩）・麗・類「トカスカナリ・トカスカニシテ」

158誰何　カレハタソ　…訓1・二色・二世　諺「カレハーソ・カレハナソ・カレハナンソ」・類「タレ・タレカ」

159理髪　カ、ケ　衣〔元〕服也　…音1・二色　吾・雲・葉・古記録（九小御後中殿深猪民経建薩）・古文書・富・

遺（東大寺図書館所蔵春華秋月抄）

160 鬣髽　カミユヒタツ　…[二色]　×　類

161 恐喝　カシコマル／ヲチヲヒユルナリ　…[二色]　古記録（猪）・今・遺（類聚三代格・政事要略）・類「カシコマル」

162 襢裼　〈タンセキ〉／カタヌク　…[訓1]・[二色]　葉・古記録（殿民）・遺（政事要略）

163 彼此　カレコレ　…吾・雲・往「カレコレ」・和「此彼　コレカレ」・葉・江・古記録（貞九小後中殿岡薩）・古文書・今・富・遺（政事要略　他）・粋（序廻）

164 辺哉　カタハラクルシキカナ　…×

165 斒哉　カナシキカナヤ　…「悲哉」↓吾・葉・都・古記録（小御）・古文書・今・遺（東寺百合文書　他）

166 蓬累　カシラカヽク〔フ〕　…[二色]　類「カシラカヽフ」・集「カシラカヽヱテ」（15780001）

167 徒跣　カチアルキ　又下字歩　…[音1訓1]・[二色]　類「ハタシ・アシノクヒフム」↓070徒跣

168 咀洸　〈ショシヤク〉／カミハム／カミクラフ　下字嚼　同　…[二色]　×　類「カミハム」

169 如此　カクノコトシ　…吾・雲・葉・往「カクノゴトシ」・和「カクノーシ」・高・江・都・古記録（全）・古文書・今「如此シ」・中・白・富・遺（政事要略　他）・題・粋（意詩願）・麗・類「如是　カクノゴトク」

170 假借　カリソメ　…[音1]・[二色]　古文書・今・遺（類聚三代格）・類

171 威儀　カシツク　…[音1]・[二色]・[二世]　吾・雲・葉・江・都・古記録（九小御後中殿岡猪民経建薩）・古文書・今・遺（政事要略　他）・題・粋（詩）・麗

172 請降　カウコウ　…[二色]・[二世]　葉・古記録（貞中）・遺（朝野群載）・粋（呪）

173 片言　カタコト　…[音1]・[二色]・[二世]　古記録（猪建）・古文書

174 亀卜 カメノウラ …二色 葉・古記録（中殿）・古文書・富・遺（類聚符宣抄・朝野群載）

175 謀亀 同 …二色 ×

176 方違 カタヽカヘ …吾・葉・古記録（小御後中殿岡深猪民経建薩）・古文書・今・遺（高山寺文書 他）

177 綿惙 カツヽヽ 疲労也 …音1・二色 粋（表）

178 啀齔 カマフ 見法花經 …二色 ×

179 固護 カタオモフキ …訓1・二色 古記録（後）・類「ヒタヲモフキ・ヒタヒキサマル」

180 首途 カトテ …音1・二色・二世 吾・雲・葉・古記録（貞小）・古文書・遺（朝野群載）・粋（書）

181 可微力 カヒロク …二色 × 類

182 甲斐无 カヒナシ …二色・二世 吾「無甲斐」・古記録「云無甲斐」（殿）・今「甲斐無シ」

183 顦顇 〈セウスイ〉／カシケタリ …音1・二色 雲・類「カシク」・集「顦顇 カシカミタル」（08505007）

184 容皃 カホハセ …音1訓1・二色 吾・葉・江・古記録（小岡猪民）・古文書・今・遺（蘆山寺文書 他）・題・粋（詩）・遊「容貌のーハセハ」・類「オベラセ」

185 發越 カヲル …音1訓1・二色 × 類「カホル」 ↓088發越

186 節折 ヨオリ 六十一兩月晦日 云神事行也 …二色 葉・古記録（九小中深猪民建薩）・古文書

187 盤紆 ヨソノホル …二色 類・集「盤迂とヨソノホリテ」（09505020）・「盤紆トヨソノホケリ」（14270001）

188 穌生 ヨミカヘル …二色・二世 吾・葉・江・古記録（小猪）・古文書・今

189 竟夜 ヨモスカラ 天部 …音1・二色・二世 葉・古記録（後殿猪建薩）・遺（政事要略）・類

190 終宵 〈シウセウ〉 …音1・二色・二世 葉・古記録（小民）・遺（政事要略）・題・粋（銘）

191 通夜 同 …音1・二色・二世 吾・葉・古記録（九小御岡猪民薩）・古文書・遺（政事要略 他）・類

192 佳辰　ヨキトリ〔トキ・ツキ〕…音1・二色・二世　雲「良辰」・和「佳辰令月　カシンレイーツ」・葉・江・都「カシン」・古記録（後中殿猪）・古文書・遺（朝野群載）・題・粋（起対詩）

193 令月　同　…音1・二色・二世　和「佳辰令月　カシンレイーツ」・葉・江・都・古記録（後中殿岡猪民）・遺（書陵部所蔵壬生家古文書　他）

194 微弱　ヨハシ　…音1・二色・二世　古記録（小中建）・古文書・遺（書陵部所蔵文書）

195 頼離　ヨリノク　…二色　×

196 尋常　ヨノツネ　…音1・二色・二世　吾・葉・古記録（貞九小御後中殿岡猪民経建薩）・古文書・今・諺「ヨノツネニ」・中・白・富・遺（政事要略　他）・題・粋（詩意）・麗・遊「尋常とナヲクアラマシ・ツネナラマシ」・類

197 口活　ヨノワタラヒ　…音1・二色　×

198 逶迤〈ヰイ〉／ヨロホウ　…音1訓2・二色　都「ヰンイタル」・遊「ヰイとナコヤカニシテ・ヰイとタヲヤカニシて」・類「タヲヤカナリ・シタラカ・ワタカマル・アツマル・ツハクム・ナヽメナリ」「迤池　…ヨロコフ…」

199 无由　ヨシナシ　…吾・葉・江・古記録（貞九小御後中殿岡猪民建）・古文書・今「無由シ・由無シ」・富・遺（政事要略　他）・粋（書）

200 庶幾　コヒネカフ　…音1・二色・二世　吾・雲・葉・江・古記録（九小岡民経建薩）・古文書・遺（政事要略　他）・題・粋（願詩他）・類

201 本縁　コトノモト　…二色・二世　葉・江・古記録（御猪民）・古文書・今・遺（類聚三代格　他）

202 色遅　コヽロモタナシ　…二色・二世　古記録（九）

203 煖熱　コヽロシラフ　…二色・二世　×

204 別様　コトナ〔ヤ〕ウ　…二色・二世　葉・高・古記録（小御後中殿猪）・古文書・遺（『永昌記』紙背文書　他）

205 於是　コヽニ　…二色・二世　吾・往「コヽニ」・葉・江・都「コヽニ」・古記録（九御中岡猪民経）・古文書・諺「コヽニ」・白・遺（政事要略　他）・題「於此」・粋（詩賦）・麗・類

206 於焉　同　…二色・二世　葉・古文書・遺（朝野群載　他）・題・粋（詩賦意）

207 于茲　同　…二色　葉・古記録（中民）・古文書・遺（朝野群載　他）・粋（表奏雑）

208 所以　コノユヘニ　…訓1・二色・二世　吾・往「ソヱニ・ユヱ」・和「ソヱニ」・葉・都「コノユヱニ」・古記録（貞九小御後殿猪民経建薩）・古文書・諺「故所以　コノユヘニ・所以　ユヘ」・遺（類聚三代格　他）・題・粋（詩願他）・麗・類

209 以降　コノカタ　…音1・二色・二世　吾・和「コノカタ」・葉・江・都「以降タ・｜カタ」・古記録（九小後中岡猪民経建）・古文書・遺（類聚三代格　他）・粋（詩願他）・麗・類

210 以来　同　…音1・二色・二世　吾・雲・葉・江・都「以来タ」・古記録（全）・古文書・今・遺（政事要略　他）・題・粋（詔願他）・麗・類

211 以還　同　…二色・二世　吾・葉・古記録（後殿経建）・古文書・白・遺（朝野群載　他）・粋（表願他）

212 逴躒　コエスクル　…二世　粋「卓躒」（願）・類「トコヱスキタル・トコエスキタリ」

213 卓犖　同　…訓1・二色　古文書・遺（政事要略）・粋（詩讃）・類「コエスキタリ」

214 䂊硋　コヽロコハシ　…二色　×

215 袷恰　コレモカレモ　…二色　古文書・類

216 鈔喜　コノム　…二色　×

217 阿堵　コヽハク　…二色　都「阿堵ト」・類

218 委曲　コケヒク　…音1・二色　吾・雲・葉・古記録（九小後民建）・古文書・遺（類聚三代格　他）・粋（符）・類

219 更衣　コロモカヘ　…音2・二色　富・吾・雲・葉・古記録（中殿岡猪民経建薩）・古文書・遺（九条家冊子本中右記裏文書　他）

220 小心　コヽロホソシ　…二色・二世　遺（政事要略　他）

221 如許　コシラフ　…二色・二世　類「ソコハク」・集「コヽラシコソハ」（08105008・08105009）

222 意見　コヽロミル　…音1・二色　吾・葉・江・古記録（民建薩）・古文書・遺（類聚三代格　他）・粋（意題）

223 心着無　コヽロツキナシ　…二色・二世　今「心月無シ」

224 准的　コレモアレモ　不定事也　…音2・二色　江・古文書・遺（政事要略　他）・粋（奏書）

225 両邊　コナタアナタ／コカタアカタ　…二色　古文書・遺（政事要略　他）・題・遊「コナタアナタ・コナタアナタに」

226 歟哉　コヽロヨイカナヤ　…×

227 惟谷　コレキハマル　…吾・葉・和「コヽニキワマリ」・古記録（小中猪民）・古文書・遺（朝野群載　他）・粋（奏祭）

228 不可勝　エカタシ　可肩也　…二色・二世　中・（「不可勝計」等…吾・葉・江・古記録（小中殿民建薩）・古文書・遺（類聚三代格　他）・粋（奏和他））

229 拱手　テヲタウタク　…二色・二世　古記録（小）・古文書・遺（政事要略　他）・集「拱　テヲタムダク」（10320001）

230 手談　テスサミ　…音1・二色・二世　題

231 拵拗　同上　…二色　×

232 手自　テツカラ　…二色　吾・葉・江・都「テーラ」・古記録（小御中岡猪民建薩）・古文書・白・遺（類聚三代格　他）・題・粋（雑）・類

233 為躰　テイタラク　…二色・二世　吾・雲・和「テイタラク」・葉・古記録（小岡民）・古文書・遺（類聚三代格　他）・粋（祭）

234 起弱　テコフ　…二色・二世　×　類

235 不相　テウタウセズ　…×

236 手継　テツキ　…古記録（民経）・古文書・遺（東大寺文書　他）

237 白地　アカラサマ　…音1・二色・二世　吾・雲・葉・高・古記録（小御後中殿岡深猪民経建薩）・古文書・今・遺（東大寺文書　他）・類

238 偸閑　同　…音1・二色・二世　雲・和「カレカレニ・ヒソカニ」・古記録（小）・題・類

239 卒尓　同　…音1訓2・二色　類「ニハカニ・ユクリナシ」　↓084卒尓

240 支離　〈シリ〉／アヅシ　病也　…訓1・二色・二世　遺（門葉記）・類・集「ミツワサス」（12505021）

241 周章　〈シウシヤウ〉／アハツ／又サハク　…音1訓1・二色・二世　吾・葉・今「周章ツ」・古記録（小民経建薩）・古文書・遺（朝野群載・陽明文庫所蔵兵範記仁安四年巻裏文書）・粋（表）・類

242 馥焉　〈フクエン〉／アハツ　…二色　×

243 淡薄　同　…音1・二色　古記録（九小薩）・古文書

244 澆薄　同　…音1・二色　古文書・遺（政事要略　他）・粋（対）

245 憧惶　…二色　集「ヲノヽキツヽ」（08105005）・「ヤミネ〳〵」（11080011）

246挙動　同〔アリサマ〕…訓1・二色・二世　葉・遺（類聚三代格・朝野群載）・粋（願）・類「フルマヒ・アリサマ」
247早朝　アサマツリコト　…音1・二色・二世　雲・葉・都・古記録（貞九小御後中殿岡猪薩）・古文書・今・遺（政事要略　他）・類
248大索　アサリ／アサル　捜也　…二色・二世　葉
249嗟呼　ア　歎也　…二色・二世　葉・古記録（小）・古文書・遺（朝野群載　他）・粋（賦表他）
250疑噫　同　…二色　×
251消息　アリサマ　…音1・二色・二世　吾・雲・葉・江・古記録（貞九小御後中殿深猪民経建薩）・古文書・今・遺（政事要略　他）・粋（賦）・類
252於戯　同〔ア〕…二色・二世　吾・都「ア・アヽ」・古記録（岡）・古文書・遺（政事要略　他）・題・粋（詩）・麗・類
253嶛峲　〈レウレツ〉／アヒモトホル　…二色　×
254和市　アマナフ／アマナヒカフ　…音1・二色・二世　吾・古記録（小御民経）・古文書・遺（東大寺文書　他）・類「アキナヒカフ」
255可惜　アタラシ／アタラ　…二色・二世　今「可惜シ」・古文書・粋（詩銘）・遺（類聚三代格　他）・遊「アタラシ」・類「アタラ」
256浮宕　〈フタウ〉／アクカル／又ウカレタリ　…音1・二色・二世　遺（政事要略　他）
257無為　アチキナシ　…音1・二色・二世　吾・葉・都・古記録（九小御後中岡深猪民経建薩）・古文書・今・遺（類聚三代格　他）・粋（対和詩願）・麗・類

258 无事　同　…訓1・二色　吾・葉・江・都・古記録（貞九小御後中殿猪民経建薩）・古文書・富・遺（政事要略
他）・粋（賦対他）・遊「無事とアチキナク」・類「無事」

259 無端　同　…訓1・二色　吾・葉・古記録（民）・今「無端シ」・古文書・遺（『為房卿記』紙背文書　他）・遊
「無端とアチキナク」・類「スゞロニ」

260 不用　同　…音1・二色・二世　吾・葉・江・古記録（九小御後中殿岡猪民経建薩）・古文書・今・中・富・
遺（類聚三代格　他）・題・粋（奏書他）

261 漸澡　アサバヤカ　…二色　×類「アサハヤカニ」

262 不仁　アシタヽス　…二色　古記録（建）・古文書・遺（政事要略　他）・類

263 孟浪　アラシ　麁也　…二色　遺（本朝続文粋）・粋（詩対）・類

264 同蹸　アツヽカフ　…二色　×類

265 他魔　アタニナス　…二色・二世　遺（政事要略・類聚三代格）

266 商賈〈シヤウカ〉／アキナヒ　…音1訓1・二色・二世　古文書・遺（本朝続文粋・朝野群載）・粋（意願落）

267 蘭闍　アナタムト／又アナユカシ　…二色・二世　江「穴貴」・類「アナユカシ」

268 肖與　アエモノ　…二色　×

269 沛艾〈ハイカイ〉…音1訓1・二色　吾・古記録（殿民）・類「アグナフ」　↓039沛艾

270 賣眼　アカラメ　…二色　和「賣目」・類

271 念熱　アツカフ　…二色　×類

272 敦養　同　…二色　×

273 藁芥　アクタハカリ　…二色　×類

274 暁之裏　アカツキカケテ　…二色　×（遺「長夜之裏」（朝野群載・政事要略）・粋「夜之裏」（文）

275 可憎　アカラシ　…二色　遊「アナニクノ」

276 何由　アナニクヤ　…二色　遊「アナニク」

277 可耐　アナニ〔丶〕メヤ　…二色　葉・古記録（小）・遊「アナ丶メ」

278 尉眼　アカラメ　…二色　×

279 白馬　アオウマ　…音1　雲・葉・都・古記録（貞九小御後中殿深猪民経建薩）・古文書・遺（政事要略　他）

280 周章　サハク　騒也　…音1訓1・二色　類　↓241周章

281 際目　サイメ　…二色・二世　古文書・遺（東大寺文書　他）

282 洴浪　〈ラウラウ〉／サナケトル　…二色・二世　×

283 以往　サキツカタ　…音1訓2・二色・二世　吾・葉・古記録（九小中岡猪民経建）・古文書・遺（政事要略）・粋（詔序他）・類「ヲツカタ・アナタ・イニシへ」

284 遮莫　サマアラハレ／サモアラハレ　…二色・二世　和「サモアラハアレ」・遺（類聚三代格）・題・麗・遊「サモアラハアレ・アチキナシ」・類「サモアラハアレ」

285 任他　同　…二色・二世　遺（北白川家所蔵文書）・粋（賦）

286 誘引　サソフ　…音1・二色・二世　吾・雲・葉・古記録（民建）・古文書・遺（本朝続文粋）・題

287 伴惹　同　…音1・二色　×

288 数奇　サチナシ／又マサリカヲナシ　…音1訓1・二色・二世　古記録（薩）・古文書・遺（朝野群載　他）・題・粋（奏）・類「サチナシ」

289 私語　サ丶ヤイコト／サ丶メキコト　…二色・二世　葉・古文書・今「私語・私語ク」・遺（根来要書）・類

「サ、メコト」

290 耳語　同　…音1・二色　古記録（小）・遺（朝野群載）・粋（詩）・類「サ、ヤク」

291 驚破　サ、ヤキ　…訓1・二色・二世　×

292 云云　サ、ヤク　…音1訓1・二色　類・集「シカ〳〵イフ」（10005008・11005115・11420003）

293 透色　サ、ヤカナリ　…二色　×

294 向来　サキヨリ　…音1・二色　葉・古記録（御殿）・遊「サキに・イマ・イマシ・タ、イマ・向来とムカヒキタルコト」・類「イマシ・タダイマ」

295 嗑咤　サシクム　…二色　×　類

296 儳和　サカシラ　…二色・二世　今「和儳」・類

297 儳言　同　…二色　吾「讒言」・葉「讒言」・古記録「讒言」（小後建薩）・古文書「讒言」・今「讒言」・遺「讒言」（厳島野坂文書　他）・類

298 勦説　同　…訓1・二色　×　類　↓111勦説

299 寂寞　サウサシ　…音2・二色・二世　吾・雲・葉・古記録（小民）・古文書・遺（本朝続文粋）・題・粋（対詔他）・麗

300 酒獦　サカ、リ　…二色　×

301 逆旅　サラタヒ　…音1・二色　古文書・遺（類聚三代格　他）・題・粋（書）・麗・類

302 伶俜　サスラフ　仃〈テイ〉イ本　…二色・二世　類・集「サスラヘ」（11420003）・「サスラウ・サマヨフ」（13860001）・「ヤスラウ」（13860001）

303 流浪　同　…音1・二色　古記録（建）・古文書・今・遺（中村直勝氏所蔵文書　他）・類

304 跉跰　同　…二色　集「サスラフル者也」(08105008)
305 嵒齬　〈ガムゴ〉／キカフ　…二色・二世　古文書
306 木強　キコハシ／キシクナリ　…音1・二色・二世　×　類「キゴハシ」
307 騎両　キラ〱シ　…二色　×
308 端正　キラ〱シ　…音1・二色　葉・古文書・今・遺(政事要略　他)
309 錐徹　キリトヲシ　…二色　×
310 如然　シカノコトシ　…二色　吾・葉・古記録(九小御殿岡深民経建薩)・古文書・今「如然シ・然ノ如シ」・遺(東大寺文書　他)・粋(詩)・類
311 尓馨　同　…二色　×
312 蹲踏　シリウギタナシ　…二色　×　類
313 龍鍾　シナケル／又タシナシ　泣也　…音1訓2・二色・二世　江・題・類
314 淩轢　シヘタク　…音1　「淩轢」↓吾・葉・古記録(貞小)・古文書・遺(類聚三代格　他)
315 小選　シハラク　…二色・二世　吾・古文書
316 俄項　同　…二色　葉・古文書「俄頃」・遊「俄項とシハラクアル」・類
317 項之　同　…二色・二世　「頃之」↓吾・葉・古記録(九小後中殿岡深猪民経薩)・古文書・遺(政事要略　他)・粋(伝奏詩)
318 只且　同　…訓1・二色　今「カクバカリ」　↓151只且
319 少時　同　又シハシハカリ　…二色　吾・雲・葉・古記録(貞九小御中殿深民建)・古文書・今・遺(政事要略　他)・粋(伝)・遊「シハラクアルに・シハラクアルトキ」

320闇昔 シナフ …二色 × 類
321葳茖 同 …二色 題・類「薬」・集「(ヰスイ)トサカナリ」(08505014)
322加之 シカノミナラス …二色・二世 吾・雲・和・葉・江・都・高・古記録(全)・古文書・今・遺(類
聚三代格 他)・粋(詩願他)・類
323岸品 シナ、、 …二色 ×
324軒渠 シタフ／シリシタヒ …二色 諺「シタフ」・類「シリシタヒ」
325襳襹 シタラカナリ 衣毛形也 …二色 ×
326嫳屑 〈ヘツセツ〉／シタラカ …二色 ×
327暴謔 シヒタハフル …二色 ×
328然而 シカレトモ …二色・二世 吾・雲・和・葉・江・古記録(貞後中殿岡深猪民経建薩)・古文書・今・
富・遺(政事要略 他)・題・粋(意対他)・類
329白癡 シレモノ 又下字物 …音1・二色・二世 「白物」↓葉・古記録(小御建)・古文書・今・諺「借
者白物 カスハシレモノ」・中「白物」・遺(本朝続文粋)
330面縛 シリヘテニシハラル …音1・二色・二世 吾・葉・白・集「シリヱテニシバラレ」(11550009)・
「マジハリ」(11630001)・「マジハテ」(12140002)
331長成 ヒト、ナル …二色・二世 吾・古記録(九)・遺(政事要略)・粋(奏)・類
332拏戄 〈ダクヰヨク〉／ヒコツラフ トリクム事也 …音1・二色・二世 古記録(小後)・遺「拏攫」(類
聚三代格 他)
333潗湁 〈シフヂフ〉／ヒチメ …二色 今

334 儸譶〈シフチフ〉／同 …二色 ×
335 小丈 ヒ、〔キ〕シ …二色 ×
336 乗昏 ヒクラシ …二色 古記録(小)・類
337 北轅 ヒカム 車向北欲行南也 …二色 葉・古記録(後中)・遺(朝野群載 他)・粋(詩)・麗・類
338 蝶臥 ヒレフス …二色 葉・古記録(民建)・題・類
339 面現 ヒタヲモテ …訓1・二色 ×
340 獫猊 ヒタフル …二色 ×類
341 敢死 ヒタフル …二色・二世 集「敢死士 タケキヒト」(11505075)
342 目〔日〕斜 ヒクタチ 假令午ノクタリ未ノクタリ等也 …二色 題・粋(詩)・類「日斜」
343 日施 同 …二色 ×類
344 伺隟〈シケキ〉／ヒマヲウカヽフ …音1・二色 「伺隙」↓吾・葉・古記録(小経)・古文書・遺(東大寺文書 他)
345 端仰 ヒタヲモムキ …二色 遊「―ギヤウとツ、シミアヲキ」・類
346 固護 ヒタヲモフキ …訓1・二色 類 ↓179固護
347 本自 モトヨリ …二色・二世 吾・葉・古記録(小御後中殿岡深猪民薩)・古文書・今「自本」・諺「モトヨリ」・富「自本・元自」・遺(東大寺文書 他)・題・粋(表雑詩)・麗・遊「本自リ」
348 元来 同 …二色・二世 吾・葉・古記録(小殿深民経建)・古文書・遺(政事要略 他)・題・遊「モトヨリ」・類
349 由来 …音1・二色・二世 葉・古記録(小中殿猪民経薩)・古文書・今・白・遺(政事要略 他)・題・麗・

遊「モトヨリ・ムカシヨリ」・類

350 啾唧 セヽシ …二色 ×

351 迫来 セメキタル …音1・二色 古記録（小）

352 匹如 スルツム（ミ）／スルスミ …二色・二世 × 類「スルツミ」

353 単己 同 …音1・二色・二世 今・類「スルツミ」

354 約略 スコシハカリ …二色・二世 題・粋（賦）・類

355 所執 スマフ …音1・二色 吾・葉・古記録（貞九小）・古文書・遺（政事要略 他）・粋（対）・類

356 少間 スコシハカリ …音1・二色 葉・古記録（建薩）・古文書・遺（観心寺文書 他）

357 卓犖 スクレタリ …訓1・二色 類「コエスキタリ」 ↓213卓犖

358 既往 スキシカタ …音1訓1・二色 吾・遺（政事要略 他）・粋（表）・類「イニシヘ」

359 無端 スヽロニ …訓1・二色 類 ↓259無端

360 鏓硐 スカシトス …二色 × 類「スカシトホル」

361 嘍囉 スカナシ …二色 × 類

362 怠荒 スサヒ …× 類

363 断絶 スクレタリ …吾・葉・江・古記録（小中民建薩）・古文書・遺（政事要略 他）・遊「断絶とスタ〔ク〕レタルノミに・とタヘスタレタル」

364 諸捨 ステメヤ 云不令捨之義也 …都「捨諸 ーテンヤ・ステ玉ハンヤ」・諺「豈ニ以テ捨《ステメヤ》」

## 第六項　品詞別分類

畳字部には二字以上から成る熟語が収録されているが、『色葉字類抄』内部を見れば、他部にも二字以上の熟語の収録されていることが分かる。熟語のうち主に物質名詞や固有名詞に相当するものが他部の意義分類（天象、地儀以下）に属し、意義分類し難い抽象名詞や用言等が畳字部に収まっているものと考えられる。従って、そもそも畳字部訓読語が他部の熟語に比して雑多な性格を持っていることは明らかであるが、訓読語全体を捉えどころのない熟語集合として扱うのではなく、品詞の別により実際の用例の出現の仕方に差異や傾向があるのかという点について改めて確認する必要があるだろう。著者は、畳字部訓読語の位相を考えるに当たり、掲出訓の品詞形式に注目して議論することが有効であると考え、各語句を便宜的に「動詞」「形容詞（形容詞句）」「形容動詞」「副詞・連体詞」「接続詞」「感動詞」「名詞（名詞句）・代名詞」「それ以外の句」の八種に分類し、(14)用例を検証した。左に、各品詞に代表的な用例の現れ方と、各語の使途・用法についての考察を示す。原則として、見出し語を用例の現れ方に偏りのない範囲で抜粋して示した。

### 動詞

動詞・形容詞・形容動詞には、文選読みの語を始めとして、漢籍や仏典等の訓点資料で与えられた訓を踏襲していると考えられるもの、すなわち別に音読語としての用法を持つ語（漢語）が多い。これらの訓は、訓点資料の文脈から切り離された時点で、元の語の派生的あるいは一面的な意味のみを表す「意義注記」的な役割しか果たさなくなる。そのような語を如何なる目的でイロハ順に排列したものか、著者も疑問を抱くところであり、この点に関しては、山田氏（一九五五）が「文選読みの語の漢字の字面を示すことが、一体、日常語・一般人の普通の語の登録だといいうるのであろうか、私は疑う」と述べられたことにも大いに首肯出来る。

074含嬌　ハチシラフ　…[二色]　遊「含嬌とハチシライテ」
198逶迤〈ヰイ〉／ヨロホウ　…[音1訓2]・[二色]　都「ヰンイタル」・遊「ヰイとナコヤカニシテ・ヰイとタヲヤカニシて」・類「タヲヤカナリ・シタラカ・ワタカマル・アツマル・ツハクム・ナヽメナリ」「逶迤…ヨロコフ…」
216鈔喜　コノム　…[二色]　×
363断絶　スクレタリ　…吾・葉・江・古記録（小中民建薩）・古文書・遺（政事要略　他）・遊「断絶とスタ〔ク〕レタルノミに・とタヘスタレタル」

多くの動詞については、今回の少ない用例調査の中にも用例が見出され、語自体は比較的日常的に用いられたものであることが分かるが、その大部分は文章中で音読されていた例と考えられる。

037半漢　イサム　…[音1]・[二色]　雲・古記録（殿）・古文書・粋（表）・類
038勇堪　同　…[二色]　和「ヨンカウ」・古記録（小）・遺（朝野群載　他）
039沛艾　同　…[音1訓1]・[二色]　吾・雲・江・古記録（殿民）・類「アグナフ」
041刑罰　イマシム　…[音1]・[二色]　葉・江・古文書・遺（類聚三代格　他）
042警策　同　…[音2]・[二色]　題・粋（対詩）
043禁固　同　…[音1]・[二色]　吾・葉・古記録（小）・古文書・遺（政事要略　他）
044経営　イトナム　…[音1]・[二色]・[二世]　吾・葉・古記録（九小御後中殿民経建薩）・古文書・今・遺（政事要略　他）・粋（雑願）・類「トイトナム」

046固辞　イナフ　…音1・二色　吾・雲・葉・古記録（小中殿岡猪民建薩）・古文書・遺（類聚三代格　他）・粋（表）

中には、

047忽諸　イルカセンス　…音1・二色・二世　吾・葉・古記録（小中民）・古文書・今「忽緒」・遺（東大寺文書　他）・粋（知）・類「イルカセ」

108風聞　ホノギ　…音1　吾・雲・葉・江・都「ホノカニキク」・古記録（小後中殿岡深猪民経建薩）・古文書・今・遺（政事要略　他）・粋（表願他）・麗

241周章〈シウシヤウ〉／アハツ／又サハク　…音1訓1・二色・二世　吾・葉・今「周章ツ」・古記録（小民経建薩）・古文書・遺（朝野群載・陽明文庫所蔵兵範記仁安四年巻裏文書）・粋（表）・類

のように、漢字文献出典の語でありながら、一般的な文章表記の場において訓読用法の定着しつつあった語もあるが、動詞全体から見るとわずかな数であり、大部分は前述のような特徴を持つ語で占められている。

これらの用法における限定的な訓（文選読みの語や、意義注の如き語）を掲出した事情を推し量るに、他辞書からの継承、点本からの直接抜粋、あるいは字類抄中の同じ漢字文字列から成る音読語に引かれて掲載された語があるかもしれないが、中には、「241周章ツ」（今昔物語集）の例と同様に、訓読みとしての形式が定着しつつあった語もあったのではないかと考えられ、各語について後代の用法に及ぶ更なる検討が必要となるだろう。また、辞字部と同様に、同訓に複数の表記の動詞が挙げられていることについては、訓の音引きによって類義語検索をする漢字辞書の如き用途を編纂者が想定していたとすれば、掲出訓は厳密で正確なものである必要はなく、一般的・代表的な意味を表す意義注記としての内容を持っていれば十分であることになる。その場合、複数の意味合いを持つ語を複数の訓でそれぞれ掲出したのであると考えれば、字類抄中で同じ語が別訓により複数の箇所で立項されている現象にも合点がいく。

### 形容詞（形容詞句）

形容詞の中には、前項の動詞と同様に、限定的な訓であると考えられる例があるが、このような性格を持つ形容詞は、字類抄中に音読語として再掲されることが少ない。このことから、（これは動詞の場合にも当てはまることであるが）、訓読語の中で音読語としても出現する語は、畳字部の二字熟語の中でも特に一般的な場で頻繁に用いられた語であることが予想される。

ただし、当時の一般的な国語文献には見出し難い語表記であり、かつ音読語として掲載されなかった次のような語については、イロハ引きの体裁を持つ本辞書の性質上、語の訓のみを掲載することには疑問が残る。

075 䰲䰵　ハシタナシ　…×
131 䶕朦　ヲクラシ　…[二色]　×
138 憞溷　〈タンコン〉／ワツラハシ　…[二色]　×
214 矜硋　コ、ロコハシ　…[二色]　×
307 騎両　キラ〱シ　…[二色]　×
312 蹲踏　シリウギタナシ　…[二色]　×　類

335小丈　ヒヽ〔キ〕シ　…二色　×
350啾唧　セヽシ　…二色　×
361嘍囉　スカナシ　…二色　×　類

一方で、当語群中に、『今昔物語集』等で訓読の形容詞として用いられたものが少なからず存在することを指摘したい。(15) この中には『遊仙窟』や『類聚名義抄』と重複する語もあるが、いずれも和漢混淆文や変体漢文において一般的に用いられていた語であり、「日常語」と称さない理由はない。また、「糸惜」「无墓」「心着無」等の当て字により用いられた語は、無論本邦において書記需要があり、訓引きする目的の明瞭な語群である。

023糸惜　イトヲシ　…二色　吾・葉・古記録（殿）・古文書・今「糸惜シ」・遺（半井家本『医心方』紙背文書）
033器量　同　…音1・二色・二世　吾・葉・古記録（小中岡猪民経建）・古文書・今「器量シ」・遺（政事要略　他）・粋（位）
049不審　イフカシ　…音1・二色・二世　吾・雲・葉・江・古記録（九小御後中殿岡深猪民経建薩）・古文書・今「不審シ」・中・富・遺（政事要略　他）・粋（記奏対）・麗・遊「イフカシ」・類
051掲焉　イチシルシ　…音1・二色・二世　吾・雲・葉・江・古記録（小後中猪民）・古文書・今「掲焉シ」・遺（東大寺文書　他）・粋（詩）・類
072无墓　ハカナシ　…二色　今「墓無シ」・類
182甲斐无　カヒナシ　…二色・二世　吾「無甲斐」・古記録「云無甲斐」（殿）・今「甲斐無シ」
199无由　ヨシナシ　…吾・葉・江・古記録（貞九小御後中殿岡猪民建）・古文書・今「無由シ・由無シ」・富・

遺（政事要略　他）・粋（書）

223心着無　コヽロツキナシ　…[二色]・[二世]　今「心月無シ」

255可惜　アタラシ／アタラ　…[二色]・[二世]　今「可惜シ」・古文書・粋（詩銘）・遺（類聚三代格　他）・遊「アタラシ」・類「アタラ」

259無端　同　…[訓1]・[二色]　吾・葉・古記録（民）・今「無端シ」・古文書・遺（『為房卿記』紙背文書　他）・遊「無端とアチキナク」・類「スヾロニ」

### 形容動詞

形容動詞は、形容詞と同様に、音読語として重複掲出のある語について用例が出現しやすい傾向にあった。形容動詞を便宜的に「比較的用例の出易いもの」「比較的用例の出にくいもの」に分けて示せば次のようであり、この特徴は一目瞭然である。後者については、少なくともその語形を漢字で再現するための一般的・代表的な表記でないことは明らかである。

・比較的用例の出易いもの

040簡略　イサヽカナリ　…[音1]・[二色]・[二世]　葉・古記録（小建薩）・古文書・遺（類聚三代格）

084卒尓　ニハカナリ　…[音1訓2]・[二色]・[二世]　吾・雲・葉・古記録（中深民建薩）・古文書・遺（古梓堂文庫所蔵文書　他）・題・遊「卒尓とニハカニシて」・類「ニハカニ」

086造次　同（ニハカナリ）　…[訓1]・[二色]　吾・葉・古記録（岡）・古文書・遺（政事要略　他）・粋（詩願）・麗・類「ニハカニ」

093 髣髴〈ハウヒ〉／ホノカナリ　又作彷彿　…音1・二色・二世　吾・葉・江・古文書・都・白「ホノカナレトモ」・遺（政事要略　他）・粋（賦詩）・類「ホノカニ」

099 自由　ホシマヽ　…音1・二色・二世　吾・雲・往「ホシママ」・葉・古記録（小中岡猪民経建薩）・古文書・遺（政事要略　他）・題・麗

101 自恣　同　…音1・二色　集（11020007・11140007・11340002）

153 参差〈シムシ〉／カタヽカヒナリ　…音1・二色・二世　吾・葉・古記録（殿岡深猪民経建）・古文書・遺（政事要略　他）・題・粋（奏序賦）・遊「参差トカタヽカヒナルコトヲ・カタヽカヒナリ・とシナ〱ニシ」・類「カタチカヒ」

238 倫閑　同（アカラサマ）　…音1・二色・二世　雲・和「カレカレニ・ヒソカニ」・古記録（小）・題・類

239 卒尓　同　…音1訓2・二色　類「ニハカニ・ユクリナシ」　↓084卒尓

・比較的用例の出にくいもの

019 屑少　イサヽカ　…二色　×

022 長今　イヤメツラナリ　…二色　遺（広隆寺文書　他）・集「トコメツラナリ」（11160007）

078 輾然　ニコヽ／ニコヽンズ　笑詞也　靦イ本　…二色・二世　類「ニコヽ」・集（11550009）

079 皃尓　同　莧イ本　…二色・二世　類「トニコヽニ」・集（11280014）

085 早卒　同（ニハカナリ）　…古記録（御）

087 斗頓　同　…二色　×

094 仿像　同（ホノカナリ）　…二色　×　類

097 響蒙　同　…二色　×

100 縦矜　同（ホシマヽ）　…二色　×

104 憍雍　同　…二色　×

105 容憍　同　…二色　×

110 不古　トコメツラナリ　…二色　集（12540005）

154 陸離　同（カタ、カヒナリ）　…二色　×　類「カタチヒ」

261 澌濼　アサバヤカ　…二色　×　類「アサハヤカニ」

293 透色　サヽヤカナリ　…二色　×

306 木強　キコハシ／キシクナリ　…音1・二色・二世　×　類「キゴハシ」

325 襳褷　シタラカナリ　衣毛形也　…二色　×

326 嫳屑　〈ヘツセツ〉／シタラカ　…二色　×

339 面現　ヒタヲモテ　…訓1・二色　×

345 端仰　ヒタヲモムキ　…二色　遊「ーギヤウとツ、シミアヲキ」・類

352 匹如　スルツム（ミ）／スルスミ　…二色・二世　×　類「スルツミ」

その他に、漢籍に出典があり、本邦でも漢詩文集等の中の修辞的な用法において出現する語がある。これらは「文選読み」の語であっても、書記需要があり、訓引きによって索めることの可能な語と言える。

004 森然　イヨヽカナリ　…音1・二色・二世　古文書・遺（朝野群載　他）・麗

063聲華　ハナヤカナリ／ハナヤカニ　…[二色]・[二世]　雲・遺（朝野群載）・題・粋（讃）・類

156蕭瑟　カスカナリ　…[二色]・[二世]　都「セウシツ」・古記録（民）・題・粋（詩）・類「トカスカニシテ」

157蕭條〈セウ〉／同　又下字索〈サク〉　…[二色]　吾・雲・都・古記録（後民）・遺（本朝続文粋）・題・粋（詩）・麗・類「トカスカナリ・トカスカニシテ」

## 副詞・連体詞

副詞・連体詞については名義抄と重なるものも少なくないが、そのほぼ全ての語に用例が見出され、当時の一般的な書記世界において日常的に用いられていることが明らかとなった。

まず、時を表す副詞が、古記録を中心に現れた。音読語としての用法も持つものがあるものの、訓引き・意味引きの手がかりとして、各語に示された訓は代表的な形と言える。

002早晩　イツカ　…[音1]・[二色]・[二世]　葉・古記録（小御殿岡建薩）・古文書・遺（別聚符宣抄　他）・題・粋（落）・類

317項之　同　…[二色]・[二世]　「頃之」↓吾・葉・古記録（九小後中殿岡深猪民経薩）・古文書・遺（政事要略　他）・粋（伝奏詩）

319少時　同　又シハシハカリ　…[二色]　吾・雲・葉・古記録（貞九小御中殿深民建）・古文書・今・遺（政事要略　他）・粋（伝）・遊「シハラクアルに・シハラクアルトキ」

356少間　スコシハカリ　…[音1]・[二色]　葉・古記録（建薩）・古文書・遺（観心寺文書　他）

更に、漢文訓読語でありながら一般の文章にも普通に用いられるようになった語があるが、多く、名義抄と重複する語彙である。

005所謂　イハユル　…[二色]・[二世]　吾・雲・往「イハユル」・和「イハイル」・葉・高・江・古記録（貞九小御後中岡深猪民建薩）・古文書・今「所謂ル」・遺（東大寺文書　他）・粋（意序他）・麗・類

007如何　イカン　…[二色]・[二世]　吾・雲・往「イカン」・葉・高・江・古記録（全）・古文書・諺「イカン」・今・富・中・白・遺（政事要略　他）・題・粋（奏詩）・麗・遊「イカン」・類

012幾多　イクソハク／イクハクソ　…[二色]・[二世]　往「イクバク」・葉・江・都「イクハクノ」・古記録（九御）・古文書・白「イクハクノ・イクハクソ・ーーハカリソ」・遺（中尊寺経蔵文書　他）・題・粋（詔）・麗・類「イクハク・イクソハク・イクバクバカリ」

013幾何　イクハク　…往「イクバク」・都「イクハクソ」・古文書・諺「イクハクソ」・遺（石清水文書　他）・粋（意序）・類

017幾許　同　イクハクハカリ　…[二色]・[二世]　往「イクソバク・イクバク」・古記録（小中）・古文書・今・遺（台明寺文書　他）・題・粋（対詩起）・麗・遊「ソコハク」・類

また、次のような和語表記についても、書記需要のある訓読語と認められる。

232手自　テツカラ　…[二色]　吾・葉・江・都「テーラ」・古記録（小御中岡猪民建薩）・古文書・白・遺（類聚三代格　他）・題・粋（雑）・類

347本自　モトヨリ　…[二色]・[二世]　吾・葉・古記録（小御後中殿岡深猪民薩）・古文書・今「自本」・諺「モトヨリ」・富「自本・元自」・遺（東大寺文書　他）・題・粋（表雑詩）・麗・遊「本自リ」

用例の索められなかった語は次の二例のみである。

016微識　同（イクハク）…[二色]　×

026何焉　同（イツレ）…[二色]　×　類

**接続詞**

接続詞は六語全てに用例が見出された。総じてごく一般的な訓み方であり、訓引きによって求めることの意義も十分に認められる。すなわち、畳字部訓読語に収録された二字から成る接続詞は、辞字部に収録された漢字一字の接続詞（「爰コ、ニ」等）と同様に、実際の日常的な表記の場所で使用されたものと考えられる。

205於是　コ、ニ　…[二色]・[二世]　吾・往「コ、ニ」・葉・江・都「コ、ニ」・古記録（九御中岡猪民経）・古文書・諺「コ、ニ」・白・遺（政事要略　他）・題「於此」・粋（詩賦）・麗・類

206於焉　同　…[二色]・[二世]　葉・古文書・遺（朝野群載　他）・題・粋（詩賦意）

207于茲　同　…[二色]　葉・古記録（中民）・古文書・遺（朝野群載　他）・粋（表奏雑）

208所以　コノユヘニ　…[訓1]・[二色]・[二世]　吾・往「ソヱニ・ユヱ」・和「ソヱニ」・葉・都「コノユヱニ」・古記録（貞九小御後殿猪民経建薩）・古文書・諺「故所以　コノユヘニ・所以　ユヘ」・遺（類聚三代格　他）・

題・粋（詩願他）・麗・類

322加之　シカノミナラス　…二色・二世　吾・雲・和・葉・江・都・高・古記録（全）・古文書・今・遺（類聚三代格　他）・粋（詩願他）・類

328然而　シカレトモ　…二色・二世　吾・雲・和・葉・江・古記録（貞後中殿岡深猪民経建薩）・古文書・今・富・遺（政事要略　他）・題・粋（意対他）・類

なお、このうち『類聚名義抄』との重複語は「於是」「所以」「加之」「然而」の四語であり、名義抄にない語は「於焉」「于茲」の二語であるが、より基本的な表記の方が名義抄と重複しており、山田氏の御論には沿わないことが分かる。この傾向は、名詞に分類した「コノカタ」の例からも窺うことが出来る。

209以降　コノカタ　…音1・二色・二世　吾・和「コノカタ」・葉・江・都「以降タ・ーカタ」・古記録（九小後中岡猪民経建）・古文書・遺（類聚三代格　他）・粋（詩願他）・麗・類

210以来　同　…音1・二色・二世　吾・雲・葉・江・都「以来タ」・古記録（全）・古文書・今・遺（政事要略　他）・題・粋（詔願他）・麗・類

211以還　同　…二色・二世　吾・葉・古記録（後殿経建）・古文書・白・遺（朝野群載　他）・粋（表願他）

**感動詞**

感動詞も接続詞と同様に、その性質上、音読の用法を持つものが少ない（持っていても区別することが可能である）。また、全九例を「比較的用例の出易いもの」と「比較的用例の出にくいもの」に分けて考えた場合、前者の「イサ」「イサハ」「ア」等に当てる漢字を、意義分類に属さない二字熟語を収めた畳字部訓読語に求めることは常識的な手順による辞書の使用方法として想像可能であり、これらの語は、日常的な語彙として辞書に収録した事情と表記を求める場合の利便という二面において、特に問題のない語であると言えるだろう。

一方で、『遊仙窟』訓を含む後半の「比較的用例の出にくいもの」については、必ずしも名義抄と重複していないという点でも注意が必要な語である。接続詞と同様に、名義抄に関してはむしろ「比較的用例の出易いもの」との重複がある。

・比較的用例の出易いもの

024不知　イサ／イサシラス　…音1・二色・二世　江・今「不知・不知ヤ」・類「イサ」

027去来　同／イサ　…音1・二色・二世　雲・江・都・今「去来・去来サセ給ヘ・去来給ヘ」・題・粋（賦）・類「イザ」

028帰去　イサハ　…二色　吾・葉・江・古記録（貞九小御民）・題・粋（詩雑）

249嗟呼　ア　歎也　…二色・二世　葉・古記録（小）・古文書・遺（朝野群載　他）・粋（賦表他）

252於戯　同〔ア〕　…二色・二世　吾・都「ア・ア、」・古記録（岡）・古文書・遺（政事要略　他）・題・粋（詩）・麗・類

255可惜　アタラシ／アタラ　…二色・二世　今「可惜シ」・古文書・粋（詩銘）・遺（類聚三代格　他）・遊「アタラシ」・類「アタラ」

284遮莫　サマアラハレ／サモアラハレ　…二色・二世　和「サモアラハアレ」・遺（類聚三代格）・題・麗・遊「サモアラハアレ・アチキナシ」・類「サモアラハアレ」

・比較的用例の出にくいもの

250疑噫　同（ア）　…二色　×

285任他　同　…二色・二世　遺（北白川家所蔵文書）・粋（賦）

## 名詞（名詞句）・代名詞

名詞の二字熟語については他の部でも取り扱われているが、畳字部に具体名詞の少ないことは前述の通りである。その中で、日常的な場面において用例の見出し難い語が若干存する。

001気調　イキサシ　…二色・二世　遊「気調のイキサシは・ソヘラヒハ」・類「イキナシ」

058時勢粧　イマヤウスカタ　…二色　白「イマヤウスカタナレハ・フルメキスカタナレハ・ソノカミスカタナレハ」・類

064嗽獲　ハヲト丶キ　…二色　×　類「トハオト丶キス・トハオトシテ・ハオトシテ」

197口活　ヨノワタラヒ　…音1・二色　×

291驚破　サ丶ヤキ　…訓1・二色・二世　×

323岸品　シナ丶丶　…二色　×

しかし、「日常生活に関わる語」を始めとして、名詞の大部分については、十分に用例を見出すことが出来た。これらの語が実際の文章中で訓読されたかは明らかでないが、辞書によって表記を求める際の代表的な訓読の語形を有しているものと考えて差し支えないだろう。

・日常の生活に関わる語

159理髪　カ、ケ　衣〔元〕服也　…音1・二色　吾・雲・葉・古記録（九小御後中殿深猪民経建薩）・古文書・富・遺（東大寺図書館所蔵春華秋月抄）

174亀卜　カメノウラ　…二色　葉・古記録（中殿）・古文書・富・遺（類聚符宣抄・朝野群載）

176方違　カタ、カヘ　…吾・葉・古記録（小御後中殿岡深猪民経建薩）・古文書・今・遺（高山寺文書　他）

186節折　ヨオリ　六十一両月晦日　云神事行也　…二色　葉・古記録（九小中深猪民建薩）・古文書

192佳辰　ヨキトリ〔トキ・ツキ〕…音1・二色・二世　雲「良辰」・和「佳辰令月　カシンレイーツ」・葉・江・都「カシン」・古記録（後中殿猪）・古文書・遺（朝野群載）・題・粋（起対詩）

193令月　同　…音1・二色・二世　和「佳辰令月　カシンレイーツ」・葉・江・都・古記録（後中殿岡猪民）・遺（書陵部所蔵壬生家古文書　他）

189竟夜　ヨモスカラ　天部　…音1・二色・二世　葉・古記録（後殿猪建薩）・遺（政事要略）・類

190終宵　〈シウセウ〉…音1・二色・二世　葉・古記録（小民）・遺（政事要略）・題・粋（銘）

191通夜　同　…音1・二色・二世　吾・葉・古記録（九小御岡猪民薩）・古文書・遺（政事要略　他）・類

283以往　サキツカタ　…音1訓2・二色・二世　吾・葉・古記録（九小中岡猪民経建）・古文書・遺（政事要略）・粋（詔序他）・類「ヲツカタ・アナタ・イニシヘ」

358既往　スキシカタ　…音1訓1・二色　吾・遺（政事要略　他）・粋（表）・類「イニシヘ」

・幅広く用例のある抽象名詞（または代名詞）

045好色　イロコノミ　…音1・二色　吾・雲・古記録（小中岡）・今「色好ミ・好色」・遺（政事要略　他）・

粋（和詩）

163彼此　カレコレ　…吾・雲・往「カレコレ」・和「此彼　コレカレ」・葉・江・古記録（貞九小後中殿岡薩）・古文書・今・富・遺（政事要略　他）・粋（序廻）

201本緑　コトノモト　…[二色]・[二世]　葉・江・古記録（御猪民）・古文書・今・遺（類聚三代格　他）

233為躰　テイタラク　…[二色]・[二世]　吾・雲・和「テイタラク」・葉・古記録（小岡民）・古文書・遺（類聚三代格　他）・粋（祭）

289私語　サ、ヤイコト／サ、メキコト　…[二色]・[二世]　葉・古文書・今「私語・私語ク」・遺（根来要書）・類「サ、メコト」

329白癡　シレモノ　又下字物　…[音1]・[二色]・[二世]　「白物」↓葉・古記録（小御建）・古文書・今・諺「借者白物　カスハシレモノ」・中「白物」・遺（本朝続文粋）

・漢詩文を中心に出現する語

140煙塵　ワサワヒ　…[二色]　吾・題・粋（表対）

301逆旅　サラタヒ　…[音1]・[二色]　古文書・遺（類聚三代格　他）・題・粋（書）・麗・類

342目〔日〕斜　ヒクタチ　假令午ノクタリ未ノクタリ等也　…[二色]　題・粋（詩）・類「日斜」

**それ以外の句**

便宜的にここに分類した語は、主に訓が二語以上から構成されている熟語であり、相対的に訓の字数が多い語の集合となっている。まず、漢文訓読語として次の例が挙げられるが、いずれも古記録や『今昔物語集』を始めとする一般の文章において用いられている。

011何況　イカニイハムヤ　…二色・二世　吾・往「イカニイハムヤ」・葉・江・都「何ニ況ヤ」・古記録（九小御後中猪民経建）・古文書・今「何況ヤ・何況フヤ」・白・遺（政事要略　他）・題・粋（奏願他）

031何為　イカ丶セム　…訓1・二色・二世　雲・和「イカ丶セム」・葉・高・都「イカ丶セン」・古記録（貞小中岡猪民建薩）・古文書・今「何カ為ム」・諺「イカ丶セム」・遺（政事要略　他）・題・粋（詩奏）・麗・遊「イカニスレハカ」・類「イカムカセン」

169如此　カクノコトシ　…吾・雲・葉・往「カクノゴトシ」・和「カクノーシ」・高・江・都・古記録（全）・古文書・今「如此シ」・中・白・富・遺（政事要略　他）・題・粋（意詩願）・麗・類「如是　カクノゴトク」

310如然　シカノコトシ　…二色　吾・葉・古記録（九小御殿岡深民経建薩）・古文書・今「如然シ・然ノ如シ」・遺（東大寺文書　他）・粋（詩）・類

また、「修飾語・目的語＋動詞」によって構成される連語がある。これらは、『今昔物語集』や漢詩文集類にはあまり使用されず、専ら古記録・古文書で用いられる傾向にある。

066皷腹　ハラタ〔ツ〕丶ミウツ　…二色・二世　古記録（小）・諺「遊皷腹而　アソヒハラツ丶ミウチ・皷腹　ハラツ丶ミ」・中「腹皷打」・類「ハラツ丶ミウツ」

076切歯　ハヲクヒシハル　呵嘖分　…二色　古文書・遺（石清水田中家文書・本朝続文粋）

077雪恥　ハチヲキヨム　恥辱分　…古記録（小建）・古文書

118 解纜〈カンラム〉／トモツナヲトク　…音1・二色・二世　吾・和「トモツナヲトク」・葉・古記録（小中）・古文書・遺（朝野群載　他）

229 拱手　テヲタウタク　…二色・二世　古記録（小）・古文書・遺（政事要略　他）・集「拱　テヲタムダク」（10320001）

330 面縛　シリヘテニシハラル　…音1・二色・二世　吾・葉・白・集「シリヱテニシバラレ」（11550009）・「マジハリ」（11630001）・「マジハテ」（12140002）

331 長成　ヒト、ナル　…二色・二世　吾・古記録（九）・遺（政事要略）・粋（奏）・類

344 伺隟〈シケキ〉／ヒマヲウカ、フ　…音1・二色　「伺隙」↓吾・葉・古記録（小経）・古文書・遺（東大寺文書　他）

次の一二例は、当時本邦における用例の見出し難かった語である。

029 何遑　イツチカイヌル　…二色　×　類

030 氷矜　イカリフツクル　…二色　×　類

160 鬣髦　カミユヒタツ　…二色　×　類

166 蓬累　カシラカ、ク〔フ〕　…二色　類「カシラカ、フ」・集「カシラカ、ヱテ」（15780001）

203 煖熱　コ、ロシラフ　…二色・二世　×

235 不相　テウタウセズ　…×

267 蘭闍　アナタムト／又アナユカシ　…二色・二世　江「穴貴」・類「アナユカシ」

274 暁之裏　アカツキカケテ　…二色　×（遺「長夜之裏」（朝野群載・政事要略）・粋「夜之裏」（文）
276 何由　アナニクヤ　…二色　遊「アナニク」
277 可耐　アナニ〔ヽ〕メヤ　…二色　葉・古記録（小）・遊「アナヽメ」
311 尓馨　シカノコトシ　…二色　×
360 鏓硐　スカシトス　…二色　×　類「スカシトホル」

最後に、三巻本『色葉字類抄』で独自に採用されたと考えられる一類の語群についても触れておきたい。

135 被及給哉　ヲヨホシタマハレナムヤ　乞詞　…高「被恩及給者甚以所望也・被及給者寂所望也」・遺「及給哉」（京都大学所蔵兵範記保元二年冬巻裏文書）
147 可被分給　ワカチタマハルヘシ　乞詞　…和「分給　ワカチタマヱル（分給珎味、拝悦無涯）」・高「分チ給ハヽ幸也」・古文書「可被分」・遺「被分給」（九条家本延喜式巻三十裏文書　他）
164 辺哉　カタハラクルシキカナ　…×
165 廝哉　カナシキカナヤ　…「悲哉」↓吾・葉・都・古記録（小御）・古文書・今・遺（東寺百合文書　他）
226 謌哉哉　コヽロヨイカナヤ　…×
364 諸捨　ステメヤ　云不令捨之義也　…都「捨諸　ーテンヤ・ステ玉ハンヤ」・諺「豈ニ以テ捨《ステメヤ》」

これらは、古往来や願文集といったジャンルに出現する特徴的な語であり、常套の心中詞・懇願の文言として使用されたことが推測される。それぞれに十分な用例を見出すことが出来ず、確固たる結論は得られないが、

「〜哉」という形式の語は『今昔物語集』にも「悲哉」「喜哉」「貴哉」「善哉」等の形で出現しており、和漢混淆文や変体漢文の素地の上に用いられた語であることは間違いなく、漢文訓読の限定的な訓を表していた動詞や形容詞のグループとは異なり、実際的な用いられ方をしていたものと考えられる。ただし、その表記は必ずしも一般的なものとは言えず（また前田本の欠ける中巻ツ篇（28ウ）に存する「私哉（ツレナイカナヤ）」「㲉哉（ツレナイカナヤ）」「蚕哉（ツライカナヤ）」の三語についても）、書記需要の面では疑問の残るところである。

また、次の四字熟語は、音訓排列の揺れによって訓読部に混入したものとも考えられるが、理解語彙の故事成句として『世俗諺文』に取り上げられているだけでなく、実際の文章の中で使用されていることが確認される。

146王事靡盬　ワウジモロイコトナシ　…二色・二世　吾・江・都・古記録「王事莫監」（建）・諺・遺（神宮司庁本類聚神祇本源裏文書　他）・粋（詩文祭）

長畳字（畳字部に収録された三字以上の熟語）については次節に詳しく述べるが、二巻本で殆ど採録されていなかった四字熟語が三巻本で大幅に増補されたことは、願文集や古記録等に用いられた文学的な語彙層を補強する目的があったことを示す可能性もある。

### 第七項　考察

以上、特に前項の調査結果を改めて考察すれば、以下の通りである。

□畳字部訓読語の用例調査によって各語の出現頻度が明らかとなり、更に掲出訓の品詞に注目することによって、畳字部訓読語彙の新たな一面が浮き彫りとなった。予測通り、一部の形容詞以外の用言はそれ以外の語に比して（訓読を前提とした）使用場面が限られており、本辞書の利用者の立場からすると、訓読語として採録された意義は薄く感じられる。これらの語の中には漢字と訓の結びつきが弱く、意義注以上の価値の見出し難い語も多かった。一方で、副詞以下に分類した語群には、古記録や和漢混淆文、漢詩文等から十分な用例数が得られたことによって「日常的」に使用されたと断定出来る語も多く、またそれぞれに訓引きの有効性も確認出来た。また、接続詞や感動詞においては名義抄と重なる語に用例が出易い傾向にあり、名義抄との重複がむしろ基本的な表記を示す場合があるということが判明した。すなわち、畳字部訓読語については掲出訓の品詞形式によって当時の書記需要や用いられ方に傾向があり、我々現代の利用者がこのことを認識していなければ、畳字部、延いては『色葉字類抄』を利用する際に困難が生じることとなるのである。

**動詞**…大部分が漢文訓読上の限定的な訓であり、主な用例は音読によるものと考えられる。訓は類義語を検索する為の意義注か。

**形容詞**…動詞に同じ。ただし、「器量シ」等、『今昔物語集』等に訓読された語群がある。

**形容動詞**…動詞に同じ。用例中の音読・訓読の判別は難しい。音読語としても掲出されている語は用例が出易く、より日常的な語であったと推測出来る。

**副詞・連体詞**…ほぼ全ての語に用例が見出された。読みから熟語を索めることも十分可能である。

**接続詞**…全ての語に用例が見出された。副詞・連体詞に同じ。名義抄と重なる語は用例が出易く、むしろ基本的な表記であったと考えられる。

**感動詞**…接続詞と同じく、名義抄と重なる語は用例が出易いことが分かった。

**名詞・代名詞**…大部分の語については用例が見出された。使用場面における音訓の区別は難しいが、訓による検索は現実的に可能である。

**それ以外の句**…二巻本から継承した語は、専ら古記録・古往来を中心に使用されるものと、当時代の文献に用例の見出し難い語とに分けられる。また、三巻本で新たに増補された「〜哉」等の語群のあることが注目される。

□訓読語の中で、別の音訓を以て複数の箇所に掲出された語は、そうでない場合に比べて用例が出易い傾向にあった。重複掲出語が、より頻繁に、また広範囲に使用された語彙であり、またそのような理由から複数の音や意味（訓）での検索が可能になるように配置されたものであると予測出来る。

□畳字部訓読語については二巻本から継承した部分が大きい一方で、新たに「〜哉」等の形式を持つ句の一類が追加されたことは、往来物や願文、また和漢混淆文の如き素地を持つ文における書記需要が高まっていたためではないだろうか。

□山田俊雄氏は「文選読み」や『類聚名義抄』との重複を以て非日常的な要素であるという概括をされたが、そのような重複語の中にも、日常的に、あるいは修辞上の需要を以て当時代に頻繁に使用されていた語は決して少なくない。名義抄との重複によって、より一般的な表記が示された場合もあることを考えると、名義抄との比較によって一概に訓読語の性格を位置付けることは適当ではないと言える。一方で、字類抄から改編本名義抄への影響については別に検証が必要となるだろう。

□従来、畳字部訓読語については、主にその異質な部分（漢文訓読的要素）が注目されていたため、それ以外の普通の語の存在が忘れられがちであった。しかし、漢文訓読上発生した限定的な訓が二巻本から継承され、また新たに増補された一方で、日常的に用いられ、その使用のためにイロハ引きで漢字を索めることが可能な語も相当数存在していることが明らかとなった。訓読語のグループに属するという要素のみで一概に語の性質を断ずることは出来ず、使用場面を想定した上での議論が望ましいものと考えられる。畳字部が大きな意義分類に属さないことからも、『色葉字類抄』の他の部との比較において訓読語彙が雑多な語の集合であることは明らかであるが、辞書の利用という面から見れば、書記需要を備えた語を十分に含む語群であったと言えるだろう。

## 第八項　今後の課題

以上の各調査からは、畳字部訓読語に関する個々の数値のみならず、三巻本『色葉字類抄』の編纂態度、また字類抄という辞書の進化過程の片鱗を示し得たように思う。字類抄が先行の辞書を下敷きとしつつも、新たな利用目的に合わせた構成・組織を模索していたものと理解出来る。

また畳字部が所謂「物の名」を類聚した部ではないことからも、ここに収録された語の体裁や用法を明らかにすることは、『色葉字類抄』系統の辞書の性質を知る上で、欠かせない作業であると言えるだろう。字類抄の諸本や他辞書との影響関係についての調査も並行して進められるべきであるが、各語がなぜ本辞書に収録されたのかを考えるために、三巻本『色葉字類抄』の特有語に焦点を当てることも必要である。

本節では、辞書の基礎調査の一環として畳字部訓読語を取り上げたが、畳字部音読語はもとより、他部の語についても、意味用法や辞書内での位置付けの定かでないものが未だに多く残されている。今後、先行研究の示唆された諸々の可能性を検証する為にも、地道な調査が続けられるべきである。

注

（1）本書第一章の語数表参照。

（2）中田祝夫・峰岸明編『色葉字類抄研究並びに総合索引　黒川本・影印篇』（風間書房、一九七七年）所収解説文（九九頁）参照。

（3）「色葉字類抄畳字門の訓読の語の性質——古辞書研究の意義にふれて——」（成城文芸3、一九五五年）、「色葉字類抄畳字門の漢語とその用字——その二　訓読の語——」（成城文芸39、一九六五年）。

（4）『色葉字類抄二　二巻本』（尊経閣善本影印集成19、八木書店、二〇〇〇年）。

（5）三宅ちぐさ編『天理大学附属天理図書館蔵　世俗字類抄　影印ならびに研究・索引』（翰林書房、一九八八年）。

（6）また、例えば三巻本にない「自今以後」の語については、二色葉ではシ篇に位置するため音読語と数え表に計上しないが、二世俗ではイ篇に在るため訓読語（〈17〉の二世俗特有語）と数える。よって「特有語」は、畳字部訓読語内でのみ通用する呼称ということになる。

（7）二色葉と二世俗の重複語はカ篇「纏頭」の一語のみ。すなわち、他二本にない特有語は、三色葉が三〇語、二色葉が一九語、二世俗が二五語となる。

（8）注3・第二論文で、頻出の用字について述べられた部分があり、「可ー」「ー哉」等はその類のものである（八四頁）。

（9）「二巻本『世俗字類抄』の所収語彙——二巻本及び三巻本『色葉字類抄』との比較から——」（岡大国文論稿9、一九八一年）。

（10）字類抄の系統関係に関する従来の説、また諸本の異同については、小川知子氏の博士論文「字類抄諸本の系統的関係」（北海道大学、二〇〇三年）に詳しい。

（11）検索には、島田友啓編『色葉字類抄漢字索引』（古字書索引叢刊、一九六六〜一九七〇年）を用い、中田祝夫・峰岸明編『色葉字類抄　研究並びに索引』（風間書房、一九六四年）の索引部分も参照した。

(12)「参差(カタ、カヒナリ)」について、シ篇畳字部には「参差(シンシ)」「参差(シムシ)」の二例があるが、音読語末尾に位置する「シンシ」は別筆とし、計上しなかった。字体の差(「透」と「委」、「龍」と「籠」等)は無視し同語として数えたが、「容皃(カホハセ)」は「ヨウハウ」「オヘラヒ」で掲出されているため、「容貌(ヨウメウ)」とは別語とした。「更衣(コロモカヘ)」と「更衣(カウイ)」には意味のズレがあるため、別語とした。

(13)シ篇「任意 ジミ」は音読語と認定し、表から除いた。

(14)動詞一〇四語、形容詞(形容詞句)四六語、形容動詞五七語、副詞・連体詞二七語、接続詞六語、感動詞九語、名詞(名詞句)・代名詞八二語、それ以外の句四〇語、とした。異なる品詞の二訓を持つ語について、各品詞にそれぞれ計上した場合があり、延べ三七一語となる。原則として複合動詞は動詞、形容動詞の語幹は形容動詞とし、「012幾多 イクソハク/イクハクソ」に連なる「イクハク」「イクハクハカリ」「カクハカリ」は副詞・連体詞に数えた。

(15)ただし『今昔物語集』中の「可惜シ」の訓み方は不明である。

# 第二節 畳字部語彙の性格——長畳字の性格——

## 第一項 目的

三巻本『色葉字類抄』内部は二一部に分類されており、その一五番目に当たる畳字部には、漢字二字以上から成る熟語が収められている。畳字部の前半には音読の熟語、後半には訓読の熟語が置かれ、さらにそれぞれの末尾には「長畳字」の項目が設けられている。

畳字部に収められた漢字三字以上から成る熟語(長畳字として末尾に分類されないものも含む。後述)の総数は一一九語にのぼるが、従来の研究では長畳字を一つのカテゴリとして扱うことが少なかったため、これらの語彙についてのまとまった調査は未だ存在せず、一、二の出典調査に止まっている。(1)

そこで本節では、第一に、長畳字を抽出して示し、(2) 第二に、これらの当時の使用状況を確かめ、その特徴や傾向を探ることを目的とする。

## 第二項　長畳字一覧

以下に、畳字部中の長畳字(3)を全て挙げる。

《凡例》

＊本文には、黒川本にのみ存する部分（タ～フ、ユ～ミ）についても示した。(4)

＊抽出した語句に、整理番号1～119を付し、二巻本『色葉字類抄』(5)に存在するものを□で示した。

＊語句の位置を、「イ音末」「ツ訓中」のような形式で示した。「イ音末」は、該当語句がイ篇畳字部の音読語グループの末尾（長畳字の正位置）に在ることを示し、「ツ訓中」は、ツ篇畳字部の訓読語グループの末尾以外の箇所にあることを示す。(6)

＊異体字は可能な限り原形を保つよう配慮したが、差異がわずかなものは現行字体に改めた場合がある。

＊差声されている語句の下に＊を加え、声点の内容を注7に示した。

＊誤表記等は原文のままとした。ただし、「22王事靡濫」は「22王事靡鹽」に改めた。

| 番号 | 位置 | 語句（注文（／は改行）） | 前田本（黒川本）所在 |
|---|---|---|---|
| [1] | イ音末 | 有若亡（長畳字）＊ | 上14オ |
| 2 | | 一字千金（同） | 上14オ |
| 3 | | 一人當千 | 上14オ |
| 4 | | 一探手半 | 上14オ |
| 5 | | 一生不犯 | 上14オ |
| [6] | イ訓末 | 時勢粧（イマヤウ／スカタ） | 上15オ |

| | | | |
|---|---|---|---|
| 7 | ハ音末 | 反魂香（長畳字／ハンコムカウ）＊ | 上34オ |
| [8] | | 傍若無人 | 上34オ |
| 9 | | 房室過度 | 上34オ |
| [10] | | 万死一生 | 上34オ |
| 11 | ニ音中 | 女御代（同） | 上40オ |
| [12] | ニ音末 | 人非人（長畳字） | 上40ウ |
| 13 | チ音中 | 長秋宮（同／チヤウシウキウ）＊ | 上69ウ |
| [14] | チ音末 | 長大息（長畳字）＊ | 上71オ |
| 15 | | 知恩報恩 | 上71オ |
| 16 | | 沈惑之《ワクノ》僻《ヘキナリ》 | 上71オ |
| [17] | リ音末 | 理不盡（長畳字／リフシン） | 上76オ |
| 18 | | 利口覆《クツカヘス》國《ヲ》 | 上76オ |
| 19 | ヲ訓末 | 被及給哉《ヲヨホシタマハレナムヤ》（乞詞） | 上85オ |
| 20 | ワ音末 | 王高舃《ワウケウカクツ》（／鳥名） | 上90ウ |
| [21] | | 和光同塵 | 上90ウ |
| [22] | ワ訓末 | 王事靡盬《ワウシモロイコトナシ》 | 上90ウ |
| 23 | | 可被分給《ワカチタマハルヘシ》（乞詞） | 上90ウ |
| [24] | カ音中 | 賢不肖《カシコキニアエス》 | 上110オ |
| 25 | | 邯鄲歩《カンタンホ》＊ | 上110オ |
| 26 | | 強縁近習 | 上110オ |
| 27 | カ訓中 | 可微力（カヒロク） | 上111オ |
| [28] | | 甲斐无（カヒナシ） | 上111オ |
| [29] | ヨ音末 | 与同罪（ヨウトウ／サイ） | 上118オ |

| | | | |
|---|---|---|---|
| 30 | | 欲益返損 | 上118オ |
| 31 | タ音中 | 堂童子（同／タウトウシ） | （中9ウ） |
| 32 | タ音末 | 大臣家（長畳字） | （中10ウ） |
| 33 | | 太皇大后（后妃部） | （中10ウ） |
| 34 | | 蟷蜋返車（同／長畳） | （中10ウ） |
| 35 | ソ音末 | 増上慢 | （中19オ） |
| 36 | | 狙《ソ》公《コウ》賦《クハル》杼《トチヲ》 | （中19オ） |
| [37] | ツ訓中 | 伏手而（ツマサク／トリテ） | （中28ウ） |
| [38] | ツ訓末 | 荒《ツ、》世《シ》和《ヨ》世《ロ》秘《ヒ》（長畳字） | （中28ウ） |
| 39 | ム音中 | 無上道 | （中45ウ） |
| [40] | | 無記性 | （中45ウ） |
| 41 | | 無所能 | （中45ウ） |
| [42] | ウ音中 | 盂蘭盆（佛法部／ウラホン） | （中53ウ） |
| 43 | ウ音末 | 有名無實 | （中54オ） |
| 44 | ク音末 | 久修練行 | （中81ウ） |
| 45 | フ音中 | 不与状（同） | （中106ウ） |
| 46 | | 不《ス》《フ》垂《ヲロサ》《スイ》堂《ホトリニ》《タウ》 | （中106ウ） |
| [47] | フ音末 | 不足言 | （中107ウ） |
| 48 | | 不知恩 | （中107ウ） |
| 49 | | 不知法 | （中107ウ） |
| 50 | | 不得意 | （中107ウ） |
| [51] | | 不思議 | （中107ウ） |
| 52 | | 不対面 | （中107ウ） |

| | | | |
|---|---|---|---|
| 53 | | 不可悦 | （中107ウ） |
| 54 | | 不覚人 | （中107ウ） |
| 55 | | 不中用 | （中107ウ） |
| 56 | | 不退轉 | （中107ウ） |
| 57 | | 不可思議 | （中107ウ） |
| 58 | | 浮宕往来 | （中107ウ） |
| 59 | コ音中 | 御霊会（神社分／霊異分） | 下10オ |
| 60 | | 御斎会（法会分） | 下10ウ |
| 61 | コ音末 | 御傍親 | 下12ウ |
| 62 | | 姑射山 | 下12ウ |
| 63 | | 興隆佛法 | 下12ウ |
| 64 | | 故人早澆《アハツ》 | 下12ウ |
| 65 | | 金剛不壊 | 下12ウ |
| 66 | | 鴻才博覧 | 下12ウ |
| 67 | コ訓中 | 心着無（コ、ロツキ／ナシ） | 下12ウ |
| 68 | エ音末 | 妖不勝徳 | 下17ウ |
| 69 | エ訓末 | 不可勝（エカタシ／可負也） | 下18オ |
| 70 | テ音中 | 朝来暮往 | 下23オ |
| 71 | ア音末 | 悪知識（長畳字） | 下39ウ |
| 72 | ア訓中 | 暁之裏（アカツキ／カケテ） | 下40オ |
| 73 | サ音末 | 桑田変（／万年名） | 下53ウ |
| 74 | | 造次顛侜《サウシテンバイ》＊ | 下53ウ |
| 75 | | 糟糠 妻《ノメヲハ》不《ス》垂《オロサ》堂《タウヨリ》＊ | 下53ウ |

| | | | |
|---|---|---|---|
| 76 | キ音中 | 牛馬走（下賤部／僮僕）＊ | 下62ウ |
| 77 | キ音末 | 狐借虎威 | 下64ウ |
| 78 | メ音末 | 明月峡（峡名） | （下60オ） |
| 79 | ミ音中 | 明後日（同） | （下65ウ） |
| 80 | | 明々年（同） | （下65ウ） |
| 81 | ミ訓末 | 御息所（ミヤストコロ／后妃部） | （下66オ） |
| 82 | シ音中 | 神今食（祭祀分） | 下79ウ |
| 83 | シ音末 | 時々見（長畳字／シヽケン） | 下85ウ |
| 84 | | 児女子（シチヨシ／又上字士） | 下85ウ |
| 85 | | 勝他心（シヨウタシム） | 下85ウ |
| 86 | | 指佞草《シネイサウ》 | 下85ウ |
| 87 | | 无　所詮《シヨセンナシ》 | 下85ウ |
| 88 | | 序破急（シヨハキウ） | 下85ウ |
| 89 | | 心々興々（シムヽヽ／ケウヽヽ） | 下85ウ |
| 90 | | 死生　不知《シヽヤウフチ》 | 下85ウ |
| 91 | | 衆議　不同《シウキフトウ》 | 下85ウ |
| 92 | | 次第　不同《シタイフトウ》 | 下85ウ |
| 93 | | 支度相違《シタクサウヰ》 | 下85ウ |
| 94 | | 上求下化 | 下85ウ |
| 95 | | 自讃毀他《シサンクキタ》 | 下85ウ |
| 96 | | 自行化他《シキヤウクワタ》 | 下85ウ |
| 97 | | 師資相承《シシサウシヨウ》 | 下85ウ |
| 98 | | 子々孫々《シヽソンヽヽ》 | 下85ウ |

| | | | |
|---|---|---|---|
| 99 | | 生天得果《シヤウテントクワ》 | 下85ウ |
| 100 | | 酒不乱胸《シユフランクキヨウ》 | 下85ウ |
| 101 | | 乳猗莖虎《ジウコハクフヲ》＊ | 下85ウ |
| 102 | | 衆犬吠聲 | 下85ウ |
| 103 | | 駟《シモ》不及舌《ニ》 | 下85ウ |
| 104 | | 士知己死《ヲ》 | 下85ウ |
| 105 | | ハ食為人天 | 下85ウ |
| 106 | ヒ音末 | 非成業＊ | 下99オ |
| 107 | | 非学生＊ | 下99オ |
| 108 | | 非参議＊ | 下99オ |
| 109 | | 非恪勤 | 下99オ |
| 110 | | 非常人 | 下99オ |
| 111 | セ音中 | 昭陽殿（后妃部）＊ | 下110ウ |
| 112 | | 千亰 錦《クワノニシキ》（／紅葉名）＊ | 下112オ |
| 113 | | 尺《セキモ》 有所《リ》 短《トスル》 | 下112オ |
| 114 | | 聖人無二言 | 下112オ |
| 115 | セ音末 | 善知識 | 下112ウ |
| 116 | | 先祖相傳 | 下112ウ |
| 117 | | 清浄潔白《セイヾヽケツハク》＊ | 下112ウ |
| [118] | ス音中 | 取蛇尾（／スサヒ） | 下120ウ |
| 119 | | 水旱不損 | 下120ウ |

《表A》「長畳字」語数——二巻本・三巻本

| 篇 | 二巻本 | 三巻本 | 篇 | 二巻本 | 三巻本 |
|---|---|---|---|---|---|
| イ | 2 | 6 | ヰ | 0 | 0 |
| ロ | 0 | 0 | ノ | 0 | 0 |
| ハ | 2 | 4 | オ | 0 | 0 |
| ニ | 1 | 2 | ク | 0 | 1 |
| ホ | 0 | 0 | ヤ | 0 | 0 |
| ヘ | 0 | 0 | マ | 0 | 0 |
| ト | 0 | 0 | ケ | 1 | 0 |
| チ | 1 | 4 | フ | 3 | 14 |
| リ | 1 | 2 | コ | 2 | 9 |
| ヌ | 0 | 0 | エ | 1 | 2 |
| ル | 0 | 0 | テ | 0 | 1 |
| ヲ | 0 | 1 | ア | 0 | 2 |
| ワ | 2 | 4 | サ | 0 | 3 |
| カ | 1 | 5 | キ | 0 | 2 |
| ヨ | 1 | 2 | ユ | 0 | 0 |
| タ | 0 | 4 | メ | 0 | 1 |
| レ | 0 | 0 | ミ | 0 | 3 |
| ソ | 0 | 2 | シ | 7 | 24 |
| ツ | 2 | 2 | ヱ | 0 | 0 |
| ネ | 0 | 0 | ヒ | 0 | 5 |
| ナ | 0 | 0 | モ | 0 | 0 |
| ラ | 0 | 0 | セ | 0 | 7 |
| ム | 1 | 3 | ス | 1 | 2 |
| ウ | 1 | 2 | 計 | 30 | 119 |

以上、計一一九語が、三巻本『色葉字類抄』畳字部に収められた長畳字の全てである。(8) 篇別語数を二巻本と併せて示すと《表A》の如くである。ただし、二巻本については見出し語の有無のみを問題としたため、注文等の要素は必ずしも一致しない。また、三巻本でカ篇に収録されている「24賢不肖」は二巻本ではケ篇に見え、二巻本・シ篇の七例には二巻本のみに見える「自今以後」の語が含まれている。(9) 二巻本・ツ篇の「状而（トマサク／トリテ）」は三巻本の「37伏手而（ツマサク／トリテ）」と同定した。

これを見ると、二巻本から三巻本への改訂作業においては、「自今以後」一語の出入りを除けば、新たに九〇語が追加されたことが分かる。構成字数別の変化を左に示す。

| 構成次数／字類抄 | 二巻本語数 | 三巻本語数 |
|---|---|---|
| 三字 | 24 | 64 |
| 三字 | 4（5） | 52 |
| 五字 | 1 | 2 |
| 六字 | 0 | 1 |

三字、四字から構成される語（以下、三字熟語、四字熟語）は各々四〇語以上の増補が認められるが、特に、二巻本では殆ど採録されていなかった四字熟語が三巻本に至るまでに大幅に増補されていることには注目すべきである。四字熟語の大半は故事等の成句であるため、使用範囲がより限定されることは明らかであり、四字熟語の増補は、三巻本『色葉字類抄』に至る質的変化の様子を如実に表す要素となり得るだろう。(10)

次に、語数にも関わる問題であるが、三巻本『色葉字類抄』における長畳字の排列の乱れについて言及しておきたい。

まず、音訓の乱れは、

ワ訓末「22王事靡盬《ワウシモロイコトナシ》」
カ音末「24賢不肖《カシコキニアエス》」
キ音末「77狐借虎威」

の三例に見られる。これらはそれぞれワ音末、カ訓末、キ訓末に排されるべきものである。特に「賢不肖」は二巻本『色葉字類抄』と二巻本『世俗字類抄』においてはケ篇に収録されていた語であるから、音読とするならそのままケ篇に残すべきであろう。また一方では、「無」「不」「非」を冠する語を始めとして、所属する音訓を無批判に当時通行の音訓と結び付けるようなことを避けなければならないものもあり、検索の便を考えれば、語句の読み方を決定する頭音の配置が現実の読み方に即していないことは甚だ不都合であると言える。(11)

二字熟語と長畳字の位置関係についても不整備が見られる。二巻本から三巻本への増補作業の一環として、畳字部中の音読語に意義分類が施され、語句の並びが整備されたことは既に知られるところである。[12]その結果、畳字部では原則として漢字字数の少ない語句から順に並べられるようになったと考えられるが、字数排列と意義分類では後者が優先されたために、三字以上の熟語でも末尾以外に示されるという場合が生じている。無論、意義分類による排列が徹底されていれば、二字熟語と三字以上の熟語が入り乱れている状況も直ちに不整備と見做すことは出来ない。しかし、直接「長畳字」と注される語句の少ないことに加え、意義分類における部や分の排列の不徹底が長畳字にも及んでいることから、[13]結果として、どの語句を長畳字として認定すべきかという点に疑問を残す形となった。

先に示した語彙一覧は、著者が便宜的に長畳字と称した語句を掲げたものであって（注3）、『色葉字類抄』編纂者が「長畳字」として認識していたものとは異なるものである。前述のように、三巻本『色葉字類抄』中で実際に「長畳字」と注される語句はわずかであり、一グループとしての長畳字語彙を完全に再現することは難しい。例えば、四字～六字熟語の全てと、畳字部中の意義分類に属さず音読語・訓読語末尾に配された三字熟語[14]を以て「長畳字」と想定したとしても、左の例等、認定の難しい語が残る。[15]

カ訓中「27可微力（カヒロク）」

カ訓中「28甲斐无（カヒナシ）」

このような事情もあり、本書では、編纂者の意図した「長畳字」を漏れなく含む語の集合として、畳字部中の三字以上の熟語を全て取り上げることとした。なお、三巻本『色葉字類抄』中には畳字部以外にも三字以上の熟語が多数存在するが、畳字部中の長畳字に比して意義用法の明確なものが多い。[16]

## 第三項　用例調査結果

長畳字1～119について、およそ一一～一三世紀初を中心に日本で著された書物を対象に用例調査を行った（一部参考までに右範囲外のものを含む）。

以下に、調査の結果得られた用例を、語句の整理番号順に挙げる。

＊資料は五十音順に掲げた。
＊漢字文字列が完全に、あるいは概ね一致する語彙を抽出し、前後の文脈を示した。また近似の例を（　）で示した。
＊原則として漢字表記の用例を掲げたが、仮名書きの例を示した場合がある。
＊表記は概ね使用した文献の本文に従ったが、凡例等によって底本の表記が再現可能な場合は、可能な限り復元を試みた。また、漢字を通行の字体に改めた場合がある。
＊訓点等の注記は省略した場合がある。
＊内容上、該当語と関連深い前後の文脈を省略する場合は、（略）によって示した。
＊割注、注文、詞書（『山家集』）を〈　〉で示した。
＊ある語句について、同じ文献中に複数の用例が求められた場合、任意の一例を以て代表とした。また、凡その用例数を「＊全□例」の形で付した。
＊「平安遺文」「古文書」（東京大学史料編纂所「平安遺文・古文書フルテキストデータベース」、二〇〇九年一月使用）は、西暦一〇〇〇～一二〇〇年の記事に限定して検索を行った。
＊『愚管抄』の「阿波国文庫本（巻三）」（五三〇頁以降）中の用例は用例数に含めなかった。
＊本書の調査対象範囲外の資料について、『日本国語大辞典（第二版）』掲載の用例出典名を、語句の下に（　）で示した（略称は『日本国語大辞典』（凡例）に準じる。ただし、一四世紀以前に本邦で著されたものに限る）。また、『仮名法語集』中の一五世紀以降の用例を参考までに（　）で示した場合がある。

「1有若亡」

○是職事等、有若亡之所致也、外記又不驚申歟（玉葉／治承三年一一月二三日）＊全三八例

○大嘗会者祭何神乎（略）名目有若亡事歟（貴嶺問答445）

○アハレ〳〵有若亡、有名無実ナドイフコトバヲ人ノ口ニツケテ云ハ、タヾコノレウニコソ（愚管抄356）

○自本疲極之上尻左足内股突損幷背泥如甚有若亡也（高山寺本古往来249）

○有若亡之身、豈可堪忍乎（雑筆往来426）

○有若己《ママ》（消息詞390）

○辰剋許入滅、申剋許蘇生、其後有若亡云々（小右記／寛弘五年七月七日）＊全五例

○有若己《ママ》（大乗院雑筆集546）

○□万事其身有若亡、不致押沙汰之趣候（東大寺文書12-122／保元三年九月一一日）

○勘責之間、本寺材木不採進、已有若亡也（東南院文書7-7／天喜四年閏三月二六日）＊全二例

○離住山之本寺有若亡（根来要書下／仁安三年二月）

○其弟共アマタアレドモ、右大将宗盛ヲ始トシテ、有若亡ノ人共ニテ、一人トシテ日本国ノ大将軍ニ可成ヌ一人ノミヘヌゾヤ（平家物語上487）

○心嬾齢傾有若亡（本朝無題詩／174-08）

○幼少失両眼、十餘隔二恩。身已有若亡、人間既非可求名利（本朝文粋13／願文上405-1）

「2一字千金」

○一字千金徳馨難忘（雲州往来／22オ2）

○一字千金、不知報方（和泉往来／55）
○被見一字、如得千金（和泉往来／113）
（○登科両字千金直（菅家文草213）＊全二例
○一字千金万々金（江吏部集222）
○一字千金（世俗諺文）
○てんだいのざす、一じ千きんのちからをもつて、やうくなだめたてまつり（曽我物語405）
○一字千金之恩ヲ不レ忘、広嗣鎮マリ給ニケリ（平家物語下48）＊全二例
○三帰五戒、薫戒香而答恩、一字千金、思金容而謝徳（本朝文粋14／諷誦文431-5）

「3 一人當千」（将門記）
○一人当千の馬のたてやうなり（宇治拾遺物語327）
○頗可謂一人当千歟（雲州往来／45オ1）
○判官と御内に一人当千の者にて候（義経記163）＊ほか「一人たうせん」四例
○まことに一人当千とぞ見へける（古今著聞集278）
○爰国司云、一人当千ト云馬ノ立様ナリ、非直也人歟、不可咎ト制止シテ（古事談4-14）＊全二例
○容顔美麗也。可謂一人当千（雑筆往来425）
○一人当千〈ヨキヒトノコトナリ〉（雑筆略注453）
○一人たうぜんといふ事、このときよりはじまりける（曽我物語157）＊全二例
○畠山庄司次郎重忠ニ六代ノ孫、武蔵国ニ生長テ、新田殿ニ一人当千ト憑レタリシ篠塚伊賀守爰ニアリ（太平

記②387）＊全三例
○明俊、一来二人ニウタル、者、八十三人也。実ニ一人当千ノ兵ナリ（平家物語上375）＊全七例
○誠にまことにゆゝしく候。一人当千とは是をこそ申らめ（保元物語83）＊全二例

「4 一搩手半」（扶桑略記）
○壬寅、終日雨降、此日公家供養白檀釈迦三尊〈一搩手半、仏師法眼院慶造之〉（玉葉／安元三年七月五日）
○金堂の丈六の弥勒の御身の中に、金銅一搩手半の孔雀明王像一体をこめたてまつらる（古今著聞集72）
○一搩手半ノ地蔵ヲ造リ奉テケリ（今昔物語集④51‐8）
○薬縁法師者。近江国高島郡也。俗姓秦氏。生為人奴。不得自存。常勤駈役。不知仏事。只一生間。所造綵色一搩手半阿弥陀三尊而已（拾遺往生伝中12）
○奉造一搩手半如意輪観音（小右記／永延元年二月一八日）
○あやしみてこの木を切て、一搩手半の薬師仏をつくりたてまつりて（続古事談44‐1515）＊全三例
○一搩者、従母肘節、至于其腕節也。手半者、其手之半分量也。所謂人在母胎時、至于第廿七七日、人相皆備。以手掩面、蹲踞而坐。其時身長、与母一搩手半斎等也。当周時一尺三寸。而則造仏、取一搩手半者、胎内等身也。如此一搩手半身、満其卅八七日已出生。由養育故、成八尺・五尺身。造仏亦爾。得一搩手半像、由供養故成六・八尺等之身（東山往来403）＊ほか一例
○（略）一搩手半ノ薬師百体、等身ノ薬師一体、幷釈迦阿弥陀ノ像、各造立供養セラレケリ（平家物語上82）＊全二例
○音像各一躰〈釈迦八寸観音一搩手半三昧堂本仏〉皆金色阿弥陀如来像一軀〈用八尺〉（法隆寺文書9／天承二年

一月一四日）
○奉造観音像。其長一搩手半。其数一千［虫損］体（本朝新修往生伝34）
（○一搩手（類聚名義抄（図書寮本）154））
「5一生不犯」（吾妻鏡）
○仏事をせられけるに、仏前にて僧に鐘を打せて、一生不犯なるをえらびて、講を行はれけるに（宇治拾遺物語69）＊全二例
○南都に、又一生不犯の尼ありけり（古今著聞集43）＊全四例
○其ノ外ニハ一生不犯ノ僧ナレドモ入ル事無シ（今昔物語集③135－9）
○砂門永快者。金峰山千手院之住僧也。一生不犯。両界之行。不敢交衆。亦好独居（拾遺往生伝下4）＊ほか
「一生無犯」一例
○於天皇寺拝堂之時。寺三綱指一座曰。是一生不犯人之所昇也。垣舜再三観念。遂昇其座（続本朝往生伝11）
（○三時念誦。昼夜読誦法花経。僧都一生無犯。但以人指磨触女人身（大日本国法華経験記中41））
○此中ニ「天台ノ一ノ箱」ト名テ、一生不犯ノ人一人シテ見事ニテ、輙ク開ク座主希ナリ（平家物語上88）＊全三例

「6時勢粧」
○天宝年中の時勢粧は（白氏文集天永四年点3－140）＊全三例

「7反魂香」
○よきはかりにて、薬は合て服すべきなり。反魂香と云ものあり。死人の魂をかへす香也。一銖もたがひぬれば来たる事なし（続古事談5-10）
○反魂の香は夫人の魂を反す（白氏文集天永四年点3-191）
（○返魂樹　十州記曰聚窟洲有返魂樹伐其根心於玉釜中煮取汁煎之令可丸名曰驚精香或名震霊丸或名反生香或名却死香屍在地聞気乃活（幼学指南抄27））

「8傍若無人」（中右記）
○其条一切不然、只依為傍若無人、当其仁云云者（玉葉／寿永三年二月一九日）＊全二例
○事外ニ英雄之詞ヲコソ称シ侍シカ。文場気色如何。答云、傍若無人也（江談抄5-71）
○傍若無人（消息詞390）
○殆可謂傍若無人候（新札往来472）
○雖傍若無人、不如権跡子孫永扇門風、苗裔共継家業（尺素往来498）
○傍若無人（世俗諺文）
○傍若無人（大乗院雑筆集546）
○佐渡判官入道ハ、我身ニ取テ仁木ニ差タル宿意ハナケレ共、餘ニ傍若無人ナル振舞ヲ、狼藉ナリト目ニカケ、ルトキ也（太平記③307）＊全四例
○此ヲ被申ケルハ、傍若無人ノ体、返々謂レナシ（平家物語上27）＊全三例

「9房室過度」

「10万死一生」（続日本紀）（山槐記）

○癸丑、自今夜受重病、万死一生、寸白所為也（玉葉／寿永二年八月二一日）＊全八例

○或云、万死一生云々、若未死歟（小右記／治安三年五月七日）＊全一九例

○其ノシウトノ三守ノ右大臣。所労付ニイテ万死ニ一生也（諸事表白579）

○ゆみやをとり、よをわたると申せども、ばんし一しやうは、いちご一どゝこそうけたまわれ（曾我物語67）

○仙人祖沈病。万死一生（大日本国法華経験記中44）＊全三例

○故本師快賢大徳沈病床、及万死一生之時、私領乃田地書別弖、譲与肥後殿給時（長谷場文書／永暦二年三月）

○能盛、親盛ハ痛手負テ、万死一生トコソ承リ候へ（平家物語下172）＊全二例

○暫其程を過さむとためらひける程に、宿運や尽にけん、重病をうけて、万死一生なりけるが（保元物語172）

○但延枝死去之後、正友臥病床万死一生之刻、延枝妻隠夜且壊取□宅（法隆寺文書9／天治二年八月二九日）

「11女御代」（江家次第）

○女御代の御ことなど、すべてよのいみじき大事なり（栄花物語上107）＊全一六例

○大相国モトノ妻ノ腹ニヲノコゴハエナクテ、女御代トテムスメヲモチタリケルヲ入内ノ心ザシフカク（愚管抄288）

○次女御代参入之後、節下就節旗、仰行鼓（玉葉／寿永元年一〇月二一日）＊全二例

○依臨暗女御代不立車幄退帰（小右記／長和元年閏一〇月二七日）＊全五例

○今度召女御代被渡雖為先□已吉例也（富家語100）
○サレド後ニハ女御代ニテ、東ノ御方トゾ申ケル（平家物語上594）
○女御代、花山よりいださる（増鏡347）＊全四例
○又川原女御代立車処（御堂関白記／長和元年閏一〇月二七日）＊全六例

「12人非人」（往生要集）（散木奇歌集）（無名抄）
○あはれの人非人やとこそまうさまほしくこそありしかとこそのたまふけれ（大鏡156-3）
○早可在勅定之由、而於院人非人等集居評定者、可及贖銅歟云々（玉葉／元暦元年八月一日）
○此一門ニ非ザル者ハ、男モ女モ法師モ尼モ人非人タルベシ（平家物語上31）

「13長秋宮」（西宮記）（高野本平家）＊「長秋」の例は省略した
○今日月卿雲客可参会長秋宮云々（雲州往来66ウ6）
○雖有旧難、此事無謂、后宮即以長秋宮為号、称秋宮、此謂也（玉葉／正治二年六月二八日）
○長秋宮望月之簾（江都督納言願文集229）＊ほか「長秋之宮」二例
○彼蓬萊洞之花非不芳（久遠寺本では「花悲不芳」、真福寺弘安三年本では「花非不芳」）、素意久期七覚、長秋宮之月非不潔、宿望偏在三明（本朝文粋14／願文下419-6）

「14長大息」
○又此日他所有憎。長大息曰。（略）（後拾遺往生伝上4）

○聞舎弟明快之補僧綱。長大息云。過去迦葉仏法中。同時発心之者三人。久沈生死。未得出離（拾遺往生伝上13）＊「長大息」全二例、「長太息」二例

○費民力盡人功。可長大息（朝野群載65）

○余毎歴此路見此事、莫未嘗為之長大息（久遠寺本では「長大恩」、静嘉堂文庫本では「長大息」）矣（本朝文粋9／詩序二238-10）

「15知恩報恩」

○運籌帷帳、何疑於知恩報恩（菅家文草（散文篇）594）＊全三例

○これらみな、古来の仏祖の、古来の仏祖を報謝しきたれる知恩報恩の儀なり（正法眼蔵227）

○仏弟子は必四恩をしつて、知恩・報恩ほうずべし（日蓮集（開目抄）338）＊全三例

「16沈惑之僻」

「17理不盡」（類聚国史）

○就嫌疑、不可致理不尽之沙汰（雑筆往来433）

○答。至于称上符理不尽。公式令下司申解条説者云（政事要略81／寛弘二年九月六日）＊全二例

○懸シ後ハ、三井寺モ弥意趣深シテ、動バ戒壇ノ事ヲ申達セントシ、山門モ又以前ノ嗷儀ヲ例トシテ、理不尽ニ是ヲ欲徹却ト（太平記②92）

○但猶理不尽者、新府御下向之日、可訴申歟（東大寺文書5-324／永長二年七月一六日）

○猶理不尽者、彼時可被申也（守屋孝蔵氏所蔵文書／寛仁五年三月二二日）

「**18利口覆國**」
（○悪利口之覆邦家（和漢朗詠集162））

「**19被及給哉**」
（○以縦容次申成被恩及給者甚以所望也（高山寺本古往来285））
（○其中足駿侍矣、撰上中之上馬両三疋被及給者最所望也（高山寺本古往来340））
（○乞記大概、必可及給（釈氏往来198））
（○僧侶交名、所作注文、可及給（釈氏往来211））

「**20王高鳥**」＊カ篇動物部「皛」の注文に「王高鳥」

「**21和光同塵**」（秘蔵宝鑰）
○当社者推古天皇丑之年、和光同塵垂跡以降、星霜歳重（芸藩通志一八　厳島神社文書／仁安三年一一月）
○和光同塵して念仏をすゝめ給はんが為に神と現じ給ふなり（一遍上人語録146）
○唯一一乗之雨、宜洗和光同塵之汚（阿波八鉾神社文書／長寛元年九月二五日）
○孝経註曰。和其光。同其塵（管蠡鈔157）
○わくわうどうじんはけちえんのはじめ、八さうじやうだうはりもつのおはり、なに事か御いのりのかんおうなからんや（義経記289）
○雖無上菩提之願、非大明神、和光同塵之利益者、難遂其願歟（玉葉／元暦元年九月二三日）

○和光同塵之利物。如紫金在晴沙（江都督納言願文集134）

○〈和光同塵結縁始と云事を〉いかなればちりにまじりてますかゞみつかふる人はきよまはるらん（山家集160）

○サレバ和光同塵コソ、諸仏ノ慈悲ノ極リナレト信ジテ、如此行儀異様ナレドモ、年久クシツケ侍也（沙石集65）＊全三例

○無而欻有仏《ノ》乃《ケ》至六道四生、和光同塵随類変化《ノ》形《ヲモテハ》（諸事表白587）＊全二例

○是諸仏方便。和光同塵耳。春朝在一条馬場。出舎死去（大日本国法華経験記上22）

○和光同塵ノ月明カニ心ノ闇ヲヤ照スラン（太平記②19）＊全三例

○我山者、是大悲権現、和光同塵之素意候（平家物語上76）＊全九例

○夫和光同塵の方便は、抜苦与楽の為なれば、大慈大悲の神慮のたすけ、などかあはれみ給はざらん（保元物語58）

「22王事靡盬」＊モ篇辞字部「盬」の注文に「王事无―也」

○我是日本国王使也。王事靡盬（江談抄3-1）

○王事靡盬。履氷従事（江都督納言願文集290）

○王事靡盬、盇盬於此（古今著聞集233）

○唯従王事之靡盬。偸憑仏力之不空（釈氏往来205）

○王事靡盬（世俗諺文）

（○王事毋盬、縦恨ヲ以テ朝敵ノ身ニナル共、戴天欺天命哉（太平記②135）＊ほか「王事毋盬」一例）

○官軍ツヾキテ追懸シニ、王事靡盬《コト》ナケレバ、鵲鳩帆柱之上ニ来居シテ、事故ナク備前国府ニ付ニケリ（平家物語下47）

(○皇事もろきことなければ、逆臣ほろびん事うたがひなし(平治物語222))
○親治をはじめとして、以下の郎等ども、王事もろき事なければにや、十二人おめ〳〵といけどりにせられけるこそむざんなれ(保元物語72)
○聖教未傳、或専誠於求法之年、王事靡盬、或委命於入覲之節(本朝文粋9/詩序二252-8) *全三例

「23可被分給」

(○仏ハ、御弟子、其ノ数多カリ。我レニ少分ヲ可分給シ(今昔物語集①74-13))

(○焼香又以面白存候(略)縦雖兜樓婆、畢力迦、及海岸六銖、淮仙之百和。不可勝於此候。御所持分、不論新旧、可頒賜候(尺素往来491))

「24賢不肖」(吾妻鏡)
○賢不肖ともに進退にわづらふべからざるものなり(正法眼蔵227) *全二例

「25邯鄲歩」
○于時門下独有不遇者。歩邯鄲而遺恨。交紈綺而多慙(江吏部集202)
○邯鄲歩(世俗諺文)

「26強縁近習」 *カ篇畳字部「強縁(近習分)」

「27可微力」

「28甲斐无」

(○決定可及刎頸候ヘハ、無甲斐命惜候之故、勅勘ハ縦雖禁獄流罪命ニハ依不可及、乍悦所馳参也云云（古事談1-81）)

○後ニ悔ルニ甲斐無シ（今昔物語集①50-2）＊全八四例

○数万ノ官軍庭上ニ有ケレドモ、救ハムトスルニ甲斐無シ（平家物語上438）＊「甲斐無シ」全二例、ほか「無甲斐」「甲斐ナシ」「カヒナシ」

「29与同罪」（続日本紀）（律）（三代格）

○不存勲功者、須与同罪遣官軍令征伐（玉葉／文治四年二月一四日）

○官司知而不禁者、亦与同罪者（東大寺文書5-140／嘉承元年五月二九日）

○注進父母師主所縁等、知不録与同罪（書陵部所蔵壬生家古文書／保元二年三月一七日）

「30欲益返損」

「31堂童子」（延喜式）（左経記）（侍中群要）

○長治元年六月一日堂童子延国（石崎直矢氏所蔵文書／長治元年六月一日）

○午時許参入堂童子不足請僧又有辞状（雲州往来39オ4）

○やましなでらのそうども、堂童子までかづけ物などたまはす（栄花物語上449）＊全三例
○八斗堂童子四人料（内閣文庫所蔵観世音寺文書／康治二年二月）
○十石六斗二升堂童子三人料（書陵部所蔵祈雨法御書建久二年五月裏文書／平安院政期）
○然間今日堂童子員数満了云々（玉葉／文治二年五月二五日）＊全一三〇例
○堂童子各二人着（後二條師通記／寛治六年五月一二日）＊全三四例
○只、堂童子トテ俗ナム入テ仏供・灯明奉ル（今昔物語集③60-8）＊全二例
○被置検校別当五僧十僧、幷又堂司堂童子等、各成其務（法隆寺所蔵金堂日記／承暦二年一〇月八日）
○（略）堂童子、治部省、玄蕃寮、掃部寮、諭取等禄物（十二月消息331）
○堂童子只二人参入者（小右記／万寿二年一〇月二三日）＊全七九例
○堂童子四人料（東大寺文書5-376／康治二年二月）＊全二例
○堂童子四人左右着座（中右記／長治元年八月一日）＊全五二例
○行幸供奉。諸社祭役。御齋会堂童子（朝野群載164）＊全四例
○堂童子・優婆塞、忩々走来言（日本霊異記386）
○一請彼裁定藤井幹高打損大仏殿堂童子秦逆光丸幷所奪取雑物及損□庄屋蒔麦等状（保阪潤治氏所蔵文書／寛弘九年八月二七日）
○導師、高座にのぼりぬれば、堂童子、花こをわかつ（増鏡372）
○御前堂童子今一人遅参（御堂関白記／長和二年八月一九日）＊全一五例

「32大臣家」（九暦）（宇津保）（江家次第）

＊「平安遺文」中の「太政大臣家」「左大臣家」「右大臣家」「内大臣家」に準じる例は省いた

○又兼日無廻見大臣家之儀云々（玉葉／安元二年一二月二六日）＊全二五例
○父豊浦ノ大臣家ニ火ヲサシテ焼死ヌ（愚管抄62）＊全二例
○緒嗣大臣家在法住寺北辺瓦坂東（江談抄3-12）＊全二例
○いかでかおのれ程のやつめは、大臣家をばかたじけなく打まいらせけるぞ（古今著聞集472）
○大臣家中可着宿装束云々（後二條師通記／寛治四年一一月一六日）＊全四例
○去二日大臣家令叙位例勘文（小右記／治安三年一月五日）＊全二八例
○希代ノ見物ナルベシトテ貴賤ノ男女挙ル事不斜、公家ニハ摂禄大臣家、門跡ハ当座主梶井二品法親王（略）（太平記③55）
○史盛忠仁王会僧名持来大臣家（中右記／承徳二年八月一八日）＊全四例
○サリトテモ、宮原ヘモ打入リ、大臣家ヘモ乱入テ狼藉ヲモセバコソ奇怪ナラメ（平家物語下161）
○被仰云、昔大臣家行幸恒事、而汝家有馬場（御堂関白記／寛弘三年八月二九日）＊全四例

「33太皇大后」

○太皇大后権亮源道時朝臣（石清水文書5-420／自承暦元年至治暦四年）＊全三例
○十六日に太皇太后宮女院にならせ給ぬ（栄花物語下511）＊全五例
○贈太政大臣冬嗣の大臣は太皇大后順子の御父文徳天皇の御祖父（大鏡201-4）＊全七例
○然則太皇大后者、皇帝之族曾祖姑、天子之宜無服制者也（菅家文草（散文篇）544）＊全七例
○太皇大后宮権亮源朝臣（花押）（神田孝平氏所蔵文書／天永三年一〇月）

○天暦八年正月八日、依太皇大后御事延引（玉葉／治承五年正月五日）＊全一一例
○太皇太后〈謂天子祖母登后位者為太皇太妣。居夫人位者為太皇太夫人也〉（貴嶺問答448）
○而大皇太后依被参石山寺之経営万政暫以遅引其期已近々也（高山寺本古往来90）
○今昔、三條ノ大皇大后宮ト申スハ、三條ノ関白大政大臣ト申ケル人ノ御娘也（今昔物語集④99-11・12）＊全二例
○右大臣藤原良相者。贈太政大臣正一位冬嗣第五子也。姉大皇大后。兄大政大臣忠仁公。並与大臣為同胞矣。童稚而有遠識。弱冠而遊大学（拾遺往生伝中13）
○太皇太后宮職（拾要抄531）
○同車参太皇大后宮（藤原遵子）御読経結願（小右記／長和三年一二月九日）＊全一八例、「太皇太后」一一四例
○名例律云。称乗輿者。太皇大后。皇大后。皇后並同（政事要略70／寛弘六年二月八日）＊全二例
○太皇大后（朝野群載332）＊全四例
○太皇大后宮権大進兼大介平朝臣（東大寺文書10-119／永暦元年五月二二日）＊全三例
○太皇太后宮大夫（平家物語下59）
○伏惟、先太皇太后（久遠寺本では「皇太后」、寛永六年刊古活字本では「太皇太后」）、大慈在情、撫万姓於一子、碩徳被物、頒十善於四瀛（本朝文粋14／願文下418-4）
○太皇太后（専修寺本「太皇大后」）橘嘉智子（水鏡208）
○十四日、丁丑、太皇大后宮賀茂使敦親有触穢云々（御堂関白記／寛仁二年四月一四日）＊全七例、「太皇太后」二二例
○永万元年二月廿四日太皇大后宮亮兼大介平朝臣〈在判〉（書陵部所蔵壬生家古文書／永万元年二月二四日）
○応停太皇大后宮職為陽明門院事（類聚符宣抄4／治暦五年二月一七日）＊全六例

「34蟷螂返車」

（○譬如。蟷螂対車。蚊虻負獄（性霊集395））

（○蟷螂廻車（世俗諺文））

（○かれが此比ぶげんにて、すけつねにおもひかゝ覧は、たうらうがをのを取て、りうしやにむかひ、ちちうがあみをはりて、ほうわうをまつふぜい也。あわれなる（曾我物語329））

（○蟷螂ノ斧ヲ以テ立車ヲ返シ、嬰児ノ蠡ヲ以テ巨海ヲ尽ス（平家物語上367））

（○縦《ヒ》以嬰児《ノ》蠡《ヲ》一、量リ巨海《ヲ》一、取《テ》蟷螂《ノ》斧《ヲ》一、如向立車《ニ》一（平家物語下36））

（○蚊虵群《ガテ》雷《ヲナシ》、蟷螂集《テ》如《シ》有《ルガ》覆《コト》車《ヲ》事一（平家物語下268））


「35増上慢」（往生要集）（十訓抄）（正法眼蔵）
○次に一行は道門増上慢の者を明す（日蓮集（開目抄）390）＊全三例
○増上慢（類聚名義抄（図書寮本）248）

「36狙公賦杼」（十巻本和名抄）＊ト篇植物部「杼」の注文に「狙公賦ー」

「37伏手而」

「38荒世和世袯」（「荒世和世」→江家次第）

「39無上道」（観智院本三宝絵）
○法花経には「我不愛身命。但惜無上道」とすゝめ（一遍上人語録103）
○「我不愛身命。但惜無上道」の義なり（古今著聞集88）
○偏厭有為世。唯願無上道（後拾遺往生伝上18）
○何ヲ以テカ座トシテ無上道ヲ成給ケム（今昔物語集①26-4）＊全五例
○我無上道ヲ成ジテバ、一切衆生ヲ以テ、伴トスベシ（沙石集136）＊全二例
○但説《タマフ》二無上道《ヲ》一時《キ》（諸事表白597）
○さて堂のひつじさるの桂木にのぼりて、「我不愛身命但惜無上道」と誦して谷へ身を投ければ（続古事談4-26）
○毎自作是念、以何令衆生得入無上道速成就仏身（真言内証義239）
○花厳経ニ「聞此法歓喜信心無疑者、速成無上道、与諸如来等」トオホセラレテ候（親鸞集（消息）176）
○其レニ無上道ノ心（ヲ）發サシム（大慈恩寺三蔵法師伝7-247）
○不期今生栄。只念無上道（大日本国法華経験記中73）＊全三例
○正直捨方便但説無上道（日蓮集（消息文抄）468）
○以此供養仏像、成無上道（日本霊異記404）
○又上人偏住無上道所修之行業（根来要書中／保延二年六月）
○此身の命を惜まず、只無上道を願べしとぞ仏も説せ給ふなれ（保元物語159）
○心在無上道、佛界何不垂慈悲（本朝文粋13／願文上405-2）
○わかみはゆめにおとらねと、無上たうをそをしむべき（梁塵秘抄120）

「40無記性」（法相二巻抄）

「41無所能」（中右記）

「42盂蘭盆」（続日本紀）
○甲寅、天陰不雨、諸寺盂蘭盆如例（玉葉／文治三年七月一五日）＊全八例
○十五日、戊午、晴、於法成寺有盂蘭盆事（後二条師通記／永保三年七月一五日）
○又七月十四日ノ夜、盂蘭盆ノツトメノ為ニ御堂ニ参ジテ（沙石集343）
○十四日、丁亥、盂蘭盆供如例（小右記／正暦元年七月一四日）＊全三例
○一修正幷盂蘭盆講事（井坊文書／保延七年二月二五日）
○七月なかばのうら盆、のぞむ所、誰にかあらん（曾我物語399）
○為盂蘭盆善根、奉写法花一品経（大泉坊文書／治承二年七月一五日）
○十四日盂蘭盆（太平記②411）
○今召向瓫拝是可准三宝礼。又二度有何事哉。盂蘭瓫ハ為親也（中外抄下21）
○十五日、早旦行向一條堂、修盂蘭盆講（中右記／承徳二年七月一五日）＊全三例
○盂蘭盆講自恣布薩・奥院掃除等（高野山文書又続宝簡集101／永暦元年六月二五日）
○次来十五日盂蘭盆以前者（略）（蒙求臂鷹往来354）

「43有名無實」（宝生院文書）

○有名無実何如之哉、以何為依怙哉（興福寺本信円筆因明四相違裏文書／嘉応二年四月）

○猶慙箕裘之拙所謂有名無實者也（雲州往来12ウ6）

○為彼神事有名無実之由訴申之（河上神社文書／応保二年三月二三日）

○不中用地之故、所作地利有名無実也（紀伊続風土記附録一栗栖氏文書／承安四年一二月）＊全二例

○而見在之勢、僅千騎、有名無実之風聞、以之可察歟（玉葉／寿永二年七月二一日）

○アハレ〳〵有若亡、有名無実ナドイフコトバヲ人ノ口ニツケテ云ハ、タヾコノレウニコソ（愚管抄356）

○すでにしやうざうはやくくれて、かいぢやうゐの三がくはなのみのこりて、うけうむにん、うみやうむしつなり（曾我物語421）

○而中古以来見挙正税有名無実（『朝野群載抄』所収文書／永久四年一〇月）

○未来の父母を扶ざれば、外家の聖賢は有名無実なり（日蓮集（開目抄）388）＊全二例

○誠為有名無実之御庄也（陽明文庫所蔵兵範記仁安二年夏巻裏文書／長寛二年七月）

○其嶋貢調、鹿皮一百餘領、更無別物。可謂有名无實、多損少益（本朝文粋4／論奏95-5）

「44久修練行」

○たとへば、初心始学にもあれ、久修練行にもあれ、伝道授業の機をうることもあり、機をえざることもあり（正法眼蔵277）＊全三例

○久修練《レム》行之室《ニハ》　書《キユ》二勇猛精進之文《ヲ》一（諸事表白602）

（○カヽル道心堅固ノ聖人、久修練業ノ尊宿ダニモ、遂ガタキ発心修行ノ道ナルニ、家富若キ人ノ浮世ノ紲ヲ離レテ、永ク隠遁ノ身ト成ニケル、左衛門佐入道ノ心ノ程コソ難有ケレ（太平記③385））

○皆是君子王孫之貴種、久修練行之耆徳也（明王院文書／仁平二年一月二二日）

「45不与状」（令義解）（広隆寺文書）（九暦）（中右記）

○不与状大略披閲（雲州往来／52オ4）＊全三例

○国司交替之日、新載不与状（小野宮年中行事（大日本史料2編7冊、三五〇頁）／寛弘九年四月一三日）

○但叙位当日於陣被下不与状之例、天永二年只一度有之（玉葉／承安五年正月二日）＊全五例

○伯耆不与状仰付大外記頼隆真人（小右記／万寿二年三月一七日）＊全一六例

「46不垂堂」→75参照

（○史記曰。千金子不乗堂。百金子不騎衡（管蠡鈔266））

○酈県村閭皆潤屋　陶家児子不垂堂〈菊散一叢金〉（江談抄4－111）

○陶家児子不垂堂（和漢朗詠集116）

「47不足言」（高野山文書）（明月記）

○申皆参之由、今又申此由、不足言也（玉葉／治承二年一〇月二九日）＊全一二九例

○其琴非制者。不足言事歟（貴嶺問答450）＊全二例

○不足言ト云ハコレナリ（愚管抄336）

○以言聞之微咲不敢陳一言。大略不足言歟（江談抄4－92）＊全二例

○為自今以後希有不足言事也（後二条師通記／寛治六年五月二一日）＊全六例

○不抽忠勤者、不足言事歟（雑筆往来425）
○不足言之至也云々（十二月消息315）＊全二例
○是ハ不足言ノ人、五闡提等ノ在世ノ悪比丘ノ如ク、決定地獄ノ心ロバエ也（正法眼蔵随聞記432）
○宰相来語次云、季御読経極不足言（小右記／寛仁二年一二月二七日）＊全四三例
○経釈ヲ読、学セザルトモガラ、往生不定ノヨシノコト、コノ條、スコブル不足言ノ義トイヒツベシ（親鸞集（歎異抄）200）
○「（略）東大寺の大仏をぬすむべきなり」とあざけりければ、聖人、不足言にてやみにけり（続古事談4－18）
○但保安四年以往合文頼経不進上之、不足言事也（醍醐雑事記12／天承元年一二月三日）
○是ハセメテ俗人ナレバ不足言（太平記①413）
○為彼住人等令称自由之条不足言也（東大寺文書11－261／正治元年）
○不足言、不足嘲。共恥白物之入青雲（本朝文粋1／静嘉堂文庫蔵本・雑詩043－8）

「48不知恩」
○人而不知恩、何異禽獣哉（玉葉／文治四年正月七日）＊全二例
（○不知彼恩。忽弃置我（貴嶺問答451））
（○若不赴彼請。恐非知恩（拾遺往生伝下1））
○而といえども、過去未来をしらざれば、父母・主君・師匠の後世をもたすけず、不知恩の者なり（日蓮集（開目抄）329）＊全五例

「49不知法」
○弁雅座主、於中堂修七仏薬師法云々、不知法深奥、輙就御請修之、為法尤聊爾也（玉葉／建久九年正月一日）＊全四例
○院宮王臣家雑色等。不知法之所拘。偏従心之所欲（新抄格勅符抄10／長保三年閏一二月八日）

「50不得意」
○次第頗違乱云々、実不得意之次第也（玉葉／承安四年二月二三日）
○殿下乍立被候入北歩、件人々不得意云々（後二條師通記／寛治四年一一月二七日）＊全二例
（○不得其意事候哉（山密往来282））
○不得意之人申被平復之由歟（小右記／長和元年六月一六日）＊全三一例
○右次将頗不得意事歟（中右記／康和五年一月一四日）＊全二例
○一夜御琵琶之調、有不得意之條（東山往来413）＊全三例
○而臨書写之時、其料紙不足。尤所不得意也（東山往来拾遺457）＊全二例
○同五月廿一日。病者云。持仏堂仏。只今奉安極楽。看病不得意（念仏往生伝30）
○定知、表我朝無人也。竊以不得意人、所陳宜然（本朝文粋13／願文上411-19）＊全二例

「51不思議」（梁塵秘抄）（方丈記）
○阿弥陀仏の本願他力の不思議の身をば、いか程のちからとしりたるやらん（一言芳談200）
○他力称名は不思議の一行なり（一遍上人語録100）＊全一三例

○不思議の事し給親かな（宇治拾遺物語97）
（○人々皆、不思儀之由、申合候者也（鎌倉往来566））
○きやつはふしぎのもの丶いひやうかな（義経記83）＊全二二例
（○不思儀ナリトオボシメシナガラ車ヲヤルニ（教訓抄23））
○而不及大事之条、実不思議也（玉葉／元暦元年一〇月一日）＊全七例
○サル不思議アリシカド世ニ沙汰モナシ（愚管抄247）＊全八例
○か丶る不思議こそありしか（古今著聞集104）＊全三一例
○大鳥無毛ナルヲ自地中掘出タリケリ、不思議事也、イカ丶スヘキト評定之処（古事談2-88）＊全八例
○仏ノ御音ノ不思議ナル事ヲ弥ヨ信仰シテ頂礼シ奉ケリトナム語〔リ伝〕ヘタルトヤ（今昔物語集①212-5）＊全二八例
○事ハ実ニ不思議ナレドモ、和讃ノ言ハイトヨロシカラズ（沙石集256）＊全一二例
○しかあれども、如来の正法、もとより不思議の大功徳力をそなえて、ときいたればその刹土にひろまる（正法眼蔵95）
○然レドモ、定レル不思議ニテ、魚、此処ヲ渡レバ、必ズ龍ト成ル也（正法眼蔵随聞記324）
○法之不思議。用之无窮尽（性霊集335）＊全二例
○其ノ人ハ不思議也（諸事表白579）＊全四例
○醍醐味ト称スレドモ、是ハ果徳ノ上ノ不思議ノ妙薬也（真言内証義227）
○六七千里ノアヒダ、一時ニオコリアヒニシ、時ノイタリ運ノ極ヌルハカ丶ルコトニコソト不思議ニモ侍シモノ哉（神皇正統記175）

○イツヽノ不思議ヲトクナカニ仏法不思議ニシクゾナキ（親鸞集（三帖和讃）73）＊全二三例
○タヾ不思議ト信ジツルウヘハ、トカク御ハカラヒアルベカラズ候（親鸞集（消息）129）＊全一四例
○タダシ、業報カギリアルコトナレバ、イカナル不思議ノコトニモアヒ、マタ病悩苦痛セメテ、正念ニ住セズシテヲハラン、念仏マウスコトカタシ（親鸞集（歎異抄）207）＊全一七例
○この事、きたいのせうじ、天下のふしぎとぞ見えし（曾我物語50）＊全五三例
○漢高祖と云御門の世をとり給ふ事は、こと〳〵は不実不思議の人にておはしけれど（続古事談6−2）＊全六例
○不思議（大乗院雑筆集546）
○上人十廿日不食籠勤。是不思議（大日本国法華経験記中47）
○卦ル不思議ヲ承ル、誠ニテ候ヤラン（太平記①48）＊全一二五例
○最第一の大不思議なり（日蓮集（開目抄）346）＊全六例
○かゝる不思議の者共を、諸山諸寺の別当と仰でもてなす、故に、民の手に渡て現身に恥に値ぬ（日蓮集（消息文抄）447）＊全四例
○即是心波若経不思議也（日本霊異記108）＊全六例
○於窪井本房聞之。凡隔本処十四五里。是仏不思議力歟（念仏往生伝48）
（○この真実語、不思議なり（人となる道383））

（○此御薬を不思議に得て、あまの命の安心を決定する事の有がたけれ（秘密安心又略360）＊全五例）

（○舞人ニハ左ニ光末、〈指歩テ桙打振タリシ、不思儀也キ。太平楽ナトコソイミシカリシカ〉（富家語29））
○ソレヲコソ希代ノ不思議ト承ニ、コレハ猶勝レタリ（平家物語上23）＊全八二例、ほか「不思儀」「不思義」「フシギ」

○又信西吾朝の詞を以て奏しければ、君を始まいらせて供奉の人々、不思議の思をなせり（平治物語）＊全五例
○二重を射通すだにも不思議におぼえ候に、伊藤五が鎧の袖うらかきて候（保元物語100）＊全六例
（○サテモ此処ニ宿スル事不思議也（反故集344）＊全三例）
○仏ハ不思議智ト申スモノ、具シ給テ、其智恵ニヨリテ衆生ノ罪業ヲホロホシテ、極楽ニ往生セシメ給ナリ（法華百座聞書抄／ウ396）（ほかウ398・ウ402に「不思議智」）
○かたみにかたらふ人はあらざりけめど、おなじもんも色も侍らざりけるぞ、ふしぎなる（増鏡315）
○これは般若の不思議なりとなん申し心に万法みなむなしと思て（水鏡（専修寺本）121）
○不思議（類聚名義抄（図書寮本）72）

「52不対面」
○申刻、南方有火事、頻雖騒動、即打滅了、此間二位中将来、依物騒不対面（玉葉／治承四年一〇月二一日）＊全三例
○参内未帰之間、不対面云々、仍里第可遣也（後二條師通記／寛治三年二月二一日）＊全三例
○日来申サムト思ツルニ、不対面ザリツレバ不申ズ、己レガ命生給ヘリシ喜ビ申サム（今昔物語集①380–8）
○中宮大夫病後初被来、依物忌不対面、仍被候宮方云々（御堂関白記／長和二年六月一〇日）＊全四例

「53不可悦」
○非分之物不可望。過分之慶不可悦矣（東山往来）

「54不覚人」
○紙ぎぬにえもんつくろふ程の者は、ふかく人にて有なり（一言芳談197）＊ほか「不覚人」一例
○あれほどのふかくじんの弓やとるほうこうをするか（義経記155）＊全八例
○親能云、可進申之由ハ不承云々、事体頗似無四度解歟、責件男、不覚人也云々（玉葉／寿永三年二月一日）
○日本第一ノ不覚人ナリケル人ヲタノミテ、カヽル事ヲシ出ツル（愚管抄234）
○文時大令歎示給不覚人之由。時人又以難之傾之（江談抄5－73）
○汝ハ人ニモ非ズ、不覚人ニコソ有ケレ（今昔物語集④482－1）
○引不覚人之例所謗難如何（小右記／長和元年五月二日）
○日ぽん一のふかく人、かやうにあるべしとおもひしにたがはず、人にてはなかりけり（曾我物語336）＊「ふかく人」全三例、「ふかくじん」一例
（○敵ニ生取ル、程ノ不覚仁ヲバ、生テナニヽカハセム（平家物語上602））
（○信頼といふ不覚仁が、あの門やぶられつるぞや（平治物語225）＊全六例）
（○左大臣殿と云不覚仁にさへられて（保元物語171））

「55不中用」（左経記）（愚管抄）（文机談）
○□□□不中用物候也（『永昌記』紙背文書／平安院政期）
○長徳三年正月一一日焼損不中用（九条家本延喜式裏文書／長元三年）＊全一一例
○且又為洪水深底水損第一、不中用地之故、所作地利有名無実也（紀伊続風土記附録一栗栖氏文書／承安四年一二月）
＊全二例

○後聞、頭弁曰、刑部卿於鞠者、不中用人歟、万人大咲云々（玉葉／安元二年三月五日）
○一条摂政与朝成卿（左大臣定方男）共競望参議之時〈天暦〉、多陳伊尹不中用之由、其後朝成参一条摂政第（古事談2-2）
○不中用者也。可被棄置（雑筆往来427）
○不中用〈物ニアタラサルコトナリ〉（雑筆略注455）
○不中用（消息詞390）
○旧往来者、当時不中用之物也（常途往来403）
○悪米者不中用物也（小右記／長元三年九月三日）＊全二例
○木已不中用（東南院文書22-33／長元八年一一月二日）＊全二例

「56不退轉」
（○一夏のあひだはいかにもこゝろに入てつとめ、たひてんなくおこなひてゐたりける（義経記110））
（○長日護摩御退転ナクヲコナハセヲハシマシケリ（愚管抄278））
○嗟呼十念不退転（江都督納言願文集149）＊「不退転」全四例、「不暫退転」一例
○毎朝大仏頂理趣経尊勝陀羅尼二千遍。不動慈救呪一万遍。即至臨終。永不退転（高野山往生伝20）
○云手習、云読書、一向廃亡。頻雖突鼻候、猶不退転候（御慶往来648）
（○其行退転する事なし（古今著聞集87））
○毎日講唯識論。永不退転（後拾遺往生伝下2）＊ほか「不敢退転」一例
○一生ノ間、不退転ノ位ヲ期シテ（今昔物語集②57-3）＊全二例

(○告門弟云。今年命期也。及孟秋之天。果而受病。若干行業等。不能退転（三外往生記12）＊ほか「未曾退転」「敢無退転」各一例)

○只毎日燃八曼荼羅香一前。向西方供養阿弥陀仏。雖有急事。敢不退転。只此一事。其平生之行也云々（拾遺往生伝中19）＊「不退転」全二例、「未曾退転」一例

(○天平宝字以来、更以無退転（十二月消息332）)

○この行持を不退転ならん形骸髑髏は、生時死時おなじく七宝塔におさめ、一切人天皆応供養の功徳なり（正法眼蔵233）

○悉ク叶《フトイフ》二不退転《ニ》一事ノ実不審《ナル》候（諸事表白600）＊全一二例

○此心不退転者、天魔外道モ障難ヲ作ス便リ無シ（真言内証義236）

(○今古無退転勤行（新札往来467）)

(○イノチツキンマデ念仏退転セズシテ往生スベシ（親鸞集（歎異抄）207）)

○嵯峨清涼寺大念仏者、古今過現、不退転之勤行（尺素往来490）

(○更々不可退転（雑筆往来438）)

○然而恒例仏事、于今不退転、又堂塔僧房未令破壊（醍醐雑事記12／康治元年一〇月一四日）

○又発誓願。生々世々値遇仏法。書写読誦一乗妙法。乃至成仏永不退転（大日本国法華経験記上23）＊「不退転」全二例、「無退転」一例

(○今度、強盛の菩提心をこして退転せじと願じぬ（日蓮集（開目抄）352）)

○安置九幅両界曼荼羅於当山、勤修一山同心於不退転行法（根来要書下／寿永三年二月）

(○毎日六万返念仏無退転（念仏往生伝48）＊全二例)

○菩提行願不退転（平家物語下532）＊ほか「不退転地」一例

「57不可思議」（勝鬘経義疏）（台記）

○他力の称名は不可思議の一行なり（一遍上人語録106）＊全七例
○退出之条、不可思議未曾有之由、令仰含了（石清水文書2-109／永暦元年五月七日）
○仰願不可思議弟子先是又有奉為先帝修功徳之意（菅家文草（散文篇）592）＊全二例
○御前近キ舞ヲ、如然ニ舞ハ不可思議ノ事也（教訓抄102）
○今日定経之外、他職事一切不参、尤奇怪不可思議事也（玉葉／文治三年一二月四日）＊全六例
○ワヅカニ中一年ニテ不可思議ノヤウイデキニケレバイフバカリナシ（愚管抄165）＊全六例
○仏法希夷不可思議（江都督納言願文集53）＊全六例
○誠に此やう不可思議也。年来花厳経の中に不審おほかり。悉解脱し給へ（古今著聞集100）＊全六例
○其故者御功徳不可思議矣（後二条師通記／康和元年六月七日）＊全三例
○然レバ、出家ノ功徳不可思議也トナム語リ伝タルトヤ（今昔物語集①64-5）＊全二〇例
○観勝寺ノ大円房上人ノ門徒、不断ニ宝篋印陀羅尼ヲ誦シテ、不可思議ノ功能多ク風聞ス（沙石集323）
○不可思議（消息詞390）
○おほよそ諸仏の境界は不可思議なり（正法眼蔵77）＊全五例
○比丘衆ノ中ニ、不可思議ノ悪行スルモアリ、最下品ノ器量モアリ（正法眼蔵随聞記318）＊全三例
○理趣妙句。无量无辺。不可思議（性霊集445）＊全二例
○末世トイヘドモ神明ノ威徳不可思議ナリ（神皇正統記166）

○ソノ徳不可思議ニシテ十方諸有ヲ利益セリ（親鸞集（三帖和讃）55）＊全三例
○如来の誓願は不可思議にましますゆへに、仏と仏との御はからひなり（親鸞集（消息）126）＊全八例
○不可称、不可説、不可思議ノユヘニ（親鸞集（歎異抄）199）
○あまつさへ地りやうをうばわん事、ふかしぎなり（曾我物語65）
○先師入壇時、同之、不可思議、不可思議（醍醐寺文書1-146／康治二年一〇月二七日）
○体ハ具相ニ均シ（クシテ）思議（ス）可（カラ）不（大慈恩寺三蔵法師伝7-83）
○而妙法力不可思議能伏一切（大日本国法華経験記下81）＊全二例
○今奉掘出、誠雖末代不可思議事也（中右記／永長元年五月二三日）＊全五例
○子細難盡紙上、今□逐電不可思議言語道断事候（石山寺所蔵伝法記紙背文書／平安院政期）
○蔵人保房凡不領知由訴申云云、不可思議事也（東南院文書5-14／長承二年一二月一七日）
○高僧等ノ神異ハ不可思議ニテ、サテ置ツ（栂尾明恵上人遺訓64）
○件有直巧謀叛、致狼藉之条、不可思議、言語道断事也（陽明文庫所蔵兵範記仁安二年一〇・一一月巻裏文書／応保三年三月）
（○管弦ハ堀河院御笛〈初句ヲ吹放テ、次句ニ移之間、ツレ〳〵ナラス不可思儀也キ〉（富家語29）＊ほか「不可思義」一例）
○然者、法華経ハタ、首題ノ名字ヲヨミタテマツルニ不可思儀ノ徳ニ御ス経ナリ（法華百座聞書抄オ119）
○問釈迦文。聞無尽意。観音弘誓。不可思議（本朝文粋12／銘369-6）＊全二例

「58浮宕往来」

「59御霊会」（三代実録）（東大寺文書）＊「霊会」の例は省略した
○御霊会のほそおとこのたなごひしてかほかくしたる心ちするに、このうちのおとゞのほゝゑみまぎれさせ給ぞ、いみじうわびしき事なりける（栄花物語下178）
○御霊会祭の料とて銭帋こめなとこひのゝしりて（大鏡205－7）
○辛亥、天晴、今日祇園御霊会也（玉葉／承安二年六月一四日）＊全三〇例
○謹言　御霊会誡　楽従明後日被始之由云々（高山寺本古往来150）
○今日此ノ郷ノ御霊会ニヤ有ラム（今昔物語集⑤209－16）
○昨花園今宮御霊会始行（小右記／長和四年六月二六日）＊全六例
○兵衛府生時重をはじめて六衛府のものども、社をつくりて御霊会をこなひけり（続古事談4－7）
○是今日鳥羽城南寺明神御霊会也（中右記／康和四年九月二〇日）＊全九例
○京師衆庶行御霊会。件年々天下不静（朝野群載485）

「60御斎会」（万葉）（西大寺資財流記帳）＊原則として「斎会」の例は省略し、また「斎」の字体は底本のままとした
○於八省大極殿、被修御斎会（赤星鉄馬氏所蔵文書／長保六年一一月一九日）＊全二例
○同二年正月十四日御斎会結願之次（石清水文書5－545／長寛元年七月一〇日）
○今日御斎会之始也（雲州往来27ウ6）
○正月の御齋会の講師つかうまつるとて八省にある講師をとぶらひあへり（栄花物語上453）＊全二例
○ならかたの僧を講師とて御斎会をこなはしむ（大鏡199－8）
○陰晴不定、時々雨降、御斎会始（玉葉／正治三年正月八日）＊全九五例

○午上罷帰可参御斎会也（貴嶺問答440）
○何況去年新制維摩・御斎会・最勝会等、如法可被行（尊経閣所蔵興福寺牒状所収／保元三年七月）
○一条院御時、御斎会之間及夜宿、義照院与千観内供同宿之間、隔幕寝臥（古事談3‐38）
○依風気而御斎会不能参仕（後二條師通記／寛治七年正月八日）＊全二六例
○大極殿ニシテ御斉会ヲバ被始行タル也ケリ（今昔物語集③106‐9）＊全六例
○兼勤御斎会之聴衆（釈氏往来191）
○可准御斎会之宣旨前日下了（小右記／治安二年一〇月一三日）＊全四二例
○御斎会・後七日御修法事（醍醐寺文書11‐117／〔長暦二年〕正月五日）
○申時許殿下参御斎会給（中右記／長治元年一月八日）＊全四〇例
○行幸供奉。諸社祭役。御齋会堂童子（朝野群載164）＊全六例
○十四日、参御斎会（東寺百合文書1‐150／治承三年）＊全一九例
○一大仏殿御斎会料田文書（東大寺文書9‐225／〔文治・建久年間〕）
○朝覲行幸臨時客ナトニ著タル織物下襲ハ、ナヨヤカナルヲ参御斎会時著用常事也（富家語47）
○但形ノ様ニテモ、御斎会ハ可被行」ニテ（平家物語上571）＊全二例
○況乎寺家本願国忌御斎会（保阪潤治氏所蔵文書／寛弘九年八月二七日）
○右御斎会布施（東大寺図書館蔵法華論義抄裏文書／安元三年一月一七日）
（○今卌九日齊会、奉図金剛界成身会曼荼羅一鋪、奉写金字妙法蓮華経一部八巻、無量義経、普賢経、転女成仏経、阿弥陀経、尊勝陀羅尼、般若心経各一巻、便於法性寺道場、敬奉供養（本朝文粋14／願文下420‐14）＊ほか「斎会」三例）

○同四年正月に御斎会のうち論義ははしまりしなり（水鏡203）
○衆僧参上、講師参入、如御斎会儀、堂童子大夫八人着座（御堂関白記／長和元年一〇月六日）＊全二〇例
○就中八省御斎会者、君臣之道与天地共久（書陵部所蔵壬生家古文書／治承二年七月一八日）

「61御傍親」
（○皇帝所絶、傍親無服者、皇帝皇子、為之降一等（菅家文草（散文篇）544））
○仍余已下御傍親及旧臣等、各営一巻、供養八軸、導師公雅律師、余依神今食散斎、不行向、最遺恨也（玉葉／建久四年一二月五日）＊全二例
○入道相府・関白被候御所、又御傍親卿相祗候云々（小右記／寛仁四年九月二〇日）＊全二八例
○通親ノ大臣ノ四男、大納言通方ハ父ノ院ニモ御傍親、贈皇后ニモ御ユカリナリシカバ、収養シ申テカクシヲキタテマツリキ（神皇正統記161）
○御傍親大納言以上皆誦経云々（中右記／寛治七年一二月二九日）
（○此外傍親列祖之善根徳本、不遑称計（本朝文粋13／願文上403-21））
○院司御傍親上卿等奉仕（御堂関白記／寛弘元年五月二二日）

「62姑射山」（東大寺続要録）
（○帝尭姑射花顔少（菅家文草（詩篇）376））
（○富春秋而養志、訪仙遊於姑射、尋水石而閑心（玉葉／仁安三年二月二九日）＊ほか「射山」九例）
○姑射山之雪（江都督納言願文集281）＊ほか「姑射」九例、「姑山」「射山」「藐姑射」各三例、「姑射之山」二例、

「姑之神仙」一例
○尭時下為師居姑射山（江吏部集220）＊ほか「射山」一例
○しかのみならず、清涼殿の御遊には、こと〳〵く治世の声を奏し、姑射山の御賀には、しきりに万歳のしらべをあはす（古今著聞集196）
（○いざさらばさかりおもふもほどもあらじはこやがみねの花にむつれし（山家集257））
（○抑結願之日、可有射山之臨幸云々（釈氏往来205））
○問道於藐姑射之山（小右記／長和五年二月一四日）
（○龍瑞紀官永豫姑射（性霊集245）＊全四例）
（○姑射遥聞一処子（文華秀麗集298））
（○射山仙洞ノ水湊ヲ詠レバ、白浪折カケテ、紫鴛白鷗逍遥ス（平家物語上265）＊全四例）
（○射山多歳倦微宦（本朝無題詩214‐07））
○姑射山之上、送八十年之春風、功徳林之中、迎四八相之秋月（本朝文粋／巻一四・願文下412‐6）＊全三例
（○はこやの山の峯の松も、やう〳〵枝をつらねて（増鏡278））
（○姑射膚　庄子曰藐姑射之山有神人居焉客膚若氷雪云々（幼学指南抄2））
○姑射山（幼学指南抄4）
（○姑射肌　庄子曰藐姑射之山有神人焉肌膚若氷雪綽約若処子（幼学指南抄5））

「**63興隆佛法**」（吾妻鏡）
○補彼寺之講師以来、専致興隆仏法之精勤（石清水文書2‐120／元暦元年一一月二四日）

○拝任寺司以後、建立堂舎興隆仏法、偏励微力也（栄山寺文書／承徳二年八月一五日）
○鎮護国家之御願、興隆仏法之洪基也（勝尾寺文書／天仁二年一〇月九日）
○興隆仏法、護念国家、上奉翊過去聖霊等、下普及一切衆生界（菅家文草（散文篇）563）
（○仏法こうりうの験たる人にても、さやうにひがごとなどをくはだてんにおひては、ちんもかなはせたまふべからず（義経記262）＊「仏法こうりう」全四例、「仏法をこうりうし」一例）
○可興隆仏法之由（高山寺文書／（元暦二年））
○是為扶持伽藍、興隆仏法也（尊経閣所蔵興福寺牒状所収／保元三年七月）
○申於公家建立一伽藍、安置興隆仏法（古今著聞集77）＊全二例
○此所是殊勝之霊験之窟也、立伽藍興隆仏法ト思ニ、私力難及、其徳令当帝王給云云（古事談3-3）
○昔南岳思禅師託生和国。興隆仏法（後拾遺往生伝上1）
（○比叡山受ケ伝ヘテ、仏法興隆ノ志之殊ニ深シ（今昔物語集③75-4））
○是則興隆仏法之媒（雑筆往来438）＊ほか「紹隆仏法」一例
○而殊為興隆仏法、限永代所寄進彼寺領也（神護寺文書／寿永三年四月八日）＊全三例
○有住僧、名円壱房、興隆仏法（台明寺文書／天承元年九月一七日）＊全二例
○然而且興隆仏法。可有御存知候（手習覚往来261）
○且為鎮護国家、且為興隆仏法、草創当伽藍（東大寺文書1-56／天永元年八月）＊全三例
○抑件会者、本願聖皇為興隆仏法鎮護国家、新下勅宣（東南院文書7-6／天喜二年二月二三日）
○末代ハ證理ノ智無ケレバ、世間ノ面ヲ荘テ、俗境ニ近付ヲ先トシテ、剰ヘ寺ノ興隆仏法トテハ、田楽・猿楽ノ装束ニ心ヲ費シテ一生ヲ暮スノミナリト云々（栂尾明恵上人遺訓63）

○興隆仏法、守護師迹（根来要書中／保延二年六月）＊全二例
○或《ハ》、有《リ》下諸家《ノ》氏寺《ノ》、修《シ》不退《ノ》勤行一、子胤相続《テ》、自《ラ》興隆《スル》仏法一《ヲ》之所上也（平家物語上552）＊ほか「仏法之興隆」一例
○勝鬘維摩三部経王、是偏為寺家興隆仏法也（法隆寺文書9／天承二年一月一四日）
○興隆仏法、誓護国家。功徳無辺、善根无量。謹請処分（本朝文粋5／奏状上147-23）＊全二例

「64故人早澆」

「65金剛不壊」（観智院本三宝絵）
○瑩玉躰於金剛不壊之色（阿波八鉾神社文書／長寛元年九月二五日）
○よろづにみがきたてさせ給まゝに、院のうちも金剛不壊の勝地と見えてめでたし（栄花物語下61）
○金色薬師仏像一軀、依毉王弘誓之力、保金剛不壊之身（菅家文草（散文篇）605）＊ほか「金剛之不壊」一例
○住《スル》 金剛不壊之浄菩提心之座一《ニ》事《ヲ》表《ス》（諸事表白583）
○以無所持而為方便。為発金剛不壊不退願。我自未得相似位以還不出仮（大日本国法華経験記上33）＊全二例
○生滅トモニ常住ナレバ、金剛不壊ノ法身、我等ガ色身ナリ（道範消息80）
○如来の法身は金剛不壊なり（日蓮集（開目抄）409）
○況入壇潅頂シテ、金剛不壊ノ光ヲ放テ、大日遍照ノ位ニノボラム事、明徳ノ中ニテモマレナルベシ（平家物語上225）
（○成仏心ニ種々ノ異名アリ。堅固法身ト云ヒ、金剛不壊心ト云、金剛ノ正体ト云、鐵心肝ト云、大丈夫ノ漢ト云、此外モ堅固ナル名多シ（反故集281））

「66鴻才博覧」

（○終日習学之。通夜可復読之。利根聡敏宏才博覧也（雑筆往来433））

（○サレド延喜・天暦・寛弘・延久ノ御門ミナ宏才博覧ニ、諸道ヲモシラセタマヒ、政事モ明ニマシ〳〵シカバ、先二代ハコトフリヌ、ツギテハ寛弘・延久ヲゾ賢王トモ申メル（神皇正統記167）＊全二例）

（○当世無双の厚才博覧也（平治物語190））


「67心着無」

（○男聞クニ、思ヒニ違テ、少シ心月無キ様也（今昔物語集⑤428－4）＊全二例）

「68妖不勝徳」（十訓抄）
○後漢書曰。帝太戊立伊陟為相。亳有祥。桑穀生於朝。一暮大拱。帝太戊懼問伊陟。陟曰。臣聞妖不勝徳。帝政其有闕歟。帝其修徳。太戊従之。而祥桑枯死。仁勝凶邪。徳除不祥（管蠡鈔223）
（○孔子家語曰。災妖不勝善政。夢恠不勝善行（管蠡鈔224））
○但妖不勝徳。仁能却邪云々（新札往来476）
（○妖若不勝於徳者、当御代、依政道如法、四海既帰一統畢（尺素往来504））
○加様ノ聖徳ヲ被行コソ、妖ヲバ除ク事ナルニ、今ノ御政道ニ於テ其徳何事ナレバ、妖不勝徳トハ、伝奏ノ被申ヤラン（太平記③166）＊ほか「妖ハ不勝徳」二例

「69不可勝」＊「不可勝計」「不可勝数」等の形では頻出

○焼香又以面白存候（略）縦雖兜樓婆、畢力迦、及海岸六銖、淮仙之百和。不可勝於此候。御所持分、不論新旧、可頒賜候（尺素往来491）
○予申云、男ニテ坐ストモ殿不知食者、極定四位侍従歟。家隆ニ不可勝歟。僧ニテカクマテ御坐スルハ御力ナリ（中外抄下32）

「70朝来暮往」
○沽与他人、或朝来暮往之民、以郡司所領地沽却（厳島野坂文書／応徳二年三月一六日）
○弟子数輩。雖在戸庭。朝来暮往。去留不定（拾遺往生伝上16）
（○爰二猿来住前樹上。終日聞経。朝来暮去。二三月間毎日不闕。来聞此経（大日本国法華経験記下126））
○朝来暮往無常時（文華秀麗集311）
（○朝暮往来人不絶（本朝無題詩507－07））

「71悪知識」（顕戒論）
○持戒ナレドモ壊見ノ者ハ、悪知識（沙石集130）
○疑云、当世の念仏宗・禅宗等をば、何智眼をもつて法花経の敵人、一切衆生の悪知識とはしるべきや（日蓮集（開目抄）378）＊全二例
○設ひ聖教に値と云ども、悪知識に値ならば、三悪道に堕ん事不可有疑（日蓮集（消息文抄）479）

「72暁之裏」

「73桑田変」

（○桑田縦変、日祭月祀之儀長伝（古今著聞集127））

「74造次顛倒」

○凡造次顛沛乃業爾者只仰神恩（石清水文書1‐36／久安二年四月一〇日）

○行住坐臥、現無礼。造次顛沛、到濫吹（雑筆往来430）

○遂以出家。造次顛沛。念弥陀仏（三外往生記38）

○沙門平願者。播磨国之住人。性空聖人之弟子也。行往坐臥。造次顛沛。只誦一乗。已経多年（拾遺往生伝中3）

○念念歩歩造次顛沛 祈《ニモリ》二臨終正念《ヲ》一御《シキ》（諸事表白620）

○行住坐臥事三宝。造次顛沛如一乗（政事要略29／寛弘二年一〇月一九日）

○其後、人々のゆくゑをきけば、おの〳〵しゆくしよにかへり、きゝつるほうもんのごとく、さうしてんぱい、いつしんふらんにねんぶつす（曾我物語424）

○一生之間。偏修浄土之業。造次顛沛。唯念仏号（続本朝往生伝37）

○口唱名号。心観相好。行住坐臥暫不忘。造次顛沛必於是（日本往生極楽記序）

○河内国石川東修水文社禰宜利国。常唱弥陀宝号。造次顛沛。唯称念仏（本朝新修往生伝7）

○因茲雖趨朝廷、雖居私廬、発菩提心、凝道場観、行住坐臥、事三宝、造次顛沛、帰一乗（本朝文粋13／願文上403‐14）

「75糟糠妻不垂堂」

○後漢書曰。貧賤之友不可忘。糟糠之妻不可下堂（管蠡鈔283）
○漢書ニ云ク、「貧賤ノ知人ヲ不可忘、糟糠ノ妻ヲ不可下〔堂〕」トテ、貧キ時ノ知人ヲバ、富ラム時ワスレズ、賤妻ヲバ不下ト云ヘリ（沙石集144）
○糟糠妻不垂堂（世俗諺文）
○宋弘申ていはく、「貧賤之知音不可忘、糟糠之妻不可垂堂、といふ本文の侍るに、我、むかしまづしかりしときよりあひぐしたる妻あり。かれをさりて王女をあひぐしたてまつること、えなんあるまじき」と申けるー（続古事談6-9）

「76牛馬走」

○三月廿九日　牛馬走　謹上　宮内卿殿（雲州往来37オ9）＊全二例
○余是羇旅之卒（久遠寺本では「卒」ナシ、正保五年跋版本では「卒」アリ）、牛馬之走。初尋寺次逢僧（本朝文粋10／詩序三282-5）
○牛馬走以言、再拝頓首白。辱賜書、慰誨勤々（本朝文粋7／書状191-1）

「77狐借虎威」

（○世間ニ狐ハ虎ノ威ヲ借ト云フ事ハ此レヲ云フトゾ語リ伝ヘタルトヤ（今昔物語集①386-7））
○天竺狐借虎威、被責発菩提心語第二十一（今昔物語集①450-11）
○此ノ狐、彼ノ虎ノ威ヲ借テ諸ノ獣ヲ恐シケリ（今昔物語集①451-1）
○狐仮虎威近代事也（小右記／万寿元年正月一七日）
（○用于狐借虎皮之勢（日本霊異記422））

「78明月峡」（海道記）

○明月峡（雲州往来55ウ2）

○明月峡図不足論（本朝無題詩511‐02）

○巴猿一叫、停舟於明月峡之邊日（和漢朗詠集500）＊全二例

「79明後日」（名語記）

○昨日新少将相語云、明後日雲上人々尋花林下可成蹴鞠之興云々（雲州往来1ウ9）

○自明後日廿一日、若宮御参籠、御精進之間、大小御沙汰不可有之由（鎌倉往来567）

○己亥、天晴、今日只一度浴、明後日為上洛也（玉葉／治承四年六月一八日）＊全二二〇例

○謹言　御霊会誡　楽従明後日被始之由云々（高山寺本古往来150）＊全二例

○明後日廿七日出車事、謹承候了（国立歴史民俗博物館所蔵高山寺文書／平安院政期）

○殿下明後日僧綱引参（後二條師通記／応徳三年一〇月一四日）＊全八例

○我、此ノ寺ノ事勤メ畢。今ハ明後日ノ夕方帰ナムトス（今昔物語集③164‐13）＊全一〇例

○上人相語云。明後日可滅度也。仍今日沐浴。次日又沐浴（三外往生記24）

○自明後日可令始行候之間、無何纏頭仕候（山密往来278）

○明後日可罷立也（大治二年書写史記孝帝本紀裏文書／大治二年正月九日）

○明日進ゼム、明後日奉加セムナンド思程ニ（沙石集281）

○俄爾長太息云。予明後日可焼身。今生謁見。只在此時。其処所謂撫河郷紫津岡也（拾遺往生伝中23）

○其表属御手、明後日可有御開陣之由（消息手本（村田経次学習手本）413）

○明後日参入可承（小右記／万寿三年正月一七日）＊全一八一例
○君は明日、伊づのこう、明後日、かまくらへいらせましますよし、其きこえ有（曾我物語323）
○以明後日詣浄土辺（大日本国法華経験記中74）
○明日カ明後日カノ間ニゾ寄センズラン（太平記②451）＊全二例
○又今明不房内、明後日〈還日〉不憚諸事（中外抄上22）
○明後日臨時有奉幣賀茂社（中右記／長治元年四月八日）＊全二二例
○可然者、明後日許、可参上候也（南都往来544）＊全二例
○尼及衰暮。唯念弥陀。語僧都曰。明後日可詣極楽。此間欲修不断念仏（日本往生極楽記31）
○明後日非時辰時可令進上之由（京都大学所蔵兵範記仁平二年三月巻裏文書／平安院政期）＊全二例
○不穏便候事歟、件行□（啓カ）明後日云云（陽明文庫所蔵兵範記仁安二年一〇・一一月巻裏文書／保元三年一二月八日）
○明後日八省千口御読経（御堂関白記／寛仁元年六月一四日）＊全三六例
○然者明後日、可有御同道也（蒙求臂鷹往来339）＊全七例

「80明々年」
○明年・明々年是一命期也（小右記／長和四年一二月五日）＊全二例

「81御息所」
○承元三年三月十日、十八ニテ東宮ノ御息所ニマイラレニケリ（愚管抄296）
○寛平法皇、与京極御休［息歟］所同車、渡御川原院、歴覧山河形勢（古事談11-77）＊全四例

○只今、伊勢御息所ノ許ニ行テ（今昔物語集④440‐11）＊全九例
○今夜院御息所火葬云々（小右記／万寿二年七月一一日）＊全四〇例
○昔天暦御時元方ノ民部卿ノムスメ御息所、一ノミコ廣平親王ヲウミタテマツル（神皇正統記139）
○何カ苦ク候ベキ。御息所ヲ忍デ此ヘ入進セラレ候ヘ（太平記②254）＊全二八例
○ちゝみこの、将軍にておはしましし時のみやす所也（増鏡393）
○為東宮御息所、其廊前五間引平幔（御堂関白記／寛仁二年一〇月二二日）

「82神今食」（続日本紀）（文徳実録）（三代実録）（延喜式）（左経記）（観智院本名義抄）
○自今日、神今食散斎如例（玉葉／建久二年一二月一日）＊全六六例
○十二月四日ナルニ、十二月ハ神今食ノ神事トテキビシケレバ（愚管抄174）
○今月已以神今食也（後二条師通記／寛治七年六月五日）＊全二四例
○神今食依如此之事停止之例殊無所見（小右記／万寿四年一二月九日）＊全五〇例
○御修法ハ真言院、神今食ハ神嘉殿、真弓・競馬ヲバ、武徳殿ニシテ被御覧（太平記①399）＊全二例
○過神今食之後可申左右者、其次仰云（中右記／康和五年一二月一〇日）＊全三七例
○仰云、主上大嘗会ニ神御陪膳令勤仕給事、神今食中院行幸之時同事也（富家語9191）
○神今食申可参左兵衛督（実成）由（御堂関白記／長和四年一二月一一日）＊全一三例
○造酒司注進来十一日神今食幷月次用途料能米拾斛事（書陵部所蔵壬生家古文書／久寿二年一二月七日）

「83時々見」

○雖有天雲、日輪時々見（御堂関白記／長和二年二月一日）

「84児女子」
○又、児女子牛飼童、酒酔郷之姿作舞（教訓抄71）
○仍聊可修小善、此事非尋常之儀、児女子等之所云也、然而事功徳也（玉葉／建久四年二月五日）＊全三例
○児女子ガ口遊トテコレラヲオカシキコトニ申ハ、詩歌ノマコトノ道ヲ本意ニモチイル時ノコトナリ（愚管抄322）
○度々良資所避申如児女子（小右記／万寿四年五月二日）＊全二例
○児女子之愚。何一到於斯（続本朝往生伝37）

「85勝他心」
（○第三住勝他心為勝人説法等也（石清水文書（年月日未詳））
○勝他ノ心ニテトクハ、中品ノ法施也（沙石集286）＊「勝他ノ心」全三例
○昔僧賀聖籠弟子八人於此山。令学仙道。其身漸踏薄檻板至於不撓。各有勝他心。毎朝至見風処。相難云。爾有米糞。然者皆不得仙罷矣（本朝神仙伝28）

「86指佞草」

「87无所詮」
○而此条不申是非、只為鎮乱、申可有改元歟之由之条、太無所詮、仍注其旨言上、定乖時議歟（玉葉／寿永二年

閏一〇月一五日）＊全二例
○人《ひ》トハ「ヒジリナラズ、非分ノ要事云人《ひ》トカナ。」ト、無二所詮一思フトモ、我ハ捨二名聞一、一分ノ人ノ利益トナラバ、真実ノ道ニ可二相応一也（正法眼蔵随聞記352）
（○若又効験ナクハ、面謁ニ所詮ナカルベシ（平家物語上291））

**「88序破急」**

○今常楽舞之。僅ニ序破急ガ略五拍子許也（教訓抄84）＊全二例
（○今案者、序ハ破歟。破者又急也（教訓抄107）＊「序破」「破急」「序」「破」「急」の例多数）

**「89心々興々」**

**「90死生不知」**

○この事あやしくて、在地に披露しければ、死生不知の村人ども評定して、「いざ行てみん」とて、そこばくきたりて、門に登てみければ、いとなまやかなる女房一人ふしたりけり（古今著聞集343）
○ししやうふちのげ道ども、おめきさけびて、みだれ入ときに（曾我物語247）
○城中ニハ死生不知ノアブレ者共、此ヲ先途ト命ヲ捨テ戦フ（太平記③125）＊全三例
○富部三郎ガ郎党ニ、杵淵小源太重光ト云、死生不知ノ兵アリ（平家物語上656）＊全六例

**「91衆議不同」**

(○衆議不同之間（猪隈関白記／承元二年閏四月二七日）)

○大臣云、雖次第不同、随便可任歟云々（玉葉／建久四年正月二七日）＊全二例

○次第不同（大徳寺文書3-386／久安六年四月八日）

○兼、已上次第不同、聞書也（中右記／嘉保元年六月一三日）＊全七例

「**92次第不同**」

「**93支度相違**」

○正月六日前使到来、旁支度相違（半井家本『医心方』紙背文書／大治五年カ正月三〇日）

○御支度相違不候之条、殊悦申候者也（石清水文書2-424／永暦元年一〇月一九日）

○尤可宜歟云々者、此事支度相違、凡不得其意（玉葉／安元三年六月二四日）＊全二例

○アダニ御支度サウイノ事ニテ、ムゴニ御案アリテ、別ニ宣旨ヲクダサレテ（愚管抄195）

(○此ノ別当ハ年来和太利ヲ鑑ト食ケレドモ不酔ザリケル僧ニテ有ケルヲ不知デ、構タリケル事ノ支度違テ止ニケリ（今昔物語集⑤84-10）＊「支度違」全四例)

○サテ支度相違シテ、カヘツテ売レテ責メ仕ハレケリ（沙石集304）

○不知、老少ハ不定ナレバ、若シ老母ハ久ク止マツテ、我ハ前ニ去コトモ出来ラン時ハ、支度相違セバ、我ハ仏道ニ不入ヲクヤミ、老母ハ不許罪ニ沈テ、両人共ニ益ナクシテ、互ニ得罪時如何（正法眼蔵随聞記393）

○サレバ直冬大勢ニテ上ラント被議ケルガ、其支度相違シタリケリ（太平記③69）＊全七例

○及深更帰家、人々有支度相違気（中右記／長治元年四月一八日）＊全二例

○爰住人等依支度相違所済申之（東大寺文書12‐122／保元三年九月一一日）
（○源氏ノ支度ニスコシモタガワズ（平家物語下33））

「**94上求下化**」（**顕戒論**）（**往生要集**）（**愚迷発心集**）

○上求下化勤修。自利利他行願（高野山往生伝28）
○無智無行、非修非学、唯凝上求下化之懇志（高野山文書又続宝簡集1／寿永二年一〇月二二日）
○且又為弟子上求下化弘誓大願志也（東寺百合文書／治暦二年七月六日）
（○じやうぐぼだひのひざよろひ、げゝしゆじやうのすねあてし（曾我物語248））

「**95自讃毀他**」（**法華秀句**）

○罵詈嫉妬。自讃毀他。遊蕩放逸。無慚無愧（三教指帰141）

「**96自行化他**」（**真如観**）（**日蓮遺文**）

○只守土風、尋常行仏道居タラバ、上下ノ輩自作供養ベシ、自行化他成就セン（正法眼蔵随聞記354）＊全二例
○既含自行化他二徳（性霊集415）
○サレトモ菩薩ノ行ハ、不ス㆑離レ㆓自行化他ヲ㆒（諸事表白598）
○如是思惟。勧他読誦。自行化他。功徳円満。永帰無常焉（大日本国法華経験記上14）＊ほか「自行既熟。為化他故」一例
○就中自行化他、苦労歳久、思吾生期（根来要書下／天養二年三月二八日）

（○自他平等なれば、自行が即化他なり（秘密安心又略365））

「97師資相承」（観心寺文書）（三代格）（正法眼蔵）
○爰静雅師資相承、年来領掌（内閣文庫所蔵伊賀国古文書／永治二年正月二三日）
○仍為忠覚師資相承処也（石清水文書6-672／康平五年二月）＊全九例
○右、件田者、僧願善之師資相承之所領也（額安寺文書／応保二年二月三〇日）
○任券契弁師資相承領知理（河上山古文書／永久二年三月一一日）＊全二例
○件山寺幷坊舎所従等者、全誉師資相承之処也（京都大学所蔵文書／康和三年五月）＊全二例
○前聖後賢。師資相承。古往今来（江都督納言願文集45）
○仍為忠覚師資相承処也（古文書集7／康平五年二月）
○師資相承シテ外道ノ法ヲ信ジテ其ノ法ヲ習ヘリ（今昔物語集①48-7）
○頼昭謹検案内、件院師資相承令執行之間（三宝院文書五一／康和二年四月二五日）
○高祖大師者、師資相承、印信両部兼備許可状。慇懃之文書。丁寧證験也（十二月消息318）
○仍師資相承執行寺務、非彼門徒豈誰人乎（書写山円教寺旧記（大日本史料2編6冊、六五七頁）／寛弘七年九月一〇日）
○師資相承、至于今日。無一代中絶（新札往来479）
○師資相承之所領（成簣堂所蔵大乗院文書／天治二年二月二日）＊全二例
○右件寺別当者、師資相承任譲状所任来也（醍醐寺文書2-6／保元元年五月一九日）＊全六例
○件寺事師資相承所知来也（東寺観智院文書／承暦二年七月一〇日）＊全三例
○夫所以用要密対註者、必為令師資相承也（東山往来拾遺448）

○右件領田者、師資相承敢無他妨（東大寺文書5-71／長寛元年一二月三日）＊全四例
○サテモ天台宗ハ南岳、天台共ニ霊山ノ聴衆トシテ、震旦ニ出給テ、仏法ヲ弘メ給ショリ、師資相承セリ（平家物語上87）
○右、件領田者、師資相承、敢無他妨（内閣文庫所蔵大和国古文書／長寛元年一二月三日）

「98子々孫々」（続日本紀）

○やすひらがよしつねをうちたらば、ほんりやうにひたちをそへて、子々孫々にいたるまで給はるべきよしなり（義経記370）
○タヾ予ガ子孫ノ末ニモ不審ヲヒラケト也。予ガ子々孫々ノサイカク、コレニスグベカラズ事（教訓抄28）
○子々孫々遊万歳之陰。年々歳々宿千丈松之月（江都督納言願文集203）＊全二例
○すけちかがみにをきて、一しやうの大事、しゝそん〳〵までも、これにしくべからず候（曾我物語57）
○子々孫（々）、萬年（ノ）［之］慶（ヒタル）者（ナリ）［也］（大慈恩寺三蔵法師伝9-450）
○及子々孫々不可令致妨之由乍書置（東大寺文書11-102／治承二年六月二〇日）＊全二例
○人々イカニ申トモ、キミ君ニテ渡ラセ給ハヾ、争カ入道ヲバ子々孫々マデモ捨サセ給ベキ（平家物語上122）＊全八例
（○或ハ無罪ノ家人ヲ殺テ財宝ヲ取タル者、子々孫々ニ到迄、取殺タル怨霊、方々ニ有之（反故集284）＊全二例）

「99生天得果」

○経文《ニハ》一瞻一礼《ノ》功徳、猶《ヲ》説《ク》二生天得果《ノ》因也《ト》一（諸事表白620）

「100酒不乱胸」

「101乳錦莖虎」

「102衆犬吠聲」
（○朝野合載曰。一犬吠形。千犬吠声。一人伝虚。万人伝実（管蠡鈔287））

「103駟不及舌」
（○三寸舌端駟不及（菅家文草（詩篇）186））
（○駟馬如龍不及舌（菅家文草（詩篇）202））

「104士知己死」
（○女為悦己者容〈（略）士為知己者死女為悦己者容（略）〉（世俗諺文））
（○「しはをのれをしるものゝために、かたちをつくろふ」と、もんぜんのことばなるをや（曾我物語223））

「105食為人天」

「106非成業」（江家次第）
○法成寺竪義、法相宗分、前長者非成業之者、賜請云々（玉葉／治承三年一一月二七日）＊全九例
○件詩非成業之人、不知此案内（小右記／寛仁二年一〇月二九日）
○次第聴衆一人、〈非成業者、〉宣旨聴衆二三人（中右記／承徳二年九月二四日）

○若功労共均時、論成業非成業（本朝文粋6／奏状中159－9）＊全四例
○弟子モゲニ非学生ナリケリ（沙石集214）＊全二例
○為非学生之者誠不専業之由（政事要略95）
○多ク不知、非学生トコソ、云レンズレドモ、其ハ苦シカラズ（栂尾明恵上人遺訓59）
「107非学生」

○非参議大弁先不着横切座（玉葉／寿永元年一一月七日）＊全二〇例
○件度内大臣以下至中納言資平卿乗車、兼頼卿以下至非参議三位皆騎馬（江談抄1－28）＊全二例
○八省卿非参〔議〕之所不補也（後二条師通記／永長元年正月二三日）＊全二例
○応禁制非参議四位以下造作一町舎宅事（小右記／長元三年六月二八日）＊全三二例
○此外先官ノ公卿、非参議、七弁八座、五位六位、乃至山門園城ノ僧綱、三門跡ノ貫首、諸院家ノ僧綱、幷ニ禅律ノ長老、寺社ノ別当神主ニ至マデ我先ニト馳参リケル間（太平記③164）
○弁・少納言北面、但非参議大弁頗絶席（中右記／嘉保二年二月一一日）＊全六例
○非参議ニテ、二位中将ヨリ宰相大納言大将ヲ不経シテ、大臣関白ニ成給ヘル例、是ヤ始ナルラム（平家物語上307）＊全二例
○非参議之四位中、文時已為第一也（本朝文粋6／奏状中153－19）
○大中納言・二位三位・非参議・四位五位などは、ましてかずしらず（増鏡363）

「108非参議」（公卿補任）（九暦）（源氏）

○外座着中宮大夫、非参議大弁説孝着横座（御堂関白記／寛弘六年一二月二九日）＊全六例

「109**非恪勤**」

○亦非恪勤者、雖然扶宣与光武謂其理非光武可宜歟（小右記／長元二年閏二月二五日）

「110**非常人**」（三代実録）

（○何者既称非常人之官名（政事要略30／仁和四年六月五日）＊全四例

○相順処ノ眷属共、皆非常人、八臂六足ニシテ鉄ノ楯ヲ挟ミ、三面一体ニシテ金ノ鎧着セリ（太平記①415）

「111**昭陽殿**」

○又問云、昭陽殿翫花之戸、芳塵凝兮不払（江談抄6-49）＊全二例

○於戯昭陽殿之佳人（江都督納言願文集93）＊全二例

○昭陽殿裡恩愛絶、蓬莱宮中日月長トナン恨給ヒテ、中々御言葉モナケレバ、玉容寂寞涙欄干タリ（太平記③395）

○彼漢ノ李夫人ノ、昭陽殿ノ病ノ床ニ臥タリケムモ、カクヤ有ラム（平家物語上234）

「112**千案錦**」

「113**尺有所短**」

○尺有所短（世俗諺文）

「114聖人無二言」

（○君子無二言、綸言如汗（雑筆往来433））

（○仏語に二言なし（日蓮集（開目抄）349））

（○天子に二言なしと云。争か虚言をし給べき（日蓮集（消息文抄）481））

「115善知識」（観智院本三宝絵）（念仏大意）

○三には善知識の教にしたがはざる（一言芳談207）

○なんぢ沙弥は、海雲比丘のぜんちしきにあひて、文殊をよくおがみ奉りけるにこそありけれ（宇治拾遺物語387）

○よろづにかた〳〵におぼしえて、まごゝろに念仏せさせ給はゞ、我御ための善知識ともなり、まうじやの御ためぼだいのたよりともならめ（栄花物語下228）＊全三例

○因善知識、得安楽果（菅家文草（散文篇）613）＊全三例

○今日、初召前、問重家入道臨終之間事、仏厳聖人、顕真僧都等、為善知識云々（玉葉／治承五年閏二月一二日）

＊全七例

○中将入道ハ三井寺ニテ、御堂ノ御薨逝ノ時ニモ、善知識ニ候ハレケルナドコソ申ツタヘタレ（愚管抄182）

○我今出娑界。欲赴安養。各念弥陀仏。可作善知識（高野山往生伝26）

○抑我善知識は、いづれの所より誰の人の来給へるぞ（古今著聞集74）＊全一〇例

○而間保延ニ年十月十五日。俄有病気。衆人扶持。忽以沐浴。其翌日逢善知識（後拾遺往生伝下14）＊全七例

○汝、我ガ為メニ生々世々ノ善知識也（今昔物語集①85‐11）＊全一二例

○明日巳剋。是入滅之期也。可為善知識（三外往生記38）＊全二例

○但十悪五逆者ノ往生ストイフモ、善知識ニ逢テ、我十念ヲ唱テコソ、来迎ニアヅカリ、極楽ニモ生ズル事ナレ（沙石集122）＊全一九例
○自伝。病是真善知識也。我依病痾。弥厭浮生云々（拾遺往生伝下26）＊ほか「善友知識」一例
○禅師はこれ天下の善知識、又五百人の大導師なり（正法眼蔵93）＊全六例
○善知識ニ随テ、衆ト共ニ行テ私ナケレバ、自然ニ道人也（正法眼蔵随聞記322）＊全五例
○善知識善誘之力（性霊集363）
○此《ノ》子息《ハ》是《レカ》我善知識《ナリ》（諸事表白612）＊全四例
○必被加施善知識大因縁（書写山円教寺旧記（大日本史料2編5冊、五六八頁）／寛弘二年二月一五日）
○善知識ニアフコトモオシフルコトモマタカタシ（親鸞集（三帖和讃）57）
○マタ、十悪五逆ノ罪人ノハジメテ善知識ニアフテ、ス、メラル、トキニイフコトバナリ（親鸞集（消息）115）
＊全一〇例
○命終ノトキ、ハジメテ善知識ノオシヘニテ、一念マウセバ（親鸞集（歎異抄）206）
○仏、是をあはれみ給て、阿なんそんじやを遣奉て、ぜんちしきたち、いんだうし給けるとかや（曾我物語270）
○中将と契りをなして、おなじくゆきてかしらそられにけり。善知識にあへるなるべし（続古事談2－59）
○臨終之剋。逢善知識僧〈宝増〉（続本朝往生伝34）
○深法界ニ入（リ）テ善知識（ヲ）求ム（大慈恩寺三蔵法師伝7－239）
○沙門蓮長。桜井長延聖往昔同行善知識矣（大日本国法華経験記中60）＊ほか「善友知識」一例
○夢窓ハ此比天下ノ大善知識ニテ、公家武家崇敬類ヒ無リシカバ（太平記②405）＊全二例
○互為善知識可訪後世也（長福寺文書／治承元年一二月）

○於諸国勧進、以善知識之力、数数堂舎如本奉建立（東寺百合文書／延久四年一〇月二八日）＊全二例
○龍樹者極楽菩薩。為往生善知識也（東山往来402）
○于今善知識ニおもふき不候哉（東大寺文書6－358／嘉応二年九月二九日）
○善知識と申は、一向師にもあらず、一向弟子にもあらずある事なり（日蓮集（開目抄）364）＊全四例
○我をたすくる日蓮をかたきとをもひ、大怨敵たる念仏者・禅・律・真言師等を善知識とあやまてり（日蓮集（消息文抄）463）
○逢善知識十念往生。予毎見此輩弥固其志（日本往生極楽記序）
○見紫雲之人四人。同巳時依善知識勧（念仏往生伝35）＊全二例
○有ガタカルベキ善知識ナリトテ、弥ヨ彼ノ後世ヲゾ訪ヒケル（平家物語上468）＊全一三例
○九ニハ善知識ニアヒ十ニハ臨終之悪念ヲトメ（宝物集24ウ4）
（○早善知識ヲ求テ、出離ノ道ヲ修行スベシ（反故集307））
○イカニイハムヤ、阿弥陀仏、観音、勢至ノ善知識トナリ給ハム許リ、タノモシキ事ヤハ候ヘキ（法華百座聞書抄ウ391）＊全四例
○保延二年十月十六日卒。最後遇善知識（本朝新修往生伝21）＊全一一例
○願我与善知識、共奉造釈迦尊之形像、演暢所説之経典、令衆生得見仏聞法之便（本朝文粋13／願文上410－11）
○いとありがたきぜんちしきにてぞ、こ女院はおはしける（増鏡407）
○又かならす善知識となり給へといへは修行者いとうれしき事なり（水鏡66）＊全二例

「116先祖相傳」

○件所領者、信明先祖相伝所領也（入来院文書／寿永二年八月八日）＊全七例
○抑件庄者、是治部卿通俊卿先祖相伝所領也（石清水文書1-331／元永元年一二月二八日）＊全三例
○此久行之『採桑老』モ、先祖有相伝トモ不聞（教訓抄74）
○此レハ先祖相伝ノ良家ノ子孫也（今昔物語集④9-12）
○せんぞさうでんのしよりやう、いとう・かわづのかたをみやりて（曾我物語125）
○件寺別当、或号先祖相伝、或称師資相承（醍醐寺文書2-334／康治二年六月一日）
○右件領家分者、満俊先祖相伝之処也（大徳寺文書3-388／承安二年三月一五日）＊全三例
○右、件田畠等、依為主丸先祖相伝私領（台明寺文書／応保二年四月二日）＊全二例
○右件庄者、盛相先祖相伝之私領也（東寺百合文書4-610／建久九年八月二六日）＊全二例
○右件田、僧念慶先祖相伝領地也（東大寺文書別集1-94／保延二年一一月二日）＊全五六例
○先祖相伝ノ主ヲ帰チウシテ、滅シタル不当仁ヲバ争カ可宥（平家物語下467）
○先祖相伝して既維行迄は三代に罷成（保元物語101）

「117清浄潔白」
○観性法橋自今日永以籠居、始清浄潔白之念誦、大日五字真言也（玉葉／文治元年九月二日）

「118取蛇尾」

「119水旱不損」

（○択取百姓口分及乗田水旱不損之田（類聚三代格15／弘仁一四年二月二一日））

## 第四項　考察

本節では、前章、本章第一節に引き続き、『色葉字類抄』畳字部の語彙（本節では特に長畳字）についての調査を行った。前項の用例調査の結果について、特に古記録・古往来類に出現し難かったものを中心として気づいた点（①〜④）を述べ、まとめとする。

①字類抄長畳字のうち、『世俗諺文』と重複した語は八例あったが、『世俗諺文』にあり字類抄にない語は多数あり、字類抄が『世俗諺文』そのものから網羅的に採録を行ったという事実は認められなかった。『世俗諺文』の如きものを参照した可能性はあるが、それが故事成語集のような性格のものであるとすれば、字類抄編者が取捨選択を行ったということになるだろう。また、長畳字の構成字数が多くなるにつれてその使用環境に制約の出ることが考えられるが、『曾我物語』等の軍記物に使用されたと考えると、そもそも軍記物に四字熟語の多数使用されることからも、語の使用目的また位相がこれに類するものであったとも考えられる。

「104士知己死」世俗諺文、曾我物語
「113尺有所短」世俗諺文

また、軍記物に現れた語を一部示せば以下のようであり、四字熟語に限らないことも分かる。

「28甲斐无」古事談、今昔物語集、平家物語
「90死生不知」古今著聞集、曾我物語、太平記、平家物語
「98子々孫々」(続日本紀)、義経記、教訓抄、江都督納言願文集、曾我物語、大慈恩寺三蔵法師伝、東大寺文書、
平家物語、(反故集)
「110非常人」政事要略、太平記
「111昭陽殿」江談抄、江都督納言願文集、太平記、平家物語

②『今昔物語集』に現れた語は字類抄長畳字一九五語中二三語(約一二%)であったが、本節での調査範囲では『今昔物語集』にしか現れなかったものもあった。次のような類の語は、前章でも示したように、しばしば和漢混淆文に用いられるものである。

「67心着無」今昔物語集

また、説話や仏教関係書に出るが、古記録等には頻繁に用いられない語群もあった。

「5一生不犯」(吾妻鏡)、宇治拾遺物語、古今著聞集、今昔物語集、拾遺往生伝、続本朝往生伝、大日本国法華経験記、平家物語
「71悪知識」(顕戒論)、沙石集、日蓮集(開目抄)、日蓮集(消息文抄)
「73桑田変」古今著聞集

「99生天得果」諸事表白
「107非学生」沙石集、政事要略、栂尾明恵上人遺訓

③『白氏文集』に出現する次の二例について、「時勢粧」が他の文献に見られない一方で、「反魂香」は『続古事談』に見られることから、いずれも編纂者が、漢詩文を離れて使用される可能性のある語と認識していたのかもしれない。

「6時勢粧」白氏文集天永四年点
「7反魂香」続古事談、白氏文集天永四年点、幼学指南抄

④「記録語」と定義され得るような語でも、「有若亡」のように、字類抄成立の頃には、記録・往来・文書類の他、一般の場所でも用いられつつあったと考えることの出来る語もある。一方で、「清浄潔白」「非恪勤」「次第不同」「衆議不同」「時々見」「明々年」「不知法」「不与状」「与同罪」等、専ら古記録類で用いられた語が散見されるのも事実である。

「1有若亡」玉葉、貴嶺問答、愚管抄、高山寺本古往来、消息詞、小右記、雑筆往来、大乗院雑筆集、東大寺文書、東南院文書、根来要書、平家物語、本朝無題詩、本朝文粋（願文）

注

（1）峰岸明氏の解説七五–七七頁参照（中田・峰岸、一九七七年）。

（2）現在最もよく使用されている三巻本『色葉字類抄』の索引を付す中田・峰岸（一九六四年）においては、付訓のない項目は原則として索引に載せておらず、したがって付訓のない長畳字語彙（六八語）を検索出来ないという状況がある。このため、現代の辞書や他の分野の研究にこれらの長畳字の存在が反映されないことが少なくなく、古辞書の利用という点から考えれば不十分であると言えよう。

（3）本節では、畳字部中の漢字三字以上から成る熟語を全て「長畳字」として扱う。字類抄編纂者が「長畳字」として音読語・訓読語末尾に配置しなかったものの中でこれに該当する語も含まれるが、そもそもの分類・配置が不十分であることが予想されるために、形式的な条件の下に抽出を行った次第である。山田孝雄（一九二八）一一頁には「長畳字（姑射山、一字千金ノ如ク三字以上ノ畳字ヲイヘリ）」とあるが、これ以上の記述はない。

（4）前田本の存する範囲の長畳字を黒川本と比較し、両本の差異を確認したところ、見出し語の有無は完全に一致しており過不足は無かった。ただし、漢字字体、仮名遣い、声点の有無、傍訓の有無、改行位置、注文位置等に差が認められることは、二字熟語の場合と同様である。

（5）『色葉字類抄二　二巻本』（尊経閣善本影印集成19、八木書店、二〇〇〇年）。

（6）ただし、「音末」「訓末」とした語の後に若干の二字熟語が存在する場合がある。これは、後の加筆や誤写の可能性を考慮し、実質的な末尾と判断したものである。

（7）
1　有若亡【上・入軽濁・平濁】
7　反魂香【上・平・去】
13　長秋宮【平・平・平】
14　長大息【平・去・入】
25　邯鄲歩【平・平・去】
74　造次顛佈【去・平・平・平濁】
75　糟糠妻不垂堂【糟糠↓去・上】
76　牛馬走【平・上・上】
101　乳犢莖虎【乳錦↓去濁・上】

106 非成業【去・上・入濁】
107 非学生【去・入濁・上】
108 非参議【去・平・平濁】
111 昭陽殿【平・平・去】
112 千宲錦【×・上・平】
117 清浄潔白【平・去濁・入・入】

（8）黒川本・ケ篇に見える「撿非違使」（中100ウ）の項目は、次「官職」の部に配置されるべきところが誤って書写され紛れたものであることが明らかであるため、一覧から除いた。「撿非違使」は、二巻本『色葉字類抄』、二巻本『世俗字類抄』では「官職」部に収録されている。

（9）「自今以後」の語が、三巻本への改訂過程で削減されたものか、三巻本編纂以後に独自に加えられたものかは不明。

（10）参考までに、『色葉字類抄』の異本であり、二巻本『色葉字類抄』と同時期に成立したとされる二巻本『世俗字類抄』（三宅ちぐさ編、一九九八年）中の長畳字を挙げる（『世俗字類抄』独自の語句に＊を付した）。二巻本『色葉字類抄』と完全に一致する訳ではないものの、三巻本『色葉字類抄』との語数の差は明らかである。

イ　有若亡・一字千金・一人當千・自今以後
ハ　傍若無人・芭蕉馬＊・万死一生
ニ　人非人
リ　理不盡
ワ　和光同塵・王事靡盬
カ　甲斐无・訶利帝＊
ヨ　与同罪
ツ　伏手而
ウ　憂悩迯有験＊
ケ　賢不肖
フ　不足言・不中用・不可思議

コ　心着無
エ　不可勝
メ　無景行＊
シ　序破急

(11)　これに関連して、長畳字全体の特徴として、二字熟語に比して声点や完全付訓を持つ語の少ないことも指摘出来る。成句等の訓読を含む語句については理解出来る現象であるものの、全体としてはなお実用性の低い語群として軽視されていた感を否めない。
(12)　川瀬（一九五五年）三三五頁。峰岸（一九七七年、解説）五四頁。
(13)　例えばカ篇中「24賢不肖」「25邯鄲歩」「26強縁近習」の語の後に両合部語彙として「合別」等の三語があるが、本来ならば両合部語彙は長畳字の前に位置すべきものである。詳細は峰岸（一九七七年、解説）の四二頁以降を参照。
(14)　峰岸（一九七七年、解説）に、音読の熟語にのみ長畳字の名称を与えているかの如き記述があるが（四一頁）、実際には、ツ訓末「38荒世和世《ツヽシヨロヒ》秡（長畳字）」のような注があるため、本節では訓読の熟語も排除しなかった。ただし、上の例は黒川本のみに存するため、注の信憑性に疑問は残る。
(15)　なお、長畳字の語数について、峰岸（一九七七年、解説）は九一語、三宅（一九九八年、解説）は九〇語と計数されているが、長畳字認定方法の詳細は明らかでない。
(16)　動植物名や官職名等。

使用テキスト
【雲州往来】
三保忠夫・三保サト子編『雲州往来：享禄本　研究と総索引』（和泉書院、一九九七年）
三保忠夫・三保サト子編『雲州往来：享禄本　本文編』（和泉書院、一九九七年）
【大鏡】
秋葉安太郎『大鏡の研究　訂補版』（桜楓社、一九六八年）
【和泉往来】

築島裕編『高野山西南院蔵本和泉往来総索引』（汲古書院、二〇〇四年）
【管蠡鈔】
片淵琢編『博覧古言（一名・管蠡鈔）』（偉業舘、一九〇〇年）
【教訓抄】
『古代中世芸術論』（日本思想大系23、岩波書店、一九七三年）
【玉葉】
「吾妻鏡・玉葉データベース［CD-ROM］：新訂増補国史大系本」（吉川弘文館、一九九九年）
【貴嶺問答】
群書類従9（文筆部・消息部）（訂正三版、一九六〇年）
【高山寺本古往来】
高山寺典籍文書綜合調査団編『高山寺本古往来表白集』（東京大学出版会、一九七二年）
【江談抄】
『江談抄　中外抄　富家語』（新日本古典文学大系32、岩波書店、一九九七年）
【江都督納言願文集】
平泉澄校勘『江都督納言願文集』（至文堂、一九二九年）
【興福寺本大慈恩寺三蔵法師伝古点】
築島裕『興福寺本大慈恩寺三蔵法師伝古点の国語学的研究』（東京大学出版会、一九六五〜一九六七年）
桑山正進・高田時雄編『大唐大慈恩寺三蔵法師伝』（松香堂、二〇〇〇年）
【江吏部集】
群書類従9（文筆部・消息部）（訂正三版、一九六〇年）
【古事談】＊数字は巻ごとの説話番号
『古事談　続古事談』（新日本古典文学大系41、岩波書店、二〇〇五年）
【今昔物語集】
『今昔物語集索引』（新日本古典文学大系別巻、岩波書店、二〇〇一年）
『今昔物語集』（新日本古典文学大系33-37、岩波書店、一九九三〜一九九九年）

【諸事表白】
天台宗典編纂所編『声明表白類聚（續天台宗全書　法儀1）』（春秋社、一九九六年）
【世俗諺文】
『平安詩文殘篇』（天理図書館善本叢書和書之部57、八木書店、一九八四年）
【続古事談】＊数字は巻ごとの説話番号
『古事談　続古事談』（新日本古典文学大系41／岩波書店、二〇〇五年）
【中外抄】
『江談抄　中外抄　富家語』（新日本古典文学大系32、岩波書店、一九九七年）
【朝野群載】
『朝野群載』（新訂増補国史大系29上、吉川弘文館、一九三八年）
木本好信他編『朝野群載総索引』（国書刊行会、一九八二年）
【白氏文集天永四年点】
太田次男・小林芳規『神田本白氏文集の研究』（勉誠社、一九八二年）
【富家語】＊数字は条番号
『江談抄　中外抄　富家語』（新日本古典文学大系32、岩波書店、一九九七年）
【平家物語】
北原保雄・小川栄一編『延慶本平家物語』（勉誠社、一九九〇〜一九九六年）
【宝物集】
月本直子・月本雅幸編『宮内庁書陵部蔵本宝物集総索引』（汲古書院、一九九三年）
【法華百座聞書抄】
小林芳規編『法華百座聞書抄総索引』（武蔵野書院、一九七五年）
【本朝無題詩】＊『全注釈』の番号を使用
本間洋一注釈『本朝無題詩全注釈』（新典社、一九九二〜一九九四年）
久保田淳代表『『本朝無題詩』の諸本の研究』（一九九四年）
【本朝文粋】＊新日本古典文学大系の文書番号を使用

柿村重松註『本朝文粋註釈』（内外出版、一九二二年）
身延山久遠寺編『重要文化財　本朝文粹』（汲古書院、一九八〇年）
『本朝文粋』（新日本古典文学大系27、岩波書店、一九九二年）
藤井俊博編『本朝文粋漢字索引』（おうふう、一九九七年）
【本朝麗藻】
柳澤良一編『本朝麗藻総索引』（勉誠社、一九九三年）
【水鏡】
榊原邦彦編『水鏡　本文及び総索引』（笠間書院、一九九〇年）
【幼学指南抄】
巻二、五、一六、一九、二三、二五、二七
→古典籍覆製叢刊（一九七九年）『幼学指南抄（大東急記念文庫・梅澤記念館）』（雄松堂書店）
巻三、四、九、一三、一四、一七、一八、三〇
→木村晟編『幼学指南抄――故宮博物院本――』（大空社、一九九六年）
【梁塵秘抄】＊数字は歌番号
小林芳規・神作光一編『梁塵秘抄総索引』（武蔵野書院、一九七二年）
【類聚名義抄】（図書寮本）
宮内庁書陵部蔵『図書寮本類聚名義抄』（勉誠社、一九七六年）
【宇治拾遺物語】【栄花物語】【仮名法語集】【菅家文草　菅家後集】【義経記】【愚管抄】【古今著聞集】【山家集】
【三教指帰】【沙石集】【正法眼蔵】【正法眼蔵随聞記】【性霊集】【神皇正統記】【親鸞集】【曾我物語】【太平記】
【日蓮集】【日本霊異記】【文華秀麗集】【平治物語】【保元物語】【増鏡】【和漢朗詠集】
日本古典文学大系（岩波書店）
【日本往生極楽記】【大日本国法華経験記】【続本朝往生伝】【本朝神仙伝】【拾遺往生伝】【後拾遺往生伝】【三外往生記】
【本朝新修往生伝】【高野山往生伝】【念仏往生伝】
＊数字は説話番号

『往生伝　法華験記』（日本思想大系7、岩波書店、一九七四年）
【東山往来】【東山往来拾遺】【南都往来】【鎌倉往来】【御慶往来】
『古往来㈠』（日本教科書大系1、講談社、一九六八年）
【釈氏往来】【手習覚往来】【山密往来】【十二月消息】【蒙求臂鷹往来】【消息詞】【常途往来】【消息手本】【雑筆往来】
【雑筆略注】【新札往来】【尺素往来】【拾要抄】【大乗院雑筆集】
『古往来㈡』（日本教科書大系2、講談社、一九六七年）
【入来院文書】【石清水文書】【醍醐寺文書】【大徳寺文書】【台明寺文書】【東寺百合文書】【東大寺文書】
東京大学史料編纂所「古文書フルテキストデータベース」（二〇〇九年一月使用）
【後二條師通記】【小右記】【中右記】【御堂関白記】
東京大学史料編纂所「古記録フルテキストデータベース」（二〇〇九年一月使用）
【その他の文書・記録等】
東京大学史料編纂所「平安遺文フルテキストデータベース」（二〇〇九年一月使用）

参考文献（書籍）

山田孝雄『色葉字類抄攷略』（西東書房、一九二八年）
川瀬一馬『古辞書の研究』（大日本雄弁会講談社、一九五五年）
中田祝夫・峰岸明編『色葉字類抄研究並びに索引』（風間書房、一九六四年）
中田祝夫・峰岸明編『色葉字類抄研究並びに総合索引　黒川本・影印篇』（風間書房、一九七七年）
三宅ちぐさ編『天理大学附属天理図書館蔵　世俗字類抄　影印ならびに研究・索引』（翰林書房、一九九八年）
『日本国語大辞典〔第二版〕』（小学館、二〇〇〇～二〇〇二年）

# 第三節　『色葉字類抄』収録語彙の性格

前章の始めに述べたように、先行研究を受けて、以下の点の再検討が必要であると著者は考えており、これについて前章・本章にて検証を行った。

①字類抄に多く収録される「実用語彙」「日常語彙」とは何か、また字類抄の内部検証（「実用語彙」の収録状況）

②『類聚名義抄』収録語や「文選読み」との一致を以て畳字部訓読語の「非日常性」が論じられてきたが、畳字部訓読語の実態は如何なるものか

検討の結果、①②について、以下のように結論付けた。

①字類抄が「実用語彙」「日常語彙」を収録する、との認識は、専ら記録語の収録を指してきたものと捉えられる。特に峰岸明氏が古記録の研究を遂行される中でそのように位置付けられた点に関しては、全くその通りであると著者も考える。しかし、「記録語彙＝字類抄の語彙」とするには、あまりに多くの、古記録語彙とは位相の異なる語群が『色葉字類抄』には収められているのである。しかもその語の性格は、山田俊雄氏が述べられた畳字部訓読語の如き古い要素とも異なるものである。

前章・本章の調査の結果、古記録語彙と並んで、和漢混淆文や仏教関係書に頻繁に用いられる語彙が見出されたことは、従来の「日常語」の示す範囲を広げるものであると著者は考える。すなわちここで、㈠修辞的（文学詩賦的）語彙、㈡一般貴族の使用語彙（ただし古記録での用例に乏しいもの）、といった性格の語彙も、字

類抄語彙を形成する重要な要素であることを確認したのである。修辞的な語彙を「日常語彙」と称することは難しいであろうが、後者については（書記上の「実用語彙」ではなくとも）「日常語彙」たり得るだろう。

　このことは、変体漢文の持つ柔軟さ、すなわち以降の記録類において用いられ得る可能性を示すものであるという理解も出来るが、総合的には、それとは異なる素地の文章で使用されることも予想されたものだったと考えるのが妥当ではないだろうか。古記録にせよ和漢混淆文にせよ仏教関係書にせよ、その背景に貴族（知識層）の学問的素養があることには相違ないが、「如何なる文章を書くために編まれた辞書か」という視点は古辞書研究には必須である以上、語彙の位相という点に注目しつつ、今後も更に詳しく考究されるべきであろう。

②詳しくは前章に述べた通りであるが、簡略にまとめると、畳字部訓読語には以下のような性質が認められる。
・用言の多くは、音読を前提とした、限られた場面で使用されており、意義注以上の価値の見出し難い語が多い（一方で、複数の音や意味（訓）での検索が可能になるように配置されたという面も持つ）。
・副詞等については、古記録や和漢混淆文、漢詩文等から十分な用例数が得られたことによって当時広く使用されたと断定出来る語も多く、訓引きの有効性も確認し得た。
・接続詞、感動詞においては、名義抄との重複語がむしろ用例が出易い傾向にあり、名義抄との重複が基本的な表記を示す場合があった。
すなわち、畳字部訓読語を特徴付けるものは、主に動詞形で一見その語の「訓」として適当であるかが判断し難いような例であると考えられてきたが、その他、副詞や接続詞等、より実用的な語群を擁する面についても見過ごされるべきではないということが明らかとなった。

更に、名義抄との重複によって、一般的であるかそうでないかということを論じる際には注意が必要であるということも、よく認識されるべきであろう。

# 第四章　『色葉字類抄』と他文献との関連

本章では、『色葉字類抄』の前後に成立した古辞書や文献と字類抄との関係について検討を加える。

## 第一節　先行研究

『色葉字類抄』は、内容面・排列面において『和名類聚抄』等の先行書の影響を受けていることが知られている。また本書は、和名抄のように典拠を添える方式を採らず、単に語の読み・漢字表記・一部意味用法のみを掲げることにより大量の語句（見出し語）を収録するスタイルを持つ辞書の一である。

三巻本『色葉字類抄』中の典拠注記については峰岸明氏も、「本書の掲出語・掲出漢字の中には、時にその典拠をしめす注記が散見する」「式7　本朝式4　孝経3　左伝2　法華経2　或書2　月令1　名列律1　長恨歌1　百詠1　文集1　文選1　史記1　春秋文1　唱和集1　本草1　猿楽記1　新撰万葉集1　扶桑略記1　日本私記1　真言書1　医書1　有書1　すなわち、概言すれば、本書の引用典籍は、漢籍・国書に傾き、仏典の引用は比較的少ないと言うことができよう」「しかしながら、右のように掲出語・掲出漢字に典拠を明示すること、本書にあっては、実はきわめて稀なことなのである」とされている。(1)

しかし、何故右の書名だけが記されたのか、これらの書物は書名の見えない他の部分でも引用されているのか、ここに示されない古辞書の影響は実際にはどの程度あったのか（右記のものも孫引きであるのか）、ということについては、従来必ずしも明らかにされて来なかったようである。筆者は第二・三章で字類抄の畳字部収録語彙の主に同時代における位相や辞書内部の排列についての研究調査を行ったが、次節では本書の成立とそれ以前に視点を移し、先行国書のうち特に『和名類聚抄』と三巻本字類抄の語彙収録状況を照合しながら、この問題を考えたい。(2)

注

（1）『色葉字類抄研究並びに総合索引』（中田祝夫・峰岸明編、風間書房、一九七七年）所収解説編「七　辞書史上における意義（本書の性格／その先蹤／その影響）」より引用。同様の内容は峰岸（一九六四）に初出。

（2）一部の漢籍の典拠については佐藤喜代治氏に御論稿・御著書がある（「色葉字類抄考証」、『「色葉字類抄」略注』）。また七巻本『世俗字類抄』の出典については三宅ちぐさ氏（一九七八）に御論稿がある。また『伴信友校蔵書第六四『色葉字類鈔〈抜萃〉』（書入本）』（京都大学蔵写本、抄出内容は一〇巻本伊呂波字類抄）第一丁には、「引用スル処ノ皇国古書」名が一部挙げられている。

# 第二節　他文献との関連

## 第一項　『色葉字類抄』に示された先行国書の検討――『和名類聚抄』の影響を中心に――

### 一　『色葉字類抄』中の典拠注記

三巻本『色葉字類抄』内の全典拠注記とそれに準ずる計七〇例を出現数順に示せば、以下のようである。(1) また二例以上見える出典については、「該当例の和名抄における掲出状況」(2) 及び「該当出典を含む和名抄項目の、字類抄への引用状況」を本項末に示した。↓出典考

**【式（式文）】**十語（↓本朝式）

①構　同（チハヤ）式云／ー一領（雑物・上67ウ3）
②栗黄　カチクリ／式云ーー一斗（飲食・上98オ7）
③閲（ナラフ）見式批如擳／批也已上並也（辞字・中黒36オ8）
④曝（アラハス・アラハル）式文（辞字・下37オ7）
⑤椙　同（シモト）／式云馬場／埒析ー（植物・下69ウ5）
⑥羕塵　シヨウチン／式云身屋以帛／涱ーー為之也（雑物・下75オ1）
⑦冷槽　ヒヤシフネ／式云俗／槽ーー（雑物・下95オ2）
⑧萌　小麦ー一斗式／同（モヤシ）（飲食・下103オ1）
⑨槎（モム）七何反／式云ー乾（辞字・下104オ7）
⑩清（漬）菜　ス、ヲリ　須々保利　式云菁根／ーーーー／同欤（飲食・下115ウ5）

【文集／白氏文集】五語（↓長恨哥）
①排（ツラヌ）見文／集（辞字・中黒26オ8）
②支頤　ツラツエツク／吟苦シテ支頤ヲ暁燭ノ前／白氏文集（畳字・中黒28ウ2）
③強　見文集／已上同（ナマシヒ）（辞字・中黒36ウ8）
④挍　同（ヤ、モスレハ）／見文集（辞字・中黒87オ6）
⑤長（アマル）去声／文集（員数・下34オ1）
【本朝式】四語（↓式（式文））
①鮠魚　ハラカ　腹赤　同俗用也／出本朝式（動物・上22ウ4）
②行纏〈テン〉ハヽキ今俗／編苘為｜｜也　脛巾　同／本朝式用之（雑物・上26オ5）
③賢木　同（サカキ）／本朝式用之（植物・下43ウ1）
④袴奴〈コト〉サシヌキノハ／カマ／俗云指貫　差貫　同　絹狩袴　本朝式用／三字／同（サシヌキノハカマ）
（雑物・下47ウ5）
【或本】四語
①丁瘡　チヤウサウ俗／或本作疔（人体・上66ウ7）
②竹生嶋　チクフシマ／生字或本用夫字（諸社・上71ウ1）
③弦袋　ユミツルフクロ　橐　同音記／或本弓袋同（雑物・下67ウ6）
④景行　メマキスカタ／又ナサケ／或本上无／字有（畳字・下黒60オ8）
【或説】三語
①人民　ニンミム／或説云オホムタカラ（人倫・上37オ5）

②横巷屋　ホウケイカイヘ／或説用普／賢屋三字云々（地儀・上41ウ5）
③崗〈カウ〉同（ヲカ）／或説罡（地儀・上80オ1）

【一（云）】三語
①寶倉　ホクラ／一云神殿（地儀・上41ウ5）
②禪脱　盤渉調／一云散楽（人事・中黒74ウ7）
③宴飲樂　壹越調／一云飲酒樂（人事・下15ウ3）

【孝経】三語
①勢　同（ヘノコ）／見孝經（人体・上50ウ6）
②曳　見孝経／已上同（カムカフ）（辞字・上105オ2）
③推　見孝経／已上同（ユツル）（人事・下67オ4）

【左伝】二語
①儆（イマシム）左傳（辞字・上11オ4）
②注　已上同〈ハグ〉造矢也見左傳／又ハク以笑一弓也（辞字・上29オ4）

【法華経】二語
①執（トラフ）法華経／一（辞字・上59ウ7）
②嗟齜　カマフ／見法花經（畳字・上111オ1）

【新撰万葉集】二語
①女倍芝　同（ヲミナヘシ）新撰／万葉集用之（植物・上80オ4）
②蘭　落干反／フチハカマ／一名新／百葉集用藤袴（植物・中黒101ウ2）

＊二巻本世俗「新撰万葉」、二巻本色葉「新万葉集」、和名抄「新撰万葉集」

【扶桑略記】二語

①齒（ツラヌ）ー法曹扶／桒略記（辞字・中黒26ウ1）

②刮　コソク／見扶桒略記（辞字・下8ウ6）

【日本記】二語

①嘻〈フ〉日本記曰／ネク（人事・中黒30オ8）

②慒（クライ又クロウス）ー学也／見日本記（辞字・中黒77ウ3）

【史記】二語

①仡　魚訖反／オソクシタリ／史記乍仡（人事・中黒66オ2）

②苦（ユカム）器ー／ー窳／史記（辞字・下68ウ3）

【文選】二語

①鴒　同（フネ）／見文選（雑物・中黒103ウ3）

②付　同（サツク）／見文選（辞字・下49オ6）

【或人】二語

①粢　キラメク／或人云勉用之（辞字・下60オ7）

②薪　ミカマキ／或人云御ー（雑物・下黒64オ2）

【月令】御　已上同（ハヘリ）／見月令（辞字・上29オ7）

【名例律】増（ヘナル・ヘカル）名例律／云ー（辞字・上52オ4）

【猿楽記】屎　トリトコロ　取所也／見猿楽記（人事・上56ウ5）

【或書】袻　ヌサスフ／ヌサスソ／或書云衣縫（辞字・上78ウ2）
【列子】颪　カセ／フウ／列子　銅烏（天象・上91オ4）
【周公】符（カナフ）ー周公／葉（辞字・上103ウ3）
【長恨哥】（↓文集／白氏文集）搔整（カイツクロフ）見長恨哥（辞字・上105ウ6）
【孔子】仆（タフル・タフス）孔子／ー是也（辞字・中黒7ウ3）
【＊】予　ソホツ／見胤絪／玉玉鏡（辞字・中黒18オ6）
【長干賦】干（ツクル）見長ー賦／已上造也（辞字・中黒26ウ5）
【毛詩】勞（ネキラウ）ー毛詩（辞字・中黒31オ5）
【国史】宇治　ウチ／国史乍兎道（国郡・中黒54ウ4）
【＊】精〈セイ〉（クハシ）ー古今（辞字・中黒77オ8）
【＊】卒死　マクレ　大外記僙後訖（信俊説）也主祝／頭知康云アタシニ（人体・中黒90ウ5）(3)
【百詠】今宵　コヨヒ／在百詠（天象・下1ウ5）
【格】金肅　見格（諸寺・下13オ3）
【真言書】交　見真言書／已上同（アサウ）（辞字・下36オ3）
【日本私記】坂樹　同（サカキ）／日本私記用之（植物・下43オ7）
【医書】人　同（サネ）／醫書桃李杏／等ー也（植物・下43ウ3）
【春秋文】（シツカニ）見春／秋文（辞字・下77オ6）
【唱和集】春根　モトノメ／唱和集（人倫・下102オ1）
【本草】捼（モム）儒隹反／又奴禾反／又乃四反／本草云ー洗（辞字・下104オ7）

【表1-1】出典名別出現回数

| 出典名 | 出現回数 |
|---|---|
| 式（式文） | 10 |
| 文集／白氏文集 | 5 |
| 本朝式 | 4 |
| 或本 | 4 |
| 或説 | 3 |
| 一（云） | 3 |
| 孝経 | 3 |
| 左伝 | 2 |
| 法華経 | 2 |
| 新撰万葉集 | 2 |
| 扶桑略記 | 2 |
| 日本記 | 2 |
| 史記 | 2 |
| 文選 | 2 |
| 或人 | 2 |
| （以下略） | 1 |

【表1-2】出典名の字類抄部別出現回数

| 部 | 出現回数 |
|---|---|
| 天象 | 2 |
| 地儀 | 3 |
| 植物 | 6 |
| 動物 | 1 |
| 人倫 | 2 |
| 人体 | 3 |
| 人事 | 6 |
| 飲食 | 3 |
| 雑物 | 8 |
| 光彩 | |
| 方角 | |
| 員数 | 1 |
| 辞字 | 29 |
| 重点 | |
| 畳字 | 3 |
| 諸社 | 1 |
| 諸寺 | 1 |
| 国郡 | 1 |
| 官職 | |
| 姓氏 | |
| 名字 | |

【表1-3】出典注記方法別出現回数

| 出典注記法 | 出現回数 |
|---|---|
| 見一 | 21 |
| 一 | 18 |
| 一云 | 17 |
| 一用 | 8 |
| 一作 | 3 |
| 一出 | 1 |
| 一曰 | 1 |
| 在一 | 1 |

以上延べ七〇例の内訳は【表1-1】【表1-2】【表1-3】の通りであり、巻別では上巻二四例、中巻一九例、下巻二七例であった。部別では圧倒的に辞字部収録語が多いが、和名抄のような事物の名称を中

心とした辞書からは、語句の出典名を省きながら採録していたことが背景にあるのであろう。また「見文選」のような注記形式は書物や文脈により一定の偏りが見られるものの、必ずしもその方針が完全に統一されている訳ではなさそうである。

## 二　和名抄の影響

『色葉字類抄』と『和名類聚抄』の比較調査については、既にいくつかのまとまった論考がある。しかし、各氏の調査方法・調査範囲は区々であり、現在までに、全体としてどのようなことが明らかになっているのかは必ずしも明瞭な形で我々に示されていないように思う。主な研究の成果を便宜的にまとめれば、次表【表2-1】のようになる（原文の引用部分は「」で示した。諸本の範囲は論文に明記されるものを示した）。

| 論旨 |
| --- |
| ・「類聚名義抄伊呂波字類抄間似拠二十巻本者」 |
| ・「和名抄は三巻本成立の資料としても用ゐられてはゐるが、より多く十巻本には利用せられた形跡がある」<br>・「但しその準拠した処の本は如何なる系統の本であるかは不明である。これは類聚名義抄の場合と同様に、二十巻本系統のものに近いと云ふことは明らかであるが、或は岡田希雄氏の類聚名義抄研究中に述べられた如く、「だが然し更に疑へば和名抄には十巻本、廿巻本以外に別にまた其の中間に位するやうな中間本とでも云ふ可きものがあつたのではなからうか」とも思はれるのである」(脱字訂正) |
| ・「増補二十巻本が世に出た為、その影響を蒙つて色葉字類抄の方も同性質の部門を増補したのではあるまいか」 |
| ・2訓記された表出漢字で、その和訓がともに和名抄と共通のものが102例ある。<br>・和名抄の「俗云」「一云」「一訓」「俗呼」「俗用之」「亦作」「作」注記や、出典を持たない「今案」「俗」注記などが字類抄に一致し、直接の影響関係が予想される。<br>・漢文注について、和名抄を介した引用かと推測されるものがある。<br>・「具」注記の名称も、和名抄(10巻本か)の部類名の影響があるかとも思われる。<br>・20巻本和名抄のみに存する「歳時部」「職官部」「国郡部」のうち、「歳時部」「職官部」については、字類抄との関係を積極的に立証するすべは見出せない。<br>・色葉字類抄の編纂の重要な資料となった和名抄としては「本来二十巻本の組織をもちながら、その本文が現存十巻本のごとき内容を有するもの」が想定される。それは「現存本の中では高山寺本のごとき内容を有する二十巻本系統の一本であろう」、ただし「高山寺本そのものでない」疑いがあるとする。 |
| ・色葉字類抄の排列順序は、20巻本和名抄巻5における国名の次第を踏襲している。＊「なお、延喜式巻二二民部上に全く同種の記事があり、字類抄は直接これによったものかとも疑われるのであるが、本文比校の結果、字類抄「国郡」はやはり和名抄を介して考えるのが穏当のようである」(衍字等訂正)<br>・同様に、国名の下位の郡名の次第もほぼ一致する。＊和名抄巻6～9の郷里名よりも、巻5と合致する。<br>・地儀部の宮殿名等の次第、また固有名詞の次第も、20巻本和名抄にほぼ完全に一致する。 |
| ・和名抄中和訓を有する2194語中2078語(約95%)が字類抄に見出せる。<br>・字類抄中に見出せなかった116語のうち、「弁色立成」「楊氏漢語抄」「日本紀私記」「高橋氏文」などを出典とする和訓(死語か)、また助詞の「の」を介した語や句が散見される。 |
| ・原節用文字(独自に想定したもの)から3巻本色葉への増加見出語(左記範囲)102例中56例は和名抄に登載されている。<br>・2巻本世俗登載語(左記範囲)452例中389例(約86%)が和名抄に登載されている。<br>・2巻本世俗成立時とその増補にあたり一度ずつ和名抄を利用している。 |
| ・3巻本色葉人体部472語中321語(約2/3)が和名抄(ほぼ巻3形体部)に見出せる。<br>・また「3巻本色葉と2巻本世俗の共通語」346語と和名抄に共通する語は289語で、約83.5%が一致している。<br>・さらに289語のうち掲出漢字がすべて和名抄に見出せるものは256語で約88.6%、また字類抄初掲字については二例を除き全ての語が和名抄に見出せる(約95%)。<br>・字類抄が和名抄中の語を採用する際、漢字表記までも採用しており、和名抄以外の資料から採用する場合も、和名抄を優先して採用したのではないか。字類抄「人体部」編纂にあたっては、ごく早い段階で、和名抄が頻繁に利用されたのであろう。 |
| ・名義抄所引本と20巻本和名抄、字類抄所引本と10巻本和名抄の内容が近い。<br>・現存20巻本和名抄の巻1・2・3・10の4巻に改編が加えられたのは鎌倉中期以後で、名義抄や字類抄はこの改編を経ない古い本を引用している。<br>・色葉字類抄に引用された和名抄も原撰本系の一本であった可能性が大きい。<br>・名義抄と字類抄に引かれた2種の和名抄の本文にはそれなりの相違がある。 |
| ・原形本や節用文字は和名抄により直接・積極的に増補されたとは考えられない。<br>・2巻本世俗、2巻本色葉、10巻本伊呂波の成立段階で一度ずつ積極的に和名抄を利用している。<br>・2巻本世俗の増補では10巻本和名抄を用い、それ以外の場合は20巻本系統を用いた可能性がある。 |

【表2-1】　和名抄・字類抄の比較研究一覧

| 論文題名 | 著者 | 字類抄範囲 | 和名抄範囲 |
|---|---|---|---|
| 『箋注和名類聚抄』校例提要 | 狩谷棭斎 | (10巻本伊呂波) | ― |
| 伊呂波字類抄の成立に就いて | 河村1936 | 主に10巻本伊呂波 | ― |
| 『古辞書の研究』120頁 | 川瀬1955 | ― | ― |
| 前田本色葉字類抄と和名類聚抄との関係について | 峰岸1964 | 3巻本色葉(前田本のみ)の天象～雑物部(人事部を除く) | 10巻本(箋注、大須本)、20巻本(道円本、高山寺本)＊(10巻本に欠ける歳時・職官・国郡は採らない) |
| | | 3巻本色葉(前田本・黒川本)の地儀・国郡部 | 20巻本 |
| 三巻本色葉字類抄における和名類聚抄和訓の受容 | 村田1982 | 3巻本色葉 | 〈比較母体〉20巻本(道円本)のうち巻5-9(職官部・国郡部)、巻12のうち香薬部を除く |
| 色葉字類抄における掲出語の増補について――和名類聚抄との比較を通して―― | 原1983 | 〈比較母体〉節用文字・2巻本世俗・3巻本色葉のうち天象・地儀部のヌ～ム篇(ヲ篇を除く)、植物・動物・人倫・人体・飲食・雑物部のヌ～ヨ篇(ヲ篇を除く) | 10巻本、20巻本 |
| 色葉字類抄における和名類聚抄掲出語の受容――特に「人体」部について―― | 村田1984 | 〈比較母体〉3巻本色葉・2巻本世俗の人体部 | 20巻本(道円本) |
| 「類聚名義抄」「色葉字類抄」所引の「和名類聚抄」 | 佐佐木1984 | 3巻本色葉のうち任意の数十例 | 10巻本(松井本)、20巻本(道円本)のうち任意の数十例 |
| 「いろは字類抄」と『和名類聚抄』 | 三宅1987 | 〈比較母体〉字類抄諸本(節用・世俗・色葉・伊呂波)の主にヌ篇(チリルヲ篇も適宜参照) | 〈比較母体〉10巻本、20巻本 |

この表を見ると、字類抄の中でも、限られた部（主に①天象～⑨雑物（⑦人事を除く））を扱ったもの、和名抄の和訓のみを対象にしたものの結果が主だってあり、字類抄を母体として、全体の語の中での和名抄語彙の位置付けを明確にしたものは少ないということが分かる。そこで本稿では、従来の調査への補填作業の一環として、『色葉字類抄』収録語彙を母体とした次の調査を行った。

### □和名抄収録語彙と三巻本字類抄「⑩光彩部」所収語彙との比較調査

「光彩部」はこれまで和名抄との共通語彙が少ないとされ、積極的に調査対象とされて来なかった部の一つである。三巻本字類抄[4]「光彩〈付繪丹幷繪色等〉」部収録語数は延べ二四〇語で、うち二字以上の熟語が五四語、音読みに拠り収録された語[5]が二六語（うち熟語が二四語）である。

【表2-2】は、二四〇語のうち「和名抄と一致する」「二字以上の熟語である」「音読語として収録されている」の少なくともいずれか一要素を満たす計六三語についての情報である。和名抄との重複語四五語のうち熟語は三八語、音読みに拠る語は一八語（全て熟語）であった。

1光彩　2緑青　3緑衫　4黄櫨　5同黄　6黄土　7黄草　8刈安草　9火色　10丹　11陶砂　12椿灰
13柃　14鴨頭草　15押赤草　16橡　17紫　18茈莨　19紅花　20涅　21貫染　22空青　23梔子　24支子　25黒
橡　26光明丹　27光明朱　28欵冬　29纒染　30紺　31胡粉　32金青　33紺青　34紅雪　35燕脂　36烟子　37
焉支　38茜　39藍　40澱　41青驪　42赤莧　43灰汁　44淋灰　45黄灰　46冬灰　47藜灰　48退紅　49緑青
50黄蘗　51黄皮　52麹塵　53朱沙　54雌黄　55金液　56朱漆　57白青　58柃灰　59萌黄　60萌木　61青黛
62蘇枋　63朱沙

【表2-2】　字類抄「光彩部」語彙一部一覧

| 通番号 | 篇 | 各篇光彩部中の掲載順位／各篇光彩部総語数 | 二字以上の熟語 | 音読語 | 元和本和名抄所在（⑬⑭の該当類中の掲載順位を付す） | 和名抄との誤差 | 節用文字 | 二巻本世俗字類抄 | 二巻本色葉字類抄 |
|---|---|---|---|---|---|---|---|---|---|
| 1 | イ | 8/9 | ○ | | | | — | | ○ |
| 2 | ロ | 1/2 | ○ | ○ | ⑬12オ8/11 | | — | ○ | ○ |
| 3 | ロ | 2/2 | ○ | ○ | | | — | | |
| 4 | ハ | 3/3 | ○ | | ⑭10オ2/15 | | — | ○ | ○ |
| 5 | ト | 1/1 | ○ | ○ | ⑬12ウ10/11 | | — | ○ | ○ |
| 6 | ワ | 1/1 | ○ | ○ | | | ○ | ○ | ○ |
| 7 | カ | 33/35 | ○ | | ⑭11オ10/15 | | ○ | ○ | ○ |
| 8 | カ | 34/35 | ○ | | ⑭11オ10/15 | ◎ | ○ | ○ | ○ |
| 9 | カ | 35/35 | ○ | | | | ○ | | ○ |
| 10 | タ | 1/2 | | ○ | | | ○ | ○ | ○ |
| 11 | タ | 2/2 | ○ | ○ | | | ○ | ○ | ○ |
| 12 | ツ | 1/5 | ○ | | ⑭11ウ14/15 | ◎ | ○ | ○ | ○ |
| 13 | ツ | 2/5 | | | ⑭11ウ14/15 | ◎▽ | | | ○ |
| 14 | ツ | 3/5 | ○ | | ⑭11オ11/15 | | | ○ | ○ |
| 15 | ツ | 4/5 | ○ | | ⑭11オ11/15 | ◎ | | | ○ |
| 16 | ツ | 5/5 | | | ⑭10ウ5/15 | | ○ | ○ | ○ |
| 17 | ム | 1/2 | | | ⑭10ウ7/15 | ● | — | ○ | ○ |
| 18 | ム | 2/2 | ○ | | ⑭10ウ7/15 | ◎ | — | | ○ |
| 19 | ク | 1/40 | ○ | | ⑭11オ8/15 | ● | — | △ | ○ |
| 20 | ク | 31/40 | | | ①13ウ | ▼ | — | ○ | ○ |
| 21 | ク | 33/40 | ○ | | | | — | | ○ |
| 22 | ク | 34/40 | ○ | ○ | ⑬12オ5/11 | | — | ○ | ○ |
| 23 | ク | 35/40 | ○ | | ⑭10オ4/15 | | — | | ○ |
| 24 | ク | 36/40 | ○ | | ⑭10ウ4/15 | ◎ | — | | ○ |
| 25 | ク | 38/40 | ○ | | | | — | | ○ |
| 26 | ク | 39/40 | ○ | ○ | ⑬11ウ2/11 | ◎ | — | | △ |
| 27 | ク | 40/40 | ○ | ○ | ⑬11ウ2/11 | ◎ | — | | ○ |
| 28 | ヤ | 1/1 | ○ | | ⑳2ウ | ▼ | — | ○ | ○ |
| 29 | マ | 2/2 | ○ | | | | — | | ○ |
| 30 | コ | 1/7 | | ○ | | | — | ○ | ○ |
| 31 | コ | 2/7 | ○ | ○ | ⑬12ウ11/11 | | — | ○ | ○ |
| 32 | コ | 3/7 | ○ | ○ | ⑬12オ6/11 | | — | ○ | ○ |
| 33 | コ | 4/7 | ○ | ○ | | | — | | ○ |
| 34 | コ | 7/7 | ○ | ○ | | | — | | ○ |
| 35 | エ | 1/3 | ○ | ○ | ⑬11ウ3/11 | ● | — | ○ | ○ |
| 36 | エ | 2/3 | ○ | ○ | ⑬11ウ3/11 | ●◎ | — | △ | ○ |
| 37 | エ | 3/3 | ○ | ○ | ⑬11ウ3/11 | ◎ | — | | ○ |
| 38 | ア | 28/45 | | | ⑭10ウ6/15 | | — | ○ | ○ |
| 39 | ア | 29/45 | | | ⑭11オ9/15 | | — | ○ | ○ |
| 40 | ア | 30/45 | | | ⑭11オ9/15 | ▽ | — | ○ | ○ |
| 41 | ア | 36/45 | ○ | | | | — | | ○ |
| 42 | ア | 37/45 | ○ | | ⑭11オ12/15 | | — | | |
| 43 | ア | 38/45 | ○ | | ⑭11ウ15/15 | | — | ○ | ○ |
| 44 | ア | 39/45 | ○ | | ⑭11ウ15/15 | ●◎ | — | ○ | ○ |
| 45 | ア | 40/45 | ○ | | ⑭11ウ13/15 | | — | ○ | ○ |
| 46 | ア | 41/45 | ○ | | ⑭11ウ13/15 | ◎ | — | | ○ |
| 47 | ア | 42/45 | ○ | | ⑭11ウ13/15 | ◎ | — | △ | ○ |
| 48 | ア | 43/45 | ○ | | | | — | ○ | ○ |
| 49 | ア | 44/45 | ○ | | ⑬12オ8/11 | | — | | ○ |
| 50 | キ | 5/7 | ○ | | ⑭10オ3/15 | ◎ | — | ○ | ○ |
| 51 | キ | 6/7 | ○ | | | | — | △ | ○ |
| 52 | キ | 7/7 | ○ | ○ | | | — | ○ | ○ |
| 53 | シ | 15/18 | ○ | ○ | ⑬11ウ2/11 | ● | — | ○ | ○ |
| 54 | シ | 16/18 | ○ | ○ | ⑬12オ9/11 | | — | ○ | ○ |
| 55 | シ | 17/18 | ○ | ○ | ⑬12オ9/11 | ◎ | — | | ○ |
| 56 | シ | 18/18 | ○ | ○ | ⑮14ウ | | — | ○ | ○ |
| 57 | ヒ | 14/16 | ○ | ○ | ⑬12オ7/11 | | — | ○ | ○ |
| 58 | ヒ | 15/16 | ○ | | ⑭11ウ14/15 | ● | — | ○ | ○ |
| 59 | モ | 2/3 | ○ | | | | — | ○ | ○ |
| 60 | モ | 3/3 | ○ | | | | — | | △ |
| 61 | セ | 1/1 | ○ | ○ | ⑬12オ4/11 | | — | | ○ |
| 62 | ス | 1/4 | ○ | ○ | ⑭10オ1/15 | | — | ○ | ○ |
| 63 | ス | 2/4 | ○ | ○ | ⑬11ウ2/11 | ● | — | | ○ |

○…一致、該当するもの(字類抄諸本については、見出し語の一致(異体字も可とする)を以て○とし、前掲語の注文内に存するものや用字の若干異なるものを△とした)

●…用字、和訓に若干の異同があるもの

◎…和名抄掲載語の注文内にあるもの

▼…字類抄別部所収語と対応し、光彩部との直接的な関係が希薄であると推定されるもの

▽…その他

字類抄の「光彩部」は、傾向として①光炎②色彩③染色④絵丹⑤色目のような排列順序があるとされるが、(6) 和名抄との一致例は、このうち③④に当たるものが主である。これは、一致例のほぼ全てが和名抄巻一三「図絵具」か巻一四「染色具」に収録されていることからも分かるが、また和名抄を母体として眺めても、「図絵具」一一語中一〇語、「染色具」一五語中一二語（注文内掲出を含めれば全語）が字類抄光彩部でも立項されているのである。また、和名抄で「雌黄」の注文内にあった「金液」（注七参照）が字類抄では「雌黄　シワウ　金液　同」のような連続項目としてシ篇に残されたままになっていることも、和名抄からの摂取を裏付ける一要素となり得るであろう。ただし必ずしも和名抄の排列が保存されていないことは、(7) 字類抄の編纂方針に関わる問題として追考する価値がある。

また、和名抄との一致語で多くを占めた巻一三・一四以外に巻一五「膠漆具」所収の「56朱漆」が現れたことを契機として、「膠漆具」所収語を字類抄に索めたところ、以下のような結果となった。(8)

| 〈膠漆具〉 | （和名） | 字類抄音訓 | 所在 |
|---|---|---|---|
| ①膠 | ニカハ | 〈カウ〉ニカハ | ニ雑物上38オ6（「ヤニ」ヤ植物中黒83ウ1） |
| ②漆★ | | ウルシ | ウ雑物中黒51オ1 |
| ③朱漆★ | | ★シユシチ | シ光彩下75オ4 |
| ④金漆 | コシアフラ | ★コムシチ（「金漆樹　コシアフラノキ／コムシツ俗」コ植物下2ウ7） | コ雑物下7オ1 |
| ⑤掃墨 | ハイスミ | 〈サウ〉ハイスミ | ハ雑物上27オ6 |

⑥鬈筆　ハケ　〈シ〉ハケ　ハ雑物上27オ3
⑦錯子　コスリ　〈サク〉コスリ　コ雑物下7オ7
⑧木賊　トクサ　〈ソク〉トクサ　ト植物上55オ1
⑨椋葉　ムクノハ
⑩金銀薄★
⑪竹刀　アヲヒエ　アヲヒエ　ア雑物下32ウ7
⑫韋　ヲシカハ　〈ヰ〉ヲシカハ　ヲ雑物上82ウ6
⑬革　ツクリカハ　〈カク〉ツクリカハ　ツ雑物中24ウ1
（「カハコロモ」カ雑物上100オ1、「カハ」カ雑物上98ウ6）
⑭蠟★　★ラフ　ラ雑物中黒40ウ1

右のように、殆どの語が字類抄に収録されていることは従来の指摘通りであるが、語の摂取方法に注目すれば、

□和名抄に和訓のない語も訓読みあるいは音読みによって取り込まれていること
□「金漆」のように和名抄に和訓のある語でも、字類抄で音読みのみの掲出である場合のあること
□字類抄との重複語一二語中一〇語が雑物部に採られていること
□ただし、和名抄出典語彙の連続掲出は見られないこと（④⑦・⑤⑥所在参照）

のような事象についての指摘を加えることが出来るだろう。なお、和名抄にある「椋葉」が字類抄に掲載のない

ことは、村田氏（一九八二）にも言及があるように、『色葉字類抄』が、複合和語を最小単位に分割して収録する方針があったためと想像される。(9)

また、これらとは別に、三巻本字類抄中に「和名―」形式の注記が次の三例（A～C）見つかった。(10)「和名」は和名抄からの引用を窺わせるが、和名抄の用字や和名を踏襲している訳ではない。

A　櫟梂〈レキキウ〉イチヒノカサ／和名云／イチヒノサネ（植物・上4オ3）

**和名抄**廿⑰12オ　菓蓏部・菓具

櫟梂　爾雅云櫟其実梂〈音求和名以知比乃加佐〉孫炎曰菓之自裹者也

B　馬刷〈サツ〉ムマクシ／和名ムマハタケ（雑物・中黒44オ7）

**和名抄**廿⑮4ウ　調度部・鞍馬具

馬刷　漢語抄云馬刷〈于麻波太氣下娯劣反〉

C　舩〈クワン〉フナタナ／和名フナハタ（雑物・中黒103ウ4）

**和名抄**廿⑪44オ　舩部・舟具

枻　野王案枻〈音曳字亦作栧和名不奈太那〉大船旁板也

さて、本章ではわずかに

・和名抄巻一三「図絵具」・巻一四「染色具」↓字類抄「光彩部」へ

・和名抄巻一五「膠漆具」↓字類抄「雑物部」へ

との傾向を示し得たにすぎないが、その調査過程では、先行研究に加えるべき次の視点を得た。

□字類抄中で和名や「物の名」の少ないとされる部についても、特に熟語を中心に再度和名抄との比較調査を行う必要があること

□見出し語（漢字表記）の一致のみならず、和名抄の注文内に「一名―」「漢語抄云―」とある語についても、比較調査の対象とすべきこと

□和名抄に和訓のない項目の字類抄への摂取状況についても調査すべきこと

□和名抄に和訓がある項目が字類抄で音読掲出のみの場合についても考慮すべきこと

□和名抄中の「類」「具」等のまとまりが、字類抄の「部」等とどのように関連しているか、またその排列（必ずしも和名抄の排列が保存されないこと）についても再考すべきこと

□見出し語（漢字表記）が一致していても注文が異なる場合、和名抄を典拠とする一致項目とすべきか再考すべきこと(11)

また、和名抄・字類抄の比較研究において両書の諸本についての視点が不可欠であることは言うまでもないが、それも右の課題に基づく調査の進展によって更に明らかになるものと期待される。

## 三　展望

本項では、三巻本『色葉字類抄』について、出典名としては一例も見られないにも関わらず従来密接な関わりを指摘されてきた和名抄からの引用態度を中心に扱ってきたが、ここでは前条の結論を繰り返さない。

先行研究では他に、本草書(12)・漢詩文・古記録・古往来・訓点資料・和漢混淆文等様々なジャンルの文献語彙との関連、また部単位では姓氏部・名字部と『掌中歴』、字類抄部立については天理図書館蔵『平安韻字集』との関連も指摘されている。先行古辞書では三宅ちぐさ氏による『新撰字鏡』との比較調査がある。(13)しかし例えば漢詩文・古記録・古往来語彙については、それら特有の語が字類抄に採録されていることは周知の通りであるものの、字類抄編纂の材料となったであろう特定の書物についての指摘は少なく、実際にはこの同定は非常に難しいものと考えられる。(14)それは無論、字書や本草書のように注記や排列を含めて検討出来るものばかりではないからであり、その書物特有の語であると立証されることが難しい以上、「位相や素地の共通性」の指摘に止まらざるを得ないからである。また韻文や散文から語を採録する場合、字類抄がその使用語を逐一採用した保証はなく、数語しか一致しなくとも参考資料でなかった証拠とはならない。

しかし、少なくとも『色葉字類抄』に収録された語彙の性質を考えるに当たり、独自性の大きい畳字部の熟語や辞字部の一訓多字と共に、「天象」以下「事物の名」の部や先行書からの引用という点についても未だ調査課題が多いということは、本項で示し得たところである。字類抄編者の新たに採用した語の位相のみならず、先行書からの取捨選択・再排列方法を明らかにすることにより、彼の目指した辞書像が浮き彫りになるものと考えられるが、またその像の敷衍により、前述の調査上の難点が補われることも大いに期待されるのである。そのためには、本項で行ったような和名抄との再比較調査や、ここで対象としなかった他の書物についての同様の検討も有意義なはずである。

最後に、左に掲げる「出典考」により本項の内容の補強された点を、改めて確認しておきたい。本章第一節で述べた通り、『色葉字類抄』は原則として語の出典を示さないスタイルを持つ辞書である。和名抄の大部分の見出し語を取り入れたにも関わらず、原文に存在した出典注記の殆どは採録過程で削られており、これを継承することは稀である。一方で、字類抄に示された出典注記は必ずしも和名抄の孫引きのみならず、編者当人の知識あるいは別書により補われた例が少なからず存在していることが、本調査で明らかになった。字類抄編者が必ずしも「出典注記」という一つの形式自体を全面的に排除しようとしたものではなく、必要と考えられる場合（出典考における『新撰万葉集』の例等）に最小限これを残したと考えるのが妥当であると言えるのではないだろうか。

なお、出典注記の最も多かった「式」と字類抄との関係については、次項に論じる。

## 出典考

### 【式】

次項参照。

### 【文集／白氏文集】

漢籍の中では最も多い書名表示である（ただし②を始めとして黒川本独自の注である疑いも残る）。部別では辞字3、畳字1、員数1で、実字はなく、①〜⑤ともに『新撰字鏡』・和名抄・図書寮本名義抄には掲載がない。和名抄中の「文集」「白氏詩」引用項目を字類抄と照合すれば左の如くであり、「具」注記で和名抄に拠ることを窺わせる一方で、「文集」の書名は引かない。字類抄中の文集については舩城氏（二〇〇七・二〇〇九）に御論稿がある。

「鴈歯　白氏文集云鴨頭新緑水鴈歯小紅橋」（廿⑩19ウ居處部・道路具）↓「鴈歯　カンシ／橋具也」（地儀・上92オ2）、「裙裳〈裙帯附〉　釋名云上曰裙〈唐韻云音與群同字亦作裠〉下曰裳〈音常和名毛〉白氏文集云青羅裙帯〈裙帯此間云如字〉」（廿⑫20ウ装束部・冠帽具）↓「裙帯　クンタイ／装束具」（雑物・中黒76オ5）、「白犀帯　白氏詩云通天白犀帯照地紫麟袍」（廿⑫24ウ装束部・帯類）↓なし、「書櫝　白氏文集云破柏作書櫝〈和名布美比都〉」（廿⑬10ウ調度部・文書具）↓「書櫝〈ショクキ〉フミヒツ」（雑物・中黒103ウ7）、「紫陽花　白氏文集律詩云紫陽

花〈和名安豆佐為〉」（廿⑳3オ草木部・草類）→「紫陽花　〈シヤウ〉アツサキ」（植物・下26ウ1）

**【本朝式】**

次項参照。

**【或本】**

①和名抄廿③24ウ　形體部・瘡類「丁瘡　千金方云治丁瘡方云丁〈或本丁作疔未詳〉」
③和名抄廿⑬16オ　調度部・弓劔具「弓袋　説文云韔〈音帳和名由美布久呂〉弓衣也唐式云弓袋」「弦袋　唐式云諸府衞士弦袋〈由美都流布久路〉であるが、」

②④は和名抄に見えない。和名抄中の「或本」は①の例のみであるが、字類抄はこれを引く。

**【或説】**

①和名抄廿②10ウ　人倫部・微賤類「人民　日本紀云人民〈和名比止久佐〉一云〈於保太加良〉」
③和名抄廿①6ウ　地部・山谷類「岡　丘也正作崗」

①は和名抄の「一云」を「或説」に変換したものとも考えられるが、「一（云）」「或本」「或人」「或書」また「正」「俗」との比較における使い分けの有無も現段階では不明である。和名抄の中の「或説」は「或説云…（也）」の形で語義等を説明することが多いようであるが、文集の例と同様、「或説」の形式が字類抄に引かれる例はない。

**【一（云）】**

①和名抄廿⑬8ウ　調度部・祭祀具「寶倉　漢語鈔云寶倉〈保久良〉一云神殿」
②和名抄廿④17オ　音樂部・曲調類「盤渉調曲（略）劔気褌脱〈褌脱一云散樂〉（略）」
③和名抄廿④14ウ　音樂部・曲調類「壱越調曲（略）宴飲樂〈一云飲酒樂〉（略）」

いずれも和名抄を引いたものと考えられる。ただし和名抄中には「一云」の形式が数多く用いられるが、字類抄に継承されたものは本三例のみである。

【孝経】

①和名抄廿③16オ　形體部・茎垂類「陰核　食療經云食蓼及生魚或令陰核疼〈陰核俗云篇乃古〉刑徳教云丈夫淫亂割其勢〈勢者則陰核也〉」

名詞のみ和名抄に見える。和名抄中の「孝経」は「孝経序」も含めて二例で、左の様であるが、注記形式・内容は字類抄に継承されない。

「弟子　孝經序云門徒三千人又云貫首弟子」（十①96オ人倫部・男女類）↓「弟子　テシ」（人倫・下19ウ3）、「父母　孝經云身體髪膚受于父母父〈加曾〉母〈伊呂波〉俗云父〈和名知々〉母〈波々〉爾雅云父為考〈好反〉母為妣〈田履反〉集注舎人曰生稱父母死時稱考妣一云恵公者何隠之考也仲子者何桓之母也明非死生之異稱矣一云阿耶〈知々〉阿嬢〈波々〉」（廿②14オ　親戚類・父母類）↓「父母　人倫部／ーー分」（畳字・中黒106オ5）

【左伝】

和名抄中の「左伝」は左の一例のみである（「左伝注」は五例）。字類抄は出典名を引かない。

「食指　左傳云食指〈楊氏漢語抄云頭指比止佐之乃指〉第二指也」（廿③13オ形體部・手足類）↓「食指　〈ショク〉ヒトサシノユヒ」（人体・下93オ1）

【法華経】

和名抄中の「法華経」は左の三例であり、字類抄の注記とは一致しない。三巻本字類抄出典注記のうち仏書が「法華経」と「真言書」のみであることは峰岸氏（一九六四）も指摘されている。

「舎利　法華經云以佛舎利起七寶塔」（廿⑬1ウ調度部・佛塔具）↓なし、「箜篌　法華經云起七寶塔懸諸幡蓋又

云簫笛箜篌種々儛戯以妙音聲歌唄讃頌〈箜篌二音俗云空古〉」（廿⑬2オ調度部・佛塔具）↓「箜篌〈クウコ〉クコ」／佛塔具／又樂器也」（雑物・中黒76オ3）「箜篌　コウ、、俗／音樂具」（雑物・下6ウ4）、「僧坊　法華經云起塔寺及造僧坊他經等或云僧房供養衆僧其徳最勝無量無邊」（廿⑬2ウ調度部・佛塔具）↓「僧房　ソウハウ／又坊」（地儀・中黒15ウ4）

【新撰万葉集】

①和名抄廿⑳2オ　草木部・草類「女郎花　新撰萬葉集云女郎花倭歌云女倍芝〈乎美那閉之今案花如蒸粟也所出未詳〉」

②和名抄廿⑳1ウ　草木部・草類「蘭　兼名苑云蘭一名蕙〈蘭恵二音和名本草云布知波賀萬新撰萬葉集別用藤袴二字〉」

これらは字類抄の注記とも一致しており、和名抄を引いた傍証となろう。和名抄中の「新撰万葉集」他五例（左）を見ると、和名抄に「新撰万葉集云」等として示された項目や字体は、見出し語であるか如何に関わらず、全て字類抄に収録されていることが分かる。字類抄編者が「新撰万葉集」を重要な資料と位置付けていたことが窺われる。

「蚊火　新撰萬葉集歌云蚊遣火〈加夜利比今案一云蚊火所出未詳但俗説蚊遇煙即去仍夏日庭中熏火放煙故以名之蚊見虫豸部〉」（廿⑫12オ燈火部・燈火類）↓「蚊遣火　カヤリヒ」（雑物・上100オ3）、「維筟　説文云筟〈芳無反與敷同〉維絲管也漢語鈔云〈久太〉辨色立成云管子〈和名同上〉新撰萬葉集亦用之」（廿⑭12ウ調度部・織機具）↓「維筟〈フ〉在扢言／クタ／クタカフル　管子　同」（雑物・中黒76オ4）、「鐁　唐韻云鐁〈音斯和名賀奈辨色立成用曲刀二字新撰萬葉集用鉇字今案鉇字所出未詳但唐韻有鉇視遮反一音夷短矛名也可為工具之義未詳〉平木器也釋名云釿有高下之跡鐁以此平其上也」（廿⑮12ウ調度部・工匠具）↓「鐁〈シ〉カナ　鉇　同／俗用

之　曲刀　同」（雑物・上99ウ5）、「鹿鳴草　爾雅集注云萩一名蕭〈萩音秋一音焦蕭音宵和名波木今案牧名用萩字萩倉是也辨色立成新撰萬葉集等用芽字唐韻芽音胡誤反草名也國史用芳宜草三字楊氏漢語抄又用鹿鳴草三字並本文未詳〉」（廿⑳22ウ草木部・草類）↓「萩〈シウ〉ハキ　鹿鳴草〈ロクメイ〉同　蕭〈セウ〉同　茡　同／芽異本　蓁　同　莪　同」（植物・上20ウ7）、「薄　爾雅云草聚生曰薄〈新撰萬葉集和歌云花薄波奈須々木今案即厚薄之薄字也見玉篇〉辨色立成云芒〈和名上同今案芒音千草盛也見唐韻〉」（廿⑳3オ草木部・草類）↓「花薄〈ハク〉ハナス、キ」（植物・上21オ1）

## 【扶桑略記】

和名抄成立以後の国書であるため、字類抄が独自に採録したか、別の書に拠るものである。『訓点語彙集成』に拠れば、三教指帰注集長承三年（一一三四）点、三教指帰久寿二年（一一五五）点に「歯　ツラナラム」の訓がある。三教指帰原文は「不自銜以歯槐棘（自ら銜はずして［以］槐棘に歯（つらな）る）」（巻上・大系九九頁）。

## 【日本記】（日本紀）

和名抄巻一中の「日本紀」は左の六例である。字類抄天象部また地儀部に引かれているが、「日本紀」注記は継承されない。なお関連する字類抄出典書名には「日本私記」「国史」もある。

「陽烏　歴天地經云日中有三足烏赤色今案文選謂之陽烏日本紀謂之頭八咫烏田氏私記云〈夜太加良須〉」（廿①1オ天部・景宿類）↓「陽烏〈ヤウソ〉ヤカタアラス（ママ）　頭八咫烏　同」（天象・中黒82ウ2）、「沫雪　日本紀云沫雪〈阿和由岐〉其弱如水沫」（廿①5ウ天部・風雪類）「沫雪　アハユキ」↓（天象・下24ウ1）、「磐　陸詞云磐大石也音盤和名〈以波〉日本紀云千人可引磐石〈和名知比木乃以之〉」（廿①8ウ地部・巌石類）↓「磐イハ　大石也／山石之安者也」（地儀・上2ウ5）、「暵　玉篇呼旦反耕麥地也唐韻暵耕田壠日本紀師説〈八太介〉」（廿①12オ地部・田園類）↓「畠〈ハク〉ハタケ／白田二字也／作一字訛也　壠　同　陸田　同」（地儀・上20

オ7）、「妙美井　日本紀云妙美井〈之三豆〉」（廿①15オ水部・水泉類）↓「妙美井　シミツ」（地儀・下黒67ウ8）、「溟渤　冥勃二音〈和名於保岐宇三〉見日本紀也」（廿①16ウ水部・河海類）↓「溟渤　オホウミ／冥教／オホキウミ」（地儀・中黒62ウ7）

## 【史記】

『仮名遣及仮名字体沿革史料』（大矢透）に拠れば、史記抄（一四七七）に「不〈アラス〉苦〈ユカミ〉窳〈イシマ〉」、史記永正八年（一五一一）点に「不苦〈ユカミ〉窳〈イシマアラ〉」の訓がある。和名抄の中の「史記」は次の一〇例である。字類抄が和名抄の見出し語や注文を引くものが多いが、「史記」の名は残らない。

「暴風　史記云暴風雷雨漢鈔云〈八夜知又乃和木乃加世〉」（廿①5オ天部・風雪類）↓「暴風〈ホウ〉ハヤチ／又ノワキ」（天象・上20オ2）、「相工　史記云長安中有相工田文者相工俗云相人相音〈去声〉丙丞相韋丞相魏丞相微賤時會於客宇田文曰此君皆丞相也其後三人竟為丞相也」（廿②8ウ人倫部・工商類）↓「相工〈シヤウ〉サウコウ／相人也」（人倫・下44ウ5）、「縦理　史記云縦理〈如字入縦理口餓死之相也〉」（廿③5ウ形體部・鼻口類）↓「縦理〈シヤウリ〉タヽシハ／ーー入口餓／死相也」（人体・中黒3オ5）、「吭　史記云絶亢而死〈亢音胡郎反又去声亦唐韻從口作吭訓上同俗云乃無止布江〉」（廿③6オ形體部・鼻口類）↓「吭〈カウ〉フエ　胡郎下浪二反／鳥喉也」（動物・中黒102オ1）「吭　ノムトフエ下浪也／鳥喉也」（動物・中黒58ウ7）、「褌　方言注云袴而無跨謂之褌〈音昆和名須萬之毛能一云知比佐岐毛乃〉史記云司馬相如著犢鼻褌韋昭曰今三尺布作之形如牛鼻者也唐韻云松〈職容反與金同楊氏漢語抄云松子毛乃之太乃太不佐岐一云水子〉小褌也」（廿⑫22オ装束部・衣服類）↓「褌〈コン〉スマシモノ／又チキサキモノ」（雑物・下116オ6）、「偶人　史記云土偶人木偶人〈偶音五猗反俗云人形〉野王案凡削物為人像皆曰偶人也」（廿⑬7オ調度部・祭祀具）↓「偶人〈コウ〉ヒトカタ／土ーー木／ーー木也」（人倫・下92ウ5）、「俎　史記人為刀俎我為魚肉〈俎音阻和名末奈以太〉開元式云食刀切机各一今案切机即俎也」（廿⑭7ウ調度部・厨膳具）↓「俎　マナイタ／音祖　切机　同」（雑物・中黒92オ1）、「机〈牙脚附〉　唐韻云机〈音與几同和名都久恵〉案屬也史記云持案進食〈案音與按同〉唐式云行床牙脚〈今案行床者食床屬也牙脚者今所謂牙像脚也〉」（廿⑯5オ器皿部・木器類）↓「机　〈キ〉案属也　案　同」（雑物・中黒24オ7）、「篙　方言注云籠形小而高者江東呼為篙〈呼撃反漢語抄云阿自賀〉今案又用箕字見史記」（廿⑯9オ器皿部・竹器類）↓「篙　〈ケキ〉アシカ」（雑物・下32ウ5）、「強飯　史記云廉頗強飯斗酒食肉十斤〈飯音符萬反亦作餅飦強飯和名古八伊比〉（廿⑯13オ飲食部・飯餅類）↓「強飯　〈キヤウハン〉コハイヒ／飯字亦作餅」（飲食・下6オ7）

【文選】

和名抄巻一中の「文選」は左の五例である。また字類抄中には「文選読み」の語のあることが知られる。中村氏（一九八一）にも御論稿がある。

「陽烏　歴天地經云日中有三足烏赤色今案文選謂之陽烏日本紀謂之頭八咫烏田氏私記云〈夜太加良須〉」（廿①11オ天部・景宿類）↓「陽烏　〈ヤウソ〉ヤカタアラス（ママ）　頭八咫烏　同」（天象・中黒82ウ2）、「飆　文選詩云回飆巻高樹兼名苑云飆暴風従下而上也音焱〈和名豆無之加世〉」（廿①5オ天部・風雪類）↓「飆　〈ヘウ〉／ツムシカセ　旋風　同」（天象・中黒20オ4）、「霙　孫愐云霙雨雪相雑也音於驚反文選雪賦師説曰〈三曾禮〉」（廿①6オ天部・風雪類）↓「霰　〈サン〉ミソレ　蕪細反雨雪雑也／又作霹銀丸　霙　同　雨雪　同」（天象・下黒60ウ4）、「泊泊　唐韻云淺水貌也白柏二音文選師説〈左々良奈三〉」（廿①14オ・水部・水泉類）↓「泊湘　〈ハクハク〉サヽラナシ」（地儀・下42ウ1）、「潟　文選海賦云海溟廣潟思積反與昔同師説〈加太〉」（廿①18オ・水部・涯岸類）↓「潟　〈セキ〉カタ」（地儀・上91ウ2）

【或人】

②「薪　纂要云火木曰薪〈音新和名多岐々〉」（和名抄廿⑫13オ　燈火部・燈火具）

和名抄、図書寮本名義抄に「ミカマキ」訓はない。字類抄には別に「タキヽ」が立項される。

注

（1）峰岸氏は前田本の存する部分に限られたが、ここでは前田本の欠ける部分も黒川本を以て補い再調査した。また書名のみでなく「或説」「或人」等も採った（ただし単に「或」とあるものは採らなかった）。黒川本には「私曰―」等として私説が追加される場合があり、特に出典注記の認定には注意を払わねばならないが、所在の巻数下に「黒」を付すことで判断の一助としたい。一例のみの出典で未考のものがあるが、全体像を示すために一覧に残した。

（2）和名抄に見えない項目については特に注記しない。

（3）高橋宏幸「「マグル」考――「卒死」の訓読――」（語学文学15、一九七七年）。

（4）前田本の欠損部分を黒川本で補った。

（5）音読と訓読の両者が示されかつその頭音が同じ場合、訓読語に数えた。また54雌黄の和名抄注文内に「一名金液」とある55金液（シ篇）は音読語として一語に数えた。

（6）中田・峰岸（一九七七）解説三九頁。

（7）【表2-2】ア・ツ・コ篇参照。管見に入った一〇巻本・二〇巻本の諸本でも同様の傾向である。

（8）和名抄の★は和訓を伴わないもの、字類抄の★は音読語として立項されたものを示す。

（9）「葉」を含む熟語は「竹葉、椿葉、落葉、杏葉」他、字類抄にも少なからず見えるが、「黄葉　モミチ」のような熟字訓を除けば基本的には音読みで採られており、「―ノハ」のような複合和訓は見えない。著者は本書第二章第二節に字類抄語彙と歌語辞書収録語彙との比較を行い、動植物名・地名・熟字訓を除き、「白露」「千代」「雲井」「玉緒」等の歌語が字類抄に摂取されず、さらに単字に分解した際にそれぞれの字の読みや意味が保たれている熟語（「春風」「谷川」等）は、熟語の形では収録されない傾向を確認した。それは単字の組み合わせで無限に広がる熟語の採集を制限すると同時に、読みから漢字を索める目的には単字での収録で十分なためと推測出来る。無論、漢字表記語を収録する字類抄と仮名書きが主である歌語では語の位相が異なるのであるが。

（10）A「櫟梂」に関しては峰岸（一九六四）の脚注に言及がある。

（11）字類抄編者の創意に拠るものか、別の引用書があるのかはまた別に考えなければならない。特に基本的な語彙は、見出し語の一致のみによって必ずしも特定の辞書を引用したとは言えず、注文の一致や特殊な熟語の掲出も含んだ調査でなければならない。

（12）先行辞書類と『本草和名』との関係についての先行研究はよく行われているようであるが、字類抄について詳細に検討されたものは未だ見ない。筆者が字類抄植物部語彙を概観したところ、①『本草和名』にあり和名抄にないもの②『本草和名』になく和名抄にあるもの③どちらにもあるもの④どちらにもないものが混在しており、さらに①〜③の語の字類抄中の排列が特に原排列を保存しているようには見えない場合が多かった。字類抄の引用態度の問題として改めて綿密な調査が行われるべきである。

（13）「『いろは字類抄』の編纂に当たり、『新撰字鏡』が直接参照された可能性はまずないと考えられる」（三宅、一九九九年）。

（14）萩原氏（二〇〇七）も『東山往来』と『色葉字類抄』とだけに見られる確実な繫がりを実証できる語は、そう多くはない」とされている。

参考文献

論文

＊諸索引の他、『類聚名義抄』の出典をめぐる諸論考についても参照したが、省略する。

河村正夫「伊呂波字類抄の成立に就いて」（国学4、一九三六年）
吉田幸一「和名抄引用書名索引（上）」「同（下一）」「同（下二）」（書誌学10-4・11-1・11-5、一九三八年）
築島裕「訓読史上の図書寮本類聚名義抄」（国語学37、一九五九年）
峰岸明「前田本色葉字類抄と和名類聚抄との関係について」（国語と国文学41-10、一九六四年）
吉田金彦「詩苑韻集の部類立てと色葉字類抄」（山田忠雄編『〔山田孝雄追憶〕本邦辞書史論叢』、三省堂、一九六七年）
浜田敦「和名類聚抄」（山田忠雄編『〔山田孝雄追憶〕本邦辞書史論叢』、三省堂、一九六七年）
若杉哲男「世俗字類抄・節用文字から色葉字類抄へ」（山田忠雄編『〔山田孝雄追憶〕本邦辞書史論叢』、三省堂、一九六七年）
築島裕「和訓の伝流」（国語学82、一九七〇年）

中田祝夫・峰岸明編『色葉字類抄研究並びに総合索引』（風間書房、一九七七年）
三宅ちぐさ「七巻本『世俗字類抄』にみられる出典注記」（岡大国文論稿6、一九七八年）
中村宗彦「『色葉字類抄』補訂試稿――文選出典訓を中心に――」（大谷女子大国文11、一九八一年）
村田正英「三巻本色葉字類抄における和名類聚抄和訓の受容」（鎌倉時代語研究5、一九八二年）
原卓志「色葉字類抄における掲出語の増補について――和名類聚抄との比較を通して――」（国文学攷97、一九七三年）
杉本つとむ「和名類聚抄の問題点」（『和名抄の新研究』、桜楓社、一九八四年）
村田正英「色葉字類抄における和名類聚抄掲出語の受容――特に「人体」部について――」（鎌倉時代語研究7、一九八四年）
原卓志「色葉字類抄における和訓の増補とその表記形態」（国文学攷102、一九八四年）
原卓志「色葉字類抄における類書の受容」（広島大学文学部紀要44、一九八四年）
佐佐木隆「『類聚名義抄』『色葉字類抄』所引の「和名類聚抄」」（国語と国文学61-9、一九八四年）
三宅ちぐさ「『いろは字類抄』と『和名類聚抄』」（東海学園女子短期大学紀要22、一九八七年）
佐藤喜代治「『本朝文粋』の和訓――『色葉字類抄』との関連において――」（文芸研究（東北大学）122、一九八九年）
宮沢俊雅「倭名類聚抄諸本の出典について」（北海道大学文学部紀要45-2、一九九七年）
三宅ちぐさ「『いろは字類抄』と『新撰字鏡』の関わり――重点・畳字（連字）の場合――」（就実語文20、一九九九年）
山本秀人「改編本類聚名義抄における増補された和訓の色葉字類抄との関係について」（高知大国文31、二〇〇〇年）
三宅ちぐさ「『いろは字類抄』と『新撰字鏡』の関わり――臨時雑要字の場合――」（高野山大学国語国文23-26、二〇〇一年）
井上亘「古代の学問と「類聚」――宇多天皇宸筆『周易抄』をめぐって――」（笹山晴生編『日本律令制の展開』、吉川弘文館、二〇〇三年）
大槻信「辞書と材料――和訓の収集――」（『日本学・敦煌学・漢文訓読の新展開』、汲古書院、二〇〇五年）
萩原義雄「『色葉字類抄』が典拠とした往来物――『東山往来』の語彙を中心に比較検証――」（駒沢日本文化1、二〇〇七年）
舩城俊太郎「白氏文集と色葉字類抄」（人文科学研究（新潟大学）121、二〇〇七年）
舩城俊太郎「三巻本色葉字類抄に見いだされる唐時代の白話語の熟語――白氏文集からのそれを中心にして――」

（人文科学研究（新潟大学）125、二〇〇九年）

書籍

上田万年・橋本進吉『古本節用集の研究』（東京帝国大学文科大学紀要2、一九一六年）

川瀬一馬『古辞書の研究』（大日本雄弁会講談社、一九五五年、増訂再版・雄松堂出版、一九八六年）

## 第二項　『色葉字類抄』と『和名類聚抄』の関係――「式」注記を通して――

### はじめに

三巻本『色葉字類抄』は、先行辞書である『和名類聚抄』（以下、和名抄）の見出し語の大部分を引用していることが知られるが、編纂に際して、和名抄に存在した注文、典拠情報の殆ど全て、また和名抄という書名の全てが省略されたことにより、和名抄から如何なる部分、分量の引用が行われたのかは一見不明となっている。

筆者は前項で、三巻本『色葉字類抄』中の全出典注記を抽出・概観し、各文献名に関して、和名抄を介した引用態度、すなわち和名抄の孫引きであるか否かを確認した。その結果、「新撰万葉集」「一云」等として示された注記内容が和名抄と一致するもののある一方で、字類抄に出典注記のあった例の多くが、和名抄の注記と齟齬する、あるいは和名抄に存在しないことが明らかになった。

本項では、前項にて調査を留保した、字類抄内で最も出現回数の多かった「式」注記と『延喜式』原文・和名抄との関係を調査、検討する。字類抄内での二文献の位置付け、延いては字類抄中に示されない古辞書の影響が実際にはどの程度あったか、『延喜式』等他の文献は直接引用されたものであるのか、三巻本字類抄に利用された和名抄の性質は如何なるものであったか、という点について考察することとする。

## 一　『色葉字類抄』中の「式」注記

【表1】は、三巻本『色葉字類抄』に示された出典名を、出現回数の多い順に再掲したものである。出現回数が一回のものは省略した。

【表1】出典名別出現回数

| 出典名 | 出現回数 |
|---|---|
| 式（式文） | 10 |
| 文集／白氏文集 | 5 |
| 本朝式 | 4 |
| 或本 | 4 |
| 或説 | 3 |
| 一（云） | 3 |
| 孝経 | 3 |
| 左伝 | 2 |
| 法華経 | 2 |
| 新撰万葉集 | 2 |
| 扶桑略記 | 2 |
| 日本記 | 2 |
| 史記 | 2 |
| 文選 | 2 |
| 或人 | 2 |

本項では、このうち最も出現回数の多かった「式（式文）」及び三番目に多い「本朝式」、また一例ではあるが「格」（【表1】では省略）について取り上げ、それぞれ和名抄、延喜格式と比較する。まず、字類抄の掲載順に、該当する見出し語と注文を示し（①〜⑮、（　）内は筆者注）、続いて各語について和名抄の該当箇所を掲げる（傍線筆者、対応する語が和名抄にない場合は省略した）。

【式（式文）】

①構　同（チハヤ）式云／―一領（雑物・上67ウ3）

②栗黄　カチクリ／式云｜｜一斗（飲食・上98オ7）
③閲（ナラフ）見式批如揃／批也已上並也（辞字・中黒36オ8）
④曝（アラハス・アラハル）式文（辞字・下37オ7）
⑤楉　同（シモト）／式云馬場／埒新｜（植物・下69ウ5）
⑥羕塵　シヨウチン／式云身屋以帛／漲｜｜為之也（雑物・下75オ1）
⑦冷槽　ヒヤシフネ／式云俗／槽｜｜（雑物・下95オ2）
⑧萌　小麦｜一斗式／同（モヤシ）（飲食・下103オ1）
⑨槎（モム）七何反／式云｜乾（辞字・下104オ7）
⑩清（漬）菜　ス、ヲリ　須々保利　式云菁根／｜｜｜｜／同欤（飲食・下115ウ5）

【本朝式】

⑪鯇魚　ハラカ　腹赤　同俗用也／出本朝式（動物・上22ウ4）
⑫行纏〈テン〉ハ、キ今俗／編荷為｜｜也　脛巾　同／本朝式用之（雑物・上26オ5）
⑬龍眼木　サカキ　坂樹　同／日本私記用之　榊　俗用之　賢木　同／本朝式用之（植物・下43ウ1）
⑭袴奴〈コト〉サシヌキノハ／カマ／俗云指貫　差貫　同　絹狩袴　本朝式用／三字／同（サシヌキノハカマ）（雑物・下47ウ5）

【格】

⑮金肅　見格｜（諸寺・下13オ3）

〈①～⑮の和名抄における記述〉※本文・所在は元和古活字本のもの

①「襷襌　續齊諧記云織成襷〈本朝式用此字云多須岐今案所出音義未詳〉日本紀私記云手繦〈訓上同繦音饗〉本朝式云襷襌各一條〈襌讀知波夜今案不詳〉」（巻一二23ウ装束部・衣服具）

⑤「笞　唐令云笞〈音知和名之毛度大頭二分小頭一分半〉」（巻一三16ウ調度部・刑罰具）

「枝條　玉篇云枝柯〈支哥二音和名衣太〉木之別也纂要云大枝曰幹〈音翰和名加良〉細枝曰條〈音迢訓與枝同〉唐韻云葼〈音聰和名之毛止〉木細枝也」（巻二〇32オ草木部・木具）

⑥「承塵　釋名云承塵〈此間名如字〉施於上承塵土也」（巻一四16オ調度部・屛障具）

⑨「意錢〈攤字附〉　後漢書注云意錢〈世間云世迩宇知〉今之攤錢也桂苑珠叢抄云以手有所搓謂之攤〈唐韻曰挪音諾何反搓挪也字亦作攤世間云駄搓音七何反手攤錢也訓毛無〉」（巻四6オ術藝部・雜藝類）

⑪「鰚魚　辨色立成云鰚魚〈波良可音宣今案所出未詳本朝式用腹赤二字〉」（巻一九3オ鱗介部・龍魚類）

⑫「行纏〈菡附〉　唐式云諸府衞士人別行纏一具〈纏音直連反〉本朝式云脛巾〈俗云波々岐〉新抄本草云菡〈領井反和名以知比今俗編為行纏故附出〉」（巻一四19ウ坐臥具・行旅具）

⑬「龍眼木　楊氏漢語鈔龍眼木〈佐加岐〉今案龍眼者其子名也見本草日本紀私記云坂樹刺立為祭神之木今案本朝式用賢木二字漢語鈔榊字並未詳」（巻一三6ウ調度部・祭祀具）

⑭「奴袴　楊氏漢語抄云奴袴〈佐師奴枳乃波賀萬漢語抄云絹狩袴或云岐奴乃加利八加萬〉」（巻一二21ウ装束部・衣服類）

次に、「式」「本朝式」を『延喜式』と仮定し、右の字類抄・和名抄の例と比較する。

①は「構／襌」「一領／一條」等、字類抄と古活字本和名抄（二〇巻本諸本も同じ、以下同様）では表記が異なる

が、『延喜式』[1]は「各潔褠一領」(巻三五大炊寮799)としており字類抄と合う。
②は和名抄に記載がないが、『延喜式』にある(「栗黄一斗一升」(巻三三大膳上765))。[2]
③は黒川本にのみ存する語であり、また対応箇所を特定し難いため今後の課題とする。
④は「曝布」「曝涼」等の熟語として『延喜式』に散見されるが、動詞一字語のため和名抄の見出し語にはない。
⑤も和名抄の表記とは異なるが、『延喜式』には「凡内馬場埒料。楉二百卌荷」(巻四六左右衛門府965)とあり、字類抄注文とも合う。
⑥は和名抄にも立項され『延喜式』にも少なからず用いられる語であるが(用例省略)、注文の「身屋以帛…」は『江家次第』にも見え(「次掃除舎内身屋南方張承塵〈以帛為之〉」(巻一正月甲・元日宴会))、あるいは別書からの引用や作例かもしれない。
⑦は和名抄になく、『延喜式』にある(「冷槽。径一尺五寸。深五寸」(巻三四木工寮786))。
⑧も同じ(「小麦萌一斗。酒五斗」(巻四〇造酒司885))。
⑨は『延喜式』に「鹿皮一張〈長四尺五寸広三尺〉。除《オロシ》毛曝涼《ホシサラス》一人。除《シ》膚完浸《ヒタシクタス》釋一人。削暴和《ホシカテ》脳搓乾《スリカハカス》一人半」(巻一五内蔵寮426・付九条家本傍訓)とある部分の抄出であろう。和名抄にこの注記は見えないが、「意銭」項で「搓」字、「七何反」、「モム」の訓を載せている。
⑩和名抄にはないが『延喜式』に「菁根漬各二合。菁須須保利漬一合」(巻三三大膳下768)「蔓根須須保利六石」(巻三九内膳司874)「菁根須須保利一石」(同)と見え、『新撰字鏡』(天治本巻四24オ)にも「釀　加牟之　酬　須々呆利」とある。
⑪は『延喜式』に「訖膳部水部等取氷様腹赤御贄退出」(巻一三大舎人寮380)「又太宰府進礼留腹赤乃御贄一隻」(巻三一宮内省751)「腹赤魚筑後肥後両国所進出」(巻三九内膳司877)「但腹赤魚収司家」(同)と見え、和名抄注文内に

も「本朝式用腹赤」とあるが、字類抄上位語の「鯇魚」とともに和名抄から採られた語である可能性がある。

⑫は「六位已下匇著脛巾」（巻一八式部上473）等『延喜式』に多数あるが、前項と同じく「本朝式」表示や上位語の注記も含め和名抄から採られたものと察せられる。

⑬も同じ。『延喜式』に「挿賢木著木綿」（巻七神祇七践祚大嘗祭145）等。なお、字類抄の「サカキ」同音異表記項目は、順序に異同があるものの全項和名抄からの孫引きとして良いであろう。

⑭「絹狩袴」は筆者の調査では『延喜式』内に見つけることが出来なかった。和名抄も「漢語抄云」としており、他の出典については不明である。(3) 図書寮本名義抄は関連する項目の「カリキヌ」において「布ー（衣）俗云賀利岐沼本朝式等用獦ー二字」（三二七2）として「本朝式」を引く。(4) また類似語として『延喜式』に「猟衣袴」の語がある。(5)

⑮は『類聚三代格』(6)によれば、「應試度金勝寺年分者二人事」（太政官符・寛平九年（八九七））の条に「昔有應化聖人《ト云モノ》号金粛《ショウ》菩薩」「金粛《ショウ》戸《コ》鮮《カイ》之後」「即改金粛《セウ》賜額金勝」等の文があり、『延喜格』に「金粛」の語の存在したことが確認されるが、和名抄には見えない。なお、和名抄には「本朝格」の出典を持つ項目が三例あるが（巻四11ウ・12オ・13ウ）、いずれも出典名を省いた形で字類抄に採録されている。

これまでに示した①〜⑮の比較内容をまとめたものが【表2】である。本調査結果からは、次の傾向を指摘することが出来る。

A　字類抄中で「式」出典名を有する項目は、『延喜式』自体には見えるものの、和名抄を介さず、直接あるいは別書を通して字類抄に採録されたものである。

B　字類抄中で「本朝式」出典名を有する項目は、和名抄からの孫引きである。

【表2】字類抄項目の和名抄・延喜格式中の掲載状況

| 【字類抄】出典名 | 【字類抄】部名 | 【字類抄】項目番号 | 【和名抄】立項 | 【和名抄】「式／本朝式／格」出典名 | 延喜式(⑮は延喜格)における用例 | 備考 |
|---|---|---|---|---|---|---|
| 式(文) | 雑物 | ① | △ | ○ | ○ | |
| | 飲食 | ② | × | - | ○ | |
| | 辞字 | ③ | × | - | ○ | |
| | 辞字 | ④ | × | - | ○ | |
| | 植物 | ⑤ | × | - | ○ | |
| | 雑物 | ⑥ | ○ | × | ○ | (江家次第) |
| | 雑物 | ⑦ | × | - | ○ | |
| | 飲食 | ⑧ | × | - | ○ | |
| | 辞字 | ⑨ | × | - | ○ | |
| | 飲食 | ⑩ | × | - | ○ | |
| 本朝式 | 動物 | ⑪ | ○ | ○ | ○ | |
| | 雑物 | ⑫ | ○ | ○ | ○ | |
| | 植物 | ⑬ | ○ | ○ | ○ | |
| | 雑物 | ⑭ | ○ | × | × | (誤引か) |
| 格 | 諸寺 | ⑮ | × | - | ○ | |

## 二　『和名類聚抄』中の「式」注記

次に、和名抄中の「本朝式／本朝式文／式文」表示は、前条の①⑪〜⑬に対応する既述四例を除けば、左に挙げる全三五項目である。これらを字類抄と照合したところ、全項目の収録が確認された。字類抄側に「本朝式」の記述は見えないものの、和名抄中の「具」名や「本朝式云」以下の注記・表記を引いた例も少なくなく、多くが和名抄を引用したものであることは疑いない。このことからは、右⑪〜⑬のように出典を含めて引き写したものは例外であって、普通和名抄から「本朝式」を出典とする項目を採る場合は出典名を省く作業が行われたことが分かる。字類抄中に比較的多く見られる出典名であるものの、和名抄側から見れば極僅かな数が残されたに過ぎないのである。出典名の残された項目は、いずれも同音異表記語を持つ語の下位項目であり、他の表記との差異化を図る目的で根拠が残されたものと推察される。

C　和名抄中の「本朝式」出典名は、同音異表記の語がない限り、その殆どが字類抄への採録過程で削られた。

なお、左の例の上部に付した○は「少なくとも和名抄の項目表記・和名を字類抄が採る例」、◎は「和名抄に和名を示す万葉仮名がないが、字類抄が採る例（括弧内は字類抄にある音訓）」を表す。これは前項でも示したように、和名を伴わない項目についても字類抄が新たな音訓を付して採録した例である。

○「潜女　本朝式云伊勢國等潜女〈和名加豆岐米〉」（巻二10オ人倫部・老幼類）

○「皮〈山形附〉　周禮云郷射之禮五物其三曰皮本朝式云山形〈和名夜萬加太〉侯後四許大張紺布禦矢者也」（巻四3ウ術藝部・射藝具）

○「競馬〈標附〉　本朝式云五月五日競馬〈和名久良閉宇麻〉立標〈標讀師米〉」（巻四5オ術藝部・雜藝類）

○「長押　本朝式云長押和名奈介之〈見功程式等〉」（巻一〇10オ居處部・居宅具）

○「燈籠　内典云燈爐〈見涅槃經〉唐式云燈籠〈見開元式〉本朝式云燈樓〈見主殿寮式今案三字皆通稱也〉」（巻一二13ウ燈火部・燈火器）

○「燈臺　本朝式云主殿寮燈臺」（巻一二13ウ燈火部・燈火器）

○「調布　唐式云楊州庸調布〈今案本朝式有庸布調布調布讀豆岐乃沼能又有信濃望陁等名望陁者上總國郡名也

其體與他國調布頗別異故以所出國郡名為名也〉」（巻一二16ウ布帛部・繒布類）
○「商布　本朝式云商布〈和名多迩〉」（巻一二17オ布帛部・繒布類）
○「缺掖　楊氏漢語抄云蜀衫〈和岐阿介乃古路毛〉本朝式云缺掖〈一云開掖〉」（巻一二19ウ装束部・衣服類）
○「白布帶　本朝式云白布帶〈沼能於比〉」（巻一二24ウ装束部・署帶類）
○「葉椀　本朝式云十一月辰日宴會其飲器參議以上朱漆椀五位以上葉椀〈和語云久保天〉」（巻一三8オ調度部・祭祀具）
○「翳　本朝式云齊王行具十二枚〈翳音於計反和名波〉」（巻一四2ウ調度部・服玩具）
◎（ヒヤウサン）「屛繖　唐令云署一吹大繖四〈繖音散〉本朝式云屛繖」（巻一四3オ調度部・服玩具）
○「紅藍　辨色立成云紅藍〈久禮乃阿井〉呉藍〈同上〉本朝式云紅花〈俗用之〉」（巻一四11オ染色具）
○「黄草　辨色立成云〈加伊奈〉本朝式云〈刈安草〉」（巻一四11オ調度部・染色具）
◎（センシヤウ）「軟障　本朝式云軟障一條」（巻一四16オ調度部・屛障具）
◎（イシ）「倚子　本朝式云紫宸殿設黒梯倚子」（巻一四17オ調度部・座臥具）
◎（シヤウシ）「床子　本朝式云行幸用赤漆床子」（巻一四17オ調度部・座臥具）
◎（サウトン）「草墪　本朝式云清涼殿設錦草墪」（巻一四17オ調度部・座臥具）
○「疊　本朝式云掃部寮長疊短疊〈唐韻云徒協反重疊也和名太々美〉」（巻一四17オ調度部・座臥具）
◎（タイハン）「大槃　唐式云大槃本朝式云朱漆臺盤黒漆臺盤」（巻一六3ウ器皿部・漆器類）
○「瓺　本朝式云瓺〈美加今案音長一音仗見唐韻〉辨色立成云大甕〈和名同上〉」（巻一六7オ器皿部・瓦器類）
○「𤭖　本朝式云𤭖〈佐良介今案所出未詳〉辨色立成云淺甕〈和名同上〉」（巻一六7オ器皿部・瓦器類）
○「氷頭〈背腸附〉本朝式云年魚氷頭背腸〈年魚者鮭魚也氷頭者比豆也背腸者美奈和太也或説云謂背為皆訛

也〉」（巻一六20オ飲食部・魚鳥類）

○「煎汁　本朝式云堅魚煎汁〈加豆乎以呂利〉」（巻一六21ウ飲食部・鹽梅類）

○「葟子　本朝式云葟子〈葟音皇和名美乃今案訓釋所出未詳〉」（巻一七7オ稲穀部・麻類）

○「島蒜　楊氏漢語抄云島蒜〈阿佐豆木本朝式文用之〉」（巻一七16オ菜蔬部・葷菜類）

○「鶏冠菜　楊氏漢語抄云鶏冠菜〈土里佐加乃里式文用鳥坂苔〉」（巻一七18ウ菜蔬部・海菜類）

◎（オコ）「於期菜　本朝式云於期菜」（巻一七18ウ菜蔬部・海菜類）

○「大凝菜　本朝式云凝海藻〈古留毛波俗用心太二字云古々呂布止〉楊氏漢語抄云大凝菜」（巻一七18ウ菜蔬部・海菜類）

○「莫鳴菜　本朝式云莫鳴菜〈奈々里曾漢語抄云神馬藻三字云奈乃里曾今案本文未詳但神馬莫騎之義也〉」（巻一七18ウ菜蔬部・海菜類）

○「葦鹿　本朝式云葦鹿皮〈和名阿之加見于陸奥出羽交易雑物中矣本文未詳〉」（巻一八17ウ毛群部・毛群名）

◎（トクカン）「獨犴　唐韻云犴〈俄寒反音岸今案和名未詳但本朝式云葦鹿皮獨犴皮云云犴音如簡此名所出亦未詳〉胡地野犬名也」（巻一八17ウ毛群部・毛群名）

○「鰹魚　唐韻云鰹〈音堅漢語抄云加豆乎式文用堅魚二字〉大鮦也大曰鮦小曰鯇〈音奪〉野王案鮦〈音同〉蠡魚也〈蠡魚見下文今案可為堅魚之義未詳〉」（巻一九2ウ鱗介部・龍魚類）

◎（ヲフ・オフ）「白貝　唐韻云蛤〈古三反一音含辨色立成云於富本朝式文用白貝二字〉爾雅云貝在水曰蛤也」（巻一九13オ鱗介部・亀貝類）

さて、本項では「式」を『延喜式』と仮定し調査を行ったが、【表2】の「延喜式における用例」の欄を見れば、この前提で特に問題はなさそうである。和名抄中の「本朝式」「式文」が弘仁・貞観・延喜いずれの式を指すかについての議論が狩谷棭斎の箋注和名抄、宮城氏（一九六二）等にあるが、字類抄の「式」については該当語がほぼ『延喜式』に見られること、和名抄と字類抄の成立年代に隔たりがあり、和名抄での議論を字類抄に敷衍する必要のないこと、⑮「格」が、年代からも『延喜格』の内容と判ること等を考慮しても、字類抄が少なくとも和名抄を介さない形でも『延喜式』を直接・間接的に参照していることに疑う余地はなさそうである。ただし、字類抄が『延喜式』の語彙を（巻単位であれ）網羅的に採録した訳ではないことは、次に示す例からも窺うことが出来る。次例は、『延喜式』に一箇所のみ現れる前述の「栗黄」（巻三二大膳上765）の前後に記載された供物名が字類抄に採録されているか否かを調査したものである（字類抄にあるものに傍線を付した）。

「石塩、乾魚、鹿脯、鹿醢、魚醢、豚胉、鹿、脾析菹、羊脯、（代用　鹿脯）、糯米、大豆、胡麻子、乾棗子、黍子、栗黄、榛人、菱人、芡人、韮菹、蔓菁菹、芹菹、笋菹、葵菹、塩、醬、三牲宍、鹿、大羹料、鹿、醢料」

これらのうち「醢」「糯」「菹」等の単字は字類抄に別に収録されているが、熟語としては殆どの語が採られていない。このことは、前項注九で述べたような事情[7]にも拠るものであろうが、動物・植物・飲食等の部を立てながら、より多くの語の収録を目指したものではなく、あくまでも「書くための辞書」を目指した字類抄編者の取捨意識を見て取ることが出来る。

## 三　『色葉字類抄』編纂に利用された『和名類聚抄』――『延喜式』を通して――

最後に、峰岸明氏（一九六四）が「延喜式巻二二民部上／二〇巻本和名抄巻五国郡部／字類抄国郡部」に同類

の記事があることを指摘され、「本文比校の結果、字類抄「国郡」はやはり和名抄を介して考えるのが穏当のようである」とされた（前項【表2-1】参照）ことについて、筆者もこの峰岸氏の御論に賛同するものであるが、峰岸氏は比較の結果を全面的に割愛されたため、ここに改めて一部を挙げ、峰岸氏の御論の追認としたい（付訓、注記等は省略した）。

使用した諸本は以下の通りである。

【略称】延喜式…新訂増補国史大系／九条家本、古活字本和名…元和古活字本和名類聚抄（二〇巻本）、大東急本和名…大東急本和名類聚抄（二〇巻本）、三色葉…前田本／黒川本色葉字類抄（三巻本）

A　**延喜式―和名抄・三色葉**（郡名の排列）、**延喜式・和名抄―三色葉**（用字）

【大和国】

| | | | | | | | | | | | | | | | |
|---|---|---|---|---|---|---|---|---|---|---|---|---|---|---|---|
| 延喜式 | 添上 | 添下 | 平群 | 廣瀬 | 葛上 | 葛下 | 忍海 | 宇智 | 吉野 | 宇陀 | 城上 | 城下 | 山邊 | 十市 | 高市 |
| 古活字本和名 | 添上 | 添下 | 平群 | 廣瀬 | 葛上 | 葛下 | 忍海 | 宇智 | 吉野 | 宇陀 | 城上 | 城下 | 高市 | 十市 | 山邊 |
| 大東急本和名 | 添上 | 添下 | 平群 | 廣瀬 | 葛上 | 葛下 | 忍海 | 宇智 | 吉野 | 宇陀 | 城上 | 城下 | 高市 | 十市 | 山邊 |
| 三色葉（黒） | 添上 | 添下 | 平群 | 廣瀬 | 葛上 | 葛下 | 忍海 | 宇知 | 吉野 | 宇陀 | 城上 | 城下 | 高市 | 十市 | 山邊 |

B　**延喜式―和名抄・三色葉**（郡名の排列）、**延喜式・古活字本和名・三色葉―大東急本和名**（郡名の有無）

【上総国】

| | | | | | | | | | | | |
|---|---|---|---|---|---|---|---|---|---|---|---|
| 延喜式 | 市原 | 海上 | 畔蒜 | 望陀 | 周淮 | 天羽 | 夷灊 | 埴生 | 長柄 | 山邊 | 武射 |
| 古活字本和名 | 市原 | 海上 | 畔蒜 | 望陀 | 周淮 | 天羽 | 夷灊 | 長柄 | 山邊 | 武射 | 埴生 |
| 大東急本和名 | 市原 | 海上 | 畔蒜 | 望陀 | 周淮 | 天羽 | 夷灊 | 長柄 | 山邊 | 武射 | |

三色葉　市原 海上 畔蒜 望陀 周淮 天羽 夷灊 長柄 山邊 武射 埴生

C　延喜式―和名抄・三色葉（郡名の有無）、延喜式・古活字本和名―大東急本和名・三色葉（排列）

【遠江国】

延喜式　濱名 敷智　　 引佐 麁玉 長上 長下 磐田 山香 周智 山名 佐野 城飼 蓁原

古活字本和名　濱名 敷智 豊田 引佐 麁玉 長上 長下 磐田 山香 周智 山名 佐野 城飼 蓁原

大東急本和名　濱名 敷智 豊田 引佐 麁玉 長下 長上 磐田 山香 周智 山名 佐野 城飼 蓁原

三色葉　濱名 敷智 豊田 引佐 麁玉 長下 長上 磐田 山香 周智 山名 佐野 城飼 蓁原

右のA～Cは、『延喜式』と、和名抄・字類抄が対立し、和名抄と字類抄が一致する」要素を含む例である。AとBは郡名の排列、Cは郡名の有無において、和名抄・字類抄が一致し、『延喜式』と対立する。同時に、Aは用字において字類抄が、Bは郡名の有無において大東急本和名抄が他と一致せず孤立するが、「少なくとも用字の差異・郡名の有無（脱落）という要素に比して郡名の排列の一致・不一致が諸本の影響関係の濃度を表している」と考えることは不自然ではない。このことによっても、「字類抄国郡部は、『延喜式』ではなく和名抄に類似している」と言うことが出来るのである。排列の点で、Cのように古活字本和名抄と字類抄が一致しない場合でも、大東急本和名抄（室町期写、『古写本和名類聚抄集成』（勉誠出版、二〇〇八年収録）では、字類抄の「長下　長上」の排列と一致し、字類抄が和名抄類の一本を引いた傍証となっている。

そこで次に、字類抄の依拠する和名抄が大東急本に類する一本（大東急本の祖本の一本）であるか否かを確かめるために、D～Jとして、『延喜式』・和名抄二本・字類抄の一致・対立関係の異なるパターンをそれぞれ追加し示す（和名抄と『延喜式』の異なるパターンは全て示したが、用字が異なる場合（島／嶋等）については大部分を省略した）。

D　延喜式・大東急本和名―古活字本和名・三色葉（用字）

【近江国】延喜式・大東急本和名…栗太｜　―　古活字本和名・三色葉（黒）…栗本｜

E　延喜式・古活字本和名・三色葉―大東急本和名（用字）

【丹波国】延喜式・古活字本和名・三色葉（黒）…何鹿｜　―　大東急本和名…河鹿｜

【石見国】延喜式・古活字本和名・三色葉…那賀｜　―　大東急本和名…那智｜

【安芸国】延喜式・古活字本和名・三色葉…沼田｜　―　大東急本和名…治田｜

【日向国】延喜式・古活字本和名・三色葉…兒湯｜　―　大東急本和名…兒陽｜

F　延喜式・大東急本和名・三色葉―古活字本和名（用字）

【伊豫国】延喜式・大東急本和名・三色葉…宇麻｜　―　古活字本和名…宇摩｜

【土佐国】延喜式・大東急本和名・三色葉…土左｜　―　古活字本和名…土佐｜

【肥後国】延喜式・大東急本和名・三色葉…球磨｜　―　古活字本和名…球麻｜

G　延喜式・古活字本和名・三色葉―大東急本和名（郡名の有無）、延喜式・大東急本和名・三色葉
―古活字本和名（用字）

【筑前国】

延喜式　怡土　志麻｜　早良（中略）嘉麻　穂浪　夜須　下座　上座　御笠

古活字本和名　怡土　志摩｜　早良（中略）嘉麻　穂浪　夜須　下座　上座　御笠

大東急本和名　怡土　志麻｜　早良（中略）嘉麻　穂浪　夜須　下座　上座　御笠　席内院｜

三色葉　怡土　志麻｜　早良（中略）嘉麻　穂浪　夜須　下座　上座　御笠

H　延喜式・和名抄―三色葉（用字）、延喜式・大東急本和名・三色葉―古活字本和名（用字）

【美濃国】

延喜式　（前略）山縣　武義　郡上　賀茂　可兒　土岐　恵奈

古活字本和名　（前略）山縣　武藝　郡上　賀茂　可兒　土岐　恵奈

大東急本和名　（前略）山縣　武義　郡上　賀茂　可兒　土岐　恵奈

三色葉（黒）　（前略）山縣　武義　郡上　賀茂　何兒　土岐　恵奈

Ｉ　延喜式・大東急本和名―古活字本和名―三色葉（用字）

【陸奥国】

延喜式・大東急本和名…日理　―　古活字本和名…亘理　―　三色葉（黒）…田理

Ｊ　延喜式―古活字本和名―大東急本和名―三色葉（用字）

【大隅国】

延喜式　菱苅　桑原　贈於　大隈　姶羅　肝屬　馭謨　熊毛

古活字本和名　菱刈　桑原　囎唹　大隈　姶羅　肝屬　馭謨　熊毛

大東急本和名　菱荊　桑原　噌唹　大隈　姶羅　肝屬　馭謨　熊毛

三色葉　菱列　桑原　曾唹　大隈　姶羅　肝屬　馭謨　熊毛

また、字類抄の諸本との一致関係を再分類すると以下の通りであるが、『延喜式』と字類抄が一致し、かつそれらが和名抄の二本と対立するという例が一例も存在しないことからも、字類抄が『延喜式』にのみ拠り和名抄を無視したという可能性はないものとして良いであろう。いずれとも一致しない例は全て用字に関する差異であり、各本の参照関係を否定するものではない。

一　和名抄と一致し、『延喜式』と一致しない例
延喜式―和名抄・三色葉…A（排列）B（排列）C（郡名の有無）
二　古活字本のみと一致する例
延喜式・大東急本和名―古活字本和名・三色葉…D（用字）
三　大東急本のみと一致する例
延喜式・古活字本和名―大東急本和名・三色葉…C（排列）
四　『延喜式』・古活字本と一致し、大東急本と一致しない例
延喜式・古活字本和名・三色葉―大東急本和名（郡名の有無）…B（郡名の有無）E（用字）G（郡名の有無）
五　『延喜式』・大東急本と一致し、古活字本と一致しない例
延喜式・大東急本和名・三色葉―古活字本和名…F（用字）G（用字）H（用字）
六　いずれとも一致しない例
延喜式・和名抄―三色葉…A（用字）H（用字）
延喜式・大東急本和名―古活字本和名―三色葉…I（用字）
延喜式―古活字本和名―大東急本和名―三色葉…J（用字）

更に、各本と字類抄との不一致要素を簡略化するとそれぞれ以下のようであるが、『延喜式』が全ての要素で字類抄と一致しない例があるのに対し、特に大東急本和名抄は、（大東急本で語の増減のある部分を除き）排列が字類抄とほぼ一致していることが分かる。

ａ　古活字本と一致しない例…排列・用字
ｂ　大東急本と一致しない例…郡名の有無・用字
ｃ　『延喜式』と一致しない例…排列・郡名の有無・用字

また、字類抄との一致要素から再分類すると以下の通りであるが、『延喜式』との一致・不一致を問わず、排列の一致する例では必ず和名抄（特に大東急本）と一致しており、郡名の有無の一致する例でも必ず和名抄（特に古活字本）と一致することが再確認される。ＢＧの如く大東急本和名抄が特に郡名の有無において他本と一致しない場合のあることは、大東急本以前のある段階で郡名の増減が行われたことを示すものであるが、それは『色葉字類抄』成立以後であることが推察される。

・排列
Ａ　延喜式―和名抄・三色葉（排列）
Ｂ　延喜式―和名抄・三色葉（排列）
Ｃ　延喜式・古活字本和名―大東急本和名・三色葉（排列）
・郡名の有無
Ｂ　延喜式・古活字本和名・三色葉―大東急本和名（郡名の有無）
Ｃ　延喜式―和名抄・三色葉（郡名の有無）
Ｇ　延喜式・古活字本和名・三色葉―大東急本和名（郡名の有無）
・用字

A　延喜式・和名抄―三色葉（用字）
D　延喜式・大東急本和名―古活字本和名・三色葉（用字）
E　延喜式・古活字本和名・三色葉―大東急本和名（用字）
F　延喜式・大東急本和名・三色葉―古活字本和名（用字）
G　延喜式・大東急本和名・三色葉―古活字本和名（用字）
H　延喜式・和名抄―三色葉（用字）
　　延喜式・大東急本和名・三色葉―古活字本和名（用字）
I　延喜式・大東急本和名―古活字本和名―三色葉（用字）
J　延喜式―古活字本和名―大東急本和名―三色葉（用字）

以上により、字類抄編者が三巻本字類抄国郡部を編纂するに当たっては、『延喜式』類を直接参照したのではなく、和名抄類を介して採録を行ったことが明らかであり、特に、郡名の増減が加わる以前の大東急本祖本を参照した可能性が高いものと考えられる。その本は、従来の指摘通り高山寺本（該当部（巻五）を欠く）の如きものであるかもしれないし（峰岸、一九六四年）、高山寺本の祖本と大東急本の間に位置する一本であるかもしれない。

また、『延喜式』巻九・一〇（神祇・神名上下）に神社名を掲げた語集団（延喜式神名帳）があるが、三巻本字類抄「諸社部」への影響が全く見られないことからも、編者が『延喜式』を直接の根幹資料にした可能性の極めて乏しいことが分かる。

## 四　結論

本項では、三巻本『色葉字類抄』について、出典表示の最も多かった「(延喜)式」からの引用態度を中心に扱い、次の結論を得た。ただし、第一条の結論は繰り返さない。

Ⅰ　字類抄に示された出典注記が必ずしも和名抄の孫引きとは限らず、別書より補われた例が少なからず存在しているという事実が、前項に続き確認された。和名抄から継承した出典注記の中に、字類抄中で同音異表記語を持つ語の下位項目があったことからも、残された出典注記の存在は決して典拠削除作業の遺漏によるものなどではなく、字類抄編者が積極的に残そうとした注記である、ということになるだろう。すなわち、編者が必要と考えられる場合に最小限これを残したと考えるのが妥当である。

Ⅱ　字類抄国郡部は、『延喜式』巻二二民部上ではなく、二〇巻本和名抄巻五国郡部を参照して編纂されたことを再確認した。なお、字類抄編纂に利用された和名抄は、大東急本に存在する語の増減（誤写を含む）が行われる以前の一本であると考えられる。

字類抄と和名抄の関係は従来もしばしば注目されてきたが、前項並びに本項の調査結果により、字類抄編纂の過程がより明確になったものと筆者は考える。

注

（1）『新訂増補国史大系』を用いた。数字は頁数。適宜、国立文化財機構・e国宝（http://www.emuseum.jp）の公開する九条家本延喜式を参照した。

（2）九条家本に傍訓なし。
（3）「雑色卅余人皆着絹狩衣」（小右記／長和二年四月二四日）。
（4）和名抄「奴袴」の次項目「布衣袴」注記内には「此間云獦衣加利岐沼」、字類抄カ篇雑物部には「獦衣　カリキヌ（中略）布衣　同」等とあるが、いずれにも「本朝式」表示はない。古記録・古文書等に「絹袴」「狩袴」等は見える。
（5）「凡裁絹絁為獵衣袴」（巻四一弾正台912）。
（6）『類聚三代格　一』（尊経閣善本影印集成37、八木書店、二〇〇五年）を用いた。
（7）字類抄には、単字に分解した際にそれぞれの元の熟語の読みや意味が保たれているもの（「春風」「谷川」等）は、熟語の形では収録されない傾向がある。


参考文献　※前項と重複する部分が多いが、再掲する。
論文
河村正夫「伊呂波字類抄の成立に就いて」（国学4、一九三六年）
吉田幸一「和名抄引用書名索引（上）」「同（下一）」「同（下二）」（書誌学10-4・11-1・11-5、一九三八年）
宮城栄昌「倭名類聚抄引用の本朝式について」（日本歴史174、一九六二年）
峰岸明「前田本色葉字類抄と和名類聚抄との関係について」（国語と国文学41-10、一九六四年）
村田正英「三巻本色葉字類抄における和名類聚抄和訓の受容」（鎌倉時代語研究5、一九八二年）
原卓志「色葉字類抄における掲出語の増補について――和名類聚抄との比較を通して――」（国文学攷97、一九八三年）
村田正英「色葉字類抄における和名類聚抄掲出語の受容――特に「人体」部について――」（鎌倉時代語研究7、一九八四年）
佐佐木隆「『類聚名義抄』『色葉字類抄』所引の『和名類聚抄』」（国語と国文学61-9、一九八四年）
三宅ちぐさ「「いろは字類抄」と『和名類聚抄』」（東海学園女子短期大学紀要22、一九八七年）
書籍
上田万年・橋本進吉『古本節用集の研究』（東京帝国大学文科大学紀要2、一九一六年）

川瀬一馬『古辞書の研究』（大日本雄弁会講談社、一九五五年、増訂再版・雄松堂出版、一九八六年）

## 第三項　重点部語彙の前後

### はじめに

三巻本『色葉字類抄』の意義（また語形）分類二一部のうち一四番目に位置する「重点部」には、「一々」等、所謂「畳語」が収められている。重点部については山田俊雄氏、町田亙氏、村井宏栄氏に御論稿があるが[(1)]、用例調査等基礎研究の余地が十分残されている。本項では、他の古辞書との比較調査、また中世の各種文献に用いられた畳語についての調査を通して、字類抄の編纂方針、また古辞書の意義分類の変遷に言及することを目的とする。

### 一　『色葉字類抄』重点部の概観

三巻本『色葉字類抄』重点部イ〜ス篇には一五七語が収録されている。

以下、重点部に収録された全語を掲出（イロハ）順に示す。前田本の欠ける部分についても黒川本を用いて示した。また、踊り字の種類は原形を保存して示すよう努めた。

1　猗々　イ丶／ウルハシ
2　殷々　イン丶丶／サカリナリ／車音丨鳴
3　隠々　イン丶丶／車音
4　一々
5　家々
6　色々
7　了々　イト丶丶
8　録々　ロク丶丶／ウナツキアハス
9　轆々　ロク丶丶／不絶義也
10　莓々　ハイ丶丶

11 皤々　ハヽ／シラク／鬢眉白皃
12 婆々　ハヽ／舞皃
13 苞々　ハウヽヽ／草木茂也
14 茫々　ハウヽヽ／水色也
15 陪々　ハイヽヽ
16 番々　ハンヽヽ
17 日々　ニチヽヽ
18 眇々　ヘウヽヽ／ハルカナリ
19 淼々　ヘウヽヽ水ヽヽ也／大水也／ハルカナリ
20 變々　ヘンヽヽ
21 片々　ヘンヽヽ
22 戸々　ヘヽ
23 處々　トコロ〳〵
24 往々　同
25 年々　トシ〳〵
26 時々
27 轉々　トヽロク
28 轟々　同／車ーー
29 鼕々　トウヽヽ／叩門鼓等聲

30 度々　トヽ
31 遲々　チヽ
32 重々　チウヽヽ
33 嫡々　チヤクヽヽヽ
34 略々　リヤク〳〵
35 領々
36 離々　リヽ／苗名
37 往々　ワウヽヽ
38 各々
39 嗷々　カウヽヽ
40 啞々　カウヽヽ
41 咬々　〈フ〉カウヽヽ
42 赫々　カクヽヽ
43 峨々　カヽ
44 颬々　カヽ
45 夜々　ヨナヽヽ
46 世々　ヨヽ
47 代々　ヨヽ
48 時々　ヨリ〳〵

49　代々　タイ〱
50　段々　タン〱
51　堂々　タウ〱／美容儀也
52　蕩々　タウ〱／巍々ーー
53　了々　レウ〱
54　連々　レン〱
55　戀々　レン、、
56　孫々　ソン、、／子々ーー
57　所々
58　忩々　ソウ、、
59　楚々　ソ、／衣装鳴音也
60　念々　ネン、、
61　年々　ネン、、
62　内々　ナイ、、
63　軟々　ナユ／ー衣
64　落々　ラク〱
65　云云　ウン〱／ツ、ヤク
66　欝々　ウツ〱／タカシ
67　内々　ウチ〱

68　唯々　ヰ、
69　後々　ノチ〱
70　恐々　クヨウ〱
71　巍々　語壽反／クヰ〱／高大皃也
72　閞（関）々　クワン〱歎／クフ〱／和音也
73　怳々　クヰヤウ〱／ホル
74　句々　ク、
75　區々　ク、
76　緩々　クワン〱
77　□（匈）々
78　顆々　波高皃
79　喁々　聚皃
80　潢々
81　駃々　馬行皃／クヰ〱
82　惓々　クハン〱／忠也
83　兢々　敬懼皃／クヨウ〱
84　煌々　火壮
85　夜々　ヤ、
86　湯々　ヤウ〱／意氣ーー

87　様々　ヤウ〱
88　洋々　ヤウ〱／タヽヨフ
89　泱々　ヤウ〱／タナヒク
90　漫々　マン〱
91　分々　フンヽヽ
92　歩々　フヽ
93　尅々　コク〱／時々ーー
94　戸々　コヽ／門々戸ー
95　後々　コヽ
96　心々　ココロ〱
97　聲々　コヱ〱
98　事々　コト〱
99　營々　エイヽヽ
100　縁々　エンヽヽ
101　曳々　エイヽヽ／推舟聲也
102　喓々　エウ〱／虫音也
103　朝々　テウ〱
104　轉々　テン〱
105　條々　テウ〱

106　褭々　テウ〱／タヲヤカナリ
107　泥々
108　嚶々　アウ／鳥音也
109　□(瀓)々　匹蔽反／アソフ／魚游水也
110　□(蛩)々　アシトテヒク
111　細々　サイ〱
112　在々　サイ〱
113　散々　サン〱
114　早々　サウ〱
115　察々　サツ〱／明々ーー
116　草々　サウ〱／サウサシ
117　雑々　サウ〱／サマ〱
118　歳々
119　作々　語點ー々
120　近々　キン〱
121　謹々　キム〱
122　凞々　キ〱／タノシ
123　兢々　キヨウ〱
124　軽々　キヤウ〱

125　狺々　キン〳〵／ニカメリ
126　努々　ユメ〳〵
127　夢々　ユメ〳〵
128　面々　メン〳〵
129　明々　メイ〳〵
130　生々　シヤウ〳〵／｜｜世々
131　鏘々　シヤウ〳〵／タカシ
132　種々　シウ〳〵／クサ〳〵
133　秦々　シン〳〵
134　蔣々　シヤウ〳〵／高也
135　湯々　シヤウ〳〵／流也
136　噍々　シウ〳〵／鳥鳴声
137　啾々　シウ〳〵／雀声
138　子々　｜｜孫々
139　孜々
140　遠々　ヱン〳〵
141　蜜々　ヒツ〳〵
142　日々　ヒ、
143　門々　モン、、
144　文々　モン、、
145　世々　セ、
146　済々　セイ〳〵／多威儀皃／多也集也
147　漸々　セム〳〵
148　少々　セウ〳〵
149　切々
150　説々　セツ〳〵
151　凄々　セイ〳〵／雲行皃
152　寂々　セキ〳〵／シツカナリ
153　蕭々　セウ〳〵／ヒユ
154　戰々
155　前々
156　□（惴）々　戌睡反／憂心也
157　蠢々　尺尹反

『色葉字類抄』における重点部語彙の特徴として、一つには原則として踊り字が用いられていること、(2) もう一つには語の構成漢字数が二字であることが挙げられる。そのため「子々孫々」等、四字以上から成る熟語は見出し語としては立てられず、注記中に「138子々　｜｜孫々」等として示唆されるのみである（三字以上から成る熟語については第三章第二節参照）。

また、以下の例のように、同じ文字列を持ちながら二箇所に重複掲出のあるものが一三組二六語あり、音訓の両形を示したものや音読表記の揺れに起因する例が認められる。ただし、「85　湯々　ヤウ〳〵／意氣｜｜」と「135　湯々　シヤウ〳〵／流也」とあるのは前者が「陽々」あるいは「揚々」の誤りである可能性が高いため、含まない。

①　27　轉々　ト、ロク　｜　104　轉々　テン〳〵
②　45　夜々　ヨナ、、　｜　85　夜々　ヤ、
③　46　世々　ヨ、　｜　145　世々　セ、
④　83　兢々　クヨウ〳〵　122　兢々　キヨウ〳〵

重点部語彙一五七語のうち漢語（音読語）は一三二例、和語（訓読語）は二五例であるが[4]、必ずしも和語と対になる音読語が立項されているとは限らず（例えば「28 轟々」は音読語としては立項されていない）、また和語に与えられた訓の形式が畳語になっているとも限らない。

27　轉々　ト、ロク　（ト篇）
28　轟々　同／車｜｜　（ト篇）

109　瀲々　匹蔽反／アソフ／魚游水也　（ア篇）
110　蛩々　アシトテヒク　（ア篇）

次の例のように、注文中の意義注の如き訓が文選読みの訓読部分に用いられた実例のある場合も多い。

2　猗々　イヽ／ウルハシ　「猗猗トウルハシウシテ」（九条本文選）
11　皤々　ハヽ／シラク／鬢眉白皃　「皤皤トシラケテ」（同）
73　悦々　クヰヤウ〱／ホル　「悦悦トホレテ」（同）
88　洋々　ヤウ〱／タ、ヨフ　「洋洋トタ、ヨテ」（同）
134　嶈々　シヤウ〱／高也　「嶈嶈トタカキニ」（同）
135　湯々　シヤウ〱／流也　「湯湯トナカル、ヲ」（同）

文選読みの語をこのように掲げる姿勢に関しては、字類抄畳字部訓読語とも共通する現象であるが、特に前掲27以下のように漢語に対応する和語の訓を独立させて立項している場合には、音引き辞書としての有用性に関わる問題となるだろう。(5)また、前掲134や135の如き記述態度についても、文選読みと意義注の境界が曖昧な場合として注意が必要である。更に、仮名音注が、漢音で示される場合と呉音で示される場合がある。

〈呉音〉17　日々　ニチ、、
62　内々　ナイ、、

〈漢音〉
124　軽々　キヤウ〳〵
129　明々　メイ〳〵
141　蜜々　ヒツ〳〵
152　寂々　セキ〳〵／シツカナリ

重点部に限らず字類抄全体の特徴として仮名音注に漢音と呉音が混在していることは先学の御指摘通りであるが、一見漢詩文作成のための語の集合と思われるような重点部という特殊な部においてもこの現象が該当し、また反切や平仄（声点）も殆ど付されていない、[6] 語の典拠を示さない、というような状況を鑑みれば、字類抄が漢詩文作成のためにこのような部を設けた訳でないことは明らかである。また詳しくは第五章で述べるが、より定着した仮名音注が示される場合のあることも、この事実と符合する。しかし、それでは字類抄の編者は、如何なる意図で重点部を採用したのであろうか。

まずは、次条において他の古辞書と対比することにより、字類抄重点部の特異性を眺めたい。

## 二　古辞書における畳語

「重点部」の呼称は「いろは字類抄」諸本（節用文字、色葉字類抄、世俗字類抄、伊呂波字類抄）の他、字類抄と関係の深いとされる『平他字類抄』や『平安韻字集』には認められるものの、字類抄以前に本邦で成立した国語辞書の中では『新撰字鏡』にのみ見出される稀少な部である[7]（ただし、『新撰字鏡』と字類抄の直接の影響関係はないことが既に明らかとなっている）。また、畳語を示す「重点」の語は現代の漢和・漢語辞書にも見えず、「畳文」「畳辞」「畳字」「重言」「重字」「複語」等が見られるのみである。[8] 字類抄以降に成立した国語辞書で畳語を収録する場合でも、節用集まで下ると「言語」「言辞」「言語進退」等の部門に吸収され、[9]「重点部」として独立した形式を取らなくなり、現代の一般的な国語辞書に至っている。ただし、中世以降の一部の作詩参考書の類においては「複用門」の名により畳語を含む一群の語彙を扱う場合がある。

本条では、特徴的な畳語の掲載形式を持つ書、[10]また節用集について述べる。

◎『作文大体』

平安時代に成立し、増補改編された諸本が残っている。群書類従本に「文章有十二對〈詩賦雑筆等同用之〉」とあり、その第六に「畳對」とある。[11]「悠々眇々、迢々濟々」に始まり「池色溶々藍染水、花光焔々火燒香」まで、計三九対の畳語を掲げる。ただしこの箇所は古態を残す観智院本（鎌倉時代写／『平安詩文残篇』所収）にはなく、それ以降に増補された部分であることが分かる。

（『平安詩文残篇』、天理図書館善本叢書、八木書店、一九八四年）（群書類従本、一九八三年）

◎『童蒙頌韻』

成立は天仁二年（一一〇九）であり、最古の善本は室町時代に書写されたものである。静嘉堂文庫本・群書類従本の序文には「凡二千九百五十五言除重點三十七字」とあり、また韻目に「東一　百十八字除重點二字」等の表示がある。東韻には一二〇字が収録され、このうち「芃々」「沖々」の二語が所謂畳語に当たるため、ここで「重點」とあるのは踊り字を示しているものと理解出来る。[12]

（尊経閣善本影印集成25-2、二〇〇〇年）（古辞書叢刊、一九七六年）（群書類従本、一八九三年）

◎『消息詞』

菅原為長（一一五八～一二四六）撰。書簡、また鎌倉幕府の事務文書用に供されたものとも推測される。巻末に「重點」の部門を設け、「早々〈サウ〳〵〉」「遅々〈チ〳〵〉」から「色々〈イロ〳〵〉」「漸々〈セン〳〵〉」まで畳語六〇語を収録する。多く字類抄重点語彙と一致しており、影響関係が認められる。

（『消息詞・書状文字抄』（天正一五年（一五八七）奥書）、古辞書叢刊、一九七三年）

◎畳語専用辞書～『畳字訓解』、『増補枝葉訓解』

国語辞書として畳語のみを収録した部門が消滅する一方で、延宝九年（一六八一）に『畳字訓解』（白雲居士編）、元禄九年（一六九六）に『増補枝葉訓解』（西村有隣編）が刊行され、畳語ばかりを集めた特殊な辞典として注目される。ここでは既に「畳字」の呼称が使用されている。『畳字訓解』の自跋に「庶幾為學雕蟲之一助也」とあることからも、詩作のために編まれたことが窺える。

（『畳字訓解』、太平文庫56、太平書屋、二〇〇六年）（『増補枝葉訓解』、東京大学国語研究室蔵版本）

◎『対類』、他作詩参考書

管見に入った書に『對類』（漆桶萬里編）がある。(13) 巻首題「會海對類疊字」に続き九丁にわたり八七二語の畳語を掲載しており、天文・地理・時令等一六門に収録した畳語をそれぞれ平仄により前後に分かつという体裁を持つ。その他、『詩韻砕金』『幼学詩韻』『詩語国字解』『詩語連璧』『増補掌中詩韻牋』『詩文大体』『増補伊呂波韻』等、近世の作詩参考書に、畳語がまとまった形で見える場合が多く、それぞれ『對類』と同様の目的（漢詩文作成）のために編まれたものと理解出来る。

### ◎『聚分韻略』系統の韻書

『聚分韻略』は韻書であるが、独自に一二門の意義分類が施されており、「虚押・複用の二門などは特に珍しいようである」(14)とされる。『聚分韻略』以降の韻書の中にはこの影響下で「複用門」の名称と分類を用いるものが出現する。例えば、国立国会図書館蔵『略韻』（室町時代末期頃写）、『伊呂波韻』（寛永一一年（一六三四）刊）、『和語略韻』（元禄一一年（一六九八）刊）等は「複用門（あるいは「複」とのみ表示）」を採用している。「複用門」は畳語のみならず、詩文中の押韻や対句に必要となる双声、畳韻を形成する語をも収録しており（次項目参照）、字類抄の「重点部」とは性格が異なるものの、畳語を検索する目的には適っている。

### ◎『和漢初学便蒙』『和漢新撰下学集』

『和漢初学便蒙』（元禄八年（一六九五）刊）と『和漢新撰下学集』（正徳四年（一七一四）刊）は異名同書。この書の内容には『下学集』や『易林本節用集』からの影響が見られるが、『下学集』等には見られない「切韻門」「詩賦門」（巻三）、「音律門」「詠歌門」（巻四）等がある。「切韻門」中『聚分韻略』の一二門の説明があるうちに「複用門」も含まれており、次のようにある。

複用門《フクヨウ》　怔忡《セイチウ》、濛々《モウ〳〵》、朦朧《モウロウ》ナド、連屬《レンゾク》シテ複用ユベキ字類アリ（巻三25オ）

また「詩賦門」には作詩の技法を載せ、対句を解説する中で「漠々ノヲドリ字ニ陰々ノヲドリ字を對シ」（巻三46オ）と畳語に言及している。踊り字については更に「詩大塊之踊字《シタイクワイノヲドリジ》」（巻三50ウ）として「颯々《サツ〳〵》」（風）・「荏苒《ニンセン》」（日）・「萠《キザス》」（草）等、意義分類して示されている。これらの全てが踊り字を伴う語ではないことは、『聚分韻略』

系の「複用門」と同様である。

（『京都大学蔵　大惣本稀書集成』10、臨川書店、一九九四年）

◎祐徳稲荷神社蔵『伊露葩字』

室町末期の書写。『平他字類抄』に近い形態を持ち、『聚分韻略』の漢字注に依拠するとされる。イ～ス篇をそれぞれ平仄に分類する他、「両音字」・「半読字」（「縦　タトイ／トモ」等八字）・「重点平」（「蒼々　天」等一九字）・「重点仄」（「皜々　秋」等一二字）・「地理重点」（「巍々　山」等平声二〇字、「蕩々　水」等仄声一九字）の部を作る。なお、『平他字類抄』（江戸中期以降書写）では「平他同訓字」の中に「重点」の項目を設けており、更に「随讀平他字」の後に所謂「複用門」の如き語句一覧を「日・月・星～苔・柳・鷺」に分類して載せる。

（『古辞書研究資料叢刊　第二・三巻』、大空社、一九九五年）

◎節用集　諸本

『節用集大系』全一〇〇巻（大空社、一九九三～一九九五年）を対象に、各辞書において畳語の語数が充実しているセ篇の比較調査を行ったところ、殆どの書において〇～六語の畳語しか掲載されておらず（三巻本字類抄では冒頭に掲げた通り一一語が収録されている）、それ以上の語数を有するのは以下の四書のみであることが分かった。(15)

①『大日本永代節用無尽蔵』（第七五・七六巻、嘉永二年（一八四九）刊、一四語）
②『字引大全』（第五三・五四巻、文化三年（一八〇六）刊、一三語）
③『倭節用集悉改大全』（第六三巻、文政九年（一八二六）刊、一一語）
④『大成正字通』（第四一巻、天明二年（一七八二）刊、九語）

この内、注目されるのは②「字引大全」である。言語門末尾に雅語と俗語を設けるが、「芊々」「閃々」「戦々」「繊々」「悽々」「萋々」「栖々」「戚々」「寂々」等が「雅」に分類されており、特に「戦々」は色葉字類抄に掲載された語であるが、節用集大系所収の諸本ではこの書のみに現れる。ただし、節用集類全般に関して、畳語は言語・言辞門等に吸収されており、その掲載も不連続に行われているため、畳語のみを抽出する作業は困難であり、そのような作業も想定されていないことが分かる。更に、同じ調査の結果、全一〇〇巻一一三書中で頻出の畳語は「漸々（八八書に出現、以下同）」「切々（五五）」「済々（三一）」「少々（三〇）」「節々（二二）」といった実用の語に集中しており、「凄々」「寂々」「蕭々」等は殆ど掲載されていないことが分かった。すなわち節用集がその名の通り日用語を掲載していることや、抑も言語門が「言語《げんきよ》と有下にはつねにいひあつかふことばの字《じ》あり言辞《ごんじ》と有も同じ」（第二七巻）に示されるような語集合として想定されていることからも、字類抄重点部の語とは、例え一部重複語があったとしてもその全体像がかけ離れたものであることは明らかなのである。[16] なお、室町時代～江戸時代初期に刊行された「古本節用集」類の言辞・言語・言語進退門の七篇ではいずれも「漸々」「切々」「済々」等実用的な畳語、しかも五語以内の掲載しかなかった。

以上、中世～近世の代表的なあるいは管見に入った辞書類における畳語の取り扱いを眺めた。結果として、ある程度連続したまとまりとして畳語を収録している辞書で、「重点」「複用」「畳字」の用語を採用している書は、悉く作詩作文参考書としての性格が強いものであることが判明した。韻書の場合は当然声調を伴った形式で語が表示されているため、先に述べた通り、字類抄の重点部とは性格を異にするのであるが、国語辞書史上、延長線上に存在するとされる「節用集」等の一般の国語辞書で畳語が軽視されている（村井氏（二〇〇二）の述べるところの「分類項目化されていない」）状況と比較すれば、字類抄「重点部」と『聚分韻略』系の「複用門」とは部門の外形が近似していると述べても誤りとは言えないだろう。しかし、これらと字類抄重点部の存在理由・内容とに連続性があるかという疑問については改めて検討する必要がある。確かに字類抄所収語の中には重点部に限らず漢詩文特有の語も多く存在するが、そうであるからと言って漢詩文を作るための第一の書として字類抄を挙げる利用者を想定するには、多少困難があるように筆者には感じられる。[17] また、『聚分韻略』等は韻書として出発しながらも改編されるに従って節用的性格を兼ね備えるようになるのであるが、反対に三巻本『色葉字類抄』では、一般の文章で用いられるような普遍的な語を根幹としつつ、修辞を凝らした文章にも用いられ得るような語句を補充していったようにも窺える。

次条では、当時の書記世界の需要や辞書の享受層に照らして重点部語彙を考える。

## 三　用例

『色葉字類抄』に収録された語彙の用例については従来、古記録、古往来、漢詩文集、訓点資料を中心に採集が進められ、その結果、古記録等に使用する日常的な用語を中心として、中には漢文訓読特有の語や漢詩作成のための語も存在する、という認識に収まりつつある。これは、山田孝雄氏が「色葉字類抄の如きはその目的は漢詩文を作らむ為に用ゐるにあらずして実に当時実用の国文を草する人の用に供するにあらずばあらず[18]」と述べられた内容に大きく齟齬しない結果であると言うことが出来るだろう。しかし、殊「重点部」に限っては、その外形からもまず漢詩文を彷彿とさせ、すぐさま実用的、日常的という概念とは結び付かないように思う。また前条で概観したように、字類抄以外に重点部に類する部門を持つ書は全て韻書や作詩指南書であり、このことからも、字類抄という辞書が一体どのような目的で編まれたのか、重点部語彙の当時の用法から再考する価値があるだろう。[19]

三巻本字類抄に収録された重点部語彙の用例を古記録に求めたところ、[20] 多くの書に亘って頻繁に用いられる語の上位を占めるのは、「日々」「色々」「近々」「蜜々」「前々」「各々」「代々」「連々」「済々」「事々」「面々」

「早々」「一々」「遅々」「度々」「少々」「云々」「所々」「條々」「種々」「恐々」「時々」等の語であった。これらの語は重点部語彙の中でも比較的日常的に用いられた語と認定することが出来るであろうし、他部の日常語とともに字類抄の節用的性格を裏付ける証拠と成り得る。[21] その一方で、「殷々」「峨々」「蕩々」等のより修辞的な語の用例は古記録類には見出し難いという側面も指摘出来る。

しかして、重点部語彙の大部分を占める「音読みの語」の用例を中古・中世の本邦の漢字文献に求めると、「一々」「日々」のように広範な分野で用いられた語を除けば、その使用場面はある一つの特徴を持つことが明らかとなった。すなわち、重点部語彙は、「雲眇々、水茫々」（本朝文粋巻一）に代表されるような対句表現に多く見られ、またその対象が必ずしも正格の漢文に限定されないということである。これらは先に示した日常語のように多くの書で頻繁に用いられる訳ではないが、使用語彙としての需要を証明するものである。対句に用いられた例を中心に、以下に数例を示す。[22]（三巻本字類抄重点部所収語に傍線を付した）

・「殷々タル梵音ハ、本地三身ノ高聴ニモ達シ、玲々タル鈴ノ聲ハ垂迹五能ノ應化ヲモ助クラントゾ聞ヘケル」（太平記巻25）

・「朕以眇々之身〔弓〕、為元々之首〔利〕、日愼一日〔天〕、雖休無休〔久〕、年當十年〔礼利〕、不可不恐〔須〕」（民経記・寛喜三年一〇月）

・「地勢幽奇ニシテ、風流勝絶タリ。東ニ望メバ則チ煙波之眇々タル有リ。湖水真如之月ヲ浮カベ、西ニ顧ミレバ亦雲峯之峨々タル有リ。山嵐実智之花ヲ散ズ」（地勢幽奇、風流勝絶、東望則有煙波之眇々、湖水浮真如之月、西顧亦有雲峯之峨々、山嵐散実智之花）（江都督納言願文集巻2・金剛寿院供養願文）

・「念々歩々、先后登覚之道（に）追随シ、世々生々、新仏託胎之家ニ親近セン」（念々歩々、追随於先后登覚之道、

世々生々、親近於新仏託胎之家」（江都督納言願文集巻5・右府室家為先后被供養堂願文）

・「齢八十強《アマリ》、鬢髪皤々」（拾遺往生伝・下10ウ）

・「彼ノ國蒼波満々トシテ、青天悠々悠々《イフく》タリ」（後拾遺往生伝・上4オ）

・「時々合遺、數々唱念」（後拾遺往生伝・中8ウ）

・「聲々不絶、願安養之浄刹、念々不休、其聲漸微」（後拾遺往生伝・上30ウ）

・「雲海沈々、風波寂々」（後拾遺往生伝・下20ウ）

・「有験道場往々《トコロく二》参詣」（三外往生記38オ）

・「一々見已、念々恭敬」（本朝新修往生伝34ウ）

対句からはすぐさま漢詩文が想起されるが、『色葉字類抄』全体の性格は、無論、作詩専用の『聚分韻略』のような辞書とは一線を画している。しかし、漢詩文はもとより、右のような願文集や往生伝、軍記物、また古記録の中にも要請があったことは、『色葉字類抄』が「厳密な押韻を必要としない、柔軟な表現の中での対句に用いられ得る畳語を探すための手段」として「重点部」を設けたとの想像に沿う調査結果である。

・三巻本『色葉字類抄』重点部特有語

最後に、『色葉字類抄』諸本にはそれぞれ重点部が設けられているが、各本にしか見られない特有語の数を調べたところ、『節用文字』六語、二巻本『色葉字類抄』二語、三巻本『色葉字類抄』一四語、二巻本『世俗字類抄』四語、七巻本『世俗字類抄』一八語、一〇巻本『伊呂波字類抄』一語という結果になった。左に、本項の中心である三巻本『色葉字類抄』の特有語を掲げる。

9　轆々　ロク、、／不絶義也　（ロ篇）
15　陪々　ハイ、、　（ハ篇）
16　番々　ハン、、　（ハ篇）
36　離々　リ、／苗名　（リ篇）
77　匈々　（ク篇）
78　顆々　波高皃　（ク篇）
79　喁々　聚皃　（ク篇）
80　潰々　（ク篇）
81　騤々　馬行皃／クキ〳〵　（ク篇）
82　惓々　クハン〳〵／忠也　（ク篇）
83　兢々　敬懼皃／クヨウ〳〵　（ク篇）
84　煌々　火壮　（ク篇）
89　泱々　ヤウ〳〵／タナヒク　（ヤ篇）
156　惴々　戌睡反／憂心也　（ス篇）

ここで注目されるのは、ク篇に連続して掲載された畳語（77〜84、黒川本所収）である。これらは「修辞的」と括ることの出来る語の中でも特に保存色の強い語群であり、異本における特有語にはない一面として、ここに指摘しておく。

## 四　結論

従来『色葉字類抄』は、貴族の高度な文筆活動に供するための「書くための辞書」という特色が強調されてきた。しかし、編者の人物像の詳細が未詳であることからも、「何を」書くのかという対象については様々なレベルの文章が想定され、字類抄前後に成立した書物から幅広く用例採集が続けられてきたのである。

本項では三巻本『色葉字類抄』の重点部語彙を中心として調査を行ったが、その結果、日常的に用いられる平易な語の収録が見られる一方で、やはり漢詩文特有の語も少なからず保存される状況が確認された。しかしこのことは、ただ重点部の雑然とした性格を物語るのではなく、重点部語彙という特殊な語群の採録が、正格の漢文という枠組みを越え、変体漢文や和漢混淆文において使用されることも射程に入れていたことを示唆しているのである。すなわち、字類抄以前には駢儷文等で使用された佳句という位置付けのある語であっても、その採録の目的は、語の保存という面と同時に、新しい文学への応用という段階を想定するものではないかと著者は考えるのである。このことは、『色葉字類抄』がイロハ順排列を採用したこと等から古い格式に捉われない姿勢が窺えることとも、また平安時代末期の漢文学の衰退や、往生伝や説話集等の庶民をも対象とした唱導文学の台頭といった社会的な現象とも符合する。『色葉字類抄』が将来書かれる文章を予想して作成された辞書であるとすれば、現代の国語辞書に通じる性格を見ることの出来る最初の辞書と位置付けることが出来るだろう。

また辞書史における重点部という側面では、近世に至って、一般庶民の生活に有用な辞書が求められたため、大部の国語辞書の中でもこのような畳語のみを集めた部門が消滅していき、一方で畳語専用の『畳字訓解』等の出現に繋がったと考えることが出来るのではないだろうか。

注

（1）山田俊雄「平家物語の語彙・用字法」（『講座解釈と文法5』、明治書院、一九五九年）、町田亙「『色葉字類抄』重点部の語彙　字類抄系統諸本間の相違について」（立教大学日本語研究8、二〇〇一年）、町田亙「『色葉字類抄』所収語に関する一試論――三巻本重点部の語彙を中心に――」（立教大学日本文学87、二〇〇一年）、村井宏栄「『色葉字類抄』重点門の項目化」（名古屋大学日本語学研究室（過去・現在・未来）、二〇〇二年）、村井宏栄「「畳字」の周辺」（名古屋言語研究1、二〇〇七年）。西崎（二〇一一）も参照。

（2）中には「云云」のように踊り字を用いない例や踊り字が省略される例も含まれるが、「踊り字を用いる」という原則は認められるだろう。ただし、踊り字を用いていても重点部以外に収録されている語は名詞を中心に多々ある。

（3）ただし、「85　湯々　ヤウ〳〵／意氣ーー」と「135　湯々　シヤウ〳〵／流也」とあるのは前者が「陽々」あるいは「揚々」の誤りである可能性が高いため、含まない。左に一三組二六語を掲げる。

〈音訓ともに立項するもの〉

| | |
|---|---|
| 「53　了々　レウ〳〵」 | 「77　了々　イトヽヽ」 |
| 「17　日々　ニチヽヽ」 | 「142　日々　ヒヽ」 |
| 「94　戸々　コヽ」 | 「22　戸々　ヘヽ」 |
| 「37　往々　ワウヽヽ」 | 「24　往々　同（トコロ〳〵）」 |
| 「61　年々　ネンヽヽ」 | 「25　年々　トシ〳〵」 |
| 「85　夜々　ヤヽ」 | 「45　夜々　ヨナヽヽ」 |
| 「145　世々　セヽ」 | 「46　世々　ヨヽ」 |
| 「49　代々　タイ〳〵」 | 「47　代々　ヨヽ」 |
| 「62　内々　ナイヽヽ」 | 「67　内々　ウチ〳〵」 |
| 「95　後々　コヽ」 | 「69　後々　ノチ〳〵」 |

〈二種の訓を載せるもの〉

| | |
|---|---|
| 「26　時々」（ト篇） | 「48　時々　ヨリ〳〵」 |

〈二種の音を載せるもの〉

「83　兢々　敬懼皃／クヨウ〳〵」　「123　兢々　キヨウ〳〵」

〈音と畳語形式でない訓を載せるもの〉

「104　轉々　テン〳〵」　「27　轉々　ト、ロク」

（4）「63　軟々　ナユ／ー衣」（ナ篇）は音読語に数えた。『節用文字』に「ナン、、」の音注がある。

（5）本稿第二章第二節参照。

（6）声点を漢字に付したものが一六例、仮名音注に付したものが一例（94）、和訓に付したものが一例（110）ある。

以下に示す（ただし踊り字に付された声点の軽重は実際には判別不能である）。

2　殷々〔平軽〕　イン、、／サカリナリ／車音ー鳴
11　皤々〔平〕　ハ、／シラク／鬢眉白皃
12　婆々〔平〕　ハ、／舞皃
29　鼕々〔上上〕　トウ、、／叩門皷等聲
39　嗷々〔平濁平濁〕　カウ、、
44　颰々〔平〕　カ、
94　戸々　コ、〔上上〕／門々戸ー
102　嚶々〔平〕　エウ〳〵／虫音也
104　轉々〔平平濁〕　テン〳〵
105　條々〔去濁去濁〕　テウ〳〵
106　裊々〔上濁上濁〕　テウ〳〵／タヲヤカナリ
110　□（蛩）々　アシトテヒク〔平平平上上平〕
134　蔣々〔平平〕　シヤウ〳〵／高也
135　湯々〔平軽平軽〕　シヤウ〳〵／流也
143　門々〔平平〕　モン、、
144　文々〔去上〕　モン、、
151　凄々〔平平〕　セイ〳〵／雲行皃
152　寂々〔入軽〕　セキ〳〵／シツカナリ

和訓の頭音によって排列された語（訓読みの語、「家々」（イ篇）等）の漢字に声点が付された例はない。ただし字類抄全体を見ると、「鼻〈ヒ〉平声俗／ハナ」（ハ篇）の如く、訓読みの語として立項されながら、声調を示す例がある。

（7）天治本の「重点第百五十八」に三七四語、享和本・群書類従本（抄本）の「重点部百六」に各一〇語の畳語が収録されている。

（8）「重点」の語は和文では『蜻蛉日記』に見られる。（以下引用）

そのふみのはしに、なを〳〵しきてして、「あらず、こゝには〳〵」とぢうてんがちにてかへしたりけんこそ、なをある（まじけれ）。　（宮内庁書陵部本蜻蛉日記、笠間影印叢刊、一九八二年、下・八四頁）

（9）『塵芥』等、「態芸門」に畳語を収録するものもある。

（10）『作文大体』『畳字訓解』『和漢新撰下学集』の内容については村井氏（二〇〇二・二〇〇七）に言及がある。

（11）『作文大体』の流れを汲む『文筆問答抄』にも十二対の一として「畳対」が挙げられている。また、『文鏡秘府論』は「賦体対」の一として「重字」「畳韻」「双声」等を挙げる。

（12）ただし、実際には踊り字は計三六字あり、総字数や他の韻目部分に表示された数字にも実数との齟齬が認められるが、計数の誤りとして処理しても問題はないであろう。

（13）『国書総目録』は、国会（亀田文庫）・東北大（狩野文庫・寛政四年（一七九二））の写本及び彰考館文庫旧蔵版本（現存せず）を載せている。今回は東京大学国語研究室所蔵黒川文庫の一書である、貞享二年（一六八五）三月刊記を持つ版本を参照した。

（14）『聚分韻略の研究』（奥村三雄、風間書房、一九七三年）五二頁。

（15）『節用集大系』に収録された節用集一一三種について、畳語の有無を次表にまとめた。

○…あり　●…あり・ただし音訓の異なり等あり　空欄…なし

「なし」欄の「二」…畳語の収録なし　節用集番号…『節用集大系』巻数

| 24-2 | 24-1 | 23-2 | 23-1 | 22 | 21 | 19・20 | 18-2 | 18-1 | 17-2 | 17-1 | 15・16 | 13・14 | 12-2 | 12-1 | 11 | 10-2 | 10-1 | 9-2 | 9-1 | 8 | 7 | 6 | 5-2 | 5-1 | 4 | 3 | 2 | 1 | 節用集番号／語出現回数 | 畳語 |
|---|---|---|---|---|---|---|---|---|---|---|---|---|---|---|---|---|---|---|---|---|---|---|---|---|---|---|---|---|---|---|
| | | | | | | | | | | — | | | | | | | | | | | | | | | | | | | | なし |
| ○ | ○ | ○ | ○ | ○ | ○ | ○ | ○ | ○ | ○ | | ○ | ○ | ○ | ○ | ○ | ○ | ○ | ○ | ○ | ○ | ○ | ○ | ○ | ○ | ○ | ○ | ○ | ○ | 88 | 漸々 |
| | ○ | ○ | | | ○ | ○ | | | | | ○ | ○ | | | ○ | | | | | | | ○ | | | | ○ | ○ | ○ | 55 | 切々 |
| ○ | | | ○ | ○ | ○ | ○ | ○ | ○ | ○ | | ○ | ○ | ○ | ○ | ○ | ○ | ○ | ○ | ○ | ○ | ○ | ○ | ○ | ○ | ○ | ○ | ○ | ○ | 31 | 済々 |
| | | | | | ● | | | | | | ● | ● | | | | | | | | | | | | | | | | | 30 | 少々 |
| | | | | ○ | | ○ | | | | | ○ | | | | ○ | | | | | | | ○ | | | | ○ | ○ | | 22 | 節々 |
| | | | | | | | | | | | | | | | | | | | | | | | | | | | | | 9 | 籍々 |
| | | | | | | | | | | | | | | | | | | | | | | | | | | | | | 8 | 迫々 |
| | | | | | | ○ | | | | | ○ | | | | ○ | | | | | | | ○ | | | | ○ | ○ | | 6 | 折々 |
| | | | | | | | | | | | | | | | | | | | | | | | | | | | | | 6 | 萋々 |
| | | | | | | | | | | | | | | | | | | | | | | | | | | | | | 5 | 戚々 |
| | | | | | | | | | | | | | | | | | | | | | | | | | | | | | 4 | 繊々 |
| | | | | | | | | | | | | | | | | | | | | | | | | | | | | | 3 | 悽々 |
| | | | | | | | | | | | | | | | | | | | | | | | | | | | | | 3 | 栖々 |
| | | | | | | | | | | | | | | | | | | | | | | | | | | | | | 3 | 寂々 |
| | | | | | | | | | | | | | | | | | | | | | | | | | | | | | 3 | 整々 |
| | | | | | | | | | | | | | | | | | | | | | | | | | | | | | 3 | 精々 |
| | | | | | | | | | | | | | | | | | | | | | | | | | | | | | 2 | 旋々 |
| | | | | | | | | | | | | | | | | | | | | | | | | | | | | | 2 | 濺々 |
| | | | | | | | | | | | | | | | | | | | | | | | | | | | | | 2 | 潺々 |
| | | | | | | | | | | | | | | | | | | | | | | | | | | | | | 2 | 苒々 |
| | | | | | | | | | | | | | | | | | | | | | | | | | | | | | 2 | 菁々 |
| | | | | | | | | | | | | | | | | | | | | | | | | | | | | | 1 | 青々 |
| | | | | | | | | | | | | | | | | | | | | | | | | | | | | | 1 | 芊々 |
| | | | | | | | | | | | | | | | | | | | | | | | | | | | | | 1 | 閃々 |
| | | | | | | | | | | | | | | | | | | | | | | | | | | | | | 1 | 戦々 |
| | | | | | | | | | | | | | | | | | | | | | | | | | | | | | 1 | 小々 |
| | | | | | | | | | | | | | | | | | | | | | | | | | | | | | 1 | 昭々 |
| 2 | 2 | 2 | 2 | 3 | 4 | 5 | 2 | 2 | 2 | 0 | 6 | 4 | 2 | 2 | 5 | 2 | 2 | 2 | 2 | 2 | 2 | 5 | 2 | 2 | 2 | 5 | 5 | 3 | 27 | 畳語数 |

| 46・47 | 45-2 | 45-1 | 44-2 | 44-1 | 43 | 42 | 41 | 40 | 39-2-2 | 39-2-1 | 39-1 | 38 | 37-2 | 37-1 | 36 | 35-2 | 35-1 | 34 | 33-2 | 33-1 | 32-2 | 32-1 | 31-2 | 31-1 | 30-2 | 30-1 | 29 | 28-2 | 28-1 | 27 | 26-2 | 26-1 | 25-2 | 25-1 |
|---|---|---|---|---|---|---|---|---|---|---|---|---|---|---|---|---|---|---|---|---|---|---|---|---|---|---|---|---|---|---|---|---|---|---|
| | | | | | | | | | | | | | | — | | — | | | | — | — | | — | | — | | | | | — | — | | — | — |
| ○ | ○ | ○ | ○ | ○ | ○ | ○ | | | ○ | ○ | ○ | ○ | ○ | | ○ | | ○ | ○ | ○ | | | ○ | | ○ | | ○ | ○ | ○ | ○ | | | ○ | | |
| ○ | ○ | ○ | ○ | ○ | ○ | ○ | ○ | ○ | | ○ | | | | | | | ○ | ○ | ○ | | | | | ○ | | ○ | | | | | | ○ | | |
| | | | | | | | ○ | | | | | | | | | | | | | | | ○ | | | | | | ○ | | | | | | |
| | ○ | | | ○ | | ○ | | | | ● | | | | | ○ | | ● | ○ | ○ | | | | | ● | | | | | | | | ● | | |
| | | | | | | | ○ | | | | | | | | | | | | | | | | | | | | | | | | | | | |
| | | | | | | | | | | | | | | | | | ○ | | | | | | | ○ | | | | | | | | ○ | | |
| | | | | | | | | | | | | | | | | | | | | | | | | | | | | | | | | | | |
| | | | | | | | | | | | | | | | | | | | | | | | | | | | | | | | | | | |
| | | | | | | | ○ | | | | | | | | | | | | | | | | | | | | | | | | | | | |
| | | | | | | | ○ | | | | | | | | | | | | | | | | | | | | | | | | | | | |
| | | | | | | | | | | | | | | | | | | | | | | | | | | | | | | | | | | |
| | | | | | | | ○ | | | | | | | | | | | | | | | | | | | | | | | | | | | |
| | | | | | | | ○ | | | | | | | | | | | | | | | | | | | | | | | | | | | |
| | | | | | | | ○ | | | | | | | | | | | | | | | | | | | | | | | | | | | |
| | | | | | | | | | | | | | | | | | | | | | | | | | | | | | | | | | | |
| | | | | | | | | | | | | | | | | | | | | | | | | | | | | | | | | | | |
| | | | | | | | | | | | | | | | | | | | | | | | | | | | | | | | | | | |
| | | | | | | | | | | | | | | | | | | | | | | | | | | | | | | | | | | |
| | | | | | | | | | | | | | | | | | | | | | | | | | | | | | | | | | | |
| | | | | | | | | | | | | | | | | | | | | | | | | | | | | | | | | | | |
| | | | | | | | | | | | | | | | | | | | | | | | | | | | | | | | | | | |
| | | | | | | | ○ | | | | | | | | | | | | | | | | | | | | | | | | | | | |
| | | | | | | | | | | | | | | | | | | | | | | | | | | | | | | | | | | |
| | | | | | | | | | | | | | | | | | | | | | | | | | | | | | | | | | | |
| | | | | | | | | | | | | | | | | | | | | | | | | | | | | | | | | | | |
| | | | | | | | | | | | | | | | | | | | | | | | | | | | | | | | | | | |
| | | | | | | | | | | | | | | | | | | | | | | | | | | | | | | | | | | |
| 2 | 3 | 2 | 2 | 3 | 2 | 3 | 9 | 1 | 1 | 3 | 1 | 1 | 1 | 0 | 2 | 0 | 4 | 3 | 3 | 0 | 0 | 2 | 0 | 4 | 0 | 2 | 1 | 2 | 1 | 0 | 0 | 4 | 0 | 0 |

| 84·85 | 83 | 81·82 | 79·80 | 77·78 | 75·76 | 73·74 | 72-2 | 72-1 | 71-2 | 71-1 | 70 | 69-2 | 69-1 | 68-2 | 68-1 | 67 | 66 | 64·65 | 63 | 61·62 | 60-2 | 60-1 | 59-2 | 59-1 | 57·58 | 56 | 55 | 53·54 | 52 | 51 | 50 | 49-2 | 49-1 | 48 |
|---|---|---|---|---|---|---|---|---|---|---|---|---|---|---|---|---|---|---|---|---|---|---|---|---|---|---|---|---|---|---|---|---|---|---|
| | | | | | | | | | — | | | | — | | | | | | | — | — | | | — | | | | | | | | | — | |
| ○ | ○ | ○ | ○ | ○ | ○ | ○ | ○ | ○ | | ○ | ○ | ○ | | ○ | ○ | ○ | | ○ | ○ | | | | | | ○ | ○ | ○ | ○ | ○ | ○ | ○ | ○ | | ○ |
| ○ | ○ | ○ | ○ | ○ | ○ | ○ | ○ | | | ○ | | ○ | | ○ | | | | ○ | | | | ○ | ○ | | ○ | ○ | ○ | ○ | | ○ | ○ | | | ○ |
| | | ○ | | | | | | | | | | | | | | | ○ | | | | | | | | | | | | | | | | | |
| ○ | ○ | | | | ○ | | | | | ○ | | ○ | | | | | | ○ | ○ | | | ○ | ○ | | | ○ | | | | | | | | ○ |
| ○ | | ○ | ○ | | ○ | | | | | | | | | | | | | ○ | ○ | | | | | | | | | ○ | ○ | | | | | |
| ○ | | | | | | | | | | | | | | | | | | ○ | | | | | | | | | | | ○ | | | | | |
| ○ | | | | | | | | | | | | | | | | | | ○ | | | | | | | | | | ○ | | | | | | |
| | | | | | | | | | | | | | | | | | | | | | | | | | | | | | | | | | | |
| | | | | | ○ | | | | | | | | | | | | ○ | | ○ | | | | | | | | | ○ | | | | | | |
| | | | | | ○ | | | | | | | | | | | | | | | | | | | | | | | ○ | | | | | | |
| | | | | | ○ | | | | | | | | | | | | | | ○ | | | | | | | | | ○ | | | | | | |
| | | | | | | | | | | | | | | | | | ○ | | | | | | | | | | | ○ | | | | | | |
| | | | | | | | | | | | | | | | | | ○ | | | | | | | | | | | ○ | | | | | | |
| | | | | | | | | | | | | | | | | | | | | | | | | | | | | ○ | | | | | | |
| | | | | | ○ | | | | | | | | | | | | | | ○ | | | | | | | | | | | | | | | |
| | | | | | | | | | | | | | | ○ | | | | | | | | | | | | | | | | | | | | |
| | | | | | ○ | | | | | | | | | | | | | | ○ | | | | | | | | | | | | | | | |
| | | | | | ○ | | | | | | | | | | | | | | ○ | | | | | | | | | | | | | | | |
| | | | | | ○ | | | | | | | | | | | | | | ○ | | | | | | | | | | | | | | | |
| | | | | | ○ | | | | | | | | | | | | | | ○ | | | | | | | | | | | | | | | |
| | | | | | ○ | | | | | | | | | | | | | | ○ | | | | | | | | | | | | | | | |
| | | | | | | | | | | | | | | | | | | | | | | | | | | | | | | | | | | |
| | | | | | | | | | | | | | | | | | | | | | | | | | | | | ○ | | | | | | |
| | | | | | | | | | | | | | | | | | | | | | | | | | | | | ○ | | | | | | |
| | | | | | | | | | | | | | | | | | | | | | | | | | | | | ○ | | | | | | |
| | | | | | | | | | | | | | | | | | | | | | | | | | ○ | | | | | | | | | |
| | | | | | ○ | | | | | | | | | | | | | | | | | | | | | | | | | | | | | |
| 6 | 3 | 4 | 3 | 2 | 14 | 2 | 2 | 1 | 0 | 3 | 1 | 3 | 0 | 3 | 1 | 1 | 4 | 6 | 11 | 0 | 0 | 2 | 2 | 0 | 3 | 3 | 2 | 13 | 3 | 2 | 2 | 1 | 0 | 3 |

| 100-2 | 100-1 | 99 | 98 | 97-2 | 97-1 | 95・96 | 94 | 93 | 91・92 | 89・90 | 88-2 | 88-1 | 86・87 |
|---|---|---|---|---|---|---|---|---|---|---|---|---|---|
| | | | | | — | | | | | | | | |
| ○ | | ○ | ○ | ○ | | ○ | ○ | | ○ | ○ | ○ | ○ | ○ |
| | | | ○ | | | | ○ | | ○ | ○ | ○ | ○ | ○ |
| | | | | | | | | | | | | | |
| | | | ○ | | | | | | ○ | ○ | ○ | ○ | ○ |
| | | | ○ | | | ○ | ○ | | ○ | ○ | | | ○ |
| | | | | | | | | | ○ | ○ | | | ○ |
| | | | ○ | | | ○ | | | ○ | ○ | | | ○ |
| | | | | | | | | | | | | | |
| | | | | | | | | ○ | | | | | |
| | | | | | | | | ○ | | | | ○ | |
| | | | | | | | | ○ | | | | | |
| | | | | | | | | | | | | | |
| | | | | | | | | | | | | | |
| | | | | | | | | | | | | ○ | |
| | | | | | | | | ○ | | | | | |
| | ○ | | ○ | | | | | | | | | | |
| | | | | | | | | | | | | | |
| | | | | | | | | | | | | | |
| | | | | | | | | | | | | | |
| | | | | | | | | | | | | | |
| | | | | | | | | | | | | | |
| | | | | | | | | | | | | | |
| | | | | | | | | | | | | | |
| | | | | | | | | | | | | | |
| | | | | | | | | | | | | | |
| | | | | | | | | | | | | | |
| | | | | | | | | | | | | | |
| 1 | 1 | 1 | 6 | 1 | 0 | 3 | 3 | 4 | 6 | 6 | 3 | 5 | 6 |

(16)　ただし山田忠雄氏（「節用集と色葉字類抄」、『〈山田孝雄追憶〉本邦辞書史論叢』、三省堂、一九六七年）等によって詳細な調査が行われており、近世の節用集類が字類抄の影響を受けていることは明らかである。

(17)　「この書の各部、殊に畳字部に収録された異名の中には、日常実用の圏外にあるものも多いようである。先に紹介した山田俊雄氏の立論は、畳字部所収の訓読の語には漢文訓読系のものが主力を占めるという事実に基づくものであった。これらの事実は、この書が単に日常実用文作成のためというに止まらず、漢詩文などの作成にも供され得たことを示唆するものであろう。ただ、しかしながら、漢詩文作成のためというところにこの書の編纂の主目的を求めようとするには、あまりにも無視できないほどに記録語など、日常漢語その他が収録されているようである。また一方で漢詩文の用語が十分なほどに網羅されているとは思えないところもある。」（峰岸明、『色葉字類抄研究並びに総合索引』解説、一九七七年、八四頁）。

(18)　『国語学史』（宝文館、一九四三年）一五四頁。

(19)　例えば『詩経』には大量の重点語彙が用いられているが、字類抄がこれらを網羅的・体系的に採取した形跡は見られない。

(20)　東京大学史料編纂所「古記録フルテキストデータベース」（二〇一〇年三月使用）。

(21) ただし、この辞書の享受層が平易な語の表記を辞書に求めたかという別の問題もある。
(22) 『太平記』(日本古典文学大系)、東京大学史料編纂所「古記録・古文書フルテキストデータベース」(二〇一〇年三月使用)、『江都督納言願文集』(六地蔵寺善本叢刊、一九八四年)、『往生伝集』(真福寺善本叢刊、二〇〇四年)の本文を使用した。なお、『江都督納言願文集』の書き下し文は六地蔵寺本に加えられた訓点により筆者が作成したものであり、原文を( )で示した。

## 第四項　名字部語彙の前後

### はじめに

三巻本『色葉字類抄』の内部はイ〜スの篇毎に二一部に意義(また語形)分類されており、各篇末尾(部立の二〇、二一番目)には「姓氏部」「名字部」が設けられている。「姓氏部」には「源」「石川」等、所謂「氏」や「苗字」が、「名字部」には「家」「明」等、所謂「名乗字/実名字」が収められており、平安時代の人名の読み方を特定する一助とされてきた。姓氏は、多く氏姓制度や家系の研究に伴って日本史学の分野でも盛んに研究が行われてきたものの、名前(名字)の読み方については関心が薄く、国語学・国文学の分野でも、平安時代における名字全般の性質について、殆ど研究が行われて来なかった。また、従来の『色葉字類抄』研究においても「辞字部」「畳字部」等が主に扱われており、当部についてはあまり言及されて来なかったが、無論、特定の部や一部の語の性質のみに拠って辞書の性格を決定することは出来ない。著者は『色葉字類抄』の全体像を捉えるためには従来等閑視されてきた部についての調査も不可欠であると考え、本名字部の研究にも着手した次第である。更に、字類抄が古辞書のうち「姓氏部」「名字部」を部立として採用した初期の例であることからも、(1) 当部の内容や存在意義について考察することは文字史上も有意義であると考えられる。本項では、このうち特に漢字と訓との結び付きが特殊な「名字部」所収の字について取り扱うこととした。今回取り組むべき問題として次の二点を挙げ、検証を試みながら、今後の研究への足がかりとしたい。

一、本書「名字部」に収録された「名乗字」の性質はどのようなものか。

一、仮名引きによって字を求める体裁の本書において、「名乗字」一字を仮名から求める需要・意義はどこにあったのか。

## 一　「名字」（名乗字／実名字）についての先行研究

先にも述べた通り、氏・姓や苗字の研究は様々なレベルで行われているが、所謂中古・中世の名乗字について述べられたものは少ない。その中で、「院政期〜鎌倉中期頃の貴族の実名の用字と訓」という著者の関心に沿う研究として、特に次のものを参考とした。

◆栗田寛「古人名称考」（『栗里先生雑著』、一九〇一年）

◆森貞二郎「日本人名考」（民族と歴史5－4・5、一九二一年）

◆武藤元信「命名考」（『武藤元信論文集』、一九二九年）

◆岡井慎吾『日本漢字学史』（明治書院、一九三四年）◇「漢様の命名」

◆太田亮『姓氏と家系』（創元社、一九四一年）◇第五章「名の沿革」

◆吉田澄夫「むずかしい人名の正しい読み方」（国文学解釈と鑑賞6、一九五二年）

◆渡辺三男『日本の人名』（毎日新聞社、一九六七年）

◆豊田武『苗字の歴史』（中央公論社、一九七一年）

◆飯沼賢司「人名小考――中世の身分・イエ・社会をめぐって――」(竹内理三先生喜寿記念論文集下巻『荘園制と中世社会』、一九八四年)
◆加藤晃「日本の姓氏」(日本古代史講座10『東アジアにおける社会と習俗』、学生社、一九八四年)
◆豊田国夫『名前の禁忌習俗』(講談社、一九八八年)
◆奥富敬之『日本人の名前の歴史』(新人物往来社、一九九九年)
◆高本條治「名前の読み方今昔物語――「名乗り」について――」(月刊しにか14-7、二〇〇三年)
◆佐藤貴裕「名乗字」(『漢字キーワード事典』、朝倉書店、二〇〇九年)

この他、江戸時代には名字に関する諸書があり[2]、また『古事類苑』第四七・姓名部八~十には「名上」「名中」「名下」として、「名読方」「命名」等の項目が設けられており、これが名字研究の中で最も大部の書と言える。現代の文献では特に、築島裕編『訓点語彙集成』に「人名」や「名乗字」と注される五六一項目を参考とした。多くは『日本書紀』諸本の用例であるが、『法華経単字』[3]『将門記』『日本往生極楽記』『世俗諺文』等の例も採られている。

字類抄以降、名乗字を一グループとして採録した古辞書には『拾芥抄(人名録)』『二中歴(名字歴)』『頓要集(第六十七俗名部)』『新撰類聚往来(名乗)』また「節用集」類が挙げられ、名字専用辞書としては室町時代に『実名字』、江戸時代に『名字指南』『名乗字引』等も現れた。なお、字類抄系の祖本とされる『節用文字』には「姓氏」「名字」の両部はなく、『色葉字類抄』の編纂に至って加えられた部であることが分かっている。

## 二　「名字」の語について

字類抄の部立に採用されている「名字」であるが、本項では字類抄内に示された音に倣い、「みょうじ」と読むこととする。「姓氏」も「しょうじ」と読むべきであろう。

参考

◆名〈ナツク／又ナ〉（ナ人事・中34オ）
◆假名〈同（詐偽分）〉（ケ畳字・中99オ）
◆名字〈ミヤウシ〉（ミ畳字・下65オ）
◆姓〈シヤウ／息正反　ー氏〉（シ人倫・下71オ）

中世日本の人名は、苗字・職名・氏・姓・実名・仮名等の多様な要素から成立しており、また名字と苗字、（実）名字と名乗字等包含関係にある呼称の存在からも定義が複雑であるが、本項において「名字」と呼ぶのは全て、一般的に貴族男性が元服時に与えられる実名（本名）に使用される字のうちの一字を指す。例えば、「畠山荘司平次郎重忠」であれば、「重忠」を実名、「重」「忠」を「名字」と称する。「名字」の語の用例は加藤（一九八四）や奥富（一九九九）に詳しい。例えば『吾妻鏡』中の「名字」は「実名」「幼名」「輩行＋実名」「姓＋実名」「通称（＋実名）」「官職（＋実名）」等の幅広い用法を持っており、しかも必ずしも人名を示すために用いられる訳ではなかったのであるが、無論、『色葉字類抄』中の「名字部」が、実名字を収録していることは疑いない。

## 三　本書「名字部」に収録された語彙

【名字一覧（イロハ順）】イヘ（家宅）、イヤ（弥宧）、イマ（今未）、ハル（春治玄）、ハレ（晴霽）、トモ（友公奉倫偏共知類丈倶偕與兼僚具伴朝朋寛那比等誠）、トシ（俊利敏載年歳稔逸聡明知鏡照詮信章季暁）、トキ（時説節候秋辰言朝昔宗國）、トヲ（遠遐遼通寛玄）、トク（得徳）、トヨ（豊仁農）、トミ（冨）、チカ（近迩親愛隣周允幾庶懐用身躬子實見槙慎元）、チ（千）、ヲ（男雄緒緡濟尾巨水）、ヲカ（岡岳）、カタ（方賢象堅固良形）、カス（員數竿和量）、カケ（景影陰蔭晷）、カネ／カヌ（兼包懐苞該）、カ（香芳馨）、カツ（勝蔓遂）、カト（門廉）、カセ（風吹）、カヒ（穎柄）、カネ／カナ（金鐵）、ヨシ（吉良好義慶善能淑懿令嘉榮理綏微美愛佳弥至資休若由徳頼承燕宜克）、ヨリ（頼依資倚自方賢孚穀命麗可時備敬形曲利寄之因據適仍）、タヽ（忠直政公齊渡正挌理陟位薫尹箴唯資身子但只紏匡江兄帝忩賢彈孫産縄）、タカ（高隆教孝卓擧貴髙標楚陟尊辛牢岑生懐山膺孝崇）、タフ（任堪能妙）、タヘ（妙絲）、タメ（為）、タネ（種胤殖）、タケ（武健）、ツラ（連貫列綿陳属宜）、ツネ（経常恒庸毎鎮方懐昔縄）、ツキ（次継嗣続序）、ツナ（絰）、ツカ（冢墓）、ネ（根福）、ナリ（成業生濟齊為登作平位救均就得尚有忠周也）、ナカ（長永脩條良度）、ナカ（中仲榮）、ナヲ（直尚猶仍脩如君）、ナミ（並比波浪濤秘南）、ナ（名聲稱命）、ナツ（夏）、ムネ（宗致縁棟胷齊順旨至）、ムラ（村屯）、ウヤマフ（敬恭礼）、ノリ（則義儀憲範章孝教乗徳法矩規典度刑慶猷経紀式縄令斯明書述朝雅仙言代記永化政象藝肖似載尋軌考至知）、ノフ（延信述順陳舒書所別修序叙暢正房総命言政誠攄薫振内遥惟将展）、オキ（興息居）、オム（臣）、クニ（國邦州）、ヤス（安保康泰愷懐寧息休佯綏逸穏毗易縁）、ヤマ（山）、マサ（正昌政理允方當雅匡尹将縄順齊蔵幹緝暢賢蔚睿元客）、マス（益増）、マツ（松）、マ（真）、フサ（房総林滋番重成芝維）、フム（文拉書）、フチ（藤）、フユ（冬）、フ（生）、フチ（渕）、コレ（是惟維斯伊之時此官自比繫）、エタ（枝柯族條）、エ（江柯兄柄）、テル（光照）、アキラ（明昭章信朗詮在顕著郷光耀高行）、アキ（秋明在章顕著）、アリ（有在茂満光順照）、アフ（合相會遇）、アツ（厚篤敦淳）、アユ（肖似）、アサ（朝）、サネ（真信實誠良孚核椀）、サタ（定貞完慥）、サト（里郷隣東識）、キ（木材興城樹黄紀息置起来杖減軘甲規）、キヨ（清浄潔滞聖）、キミ（公林君）、ユキ（行之如将由随于往致以通適舒起至征為役）、ミチ（道通康方達至途路陸侄盈充満）、ミツ（光満充實盈三者並明）、ミツ（水）、ミ（三實瞻省相視覧観子鑒鏡身躬見親皆現臣）、シケ（重成滋繁蕃茂枝為以兄）、ヒラ（平衡位救均成牧行）、ヒロ（弘廣博凞泰尋寛）、ヒサ（久尚）、ヒト（人仁者）、ヒテ（秀英）、ヒコ（彦孫光）、モチ（茂用以持望荷住蔚庸将式後申殖）、モト（元本職基資幹舊意臺株）、モロ（師諸庶認度衆）、モリ（守盛護衛積）、スケ（助資輔傳相祐亮佐副扶弼毗翼介為棟良）、スカ（菅）、スミ（澄角紀處住栖維棲）、スヱ（末季）

三巻本『色葉字類抄』名字部に収録された字数は、右に挙げた延べ七四六字であり、その篇別（イ〜ス）内訳は【表1】の通りである。このうち、異なり字数は五〇九字、異なり訓数【表2】は一〇五語である。

【表1】　三巻本色葉字類抄・名字部に掲載された字数

| | | | | | | | |
|---|---|---|---|---|---|---|---|
| イ | 6 | ワ | — | ヰ | — | サ | 16 |
| ロ | — | カ | 36 | ノ | 74 | キ | 24 |
| ハ | 5 | ヨ | 54 | オ | 4 | ユ | 18 |
| ニ | — | タ | 65 | ク | 3 | メ | — |
| ホ | — | レ | — | ヤ | 17 | ミ | 41 |
| ヘ | — | ソ | — | マ | 27 | シ | 10 |
| ト | 64 | ツ | 25 | ケ | — | ヱ | — |
| チ | 20 | ネ | 2 | フ | 16 | ヒ | 25 |
| リ | — | ナ | 47 | コ | 12 | モ | 35 |
| ヌ | — | ラ | — | エ | 8 | セ | — |
| ル | — | ム | 11 | テ | 2 | ス | 28 |
| ヲ | 10 | ウ | 3 | ア | 38 | 計 | 746 |

※異なり字数について

計一通りの読みを持つ字…三五〇字（延べ三五〇字）
＊家〈イヘ〉等

計二通りの読みを持つ字…一〇八字（延べ二一六字）
＊玄〈ハル・トヲ〉等

計三通りの読みを持つ字…三二字（延べ九六字）
＊公〈トモ・タヽ・キミ〉等

計四通りの読みを持つ字…一一字（延べ四四字）
＊朝〈トモ・トキ・ノリ・アサ〉等

計五通りの読みを持つ字…八字（延べ四〇字）
＊明〈トシ・ノリ・アキ・アキラ・ミツ〉等

【表2】　異なり訓数

＊該当訓はそれぞれイロハ順(掲出順)に挙げた。また「フチ」と「フヂ」、「ミツ」と「ミヅ」等、区別が必要な場合のみ濁点を付した。

| 同訓に宛てられた字数 | 組数 | 該当訓 |
|---|---|---|
| 1 | 16 | トミ、チ、タメ、ツナ、ナツ、オム、ヤマ、マツ、マ、フチ、フユ、フ、フヂ、アサ、ミヅ、スカ |
| 2 | 21 | イヘ、イヤ、イマ、ハレ、トク、ヲカ、カト、カセ、カヒ、カネ／カナ、タヘ、タケ、ツカ、ネ、ムラ、マス、テル、アユ、ヒサ、ヒテ、スヱ |
| 3 | 13 | ハル、トヨ、カ、カツ、タネ、ナカ、ウヤマフ、オキ、クニ、フム、キミ、ヒト、ヒコ |
| 4 | 7 | タフ、ナ、エタ、エ、アフ、アツ、サタ |
| 5 | 7 | カス、カケ、カネ／カヌ、ツキ、サト、キヨ、モリ |
| 6 | 4 | トヲ、ナガ、アキ、モロ |
| 7 | 7 | カタ、ツラ、ナヲ、ナミ、アリ、サネ、ヒロ |
| 8 | 3 | ヲ、ヒラ、スミ |
| 9 | 3 | ムネ、フサ、ミツ |
| 10 | 3 | ツネ、シケ、モト |
| 11 | 1 | トキ |
| 12 | 1 | コレ |
| 13 | 1 | ミチ |
| 14 | 2 | アキラ、モチ |
| 16 | 2 | ヤス、キ |
| 17 | 1 | スケ |
| 18 | 3 | トシ、ユキ、ミ |
| 19 | 2 | チカ、ナリ |
| 22 | 1 | タカ |
| 23 | 2 | トモ、マサ |
| 24 | 1 | ヨリ |
| 28 | 1 | ノフ |
| 30 | 1 | ヨシ |
| 31 | 1 | タヽ |
| 46 | 1 | ノリ |

これらの名字七四六字について概観すれば、以下の外面的特徴が指摘出来る。

◆「徳〈トク〉」「紀〈キ〉」等、音読みの語が若干混在するが、添えられた訓の大部分は訓読みによる。

◆全ての字について、声点を伴わない。

◆これらは「訓読みを前提にした二字名（嘉字二字）の構成字」であり、一字名、また法名や所謂有職読み等音読みによる呼称を想定していない。よって、二字名構成字の例外とも言える「ウヤマフ」の訓も「ウヤ」の誤りであろうことが推測される。また、当時は二字四音節の実名がスタンダードであったが、一字一音節のものに「チ」「マ」「フ」「ネ」「カ」「ナ」「エ」「ヲ」「キ」「ミ」、三音節字に「アキラ」を収録する。
◆これらは男性名の構成字である。女性名に多く見られる「子」も「こ」としては採録されておらず、藤原氏の息女等平安時代の女性名に見られる女篇の字「娍」「姚」等の字も含まない。

## 四　「名字部」所収語の掲出順位・同訓字の排列規則

「名字部」の各篇内での排列は、概ね同訓字の多い順に掲げられているが、この規則は必ずしも厳密ではない。このことは字類抄増補の過程を物語るものであるかもしれないが、今は問題としない。同訓字内の排列についても明らかではなく、「引用した文献の排列の踏襲」「字類抄中の他部の排列からの影響」「頻繁に用いられるものや字と訓の結び付きの強いものを先に、稀なものを後に」等の（それぞれ両立し得る）可能性が考えられるが、この予測を踏まえて次にいくつかの検証を試みたい。

### ■合点

まず、名字部の掲出字に付された「朱の合点」の存在に注目したい。黒川本では合点は省略されているが、名字部に限っては前田本でもト篇の「トモ」を表す漢字の一部に付されるのみである。イ篇とハ篇の名字部には少数の字しか掲載していないこと、「トモ」がト篇名字部冒頭の項目であることを考えれば、『色葉字類抄』名字部中で同訓異字の多い最初の項目のみに試みに合点を付したものとも理解出来るだろう。

「トモ」の項には次の二三字を載せている（合点のある字に傍線を付して示した）。

友、公、奉、倫、偏、共、知、類、丈、倶、偕、與、兼、僚、具、伴、朝、朋、寛、那、比、等、誠

色葉字類抄の合点について峰岸明氏[4]は「当該和訓にとってその漢字が「要文」であるということは、取りも直さず、その漢字にとっても当該和訓は重要な和訓ということになろう。そのような和訓は、言わば、定訓に準ぜられるものかと思う」とされ、辞字部の掲出漢字の順位に関しても「古記録において最も使用度の高い漢字が『三巻本色葉字類抄』前田本における各語の掲出漢字中、上位、しかも一、二位のものに該当する」とされた。また舩城俊太郎氏[5]は、「合点のしめすものは、そのような、修辞性のつよい、おおくの漢字をつかうことを必要とする、かならずしも実用とはいえぬ漢文の用字に該当するとかんがえるのが妥当であろう」、「漢字がおおくあつめられたばあい、どの字をもちいたらよいか、初学者にはわからなくなってしまい、（中略）ついに、合点をつけるという方法で、もちいるべき字をしめさざるをえないことになったとかんがえられるのである」等と述べられている。しかし先学の御指摘はもとより名字部を対象としておらず、これらの理解を本部に当てはめることは難しい。例えば合点が「より適切な漢字」を示すのであるとすれば、既存の人名の表記に際して、その存在が利用者の助けになるとは考え難い。しかし一方で、合点が右の如く上位字のみに（しかも「偏」字を除いて）付されている状況を見れば、この合点と排列とに何らかの関係を見出すことが出来、その役割を名字部の他の篇や語に敷衍出来ると考えることも、強ち見当外れとは言えないのではないだろうか。そこで、引き続き「トモ」の項目を中心に取り上げながら、合点の役割や排列について考えてみたい。

## ■他部排列との関連

『色葉字類抄』のうち、漢字一字に対応する和訓を載せる部は、他に「人事部」「辞字部」があり、特に「辞字部」と「名字部」掲出字との関係は自ずから疑われるところである。辞字部のうち、同訓の「トモ」、また「トモ」に通じる「トモカラ又トモナフ」の項目に連なる字を次に示し、それぞれ名字部の字と比較する（右傍線＝

合点、左傍線＝共通字）。

名〈トモ〉友公奉倫偏共知類丈倶偕與兼僚具伴朝朋寛那比等誠

辞〈トモ〉倫偕友共與知朝兼接朋述公倶寛僚備奉幹連尋具

名〈トモ〉友公奉倫偏共知類丈倶偕與兼僚具伴朝朋寛那比等誠

辞〈トモカラ〉伴倫儺具儔偕友共與知朝兼接朋通部落萃公伿倶儻仇儕寛僚備侶類奉輩幹䡣連徒儷五偶等疇黨稠耦部曹伍比儔群傣流

更に「トモ」字について、三巻本字類抄内での掲出状況は【表3-1】の通りであるが（分母＝当該項目の全語数、分子＝当該字の掲出順位。字類抄の全ての部を対象にした調査である）、この結果から、次の仮説を立てた。

①排列に関して、辞字部同士では「偕友…」以下に共通する部分が認められるものの、それぞれ名字部との関連は希薄であった。名字部編纂に当たり辞字部収録字が参考にされた可能性はあるが、排列は、名字として相応しい順に再配置された可能性がある。

②合点の付された字（すなわち上位字）はいずれも辞字部に同訓で収録されているものであり、一般的に漢字と訓の結び付きの強い語と考えられる。

③名字部の上位字でありながら合点の付されていなかった「偏」は、辞字部の中には（また辞字部以外の調査からも）「トモ」と呼ぶべき蓋然性が見出せなかった。「丈」「那」「誠」についても、〈トモ〉に類する読みを

【表3-1】〈トモ〉の掲出状況　(倫＝人倫部、辞＝辞字部、姓＝姓氏部)

| トモ | 名字 | 別訓の存在(名字部内) | 他部における同訓の存在 | |
|---|---|---|---|---|
| 1 | 友 | × | 辞上59ウ3/21、倫上55ウ5/7 | 合点 |
| 2 | 公 | タヽ4/31、キミ1/3 | 辞上59ウ12/21 | 合点 |
| 3 | 奉 | × | 辞上59ウ17/21 | 合点 |
| 4 | 倫 | × | 辞上59ウ1/21、倫上55ウ2/7 | 合点 |
| 5 | 偏 | × | × | |
| 6 | 共 | × | 辞上59ウ4/21 | 合点 |
| 7 | 知 | トシ11/18、ノリ46/46 | 辞上59ウ6/21 | 合点 |
| 8 | 類 | × | (トモカラ)辞上61オ29/51 | |
| 9 | 丈 | × | × | |
| 10 | 倶 | × | 辞上59ウ13/21 | |
| 11 | 偕 | × | 辞上59ウ2/21 | |
| 12 | 與 | × | 辞上59ウ5/21 | |
| 13 | 兼 | カネ／カヌ1/5 | 辞上59ウ8/21 | |
| 14 | 僚 | × | 辞上59ウ15/21 | |
| 15 | 具 | × | 辞上59ウ21/21 | |
| 16 | 伴 | × | 倫上55ウ7/7、姓上64ウ1/1 | |
| 17 | 朝 | トキ8/11、ノリ28/46、アサ1/1 | 辞上59ウ7/21 | |
| 18 | 朋 | × | 辞上59ウ10/21 | |
| 19 | 寛 | トヲ5/6、ヒロ7/7 | 辞上59ウ14/21 | |
| 20 | 那 | × | × | |
| 21 | 比 | ナミ2/7、コレ8/12 | (トモカラ)辞上61オ47/51 | |
| 22 | 等 | × | (トモカラ)辞上61オ39/51 | |
| 23 | 誠 | ノフ20/28、サネ4/7 | × | |

与えているのは名字部のみということになるが[6]、字類抄中で、漢字と訓の結び付きが名字部のみに見える字については、名字特有字と認識しても良いのではないか。

右の仮説を検証するために、名字部の他の全ての語について行った同様の調査結果の一部を【表3-2】に挙げる。

【結果】

①仮説の通り、排列に関して、他部から影響を受けた様子は見られなかった。引用書の踏襲という可能性を除外すれば、名字部の排列は名字として適当な順序に改められた、あるいは新しく案出されたものと考えられる。

②ただし上位字は、辞字部等他部に同訓(あるいは用言の終止形)で収録されているものが多く、仮説の通り、一般的に漢字と訓の結び付きの強い語と考えられる。

③字類抄内で、漢字と訓の結び付きが名字部のみに見える字を名字特有字とすれば、②の通り、名字特有字は

排列の下位に位置する傾向があった。無論、名字部に収録された延べ七四六字のうち他部に同訓を持たない延べ二八二字全てを名字特有字と規定するのは乱暴である。この中には、人名訓以外で現在まで訓として通行しているものもあり、あくまでも傾向として捉えるべきであろう。

また、ト篇では同字別訓を多く持つものが下位にある傾向があったが、他部の調査では、特に顕著な傾向は見出せなかった。このことはト篇内の別訓の掲出順位からも明らかであろう。

【表3-2】〈トシ〉〈トキ〉の掲出状況　（天＝天象部、辞＝辞字部）

| トシ | 名字 | 別訓の存在（名字部内） | 他部における同訓の存在 |
|---|---|---|---|
| 1 | 俊 | × | 辞上 59 オ 8/36 |
| 2 | 利 | ヨリ 18/24 | 辞上 59 オ 4/36 |
| 3 | 敏 | × | 辞上 59 オ 7/36 |
| 4 | 載 | ノリ 41/46 | 天上 54 オ 4/7 |
| 5 | 年 | × | 天上 54 オ 1/7 |
| 6 | 歳 | × | 天上 54 オ 2/7 |
| 7 | 稔 | × | 天上 54 オ 5/7 |
| 8 | 逸 | ヤス 12/16 | × |
| 9 | 聡 | × | 辞上 59 オ 17/36 |
| 10 | 明 | ノリ 25/46、アキ 2/6、アキラ 1/14、ミツ 9/9 | × |
| 11 | 知 | トモ 7/23、ノリ 46/46 | × |
| 12 | 鏡 | ミ 11/18 | × |
| 13 | 照 | テル 2/2、アリ 7/7 | × |
| 14 | 詮 | アキラ 6/14 | × |
| 15 | 信 | ノフ 2/28、アキラ 4/14、サネ 2/7 | × |
| 16 | 章 | ノリ 6/46、アキ 4/6、アキラ 3/14 | × |
| 17 | 季 | スヱ 2/2 | × |
| 18 | 暁 | × | × |

| トキ | 名字 | 別訓の存在（名字部内） | 他部における同訓の存在 |
|---|---|---|---|
| 1 | 時 | ヨリ 13/24、コレ 7/12 | 天上 54 オ 1/6 |
| 2 | 説 | × | （トク）辞上 59 オ 1/20 |
| 3 | 節 | × | 天上 54 オ 4/6 |
| 4 | 候 | × | × |
| 5 | 秋 | アキ 1/6 | 天上 54 オ 5/6 |
| 6 | 辰 | × | 天上 54 オ 3/6 |
| 7 | 言 | ノリ 31/46、ノフ 18/28 | （トク）辞上 59 オ 11/20 |
| 8 | 朝 | トモ 17/23、ノリ 28/46、アサ 1/1 | × |
| 9 | 昔 | ツネ 9/10 | × |
| 10 | 宗 | ムネ 1/9 | × |
| 11 | 國 | クニ 1/3 | × |

## 五　古代人名辞典における用例

『日本古代人名辞典』（阿部猛編、東京堂出版、二〇〇九年、以下「辞典」）に収録された二字名男性二三一〇名(7)（うち源氏五二二名、平氏三六七名、藤原氏一二九七名、橘氏一二五名）についてデータベースを作成し、『色葉字類抄』名字部収録字との比較調査を行った。

### ■『色葉字類抄』に非掲載の字・源平藤橘に現れない字・氏による偏り

辞典に収録された人名のうち「雨叡園乙河海梶葛関希古主取純小裳上世勢宣川全大統八発浜淵穂万野鷲榲」の字は、字類抄名字部に収録されていなかった。また本調査の範囲外ではあるが、『色葉字類抄』が、奈良時代の人名に多かった動物（馬、鹿、猿、虎、牛、蝦、烏等）や植物を表す多くの実字を載せない状況からは、編纂者（橘忠兼）が各氏の祖先の名に使用された字を系図から網羅的に集めたのではなく、院政期以降に新しく人名を命名する際に活用出来る字（漢籍に典拠・由来のある嘉字）を中心に収集したのであろうことが想像される。

また、字類抄に採録されながら辞典の源平藤橘四氏の名に現れなかった字は「算碁忩瀌侄滞藝苞柯牢隣」等二七五字である。更に、字類抄収録字のうち源平藤橘のいずれかに偏る字を調べたところ、特定の氏に対する顕著な偏りは見られなかった。(8)

### ■「トモ」配当字

『色葉字類抄』名字部で「トモ」に配当された漢字のうち、前掲【表3―1】において二訓以上の当てられた「公知朝寛誠」と辞典採録訓との関係を【表4】に示す。(9)これを見ると、先行研究の集大成である最新の人名辞典においても、確実に二種に読んでいる「朝」字を除けば、他は一種の訓しか示しておらず、しかも「トモ」字の掲出順位が二位である「公」字、また下位の「寛」「誠」字については「トモ」の訓さえ見えないことが分かる。この背景にはどのような事情があるのだろうか。無論、一つには、適当な訓を当てて便宜的に読むしかない人名研究の現状や限界があるのかもしれず、上位の「公」字を実は「トモ」「タヾ」と読んだ人名が見過ごされている可能性は大いにあるだろう（例えば、【表４】内の▲は同一名の同一人物を別訓で二重に立項している例である。源朝任―アサトウ、トモトウ。二重掲出については後述）。

【表4】　源平藤橘における「トモ」字　（上字＊下字）

| 掲出順 | トモ字 | 訓(辞典) | 源 | 平 | 藤 | 橘 |
|---|---|---|---|---|---|---|
| 2/23 | 公 | キン | 3*0 | 2*0 | 27*0 | 6*0 |
| | | キミ | — | 1*0 | 0*2 | 0*1 |
| 7/23 | 知 | トモ | 1*0 | 6*0 | 21*1 | — |
| 17/23 | 朝 | トモ | 4*4 | 2*1 | 9*1 | — |
| | | アサ | | — | 10*0 | — |
| | | トモ／アサ | 1*0▲ | | | |
| 19/23 | 寛 | ヒロ | 1*0 | — | — | — |
| 23/23 | 誠 | サネ(ザネ) | — | 0*1 | 2*0 | — |

【表5】　五訓を持つ字と各訓内の掲出順位

| | |
|---|---|
| 為 | タメ 1/1、ナリ 6/19、ユキ 17/18、シケ 7/10、スケ 15/17 |
| 懐 | チカ 10/19、カネ／カヌ 3/5、タカ 18/22、ツネ 8/10、ヤス 6/16 |
| 光 | テル 1/2、アキラ 11/14、アリ 5/7、ミツ 1/8、ヒコ 3/3 |
| 至 | ヨシ 20/30、ムネ 9/9、ノリ 45/46、ユキ 15/18、ミチ 6/13 |
| 資 | ヨシ 21/30、ヨリ 3/24、タヽ 16/31、モト 5/10、スケ 2/17 |
| 方 | カタ 1/7、ヨリ 6/24、ツネ 7/10、マサ 6/23、ミチ 4/13 |
| 明 | トシ 10/18、ノリ 25/46、アキラ 1/14、アキ 2/6、ミツ 9/9 |
| 良 | カタ 6/7、ヨシ 2/30、ナカ 5/6、サネ 5/7、スケ 17/17 |

しかしもう一つ疑うべき点は、二千余名中、殆どあるいは全く出現しない「寛」「誠」「比」等の字に、『色葉字類抄』がそれぞれ三種も訓を配当する必要があったのであろうかという点である。四氏以外も含め、本辞典以外の古今の人名索引を繙けば、これらの字が人名に用いられており、名字自体の需要はあったことが分かるが、その訓のバリエーションについては容易に確認されないだろう。

この調査の延長として、『色葉字類抄』名字部中、最も多い五種の訓を当てられた字と、各訓内での掲出順位を【表５】に示した。

また、【表４】と同様に、人名辞典での採録訓の分布を【表６】に示した。

【表6】　源平藤橘における五訓字

| | 訓(辞典) | 源 | 平 | 藤 | 橘 |
|---|---|---|---|---|---|
| 為 | タメ | 16*0 | 11*0 | 42*0 | 5*0 |
| 懐 | カネ | 1*0 | | 2*1 | |
| | ヤス | | | 1*0 | |
| | チカ | | | 0*1 | 0*2 |
| 光 | ミツ | 10*19 | 2*4 | 13*36 | 0*2 |
| | テル | 0*1 | | 0*1 | |
| 至 | ムネ／ユキ | 1*0 | | | |
| 資 | スケ | 7*6 | 6*2 | 28*4 | 2*1 |
| | ヨリ | | | 0*1 | |
| 方 | カタ | 0*7 | 0*5 | 0*13 | |
| | マサ | 0*3 | | | |
| | カタ／マサ | | | 0*2 | |
| 明 | アキ | 3*4 | 2*2 | 7*5 | |
| | アキラ | 0*15 | | 0*10 | |
| 良 | ヨシ | 2*4 | 3*2 | 19*8 | 2*0 |
| | ナガ | 0*1 | | | |
| | ラ | | | 0*1 | |

【表5】において掲出順位が一位、二位のものを列挙すれば、「為〈タメ〉」「光〈テル〉〈ミツ〉」「資〈スケ〉」「方〈カタ〉」「明〈アキラ〉〈アキ〉」「良〈ヨシ〉」であり、これらを【表6】と照合すれば、いずれも（便宜的にであれ）主に読まれている訓であるということが分かる。一方で、掲出順位が最下位に近い「為〈ユキ〉」「懐〈タカ〉」「至〈ムネ〉〈ノリ〉」「明〈ミツ〉」「良〈スケ〉」等は「至〈ムネ〉」を含めても[10]確実に読まれている例はない。この調査結果は、排列規則を知るための一つの指標となるだろう。すなわち、名字として漢字と訓の結び付きの強い語＝名字として実際に活用され得る組み合わせが排列上位に位置し、そうでないものが下位に位置するという傾向が認められるのではないかという予測を覆すものではなかった。

しかし、「ノリ」に四六字というように、訓に対して使用頻度や定着度の低い漢字をも多く載せるという収録態度、また、漢字の使用頻度自体の低い「至」等に五訓も与えた意義は何であろうか。表面的には「辞字部」でも同じ現象が見られるが、意味の類似から文字を集めたことが推測される「辞字部」を「名字部」と並列して考えることは出来ない。本項冒頭でも示した通り、仮名引きによって字を求める体裁の本書において、「名乗字」一字を仮名から索める需要・意義とは何処にあったのか、考える必要がある。

## 六　実名敬避

『色葉字類抄』の体裁上、漢字からその訓を引けないため、名字部が既存の人名の読み方を調べるために設けられた部ではない（少なくとも適していない）ことは自ずから理解されるところである。江戸時代の『名字指南』等も「凡古くよりの名字の書ともすべて訓《ヨミ》もてのみ類聚したれは捜索せむにわつらはしき事あり」（凡例）とし、訓引きと画引きを両方採用している。

名字の訓引きには、古記録等への他人の名の筆記の他に、「命名」の際の需要が考えられる。単純に新たな実名命名の場面として考えられるのは、元服、還俗、犯罪者の改名時等であり、これらの場合に「名前を音（訓）から決め、当てる字を探す」という手順が通行していたのであれば、当部のように可能な限り多くの字を掲載して利用可能字を充実させたのだという弁も成立しなくはないであろう。全ての貴族や武士が一々名字の由来や根拠を求めたとは限らず、場合によっては「系字・通字」の他の一字を決めるだけの手段として簡便なものを参照したということもあるかもしれない。

しかしそれだけでなく、もう一つの可能性として、同訓字を羅列する背景には、貴人の実名を敬避して改名する貴族の風習があったのではないだろうか。最も顕著な例は、天皇の「諱」の使用敬避（避諱）であるが、該当字を避けて同訓の別字に改める、また該当訓に通じる字も全て避けて改名する場合に、同訓別字の名字についての知識が不可欠となる。ここに、名字だけを集めて訓引きで利用出来る辞書の需要が発生したと考えることも可能ではないだろうか。

参考　貴人の実名敬避の例

□中納言「忠雅」を避けて　忠正→忠員（タダカズ）に（保元物語）

□後白河の法名「行真」を避けて　行国→家種に（平戸記）
□八〇代高倉帝の時代、六二代村上帝の皇子「為平」親王を避けて（賀茂）為平→邦平に（兵範記）
□近衛中将「良経」を避けて（源）義経→義行（→義顕）に（玉葉・吾妻鏡）

## 七　結論と課題

以上は、『色葉字類抄』各篇末尾に位置する「名字部」に関する調査結果である。以下にまとめと課題を記す。

◆名字部収録字（同訓中）の排列には字類抄中の他部の排列からの影響は見られず、また特定の家に使用される字に偏ったような収録状況も窺うことは出来なかった。しかしこのことにより、名字部が何らかの目的のために字類抄に加えられた、独特の字訓の集合であることが裏付けられることともなった。

◆排列の傾向として、上位字は辞字部等他部に同訓（あるいは用言の終止形）が収録されているもので、一般的に漢字と訓の結び付きが強く現代の人名辞典でも大部分を占める読み方であり、下位字は結び付きが特殊で辞典でも確認されないものが多かった。

◆一訓に対して多字を排した背景には「避諱」の風習があったのではないだろうか。すなわち、貴人の実名を避けるため、改名の際に同訓字を参照する、あるいは同訓別字に改めるため参照する等の「同訓意識」があったのではないかと著者は考えた。現実に「避諱」が同訓字に及んでいたことを考えれば、同訓名字への理解はいずれかの手段によって共有されなければならなかったはずである。字類抄編者が「国語辞書」とも言える本書にこのような語彙の収録を行った背景については、古記録や和漢混淆文中の人名筆記の需要と併せて、なお考える余地があるだろう。

◆今後の課題として、特殊な訓を持つ「名字特有字」各字についての典拠の有無等、更なる調査が必要となるだろう。また、例えば『身延山本本朝文粋』に「安世〈ヤスヨ〉」「言鑑〈トキミ〉」「相職〈スケモト〉」「緒嗣〈ヲツキ〉」、『高山寺本古往来』に「晴雅〈ハレマサ〉」「真〈サネ〉成」「米茂〈ヨナシケ〉」「吉仁〈ヨシヒト／タウ〉」「到〈マサ／ムネ〉明〈キラ〉」等の訓が見えるが、(11) 訓点資料中の人名への振仮名の有無に、「難訓」「複数訓の可能性」等の基準があったのか、という観点でも人名訓を追究すべき余地がある。無論、中古・中世の人名の正しい読み方を個々人について調査し、その成果を現代の人名辞典等において共通理解とする作業が必須であることは言うまでもない。

◆同時代の『掌中歴』との関係については、本項末に掲げた通りであり、『掌中歴』の完本の発見が俟たれる。

参考　古辞書における名字収録状況（イ篇）　※漢字引きのものを除く

○《三巻本色葉字類抄》　イヘ（家宅）、イヤ（弥寂）、イマ（今未）

○《二巻本色葉字類抄》　イエ（家宅）、イヤ（弥寂）、イマ（今未）

○《二巻本世俗字類抄》　家宅弥寂今未

○《七巻本世俗字類抄》　イヱ（家宅）、イヤ（弥寂）、イマ（今未）

○《十巻本伊呂波字類抄》　イヘ（家宅）、イヤ（弥寂）、イマ（今未）

○《拾芥抄》　イヤ（弥寂未）、イト（寂系）、イヘ（家宅屋舎）、イハ（岩石）、イチ（市）、イル（入）、イソ（礒）、イナ（稲）、イキ（活生）、イケ（池）

○《名字指南》（文久二年刊）　イク（活生）、イケ（池）、イケル（生）、イサ（義勲功績）、イソ（礒勲）、イタル（致）、イチ（市）、イト（系寂純文）、イナ（稲）、イハ（岩石）、イヘ（屋家舎

宅)、イマ(今未)、イヤ(㝡未彌)、ヰヤ(居)、イル(入)

注

(1)『増訂再版　古辞書の研究』(川瀬一馬、雄松堂出版、一九八六年)に、

　名字歴　現存いろは分類の最古のものなり。(右両部は字類抄に所引せらる。)

とあり(両部とは姓氏部と名字部のこと)、字類抄が『掌中歴*』の名字(歴)を踏襲したとする説もある。そこで、本項末に字類抄と『掌中歴』中の名字の比較を掲げ、これについて考察を行った。その結果、二書に直接の関係があり、しかも『掌中歴』が先行すると見るには未だに証拠の少ないことが明らかになったため、本項ではこの点を保留し、字類抄独自の排列面を中心に検討することとした。本調査は、字類抄と『掌中歴』の関係についての研究にも資するものと考えられる。

　*三善為康撰、保安三、四年(一一二二、一一二三)頃成立か、近世の写本(零本、名字歴を欠く)のみ現存、『二中歴』(鎌倉時代初期成立か)中に、「掌中所載」として名字語彙を載せる。

(2)『貞丈雑記』人名部。また『名字弁』等あるが、未見(『古事類苑』、豊田国夫(一九八八年)等に引用)。

(3)築島裕「法華経単字の和訓について」(北大国語学講座二十周年記念論輯「辞書・音義」、一九八七年)参照。

(4)『平安時代古記録の国語学的研究』(東京大学出版会、一九八六年)。

(5)「三巻本色葉字類抄につけられた朱の合点について」(二松学舎大学論集50年度、一九七六年)。

(6)なお、観智院本『類聚名義抄』には、「偏」に「トモカラ」、「誠」に「トモ」の訓があるものの、「丈」「那」には関連訓がなかった。

(7)時代の上限は西暦八〇〇年に生存していた人物とし、下限は以下全ての掲載人物(本書凡例「およそ鎌倉の源頼朝政権の確立頃までに歴史上にあらわれた者」)とした。一部、改名等による同一人物の重複掲出があるが、重複して計上した。また、本人名辞典に提示された人名訓の妥当性については後にも述べる通り疑わしい箇所が認められるため、主に用字を収集する目的で利用した。

(8)源―〇陟鑒猷自×雄、平―×儀懐蔭、藤―〇臣根潔君宜岳衛陰因、橘―〇倚綿殖勢×明方扶中泰宣昌守嗣弘景

興教挙久規雅伊職、という結果であった。○―主にその氏のみに見える字、×―他三氏には見えるがその氏に見えない字。『尊卑分脈』『平安遺文人名索引』等も参照した。藤原氏○と橘氏×の多さは母体の大小に由来するのであろう。

（9）　辞典に掲載されていない「比」の字を除いた。

（10）　これは「源至光」が「ムネミツ」と「ユキミツ」で二重掲載された例であるが、本人名辞典ではこのような例が散見される。問題は、各項目の説明が一方は「むねみつ　生没年未詳。父は博雅（九一八―九八〇）。長徳二年（九九六）小内記で蔵人に補任さる。同四年讃岐介に任ずる。（小右記・権記）」、一方は「ゆきみつ　生没年未詳。博雅（九一八―九八〇）の子。従五位下伯耆守。雅楽家。父から催馬楽を伝授された。（大日本史料一―一八）」と項目記述が異なっており、場合によっては同一人物であるかが不明である点である。辞書編纂上の問題であると同時に、歴史上の人名の「訓読み」に対する統一的（便宜的）基準のないことからの不備とも言えよう。

（11）　他にも、『大鏡』諸本や『吾妻鏡（寛永版）』等、人名に振り仮名を付した資料のあることは周知の通りであるが、このような訓を網羅的に採集し中世辞書類所載の人名訓と比較を行うことが次の段階に期待される作業と言えるだろう。

【掌中歴との関係】

以下の表内に、『二中歴』に「掌中所載」（『掌中歴』の名字歴）として掲げられた名字と字類抄の名字の比較を行った。両本で排列の異なる部分については、字類抄の排列を正順として、『掌中歴』の語の左に字類抄内の掲出順位を示した。また、一方の本に特有の文字を□で囲んだ。『二中歴』のテキストは『二中歴　二』（尊経閣善本影印集成15、八木書店、一九九七年）を使用した。

| | | |
|---|---|---|
| 字 | イヘ（家宅）　イヤ（弥袍）　イマ（今未） | ハル（春治玄）　ハレ（晴霽） |
| 掌 | 家宅[屋舎]　[弥袍]　今未　[色]　[石岩磐巌]　[磯] | 春治玄　晴霽 |

| 字 | 掌 |
| --- | --- |
| トモ（友公奉倫偏共知類丈俱偕與兼僚具伴朝朋寛那比等誠）<br>1 2 3 4 5 6 7 8 9 10 11 12 13 14 15 16 17 18 19 20 21 22 23 | 友知奉倫朝公共具伴僚偏類偕與朋比等丈兼寛那誠智美<br>1 7 3 4 17 2 6 15 16 14 5 8 11 12 18 21 22 9 13 19 20 23 |
| トシ（俊利敏載年歳稔逸聡明知鏡照詮信章季暁）<br>1 2 3 4 5 6 7 8 9 10 11 12 13 14 15 16 17 18 | 俊敏利載年歳稔逸季戉聡暁明智順鏡照詮信章恵<br>1 3 2 4 5 6 7 8 17 9 18 10 12 13 14 15 16 |
| トキ（時説節候秋辰言朝昔宗國）<br>1 2 3 4 5 6 7 8 9 10 11 | 時節候辰剋晨釋解國宗説尚秋言朝世<br>1 3 4 6 11 10 2 5 7 8 |
| トヲ（遠遐遼通寛玄）<br>1 2 3 4 5 6 | 遠遐遼通玄寛尚曠逾<br>1 2 3 4 6 5 |
| トク（得徳） | 得徳 |
| トヨ（豊仁農） | 豊仁農 |
| トミ（冨） | 冨福幸 |
| | ＊掌中はトヲ、トミ、トヨ、トクの順 |
| チカ（近迩親愛隣周允幾庶懐用身躬子實見槙慎元）<br>1 2 3 4 5 6 7 8 9 10 11 12 13 14 15 16 17 18 19 | 近親隣周幾允迩愛庶懐用身元浮修子躬實慎徳信真槙見<br>1 3 5 6 8 7 2 4 9 10 11 12 19 14 13 15 18 16 |
| チ（千） | |
| ヲ（男雄緒縉濟尾巨水）<br>1 2 3 4 5 6 7 8 | 男雄緒縉尾巨濟水紘 音 臣<br>1 2 3 4 6 7 5 8 |
| ヲカ（岡岳） | 罡岳嶽陵阜豈豈 若少雅 |
| | ＊字類抄「17槙」と掌中槙は同字か<br>＊掌中ヲカ「豈」（二字目）の脚は「止」 |
| カタ（方賢象堅固良形） | 方賢象堅固良形像 |
| カス（員數竿和量）<br>1 2 3 4 5 | 員數量竿和筭<br>1 2 5 3 4 |
| カケ（景影陰蔭晷）<br>1 2 3 4 5 | 景影陰晷蔭<br>1 2 3 5 4 |
| カネ／カヌ（兼包懐苞該） | 兼包懐苞該恰 |
| カ（香芳馨） | 香芳馨馥 |
| カツ（勝蔓遂） | 勝遂捷 |
| カト（門廉） | 門廉 |
| カセ（風吹） | 風吹籟 |
| カヒ（穎柄） | 穎柄 |
| カネ／カナ（金鐵） | 金鐵 |
| | ＊掌中はカネ、カセ、カツ、カト、カヒの順 |
| ヨシ（吉良好義慶善能淑懿令嘉榮理綏微美愛佳弥至資休若由徳頼承燕宜克）<br>1 2 3 4 5 6 7 8 9 10 11 12 13 14 15 16 17 18 19 20 21 22 23 24 25 26 27 28 29 30 | 吉良好義美慶善能懿令嘉理佳燕宜克儀淑榮綏微愛弥至資休若由頼悦徳承張穀典備敬可賀廉命尋<br>1 2 3 4 16 5 6 7 9 10 11 13 18 28 29 30 8 12 14 15 17 19 20 21 22 23 24 26 25 27 |

| 字　掌 | 字　掌 | 字　掌 | 字　掌 | 字　掌 | 字　掌 |
|---|---|---|---|---|---|
| ヨリ（頼依資倚自方賢孚穀命麗可時備敬形曲利寄之因據適仍）<br>1 2 3 4 5 6 7 8 9 10 11 12 13 14 15 16 17 18 19 20 21 22 23 24<br>依頼因由資倚尋穀階命依麗可據適仍脩紕時備敬典利之　世与代<br>2 1 21 3 4 9 10 2 11 12 22 23 24 13 14 15 18 20<br>＊字類抄「曲」と掌中「由／典」は同字か<br>＊掌中「依」は二箇所にあり | タヽ（忠直政公齊渡正挌理陟位薫尹箴唯資身子但只紀匡江兄帝忩賢彈孫産縄）<br>1 2 3 4 5 6 7 8 9 10 11 12 13 14 15 16 17 18 19 20 21 22 23 24 25 26 27 28 29 30 31<br>忠直唯齊正挌政公渡理陟位薫尹資身子但只紀匡江兄啻忩賢彈孫産縄斉箴繋簡標帝産均文真平<br>1 2 15 5 7 8 3 4 6 9 10 11 12 13 16 17 18 19 20 21 22 23 24 26 27 28 29 30 31 14 25 30<br>＊掌中「齊（斉）」「産」は二箇所にあり | タカ（高隆教孝卓擧貴髙標楚陟尊辛牢岑生懐山膺孝崇）<br>1 2 3 4 5 6 7 8 9 10 11 12 13 14 15 16 17 18 19 20 21<br>高隆教孝孝高楚卓擧貴尭標陟尊幸牢岑生懐山膺崇峯方<br>1 2 3 4 20 8 10 5 6 7 9 11 12 14 15 16 17 18 19 21 | タフ（任堪能妙）　タヘ（妙絲）　タメ（為）　タネ（種胤殖）　タケ（武健）<br>1 2 3<br>任堪能妙純勝耐　妙絲竗　為　胤殖種　武健全竹長<br>2 3 1 | ツラ（連貫列綿陳属宜）　ツネ（経常恒庸毎鎮方懐昔縄）<br>1 2 3 4 5 6 7　1 2 3 4 5 6 7 8 9 10<br>連貫列陳綿属行宜陣徳　常恒経懐毎鎮尋庸方昔　鶴<br>1 2 3 5 4 6 7　2 3 1 8 5 6 4 7 9 | ツキ（次継嗣続序）　ツナ（綱）　ツカ（冢墓）<br>次継嗣續序第属条后構糸接紹廊　縄絰縄　冢陵墓墳塚束握<br>＊掌中はツキ、ツラ、ツル、ツカ、ツネ、ツナの順<br>＊字類抄ツネ「縄」はツナとあるべきか（ただし掌中ツナに二例あり不明） |

| 字 | 掌 |
|---|---|
| ネ（根福） | 根福[祢] |
| ナリ（成業生濟齊為登作平位救均就得尚有忠周也）<br>1 2 3 4 5 6 7 8 9 10 11 12 13 14 15 16 17 18 19 | 成業斉生済為作登就平位救均得[微][造]尚周也忠有[経][産][輸]<br>1 2 5 3 4 6 8 7 13 9 10 11 12 14 15 18 19 17 16 |
| ナカ（長永脩條良度）<br>1 2 3 4 5 6 | 長永脩度良條[迴][箇]<br>1 2 3 6 5 4 |
| ナカ（中仲榮） | 中仲榮 |
| ナヲ（直尚猶仍脩如君）<br>1 2 3 4 5 6 7 | 直猶仍脩如君尚<br>1 3 4 5 6 7 2 |
| ナミ（並比波浪濤秘南）<br>1 2 3 4 5 6 7 | 並[習]波濤南[稼]秘<br>1 3 5 7 6 |
| ナ（名聲稱命） | 名聲稱命[目][号] |
| ナツ（夏） | 夏 |
| ＊掌中はナリ、ナガ、ナヲ、ナツ、ナカ、ナミ、ナの順 | |
| ムネ（宗致緣棟胥齊順旨至）<br>1 2 3 4 5 6 7 8 9 | 宗致[統]棟齊胥順旨至[林][概]<br>1 2 4 6 5 7 8 9 |
| ムラ（村[屯]） | 村[邑]群聚叢 |
| ウヤマフ（敬恭礼）<br>1 2 3 | （ウヤ）敬礼恭[氏][姓]<br>1 3 2 |
| ＊掌中はムラ、ムネの順<br>＊字類抄ムネ「縁」と掌中「統」は同字か | |
| ノリ（則義儀憲範章孝教乗徳法矩食典度刑慶猷経紀式縄令斯明書述朝雅仙言[代]記永化政象藝肖似載尋軌孝至知）<br>1 2 3 4 5 6 7 8 9 10 11 12 13 14 15 16 17 18 19 20 21 22 23 24 25 26 27 28 29 30 31 32 33 34 35 36 37 38 39 40 41 42 43 44 45 46 | 則範章教乗[幸]憲儀義孝徳法食矩典度刑慶猷式紀軌尋孝至経縄令斯明書述朝雅仙言記永化政象藝肖似載知[納][如][純][賢]<br>1 5 6 8 9 4 3 2 7 10 11 13 12 14 15 16 17 18 21 20 43 42 44 45 19 22 23 24 25 26 27 28 29 30 31 33 34 35 36 37 38 39 40 41 46 |
| ノフ（延信述順陳舒書所別修序叙暢正房総命言政誠攄薫振内遥惟将[展]）<br>1 2 3 4 5 6 7 8 9 10 11 12 13 14 15 16 17 18 19 20 21 22 23 24 25 26 27 28 | 延信陳述順舒序叙暢書所別修正房総[申][宣][演][布][備]命言政誠攄薫振内遥惟将<br>1 2 5 3 4 6 11 12 13 7 8 9 10 14 15 16 17 18 19 20 21 22 23 24 25 26 27 |
| ＊掌中ノフ「修」字は「循」に似る | |
| オキ（興息居） | 興息居[起] |
| オム（[臣]） | [乙] |
| | [隈][阿][曲][隅] |
| クニ（國邦州） | 國邦[訓]州[郡]<br>[倉][蔵][庫][掠][稟][帑][促] |
| ヤス（安保康泰愷懐寧息休俾綏逸穏毗易縁）<br>1 2 3 4 5 6 7 8 9 10 11 12 13 14 15 16 | 安保康泰懐寧息休綏俾逸穏易毗縁[愛][海][預][慰][平][宴][愷][快]<br>1 2 3 4 6 7 8 9 11 10 12 13 15 14 16 5 |
| ヤマ（山） | 山 |

| 掌　字 |
| --- |
| マサ（正昌政理允方當雅匡尹将縄順齊蔵幹緝暢賢蔚睿元客）　マス（益増）　マツ（松）　マ（真）<br>1 2 3 4 5 6 7 8 9 10 11 12 13 14 15 16 17 18 19 20 21 22 23<br>正政昌理雅尹将匡方當允順齊賢縄蔵蔚緝幹睿元董客直　益増升　松　又復加完全也<br>1 3 2 4 8 10 11 9 6 7 5 13 14 19 12 15 20 17 16 21 22 23<br>＊掌中はマス、マサ、マタ、マツの順<br>＊掌中マサ「直」と字類抄「真」は同字か |
| フサ（房総林滋番重成芝維）　フム（文技書）　フチ（藤）　フユ（冬）　フ（生）　フチ（渕）<br>1 2 3 4 5 6 7 8 9　1 2 3<br>房総維林滋番重成芝別所　文書牧　藤　冬　生　渕潭　深　古舊雨故冨　音聲<br>1 2 9 3 4 5 6 7 8　1 3 2<br>＊掌中はフム、フヂ、フサ、フユ、フ、フチ、フカ、フルの順 |
| コレ（是惟維斯伊之時此官自比繋）　エタ（枝柯族條）　エ（江柯兄柄）　テル（光照）<br>1 2 3 4 5 6 7 8 9 10 11 12　1 2 3 4　1 2<br>是惟斯伊之時維寔茲粤旃右云比繋自彼以載言若官　枝柯朶族條篙　江柄柯兄　照光満實三盈益師<br>1 2 4 5 6 7 3 11 12 10 9　1 4 2 3　2 1 |
| アキラ（明昭章信朗詮在顕著郷光耀高行）　アキ（秋明在章顕著）<br>1 2 3 4 5 6 7 8 9 10 11 12 13 14<br>明照章信朗詮顕著光耀亮行　秋鏡卿暁在<br>1 3 4 5 6 8 9 11 12 14<br>＊字類抄「昭」と掌中「照」、字類抄「高」と掌中「亮」は同字か |
| アリ（有在茂満光順照）　アフ（合相會遇）　アツ（厚篤敦淳）　アユ（肖似）<br>1 2 3 4 5 6 7<br>有在茂満順光照　合相會遇遭逢　敢饗厚篤敦淳　肖似<br>1 2 3 4 6 5 7<br>＊掌中アツ「敢」「敦」は同字か（ただし二例となり不明） |
| アサ（朝）　サネ（真信實誠良孚核椀）　サタ（定貞完愢）　サト（里郷隣束識）<br>1 2 3 4 5 6 7 8<br>朝　真實信誠人城核良孚　定貞完信愢　里郷隣束識　夫閭邑<br>1 3 2 4 7 5 6<br>＊掌中はアキラ、アキ、アリ、アサ、アフ、アユ、アツの順<br>＊掌中はサト、サネ、サタの順 |

| 字 | 掌 |
| --- | --- |
| キ（木材興城樹黄紀息置起来杖減軒甲規）<br>1 2 3 4 5 6 7 8 9 10 11 12 13 14 15 16 | 木材樹紀城興息減軒甲規藝来起置杖<br>1 2 5 7 4 3 8 13 14 15 16 11 10 9 12 |
| キヨ（清浄潔滞聖） | 清浄潔聖叡雪浠舜 |
| キミ（公林君）<br>1 2 3 | 公后君仁林<br>1 3 2 |
| ユキ（行之如将由随于往致以通適舒起至征為役）<br>1 2 3 4 5 6 7 8 9 10 11 12 13 14 15 16 17 18 | 行如往之将幸由随于致以通適舒起至征為役運雪達邁順<br>1 3 8 2 4 5 6 7 9 10 11 12 13 14 15 16 17 18 |
| ミチ（道通康方達至途路陸侹盈充満）<br>1 2 3 4 5 6 7 8 9 10 11 12 13 | 道通康猷理除方達途路陸侹<br>1 2 3 4 5 7 8 9 10 |
| ミツ（光満充實盈三者並明）<br>1 2 3 4 5 6 7 8 9 | 充満盈光三者並明<br>3 2 5 1 6 7 8 9 |
| ミツ（水） | 水 |
| ミ（三實瞻省相視覧観子鑒鏡身躬見親皆現臣）<br>1 2 3 4 5 6 7 8 9 10 11 12 13 14 15 16 17 18 | 三實子身躬見覧鑒鏡観視省瞻親皆現臣 峯岑嶺巓巒<br>1 2 9 12 13 14 7 10 11 8 6 4 3 15 16 17 18<br>＊掌中ミツ（水）は上項に連なる<br>＊掌中「三」は二に見える（虫損か） |
| シケ（重成滋繁蕃茂枝為以兄）<br>1 2 3 4 5 6 7 8 9 10 | 重滋繁茂蕃董枝為以恵芝殷包盛誠複<br>1 3 4 6 5 7 8 9 |
| ヒラ（平衡位救均成牧行）<br>1 2 3 4 5 6 7 8 | 平衡均位牧成救行衛<br>1 2 5 3 7 6 4 8 |
| ヒロ（弘廣博瀰泰尋寛） | 弘廣博瀰泰尋寛宏喜溥 |
| ヒサ（久尚） | |
| ヒト（人仁者） | 人仁者 |
| ヒテ（秀英） | 秀英□　弘 |
| ヒコ（彦孫光） | 彦孫光位 |
| モチ（茂用以持望荷住蔚庸将式後申殖）<br>1 2 3 4 5 6 7 8 9 10 11 12 13 14 | 用以持荷将望茂住蔚庸式後申殖<br>2 3 4 6 10 5 1 7 8 9 11 12 13 14 |

| 字 | 掌 |
|---|---|
| モト（元本職基資幹舊意臺株）<br>1 2 3 4 5 6 7 8 9 10 | 元本基職幹始故舊意臺株躰苞由下底許<br>1 2 4 3 6 　 　 7 8 9 10 |
| モロ（師諸庶認度衆）<br>1 2 3 4 5 6 | 師庶諸認度衆<br>1 3 2 4 5 6 |
| モリ（守盛護衛積） | 守盛護衛積 |
| スケ（助資輔傳相祐亮佐副扶弼毗翼介為棟良）<br>1 2 3 4 5 6 7 8 9 10 11 12 13 14 15 16 17 | 助佐介輔相祐亮右副嗣扶弼毗翼良伴方資傳力為棟<br>1 8 14 3 5 6 7 　 9 　 10 11 12 13 17 　 　 2 4 　 15 16 |
| スカ（菅） | 菅 |
| スミ（澄角紀處住栖維棲）<br>1 2 3 4 5 6 7 8 | 角維隅栖棲純澄住紀處宿之上<br>2 7 　 6 8 　 1 5 3 4 |
| スヱ（末季） | 末季標杪叔 |

＊掌中はスケ、スヱ、スミ、スカの順

右の表からは、以下のことが窺える。

字類抄特有字は延べ四六字であり、『掌中歴』特有字は延べ二七四字である（同字であるか不明のものを含む）。このことから、

①掌中歴→字類抄に抄録、一部増補、排列改編
　　↓
　　二中歴（独自の排列）　⇔？

②種本→掌中歴→二中歴名字歴を改編
　　↓
　　字類抄→？

③種本→原掌中歴→二中歴掲載時に掌中歴部分を改編（掌中所載）
　　　└→字類抄 ⇔？ ─┘

のような可能性が考えられるが、例えば「右（スケ）」のような基本的な字で、種本にありながら字類抄が採録を見送った可能性の低いものが多いことや、そもそも両本の排列の異なることから、①のような可能性は低いと考えるのが妥当である。よって、『掌中歴』を直接字類抄が参照しているとするにはより確かな証明が必要となるだろう（またもし参照関係があったとしても、字類抄による語の取捨選択と再排列の背景については字類抄独自の事情として研究対象となり得る）。一方で、右表のうち□を付さなかった二本共通の語は無視出来ないほどに多く、間接的にであれ関連のあったことは間違いない。また②③の場合、種本と両本との間にどのような改編が行われたか、行われなかったかという点が注目される。

また、『二中歴』も「名字歴」を擁するが、その排列は例えば以下のようであり（□を付さないものは三本共通のもの、付すものは一本あるいは二本にのみ共通するもの）、字類抄とも『掌中歴』とも一致せず、語の取捨や見出し語の排列の面でも原則として異なる場合の多いことが分かる。

（字類抄）トモ（友公奉倫[偏]共知[類][丈][倶]偕[與]兼僚[具]伴朝[朋][寛][那][比][等]誠）

| 友 | 公 | 奉 | 倫 | [偏] | 共 | 知 | [類] | [丈] | [倶] | 偕 | [與] | 兼 | 僚 | [具] | 伴 | 朝 | [朋] | [寛] | [那] | [比] | [等] | 誠 |
|---|---|---|---|---|---|---|---|---|---|---|---|---|---|---|---|---|---|---|---|---|---|---|
| 1 | 2 | 3 | 4 | 5 | 6 | 7 | 8 | 9 | 10 | 11 | 12 | 13 | 14 | 15 | 16 | 17 | 18 | 19 | 20 | 21 | 22 | 23 |

（掌中歴）

| 友 | 知 | 奉 | 倫 | 朝 | 公 | 共 | [具] | 伴 | 僚 | [偏] | [類] | 偕 | [與] | [朋] | [比] | [等] | [丈] | 兼 | [寛] | [那] | 誠 | [智] | [美] |
|---|---|---|---|---|---|---|---|---|---|---|---|---|---|---|---|---|---|---|---|---|---|---|---|
| 1 | 7 | 3 | 4 | 17 | 2 | 6 | 15 | 16 | 14 | 5 | 8 | 11 | 12 | 18 | 21 | 22 | 9 | 13 | 19 | 20 | 23 | | |

（二中歴）

| 友 | 倫 | [備] | 僚 | 共 | [倶] | 奉 | 知 | 公 | 朝 | [両] | 偕 | 誠 | 兼 | [美] | [肥] | [智] | 伴 |
|---|---|---|---|---|---|---|---|---|---|---|---|---|---|---|---|---|---|
| 1 | 4 | | 14 | 6 | 10 | 3 | 7 | 2 | 17 | | 11 | 23 | 13 | | | | 16 |

すなわち、「名字部」という部立ての着想の原点については不明のままであるが、各辞書において独自の語の取捨／改編を行い、それぞれの目的に合わせて排列（あるいは排列を踏襲）したものである、ということについては事実であるとして良いであろう。特に『掌中歴』は『二中歴』の材料の一つであることが知られるが、この間の関係は、字類抄と『掌中歴』とよりも薄いものであるように見られるのである。

## 第三節　『色葉字類抄』と先後辞書

本節では、前章までと前節での調査結果を元に、『色葉字類抄』各部と先後の文献（先行辞書、後行辞書を中心とする）との影響関係について述べる。前節で扱った文献は『和名類聚抄』、『延喜式』、「節用集」、重点部関連の文献、名字部関連の文献（『掌中歴』を含む）であるが、ここに代表的な先行辞書である『類聚名義抄』を始めとする先行研究に指摘されてきた関連諸書を加え、以下にまとめる（『新撰字鏡』と無関係であることは本章第二節第一項の注一三を参照されたい）。字類抄と他本との影響関係を図式化すると次のようである。ただし、字類抄以外の書についてはその関連書物の表示を省略した。

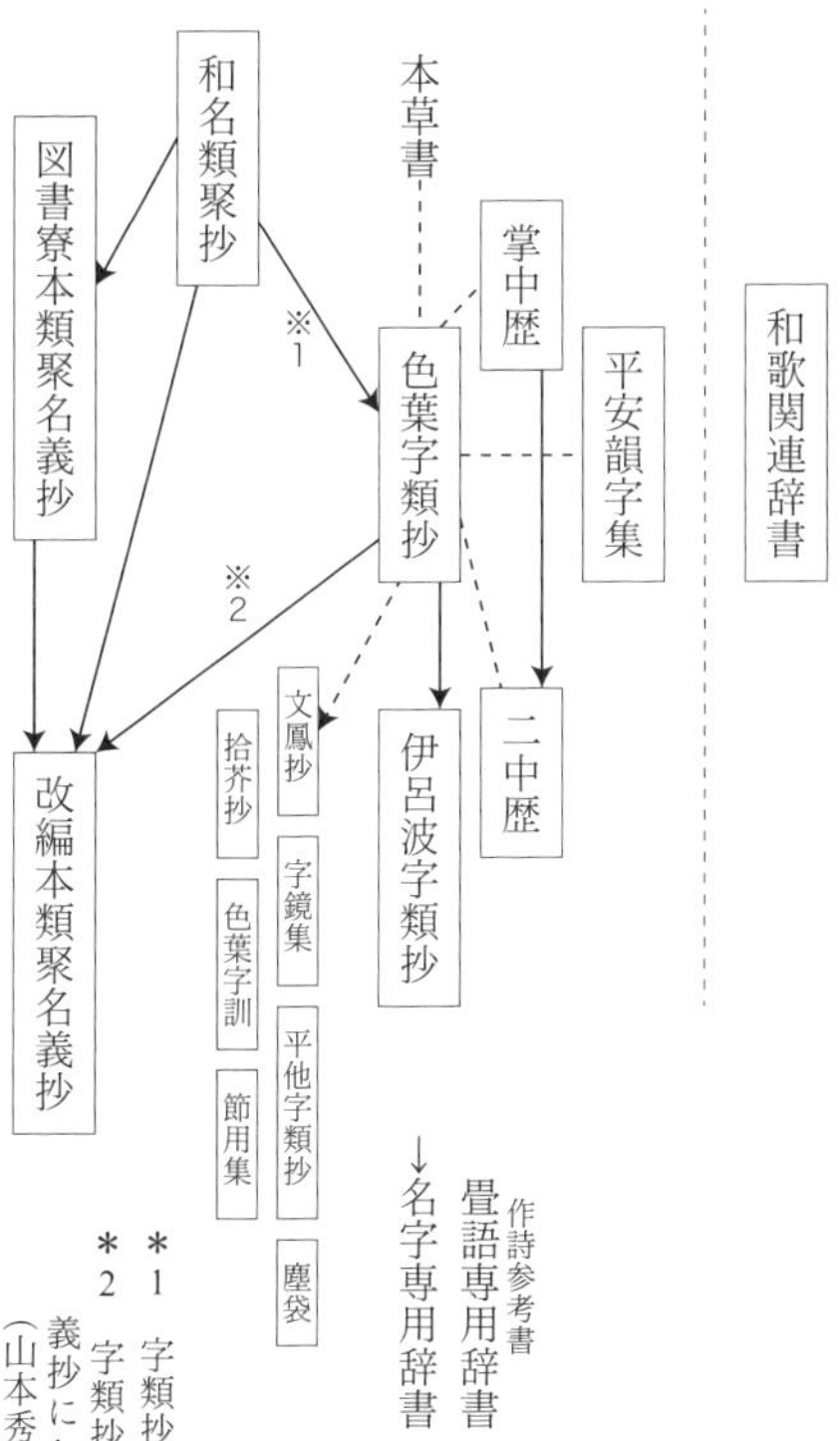


＊1　字類抄が参照した和名抄は二〇巻本系統の一本である。
＊2　字類抄と改編本類聚名義抄の関係については、「改編本類聚名義抄における増補された和訓の色葉字類抄との関係について」（山本秀人、高知大国文31、二〇〇〇年）に詳しい。

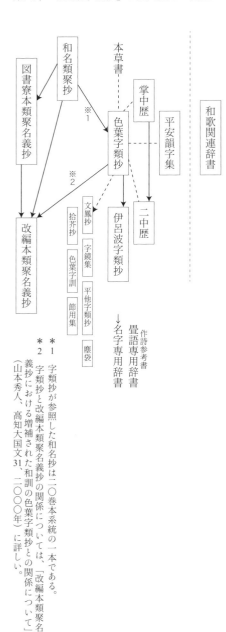

右図を補足して文章化すると左のようである。

・字類抄は、二〇巻本和名抄の影響を受けており、その内容の殆どを引用踏襲している（『延喜式』等、和名抄を介して採られる例もある）。

・字類抄と名義抄との関係は、一方的に字類抄↓改編本名義抄の関係であったと考えられる。ただしその影響の多少については一部調査されるに止まるため、網羅的な調査が必要である。

・『文鳳抄』以下後世の辞書類については、三巻本字類抄から直接影響を受けたものではないと考えられるものもあるが、字類抄からの流れを汲む辞書類である。これらの本が広く流布していたことは、字類抄が後世の国語辞書類に与えた影響の大きさを物語るものである。

・『色葉字類抄』がイロハ引きを採用した最初の辞書であるかという点について、『掌中歴』（三善為康編か）や『多羅葉記』（心覚撰）等との前後関係が明らかにならなければ確かなことは言えないが、国語辞書がイロハ引きを採用した最初期の例であることは間違いない。百科事典的性格を持つ『掌中歴』や梵語辞書たる『多羅葉記』と『色葉字類抄』とは、その編纂意図や内容が異なることからも排列面以外で同列に語ることは出来ないが、平安時代末期の辞書編纂の背景や潮流を知るために、これらや、部立ての重なる『平安韻字集』と字類抄の成立時期の前後関係はなお検討されなければならないだろう。

平安時代の三大あるいは四大辞書として、『新撰字鏡』『和名類聚抄』『類聚名義抄』と並んで『色葉字類抄』の挙げられることは、本書への一定の評価を表すものである。筆者は字類抄の辞書としての評価が、第五章で挙げるような詳細な内容面の他に、以下の点に及んでいるものと考える。

①イロハ引きの国語辞書（仮名引き辞書）であること。
②体裁が整っていること。
③大部であること。
④内容が完成されていること。（序跋を備えた完成形と見られる）
⑤成立時から程なくして作られた写本の存すること。

これらは、その一部のみではなく、①～⑤の全ての要素が備わっていることによる評価であろう。また反対に、次の⑥⑦の点により、字類抄の評価が確定出来ない、あるいは他本に比して曖昧な点が残る（一面で劣っている）と評価される面があるのではないだろうか。

⑥編者や編纂過程、背景について不明な点が残ること。
⑦字類抄の名前が、後世（近世まで）の辞書や文献に殆ど見られず（字類抄と深く関係する書物（伊呂波字類抄写本等）は除く）、また和名抄等が引かれる際のように、出典として記されることがないこと。

従って、これについて新たに関連事項が明らかになることがあれば、字類抄への評価はより明確なものになるはずである。

# 第五章　国語資料としての『色葉字類抄』

本章では、前章までの調査研究結果を踏まえつつ、『色葉字類抄』の価値について再考する。

## 第一節　先行研究

『色葉字類抄』の国語資料としての価値の要点を述べた先行研究は少ない。それは、第一章でも述べたように、個々の調査研究そのものが字類抄の価値を掘り下げるものであるためでもあるが、概説としては雑誌「日本語学」の特集に書かれた以下の論考が参考になる。

高橋久子「『色葉字類抄』の価値」（日本語学19-11（古辞書の利用法）、二〇〇〇年）

本節ではここに記載された字類抄の特徴を挙げ、本章の拠り所とすることとする。高橋氏の記述は、従来の研究の明らかにした本辞書の価値をまとめ得たものであり（これへの再考察は本章第四節で述べることとする）、その中で、以下の点が字類抄の価値であるとされる。＊⑤は著者の理解によりまとめ直したものである。

①「被及給哉」「可被分給」等の文書用語を収める。

②記録語・書簡用語を収める。

③中国の規範に縛られることなく、日本の文献資料から、日本的漢字用法の用例（中国における意味用法から大きく外れたもの）をも採集している。

④名字の部（名乗字）がある。

⑤助数詞、異名、畳字部の意味分類、また平安時代の一般的な用字が表示されることで、文献解読に役立つ。（「誤字か通用か」）

このうち、特に②と⑤最終項は、国語学者の中でも共通認識となっているものと考えられ、字類抄の特徴の一つであるとともに、他の同時代の古辞書類にはない本辞書の価値を形成する要素の一つであるとも言える。

著者は、右①②④を本書別章で再考するとともに、①〜⑤の特徴に加え得る字類抄の価値を見出す目的で、本章第二・三節で新たに畳字部「仏法部」の語彙を取り上げ、調査を行うこととした。「仏法部」を取り上げる目的は、一には『色葉字類抄』の音韻資料としての性格を、二には特殊な性質を帯びた語の採録を行った字類抄の価値を明らかにすることである。

## 第二節　字音から見た『色葉字類抄』――仏法部語彙を中心に――

三巻本『色葉字類抄』の収録語彙の性格については、従来の研究の結果、古記録・古往来を中心とする漢字文献、漢詩文類、仏教説話集等の和漢混淆文にその用例の見られることが確認されている。しかし、語の性格――延いては出典を、用例以外の視点から調査した研究は、未だに乏しい。

そこで本節では、字類抄二一部中一五番目の「畳字部」の中でも特殊な「仏法部」語彙（全二二六語）を取り上げることとする。仏教に関わる語群に付された音注――典型的な仏典より抄出した語であれば、一般には呉音が期待される[1]――を分析することにより、当時代における字類抄語彙の位置を確認することが目的である。

### 第一項　仏法部語彙の概観

字類抄の「畳字部」は、音読語の収録語数が四四五三語と大部であり、二字以上の漢字語を収録するという内容もそれ以前の「字書」と比較して特徴的である。また畳字部内では「部」「分」に意義分類され（「分」は存在しない場合がある）、概ね整然と排列が為されている。

「部」…天部・地部・山岳部・河海部・神社部・仏法部・帝王部
　　～灯燭部・牛馬部・雑部・両合部・長畳字の全三九部。

本節で扱う、畳字部中の「部」の六番目に位置する「仏法部」には、次のように下位分類の「分」が存在する。

仏法部の「分」…①釈教分 ②内典分 ③寺家分 ④法会分 ⑤僧侶分

以下に、「仏法部」語彙の本文を示し、後に【表1】篇別項目数・【表2】「分」「名」別項目数を示す。これらを元に、次項では、語に付された音注を具体的に検証する。

※前田本の逸する範囲（中巻及びユメミ篇）についても黒川本を用いて示した。
※通し番号（出現順）・見出し語・声点（ない場合は「―」でこれを示す）・注文（／は改行、仮名音注には声点の清濁を反映した）・篇・所在の順に示した。
※見出し語・注文は、原則として通行字体で示したが、通行字体との差異が一定以上認められる字を近似の旧字体で示した場合がある。また、通行字体を（ ）内に補足した場合がある。誤字等は原則として原文通りに示し、（ ）内に正しいと思われる字体を補う等した。

1引攝（摂）（平去濁）佛法部／インゼウ（イ前田上12ウ）
2引導（平平濁）同／インダウ（イ前田上12ウ）
3因縁（去上）内典分／インエン／又人倫部（イ前田上12ウ）
4因果（去平濁）同／イングワ（イ前田上12ウ）
5六通（入去）佛法部／ロクツウ（ロ前田上19オ）
6論議（平平濁）僧侶分／ロンギ（ロ前田上19オ）
7論近（匠）（平去濁）同／ロンジヤウ（ロ前田上19オ）
8八講（入平）佛法部／ハツカウ（ハ前田上31ウ）
9八教（入平）ハツケウ／釋教分（ハ前田上31ウ）

10白馬（入上濁）寺名／ハクバ（ハ前田上31ウ）
11入礼（入平）佛法部／ニフライ／法會分（ニ前田上40オ）
12忍辱（平入軽）シノヒハツ／ニンニク／僧侶分／又慈悲分（ニ前田上40オ）
13入滅（――）ニウメツ／僧死也（ニ前田上40オ）
14入室（入入）同　ニツシツ／又芝名（ニ前田上40オ）
15柔和（去上）同／ニウワ（ニ前田上40オ）
16柔軟（去平）ニウナン／同（ニ前田上40オ）
17法文（入去）佛法部／ホウモン／内典分（ホ前田上47オ）
18梵字（平濁平濁）同／ボンジ（ホ前田上47オ）
19梵語（平濁平濁）同／ボンゴ（ホ前田上47オ）
20翻譯（去入）同／ホンヤク（ホ前田上47オ）
21法相（入平）同／ホフサウ（ホ前田上47オ）
22法華（入上）寺家部／ホフクヱ（ホ前田上47オ）
23寶幢（平去濁）同／ホウドウ（ホ前田上47オ）
24寶蓋（平去）同／ホウカイ（ホ前田上47オ）
25法會（入平）――分／ホフヱ（ホ前田上47オ）
26法用（入平）同／ホウヨウ（ホ前田上47オ）
27菝（発）露（入平）僧侶分／ホツロ（ホ前田上47オ）
28梵行（平濁平濁）同／ボンギヤウ（ホ前田上47ウ）

29菩提（去濁上濁）同／ボダイ（ホ前田上47ウ）
30燈明（去上）佛法部／トウミヤウ（ト前田上62オ）
31讀経（入上）僧侶分／トクキヤウ（ト前田上62オ）
32斗藪（上上）同／トウソウ（ト前田上62オ）
33度縁（平上）同／トエン（ト前田上62オ）
34登壇（平平濁）同／トウダン（ト前田上62オ）
35長講（平平濁）佛法部／チヤウガウ（チ前田上69オ）
36鎮護（平平濁）チンゴ（チ前田上69オ）
37知識（去入）チシキ／同（チ前田上69オ）
38頂戴（平平）同／チヤウタイ（チ前田上69オ）
39長行（去濁上濁）内典分／ヂヤウガウ（チ前田上69オ）
40中門（去上）寺家分／チウモン（チ前田上69オ）
41住持（平濁上濁）同／ヂウヂ（チ前田上69オ）
42聴衆（平平濁）法會分／チヤウジウ（チ前田上69オ）
43聴聞（平去）チヤウモン（チ前田上69オ）
44定者（平濁平濁）同／ヂヤウジヤ（チ前田上69オ）
45除帳（去濁平濁）僧侶分／ヂヨヂヤウ（チ前田上69オ）
46持齊（斎）（去濁上）ヂサイ（チ前田上69オ）
47利他（平上）佛法部／リタ（リ前田上74ウ）

48両界（平平濁）リヤウガイ（リ前田上74ウ）

49霊験（去平濁）同／リヤウゲム（リ前田上74ウ）

50竪義（平平濁）法會分／リウギ（リ前田上74ウ）

51利養（平平）僧侶分／リヤウ（リ前田上74ウ）

52留難（去平）佛法部／ルナン／僧侶分（ル前田上79ウ）

53香花（去上濁）佛法部／カウグワ（カ前田上107オ）

54加持（去上濁）カヂ（カ前田上107オ）

55加護（去平濁）カゴ（カ前田上107オ）

56降伏（去濁入濁）同／ガウブク／又醫方分（カ前田上107オ）

57渇仰（入平濁）同／カツガウ／帰依ーー（カ前田上107オ）

58講堂（平上濁）寺家分／カウダウ（カ前田上107オ）

59鴈（雁）塔（去濁入）同／ガンタウ（カ前田上107オ）

60伽藍（去濁上）同／ガラム（カ前田上107オ）

61講説（平入濁）法會分／カウゼツ（カ前田上107オ）

62講筵（平平）同／カウエム（カ前田上107オ）

63講經（平去濁）同／カウギヤウ（カ前田上107オ）

64講演（平平）同／カウエン（カ前田上107オ）

65講師（平上濁）カウジ（カ前田上107オ）

66合敍（殺）（入入）カフサツ／云阿弥陁仏也（カ前田上107オ）

67加茶（去上濁）同／カダ（カ前田上107オ）

68合黨（入上）僧侶分／カフタウ（カ前田上107オ）

69戒條（平平）同／カイテウ（カ前田上107オ）

70羯磨（入平）同／カツマ（カ前田上107オ）

71大門（――）佛法部／タイモン／寺家分（タ黒川中9ウ）

72導師（――）法會分／タウシ（タ黒川中9ウ）

73堂童子（―――）同／タウトウシ（タ黒川中9ウ）

74道心（――）僧侶分／タウシム（タ黒川中9ウ）

75壇（檀）越（――）同／タンヲツ（タ黒川中9ウ）

76霊驗（――）佛法部／レイケン（レ黒川中14ウ）

77練習（――）同／レンシウ（レ黒川中14ウ）

78練行（――）僧侶分／レンキヤウ（レ黒川中14ウ）

79尊重（――）佛法部／ソンテウ（ソ黒川中18ウ）

80僧侶（――）ーー分／ソウリヨ（ソ黒川中18ウ）

81僧家（――）同／ソウケ（ソ黒川中18ウ）

82僧房（――）同／ソウハウ（ソ黒川中18ウ）

83追福（――）佛法部／ツイフク（ツ黒川中28オ）

84頭陁（陀）（――）僧侶分／ツウタ（ツ黒川中28オ）

85念誦（――）佛法部／ネンシユ／僧侶分（ネ黒川中31ウ）

86念佛（――）（ネ黒川中31ウ）
87南無（――）ワレヲタスケタマヘ／佛法部／ナムモ（ナ黒川中37オ）
88内典（――）――分／ナイテン（ナ黒川中37オ）
89礼拜（――）佛法部／ライハイ（ラ黒川中41オ）
90礼足（――）同／ライソク（ラ黒川中41オ）
91礼盤（――）寺家分／ライハン（ラ黒川中41オ）
92烏瑟（――）佛法部／ウシユツ（ウ黒川中53ウ）
93有驗（――）同／僧侶分（ウ黒川中53ウ）
94圍繞（――）遶イ本／佛法部／ヰネウ（ヰ黒川中57オ）
95威力（――）同／又尊者部（ヰ黒川中57オ）
96威光（――）同（ヰ黒川中57オ）
97擁護（――）佛法部／オウコ（オ黒川中69ウ）
98潅佛（――）佛法部／クワンフツ（ク黒川中79オ）
99潅頂（――）クワンチ（複点）ヤウ／同（ク黒川中79オ）
100供養（――）同（ク黒川中79オ）
101恭敬（――）ヰヤ〱シ／クキヤウ／同（ク黒川中79オ）
102歸依（――）同（ク黒川中79オ）
103華厳（――）内典分（ク黒川中79オ）
104倶舎（――）同（ク黒川中79オ）

105 苦修（――）ネンコロ／僧侶分／クシユ（ク黒川中79オ）
106 苦行（――）同（ク黒川中79オ）
107 久住（――）同（ク黒川中79オ）
108 功徳（――）同（ク黒川中79オ）
109 観空（――）同（ク黒川中79オ）
110 悔過（――）同（ク黒川中79オ）
111 化他（――）同（ク黒川中79オ）
112 摩頂（――）佛法部（マ黒川中94ウ）
113 結縁（――）佛法部（ケ黒川中98ウ）
114 結衆（――）（ケ黒川中98ウ）
115 潔齊（斎）（――）イツクシクヨシ／ケツサイ（ケ黒川中98ウ）
116 顕密（――）同（ケ黒川中98ウ）
117 教法（――）同（ケ黒川中98ウ）
118 顕教（――）内典分（ケ黒川中98ウ）
119 偈頌（――）同（ケ黒川中98ウ）
120 結願（――）法會分（ケ黒川中98ウ）
121 驗者（――）僧侶分（ケ黒川中98ウ）
122 教化（――）同（ケ黒川中98ウ）
123 教授（――）ヲシヘサツク（ケ黒川中98ウ）

124 加行（｜｜）同／ケキヤウ（ケ黒川中98ウ）
125 佛法（｜｜）｜｜部（フ黒川中106オ）
126 佛名（｜｜）同（フ黒川中106オ）
127 布薩（｜｜）同（フ黒川中106オ）
128 諷誦（｜｜）同（フ黒川中106オ）
129 鳬鐘（｜｜）寺家分／フシヨウ（フ黒川中106オ）
130 舞臺（｜｜）同（フ黒川中106オ）
131 五戒（平平）仏法部（コ前田下10ウ）
132 五時（｜｜）釈教／名（コ前田下10ウ）
133 金乗（去上）佛名／コムシヨウ（コ前田下10ウ）
134 金堂（去上）寺家分（コ前田下10ウ）
135 金皷（鼓）（去平）同（コ前田下10ウ）
136 許可（平平）コカ（コ前田下10ウ）
137 護摩（平濁上）ゴマ（コ前田下10ウ）
138 御齊（斎）會（｜｜｜）法會分（コ前田下10ウ）
139 摘花（入平）佛法部／テキクワ（テ前田下22オ）
140 天台（去上）内典（テ前田下22オ）
141 安居（去上）佛寶《ママ》部／アンコ／僧侶分（ア前田下39オ）
142 三昧（去平）佛法部／（以下擦消）サ□□□（サ前田下51オ）

143 三歸（去上）同／仏法僧也（サ前田下51オ）
144 綵色（平入）イロトル／同／サイシキ（サ前田下51オ）
145 讃嘆（平平濁）サンダン（サ前田下51オ）
146 相應（去上）同／サウヲウ（サ前田下51オ）
147 三明（去―）（注記擦消）（サ前田下51オ）
148 三論（去平）内典分／（以下擦消）サ□□□（サ前田下51オ）
149 三經（綱）（去上）寺家分（サ前田下51オ）
150 彩幡（平去）同／サイハン（サ前田下51オ）
151 最勝（去平）法會分／（以下擦消）サ□□□ウ（サ前田下51オ）
152 三礼（平平）同／（以下擦消）サ□□□（サ前田下51オ）
153 散花（平上濁）（以下擦消）サ□ゲ（サ前田下51オ）
154 坐禅（平去）僧侶分（サ前田下51オ）
155 桒（桑）門（――）サウモン／僧名（サ前田下51オ）
156 齊（斎）食（平入）同／サイシキ／時（サ前田下51オ）
157 齊（斎）戒（平去）サイカイ（サ前田下51オ）
158 懺慙（懺悔）（平平）同／サンクヱ／又下字悔（サ前田下51オ）
159 懺愧（慚愧）（去濁平濁）ハチハツ／同／上ー天／下ー人／ザムグヰ（サ前田下51オ）
160 讃佛（平入）同／（以下擦消）サンフツ（サ前田下51オ）
161 祈念（去平）佛法部／キネム（キ前田下61オ）

162祈願（去平）同／キクワン（キ前田下61オ）
163義解（解）（平平）内典分（キ前田下61オ）
164經論（去平）同（キ前田下61オ）
165經蔵（――）寺家（キ前田下61オ）
166行香（去上）法會分（キ前田下61オ）
167行道（去平）同／キヤウタウ（キ前田下61オ）
168行者（平平）僧侶分／キヤウシヤ（キ前田下61オ）
169経行（去上濁）同（キ前田下61オ）
170維摩（――）佛法部／法會分（ユ黒川下56ウ）
171面向（――）佛法部（メ黒川下60オ）
172蜜（密）教（――）佛法部／内典分（ミ黒川下65ウ）
173冥加（――）僧侶分／ミヤウカ（ミ黒川下65ウ）
174弥天（――）ミテン／僧名（ミ黒川下65ウ）
175名聞（――）同／ミヤウモン（ミ黒川下65ウ）
176冥譴（――）ミヤウケン（ミ黒川下65ウ）
177修法（――）仏法部／シユホウ（シ前田下79ウ）
178石塔（――）（シ前田下79ウ）
179誦經（――）（シ前田下79ウ）
180守護（――）（シ前田下79ウ）

181四弘（―｜）（シ前田下79ウ）
182自利（―｜）（シ前田下79ウ）
183荘（荘）厳（去上濁）シヤウゴム（シ前田下79ウ）
184周迊（匝）（去去）シユサウ（シ前田下79ウ）
185勝利（―｜）（シ前田下79ウ）
186信施（―｜）シンセ（シ前田下79ウ）
187受記（―｜）同（シ前田下79ウ）
188章疏（―｜）内典分（シ前田下79ウ）
189聖教（平平濁）シヤウゲウ（シ前田下79ウ）
190真言（―｜）シンコン（シ前田下79ウ）
191止観（―｜）シクワン（シ前田下79ウ）
192悉曇（入去）シツタム（シ前田下79ウ）
193成實（―｜）同（シ前田下79ウ）
194寺家（―｜）｜｜分（シ前田下79ウ）
195鐘樓（―｜）同（シ前田下80オ）
196鐘堂（―｜）（シ前田下80オ）
197常行（―｜）（シ前田下80オ）
198石磬（―｜）（シ前田下80オ）
199借住（―｜）同（シ前田下80オ）

200 咒（呪）願（——）法會分（シ前田下80オ）
201 受持（——）シュチ／經名（シ前田下80オ）
202 進善（去平）シンセン／幡名也（シ前田下80オ）
203 釋教（——）五時八教（シ前田下80オ）
204 浄行（——）僧侶分（シ前田下80オ）
205 修驗（——）シユケム（シ前田下80オ）
206 修學（——）シユカク（シ前田下80オ）
207 修行（——）シユキヤウ（シ前田下80オ）
208 受戒（——）シユカイ（シ前田下80オ）
209 師檀（——）（シ前田下80オ）
210 師近（匠）（——）シ、ヤウ（シ前田下80オ）
211 自恣（——）（シ前田下80オ）
212 障礙（平平）シヤウケ（シ前田下80オ）
213 瀉（原字は隖）瓶（去上）シヤヒヤウ（シ前田下80オ）
214 釋經（——）（シ前田下80オ）
215 衆断（——）同（シ前田下80オ）
216 廻向（去平）仏法部／ヱカウ／法會分（ヱ前田下89オ）
217 譬喩（平平）仏法部／ヒユ／内典分（ヒ前田下97ウ）
218 白毫（入濁去濁）ビヤクガウ（ヒ前田下97ウ）

219非時（去上）僧侶分（ヒ前田下97ウ）
220誓願（去平）仏法部リ（ママ）（セ前田下110オ）
221刹柱（入去）寺家（セ前田下110ウ）
222説經（入上）僧侶分／セツキヤウ（セ前田下110ウ）
223説法（——）同／セツホウ（セ前田下110ウ）
224禅房（去上）同（セ前田下110ウ）
225禅室（去入）（セ前田下110ウ）
226禅定（去平）同（セ前田下110ウ）

【表1】篇別項目数

| | | | |
|---|---|---|---|
| イ | 4 | ヰ | 3 |
| ロ | 3 | ノ | 0 |
| ハ | 3 | オ | 1 |
| ニ | 6 | ク | 14 |
| ホ | 13 | ヤ | 0 |
| ヘ | 0 | マ | 1 |
| ト | 5 | ケ | 12 |
| チ | 12 | フ | 6 |
| リ | 5 | コ | 8 |
| ヌ | 0 | エ | 0 |
| ル | 1 | テ | 2 |
| ヲ | 0 | ア | 1 |
| ワ | 0 | サ | 19 |
| カ | 18 | キ | 9 |
| ヨ | 0 | ユ | 1 |
| タ | 5 | メ | 1 |
| レ | 3 | ミ | 5 |
| ソ | 4 | シ | 39 |
| ツ | 2 | ヱ | 1 |
| ネ | 2 | ヒ | 3 |
| ナ | 2 | モ | 0 |
| ラ | 3 | セ | 7 |
| ム | 0 | ス | 0 |
| ウ | 2 | 計 | 226 |

※【表1】の通り、全二二六項目である。仏法部の排列の中に畳字部神社部語彙等別部の語が紛れている場合はこれを排除した。
※「73堂童子」「138御齊（斎）會」は三漢字語であり、本来畳字部音読語末の「長畳字」に排されるべき語とも考えられるが、今回は表に含めた。
※なお、仏法部は畳字部前半の音読語を分類したものであり、この表にある全ての語が音読語となっている。

【表2】「分」「名」別項目数

| 項目数 | | |
|---|---|---|
| A+B+C+D+E-B-E = A+C+D = 226 | | |
| A | 仏法部(単独) | 68 |
| B | 仏法部＋分<br>(内典 7、寺家 1、法会 2、僧侶 5) | 15 |
| 計 | | 83 |
| C | 釈教分 | 1 |
| | 内典分 | 25 |
| | 寺家分 | 27 |
| | 法会分 | 25 |
| | 僧侶分 | 75 |
| 計 | | 153 |
| D | 寺名 | 1 |
| | 釈教名 | 1 |
| | 仏名 | 1 |
| | 経名 | 1 |
| | 幡名 | 1 |
| E | 芝名(僧侶分) | 1 |
| | 僧名(僧侶分) | 2 |
| 計 | | 8 |

※【表2】を作成するに当たり、本来は「部」「分」等の表記が注文に存しない項目についても、前後の項目注記や内容、「同」表記より推察し、二二六項目全てについてこれらを補い、いずれかの分類を施した（分類の詳細は次頁に掲げる）。

| | | | | | | | | |
|---|---|---|---|---|---|---|---|---|
| 127 | 仏法部 | | 169 | | 僧侶分 | 211 | | 僧侶分 |
| 128 | 仏法部 | | 170 | 仏法部 | 法会分 | 212 | | 僧侶分 |
| 129 | | 寺家分 | 171 | 仏法部 | | 213 | | 僧侶分 |
| 130 | | 寺家分 | 172 | 仏法部 | 内典分 | 214 | | 僧侶分 |
| 131 | 仏法部 | | 173 | | 僧侶分 | 215 | | 僧侶分 |
| 132 | | | 174 | | 僧侶分 | 216 | 仏法部 | 法會分 |
| 133 | | | 175 | | 僧侶分 | 217 | 仏法部 | 内典分 |
| 134 | | 寺家分 | 176 | | 僧侶分 | 218 | 仏法部 | |
| 135 | | 寺家分 | 177 | 仏法部 | | 219 | | 僧侶分 |
| 136 | | 寺家分 | 178 | 仏法部 | | 220 | 仏法部 | |
| 137 | | 寺家分 | 179 | 仏法部 | | 221 | | 寺家分 |
| 138 | | 法会分 | 180 | 仏法部 | | 222 | | 僧侶分 |
| 139 | 仏法部 | | 181 | 仏法部 | | 223 | | 僧侶分 |
| 140 | | 内典分 | 182 | 仏法部 | | 224 | | 僧侶分 |
| 141 | 仏法部 | 僧侶分 | 183 | 仏法部 | | 225 | | 僧侶分 |
| 142 | 仏法部 | | 184 | 仏法部 | | 226 | | 僧侶分 |
| 143 | 仏法部 | | 185 | 仏法部 | | | | |
| 144 | 仏法部 | | 186 | 仏法部 | | | | |
| 145 | 仏法部 | | 187 | 仏法部 | | | | |
| 146 | 仏法部 | | 188 | | 内典分 | | | |
| 147 | 仏法部 | | 189 | | 内典分 | | | |
| 148 | | 内典分 | 190 | | 内典分 | | | |
| 149 | | 寺家分 | 191 | | 内典分 | | | |
| 150 | | 寺家分 | 192 | | 内典分 | | | |
| 151 | | 法会分 | 193 | | 内典分 | | | |
| 152 | | 法会分 | 194 | | 寺家分 | | | |
| 153 | | 法会分 | 195 | | 寺家分 | | | |
| 154 | | 僧侶分 | 196 | | 寺家分 | | | |
| 155 | | 僧侶分 | 197 | | 寺家分 | | | |
| 156 | | 僧侶分 | 198 | | 寺家分 | | | |
| 157 | | 僧侶分 | 199 | | 寺家分 | | | |
| 158 | | 僧侶分 | 200 | | 法会分 | | | |
| 159 | | 僧侶分 | 201 | | 法会分 | | | |
| 160 | | 僧侶分 | 202 | | 法会分 | | | |
| 161 | 仏法部 | | 203 | | 法会分 | | | |
| 162 | 仏法部 | | 204 | | 僧侶分 | | | |
| 163 | | 内典分 | 205 | | 僧侶分 | | | |
| 164 | | 内典分 | 206 | | 僧侶分 | | | |
| 165 | | 寺家分 | 207 | | 僧侶分 | | | |
| 166 | | 法会分 | 208 | | 僧侶分 | | | |
| 167 | | 法会分 | 209 | | 僧侶分 | | | |
| 168 | | 僧侶分 | 210 | | 僧侶分 | | | |

分類の詳細

| | | | | | | | | |
|---|---|---|---|---|---|---|---|---|
| 1 | 仏法部 | | 43 | | 法会分 | 85 | 仏法部 | 僧侶分 |
| 2 | 仏法部 | | 44 | | 法会分 | 86 | 仏法部 | 僧侶分 |
| 3 | | 内典分 | 45 | | 僧侶分 | 87 | 仏法部 | |
| 4 | | 内典分 | 46 | | 僧侶分 | 88 | | 内典分 |
| 5 | 仏法部 | | 47 | 仏法部 | | 89 | 仏法部 | |
| 6 | | 僧侶分 | 48 | 仏法部 | | 90 | 仏法部 | |
| 7 | | 僧侶分 | 49 | 仏法部 | | 91 | | 寺家分 |
| 8 | 仏法部 | | 50 | | 法会分 | 92 | 仏法部 | |
| 9 | | 釈教分 | 51 | | 僧侶分 | 93 | 仏法部 | 僧侶分 |
| 10 | | | 52 | 仏法部 | 僧侶分 | 94 | 仏法部 | |
| 11 | | 僧侶分 | 53 | 仏法部 | | 95 | 仏法部 | |
| 12 | | 僧侶分 | 54 | 仏法部 | | 96 | 仏法部 | |
| 13 | | 僧侶分 | 55 | 仏法部 | | 97 | 仏法部 | |
| 14 | | 僧侶分 | 56 | 仏法部 | | 98 | 仏法部 | |
| 15 | | 僧侶分 | 57 | 仏法部 | | 99 | 仏法部 | |
| 16 | | 僧侶分 | 58 | | 寺家分 | 100 | 仏法部 | |
| 17 | 仏法部 | 内典分 | 59 | | 寺家分 | 101 | 仏法部 | |
| 18 | 仏法部 | 内典分 | 60 | | 寺家分 | 102 | 仏法部 | |
| 19 | 仏法部 | 内典分 | 61 | | 法会分 | 103 | | 内典分 |
| 20 | 仏法部 | 内典分 | 62 | | 法会分 | 104 | | 内典分 |
| 21 | 仏法部 | 内典分 | 63 | | 法会分 | 105 | | 僧侶分 |
| 22 | | 寺家分 | 64 | | 法会分 | 106 | | 僧侶分 |
| 23 | | 寺家分 | 65 | | 法会分 | 107 | | 僧侶分 |
| 24 | | 寺家分 | 66 | | 法会分 | 108 | | 僧侶分 |
| 25 | | 法会分 | 67 | | 法会分 | 109 | | 僧侶分 |
| 26 | | 法会分 | 68 | | 僧侶分 | 110 | | 僧侶分 |
| 27 | | 僧侶分 | 69 | | 僧侶分 | 111 | | 僧侶分 |
| 28 | | 僧侶分 | 70 | | 僧侶分 | 112 | 仏法部 | |
| 29 | | 僧侶分 | 71 | 仏法部 | 寺家分 | 113 | 仏法部 | |
| 30 | 仏法部 | | 72 | | 法会分 | 114 | 仏法部 | |
| 31 | | 僧侶分 | 73 | | 法会分 | 115 | 仏法部 | |
| 32 | | 僧侶分 | 74 | | 僧侶分 | 116 | 仏法部 | |
| 33 | | 僧侶分 | 75 | | 僧侶分 | 117 | 仏法部 | |
| 34 | | 僧侶分 | 76 | 仏法部 | | 118 | | 内典分 |
| 35 | 仏法部 | | 77 | 仏法部 | | 119 | | 内典分 |
| 36 | 仏法部 | | 78 | | 僧侶分 | 120 | | 法会分 |
| 37 | 仏法部 | | 79 | 仏法部 | | 121 | | 僧侶分 |
| 38 | 仏法部 | | 80 | | 僧侶分 | 122 | | 僧侶分 |
| 39 | | 内典分 | 81 | | 僧侶分 | 123 | | 僧侶分 |
| 40 | | 寺家分 | 82 | | 僧侶分 | 124 | | 僧侶分 |
| 41 | | 寺家分 | 83 | 仏法部 | | 125 | 仏法部 | |
| 42 | | 法会分 | 84 | | 僧侶分 | 126 | 仏法部 | |

## 第二項　仏法部語彙の音注

本辞書の音注（声調、仮名音注、直音音注＝類音表記）については、既に多くの研究が為されている（参考文献参照）。その中でも特に仏法部語彙については、高松氏（一九八〇ａ）に御指摘がある（一部後述）。高松氏は『色葉字類抄』の呉音を我が国の呉音声調史上に位置付け、呉音声調資料としての『色葉字類抄』の性格を浮き彫りにする、との目的で、前田本の声点を調査対象にされたのであるが、それに際し中巻を含む全巻の仮名音注を原則として調査の埒外に置かれたため、ここに改めて調査の結果を報告する次第である。本項の目的は、語彙研究・字類抄研究の立場から仏法部の漢字音を分析するものであるため、自ずと分析範囲に差が生ずるものと理解されたい。

また、字類抄全体の声調体系を明らかにする課題とは別に、仏法部語彙の音注が如何なる様相のものであるかを分析することは、仏法部を始めとする畳字部語彙の音注について、想定される当時の利用者にどの程度の厳密さが求められていたか――延いては、如何なる目的で字類抄が編纂されたか、という点を解明する手がかりとなるものであると著者は考える。

### ■音注概観

仏法部語彙に付された音注の詳細は前項に掲げた通りであるが、「声点の有無」「仮名音注の有無」「声点型別項目数」を見ると、それぞれ【表3】【表4】【表5】のようである。すなわち、仏法部語彙（前田本）の約四分の三の語が差声されており（【表3】下部）、仏法部語彙の約三分の二の語に仮名音注が付されている（【表4】下部）ことが分かる。

【表3】　声点の有無

<table>
<tr><td colspan="3">声点の有無</td><td>項目数</td></tr>
<tr><td rowspan="3">前田本</td><td>有（全体）</td><td>120語</td><td rowspan="3">159語</td></tr>
<tr><td>有（部分）</td><td>1語（147三明）</td></tr>
<tr><td>無</td><td>38語</td></tr>
<tr><td rowspan="2">黒川本</td><td>有</td><td>0語</td><td rowspan="2">67語</td></tr>
<tr><td>無</td><td>67語</td></tr>
<tr><td>計</td><td colspan="3">226語</td></tr>
<tr><td colspan="3">声点の有無</td><td>%</td></tr>
<tr><td rowspan="2">前田本</td><td>有</td><td>121/159語</td><td>76.101</td></tr>
<tr><td>無</td><td>38/159語</td><td>23.899</td></tr>
</table>

※黒川本には差声されておらず、声調の分析には前田本の一二一語のみが使用可能である。

※字類抄中にしばしば見られる二字以上の漢字語の一部のみに差声される例は、仏法部語彙にはほぼ見られなかった。「147三明（去―）」は、部分差声の唯一の例である。

【表4】　仮名音注の有無

<table>
<tr><td>○字目 ／ 有無</td><td>1</td><td>2</td><td>3</td></tr>
<tr><td>有（全体）</td><td>145語</td><td>145語</td><td>0語</td></tr>
<tr><td>無（全体）</td><td>76語</td><td>76語</td><td>1語</td></tr>
<tr><td>摺消</td><td>5語</td><td>5語</td><td>0語</td></tr>
<tr><td>計</td><td>226語</td><td>226語</td><td>1語</td></tr>
<tr><td colspan="3">仮名音注の有無</td><td>%</td></tr>
<tr><td>有</td><td colspan="2">145/226語</td><td>64.16</td></tr>
<tr><td>無</td><td colspan="2">76/226語</td><td>33.63</td></tr>
<tr><td>摺消</td><td colspan="2">5/226語</td><td>2.212</td></tr>
</table>

※字類抄中にしばしば見られる、語の一部にのみ読み方（音読み）が示されるような例はなかった。

※上字（一字目）に関して、音注がない場合でも所属篇から読みを推定出来る場合があるため、分析の対象とした。

※仮名音注を有しない語は中巻（黒川本）及び下巻に偏っており、上巻所収語は全てこれを有する。

【表5】　声点型別項目数

| 上位字別 | 項目数 | 声点型 | | 項目数 | 下位字別 |
|---|---|---|---|---|---|
| 平●=48 | 13 | 平平 | 平平 | 27 | ●平=56<br>●上=37<br>●去=15<br>●入=12<br>不明=1 |
| | 10 | 平平濁 | | | |
| | 4 | 平濁平濁 | | | |
| | 2 | 平上 | 平上 | 7 | |
| | 3 | 平上濁 | | | |
| | 1 | 平濁上 | | | |
| | 1 | 平濁上濁 | | | |
| | 5 | 平去 | 平去 | 9 | |
| | 4 | 平去濁 | | | |
| | 4 | 平入 | 平入 | 5 | |
| | 1 | 平入濁 | | | |
| 上●=1 | 1 | 上上 | 上上 | 1 | |
| 去●=50 | 14 | 去平 | 去平 | 19 | |
| | 3 | 去平濁 | | | |
| | 2 | 去濁平濁 | | | |
| | 15 | 去上 | 去上 | 24 | |
| | 5 | 去上濁 | | | |
| | 2 | 去濁上 | | | |
| | 2 | 去濁上濁 | | | |
| | 1 | 去去 | 去去 | 1 | |
| | 3 | 去入 | 去入 | 5 | |
| | 2 | 去濁入 | | | |
| | 1 | 去一 | 去一 | 1 | |
| 入●=22 | 9 | 入平 | 入平 | 10 | |
| | 1 | 入平濁 | | | |
| | 4 | 入上 | 入上 | 5 | |
| | 1 | 入上濁 | | | |
| | 4 | 入去 | 入去 | 5 | |
| | 1 | 入濁去濁 | | | |
| | 2 | 入入 | 入入 | 2 | |
| なし=105 | 105 | なし | | 105 | なし=105 |
| 226 | 226 | 計 | | 226 | 226 |

※声点型は、上上型（32斗藪）、去去型（184周迊（匝））が各一例見える他は、呉音の特徴の原則から外れていない（後者は去入の誤点とも考えられるが、去去型として表に計上した）[2]。

## ■字類抄仏法部音注と呉音体系との比較

次に、仏法部語彙のうち、呉音体系と異なる声調・仮名音注を持つ例を[3]【表6】【表7】に挙げ、続いて各項目についての分析を行う。また各表に併せて、参考までに三巻本字類抄内の同字への音注を掲げた。

※声調・仮名音注の比較には、呉音資料として『法華経単字』（『単字』）、『法華経音訓』（『音訓』）を主に、『安田八幡宮蔵大般若波羅蜜多経』（『大般若経』）、『類聚名義抄（観智院本・図書寮本）』和音、『五十音引き漢和辞典』（沖森卓也編、三省堂、二〇〇四年）を補助的に使用した。また漢音資料として『宋本広韻』『長承本蒙求』を使用した。

※呉音声調の同定に関しては、原則として、韻書との不一致ではなく、『単字』『音訓』（両書に掲出字のない場合は『大般若経』）との一致を以て行った(4)。

※呉音声調を上声・去声対平声の対立と考え、上声・去声間の揺れは無視し、一致項目として処理した。また、「期待される呉音声調」で前項（一字目）が上声である場合は、去声として示した。

【表6】字類抄（単字）の声調が呉音の体系と異なる例

| 区分 | 番号 | 字類抄 | 読み | 上字 字類抄 | 上字 期待される呉音声調 | 上字 広韻 | 下字 字類抄 | 下字 期待される呉音声調 | 下字 広韻 | 漢音と一致(声調) 上字 | 漢音と一致(声調) 下字 | 漢音と一致(仮名音注) 上字 | 漢音と一致(仮名音注) 下字 | 参考 |
|---|---|---|---|---|---|---|---|---|---|---|---|---|---|---|
| 両字 | 34 | 登壇 | トウダン | 平 | 去＊ | 平 | 平濁 | 上＊ | 平 | ◎ | ◎ | ○ | ○ | 漢トウタン |
| 上字 | 35 | 長講 | チヤウガウ | 平 | 去 | 平 | 平濁 | （平） | （上） | ◎ | × | ○ | ○ | 漢チヤウカウ |
| | 36 | 鎮護 | チンゴ | 平 | 去＊ | 平 | 平濁 | （平） | （去） | ◎ | × | ○ | ○ | 漢チンコ |
| | 152 | 三礼 | サ□□□ | 平 | 去 | 平 | 平 | （平） | （上） | ◎ | × | ｜ | ｜ | ｜ |
| | 159 | 懺愧 | ザムグヰ | 去濁 | 平＊ | 去 | 平濁 | （平＊） | （去） | ◎ | × | △ | ○ | 漢サムクヰ 呉セムクヰ |
| | 201 | 進善 | シンセン | 去 | 平 | 去 | 平 | （平） | （上） | ◎ | × | ○ | ○ | 漢シンセン 呉シンゼン |
| | 212 | 瀉瓶 | シヤヒヤウ | 去 | 平＊ | 上・去 | 上 | （去） | （平） | ◎ | × | ○ | × | 漢シヤヘイ |
| 下字 | 6 | 論議 | ロンギ | 平 | （平） | （平・去） | 平濁 | 上・去 | 去 | ○ | ×× | ○ | ○ | 漢呉ロンギ |
| | 10 | 白馬 | ハクバ | 入 | （入） | （入） | 上濁 | 平 | 上 | ｜ | ◎ | ◎ | ◎ | 呉ヒヤクメ |
| | 32 | 斗藪 | トウソウ | 上 | （去） | （上） | 上 | 平 | 上 | ○ | ◎ | ×× | ○ | 漢呉トソウ |
| | 139 | 摘花 | テキクワ | 入 | （入） | （入） | 平 | 上・去 | 平 | ｜ | ◎ | ◎ | ◎ | 呉チヤククヱ |

| 下字 | | | | | | | | | | | |
|---|---|---|---|---|---|---|---|---|---|---|---|
| 157 齊戒 | サイカイ | 平 | (去＊) | (平) | 去 | 平 | 去 | ◎ | ◎ | × | ○ | 漢セイカイ |
| 220 刹柱 | (セー) | 入 | (入) | (入) | 去 | 平 | 上 | ｜ | ◎ | × | ○ | 漢サツチウ |

※＊印の上字は、広韻からの帰納を表す。
※「漢音と一致（声調）」欄…◎漢音とのみ一致、○漢音とも呉音とも一致、×呉音とのみ一致。
※「漢音と一致（仮名音注）」欄…◎漢音とのみ一致、○漢音とも呉音とも一致、△呉音と一致しないが、漢音系とも小異、×呉音とのみ一致、××どちらとも不一致。

【参考　字類抄内・同字の声調】※関連部分のみを示す。

登【平】…登華殿（平平-／地儀）、登暁（平入／畳字）、登時（平平濁／畳字）、登霞（平平濁／畳字）、登用（平去／畳字）、登省（平上濁／畳字）、登天（平平濁／畳字）、【去】…登天楽（去上-／人事）、登臨（去-／畳字）

壇 ×

長【平】…長慶子（平去濁平／人事）、長秋宮（平平平／畳字）、長生（平上／畳字）、長髪（平入／畳字）、長楽（平入／畳字）、長短（平-／畳字）、長大息（平去入／畳字）、天長（平平／畳字）、長庚（平平／天象）、徐長郷（平平／植物）、長蘑車（平平-／雑物）、【上】…優長（平上／畳字）、長官（上平濁／官職）、長成（上平／畳字）、成長（平上／畳字）、【去】…長行（去濁上濁／畳字）、長案（去平／畳字）

鎮【平】…鎮子（平上／雑物）、鎮魂（平平濁／畳字）、鎮守（平平濁／畳字）

三【平】…三臺塩（平平濁-／人事）、三鈷（平上濁／雑物）、【平軽】…三封（平軽平／動物）、三光（平軽平／畳字）、三友（平軽去／畳字）、【去】…三昧（去平／畳字）、三歸（去上／畳字）、三明（去-／畳字）、三論（去平／畳字）、三綱（去上／畳字）、三失（去入／畳字）、三途（去上／畳字）

［懺］【平】…懺〈(右傍)サム〉(平／人事)、懺〈サン〉悔(平平／畳字)、【去濁】…懺〈ゼムズ(去濁平軽上濁)〉(去濁／人事)

［進］【平】…進止(平上濁／畳字)、進発(平去／畳字)、【平濁】…弁進(平濁平濁／畳字)、返進(平平濁／畳字)、昇進(平平濁／畳字)、進退(去平濁／畳字)、【去】…進宿徳(去上-／高麗楽／人事)

［瀉］×

［議］【平】…権議(去平／畳字)、朝議(平平／畳字)、議定(平平／畳字)、僉議(平平／畳字)、【平濁】…議讞(平濁上濁／畳字)、非参議(去平平濁／畳字)、【上濁】…和議(去上濁／畳字)

［馬］【上】…牛馬走(平上上／畳字)、俊馬(去上／畳字)、【上濁】…遊馬〈ハ〉(平上濁／畳字)、馬〈ハ〉上(上濁去／畳字)、馬〈ハ〉后(上濁去／畳字)、銅馬〈ハ〉(平上濁／畳字)、竹馬〈ハ〉(入上濁／畳字)、兩馬〈ハ〉(上上濁／畳字)、馬〈ハ〉陸(上濁入／動物)、四馬〈ハ〉車(去上濁-／雑物)、馬〈ハ〉上(上濁去／雑物)

［藪］×

［花］【平】…花〈クワ〉(平／植物)、玉樹後庭花(入平去平平／黄鐘調／人事)、【上】…柳花〈クワ〉苑(上上平／人事)、【上濁】…散花(平上濁／畳字)、【去】…藤花〈クワ〉(去去／畳字)

［華］【平】…登華〈クワ〉殿(平平-／地儀)、容華〈クワ〉(平平／畳字)、榮華〈クワ〉(平平／畳字)、仙華門(平平-／地儀)、春華門(平平-／地儀)、凝華〈クワ〉舎(平濁平-／地儀)、西華門(平平／地儀)、【上】…詞華(平上／畳字)、法華〈クヱ〉(入上／畳字)、【去】…才華(平去／畳字)

［戒］【平】…戒條(平平／畳字)、五戒(平平／畳字)

［柱］【平】…柱礎(平上／畳字)、【上】…柱(上／地儀)、鼻柱(-上／人体)、帆柱(-上／雑物)、【去】…白柱(入去／人事)、麻柱(平濁去／畳字)、楷柱(平去／畳字)

【表7】字類抄（単字）の仮名音注が呉音の体系と異なる例

| 区分 | 番号 | 字類抄 | 仮名音注 上字 字類抄 | 仮名音注 上字 期待される呉音形 | 仮名音注 上字 蒙求（推定／広韻同一小韻／広韻反切） | 仮名音注 下字 字類抄 | 仮名音注 下字 期待される呉音形 | 仮名音注 下字 蒙求（推定／広韻同一小韻／広韻反切） | 仮名音注 漢音と一致 上字 | 仮名音注 漢音と一致 下字 | 声調 字類抄 | 声調 広韻 上字 | 声調 広韻 下字 | 声調 漢音と一致 上字 | 声調 漢音と一致 下字 |
|---|---|---|---|---|---|---|---|---|---|---|---|---|---|---|---|
| 両字 | 10 | 白馬 | ハク | ビヤク | ハク | バ | メ | バ | ◎ | ◎ | 入上濁 | 入 | 上 | ｜ | ◎ |
| 両字 | 139 | 摘花 | テキ | チヤク | (タク・テキ／張革切・他歴切) | クワ | クヱ | 火＝クワ | ◎ | ◎ | 入平 | 入 | 平 | ｜ | ◎ |
| 上字 | 32 | 斗藪 | トウ | ト | ト | ソウ | ソウ | ソウ | ×× | ○ | 上上 | 上 | 上 | ○ | ◎ |
| 上字 | 50 | 竪義 | リウ | ジユ | (シウ／樹) | ギ | ギ | ギ | ×× | ○ | 平平濁 | 上 | 去 | × | × |
| 上字 | 76 | 霊験 | レイ | リヤウ | レイ | ケン | ゲム(ン) | (ケン／魚窆(方亘切)切) | ◎ | ○ | ｜ | ｜ | ｜ | ｜ | ｜ |
| 上字 | 84 | 頭陁 | ツウ | ヅ | 〔ト〕ウ | タ | ダ | (タ／徒河切) | ×× | ○ | ｜ | ｜ | ｜ | ｜ | ｜ |
| 上字 | 124 | 加行 | ケ | カ | (カ／嘉・家／古牙切) | キヤウ | ギヤウ | カウ | ×× | × | ｜ | ｜ | ｜ | ｜ | ｜ |
| 上字 | 158 | 懺悔 | サン | セン | (サム／楚鑒切) | クヱ | クヱ | (カイ／荒内切) | ◎ | × | 平平 | 去 | 上去 | ×* | ×* |
| 上字 | 159 | 懺愧 | ザム | セン | (サム／楚鑒切) | グヰ | クヰ | (クヰ／倶位切) | △ | ○ | 去濁平濁 | 去 | 去 | ◎* | × |
| 下字 | 39 | 長行 | ヂヤウ | ヂヤウ | チヤウ | ガウ | ギヤウ | カウ | × | ◎ | 去濁上濁 | 平 | 平 | × | × |
| 下字 | 53 | 香花 | カウ | カウ | キヤウ | グワ | クヱ | 火(クワ) | × | ◎ | 去上濁 | 平 | 平 | × | × |
| 下字 | 66 | 合殺 | カフ | カフ | 〔カ〕フ | サツ | セツ(チ) | (サチ・サツ／所八切) | ○ | ◎ | 入入 | ｜ | ｜ | ｜ | ｜ |

| 下字 | | | | | | | | | | | | | | |
|---|---|---|---|---|---|---|---|---|---|---|---|---|---|---|
| 79 | 尊重 | ソン | ソン | 〔ソン〕 | テウ | ヂウ | チヨウ | ○ | ◎ | ｜ | ｜ | ｜ | ｜ | ｜ |
| 129 | 鳧鐘 | フ | フ | フ | シヨウ | シユ・シユウ | シヨウ | ○ | ◎ | ｜ | ｜ | ｜ | ｜ | ｜ |
| 191 | 悉曇 | シツ | シチ | （シチ／息七切） | タム | トム（ン） | （タム／譚／徒含切） | ○ | ◎ | 入去 | 入 | 平 | ｜ | × |

※＊印の上字は、広韻からの帰納を表す。
※「期待される呉音形」（合拗音・韻尾表記等）は、当該呉音資料に掲出される形で示した。
※「158懺慙（平平）同／サンクヱ／又下字悔（サ前田下51オ）」は、「懺悔」として取り扱った。
※「｜」は入声か字類抄に声点のない項目を表す。
※「漢音と一致（仮名音注）」欄…◎漢音とのみ一致、○漢音とも呉音とも一致、△呉音と一致しないが、漢音系とも小異、×呉音とのみ一致、××どちらとも不一致。
※「漢音と一致（声調）」欄…◎漢音とのみ一致、○漢音とも呉音とも一致、×呉音とのみ一致。

**【参考　字類抄内・同字の仮名音注】**※関連部分のみを示す。原則として入声字の声点は省略する。

白【ハク】「白柱　ハクチウ（人事）」「白粉　ハフニ（雑物）」「白芷　ハクシ（雑物）」「白駒　ハツク（畳字）」「白日　ハクシツ（畳字）」「白晝　ハクチウ（畳字）」「白地　ハクチ（畳字）」「白鹿　ハクロク（畳字）」「白鬢　ハクヒン（畳字）」「白髪　ハクハツ（畳字）」「白癡　ハクチ（畳字）」「白笑　ハクセウ（畳字）」「白眠　ハクメン（畳字）」「白波　ハクハ（畳字）」「白玉　ハクキヨク（畳字）」「白珠　ハクシユ（畳字）」「白麻　ハクハ（畳字）」「白毛　ハクホウ（畳字）」「白精　ハクセイ（畳字）」「白羽　ハクウ（畳字）」「周白　シウハク（人事）」「畳字）」「潔白　ケツハク（畳字）」「清浄潔白　セイ丶丶ケツハク（畳字）」「寸白　スハク（人体）」「明白　メイハク（畳字）」

【ヒヤク】「表白　ヘウヒヤク（畳字）」「啓白　ケイヒヤク（畳字）」「白檀　ヒヤクタン（植物）」「白附子　ヒヤ

クフシ（植物）」「白丁 ヒヤクチヤウ（人倫）」「白盖 ヒヤクカイ（雑物）」「白鑞 ヒヤクラウ（雑物）」「白青 ヒヤクシヤウ俗（光彩）」「白毫 ヒヤクカウ（畳字）」

**馬**

【ハ】「遊馬（平上濁）イウハ（畳字）」「馬上（上濁去）ハシヤウ（畳字）」「馬后（上濁去）ハコウ（畳字）」「銅馬（平上濁）トウハ（畳字）」「竹馬（入上濁）チクハ（畳字）」「兩馬（上上濁）リヤウハ（畳字）」「馬陸（上濁入）ハリク（動物）」「四馬（去上濁）車 シハシヤ（雑物）」「馬上（上濁去）ハシヤウ（雑物）」

【メ】「主馬 スメ（官職）」「馬道 メタウ（地儀）」「馬脳 メナウ俗（雑物）」

**摘**

×

**花**

【クワ】「藤花（去去）トウクワ（畳字）」「柳花苑（上上平）リウクワヱン（人事）」「花梨木 クワリホク（雑物）」

【クヱ】「金銭〈（右傍）キムセム〉（平平）花 コムセンクヱ（下上上上上）俗（植物）」

**華**

【クワ】「登華（平平）殿 トウクワ（地儀）」「容華（平平）ヨウクワ（畳字）」「楚華 ソクツ（ワ）（畳字）」「華鬘 クワマン／俗（雑物）」「華麗 クワレイ（畳字）」「華族 クワソク（畳字）」「華樽 クワソン（畳字）」「華韡 クワレン（畳字）」「華他 クワタ（畳字）」「榮華（平平）ヱイクワ（畳字）」「凝華〈（右傍）キヨウクワ〉（平濁平）舎（地儀）」

【クヱ】「法華 寺家部／ホフクヱ（畳字）」

**斗**

【ト／トウ】「北斗 ホクトウ（上上上上）／ホクト（天象）」「斗（上）トウ／ト俗（員数）」

【ト】「北斗（入上）ホクト（畳字）」

【トウ】「刀斗（平上）テウトウ（雑物）」「墨斗（入濁上）ホクトウ（雑物）」

**豎**

【シウ】「内豎 ナイシウ（官職）」

【リツ】「竪者リツシヤ（官職）」

霊

【レイ】「靈 レイ（人倫）」「霊異 レイイ（畳字）」「霊童 レイトウ（畳字）」「霊底 レイテイ（畳字）」「含霊（平去）カムレイ（畳字）」

【リヤウ】「霊験（去平濁）佛法部／リヤウケム（畳字）」

頭

【チウ】「塔頭 タツチウ（諸寺）」

【ツ】「智頭 チツ（国郡）」「巴頭 ハツ（雑物）」「頭風 ツフ俗（人体）」「牛頭 コツ（雑物）」「氷頭 ヒツ俗（動物）」「益頭 マシツ（国郡）」

【ト】「頭巾（-平）トキム（雑物）」「頭巾（平平）トキン（畳字）」

【トウ】「路頭（上平）ロトウ（畳字）」「抜頭（上濁平）ハトウ」「晩頭（上濁平濁）ハムトウ（畳字）」「蓬頭（平去濁）ホウトウ（畳字）」「頭脳（平上濁）トウタウ／トウナウ（飲食）」「頭 トウ（官職）」「陣頭（去濁-）チントウ（畳字）」「龍頭（平平濁）リヨウトウ（雑物）」「瀧頭（上平）リヨウトウ（畳字）」「叩頭虫（上平-）コウトウ―（動物）」「頭（平）トウ（人体）」「鸖頭 カウトウ（飲食）」「鸖頭（去平）カウトウ（畳字）」「龍頭 レウトウ（畳字）」「寮頭 レウトウ（官職）」「鴨頭草 アフトウ―（植物・光彩）」「絡頭 ―トウ（雑物）」「烏頭 ヲキトウ（ママ）（動物）」「換頭 クワントウ（畳字）」「纏頭（平平濁）テントウ（畳字）」「座頭 サトウ（官職）」「雀頭（入平）シヤクトウ（畳字）」

加

【カ】「加持（去上濁）カチ（畳字）」「加護（去平濁）カコ（畳字）」「加茶（去上濁）カタ（畳字）」「加階（去上）カヽイ（畳字）」「加汲（去入）カキフ（畳字）」「加冠（去平）カクワン（畳字）」「加賀 カヽ（国郡）」「加陽 カヤ（姓氏）」「冥加 ミヤウカ（畳字）」

懺

【サム】「懺（平）（右傍）サム（人事）」

【ザム】「懺（去濁）ザムズ（去濁平軽（上か）上濁）（人事）」

行

【セン】「無懺 ムセン（畳字）」

【カウ】「歩行（去平）ホカウ（畳字）」「陸行（入平）リクカウ（畳字）」「行（平）カウ（人事）」「行障（平平）カウシヤウ（雑物）」「鴈行（去濁平）カンカウ（畳字）」「行酒（平上）カウシユ（畳字）」「行旅（平平）カウリヨ（畳字）」「行李（平上）カウリ（畳字）」「行歩（平上）カウホ（畳字）」「行蔵（平平）カウサウ（畳字）」「行 カウ（辞字）」「行騰 カウトウ（雑物）」「膝行 シツカウ（畳字）」「操行（去平）サウカウ（畳字）」「微行（平平濁）ヒカウ（畳字）」

【キヤウ】「梵行（平濁平濁）ホンキヤウ（畳字）」「獨行（入平）トクキヤウ（畳字）」「同行（去濁平濁）トウキヤウ（畳字）」「徳行（入平濁）トクキヤウ（畳字）」「奸行（去平）カンキヤウ（畳字）」「練行 レンキヤウ（畳字）」「濫行 ランキヤク（ウ）（畳字）」「行 キヤウ（人事）」「行香（去上）（キ篇畳字）」「行道（去平）キヤウタウ（畳字）」「行者（平平）キヤウシヤ（畳字）」「経行（去上濁）（キ篇畳字）」「行幸（平上）キヤウカウ（畳字）」「行住（キ篇畳字）」「行事 キヤウシ（官職）」「修行者 シユキヤウシヤ（人倫）」「修行 シユキヤウ（畳字）」「施行（平平）シキヤウ（畳字）」「時行（去濁上濁）シキヤウ（畳字）」「自行化他 シキヤウクヱタ（畳字）」「執行 シフキヤウ（官職）」「遵行（平濁平濁）スヰンキヤウ（畳字）」「遊行 ユキヤウ（畳字）」「行啓 キヤウケイ（畳字）」

【去】「才行（平去）（畳字）」

煞

【セツ】「煞竹 セツチク（畳字）」「煞害 セツカイ（畳字）」「煞生（セ篇畳字）」

重

【チウ】「重々 チウ、、（重点）」「重代（平濁上濁）チウタイ（畳字）」「重怠（平去）チウタイ（畳字）」「重服（平濁入濁）チウフク（畳字）」「厳重 ケンテウ（畳字）」「鄭重（去平）テイチウ（畳字）」

【チヨウ】「八重（入平）ハツチヨウ（畳字）」「重陽（平平）チヨウヤウ（天象」「畳字）」「重職（去入濁）チヨウシヨク（畳字）」「弥重（平去）チンチヨウ（畳字）」「重疊（平入濁）チヨウテウ（畳字）」「重（平）チヨウ（辞字）」「貴重クヰチヨウ（畳字）」「秘重（平平）ヒチヨウ（畳字）」

鐘

【シウ】「鐘樓シウロウ（地儀）」

【スウ】「鐘（平）スウ（雑物）」

【シヨウ】「林鐘（平平）リムシヨウ（畳字）」「籠鐘（平平）リヨウシヨウ（畳字）」「龍鐘リヨウシヨウ（畳字）」「鐘愛（平去）シヨウアイ（畳字）」

曇

×

次に、【表6】・【表7】の内容を、A〜Gの七種類に分けてそれぞれ考える。

A　除外①漢音／呉音の仮名音注の一音節長音化が見られる語

B　除外②漢音・呉音のいずれとも一致しない要素を持つ語

C　除外③音訳語

D　漢音系に近い語

E　声調に漢音系・呉音系が混在する語

F　仮名音注に漢音形・呉音形が混在する語

G　声調と仮名音注がずれる語

A　除外①　漢音／呉音の仮名音注の一音節長音化が見られる語

32斗藪（上上）同（僧侶分）／トウソウ（ト前田上62オ）
84頭陁（陀）（|-）僧侶分／ツウタ（ツ黒川中28オ）

「斗藪」は前掲の通り、上字が上声（また上上型）の唯一の例である。これに関して、高松氏が以下のように述べておられる。

□本書の声点に依れば、前項に上声が立つことは皆無であり、また去去という曲調型は存在しないことになる。これは大きな特徴である。そして、これが、所謂呉音の本性とはなるのである。（中略）これは、決して、本書のみの奇異なる現象ではない。（中略）本書の内典関係語は、よく、その伝統を墨守していることを示すと共に、また、当該期の実情を典型的に教えているものと結論付けられよう。（中略）色葉字類抄の内典関係語には、右の中の、④上平、⑥上上型は未だ姿を見せていない。右の型の全ては、実は中世のものにおいて揃うのである。（中略）繰返して纏めておけば、前節冒頭に示した系譜図で、呉音語の七型全てを具備する一つ前の段階に、本書はある。そして、去声から派生する上声の萌芽的なものも含んでいた。

（高松一九八〇a）

この中で、「仏法部語彙（内典関係語彙）中に上上型は皆無」との主張が散見されるが、より正確に記述するならば、「仏法部語彙中、声調が呉音系と目される語のうち上上型は皆無」なのである。「斗藪」は『仏教語大辞典』（以下、中村）に「抖擻　とそう　また斗藪とも書く。dhūta の漢訳。（中略）煩悩をふり払い、貪りを去ることをいう。迷いを去り、けがれを除くための修行」（995）とあり、少なくとも仏教用語としても用いられることは疑いがない。しかし無論、高松氏の主とされる論を揺るがす事実ではないため、指摘に止める。

なお、この語の「ト／トウ」の揺れに関して、沼本氏（一九八二・第一章第二節「長音表記漢語の史的背景」）の述べられるところの、古代日本語がシラビーム言語であることに起因する一音節字の長音化現象であるとすれば（前掲の如く、北斗　ホクトウ（上上上上）等の例もある）、本音注は総合的に見て次のいずれかの性格を持つものと再認識出来る。

漢音形トの長音化　↓声点の示す声調と合う　↓仏法部に漢音語が混ざる例
呉音形トの長音化　↓声点の示す声調とずれる　↓声調と仮名音注がずれる例

「頭陁」について、『仮名書き法華経』の次の二例を見ればこの語が「ヅダ」と読まれていたことが分かる。

例　これ戒〈かい〉をたもち頭陁〈つた〉を行〈きやう〉するものとなつく。（717－4）
例　つねに頭陁（上濁上濁）〈つた〉の事〈し〉を行（上濁）〈きやう〉し、（後略）（875－2）

字類抄に「ツウタ」とあるのは、現象としては前項と同様であろうが、実際の場面で慣用的に「ヅウダ」と読まれたものと捉えれば良いのであろうか（そもそもdhūtaの音訳語である）。字類抄中に他に「頭」を「ツウ」と読んだ語はなく、またこの語は中巻の黒川本にしか見えない語であるため、誤写であることも考えられるが、「ツ」篇に収録されている以上、黒川本が独自に「トウタ」を誤った可能性はなさそうであり、やはり呉音の揺れと考えるのが妥当である。

＊頭陁（図書寮本名義抄一九四2）
＊頭風　俗云ツフウ（去濁上上）（観智院本名義抄・仏下本二二）
＊氷頭　ヒツ（平上濁）（観智院本名義抄・仏下本二二）

B　除外②　漢音・呉音のいずれとも一致しない要素を持つ語

6論議（平平濁）僧侶分／ロンギ（ロ前田上19オ）
…下字の声調がいずれとも一致しない語（上字の声調・両字の仮名音注は漢呉同形）
124加行（上上）同（僧侶分）／ケキヤウ（ケ黒川中98ウ）
…上字の仮名音注がいずれとも一致しない語（下字の仮名音注は呉音形、声点なし）
50竪義（平平濁）法會分／リウギ（リ前田上74ウ）
…声調は呉音系だが、仮名音注はいずれとも一致しない語

「論議」（法談。講演／講論。問答―中村1464）の「議」は広韻去声字であるから、これとの対立からも字類抄が「平濁」とすることに問題はなさそうである。しかし『単字』（上、反切下字は去）、『音訓』（上濁）が漢音と対立しないために、ここに掲げたものである。『単字』『音訓』への漢音の混入か、両点字であるかのいずれかであろう。字類抄中の前掲「和議（去上濁）ワキ」については、音注が呉音形であるが、声調は漢音と対立せず、その他「朝議」「悲参議」等の語全ての「議」字に平声点が付されるのも、同様に解せない。

＊論　禾ロン（平平）（観智院本名義抄・法上六八3）
＊論議（音注同左、図書寮本名義抄七一4）
＊議　音宜（平濁）又義（去濁）（観智院本名義抄・法上六〇5）

「加行」は確かに慣用上「ケギョウ」と読んでいるが（中村も「けぎょう」（293）で立項）、『音訓』に「カ」とあるのみで、他の音義類に（また字類抄中にも）「ケ」音注を確認出来なかったが、以下の例もあり、呉音「ケ」音のあるものかと推察される。

＊加〈ケ〉行（高山寺本大日経疏長治元年点七・六九五）

「竪義　リウキ」については、呉音は『大般若経』にも「シユ／ス／スウ」とある通りであり（漢音シュ）、漢呉形ともに「ジュギ／シュギ」とありたいところである。「リウ」が諧声符に引かれた慣用読みであることは明らかであるが、この読みが本辞書に掲載されたことにより、漢字と音との結合のある程度までの定着と見ることが出来よう。なお、本辞書中に「内竪　ナイシウ」「竪者　リツシヤ」の例があることも、編纂者の無知からではなく当時慣用の読み分けを示したものと考えるのが自然である。なお「竪者」については、「竪者　りっしゃ（語義略）竪は豎の俗字で、本来「じゅ」という音であるが、竪者と書いて古来「りっしゃ」とよみならわしている。立者とも書く」（中村1420）とある。

＊竪　禾主（平）（観智院本名義抄・法上九〇8）

C　除外③　音訳語

192悉曇（入去）シツタム（シ前田下79ウ）

…声調は呉音系だが、下字の仮名音注が漢音形の語（上字の仮名音注は漢呉同形）

「頭陁」と同様に、「悉曇」も音訳語（siddhaṃ）であるから、「シツトムと読むべき」等の議論は成り立たないものの、声調が呉音系であることには注目したい。

＊曇　禾土ム（｜上）（観智院本名義抄・仏中八九8）

【参考―仏法部中の音訳語一覧】（頭陁・悉曇、また単字（偈・梵・仏・僧・塔・釈・禅等）を除く）

29菩提、60伽藍、70羯磨、75壇越、87南無、92烏瑟、104倶舎、127布薩、137護摩、142三昧、170維摩、（155桒門、67加茶？）

D　漢音系に近い語

I　声調・仮名音注ともに漢音系の語

10白馬（入上濁）寺名／ハクバ（ハ前田上31ウ）

139摘花（入平）佛法部／テキクワ（テ前田下22オ）

34登壇（平平濁）同（僧侶分）／トウダン（ト前田上62オ）

76霊驗（｜｜）佛法部／レイケン（レ黒川中14ウ）

II　下字の仮名音注が漢音形の語（上字の仮名音注は漢呉同形、両字とも声点なし／入声点）

66合敍（殺）（入入）カフサツ／云阿弥陁仏也（カ前田上107オ）

79尊重（｜｜）佛法部／ソンテウ（ソ黒川中18ウ）

129鳧鐘（｜｜）寺家分／フシヨウ（フ黒川中106オ）

これらのうち多くについては、確かに仏法部語彙でありながら、意図的に漢音の音注が施されたものと考えるのが自然であろう。

「白馬」（中国の現存する寺名）に関して、字類抄内で「馬」字に付されるのは上声点（漢音、大部分が「ハ」音注を伴う）のみであり、他に「メ」の仮名音注はあっても声調は示されない。「インドから中国へ仏教が伝来したことをいう」意があり（『日本国語大辞典〈第二版〉』（以下、日国）、また中国の寺名もこの義に発するものか――『望月仏教大辞典』「白馬寺」項（4193）参照）、あるいは漢音読みが慣例であったのかもしれない。

＊白馬白象之後、乳水暗合教（性霊集巻五・四五八）
＊馬　禾メ（平）（観智院本名義抄・僧中九八4）

「摘花」も、声点・仮名音注ともに漢音を示す。「てきか　仏前に供えるために花を摘む」（日国）意で、仏法部語彙として相応しいが、あるいは日常行事化する中で、漢音読みになったものかもしれない。ただし、字類抄内で「花」字の声点が不審なものが二例ある。

＊藤花（去去）トウクワ（畳字）
＊柳花苑（上上平）リウクワヱン（人事）

これらは仮名音注が漢音形でありながら、声調は呉音を示している。他に「金銭〈（右傍）キムセム〉（平平）花コムセンクヱ（下上上上上）俗」があるが、「クヱ（花）＝上上（上）」と正しく示されている。「華」字で「クワ」音注を持つものは全て平声となっていることからも、漢字への加点者が「花」字の声調を逆に捉えていた可能性もある。しかしその場合、仮名音注が漢音形であることを説明出来ない。

＊摘　―花（観智院本名義抄・仏下本五八3）

「登壇」（戒壇にのぼり、戒法を受けること―中村1002）は仮名音注は漢呉同形であるが、声点が漢音を示す。字類抄中に他に「登天楽（去上―／人事）」「登臨（去―／畳字）」のように「登」が呉音を示すものが存在するが、この二語は語義を考慮しても不審である。なお、「檀」字も字類抄中では全て平声で示される。

「霊験」は、声点を有しないが、漢音形の仮名音注を持つ。この語は、漢呉両形（レイケン・リヤウゲム、後者は声調も呉音系）が字類抄仏法部に収録されいるが、両者ともに「仏法部」を示す注文を有することからも、畳字部中の別部の語が紛れたと考えることは難しい。むしろ、漢音読みの根付き（例えば、仏教説話集等での語の読み方について）を示すものと捉える方が自然である。なお中村は「れいげん」（1437）で立項する。

＊49霊験（去平濁）同（佛法部）／リヤウゲム（リ前田上74ウ）
＊76霊驗（――）佛法部／レイケン（レ黒川中14ウ）
＊霊　禾リヤウ（――上）（観智院本名義抄・法下六六2）
＊殺　禾セチ（観智院本名義抄・僧上五九7・六六5）

「合鈙」以外で字類抄に現れる「鈙」の仮名音注は全て呉音「セツ」である。本項「鈙」の字義については不詳とされるが、少なくとも「殺生」を意味しないであろうことからも、漢音読みをしていた可能性がある。

＊合殺　がっさつ⑤「かっさつ」ともよむ。天台宗で行なわれた念仏称名の一曲調。入声で高く阿弥陀仏の名号を称揚する。〔真言宗では『理趣経』読誦の終わりに、「毘盧遮那仏」（ひろしゃだふ）と節をつけて繰り返し唱える〕（中村183）

「尊重」に関しては、「ソンチウ」の誤写である可能性が残る。『仮名書き法華経』には、尊重〈そんちう〉の読みが三例ある。また、『読経口伝明鏡集』に三点字として「重」があり、「尊重（去平濁）」の例を挙げる。中村は「そんじゅう」（892）で立項。

例　如来〈によらい〉は尊重〈そんちう〉にして、智恵〈ちゑ〉深遠〈しんをん〉なり。（仮名書き法華経385－6）

＊重　禾地ウ（観智院本名義抄・法下四二5）

「鳧鐘」（ふしょう　鐘。ここでは鉦鼓のこと―中村1182）も、誤写であるか、漢音読みの定着であるかは判断し難い。「鐘」字は呉音資料三種、広韻ともに平声を示す。字類抄中の「鐘」字については、「鐘樓 シウロウ」「鐘（平）スウ」「籠鐘（平平）リヨウシヨウ」「鐘愛（平去）シヨウアイ」、関連字の「鍾」（広韻平声）も、「林鍾（平平）リムシヨウ」「鍾（平）シヨウ」「鍾樓（平平）スウロウ」とあり、語義と仮名音注（漢呉形）との対応等を見れば、編纂者が意図的に「鳧鐘」を漢音読みした可能性は考えられる。なお、呉音資料の「鐘」字仮名音注は「主ウ」（『単字』）、「シユ／シユウ」（『音訓』）、「シユウ・シヨウ」（『大般若経』）である。

**E　声調に漢音系・呉音系が混在する語**――上字の声調が漢音系、下字の声調が呉音系の語

I　仮名音注―漢呉同形

35長講（平平濁）佛法部／チヤウガウ（チ前田上69オ）

36鎮護（平平濁）チンゴ（チ前田上69オ）

202進善（去平）シンセン／幡名也（シ前田下80オ）

II　仮名音注―上字が漢呉同形、下字が呉音形

213瀉（原字は隅）瓶（去上）シヤヒヤウ（シ前田下80オ）

III　仮名音注―上字が呉音形（清濁不問）、下字が漢呉同形

159懺愧（慚愧）（去濁平濁）ハチハツ／同（僧侶分）／上ー天／下ー人／ザムグヰ（サ前田下51オ）

IV　仮名音注―なし

152三礼（平平）同（法會分）／（以下擦消）サ□□□（サ前田下51オ）

I　誤点であるか、呉音両点字であるか（「鎮」は『金光明最勝王経音義』で平声）、熟語として定着した声調型であるかのいずれかとなろう。[5] なお、「進善」は呉音であれば「善」字が濁点であるべきであるが、下巻語であることからも、清濁はかなり怪しくなっているようである。

II　「瀉瓶」（師が弟子にのこし漏らすことなく教えを伝えること―中村609）は「写瓶」に通じる。「写」は『単字』（反切下字去）、『音訓』（平）であり、『単字』を参照すれば、「写瓶」（去去→去上）となり、字類抄と合う。『単字』系の音注を持つ資料に依拠したか、単なる誤点であるかは即断出来ない。ただし「瀉瓶」は仮名音注が呉音であると理解出来ることもあり、上字の声点が誤点とすれば解決する。

III　「懺愧」については次項目（F）で述べる。

IV　「三」字については、仏法部だけでも三昧・三帰・三明・三論の全てで去声点が付されているため、「三礼」（身・口・意の三つで、三たび礼拝すること。最上の敬礼―中村492）の（平平）は（去平）の誤りと見て良かろう（広韻去声もあるが、三の意が具体的数字であろうために平声（呉音＝去声）となる）。なお「三」は、『読経口伝明鏡集』にも上

去声点字として挙がる。

F　仮名音注に漢音形・呉音形が混在する語

53香花（去上濁）佛法部／カウグワ（カ前田上107オ）

…声調は呉音系だが、下字の仮名音注が漢音形の語（上字の仮名音注は呉音形）

158懺悔（懺悔）（平平）同（僧侶分）／サンクヱ／又下字悔（サ前田下51オ）

…上字の仮名音注が漢音形（清濁不問）、下字の仮名音注が呉音形の語（声調は呉音系か）

「香花」（こうけ　仏に供える香と花と。「こうはな」ともよむ―中村394）は「カウグヱ」であれば問題のない語である。誤写の可能性もあるものの、呉―漢の混ぜ読み（あるいは特定の語のみ両音字となるもの）として当時既に定着していた語であるかもしれない。

「懺悔」は、「懺悔」か「慙（慚）悔」の誤写であると考えられるため、ここでは「懺悔」として処理した（少なくとも、「懺悔」をサンクヱと読むことはない）。

呉音ではそれぞれセンクヱ、センクヰの形が想定されるが、佐々木氏は、

□本書の加点者は、『廣韻』去声字の「懺」を、漢音サム・平声、呉音ザム・去声と認識していたものと考えられる。これらのような、日本語化された漢音声調、とでも呼ぶべきものを記した例を、三巻本『色葉字類抄』前田家本は含んでいる。（佐々木二〇〇六）

のように述べられる。そうであるとしても、「懺愧」は呉音―呉音型となり辻褄が合うが、「懺悔」は仮名音注・声調ともに漢音（清濁不問）―呉音型となり、漢呉混淆していることに変わりはない。他の可能性を考えると、

①あるいは加点者は、「懺」の呉音を「ザム」（平）と考え、「懺悔」の「懺」声点の濁点を落とし、「懺愧」の「懺」声点を誤ったものとも考えられる。これらの二語は、従来、清濁が曖昧であると論じられてきた二巻本時の下巻収録語に当たり、その可能性も少なからずある。

②あるいは字類抄中に左の如き例があることを考えれば、そもそも加点者が漢音サム（平）・呉音ゼム（去濁）と声調や清濁を誤って認識していたという可能性もある（高い）ことになる。

【サム】懺〈（右傍）サム〉（平／人事）
【ザム】懺〈ザムズ（去濁平軽（上か）上濁）〉（去濁／人事）
【セン】無懺〈ムセン〉（畳字）

しかし、そのような認識では次のようになり、結局混ぜ読みをしていることとなる。

・懺悔…上字漢音・下字呉音
・懺愧…上字漢音（声調清濁誤点）・下字呉音

③あるいは「懺」を「慚」（呉音ザム／去、漢音サム／平）の異体字として使用しているとすれば、次のようになろうか。

・慚悔…上字漢音（清濁誤点）・下字呉音
・慚愧…両字呉音系

すなわち、本文でずれるのは「慚悔」の「慚」字を平声（正しくは去声）としていることのみとなる。仮に「慚愧」のみ誤字（異体字）で「懺悔」は原本通り、と見なせば、「懺悔」（佐々木説、①②）の問題のみが残ることとなる（次表参照）。ただし「懺悔」を「懺慙」と誤った事情も考えねばならないだろう。

| 158 懺悔 | | |
|---|---|---|
| 字類抄 | サンクヱ　平 - 平 | |
| 漢音 | サンクヱ | 去 - 上去 |
| 呉音 | センクヱ | 平―平か |
| 慚悔 | | |
| 漢音 | サムクヱ | 平 - 上去 |
| 呉音 | ザムクヱ | 去濁 - 平か |

| 159 懺愧 | | |
|---|---|---|
| 字類抄 | ザムグヰ　去濁平濁 | |
| 漢音 | サンクヰ | 去 - 去 |
| 呉音 | センクヰ | 平 - 平か |
| 慚愧 | | |
| 漢音 | サムクヰ | 平 - 去 |
| 呉音 | ザムクヰ | 去濁 - 平か |

いずれにせよ、仏法部という特殊な部内で隣接する語の共通字に、清濁も異なる別の声点、別の仮名音注を付すというのは、余程注意散漫であるか、（漢呉音の理解／用字に誤りがあるにせよ）意図的に行った差声であったと考えざるを得ない。無論、別の可能性として、熟語によりそれぞれが特定の声調を持っていたということもあるかもしれないが、隣接語で上字が同意義の「ハヅ」であることを考えても、納得し難い面がある。なお、図書寮本

名義抄には漢音セン／平声の注記があり、本字への理解の混乱が見られる。(6)

＊懺―（悔）音尖（平）（二五二3）

＊懺悔　さんげ　仏教では「さんげ」とよむ。（中略）「ざんげ」とよむことも行なわれたらしい（中村497）

＊慚愧・慙愧　ざんぎ（中村499・500）

**G　声調と仮名音注がずれる語――声調は漢音系（上字は漢呉同形）だが、仮名音注（上字）は呉音形の語**

157齊（斎）戒（平去）サイカイ（サ前田下51オ）

221利柱（入去）寺家（セ前田下110ウ）

これらは、声点の付け誤り（これらも下巻収録語）、あるいは左に引用した高松氏が述べられるように両点字となるものとして処理出来よう。あくまでも、仮名音注が編纂者の認識を表すものと考える方が妥当と考える立場からである。

□一方、「戒」の方は、五戒（平平|）戒牒（平入|）に対する、今の「齋戒」の去声である。しかし、この字については、諸書等しく平声で以て一貫してあるが如くである。法華経でもゆれることがない。とすれば、或いは、この語においてのみ特例となり、従って、そのための両点となるものなのであろうか。

（高松一九八〇a）

＊齋戒　さいかい（中村448）
＊刹柱　せっちゅう　「せっちゅ」ともよむ。刹竿に同じ（中村827）
＊刹竿　せっかん　仏寺の堂塔前に立ててある長い竿で、上に宝珠がつけてある。寺院で説法のあることを表示するために立てるしるしの旗（幡、幢）を掲げる竿（中村826）

また、下字が呉音形である直接の根拠の得られなかった語（三点字で、対立）として「長行」（じょうごう　偈頌の対。経論のうちで散文で書かれた文章をいう―中村750）がある。

＊39長行（去濁上濁）内典分／ヂヤウガウ（チ前田上69オ）

字類抄のうち「微行（平平濁）ヒガウ」（身分の高い人などが、他に知られないように身をやつして外出すること＝日国「ビコウ」）は、「微」字が『単字』（ミ／去）、『音訓』（ミ／上去）であり、この場合の「行」は広韻平声（歩也適也往也去也）の意であろうから、仮名音注、声調ともに漢音と認めて問題なさそうであるが、上字が鼻音韻尾であることからも連濁例としては不適切で、あるいは濁点は「微」のものが誤って下字に付されたものであろうか。「ガウ」は直接「行」に「ガウ」と注した呉音資料は未だ管見に入らないが、広韻平声に二音あり（前述「歩也～」庚韻、その他「伍也列也」唐韻があり、本語「長行」はこちらの意、それぞれ現代中国音xíng／hángに対応）理論上は呉音にゴウの形のあったことは推定出来るため、当時この語に関しては「長行　じょうごう」で定着した読み方であったのではないかと考えられる。

□「行」は、韻書の四点字である。これの呉音声点が、明鏡集で、「梵行」と「修行」とに分れることがまず不可解である。それと同じき事情にありそうなのが、本書の「行者」と「行香」「行道」である。また、

「梵行」と「経行」との関係も定かではない。が、若し斯く定っていたとするならば、それは最早穿鑿のしようがないものである。これは既に、先の、「誓願」「弘誓」の如きものであって、一般的にも、我が両点字にはその謂われの、よく推し得ないものが混ずるのである。（高松一九八〇a）

＊『読経口伝明鏡集』に三点字として「長」「行」が挙がる。

【表8】問題点まとめ

| 語 | | 問題点 | | 分類 | 巻 |
|---|---|---|---|---|---|
| 84 | 頭陁 | 音訳語。長音化？ | 音訳語 | 僧侶分 | 中 |
| 191 | 悉曇 | 音訳語 | | 内典分 | 下 |
| 39 | 長行 | 呉音？ | 慣用音／呉音か | 内典分 | 上 |
| 124 | 加行 | 呉音？ | | 法会分 | 上 |
| 50 | 竪義 | 慣用音か | | 僧侶分 | 中 |
| 32 | 斗藪 | 漢音or声調と仮名音注がずれる | 漢音orズレ | 僧侶分 | 上 |
| 10 | 白馬 | 漢音 | 漢音か | 寺名 | 上 |
| 34 | 登壇 | 声調漢音・仮名音注同形 | | 僧侶分 | 上 |
| 66 | 合殺 | 漢音 | | 法会分 | 上 |
| 76 | 霊験 | 仮名音注漢音・声点なし | | 仏法部 | 中 |
| 139 | 摘花 | 漢音 | | 仏法部 | 下 |

| | | | | | |
|---|---|---|---|---|---|
| 79 | 尊重 | 誤写？　仮名音注漢音系 | 誤写？漢音？ | 仏法部 | 中 |
| 129 | 鳧鐘 | 誤写？　仮名音注漢音系 | | 寺家分 | 中 |
| 53 | 香花 | 誤写？　混ぜ読みで定着？ | 誤写？慣用読み？ | 仏法部 | 上 |
| 152 | 三礼 | 誤点か | 誤点か | 法会分 | 下 |
| 212 | 瀉瓶 | 誤点？　写瓶？ | 誤点？ | 僧侶分 | 下 |
| 159 | 懺愧 | 異体字？　漢呉混淆？　誤点？ | 異体字？漢呉混淆？誤点？ | 僧侶分 | 下 |
| 158 | 懺悔 | 誤字。漢呉混淆？　誤点？ | 漢呉混淆？誤点？ | 僧侶分 | 下 |
| 35 | 長講 | 誤点？　両点字？ | 誤点？両点字？ | 仏法部 | 上 |
| 36 | 鎮護 | 誤点？　両点字？ | | 仏法部 | 上 |
| 157 | 齊戒 | 誤点？　両点字？ | | 僧侶分 | 下 |
| 201 | 進善 | 誤点？　両点字？ | | 幡名 | 下 |
| 220 | 刹柱 | 誤点？　両点字？ | | 寺家分 | 下 |
| 6 | 論議 | 議字の呉音声調に疑義 | 疑義 | 僧侶分 | 上 |

以上、声調／仮名音注が呉音系のものと異なる例、疑義の残る二四例を概観したが、これを改めて整理すれば【表８】の通りである。本表より、分類、巻（上中下）による顕著な偏りは見られないことが分かるが、傾向としては、「内典分」（仏教の典籍に関わる語）の語よりも、「僧侶分」「法会分」所属の実際的な仏教行事関係の語の方

が、呉音の体系から外れやすいということが言えるだろう。また少数ではあるが、明らかに漢音を示した一部の語に関しては、漢音を奨励していた国家が仏教行事を執り行っていたことと関係があるのかもしれない。

さて、全二二六語のうち前掲二四語が「一見呉音の体系から外れているように見える」ことが、本調査で判明した。中巻を中心とする仮名音注も声調も示されない語群を除けば更に母数が減ることを考えても、少なくとも「仏法部語彙は呉音で示される」という法則の成り立たないことは明らかである（ただし、それでも音注を持つ語のうち過半数が呉音を示すことは、仏法部語彙＝呉音で示す前提のあるものと確認される）。誤写・誤点等の疑いの残るものに関しては、新たに善本が発見されない限り明確なことは言えないであろうが、両点字の問題については今後も追究の余地があるだろう。

## おわりに

以上のことから仏法部、また字類抄の性格にまで言及可能と思われる事項を次に述べる。ただし、第二項で述べた検証結果は繰り返さない。

○字類抄仏法部内には、漢音系の声調／漢音形の仮名音注を持つ語があるが、特に仮名音注に関しては、「当時の仏典以外の典籍の中で読まれる中で、そのような形に定着した蓋然性が高いもの」を採録したものと考えられる。このことは、従来沼本氏（注2①参照）の言われたように「色葉字類抄の掲出字には要するに規範的な観点から声点が打たれている」ものとは違う一面を示すものとしても確認されよう。一方、「定着」の傍証の得られないものについては、今後の課題として残る。

○字類抄仏法部内には、声調／仮名音注ともに、呉―漢あるいは漢―呉の混淆した形が散見される。このうち仮名音注が混ぜ読みである語については、ある程度成熟した読み方である場合がありそうだが、声点については誤点と考えられるものも少なくなく、特に「懺悔」「懺愧」等を見れば、次のような可能性も念頭に置いて本辞書の性質を云々すべきと言えよう。

□加点者が複数人おり（その内には呉音声調等に通じない者もおり）同字注が混乱した。

□加点は本辞書の完成形の語の排列に従って行われた訳ではなく、加点あるいは語の補入の時期に複層性があるため、一見不条理に混乱したように見える（その場合、混乱は、加点時期か加点者の知識かに拠ることとなる）。

□加点は単字ごとに行われた訳ではなく、畳字としての結合を前提に為されたため、単字に分解すると一見不一致に見える語がある。

○字類抄仏法部語彙に付された音注を以て当時の呉音体系に帰納することの難しい面が改めて確認された一方で、仏法部が畳字部中の他部に比して異質であることもまた明らかとなった。すなわち、字類抄編者あるいは加点者が（跋文には編者が差声したことを窺わせる文章があるが）、漢音系の語を殆ど韻書に依拠して付したものとは別に、仏教語については当代に日本で使用された語形を示そうとした仮名音注例が散見されたのである（声調については特定の依拠資料があるかもしれない）。誤点誤注の存在に注意しつつ、当時日本語化しつつあった呉音の声調や音読（両点字・両音字等）の資料として用いることは可能であろう。

一般に期待されるような呉音のみを示した純呉音資料が存在しない以上、字類抄の加点者の依拠した資料にも漢音の混入、誤り、偏りがあったことは当然であり、また字類抄の音注はそれを受け継いだ可能性も低くない。しかしそれでもなお、「懺悔」「懺愧」の例を始めとして、依拠資料あるいは字類抄独自の混乱に注目することは、今後も意義のある課題として残るのではないだろうか。

仏法部語彙は「仏法部」に意義分類された語群であるため、無論、声調によって同音異義語を見分ける必要はなかったであろうし、韻文に用いられるとも考え難いのではあるが、それでも約七六％の語（前田本）が差声されていること（また他の畳字部語彙に紛れることなく、多くは呉音形を示す）からは、例えば、これらの語を口に出して唱える需要等、何らかの意義を想定していたものとも考えられる。著者の重点部の研究中（本書第四章第三項）に、重点（殷々等の語）には声点の差されないものが多い旨を示したが、一般的には、漢詩文類で用いられる語彙にこそ声調表示が求められるはずであるのに、その割合は仏法部語彙の差声率を大きく下回るのである。

なお、仏法部語彙の当時の用例に関しては、次節で論じる。

注

（1）『理趣経』『孔雀経』等のように専ら漢音で読まれた資料については、本調査の結果からも特に字類抄との関連を見出すことは出来なかったため、ここでは「典型的」な仏典と認定しない。一方で法華経・大般若経のように漢音が混入するとされる資料については語単位での比較が必要となるであろうが、今は「仏法部」の規範性を出発点とするため、「呉音を期待」するのである。

（2）上上型（32斗藪）・去去型（184周迊（匝））に関して、以下に沼本氏の御指摘①～④を掲げる（字類抄の当該例は引かれないが、①では字類抄の仏法部以外の語を引用された）。これに依れば前者（斗藪）が④「二音節相当のものの一群に準じ、後者（周迊）が③の理由により入声点の差されない点が説明される。以下、「」内は引用。

①（沼本一九八二・五三一頁・五三五頁）

・「上声で初まる語とした「26袈裟」「29五鈷」の「袈」「五」ももと去声であったものが上声化した新しい形が示されていると見ることができる（「五鈷」は色葉字類抄では掲出字声点「去平」であってこの考え

を裏づけ出来るものである。色葉字類抄の掲出字の声点に屢々和名抄声点本、両名義抄の声点と異なるものが存するのは、その声点が古い形——言い換えれば、声調変化しない段階の、呉音・漢音のそれぞれの正しい単字声調にもどして加えられている——を示している為であると見得る場合が多い。従って、色葉字類抄の掲出字の声点は必ずしも当時の常用の漢語声調を示していないと見なければならない様に思われる)。（注7）」「（注7）本稿で「色葉字類抄」を主資料の一つとして取挙げなかったのは、正にこの理由に依るのであって、色葉字類抄の掲出字には要するに規範的な観点から声点が打たれているのであって、当時の生の姿を必ずしも伝えていないと考えられるのである。」

②（沼本一九八二・五三四頁）

・「上声で初まるものは、本来去声で初まったものが変化した新形である可能性が高い。」「語頭以外の漢字の声調は、語アクセントとしての安定化のために変化させられ、呉音本来の声調を保つ割合が非常に低かったと考えられる。」

③（沼本一九九七・二一六頁〜「九條本法華経音と妙一記念館本法華経の漢字声調の対照」）

・「九條家本入声字に本書で平声点の加えられているもの」として「匝《サフ》　三匝《さう》（去平濁）　七匝《さう》（入平）」を挙げられ、（脣内入声字であるから）「本群の異例は、ハ行転呼音によってその韻尾「—ふ」が「—う」となり平声字と区別がつかなくなったという音韻的背景を持つものであるということが明らかである。」とされる。

④（沼本一九九七・二四五頁〜「二字漢語の声調について」）

・（妙一記念館本法華経で上上型を保つものについて）「一音節字で去声を保った例」は「功・終・充」であり、これらは「クウ」「ジュウ」「ジュウ」と「二音節相当として認識されたものであるから」「語頭での例外は殆ど無いということになる。」

・（同じく去去型を保つものについて）「なぜ上声化していないのかの理由については明確ではないが、或いは一語化していないと認識されたものということも考えられよう。」

（3）「179誦經（シ前田下79ウ）」は所属篇のみでは漢音（ショウ）とも捉え得るが、呉音資料に「シユウ」、字類抄に「85念誦　ネンシユ」の例があることからも、呉音（シユキヤウか）と判断した。

（4）次のような例（『単字』『音訓』にないか、呉音資料に揺れがある場合に、広韻とも一致し得るもの）は取り上げなかった。

| 色葉 | 字 | 音訓 | 単字 | 単字反切下字 | 大般若経(安田) | 色葉 | 広韻 |
|---|---|---|---|---|---|---|---|
| 7 論匠 | 匠 | ― | ― | ― | 上／去 | 去濁 | 去 |
| 59 鴈塔 | 塔 | ― | ― | ― | 去(濁) | 去濁 | 去 |
| 68 合黨 | 黨 | 上 | 上 | 平／去 | 平／上 | 上 | 上 |
| 69 戒條 | 條 | ― | ― | ― | 平(濁)／上(濁) | 平 | 平 |
| 219 誓願 | 誓 | 平／去 | 去 | 去 | 去 | 去 | 去 |

（5） 沼本氏（一九九七）は、「平声字の上声・去声差声例」（二五五頁～）「去声字の平声差声例」（二五八頁～）でそれぞれの理由の一つとして「語アクセント化を起こして平声から上声又は去声に変化した」「語アクセント化による変化に係わる例」のあることを挙げられた。ただしここに分類される型以外のものが字類抄に見えている。

（6） 亀井孝「懺悔考・女郎考」（一九八五年、初出一九五九年）は、「懺悔」の音を「サンゲ↓ザンゲ」と何故濁るようになったかを、主に「慚愧　ザンギ」との関係により論じたものであるが、下字（清音）や呉音形（セン）については全く触れていないため（「清濁の別は明瞭である」としながらも）、ここでは論文名を挙げるに止める。

使用テキスト・索引
『保延本　法華経単字』（貴重図書影本刊行会、一九三三年）
『法華経単字漢字索引』（島田友啓編、古字書索引叢刊、一九六四年）
『心空　法華経音訓』（貴重図書影本刊行会、一九三一年）
『法華経音訓漢字索引』（島田友啓編、古字書索引叢刊、一九六五年）
『法華経音義　三種』（古辞書音義集成5、一九八〇年）
『安田八幡宮蔵大般若波羅蜜多経』
東辻保和「安田八幡宮蔵 大般若波羅蜜多経の音注（資料）」（訓点語と訓点資料44、一九七一年）

東辻保和・岡野幸夫「安田八幡宮蔵大般若波羅蜜多経の音注（索引）」（訓点語と訓点資料119、二〇〇七年）
『図書寮本　類聚名義抄　宮内庁書陵部蔵』（築島裕他編、勉誠社、一九七六年）
『観智院本　類聚名義抄』（正宗敦夫校訂、風間書房、一九五五年）
『校正宋本廣韻　附索引』（陳彭年等重修、藝文印書館校正、一九六七年）
『長承本　蒙求』（築島裕編、汲古書院、一九九〇年）
『妙一記念館本仮名書き法華経』（中田祝夫編、霊友会、一九八八〜一九九三年）
『性霊集一字索引』（静慈圓編、東方出版、一九九一年）

参考文献（論文）
岩崎小弥太「名目雑抄」（『金田一博士古稀記念：言語民俗論叢』三省堂出版、一九五三年）
櫻井茂治「三巻本「色葉字類抄」所載のアクセント――形容詞・サ変動詞について――」（国学院雑誌60、一九五九年）
山田俊雄「読み癖・故実読み序説」（国文学解釈と鑑賞25-10、一九六〇年）
山田俊雄「三巻本色葉字類抄の中の漢字音の清濁一、二について」（成城文芸25、一九六一年）
鈴木真喜男「三巻本色葉字類抄の漢字音標記（1）――直音音注について――」（文芸と思想24、一九六三年）
福永静哉「神宮文庫蔵零本「色葉字類抄」管見――声点表記を中心に――」（女子大国文35、一九六四年）
奥村三雄「漢語アクセント小考――三巻本色葉字類抄を中心として――」（訓点語と訓点資料32、一九六六年）
鈴木真喜男「二巻本色葉字類抄における字音注の所在、および、直音音注」（文芸と思想28、一九六六年）
こまつひでお「声点の分布とその機能（1）――前田家蔵三巻本「色葉字類抄」における差声訓の分布の分析――」（国語国文35-7、一九六六年）
黒沢弘光「前田家本色葉字類抄畳字門の字音声点――清濁表示よりの考察――」（言語と文芸9-5、一九六七年）
河野六郎「「日本呉音」に就いて」（言語学論叢15、一九七六年）
二戸麻砂彦「前田家本色葉字類抄音注攷1　同音字注の考察」（国語研究42、一九七九年）
高松政雄「呉音声調史上の一齣――色葉字類抄の声点――」（岐阜大学教育学部研究報告（人文科学）28、一九八〇年a）

高松政雄「色葉字類抄の声点」（訓点語と訓点資料65、一九八〇年b）
高松政雄「前田家本色葉字類抄の声点について」（岐阜大学国語国文学15、一九八二年）
高松政雄「中世仏家における呉音――心空――」（国語国文52-5、一九八三年）
沼本克明「読経口伝明鏡集（故山田孝雄博士蔵文安本、川瀬一馬博士旧蔵文亀本）解説幷びに影印」（鎌倉時代語研究13、一九九一年）
兪鳴蒙「三巻本色葉字類抄の反切注と出典（その1）」（摂大人文科学1、一九九四年）
梅崎光「色葉字類抄の声点小考」（語文研究79、一九九五年）
佐々木勇「改編本『類聚名義抄』と三巻本『色葉字類抄』の漢音」（訓点語と訓点資料116、二〇〇六年）
加藤大鶴「呉音系字音を反映する二字漢語の抽出方法――『半井家本医心方』を用いて――【附資料】」（国語学研究と資料30、二〇〇七年）
二戸麻砂彦「二巻本色葉字類抄の同音字注」（山梨国際研究3、二〇〇八年）
二戸麻砂彦「鎌倉初期書写色葉字類抄の音注」（山梨国際研究5、二〇一〇年）
藤本灯「三巻本『色葉字類抄』重点部の研究」（日本語学論集7、二〇一一年）※本書第四章第二節第三項

参考文献（書籍）
小松英雄『日本声調史論考』（風間書房、一九七一年）
金田一春彦『国語アクセントの史的研究――原理と方法――』（塙書房、一九七四年）
中田祝夫・峰岸明編『色葉字類抄　研究並びに総合索引　黒川本影印篇』（風間書房、一九七七年）
沼本克明『平安鎌倉時代に於る日本漢字音に就ての研究』（武蔵野書院、一九八二年）
高松政雄『日本漢字音の研究』（風間書房、一九八二年）
亀井孝『亀井孝論文集4　日本語のすがたとこころ（二）』（吉川弘文館、一九八五年）
川瀬一馬『増訂　古辞書の研究』（雄松堂出版、一九八六年）
高松政雄『日本漢字音概論』（風間書房、一九八六年）
奥村三雄『日本語アクセント史研究――上代語を中心に――』（風間書房、一九九五年）
沼本克明『日本漢字音の歴史的研究――体系と表記をめぐって――』（汲古書院、一九九七年）

辞典類
『望月仏教大辞典』（世界聖典刊行協会、一九五四～一九五七年、増訂版）
『仏教語大辞典』（中村元、東京書籍、一九七五年）
『密教大辞典』（密教大辞典編纂会編、法蔵館、一九九一年、縮刷再版）
『日本国語大辞典〔第二版〕』（小学館、二〇〇〇～二〇〇二年）
『織田仏教大辞典』（大蔵出版、二〇〇五年、補訂縮刷版）

使用データベース
「大正新脩大蔵経テキストデータベース」（ＳＡＴ／東京大学文学部）

## 第三節　仏法部語彙から見た『色葉字類抄』——用例を中心に——

三巻本『色葉字類抄』に様々な性質の語彙が収録されているということは、既に先行研究でも述べられ、本書でも追認してきたところであるが、編纂者が何故、このような様々な種類の語を収録したかという点については、まだ追究の余地があるように思われる。そこで本節では、前節に続き、字類抄二一部中一五番目の「畳字部」に収録された「仏法部」語彙二二六語を対象として、当時の文献での使用分布の偏りを概観し、この問題に一石を投じることとする。すなわち、「仏教関係語」という特定の文献（仏教説話集や往生伝等）に使用されることも期待される語の用例が、実際にはどのように使用されていたかを明らかにすることにより、「畳字部」延いては『色葉字類抄』の性格、価値に迫ることを目的とする。

### 第一項　仏法部語彙とは

抑も仏法部とはどのような性格の語群であるのか。

一般には、仏教に関する語の集合であることが想像されるが、仏法部は「天象部」や「名字部」とは異なり、「畳字部」中の下位意義分類に過ぎぬものであり、仏典や仏教書から抄出された専門性の高い語群等とは距離のあるものと考えられる。すなわち、「畳字部」に収録された二字以上の熟語を、更に「部」「分」「名」等に分類する際に、比較的仏教に関連する語群を「仏法部」としたものであろう。

仏法部語彙の性格を知るために、試みに次の三点についてそれぞれ概観した。

①仏教関係語の字類抄内での配置
②仏法部語彙と同等の仏教関係語の字類抄収録状況
③「分」名から推察される仏法部語彙の性格

①例えば、字類抄中、構成字に「仏」を含む語で、仏法部にない語は次の三語である。

・佛壇　フツタン（地儀・黒川中101オ）
・佛師　フツシ（人倫・黒川中102オ）
・興隆佛法（畳字・前田下12ウ）

前二者のような、仏法部語彙と同じレベルの語義を備える語でも、上位の意義分類により別部に収録された語は少なくない。「諸寺部」に「塔頭」「根本中堂」等とあるのも、この事情によるものである。

また「興隆佛法」のように、三字以上の熟語からなる仏教関係語は、「畳字部」の最後部に「長畳字」として並べられる語群の一部である。この排列（長畳字への配置）は、原則として畳字部内の他の意義分類よりも優先して行われたと考えられるため、仏法部に所属する「堂童子」「御斎会」の二語等も本来は「長畳字」として配されるものであったものと推察出来る。「長畳字」については第四章第二節に既に述べたが、「一搩手半」「善知識」の如き仏教関係語も多く擁しており、仏教関係語を探す際には必ず目を通すべき部の一つと言える。

これらのことからも、字類抄中の仏教関係語の全てが仏法部に含まれる訳ではないことは一目瞭然である。

②本節第二項において、仏法部語彙の用例調査を行ったが、その際に著者が、使用頻度・表記難度等の観点から「字類抄仏法部語彙と同等」のレベルであると認識した語群の中から数語をここに挙げ、字類抄への収載状況を確認する。

まず、以下の語群は、①で述べた事情に類するが、仏法部以外に収録されるものである。雑部・人倫部・官職部等他部に分類されたものの他にも、畳字部中別部に下位分類された為に仏法部語彙とはならなかったものである。

・袈裟（ケ雑物・黒川中97ウ）
・菩薩（ホ人倫・前田上43オ）
・法師（ホ人倫・前田上43オ）
・僧都（ソ官職・黒川中19ウ）
・僧正（ソ官職・黒川中19ウ）
・供奉（ク官職・黒川中82オ）

・座主（サ官職・前田下54ウ）
・表白（ヘ畳字・雑部・前田上53オ）
・利益（リ畳字・雑部・前田上75ウ）
・布施（フ畳字・雑部・黒川中107ウ）
・参拝（サ畳字・雑部・前田下53オ）
・娑婆（シ畳字・雑部・前田下84オ）
・祈禱（キ畳字・神社部・前田下61オ）
・慈悲（シ畳字・人倫部・前田下81ウ）

一方で、頻出の仏教関係語と目される以下の語群は字類抄に収録されない。

・入道・法名・往生・僧徒・涅槃・和尚・願文・観音・仏教・仏陀・仏道・護法・極楽・天竺・参籠・経典・祈誓・瑜伽・出家・修羅・修善・舎利・浄土・宿業・写経・沙門・釈尊・浄衣・禅尼

これらの語群が採録されなかった事情について、今明確なことを述べることは出来ないが、語の取捨（あるいは遺漏）は、字類抄の編纂方針・編纂方法に関わる問題として今後検討されるべきである。

③仏法部の下位分類として「分」「名」があり、「分」名については次の通りである。

釈教分・内典分・寺家分・法会分・僧侶分

これらの語義を改めて示せば以下の通りであり（分名が明記された仏法部の語例を《　》に付した）、このことが仏法部の凡その内容を表すものであると言うことが出来よう。なお、（　）内は、望月＝『望月仏教大辞典』、中村＝『仏教語大辞典』、日国＝『日本国語大辞典〔第二版〕』を示す。

◇釈教…釈迦牟尼の説いた教え。仏教の意。（中村）
《八教・五時・釈教》
◇内典…仏教の典籍。仏典。外典（仏教外の書物）に対していう。（中村）
《法文・長行・華厳・天台・三論・密教》
◇寺家…寺院、又は寺中に住する僧衆を云ふ。（望月）
《中門・講堂・礼盤・鳧鐘・金堂・刹柱》
◇法会…①経典を読受する集まり。②仏事・法要をいう。仏・菩薩を供養し、衆僧や民衆に食事を施し、説法などを行なう集まりで、インド以来行なわれた。（中村）
《聴衆・竪義・講説・導師・維摩・呪願》
◇僧侶…出家してみずから修行するとともに仏の道を教え広める者の集団。また、その個人。桑門。僧徒。（日国）
《説経・論議・道心・念誦・安居・坐禅》

この他、「分」名が付されず、単に「仏法部」とのみある次のような語群もあるが、これらは、上の五分類に限定されない、広く仏教に関わる語であると理解出来る。

《引導・鎮護・知識・頂戴・三昧・祈念》

さて、以上に概観したように、仏法部語彙は、字類抄の中で唯一の仏教関係語群である訳ではない。しかし、畳字部中の他部と同様に、一つの特色を帯びた語群であることは間違いなく、これらが、当時の仏教関係以外の書物にどの程度使用されたかを調査することにより、字類抄編者の目指した辞書像の一面を窺うことが出来るものと期待する。

### 第二項　用例調査結果

仏法部に分類された畳字部語彙全二二六語について、平安・鎌倉期を中心とする文献内での使用の有無を調査した。【表A】に調査結果を示す。また【表A】の分析結果を【表B】～【表G】に示す。

［凡例］

・【表A】には、該当文献に該当語が存在するか否かを、各ジャンル中の文献数で示した。見出し語は、なるべく通行の字体に置き換えて示した。より近似の字体や語の注文、所在等の情報は、前節を参照されたい。

・本調査は表記の需要を問題とせず、語の使用範囲を調べるものである。よって、「引攝・引接」「論議・論義」「加茶・迦陀」「壇越・檀越」「僧房・僧坊」「綵色・彩色」「聖教・正教」「瀉瓶・写瓶」「廻向・回向」等、それぞれを同じ語であると認定したものがあるが、これをいちいち断らない。各異体字、抄物書き、仮名書きの語についても同様である。仮名書きかつ訓読みの場合や構成漢字の字順が異なる語は原則として採用しなかった。「受記・授記」「受戒・授戒」については、別語であるが密接に関連する語であるためそれぞれ「受記」「受戒」に計上した（全て前者が字類抄表記）。

・「恭敬礼拝」「三帰五戒」「三明六通」「慚愧懺悔」「自利利他」等の四字熟語に見える語で、上位語と下位語がそれぞれ二字熟語として仏法部に収録されるものについては、それぞれの語に計上した。また複合語の上位語・下位語として仏法部語が見える場合も同様である（例：善知識→知識、南大門→大門、華厳経→華厳、摩訶止観→止観）。

・「138御斎会」には「斎会」の語も計上した。

・寺名（白馬等）、人名（相応等）等の固有名詞類についても仏法部語と同定した場合がある。

・「霊験」は二箇所（49・76）に出現するが、本調査では語の読みを問題としないため、仮名文献に「れいけん」等と表記されるものでも両者に計上した。

・用例調査の対象としたのは、以下の文献である。

＊各ジャンル内の排列はおよその成立年代順とした。【表G】の後に使用した索引類を示したが、底本等の情報は省略した。またここに示さないが、各種データベース・本文・影印を補助的に使用した場合がある。

【表A】

| 通し番号 | 1 | 2 | 3 |
|---|---|---|---|
| 見出し語 | 引摂 | 引導 | 因縁 |
| 王朝物語（五種） | | | |
| 日記文学（五種） | | | |
| 随筆（三種） | | 1 | 1 |
| 歴史物語（四種） | 1 | | 1 |
| 軍記物語（七種） | 2 | 3 | 4 |
| 説話物語（四種） | | 2 | 2 |
| 仏教説話（七種） | 5 | 3 | 7 |
| 今昔物語集 | 1 | 1 | 1 |
| 仏教関係書等（二四種） | 9 | 4 | 15 |
| 古記録（七種） | | 2 | 5 |
| 古往来（三種） | 1 | | 1 |
| その他 | 梁海 | | 三海明 |
| ジャンル数（一二種） | 7 | 7 | 10 |
| 通し番号 | 4 | 5 | 6 |
| 見出し語 | 因果 | 六通 | 論議 |
| 王朝物語（五種） | | | 1 |
| 日記文学（五種） | | | |
| 随筆（三種） | 1 | | 2 |
| 歴史物語（四種） | 2 | 1 | 3 |
| 軍記物語（七種） | 4 | | 2 |
| 説話物語（四種） | 1 | | 1 |
| 仏教説話（七種） | 4 | 2 | 4 |
| 今昔物語集 | 1 | 1 | 1 |
| 仏教関係書等（二四種） | 11 | 1 | 6 |
| 古記録（七種） | | | 7 |
| 古往来（三種） | | | 1 |
| その他 | | | 梁三 |
| ジャンル数（一二種） | 7 | 4 | 11 |

| 21 | 20 | 19 | 18 | 17 | 16 | 15 | 14 | 13 | 12 | 11 | 10 | 9 | 8 | 7 | 通し番号 |
|---|---|---|---|---|---|---|---|---|---|---|---|---|---|---|---|
| 法相 | 翻訳 | 梵語 | 梵字 | 法文 | 柔軟 | 柔和 | 入室 | 入滅 | 忍辱 | 入礼 | 白馬 | 八教 | 八講 | 論匠 | 見出し語 |
|  |  |  | 1 | 3 |  |  |  |  |  |  | 2 |  | 4 |  | 王朝物語(五種) |
|  |  |  |  | 1 |  |  |  | 1 |  |  | 2 |  | 2 |  | 日記文学(五種) |
|  |  |  | 1 |  |  |  |  |  |  |  | 1 |  | 1 |  | 随筆(三種) |
| 1 |  |  | 1 | 3 |  |  |  | 2 | 1 |  |  |  | 2 |  | 歴史物語(四種) |
| 3 | 1 |  | 1 | 3 |  | 2 | 1 | 4 | 2 |  | 2 |  | 2 |  | 軍記物語(七種) |
| 2 |  | 2 | 1 | 4 | 1 | 1 |  | 2 | 2 |  | 1 |  | 1 |  | 説話物語(四種) |
| 6 | 4 | 1 | 1 | 5 | 2 | 3 | 1 | 4 | 3 |  | 1 |  | 5 |  | 仏教説話(七種) |
| 1 | 1 |  |  | 1 | 1 | 1 | 1 | 1 | 1 |  |  |  | 1 |  | 今昔物語集 |
| 7 | 2 | 2 | 3 | 5 | 2 | 8 | 2 | 11 | 8 |  | 4 | 1 | 5 |  | 仏教関係書等(二四種) |
| 3 |  |  | 1 | 4 |  |  | 1 | 5 |  | 3 | 7 |  | 7 | 1 | 古記録(七種) |
|  |  |  |  | 1 |  |  | 1 |  |  |  | 1 |  | 1 |  | 古往来(三種) |
| 霊 | 霊 |  | 霊 | 梁三 |  | 霊 | 霊 | 明 | 霊梁 |  | 霊海 |  |  |  | その他 |
| 8 | 5 | 3 | 9 | 11 | 4 | 6 | 7 | 9 | 7 | 1 | 10 | 1 | 11 | 1 | ジャンル数(一二種) |

| 36 | 35 | 34 | 33 | 32 | 31 | 30 | 29 | 28 | 27 | 26 | 25 | 24 | 23 | 22 | 通し番号 |
|---|---|---|---|---|---|---|---|---|---|---|---|---|---|---|---|
| 鎮護 | 長講 | 登壇 | 度縁 | 斗藪 | 読経 | 灯明 | 菩提 | 梵行 | 発露 | 法用 | 法会 | 宝蓋 | 宝幢 | 法花 | 見出し語 |
|  |  |  |  |  | 3 | 1 | 4 |  |  |  |  |  |  | 3 | 王朝物語(五種) |
|  | 1 |  |  |  | 3 |  | 2 |  |  |  | 1 |  |  | 2 | 日記文学(五種) |
|  |  |  |  |  | 3 |  | 3 |  |  |  |  |  |  | 3 | 随筆(三種) |
|  | 1 |  |  |  | 2 | 1 | 4 |  |  |  | 3 | 1 | 1 | 4 | 歴史物語(四種) |
| 4 | 2 | 1 | 1 | 2 | 3 | 3 | 6 | 1 | 2 |  | 3 |  | 1 | 6 | 軍記物語(七種) |
|  |  |  |  |  | 2 |  | 4 |  | 1 |  | 2 |  | 1 | 4 | 説話物語(四種) |
|  |  | 1 |  | 1 | 3 | 2 | 7 | 2 | 2 | 3 | 3 | 1 | 1 | 7 | 仏教説話(七種) |
|  |  | 1 |  |  | 1 | 1 | 1 | 1 |  | 1 | 1 | 1 | 1 | 1 | 今昔物語集 |
| 6 |  |  |  | 2 | 9 | 4 | 21 | 4 | 2 | 1 | 8 | 1 | 4 | 19 | 仏教関係書等(二四種) |
|  | 2 | 1 | 6 |  | 7 | 6 | 7 |  |  | 5 | 5 |  | 1 | 7 | 古記録(七種) |
|  |  |  |  | 1 | 2 | 1 | 1 |  |  |  |  |  |  | 2 | 古往来(三種) |
|  |  |  |  | 霊海 | 霊 |  | 霊梁三海明 |  | 海 |  | 梁海 | 霊 |  | 霊梁草海 | その他 |
| 2 | 4 | 4 | 2 | 5 | 12 | 8 | 12 | 4 | 5 | 4 | 9 | 5 | 7 | 12 | ジャンル数(一二種) |

| 56 | 55 | 54 | 53 | 52 | 51 | 50 | 49 | 48 | 47 | 46 | 45 | 44 | 43 | 42 | 41 | 40 | 39 | 38 | 37 |
|---|---|---|---|---|---|---|---|---|---|---|---|---|---|---|---|---|---|---|---|
| 降伏 | 加護 | 加持 | 香花 | 留難 | 利養 | 竪義 | 霊験 | 両界 | 利他 | 持斎 | 除帳 | 定者 | 聴聞 | 聴衆 | 住持 | 中門 | 長行 | 頂戴 | 知識 |
| | | 3 | | | | | | | | | | | | | | 3 | | | |
| 1 | 1 | 2 | 1 | | | | | 1 | | | | | 1 | | | 2 | | | 1 |
| | | 2 | | | 1 | | | | 1 | | | 1 | 2 | | | 2 | | | |
| 1 | 1 | 1 | | | | | | | | 1 | | 1 | 3 | 1 | | 3 | | | 3 |
| 4 | 4 | 2 | 2 | | 1 | 1 | 4 | 2 | 1 | 1 | | | 4 | 2 | 1 | 4 | | 2 | 4 |
| 1 | 1 | 3 | | | | | 2 | 1 | | | | | 3 | | 2 | 3 | | | 4 |
| 1 | 4 | 5 | 3 | | 2 | | 3 | 1 | 3 | 2 | | | 7 | 3 | 1 | 1 | | 2 | 7 |
| 1 | 1 | 1 | 1 | | 1 | | 1 | 1 | | 1 | | 1 | 1 | 1 | 1 | 1 | | | 1 |
| 7 | 6 | 6 | 8 | | 3 | 2 | 6 | 11 | 5 | 4 | | | 8 | 2 | 2 | 1 | | 4 | 10 |
| | 2 | 7 | 3 | | | 6 | 4 | 4 | | 1 | | 3 | 2 | 7 | | 7 | | | 2 |
| | | | | | | 1 | | | | | | | 1 | | | | | | |
| | 霊 | 霊 | 霊 | | 明 | | 三霊海梁 | | 霊 | 明 | | | 海 | | 霊 | 草 | 霊 | 霊 | 霊海明 |
| 7 | 9 | 11 | 7 | 0 | 6 | 4 | 7 | 7 | 5 | 7 | 0 | 4 | 11 | 6 | 6 | 11 | 1 | 4 | 9 |

| 76 | 75 | 74 | 73 | 72 | 71 | 70 | 69 | 68 | 67 | 66 | 65 | 64 | 63 | 62 | 61 | 60 | 59 | 58 | 57 |
|---|---|---|---|---|---|---|---|---|---|---|---|---|---|---|---|---|---|---|---|
| 霊験 | 壇越 | 道心 | 堂童子 | 導師 | 大門 | 羯磨 | 戒条 | 合党 | 加茶 | 合殺 | 講師 | 講演 | 講経 | 講筵 | 講説 | 伽藍 | 雁塔 | 講堂 | 渇仰 |
| | | 1 | | 1 | | | | | | | 3 | | | | 1 | | | | |
| | | | 1 | 3 | 2 | | | | | | 2 | | | | | | | | |
| | | 2 | 1 | 2 | 2 | | | | | | 1 | | | | | | | | |
| | | 3 | 2 | 3 | 1 | 1 | | | | | 3 | | | | | 2 | | | 1 |
| 4 | | 5 | | 3 | 3 | 3 | | | 1 | 1 | 2 | 2 | 2 | | | 5 | 1 | 6 | 4 |
| 2 | 1 | 3 | | 3 | 3 | | | | 2 | | 3 | 1 | | | 2 | 2 | | | 2 |
| 3 | 3 | 7 | | 5 | | | | | | | 3 | 2 | 3 | 1 | 2 | 2 | | 2 | 2 |
| 1 | 1 | 1 | 1 | 1 | 1 | | | | 1 | | 1 | 1 | 1 | 1 | 1 | 1 | | 1 | |
| 6 | 1 | 9 | | 9 | 3 | 4 | | 1 | 4 | 4 | 6 | 3 | 4 | 2 | 2 | 7 | 1 | | 5 |
| 4 | | 2 | 6 | 7 | 6 | 1 | | | | | 7 | 3 | 5 | 1 | 7 | 3 | | 5 | 1 |
| | | 1 | 1 | 1 | | | | | | | 1 | | | | | | | | |
| 三霊海梁 | 霊 | 三草海 | | 霊 | 草 | 霊 | | | | | 梁抄 | 霊 | 霊 | | 霊 | 霊海 | | | 霊明 |
| 7 | 5 | 11 | 6 | 12 | 9 | 5 | 0 | 1 | 4 | 2 | 12 | 7 | 6 | 4 | 7 | 8 | 2 | 4 | 7 |

| 91 | 90 | 89 | 88 | 87 | 86 | 85 | 84 | 83 | 82 | 81 | 80 | 79 | 78 | 77 | 通し番号 |
|---|---|---|---|---|---|---|---|---|---|---|---|---|---|---|---|
| 礼盤 | 礼足 | 礼拝 | 内典 | 南無 | 念仏 | 念誦 | 頭陀 | 追福 | 僧房 | 僧家 | 僧侶 | 尊重 | 練行 | 練習 | 見出し語 |
| | | | | 2 | 4 | 3 | | | 2 | | | | | | 王朝物語(五種) |
| 1 | | | | | 3 | 2 | | | 3 | | | | 1 | | 日記文学(五種) |
| 1 | | | | | 3 | | | 1 | | | | | | | 随筆(三種) |
| 1 | | 2 | 1 | 2 | 2 | 3 | 1 | | 1 | | | | | | 歴史物語(四種) |
| 2 | | 4 | 3 | 4 | 6 | 5 | 2 | 1 | 3 | 1 | 3 | 2 | 2 | | 軍記物語(七種) |
| 2 | | 4 | | 2 | 4 | 2 | 1 | | 3 | | 2 | 1 | | | 説話物語(四種) |
| 2 | 1 | 4 | 1 | 5 | 6 | 3 | 3 | | 5 | | 3 | 1 | 1 | 1 | 仏教説話(七種) |
| 1 | | 1 | 1 | 1 | 1 | 1 | 1 | | 1 | | | | | | 今昔物語集 |
| 2 | | 11 | 3 | 12 | 12 | 7 | 1 | 2 | 2 | | 6 | 3 | 7 | 1 | 仏教関係書等(二四種) |
| 6 | | 6 | | 1 | 7 | 7 | | | 7 | 2 | 4 | 2 | 1 | 3 | 古記録(七種) |
| | | | | | | | | | | 1 | | | | 2 | 古往来(三種) |
| | | 霊梁明 | | 草梁海三 | 草霊海梁 | 霊 | 梁海 | 霊海 | 海 | | 海 | | 霊 | | その他 |
| 9 | 1 | 8 | 5 | 9 | 11 | 10 | 7 | 4 | 10 | 3 | 6 | 5 | 6 | 4 | ジャンル数(一二種) |

| 106 | 105 | 104 | 103 | 102 | 101 | 100 | 99 | 98 | 97 | 96 | 95 | 94 | 93 | 92 | 通し番号 |
|---|---|---|---|---|---|---|---|---|---|---|---|---|---|---|---|
| 苦行 | 苦修 | 倶舎 | 花厳 | 帰依 | 恭敬 | 供養 | 灌頂 | 灌仏 | 擁護 | 威光 | 威力 | 囲繞 | 有験 | 烏瑟 | 見出し語 |
| | | | | | | 5 | | 1 | | | | 1 | | | 王朝物語(五種) |
| 1 | | | 1 | | | 2 | 1 | | 1 | | | | | | 日記文学(五種) |
| | | | 1 | | | 1 | | 1 | | | | 1 | | | 随筆(三種) |
| | | 1 | 1 | 1 | | 4 | 3 | 1 | 1 | 1 | 1 | 1 | | 1 | 歴史物語(四種) |
| 1 | | 1 | 2 | 3 | 3 | 5 | 2 | 1 | 3 | 4 | | 4 | 4 | 2 | 軍記物語(七種) |
| 1 | | 2 | 2 | 2 | 2 | 3 | | | | | | 1 | 2 | | 説話物語(四種) |
| 4 | | 4 | 6 | 6 | 4 | 7 | 4 | 1 | 4 | 3 | 2 | 5 | 2 | | 仏教説話(七種) |
| 1 | | | 1 | 1 | 1 | 1 | 1 | | 1 | 1 | 1 | 1 | | | 今昔物語集 |
| 11 | 1 | | 11 | 8 | 11 | 16 | 11 | | 4 | 4 | 5 | 8 | 2 | 2 | 仏教関係書等(二四種) |
| 2 | | 1 | 3 | 1 | | 6 | 6 | 7 | | 2 | | 1 | 5 | | 古記録(七種) |
| | | | | | 1 | | | | | | | | | | 古往来(三種) |
| 霊梁 | | 梁明 | 霊梁明 | 霊梁海 | 霊梁 | 三霊草梁 | 霊 | | 霊梁海 | | 霊 | | | 海 | その他 |
| 8 | 1 | 6 | 10 | 8 | 7 | 11 | 8 | 6 | 7 | 6 | 5 | 9 | 5 | 4 | ジャンル数(一二種) |

| 126 | 125 | 124 | 123 | 122 | 121 | 120 | 119 | 118 | 117 | 116 | 115 | 114 | 113 | 112 | 111 | 110 | 109 | 108 | 107 |
|---|---|---|---|---|---|---|---|---|---|---|---|---|---|---|---|---|---|---|---|
| 仏名 | 仏法 | 加行 | 教授 | 教化 | 験者 | 結願 | 偈頌 | 顕教 | 教法 | 顕密 | 潔斎 | 結衆 | 結縁 | 摩頂 | 化他 | 悔過 | 観空 | 功徳 | 久住 |
| 1 | 1 |  |  |  | 2 | 1 |  |  |  |  |  |  | 2 |  |  |  |  | 5 |  |
| 2 |  | 1 |  | 2 | 2 | 1 |  |  |  |  |  |  | 1 |  |  |  |  | 1 |  |
| 2 | 1 |  |  | 1 | 1 | 1 |  |  |  | 1 |  |  | 2 |  |  |  |  | 2 |  |
| 2 | 3 | 1 |  |  | 3 | 2 |  |  |  | 2 | 1 | 1 | 1 |  |  |  |  | 4 |  |
| 1 | 5 | 1 |  | 3 | 3 | 2 |  | 1 | 4 | 3 | 4 | 1 | 4 |  | 1 | 2 | 1 | 4 |  |
|  | 4 |  |  | 2 | 3 | 2 |  |  |  | 1 | 1 | 1 | 4 |  |  | 1 |  | 3 |  |
| 2 | 7 | 2 |  | 5 | 1 | 3 | 1 | 2 | 4 | 6 | 2 | 1 | 6 | 1 | 2 | 2 | 1 | 7 | 1 |
| 1 | 1 |  | 1 | 1 | 1 | 1 |  | 1 | 1 | 1 | 1 |  | 1 |  |  | 1 |  | 1 |  |
| 5 | 18 | 1 | 4 | 6 | 1 | 7 | 1 | 3 | 8 | 11 | 5 |  | 12 | 6 | 1 | 1 | 2 | 14 | 2 |
| 7 | 5 | 1 | 3 | 2 | 2 | 7 |  | 1 |  | 2 | 6 |  | 3 |  |  |  |  | 4 | 2 |
| 1 | 2 |  |  |  |  | 1 |  |  |  |  |  |  | 2 |  |  |  |  | 1 |  |
| 草 | 霊梁海明 |  | 霊 |  |  |  | 霊 | 霊 | 海明 | 霊 | 霊三 |  | 霊梁海 | 霊 | 霊 | 梁 |  | 霊梁草海 | 霊 |
| 11 | 11 | 6 | 4 | 8 | 10 | 11 | 3 | 6 | 5 | 9 | 8 | 4 | 12 | 3 | 4 | 6 | 3 | 12 | 4 |

| 146 | 145 | 144 | 143 | 142 | 141 | 140 | 139 | 138 | 137 | 136 | 135 | 134 | 133 | 132 | 131 | 130 | 129 | 128 | 127 |
|---|---|---|---|---|---|---|---|---|---|---|---|---|---|---|---|---|---|---|---|
| 相応 | 讃嘆 | 綵色 | 三帰 | 三昧 | 安居 | 天台 | 摘花 | 御斎会 | 護摩 | 許可 | 金鼓 | 金堂 | 金乗 | 五時 | 五戒 | 舞台 | 鳧鐘 | 諷誦 | 布薩 |
|  | 1 |  |  | 2 |  |  |  |  |  |  |  |  |  |  |  | 1 |  |  |  |
| 1 | 1 |  |  | 1 |  |  |  | 1 | 1 |  |  |  |  |  | 1 | 1 |  | 1 | 1 |
|  |  |  |  | 2 | 1 |  |  | 1 | 1 |  | 1 | 1 |  |  |  |  | 1 |  |  |
|  | 1 | 1 | 1 | 3 |  | 3 |  | 3 | 2 |  |  | 3 |  |  | 1 | 1 |  |  |  |
| 5 | 1 |  |  | 5 | 1 | 4 |  | 2 | 3 |  | 1 | 2 | 1 | 2 | 3 | 2 | 1 | 1 |  |
| 2 |  | 1 |  | 2 | 1 | 3 |  | 1 |  |  |  | 2 |  |  | 1 | 2 |  | 2 |  |
| 2 | 4 |  | 2 | 6 | 4 | 7 |  | 2 | 1 |  |  | 3 |  | 2 | 6 | 2 |  | 3 | 2 |
| 1 | 1 | 1 | 1 | 1 | 1 | 1 |  | 1 |  |  | 1 | 1 |  |  | 1 | 1 |  | 1 |  |
| 11 | 12 | 1 | 4 | 14 | 4 | 10 |  | 4 | 5 | 1 |  | 3 |  | 3 | 4 |  | 3 | 7 | 1 |
| 3 |  | 1 | 2 | 6 | 5 | 7 |  | 7 | 5 |  | 3 | 5 |  | 1 | 1 | 6 | 1 | 7 | 1 |
| 1 |  |  |  |  |  |  |  | 1 |  |  |  |  |  |  |  |  |  |  |  |
| 霊 | 抄海 |  | 梁 | 霊梁草 | 海 | 霊梁海 |  |  | 霊 |  | 霊 |  |  |  | 霊梁 |  |  |  |  |
| 9 | 8 | 5 | 6 | 11 | 8 | 8 | 0 | 10 | 8 | 1 | 5 | 8 | 1 | 4 | 9 | 8 | 4 | 7 | 4 |

| 161 | 160 | 159 | 158 | 157 | 156 | 155 | 154 | 153 | 152 | 151 | 150 | 149 | 148 | 147 | 通し番号 |
|---|---|---|---|---|---|---|---|---|---|---|---|---|---|---|---|
| 祈念 | 讃仏 | 慚愧 | 懺悔 | 斎戒 | 斎食 | 桑門 | 坐禅 | 散花 | 三礼 | 最勝 | 彩幡 | 三綱 | 三論 | 三明 | 見出し語 |
| | | | | | | | | | | 1 | | | | | 王朝物語(五種) |
| 1 | | 1 | 2 | | | | | 1 | | | | | | | 日記文学(五種) |
| | | 1 | | | | 1 | | | | 1 | | | | | 随筆(三種) |
| | 1 | | 2 | | | | | | 1 | 4 | | | | 1 | 歴史物語(四種) |
| 4 | 1 | 3 | 4 | | 1 | 1 | 3 | 1 | 1 | 2 | | 1 | 2 | 3 | 軍記物語(七種) |
| 2 | | 2 | 2 | | | | | | | 2 | | 1 | | | 説話物語(四種) |
| 4 | | 3 | 6 | 2 | | 1 | 4 | 2 | | 3 | | | 3 | 2 | 仏教説話(七種) |
| 1 | | 1 | 1 | 1 | 1 | | 1 | | | 1 | | | 1 | 1 | 今昔物語集 |
| 7 | | 6 | 12 | 4 | 4 | 2 | 10 | 5 | 3 | 3 | | | 6 | 5 | 仏教関係書等(二四種) |
| 5 | 1 | 1 | 1 | | 4 | | 2 | 6 | 7 | 6 | 1 | 6 | 4 | | 古記録(七種) |
| | | | | | | | | 1 | | | | | | | 古往来(三種) |
| | 霊 | 海 | 霊草海 | 霊明 | | 霊 | 海明 | 霊 | 霊 | 霊草 | | 霊 | 霊 | 霊 | その他 |
| 7 | 4 | 9 | 9 | 4 | 4 | 5 | 6 | 7 | 5 | 10 | 1 | 4 | 6 | 6 | ジャンル数(一二種) |

| 176 | 175 | 174 | 173 | 172 | 171 | 170 | 169 | 168 | 167 | 166 | 165 | 164 | 163 | 162 | 通し番号 |
|---|---|---|---|---|---|---|---|---|---|---|---|---|---|---|---|
| 冥譴 | 名聞 | 弥天 | 冥加 | 密教 | 面向 | 維摩 | 経行 | 行者 | 行道 | 行香 | 経蔵 | 経論 | 義解 | 祈願 | 見出し語 |
| | | | | | | | | | 1 | 1 | | | | | 王朝物語(五種) |
| | | | | | | | | 1 | 1 | | | | | | 日記文学(五種) |
| | 2 | | 1 | | | | | | 1 | | | | | | 随筆(三種) |
| | 1 | | | 1 | | 3 | | 2 | 1 | 1 | 1 | 2 | | | 歴史物語(四種) |
| 1 | 5 | | 5 | 1 | | 1 | 1 | 4 | 3 | | 3 | 3 | 1 | 1 | 軍記物語(七種) |
| | 2 | | 2 | | | 2 | | 3 | 1 | | 3 | 2 | | | 説話物語(四種) |
| | 4 | | 2 | 3 | 1 | 5 | | 5 | 2 | | 1 | 7 | | 1 | 仏教説話(七種) |
| | 1 | | | 1 | | 1 | | 1 | 1 | | 1 | 1 | | 1 | 今昔物語集 |
| 1 | 5 | | 1 | 8 | | 4 | 2 | 8 | 6 | | 5 | 9 | | 6 | 仏教関係書等(二四種) |
| | 1 | | 1 | 1 | | 7 | | 1 | 6 | 6 | 4 | 3 | 1 | 6 | 古記録(七種) |
| | | | | | | 2 | | | | | | | | 1 | 古往来(三種) |
| | | 霊 | 梁抄 | 霊 | | | 明 | 梁海 | 梁 | | | 霊海 | | 霊 | その他 |
| 2 | 8 | 1 | 7 | 7 | 1 | 8 | 3 | 9 | 11 | 3 | 7 | 8 | 2 | 7 | ジャンル数(一二種) |

| 196 | 195 | 194 | 193 | 192 | 191 | 190 | 189 | 188 | 187 | 186 | 185 | 184 | 183 | 182 | 181 | 180 | 179 | 178 | 177 |
|---|---|---|---|---|---|---|---|---|---|---|---|---|---|---|---|---|---|---|---|
| 鐘堂 | 鐘樓 | 寺家 | 成実 | 悉曇 | 止観 | 真言 | 聖教 | 章疏 | 受記 | 信施 | 勝利 | 周迊 | 荘厳 | 自利 | 四弘 | 守護 | 誦経 | 石塔 | 修法 |
| | | | | | | 1 | | | | | | | 2 | | | | 3 | | 4 |
| | | | | | | 1 | | | | | | | 1 | | | | 3 | | 3 |
| | | | | | 1 | 2 | 1 | | | | 1 | | | | | | 2 | | 1 |
| 1 | 1 | | | | 1 | 4 | 1 | | | | | | 3 | | | 1 | 4 | | 4 |
| | 1 | 1 | | | 4 | 2 | 3 | 1 | 1 | 1 | 3 | | 4 | 1 | | 6 | 2 | 1 | 2 |
| | 2 | | | 1 | 2 | 4 | 2 | | | | 1 | | 2 | | | 2 | 3 | 1 | 4 |
| | 1 | 1 | | | 6 | 5 | 6 | 1 | 1 | 2 | 2 | 1 | 6 | 2 | 2 | 3 | 2 | 1 | 1 |
| | 1 | 1 | | | 1 | 1 | 1 | 1 | 1 | 1 | 1 | | 1 | | 1 | 1 | 1 | | 1 |
| | 2 | | | 2 | 6 | 17 | 12 | 1 | 3 | 4 | 4 | | 13 | 4 | 6 | 6 | 6 | 2 | 5 |
| | 2 | 6 | | | 3 | 7 | | 2 | 1 | | | | 2 | | | 6 | 6 | 2 | 7 |
| | | | | | | | 1 | | | | | | | | | | | 1 | |
| | | | | 霊明 | 霊梁 | 霊梁明 | 梁明 | 霊 | 梁 | | | | 霊梁 | | | 霊 | 霊 | | 霊 |
| 1 | 7 | 4 | 0 | 3 | 9 | 11 | 9 | 6 | 6 | 4 | 6 | 1 | 10 | 3 | 3 | 8 | 11 | 6 | 11 |

| 216 | 215 | 214 | 213 | 212 | 211 | 210 | 209 | 208 | 207 | 206 | 205 | 204 | 203 | 202 | 201 | 200 | 199 | 198 | 197 |
|---|---|---|---|---|---|---|---|---|---|---|---|---|---|---|---|---|---|---|---|
| 廻向 | 衆断 | 釈経 | 瀉瓶 | 障碍 | 自恣 | 師匠 | 師檀 | 受戒 | 修行 | 修学 | 修験 | 浄行 | 釈教 | 進善 | 受持 | 呪願 | 借住 | 石磬 | 常行 |
| 1 | | | | | | | | | 3 | | | | | | | | | | |
| 1 | | | | | | | | | 3 | 1 | | | | | | 1 | | | |
| 1 | | | | | | 2 | | | 2 | | | | | | | | | | 1 |
| 1 | | | | | | | | 3 | 3 | | | | | | | 1 | | | |
| 3 | | | | 2 | | 3 | 2 | 4 | 6 | 3 | 2 | 1 | 1 | | 3 | 2 | | | 2 |
| 1 | | | | 1 | | 1 | 2 | 3 | 4 | 2 | 1 | 2 | | | | 1 | | | 1 |
| 6 | | | | 2 | 2 | 2 | 2 | 3 | 7 | 4 | 1 | 1 | 1 | | 3 | 2 | | | 2 |
| 1 | | | 1 | 1 | | | 1 | 1 | 1 | 1 | 1 | 1 | | | 1 | 1 | | | 1 |
| 11 | | 2 | 5 | 6 | 1 | 3 | 2 | 7 | 17 | 4 | | 1 | | | 9 | 2 | | | 3 |
| 4 | | 2 | 1 | 1 | | 1 | | 6 | 4 | 4 | | 2 | | | 1 | 7 | | | 6 |
| | | | | | | 1 | 2 | | | | | 1 | | | | | | | |
| | | 霊 | 霊 | | | | | 霊 | 三霊海梁明 | 梁 | | | | | 霊梁 | 明 | | | |
| 10 | 0 | 3 | 4 | 6 | 2 | 7 | 6 | 8 | 11 | 8 | 4 | 7 | 2 | 0 | 6 | 9 | 0 | 0 | 7 |

| 226 | 225 | 224 | 223 | 222 | 221 | 220 | 219 | 218 | 217 | 通し番号 |
|---|---|---|---|---|---|---|---|---|---|---|
| 禅定 | 禅室 | 禅房 | 説法 | 説経 | 刹柱 | 誓願 | 非時 | 白毫 | 譬喩 | 見出し語 |
| | | | | | | | | | | 王朝物語（五種） |
| 1 | | | | | | | 1 | | | 日記文学（五種） |
| 1 | | | 1 | 2 | | | | | | 随筆（三種） |
| 1 | | | 2 | 2 | | 1 | 1 | 1 | | 歴史物語（四種） |
| 6 | 1 | 1 | 5 | | | 3 | | 2 | | 軍記物語（七種） |
| 2 | 1 | | 3 | 1 | | 1 | 1 | 1 | | 説話物語（四種） |
| 4 | 2 | | 5 | 2 | | 6 | 2 | | 5 | 仏教説話（七種） |
| 1 | | | 1 | 1 | | 1 | | | 1 | 今昔物語集 |
| 13 | 2 | | 8 | 1 | | 9 | 1 | 7 | 1 | 仏教関係書等（二四種） |
| 2 | 2 | | 5 | 5 | | | 4 | | 1 | 古記録（七種） |
| 1 | 1 | 1 | 1 | | | | | | | 古往来（三種） |
| 霊梁 | 霊 | | 霊梁抄海明 | | | 霊梁海 | 霊 | 梁 | | その他 |
| 11 | 7 | 2 | 10 | 7 | 0 | 7 | 7 | 5 | 4 | ジャンル数（一二種） |

【表Ｂ】異なり語数順——文献名

| ジャンル名 | 書名 | 異なり語数 | /226 |
|---|---|---|---|
| 今昔物語集 | 今昔物語集 | 145 | 0.64 |
| 軍記物語 | 平家物語 | 140 | 0.62 |
| 軍記物語 | 太平記 | 137 | 0.61 |
| 仏教説話 | 法華験記 | 135 | 0.60 |
| 古記録 | 小右記 | 123 | 0.54 |
| 仏教説話 | 沙石集 | 117 | 0.52 |
| 古記録 | 中右記 | 115 | 0.51 |
| 説話物語 | 古事談 | 103 | 0.46 |
| 仏教関係書 | 江都督納言願文集 | 100 | 0.44 |
| その他 | 性霊集 | 92 | 0.41 |
| 歴史物語 | 栄花物語 | 87 | 0.38 |
| 仏教関係書 | 高山寺本表白集 | 85 | 0.38 |
| 古記録 | 殿暦 | 77 | 0.34 |
| 仏教説話 | 三宝絵 | 76 | 0.34 |
| 古記録 | 御堂関白記 | 75 | 0.33 |
| 仏教説話 | 発心集 | 75 | 0.33 |
| 古記録 | 後二条師通記 | 74 | 0.33 |
| 仏教関係書 | 烏亡問答鈔 | 69 | 0.31 |
| 軍記物語 | 曾我物語 | 67 | 0.30 |
| 仏教関係書 | 本朝新修往生伝 | 67 | 0.30 |
| 仏教関係書 | 三外往生記 | 60 | 0.27 |
| 説話物語 | 十訓抄 | 59 | 0.26 |
| 仏教関係書 | 高野山往生伝 | 59 | 0.26 |
| 仏教関係書 | 東大寺諷誦文稿 | 57 | 0.25 |
| 日記文学 | とはずがたり | 56 | 0.25 |
| 仏教説話 | 撰集抄 | 56 | 0.25 |
| 古記録 | 貞信公記 | 54 | 0.24 |
| 仏教関係書 | 日本往生極楽記 | 53 | 0.23 |
| 説話物語 | 宇治拾遺物語 | 52 | 0.23 |
| 仏教関係書 | 正法眼蔵随聞記 | 52 | 0.23 |
| 仏教関係書 | 安極玉泉集 | 52 | 0.23 |
| 仏教関係書 | 肝心集 | 51 | 0.23 |
| 古記録 | 九暦 | 50 | 0.22 |
| 軍記物語 | 義経記 | 48 | 0.21 |
| 仏教関係書 | 明恵上人夢記 | 47 | 0.21 |
| 仏教関係書 | 諸諷誦 | 46 | 0.20 |
| その他 | 梁塵秘抄 | 44 | 0.19 |
| 仏教説話 | 法華百座聞書抄 | 41 | 0.18 |
| 随筆 | 徒然草 | 39 | 0.17 |
| その他 | 海道記 | 38 | 0.17 |
| 歴史物語 | 増鏡 | 38 | 0.17 |
| 仏教関係書 | 本朝神仙伝 | 38 | 0.17 |
| 王朝物語 | 源氏物語 | 37 | 0.16 |
| 随筆 | 枕草子 | 35 | 0.15 |
| 仏教関係書 | 仮名書き往生要集 | 35 | 0.15 |
| 歴史物語 | 大鏡 | 34 | 0.15 |
| 歴史物語 | 水鏡 | 32 | 0.14 |
| 仏教関係書 | 光言句義釈聴集記 | 32 | 0.14 |
| 仏教説話 | 宝物集 | 32 | 0.14 |
| 軍記物語 | 保元物語 | 28 | 0.12 |
| 仏教関係書 | 却廃忘記 | 24 | 0.11 |
| その他 | 明恵上人歌集 | 21 | 0.09 |
| 古往来 | 雲州往来 | 21 | 0.09 |
| 仏教関係書 | 歎異抄 | 21 | 0.09 |
| 仏教関係書 | 通俗釈尊伝記 | 20 | 0.09 |
| 仏教関係書 | 本朝諸社記 | 20 | 0.09 |
| 説話物語 | 打聞集 | 19 | 0.08 |
| 王朝物語 | 狭衣物語 | 18 | 0.08 |
| 日記文学 | 蜻蛉日記 | 16 | 0.07 |
| 軍記物語 | 平治物語 | 16 | 0.07 |
| 仏教関係書 | 釈迦八相 | 16 | 0.07 |
| 古往来 | 高山寺本古往来 | 14 | 0.06 |
| 随筆 | 方丈記 | 13 | 0.06 |
| その他 | 無名草子 | 12 | 0.05 |
| 古往来 | 和泉往来 | 12 | 0.05 |
| 仏教関係書 | 念仏往生伝 | 12 | 0.05 |
| 王朝物語 | 浜松中納言物語 | 11 | 0.05 |
| 王朝物語 | 夜の寝覚 | 11 | 0.05 |
| その他 | 三教指帰注 | 11 | 0.05 |
| 日記文学 | 更級日記 | 9 | 0.04 |
| 王朝物語 | 落窪物語 | 8 | 0.04 |
| 日記文学 | 紫式部日記 | 8 | 0.04 |
| 仏教関係書 | 三教指帰 | 8 | 0.04 |
| 仏教関係書 | 極楽願往生歌 | 5 | 0.02 |
| その他 | 無名抄 | 4 | 0.02 |
| 軍記物語 | 将門記 | 4 | 0.02 |
| 日記文学 | 土左日記 | 2 | 0.01 |
| 日記文学 | 和泉式部日記 | 0 | 0.00 |

【表C】異なり語数順――ジャンル名

| ジャンル名 | 異なり語数 | /226 |
|---|---|---|
| 仏教関係書 | 186 | 0.82 |
| 仏教説話 | 174 | 0.77 |
| 軍記物語 | 174 | 0.77 |
| 古記録 | 150 | 0.66 |
| 今昔 | 145 | 0.64 |
| 説話物語 | 118 | 0.52 |
| 歴史物語 | 107 | 0.47 |
| 日記文学 | 63 | 0.28 |
| 随筆 | 62 | 0.27 |
| 王朝物語 | 40 | 0.18 |
| 古往来 | 40 | 0.18 |
| その他 | 129 | 0.57 |

【表D】より広範囲に用いられる語

| 通し番号 | 見出し語 | 王朝物語（五種） | 日記文学（五種） | 随筆（三種） | 歴史物語（四種） | 軍記物語（七種） | 説話物語（四種） | 仏教説話（七種） | 今昔物語集 | 仏教関係書等（二四種） | 古記録（七種） | 古往来（三種） | その他 | ジャンル数（一二種） |
|---|---|---|---|---|---|---|---|---|---|---|---|---|---|---|
| 22 | 法花 | 3 | 2 | 3 | 4 | 6 | 4 | 7 | 1 | 19 | 7 | 2 | 霊梁草海 | 12 |
| 29 | 菩提 | 4 | 2 | 3 | 4 | 6 | 4 | 7 | 1 | 21 | 7 | 1 | 霊梁三海明 | 12 |
| 31 | 読経 | 3 | 3 | 3 | 2 | 3 | 2 | 3 | 1 | 9 | 7 | 2 | 霊 | 12 |
| 65 | 講師 | 3 | 2 | 1 | 3 | 2 | 3 | 3 | 1 | 6 | 7 | 1 | 梁抄 | 12 |
| 72 | 導師 | 1 | 3 | 2 | 3 | 3 | 3 | 5 | 1 | 9 | 7 | 1 | 霊 | 12 |
| 108 | 功徳 | 5 | 1 | 2 | 4 | 4 | 3 | 7 | 1 | 14 | 4 | 1 | 霊梁草海 | 12 |
| 113 | 結縁 | 2 | 1 | 2 | 1 | 4 | 4 | 6 | 1 | 12 | 3 | 2 | 霊梁海 | 12 |
| 6 | 論議 | 1 |  | 2 | 3 | 2 | 1 | 4 | 1 | 6 | 7 | 1 | 梁三 | 11 |
| 8 | 八講 | 4 | 2 | 1 | 2 | 2 | 1 | 5 | 1 | 5 | 7 | 1 |  | 11 |
| 17 | 法文 | 3 | 1 |  | 3 | 3 | 4 | 5 | 1 | 5 | 4 | 1 | 梁三 | 11 |
| 40 | 中門 | 3 | 2 | 2 | 3 | 4 | 3 | 1 | 1 | 1 | 7 |  | 草 | 11 |
| 43 | 聴聞 |  | 1 | 2 | 3 | 4 | 3 | 7 | 1 | 8 | 2 | 1 | 海 | 11 |
| 54 | 加持 | 3 | 2 | 2 | 1 | 2 | 3 | 5 | 1 | 6 | 7 |  | 霊 | 11 |
| 74 | 道心 | 1 |  | 2 | 3 | 5 | 3 | 7 | 1 | 9 | 2 | 1 | 三草海 | 11 |
| 86 | 念仏 | 4 | 3 | 3 | 2 | 6 | 4 | 6 | 1 | 12 | 7 |  | 霊梁草海 | 11 |
| 100 | 供養 | 5 | 2 | 1 | 4 | 5 | 3 | 7 | 1 | 16 | 6 |  | 霊梁三草 | 11 |
| 120 | 結願 | 1 | 1 | 1 | 2 | 2 | 2 | 3 | 1 | 7 | 7 | 1 |  | 11 |
| 125 | 仏法 | 1 |  | 1 | 3 | 5 | 4 | 7 | 1 | 18 | 5 | 2 | 霊梁海明 | 11 |
| 126 | 仏名 | 1 | 2 | 2 | 2 | 1 |  | 2 | 1 | 5 | 7 | 1 | 草 | 11 |
| 142 | 三昧 | 2 | 1 | 2 | 3 | 5 | 2 | 6 | 1 | 14 | 6 |  | 霊梁草 | 11 |
| 167 | 行道 | 1 | 1 | 1 | 1 | 3 | 1 | 2 | 1 | 6 | 6 |  | 梁 | 11 |
| 177 | 修法 | 4 | 3 | 1 | 4 | 2 | 4 | 1 | 1 | 5 | 7 |  | 霊 | 11 |
| 179 | 誦経 | 3 | 3 | 2 | 4 | 2 | 3 | 2 | 1 | 6 | 6 |  | 霊 | 11 |
| 190 | 真言 | 1 | 1 | 2 | 4 | 2 | 4 | 5 | 1 | 17 | 7 |  | 霊梁明 | 11 |
| 207 | 修行 | 3 | 3 | 2 | 3 | 6 | 4 | 7 | 1 | 17 | 4 |  | 霊梁三海明 | 11 |
| 226 | 禅定 |  | 1 | 1 | 1 | 6 | 2 | 4 | 1 | 13 | 2 | 1 | 霊梁 | 11 |

## 【表E】より狭い範囲で用いられる／用例のない語

| 通し番号 | 見出し語 | 王朝物語（五種） | 日記文学（五種） | 随筆（三種） | 歴史物語（四種） | 軍記物語（七種） | 説話物語（四種） | 仏教説話（七種） | 今昔物語集 | 仏教関係書等（二四種） | 古記録（七種） | 古往来（三種） | その他 | ジャンル数（一二種） |
|---|---|---|---|---|---|---|---|---|---|---|---|---|---|---|
| 45 | 除帳 | | | | | | | | | | | | | 0 |
| 52 | 留難 | | | | | | | | | | | | | 0 |
| 69 | 戒条 | | | | | | | | | | | | | 0 |
| 139 | 摘花 | | | | | | | | | | | | | 0 |
| 193 | 成実 | | | | | | | | | | | | | 0 |
| 198 | 石磬 | | | | | | | | | | | | | 0 |
| 199 | 借住 | | | | | | | | | | | | | 0 |
| 202 | 進善 | | | | | | | | | | | | | 0 |
| 215 | 衆断 | | | | | | | | | | | | | 0 |
| 221 | 刹柱 | | | | | | | | | | | | | 0 |
| 7 | 論匠 | | | | | | | | | | 1 | | | 1 |
| 9 | 八教 | | | | | | | | | 1 | | | | 1 |
| 11 | 入礼 | | | | | | | | | | 3 | | | 1 |
| 39 | 長行 | | | | | | | | | | | | 霊 | 1 |
| 68 | 合党 | | | | | | | | | 1 | | | | 1 |
| 90 | 礼足 | | | | | | | 1 | | | | | | 1 |
| 105 | 苦修 | | | | | | | | | 1 | | | | 1 |
| 133 | 金乗 | | | | | 1 | | | | | | | | 1 |
| 136 | 許可 | | | | | | | | | 1 | | | | 1 |
| 150 | 彩幡 | | | | | | | | | | 1 | | | 1 |
| 171 | 面向 | | | | | | | 1 | | | | | | 1 |
| 174 | 弥天 | | | | | | | | | | | | 霊 | 1 |
| 184 | 周迊 | | | | | | | 1 | | | | | | 1 |
| 196 | 鐘堂 | | | | 1 | | | | | | | | | 1 |

【表F】古記録類に現れないが、別ジャンルに現れる語群

| 通し番号 | 見出し語 | 王朝物語(五種) | 日記文学(五種) | 随筆(三種) | 歴史物語(四種) | 軍記物語(七種) | 説話物語(四種) | 仏教説話(七種) | 今昔物語集 | 仏教関係書等(二四種) | 古記録(七種) | 古往来(三種) | その他 | ジャンル数(一二種) |
|---|---|---|---|---|---|---|---|---|---|---|---|---|---|---|
| 189 | 聖教 | | | 1 | 1 | 3 | 2 | 6 | 1 | 12 | | 1 | 梁明 | 9 |
| 145 | 讃嘆 | 1 | 1 | | 1 | 1 | | 4 | 1 | 12 | | | 抄海 | 8 |
| 1 | 引摂 | | | | 1 | 2 | | 5 | 1 | 9 | | 1 | 梁海 | 7 |
| 4 | 因果 | | | 1 | 2 | 4 | 1 | 4 | 1 | 11 | | | | 7 |
| 12 | 忍辱 | | | | 1 | 2 | 2 | 3 | 1 | 8 | | | 霊梁 | 7 |
| 56 | 降伏 | | 1 | | 1 | 4 | 1 | 1 | 1 | 7 | | | | 7 |
| 84 | 頭陀 | | | | 1 | 2 | 1 | 3 | 1 | 1 | | | 梁海 | 7 |
| 97 | 擁護 | | 1 | | 1 | 3 | | 4 | 1 | 4 | | | 霊梁海 | 7 |
| 101 | 恭敬 | | | | | 3 | 2 | 4 | 1 | 11 | | 1 | 霊梁 | 7 |
| 220 | 誓願 | | | | 1 | 3 | 1 | 6 | 1 | 9 | | | 霊梁海 | 7 |
| 15 | 柔和 | | | | | 2 | 1 | 3 | 1 | 8 | | | 霊 | 6 |
| 41 | 住持 | | | | | 1 | 2 | 1 | 1 | 2 | | | 霊 | 6 |
| 51 | 利養 | | | 1 | | 1 | | 2 | 1 | 3 | | | 明 | 6 |
| 110 | 悔過 | | | | | 2 | 1 | 2 | 1 | 1 | | | 梁 | 6 |
| 147 | 三明 | | | | 1 | 3 | | 2 | 1 | 5 | | | 霊 | 6 |
| 185 | 勝利 | | | 1 | | 3 | 1 | 2 | 1 | 4 | | | | 6 |
| 209 | 師檀 | | | | | 2 | 2 | 2 | 1 | 2 | | 2 | | 6 |

【表G】仏教関係書に現れないが、別ジャンルに現れる語群

| 通し番号 | 見出し語 | 王朝物語(五種) | 日記文学(五種) | 随筆(三種) | 歴史物語(四種) | 軍記物語(七種) | 説話物語(四種) | 仏教説話(七種) | 今昔物語集 | 仏教関係書等(二四種) | 古記録(七種) | 古往来(三種) | その他 | ジャンル数(一二種) |
|---|---|---|---|---|---|---|---|---|---|---|---|---|---|---|
| 130 | 舞台 | 1 | 1 | | 1 | 2 | 2 | 2 | 1 | | 6 | | | 8 |
| 73 | 堂童子 | | 1 | 1 | 2 | | | | 1 | | 6 | 1 | | 6 |
| 98 | 灌仏 | 1 | | 1 | 1 | 1 | | 1 | | | 7 | | | 6 |
| 104 | 倶舎 | | | | 1 | 1 | 2 | 4 | | | 1 | | 梁明 | 6 |
| 135 | 金鼓 | | | 1 | | 1 | | | 1 | | 3 | | 霊 | 5 |
| 34 | 登壇 | | | | | 1 | | 1 | 1 | | 1 | | | 4 |
| 35 | 長講 | | 1 | | 1 | 2 | | | | | 2 | | | 4 |
| 44 | 定者 | | | 1 | 1 | | | | 1 | | 3 | | | 4 |
| 58 | 講堂 | | | | | 6 | | 2 | 1 | | 5 | | | 4 |
| 114 | 結衆 | | | | 1 | 1 | 1 | 1 | | | | | | 4 |
| 149 | 三綱 | | | | | 1 | 1 | | | | 6 | | 霊 | 4 |
| 160 | 讃仏 | | | | 1 | 1 | | | | | 1 | | 霊 | 4 |
| 194 | 寺家 | | | | | 1 | | 1 | 1 | | 6 | | | 4 |
| 205 | 修験 | | | | | 2 | 1 | 1 | 1 | | | | | 4 |

【王朝物語】（五種）
・落窪物語…『落窪物語総索引』（松尾聡・江口正弘編、明治書院、一九六七年）
・源氏物語…『源氏物語大成　索引篇』（池田亀鑑編、中央公論社、一九八五年）
・夜の寝覚…『夜の寝覚総索引』（阪倉篤義・高村元継・志水富夫編、明治書院、一九七四年）
・浜松中納言物語…『浜松中納言物語総索引』（池田利夫編、武蔵野書院、一九六四年）
・狭衣物語…『狭衣物語語彙索引』（塚原鉄雄・秋本守英・神尾暢子編、笠間書院、一九七五年）

【日記文学】（五種）
＊『和泉式部日記』には該当語が認められなかったため、表内には他五文献についての調査結果を示した。
・土左日記・蜻蛉日記・紫式部日記・和泉式部日記・更級日記…『平安日記文学総合語彙索引』（西端幸雄・木村雅則・志甫由紀恵編、勉誠社、一九九六年）
・とはずがたり…『とはずがたり総索引』（辻村敏樹編、笠間書院、一九九二年）

【随筆】（三種）
＊『方丈記』は広本・略本を一種として表に計上した。
・枕草子…『校本枕冊子』（田中重太郎編、古典文庫、一九六六年）
・方丈記（広本・略本）…『方丈記総索引』（青木伶子編、武蔵野書院、一九六五年）
・徒然草…『徒然草総索引』（時枝誠記編、至文堂、一九五五年）

【歴史物語】（四種）

・栄花物語…『栄花物語：本文と索引　自立語索引篇』（高知大学人文学部国語史研究会編、武蔵野書院、一九八五年）

・大鏡…『大鏡の研究　本文篇』（秋葉安太郎編、桜楓社、一九六一年）

・水鏡…『水鏡：本文及び総索引』（榊原邦彦編、笠間書院、一九九〇年）

・増鏡…『増鏡総索引』（門屋和雄編、明治書院、一九七八年）

【軍記物語】（七種）

・将門記…『将門記：研究と資料』（古典遺産の会編、新読書社、一九六三年）

・保元物語…『保元物語総索引』（坂詰力治・見野久幸編、武蔵野書院、一九八一年）

・平家物語…『延慶本平家物語　索引篇』（北原保雄・小川栄一編、勉誠社、一九九六年）

・平治物語…『平治物語総索引』（坂詰力治・見野久幸編、武蔵野書院、一九七九年）

・曾我物語…『曾我物語総索引』（大野晋・武藤宏子編、至文堂、一九七九年）

・太平記…『土井本太平記――本文及び語彙索引――』（西端幸雄・志甫由紀恵編、勉誠社、一九九七年）

・義経記…『義経記文節索引』（大塚光信・天田比呂志編、清文堂出版、一九八二年）

【説話物語】（四種）

・打聞集…『打聞集の研究と総索引』（東辻保和編、清文堂出版、一九八一年）

・古事談…『古事談語彙索引』（有賀嘉寿子編、笠間書院、二〇〇九年）

・宇治拾遺物語…『宇治拾遺物語総索引』（増田繁夫・長野照子編、清文堂出版、一九七五年）

・十訓抄…『十訓抄──本文と索引──』（泉基博編、笠間書院、一九八二年）

【仏教説話】（七種）

・三宝絵…『三宝絵詞自立語索引』（中央大学国語研究会編、笠間書院、一九八五年）
・法華験記…『大日本国法華経験記：校本・索引と研究』（藤井俊博編著、和泉書院、一九九六年）
・法華百座聞書抄…『法華百座聞書抄総索引』（小林芳規編、武蔵野書院、一九七五年）
・宝物集…『宮内庁書陵部蔵本宝物集総索引』（月本直子・月本雅幸編、汲古書院、一九九三年）
・発心集…『発心集──本文・自立語索引──』（高尾稔・長嶋正久編、清文堂出版、一九八五年）
・撰集抄…『撰集抄自立語索引』（安田孝子・梅野きみ子・野崎典子・森瀬代士枝編、笠間書院、二〇〇一年）
・沙石集…『慶長十年古活字本沙石集総索引』（深井一郎編、勉誠社、一九八〇年）

【今昔物語集】

・今昔物語集…『今昔物語集索引』（小峯和明編、岩波書店、二〇〇一年）

【仏教関係書・神仙伝】（二四種）

・三教指帰…『三教指帰・性霊集』（日本古典文学大系、岩波書店、一九六五年）
・東大寺諷誦文稿…『東大寺諷誦文稿総索引』（築島裕編、汲古書院、二〇〇一年）
・極楽願往生歌…『極楽願往生歌・明恵上人歌集──本文と索引──』（山田巖・木村晟編、笠間書院、一九七七年）
・仮名書き往生要集…『高野山西南院蔵本往生要集総索引』（月本直子編、汲古書院、二〇一一年）

・正法眼蔵随聞記…『正法眼蔵随聞記語彙総索引』（田島毓堂・近藤洋子編、法蔵館、一九八一年）
・歎異抄…『歎異抄――本文と索引――』（山田巌・木村晟編、新典社、一九八六年）
・明恵上人夢記・却廃忘記・光言句義釈聴集記…『明恵上人資料　第二』（高山寺典籍文書総合調査団編、東京大学出版会、一九七八年）
・高山寺本表白集…『高山寺本古往来表白集』（高山寺典籍文書総合調査団編、東京大学出版会、一九七二年）
・江都督納言願文集…『江都督納言願文集』（平泉澄校勘、至文堂、一九二九年）
・日本往生極楽記・本朝神仙伝・三外往生記・本朝新修往生伝・高野山往生伝・念仏往生伝…『往生伝・法華験記』（日本思想大系、岩波書店、一九七四年）
・通俗釈尊伝記・釈迦八相…『中世仏伝集』（国文学研究資料館編、臨川書店、二〇〇〇年）
・鳥亡問答鈔・諸諷誦・安極玉泉集・肝心集・本朝諸社記…『中世唱導資料集一・二』（国文学研究資料館編、臨川書店、二〇〇〇年）

【古記録】（七種）
・貞信公記・九暦・小右記・御堂関白記・後二條師通記・中右記・殿暦…東京大学史料編纂所「古記録フルテキストデータベース」（二〇一三年八月使用）

【古往来】（三種）
・雲州往来…『雲州往来　享禄本――研究と総索引――』（三保忠夫・三保サト子編、和泉書院、一九九七年）
・和泉往来…『高野山西南院蔵本和泉往来総索引』（築島裕編、汲古書院、二〇〇四年）

・高山寺本古往来…『高山寺本古往来表白集』（高山寺典籍文書総合調査団編、東京大学出版会、一九七二年）

【その他】※〔　〕内は略称

〔霊〕性霊集…『性霊集一字索引』（静慈圓編、東方出版、一九九一年）
〔梁〕梁塵秘抄…『梁塵秘抄総索引』（王朝文学研究会編、武蔵野書院、一九七二年）
〔三〕三教指帰注…『中山法華経寺蔵本三教指帰注総索引及び研究』（築島裕・小林芳規編、武蔵野書院、一九八〇年）
〔草〕無名草子…『無名草子総索引』（坂詰力治編、笠間書院、一九七五年）
〔抄〕無名抄…『無名抄総索引』（鈴木一彦・鈴木雅子・村上もと編、風間書房、二〇〇五年）
〔海〕海道記…『海道記総索引』（鈴木一彦・猿田知之・中山緑朗編、明治書院、一九七六年）
〔明〕明恵上人歌集…『極楽願往生歌・明恵上人歌集――本文と索引――』（山田巌・木村晟編、笠間書院、一九七七年）

【表B】の通り、仏法部語彙の使用率では「今昔物語集」が最も高くなっており、『平家物語』『太平記』と続く。これらについては各文献の総異なり語数が大いに影響しているものと推測されるものの、それぞれが一書で他の仏教関係書類を大きく上回っていることは、仏法部語彙が、法会の場で用いられるような種類の語彙よりも所謂和漢混淆文の語彙と重複する部分が大きいことを示しており、字類抄に収録された語の性格がより日常・一般的なものであることを裏付ける結果に他ならない。これは【表G】に示したような、仏教関係書に見つけ難い語群によっても示されるものである。

それでは字類抄語彙が「日常・一般的であること」が何を指向するかと言うと、従来はその代表が「古記録」であるとされてきたのである。しかし、【表F】の如く、今回調査対象とした七種の「古記録」類には一切現れない一七語の中に、「因果」「讃嘆」等の語が見出せ、これらの全てが「軍記物語」「仏教説話」「今昔物語集」に使用されていること（もはや「頻出の語」と言っても良い）からも、字類抄が「記録・往来」のような実用的な用途のみのために編まれたものではなく、裏を返せばまたそのような位相の語彙のみを採録しようとしたものでもないということが自ずと理解されるのである。

## おわりに

さて、以上の用例調査の範囲を広げれば、用例の多寡や有無に変化が生じることは間違いない。しかし、ある語がここに挙げた多くの書物に現れないということは、実際の文章の中で使用された頻度と一定の度合いで比例するものと考えて良いのではないだろうか。また、【表F】【表G】のように、各文献で特有に「出現しない」語を眺めることも、字類抄の性格を知る上では不可欠の作業であるということが明らかとなった（やはり、「因果」等が右に挙げた古記録類に出ないことは不思議である）。

すなわち用例を眺めれば、古記録等の実用的な文章を記す目的のための語というよりは、仏教説話等に用いられ、庶民にも通じる程度の難度の語が多く収録されていた事実が浮き彫りになってくるのである。無論、他部と同様に、古語（当時代の用例が見出し難い語）も含まれているようであるが、「今昔物語集」が仏法部語彙の六四％をカバーしていることからも、その多くは唱導文学に用いられることも期待されたものであったはずである。

《今後の課題》

今回調査の及ばなかった文献を見ることによって、ジャンル毎のカバーする異なり語数も変化するであろう。また今回は文献のジャンルによって区別しその傾向を示したが、文献筆録者の職種、読者・聴衆層、文体差、各文献の語彙量等の視点を導入することや、小峯和明氏の定義されたような「法会文芸」という側面からこの問題を捉え直すこと、字類抄の表記（論議・加茶等）と共通する文献層の探索を行うこと等も、有意義なことであろう。いずれも今後の課題である。

参考文献
論文・書籍
藤本灯「字音から見た三巻本『色葉字類抄』「仏法部」の性質」（訓点語と訓点資料130、二〇一三年）
小峯和明『中世法会文芸論』（笠間書院、二〇〇九年）
辞典類
『望月佛教大辭典』（世界聖典刊行協会、一九五四～一九五七年、増訂版）
『佛教語大辞典』（中村元、東京書籍、一九七五年）
『日本国語大辞典〔第二版〕』（小学館、二〇〇〇～二〇〇二年）

## 第四節　『色葉字類抄』の価値

本節では、本章第一節で引用した、高橋氏が字類抄の価値とした主たる五点（次に再掲する①～⑤）を改めて再考しつつ、最後に前章までと本章第二・三節の結果を元とした、新たに付与されるべき字類抄の価値について述べることとする。

①「被及給哉」「可被分給」等の文書用語を収める。

②記録語・書簡用語を収める。
③中国の規範に縛られることなく、日本の文献資料から、日本的漢字用法の用例（中国における意味用法から大きく外れたもの）をも採集している。
④名字の部（名乗字）がある。
⑤助数詞、異名、畳字部の意味分類、また平安時代の一般的な用字が表示されることで、文献解読に役立つ。（「誤字か通用か」）

＊高橋氏はその他、マイナスの価値として、誤表記の類についても言及されている。

①は古文書の語彙、②は古記録・古往来の語彙を示すものであり、事実としては無論正しい。ただし、そのことが、直接⑤のような「文献読解」に役立つものであるかとすると、その点には疑問が残る。「文献解読」が内容に関わる場合、字類抄の意義分類や表記が理解の助けになるという点は、確かにその通りであるが、

・字類抄のみにあり他本にない記述に、どの程度信頼性が置けるか
・誤字か通行か、という問題は、字類抄への記載の有無で解決し得るか（字類抄が材料とした書物への信頼性）

といった点については、今一度再考されるべきである。例えば、辞字部に列挙された表記の後半に出現するような漢字は、実際どの程度普通に用いられていたものか、という網羅的な調査は為されていない。

更に、「文献解読」が、文書の「読み方」にまで及ぶ場合、特に音読みか訓読みかという点において、字類抄

への記載のみを以て一方には定め難いことがある。例えば本書第二章第二節で取り上げたイ篇畳字部の訓読語が、音読語としても立項される場合のあることは既に述べた通りである。数例を挙げる（読み以外の注記は省略した）。

早晩　（訓）イツカ　（音）サウハン
器量　（訓）イカメシ　（音）キリヤウ
簡略　（訓）イサヽカナリ（音）カンリヤク
経営　（訓）イトナム　（音）ケイエイ
好色　（訓）イロコノミ　（音）カウソク
掲焉　（訓）イチシルシ　（音）ケチエン

これらの語がどのような文脈で音読みされ、訓読みされるのか、という情報は字類抄には示されない。また音読みされる可能性のある語でも訓読みでしか立項されない以下のような語句もある。

利鬼　（訓）イラヽク
時勢粧　（訓）イマヤウスカタ

また③については、「日本的漢字用法」（例えば「引率」「雄称」「糸惜」等）が当時どの程度定着していたかを量る指針として字類抄を利用するという点においても有効な価値と考えられるが、字類抄への記載↓定着度というような因果関係は証明されていない。(1) 字類抄語彙の中に、古い要素の残る語句や、新しい要素を備える語句の混在することは既に本書でも述べたところである。よって、③に当てはまる語句が字類抄にあることは字類抄の特徴と言え、またそのような位相の語句の検索にも適しているという点は字類抄の「価値」とも認められるところであるが、個々の語そのものの定着度を量る指針としては、未だに解明すべき点が残っているということになるだろう。

④の名字部については、本書第四章第三節に述べたところであるが、「掌中歴」との前後関係によっては、字類抄唯一の価値とは言い難くなる面もあるが、辞字部と同様の語の羅列ながら別の意図を以て排列された点、姓氏部と並べて配置された点（利便性）、難読名字の解読に有効な点等、積極的に価値を認め得る点が多い。

以上のように、字類抄の特徴であるか価値であるかを分け難い点があるのは本辞書に限ったことではないが、文献それ自身の絶対的価値と、利用する上での効用とは、別に考える必要がある。ただし、字類抄以前の古辞書にない特徴が字類抄にあるのであれば、それのみで重要な価値とすることもまた一面では正しかろう。

次に、本調査により明らかになった字類抄の正の価値について述べる。

まず、音韻資料としての字類抄は、先に掲げたように、沼本氏のような見解が大筋であったために、価値を認められ難かった点がある。

再掲（沼本一九八二、五三一・五三五頁）

・「色葉字類抄の掲出字の声点は必ずしも当時の常用の漢語声調を示していないと見なければならない様に思われる。」「本稿で「色葉字類抄」を主資料の一つとして取挙げなかったのは、正にこの理由に依るのであって、色葉字類抄の掲出字には要するに規範的な観点から声点が打たれているのであって、当時の生の姿を必ずしも伝えていないと考えられるのである。」

しかし本章第二節で検証したように、字類抄仏法部内の仮名音注は、「当時の仏典以外の典籍の中で読まれる中で、そのような形に定着した蓋然性が高いもの」を採録したものであると考えられ、声調部分以外での「生きた音韻資料」たる性質が認められたのである。このことを字類抄の価値とすれば以下のようになろうか。

⑥本辞書には、当時の姿を反映した仮名音注が存する。

更に、本書で繰り返して見てきたように、「用例」の面から見た字類抄語彙は、決して「古記録」「古文書」「古往来」のみに出現する語ばかりではない。位相の面から捉えれば、漢詩文、訓点資料、和漢混淆文それぞれに特有の語も現れ、本章第三節でも示したように、「仏法部語彙が、法会の場で用いられるような種類の語彙よりも所謂和漢混淆文の語彙と重複する部分が大きいことを示しており、字類抄に収録された語の性格がより日常・一般的なものであることを裏付ける結果に他ならない」「字類抄が「記録・往来」のような実用的な用途のみのために編まれたものではなく、裏を返せばまたそのような位相の語彙のみを採録しようとしたものでもないということが自ずと理解される」のである。

すなわち、こと畳字部語彙に関しては、特定の文体を書記する目的のみならず、雑多な内容の「日本語」を表現するために集められた語の集団であると解釈することが可能であると著者は考えるのである。

⑦（①②の補足として）和漢混淆文の用語を始めとする雑多な性質の語句を収める。

最後に、「書くための辞書」と称される字類抄の価値は、現代における古辞書の利用法としては埒外に置かれるものであるが、当時の本辞書の利用価値としては最も中心にあったものであろうことを添えておく。

注

（1）「和用法の字音語」「準漢語」の一部の検討については高松政雄氏の御研究がある。

# 第六章　字類抄諸伝本

## 第一節　伝本調査の意義

いろは字類抄（所謂『節用文字』『（二・七巻本）世俗字類抄』『（二・三巻本）色葉字類抄』『（花山院本）色葉字類抄』[1]『（一〇巻本）伊呂波字類抄』の総称とする）研究に利用されてきたテキストは、従来、影印の刊行されているものが主であった。それらの伝本を無批判に善本と判断することは出来ないが、特に世俗字類抄・色葉字類抄類は伝本自体が少なく、これらを使用するより仕方がなかった面がある。またこれらを善本とした先学の判断は、結果的には正しかったとも考えられるのである。しかし、こと一〇巻本に関して多くの写本があることは『国書総目録』を見るだけでも明らかであるのに、先行研究としては川瀬一馬氏の『増訂　古辞書の研究』（雄松堂書店、一九八七年）等に若干の記述があるのみである。[2]

そこで著者は、『国書総目録』、また各研究機関・図書館等の刊行する和書目録類に記載された情報を手掛かりに、字類抄伝本の書誌調査を行い、その調査結果をここに報告することとした。なお、各伝本の来歴の詳細等についいては後日に譲ることとし、本章ではその全体像を概観することを目的とする。

次節より、『国書総目録』『古典籍総合目録』を中心とする目録類に記載された「いろは字類抄」の所蔵機関と、著者の確認し得た現存状況を表に示し、その系統の分類整理を試みる。また、現在までに著者が入手し得た写本の画像の一部を掲げる。(3) なお諸伝本のうち影印の刊行されるものは本書末に一覧してある。

注

(1) 花山院本は、上巻は二巻本(い〜む)、中巻・下巻は一〇巻本からなる取り合わせ本(三巻)である。本稿ではこの花山院本と区別し、前田本(三巻本)の構成を持つものを三巻本と称することとする。また諸本の系譜については、河村正夫「伊呂波字類抄の成立に就いて」(国学4、一九三六年)を始めとして、本文で後述の川瀬一馬(一九八七)等、様々に仮説が行われているが、本稿では特に再掲しない。

(2) 他に、福永静哉「神宮文庫蔵零本「色葉字類抄」管見――声点表記を中心に――」(女子大国文35、一九六四年)がある。また小川知子氏は『古辞書の研究』の内容を元に年表を作成された。(博士論文「字類抄諸本の系統的関係」、北海道大学、二〇〇三年)

(3) いずれも所蔵機関より掲載許可を賜ったものである。画像の補正は最小限とした。

## 第二節 『節用文字』と『世俗字類抄』

『節用文字』は【表1】に掲げた通り、一般財団法人石川武美記念図書館(旧お茶の水図書館)の成簣堂文庫に孤本Aが現存し、古典保存会等より影印が刊行されているため、ここでは詳述しない。

『世俗字類抄』も、B・D・Gにはそれぞれ影印が存するが、Fが七巻一冊本(六巻合冊、巻三欠)である点、Gが元来七巻本(巻三欠)である点、『国書総目録』記載情報以外にも、東京大学国語研究室に二種(二巻四冊)(七巻六冊、巻三欠)(1)、慶應義塾大学斯道文庫に一種(七巻六冊、巻三欠)の写本が現存する点は『国書総目録』に補訂が必要となろう。

注

(1)(東大二巻本奥書)「岡田希雄氏旧蔵青写真ニ拠リ長尾穂次氏ニ嘱シテ影写　昭和廿三年一月十二日　国語研究室」、(東大七巻本奥書)「岡田希雄氏旧蔵青写真ニ拠リ長尾穂次氏ニ嘱シテ書写　昭和廿三年一月十二日　国語研究室」。次頁、次々頁に画像。

【表Ⅰ】『節用文字』『世俗字類抄』伝本一覧

| 種類 | 媒体 | 整理番号 | 目録記載情報 | | 所蔵状況 | |
|---|---|---|---|---|---|---|
| 節用文字 | 国書 | A | 茶図成簣 | 鎌倉初期写、重美 | 現存 | |
| 種類 | 媒体 | 整理番号 | 目録記載情報 | | 所蔵状況 | 巻数 |
| 世俗字類抄 | 国書 | B | 東大 | 一冊 | 現存 | 二 |
| | — | C | 東大 | 四冊 | 現存 | 二 |
| | 国書 | D | 天理 | 二巻二冊 | 現存 | 二 |
| | — | E | 東大 | 六冊 | 現存 | 七(巻三欠) |
| | 国書 | F | 広島大 | 一冊 | 現存 | 七(巻三欠) |
| | 国書 | G | 尊経 | 室町中期写 六巻六冊 | 現存 | 七(巻三欠) |
| | — | H | 慶大斯道 | 六冊 | 現存 | 七(巻三欠) |
| | 国書 | I | 旧彰考 | 永正一二奥書 | 焼失 | 三 |

【表Ⅰ】凡例(【表Ⅱ】にも適用)

＊整理番号欄…著者の付した番号。ただし『国書総目録』に「四部」等とあり区別のないものは任意に割り振った。

＊媒体欄…目録名。国書→『国書総目録』、古典籍→『古典籍総合目録』、DB→「日本古典籍総合目録データベース」。上記に含まれず、著者の追加したものについては「—」で示した。

＊目録記載情報欄…『国書総目録』の記載情報また『国書総目録』に倣い示した冊数等の情報。

＊所蔵状況欄…現存→著者が現存を確認したもの、未見→所蔵が確認されたが閲覧が不許可であったもの、未詳→所蔵が確認出来なかったもの。

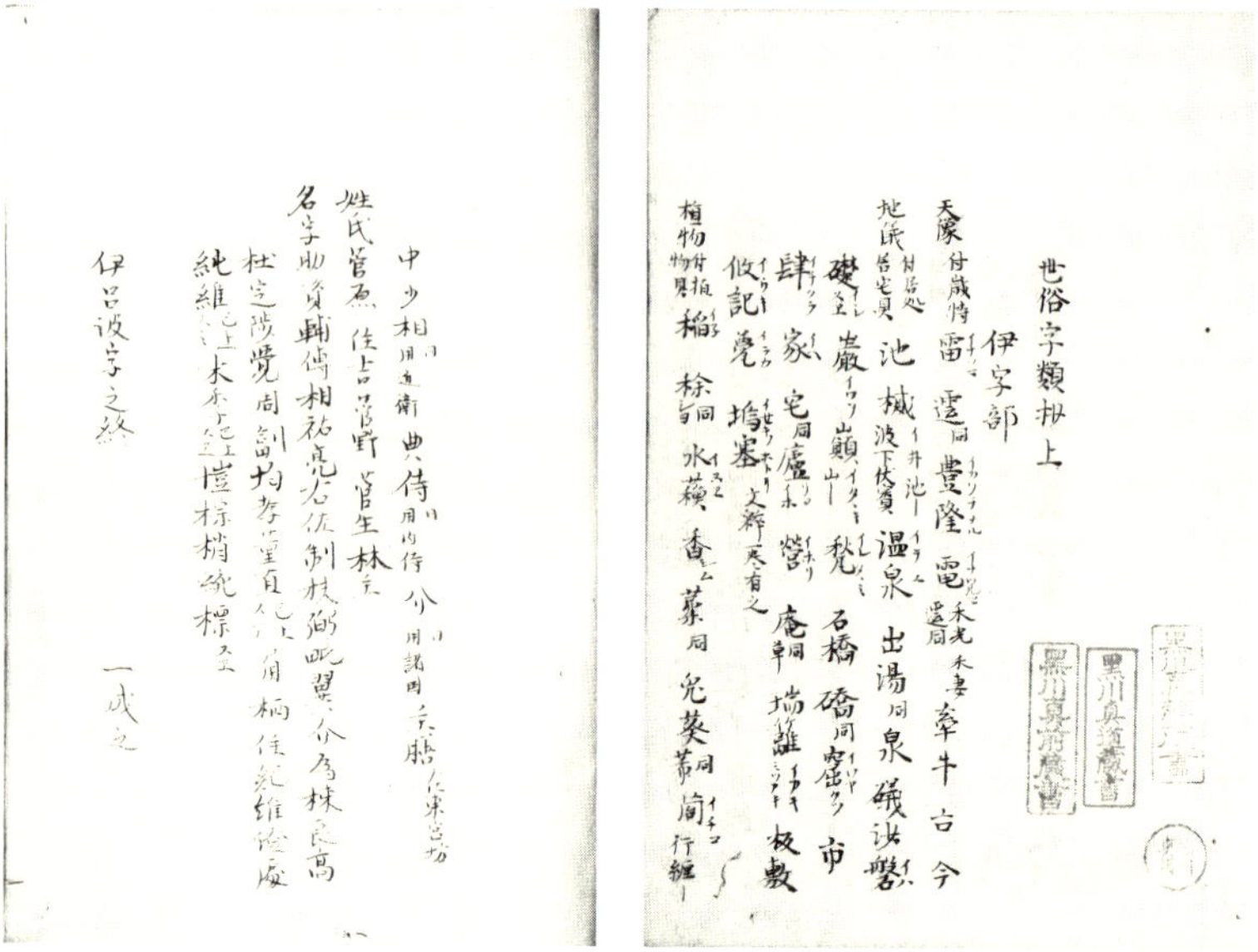
世俗字類抄上
伊字部
伊呂波字之終

東京大学文学部国語研究室蔵　世俗字類抄(B)

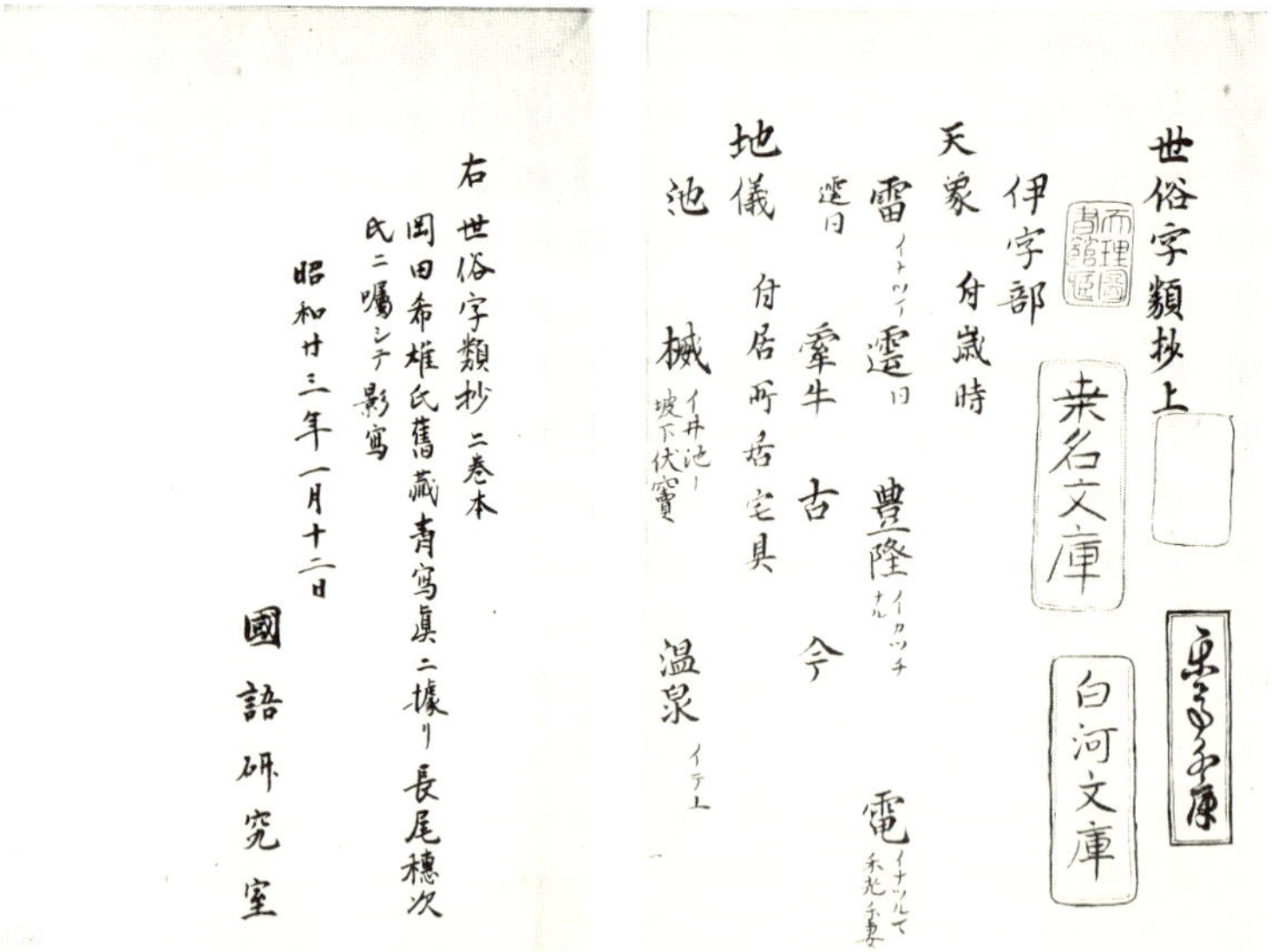
世俗字類抄上
伊字部
天象 付歳時
雷 遷同 豊隆 電
牽牛 古 今
地儀 付居所居宅具
池 械 温泉


右世俗字類抄二巻本
岡田希雄氏舊蔵青寫眞ニ據リ長尾穗次
氏ニ囑シテ影寫
昭和廿三年一月十二日
國語研究室

東京大学文学部国語研究室蔵　世俗字類抄(C)

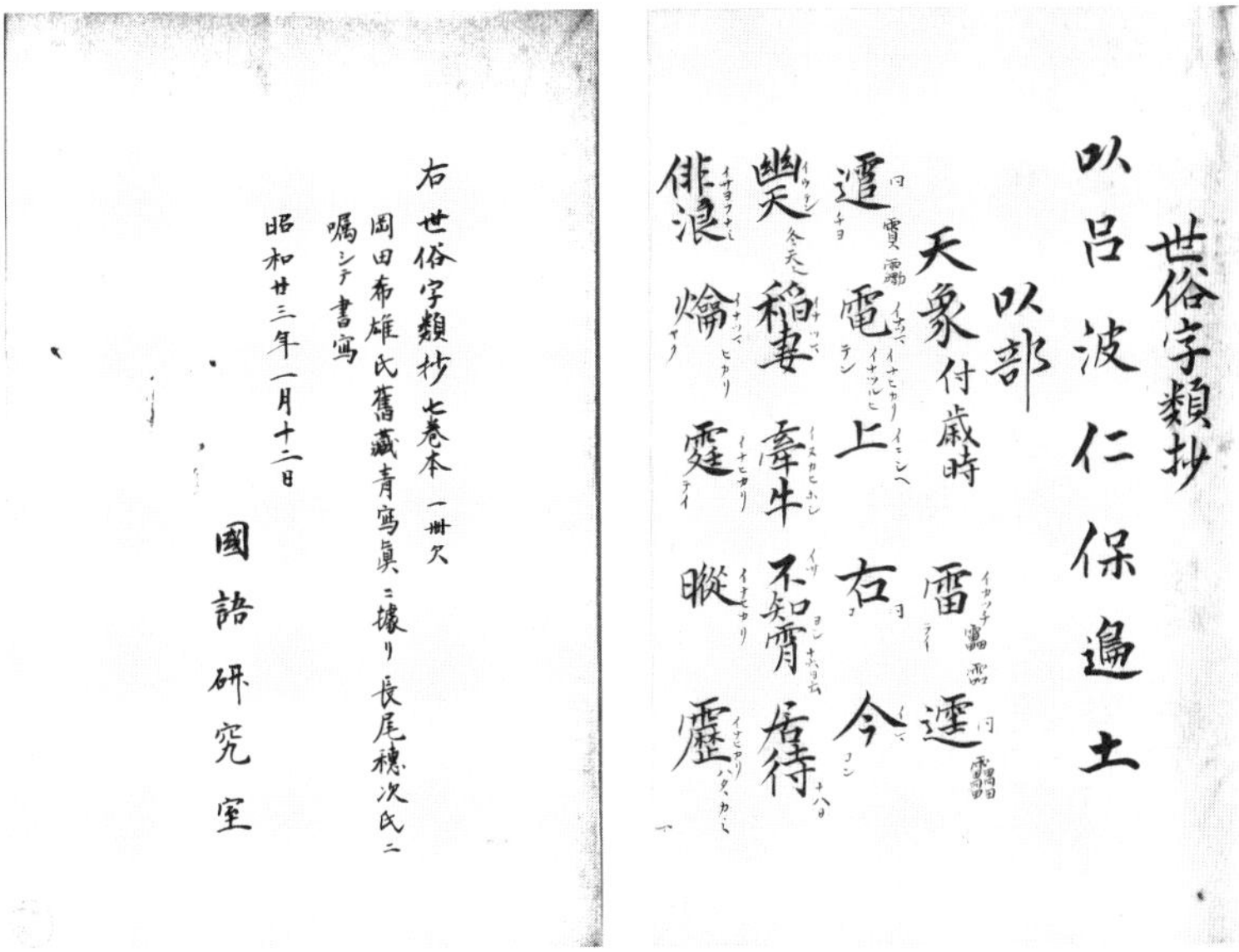
世俗字類抄
以呂波仁保邉土
以部
天象付歳時　雷　霆
遷　電　上　右　今
豔　稲妻　牽牛　不知宵　舂待
俳浪　燴　霆　瞛　霳

右世俗字類抄七巻本一冊欠
岡田希雄氏舊藏青寫眞ニ據リ長尾穂次氏ニ
囑シテ書寫
昭和廿三年一月十二日
國語研究室

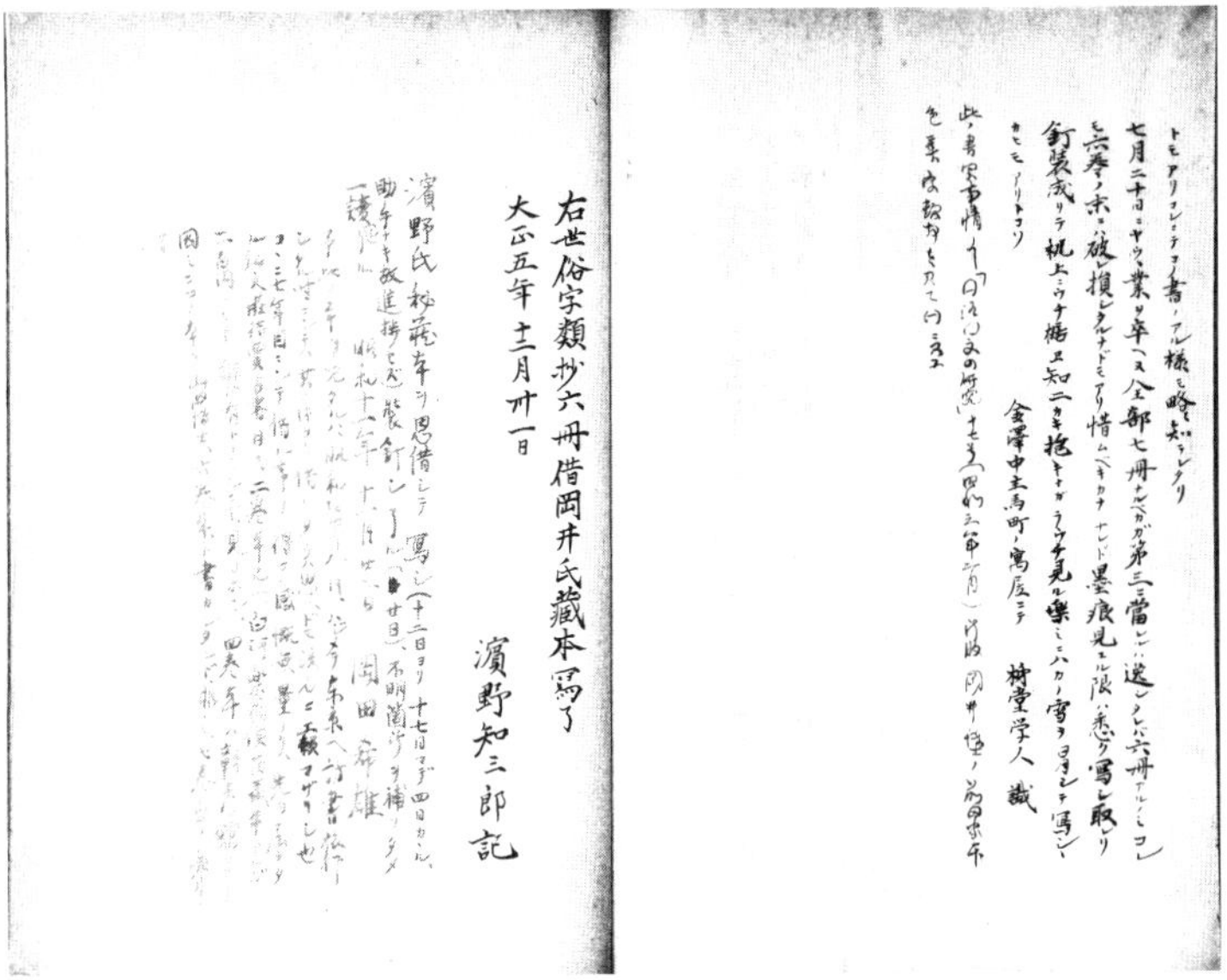
右世俗字類抄六冊借岡井氏藏本寫了
大正五年十二月廿一日
濱野知三郎記

東京大学文学部国語研究室蔵　世俗字類抄(E)

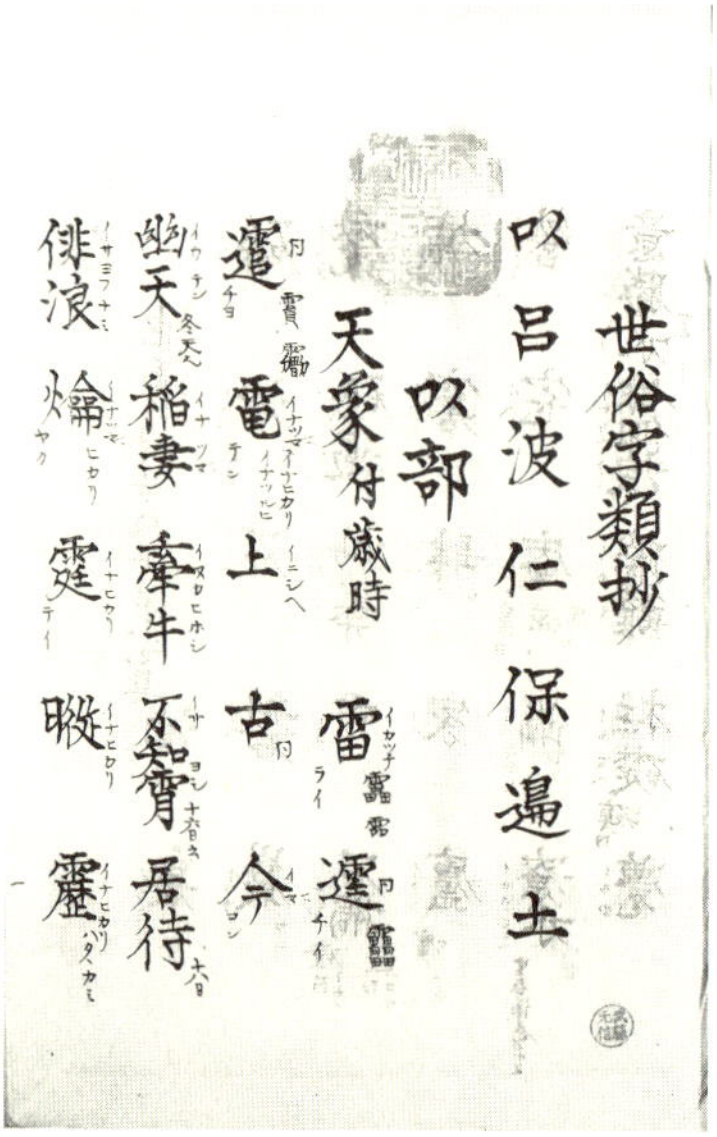


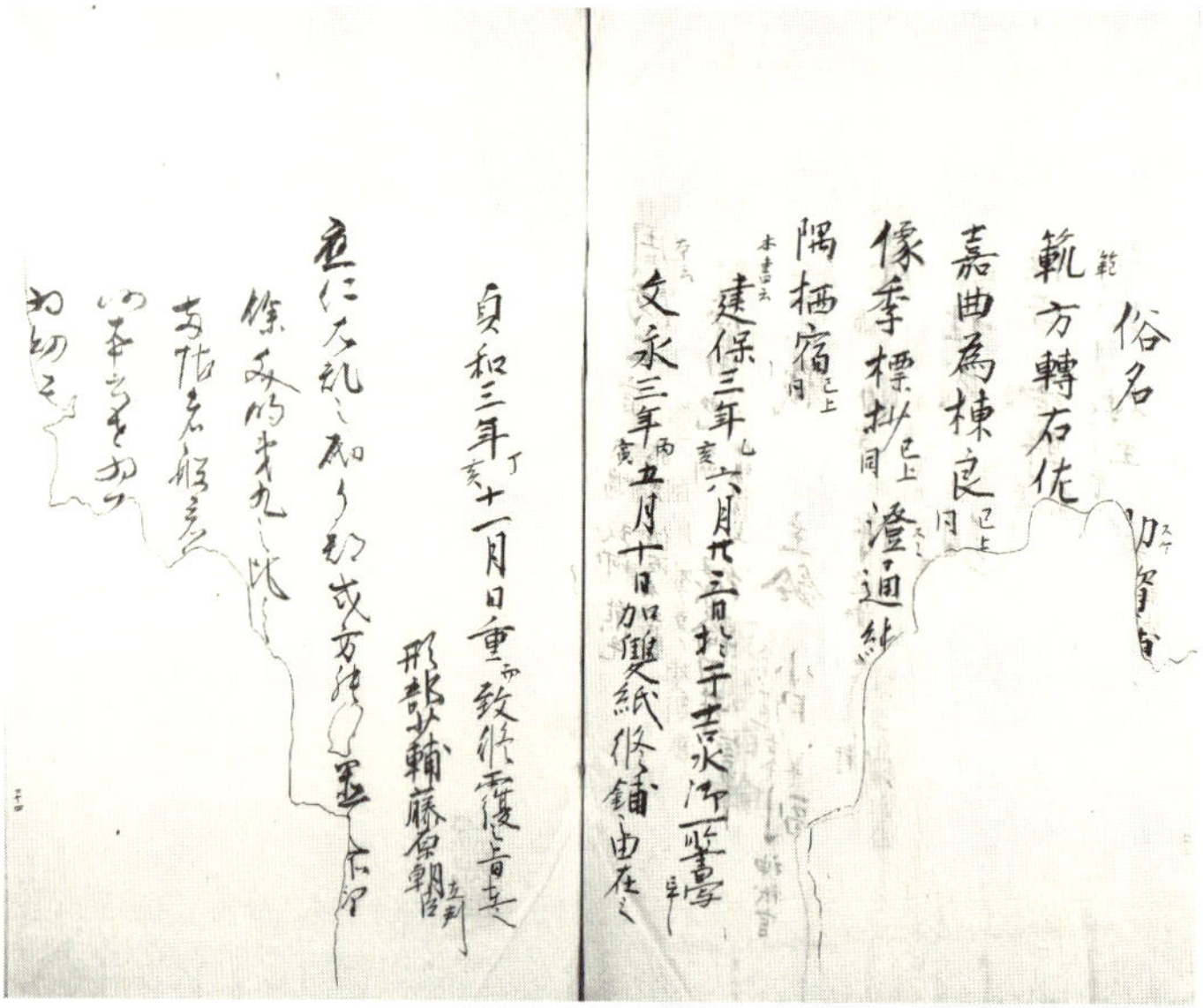


広島大学図書館蔵　世俗字類抄（F）

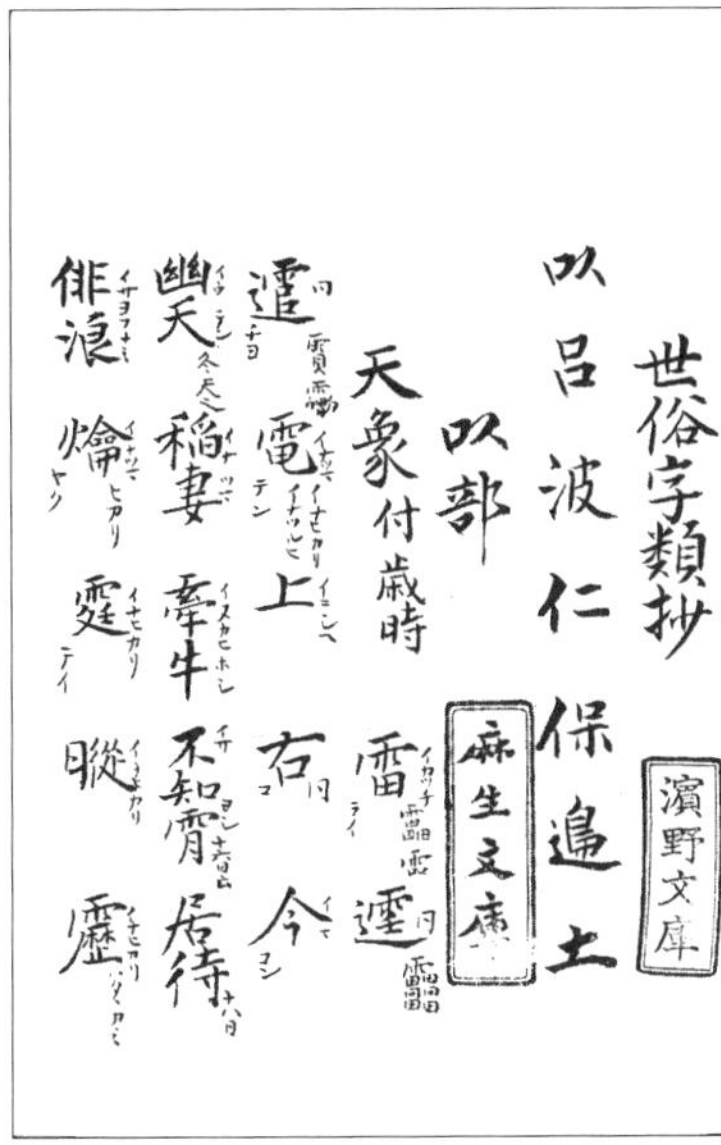

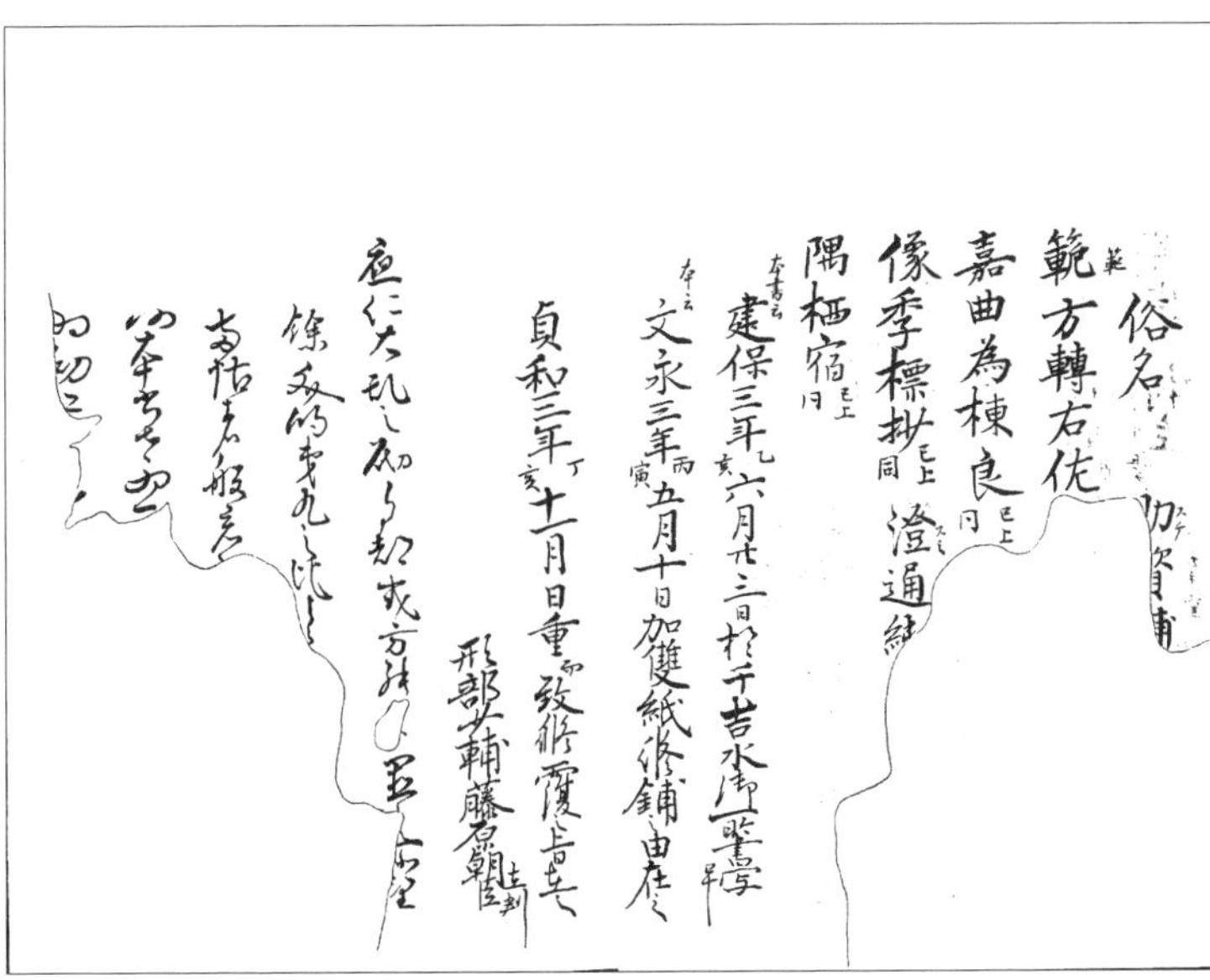

慶應義塾大学附属研究所斯道文庫蔵　世俗字類抄(G)

## 第三節　二巻本・三巻本・花山院本『色葉字類抄』

次に、『色葉字類抄』類を見る。『国書総目録』[1]は、『(二巻本)色葉字類抄』『(三巻本)色葉字類抄』『(花山院本、主に三冊)色葉字類抄』『(一〇巻本、主に一〇冊)伊呂波字類抄』を一項目として立てるため、従来、単に「一冊」「三冊」等とあるものからは、当該写本が所謂三巻本であるのか花山院本であるのかそれ以外であるのかを区別することが不可能であった(【表Ⅱ】)。しかし本調査の結果、二巻本、三巻本、花山院本『色葉字類抄』は、それぞれ以下の一本、五本、一一本であることが判明した。

[二巻本]
27b　尊経　永禄八写二巻四冊

[三巻本](1f・26bは『国書総目録』に記載のないもの)
1f　国会　三冊
3a　静嘉　三巻四冊
5a　宮書　安政四写三巻三冊
26b　鈴鹿　三冊
27a　尊経　三巻の内中巻欠、鎌倉初期写、重文

[花山院本]
1a　国会　三巻三冊
1b　国会　下巻欠、二巻一冊

2a　内閣　上巻のみ一冊
11a　慶大斯道　三冊
14b　東大　明治四〇写三冊
17a　早大　三巻三冊
25b　神宮　一冊
32a　無窮神習　一冊
34a　竜門　江戸中期写一〇巻三冊
40a　富山市図山田孝雄　一冊、巻上存
40b　富山市図山田孝雄　二冊、明治一二写、明治四三山田孝雄識

三巻本については言うまでもなく「27a」が所謂前田本と称されるものであるが、黒川本と称される一本は、現在、国立国会図書館（東京本館）古典籍資料室に蔵されている甲本であること、またこれは平成二一年一二月に黒川幸子氏から寄贈されたものである旨が蔵書印等から確認された。更に、他の三本については次の通りであるが、いずれも黒川春村の識語（弘化三年＝一八四六）を有し、黒川本の写しの完本であることが分かる。

・3a　静嘉堂文庫本…色川三中（一八〇一－一八五五）の奥書（弘化四年＝一八四七）。
・5a　宮内庁書陵部（図書寮文庫）本…鈴鹿連胤（一七九五－一八七一）の奥書（安政四年＝一八五七）。
・26b　大和文華館（鈴鹿文庫）本…同右。

また花山院本については、『国書総目録』の情報に次の「↓」以下の要素の補訂が必要となろう。（囲数字は巻次に相当）

1 b　国会　下巻欠、二巻一冊　↓[一]現存、[二][三]欠
2 a　内閣　上巻のみ一冊　↓[一]イ～ナ天象（「九月」）現存、[一]の残部と[二][三]欠＊
25 b　神宮　一冊　↓[一]イ～ナ天象（「九月」）現存、[一]の残部と[二][三]欠
32 a　無窮神習　一冊　↓[三]現存、[一][二]欠
34 a　竜門　江戸中期写一〇巻三冊　↓三巻三冊
40 a　富山市図山田孝雄　一冊、巻上存　↓[一]イ～ナ天象（「九月」）現存、[一]の残部と[二][三]欠
40 b　富山市図山田孝雄　二冊、明治一二写、明治四三山田孝雄識　↓[二][三]現存、[一]欠

＊川瀬一馬氏によれば、内閣文庫に黒川本の写し（上巻のみの零本）があるということであるが、未確認である。2aに該当するか。

これらをまとめれば、花山院本の完本としては、11a斯道文庫本、17a早大本、34a龍門文庫本、また1a国会図書館本とその写しである14b東大本の五本があり、零本としては、[二][三]のみ現存の40b山田孝雄文庫本（ただし[二]巻首に[一]ナ～ム篇を付す）、[一]のみ現存の1b国会図書館本、[三]のみ現存の32a神習文庫本、[一]の一部を残す（ただし書写は元来この部分までと見える）2a内閣文庫本とそれに類似する25b神宮文庫本、40a山田孝雄文庫本とがあるということになる。

それぞれの先後関係については今後内容の精査が行われることで明らかになろうが、今は概要の報告に止める。

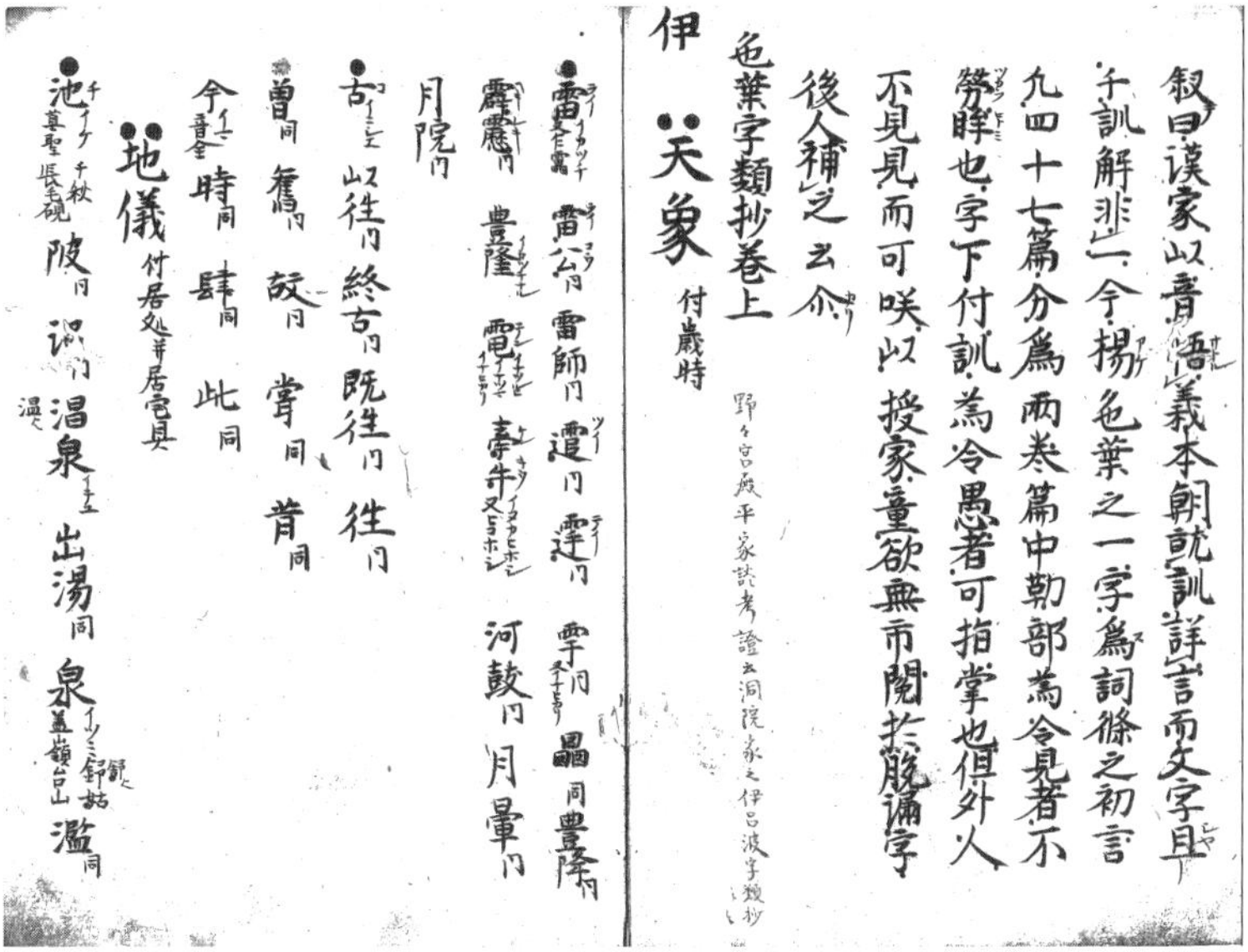

叙曰謨家以音語義本朝就訓詳言而文字且
千訓解非一今揚色葉之一字為詞條之初言
九四十七篇分為兩巻篇中勒部為令見者不
労眸也字下付訓為令愚者可指掌也但外人
不見見而可咲以授家童欲無市閙於脱漏字
後人補之云尓
色葉字類抄巻上
野々宮殿平家説考證云洞院家之伊呂波字類抄
伊
天象　付歳時
雷　雷公　雷師　霆　霆　雩　畾　豊隆
霹靂　豊隆　電　牽牛　河鼓　月暈
月　院
古　以往　終古　既往　往
曽　舊　故　嘗　昔
今　時　肆　此
地儀　付居処并居宅具
池　陂　沼　温泉　出湯　泉　濫

国立国会図書館（旧黒川家）蔵　三巻本色葉字類抄（1f）

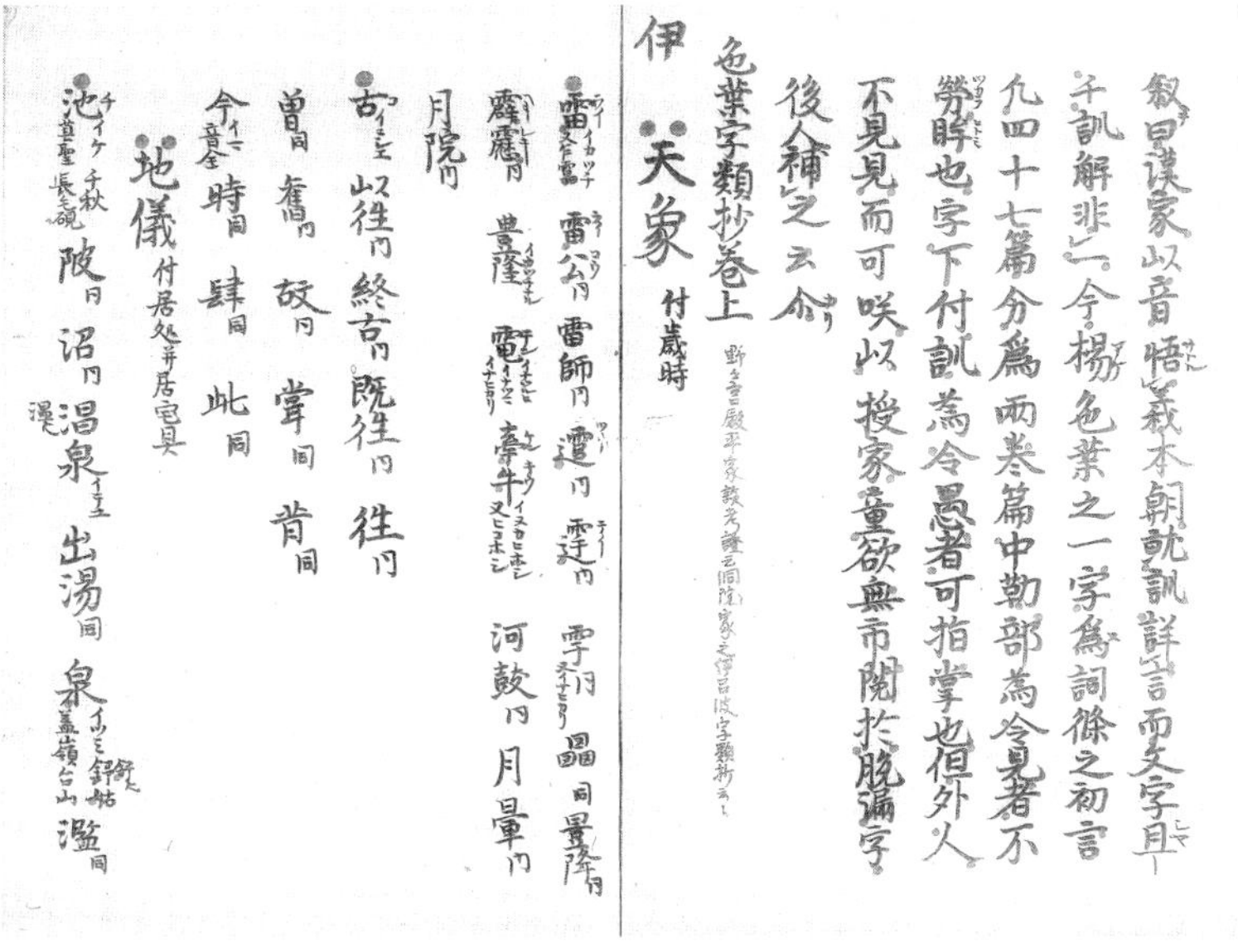

叙曰謨家以音語義本朝就訓詳言而文字且
千訓解非一今揚色葉之一字為詞條之初言
九四十七篇分為兩巻篇中勒部為令見者不
労眸也字下付訓為令愚者可指掌也但外人
不見見而可咲以授家童欲無市閙於脱漏字
後人補之云尓
色葉字類抄巻上
伊
天象　付歳時
雷　雷公　雷師　霆　霆　雩　畾　豊隆
霹靂　豊隆　電　牽牛　河鼓　月暈
月　院
古　以往　終古　既往　往
曽　舊　故　嘗　昔
今　時　肆　此
地儀　付居処并居宅具
池　陂　沼　温泉　出湯　泉　濫

静嘉堂文庫蔵　三巻本色葉字類抄（3a）

叙曰漢家以音悟義本朝訓詳言而文字且
千訓解非一今揚色葉之一字爲詞條之初言
凡四十七篇分爲兩巻篇中勒部爲令見者不
勞睥也字下付訓爲令愚者可指掌也但外入
不見見而可咲以授家童欲無市閲於脱漏字
後人補之云尒

色葉字類抄巻上

野々宮殿 平家説考證云洞院家之伊呂波字類抄

伊 天象 付歳時

雷《イカツチ》又上靁 雷公《ライコウ》同 雷師同 霆《テイ》同 霆《テイ》同 雫同 又イナヒカリ 靁同 豊隆同

霹靂《ヘキレキ》同 豊隆《イカツチナル》 電《イナツマ》 牽牛《ケンキウ》 又ヒコホシ 河鼓同 月暈同

月院同

古《イニシヘ》 以往同 終古同 既往同 往同

曽同 舊同 故同 曩同 昔同

今《イマ》音全 時同 肆同 此同

地儀 付居処并居宅具

池《イケ》 陂同 沼同 渇泉 出湯同 泉《イツミ》 溢同

中少将同 用近衛

隨身 主典代 在院官 佐同 用兵衛 典侍 用内侍 介同 用諸国 主船 在大宰府

姓氏 付

菅原 住吉 菅野 菅生 村主

名字 付

助 資輔傳相祐亮佐副扶弼毗翼介棟良 已上同

澄 角紀處住栖維棲 已上同 末 季同

天養一 久安六 仁平三 久寿三 保元三 平治一 永暦一 應保二 長寛二 永万一 仁安三 嘉應二 承安四 安元二 治承四 養和一

擱筆力

自天養比至于治承卅余年補綴无隙
部類如舊更加星點紕繆雖多愚昧難
自學者毎見可損改之於詑直之 入
道詞字少少加朱點爲要文不迷也件
人久學香樓之風忽入桑門之月秋暮
有勤其読不信哉仍爲後見之不審粗
所注付也内膳典膳橘忠兼撰

宮内庁書陵部蔵　三巻本色葉字類抄（5a）

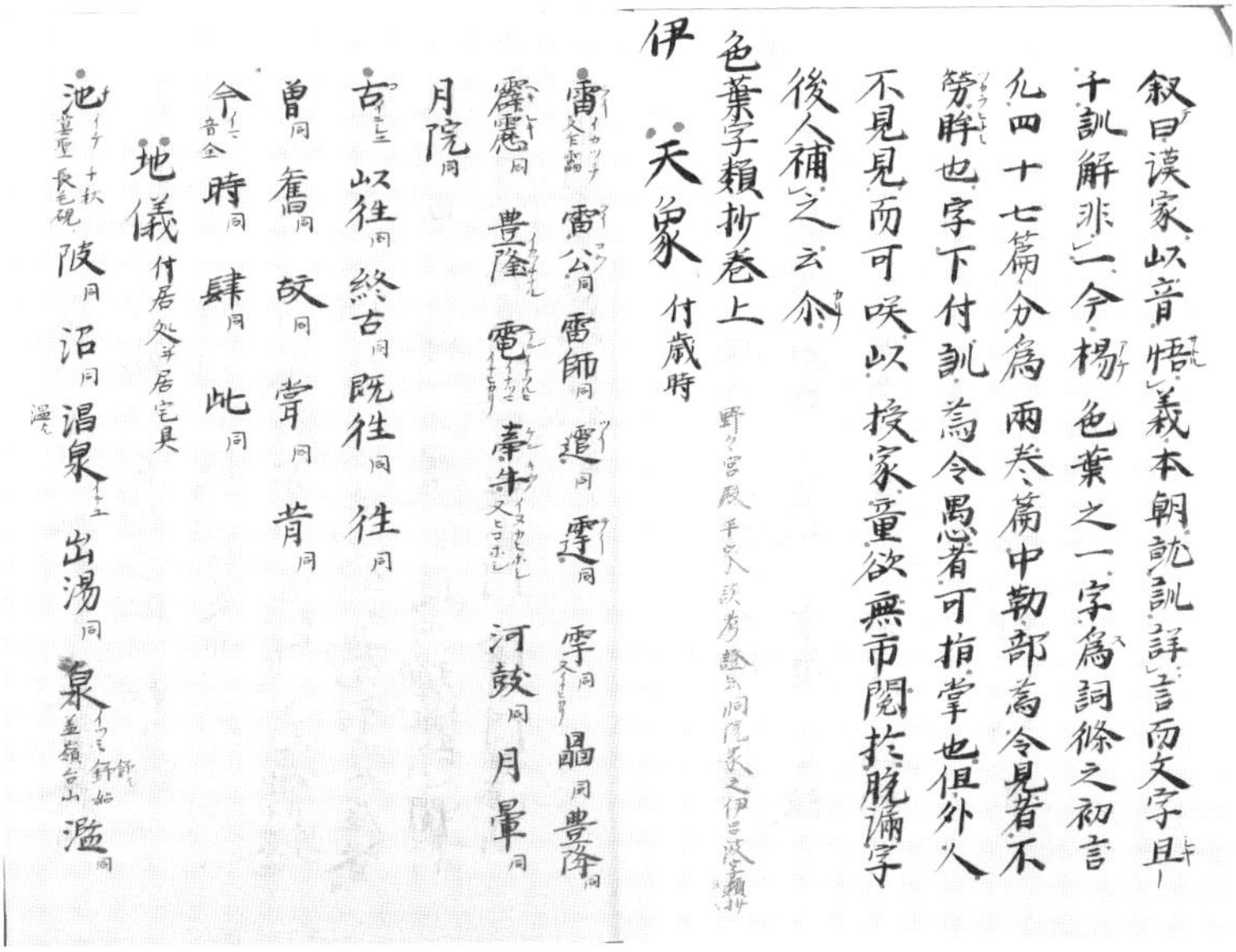
叙曰漢家以音悟義本朝就訓詳言而文字且
千訓解非一今揚色葉之一字爲詞條之初言
凡四十七篇分爲兩巻々篇中勒部爲令見者不
勞眸也字下付訓爲令愚者可指掌也但外人
不見見而可咲以授家童欲無市閲於脱誦字
後人補之云尓
色葉字類抄巻上
伊　天象　付歳時
雷　雷公　雷師　遷　遷　雫　晶　豊隆
霹靂　豊隆　電　牽牛　河鼓　月暈
月院
古　以往　終古　既往　往
曽　舊　故　嘗　昔
今　時　肆　此
地儀　付居処　居宅具
池　陂　沼　湿泉　出湯　泉　溢

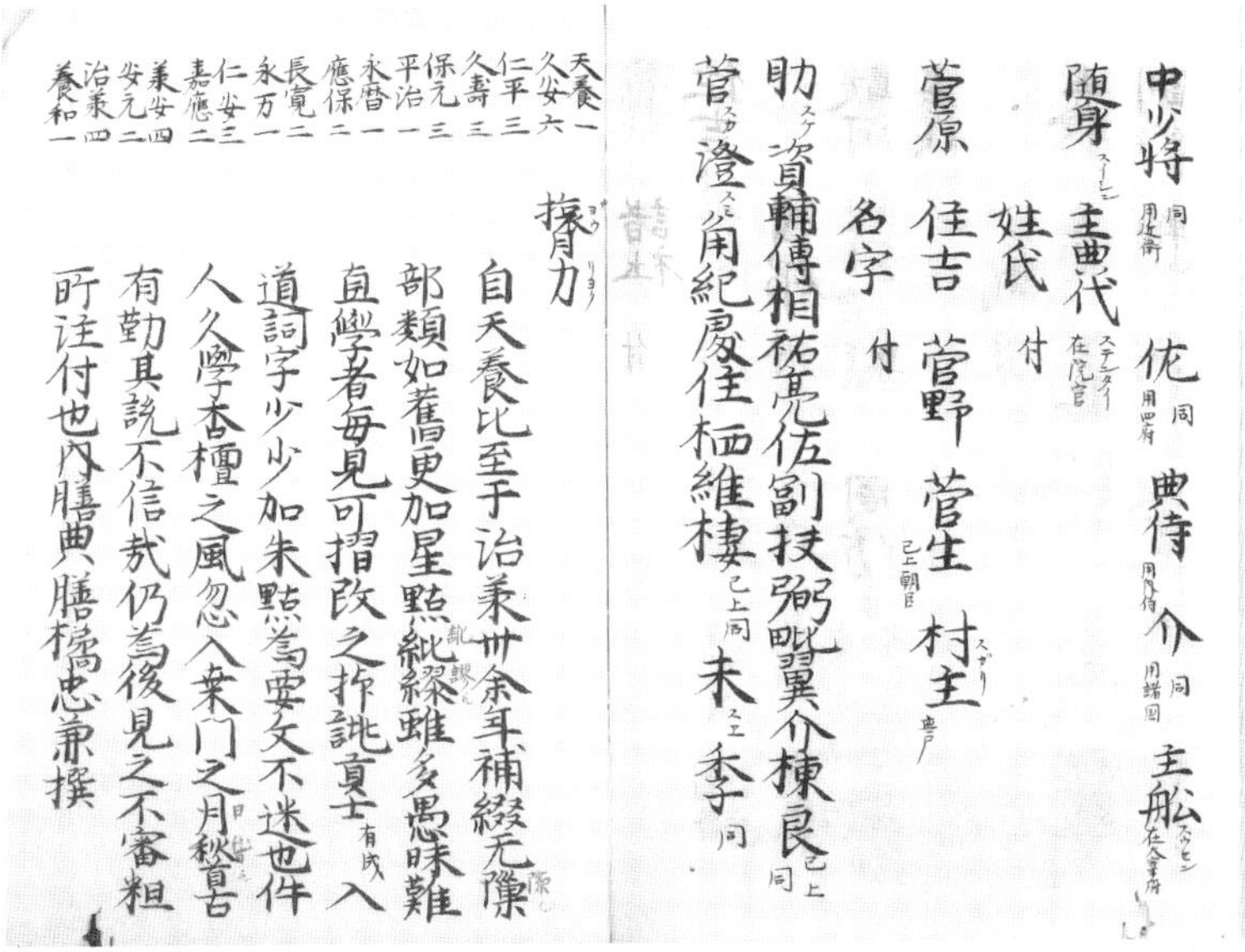
中少将　随身　佐　典侍　介　主船
姓氏　付
菅原　住吉　菅野　菅生　村主
名字　付
助　資輔傳相祐亮佐副扶弼毗翼介棟良
菅　澄角紀扇住栖維棲　末　季

天養一　久安六　仁平三　久寿三　保元三　平治一　永暦一　應保二　長寛二　永万一　仁安三　嘉應二　承安四　安元二　治承四　養和一

揆力
自天養比至于治承卅余年補綴无隙
部類如舊更加星點紕繆雖多愚昧難
直學者毎見可揩改之拵訛真士有識入
道詞字少少加朱點爲要文不迷也件
人久學杏壇之風忽入桒门之月秋旨
有勤其説不信哉仍爲後見之不審粗
盱注付也內膳典膳橘忠兼撰

大和文華館（鈴鹿文庫）蔵　三巻本色葉字類抄（26b）

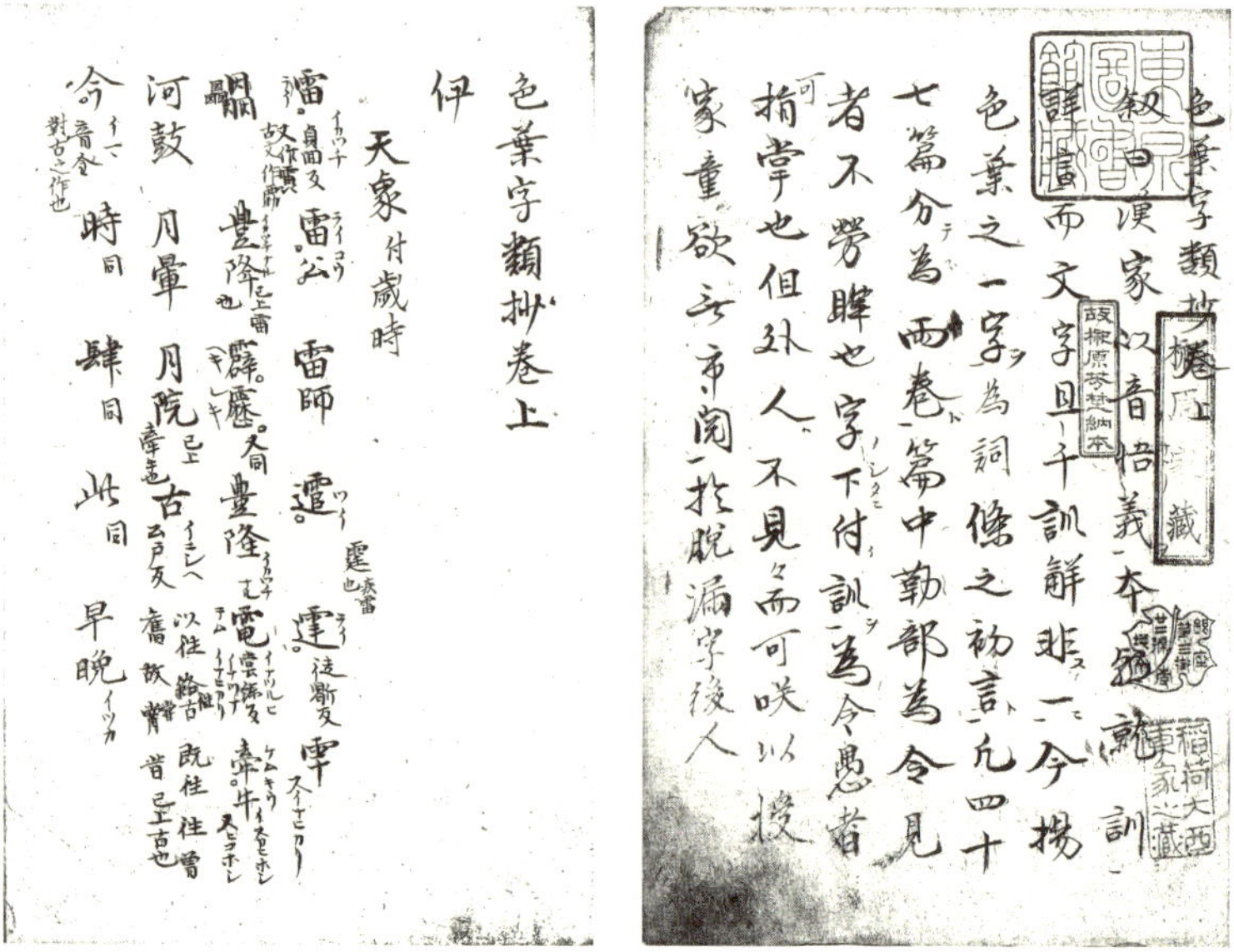
色葉字類抄巻上
叙曰漢家以音悟義本朝就訓詳言而文字且千訓解非一今揚色葉之一字為詞條之初言凡四十七篇分為両巻篇中勘部為令見者不労瞬也字下付訓為令愚者指掌也但外人不見而可咲以授家童欲無市閲於脱漏字後人

色葉字類抄巻上
伊
天象 付歳時
雷 雷公 雷師 霆 霆 雫
霹靂 豊隆 電 牽牛
河鼓 月暈 月院 古
今 時 肆 此 早晩

国立国会図書館蔵　花山院本色葉字類抄(1a)

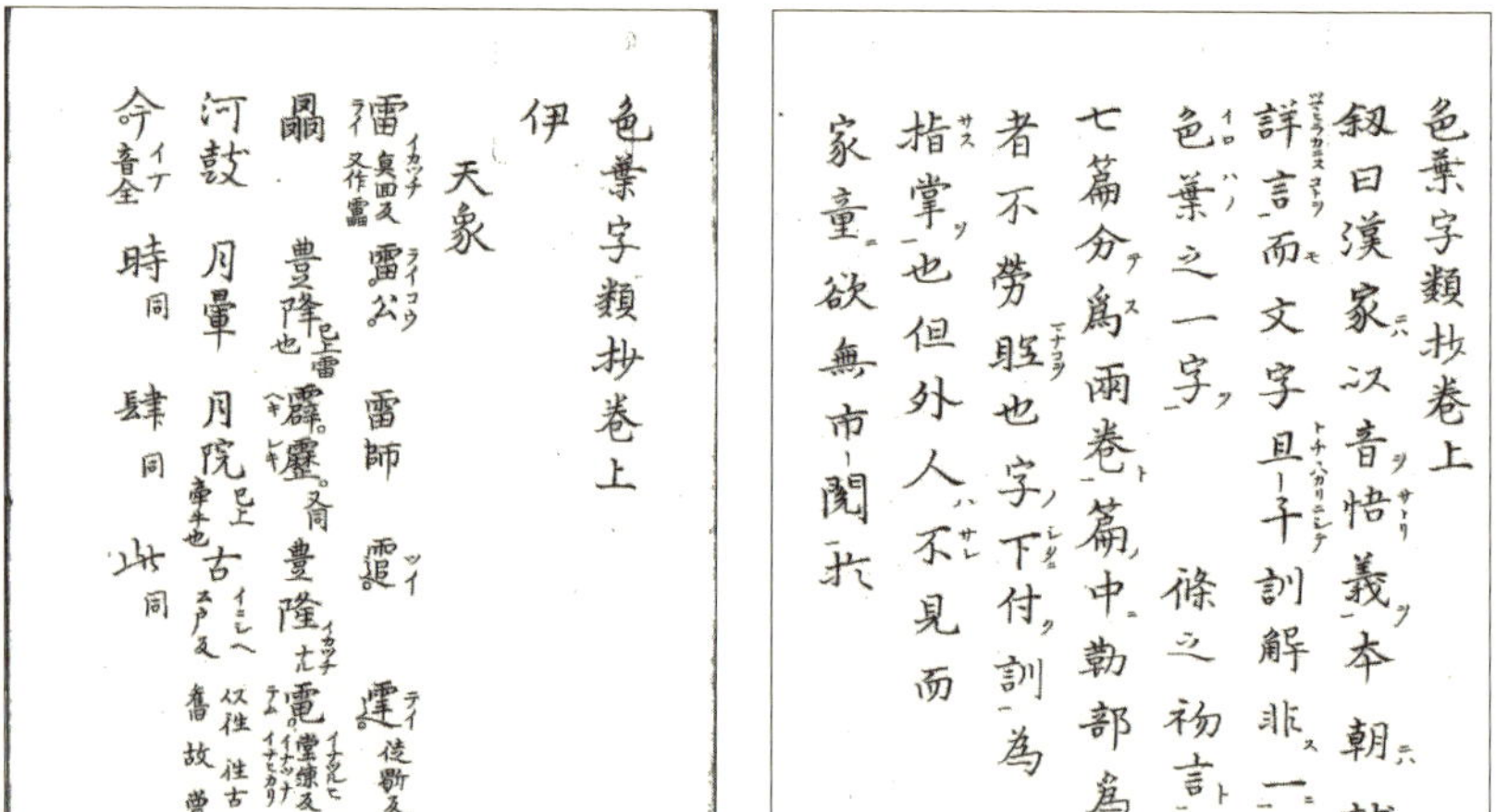
色葉字類抄巻上
叙曰漢家以音悟義本朝就訓詳言而文字且千訓解非一今揚色葉之一字條之初言凡四十七篇分為両巻篇中勘部為令者不労瞬也字下付訓為指掌也但外人不見而家童欲無市閲於

色葉字類抄巻上
伊
天象
雷 雷公 雷師 霆 霆 雫
霹靂 豊隆 電 牽牛
河鼓 月暈 月院 古
今 時 肆 此

国立国会図書館蔵　花山院本色葉字類抄(1b)

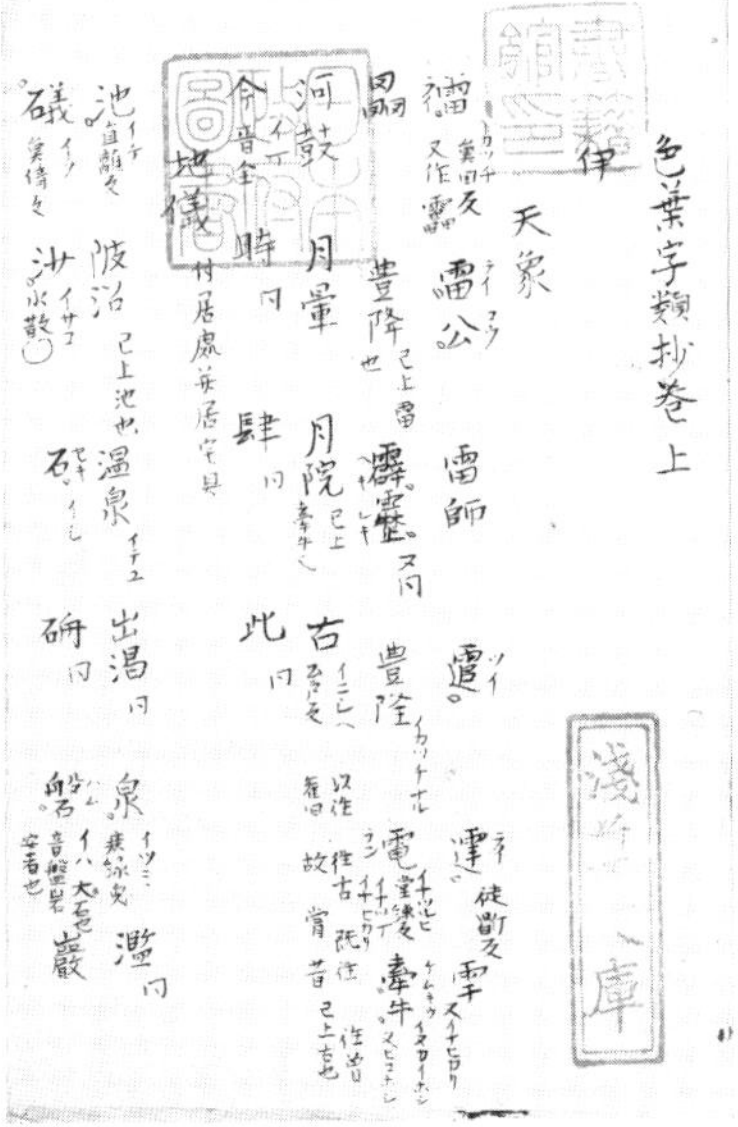

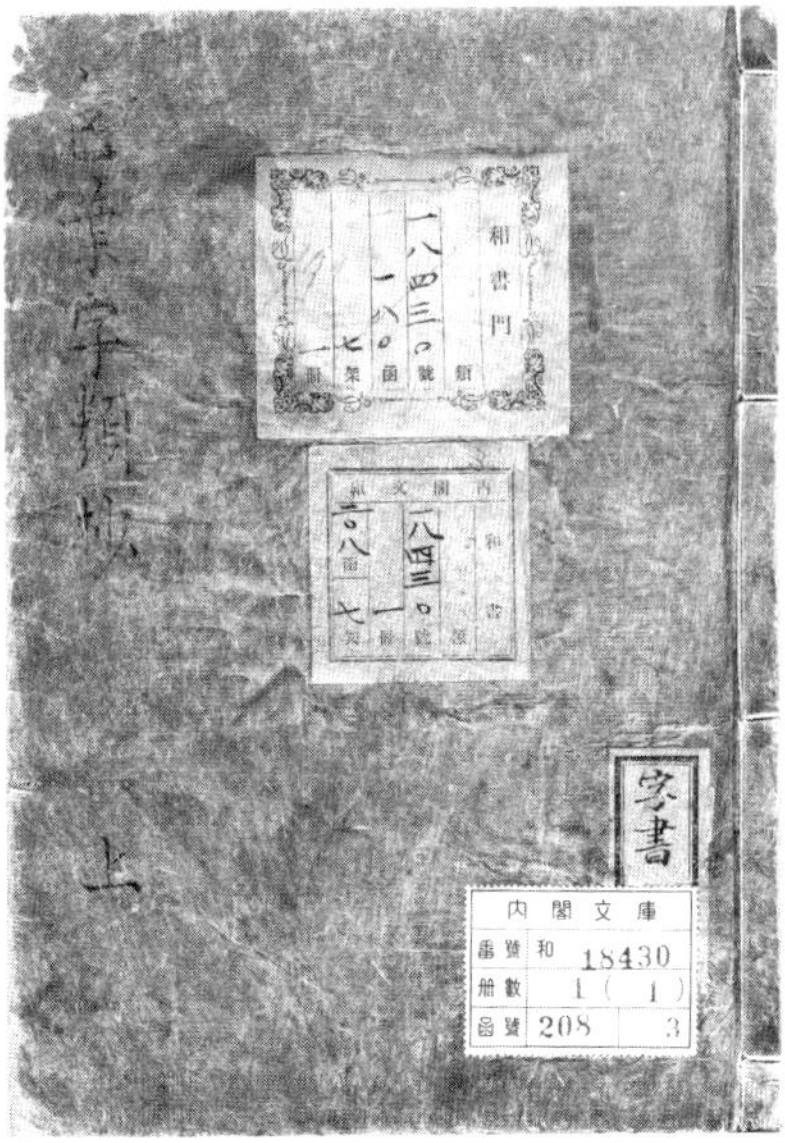

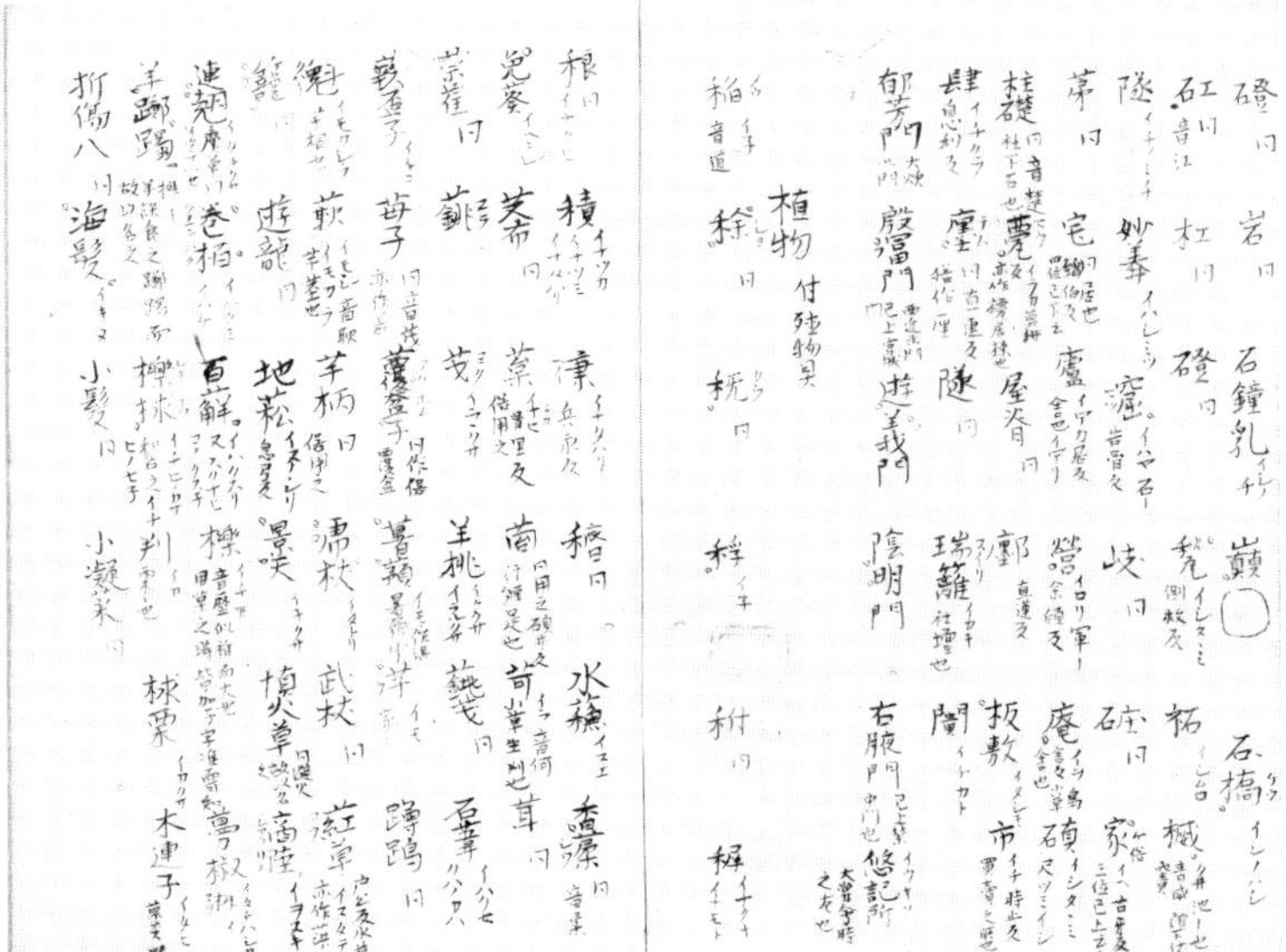

国立公文書館(内閣文庫)蔵　花山院本色葉字類抄(2a)

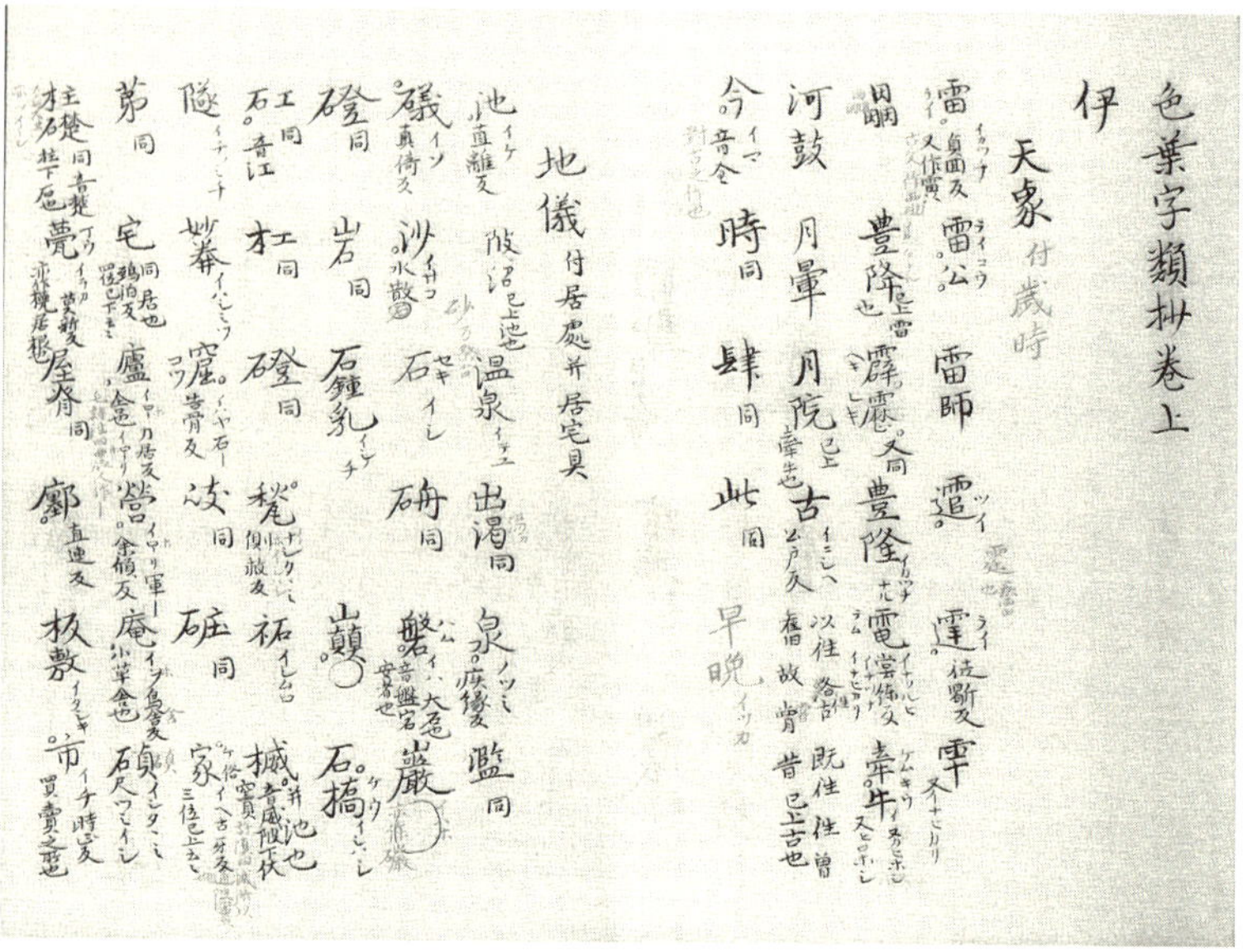


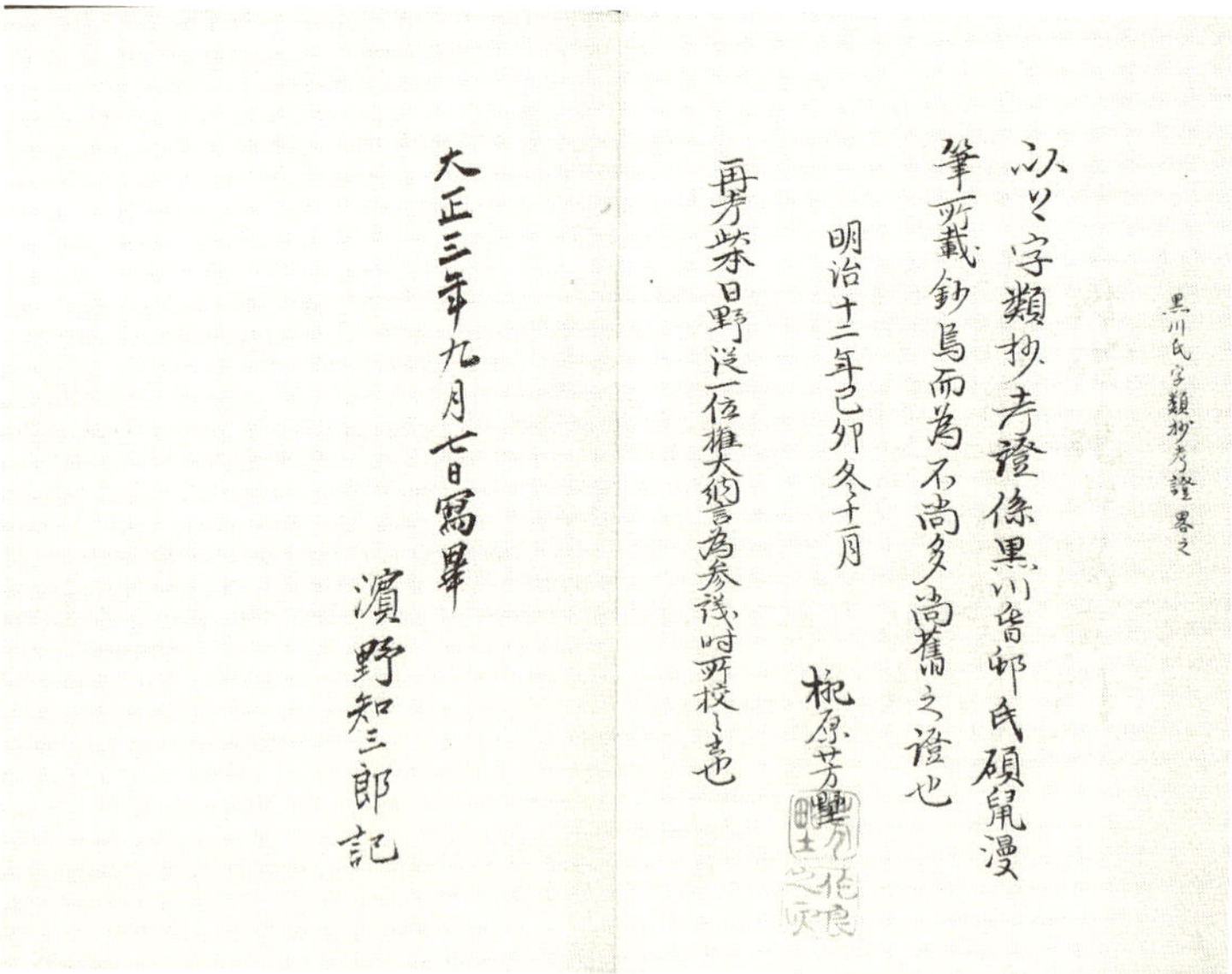


慶應義塾大学附属研究所斯道文庫蔵　花山院本色葉字類抄（11a）

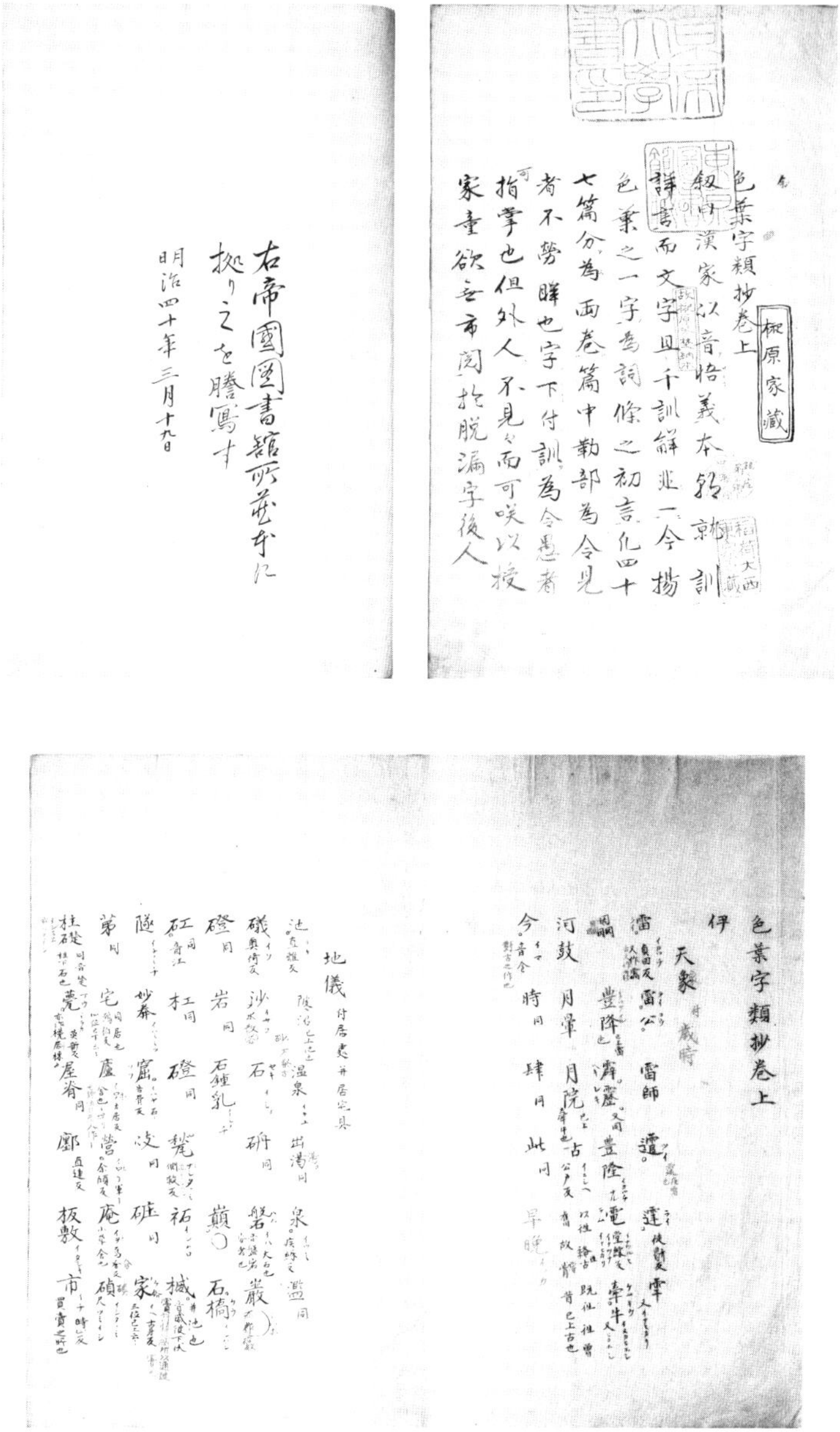


東京大学文学部国語研究室蔵　花山院本色葉字類抄（14b）

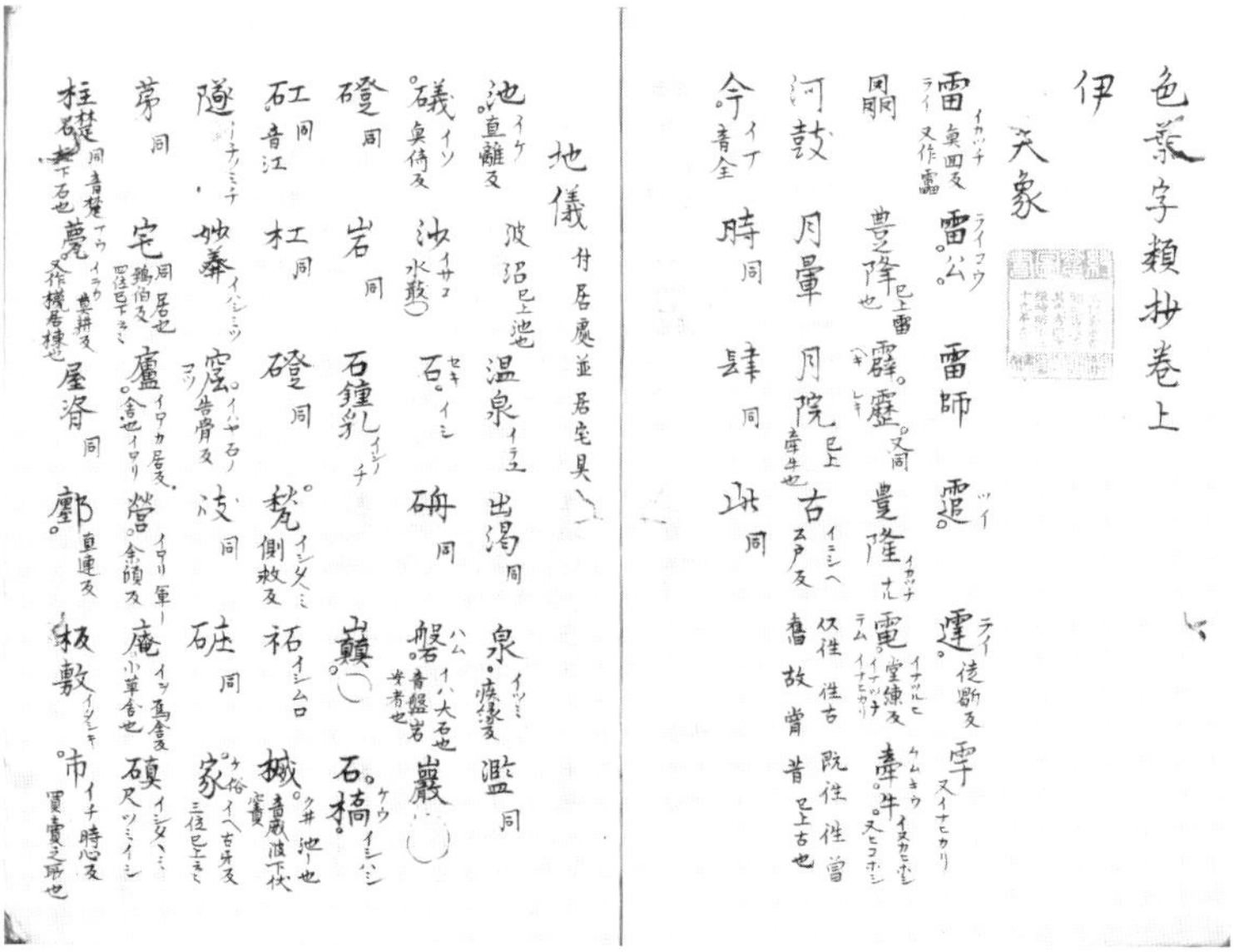


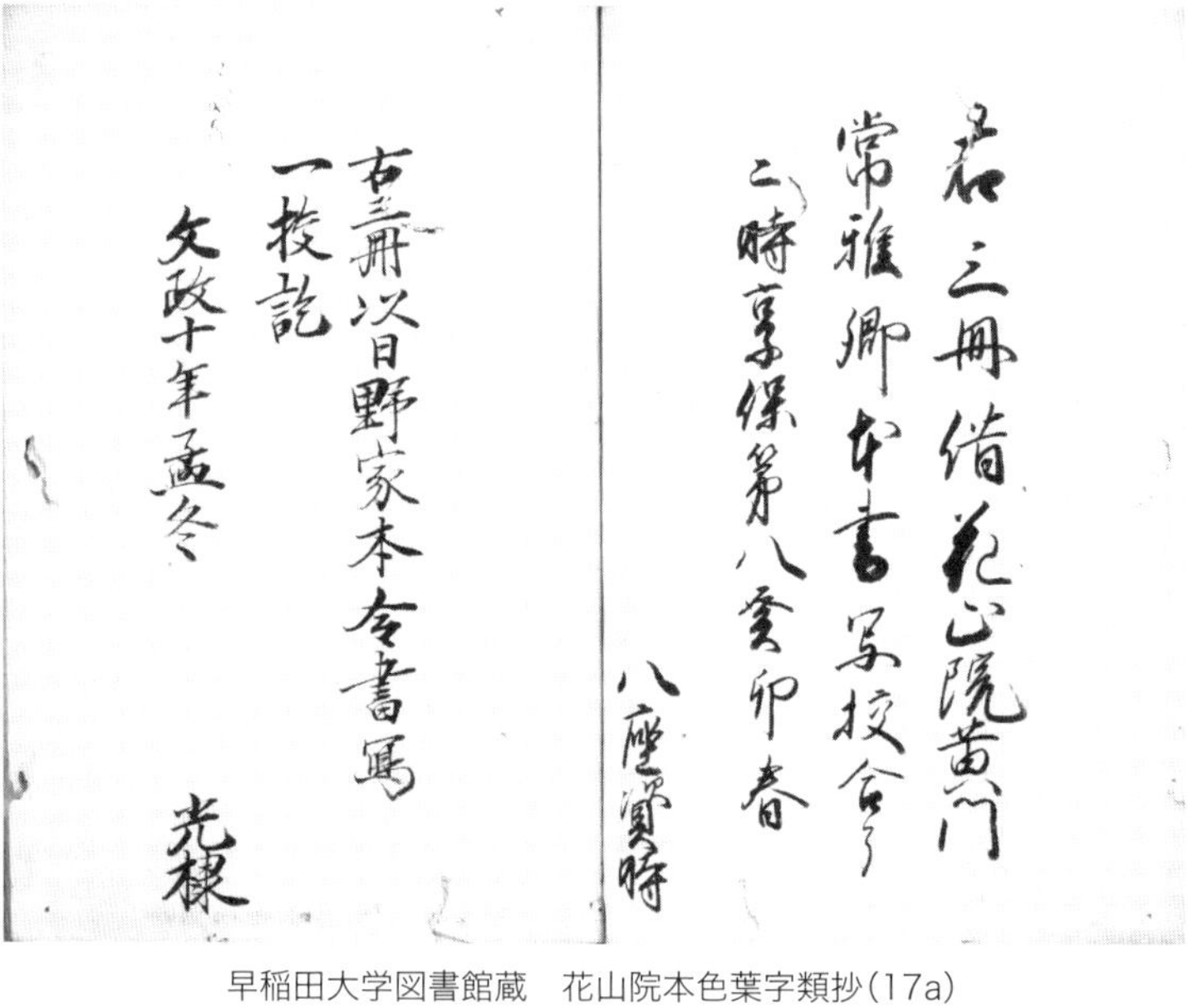


早稲田大学図書館蔵　花山院本色葉字類抄(17a)

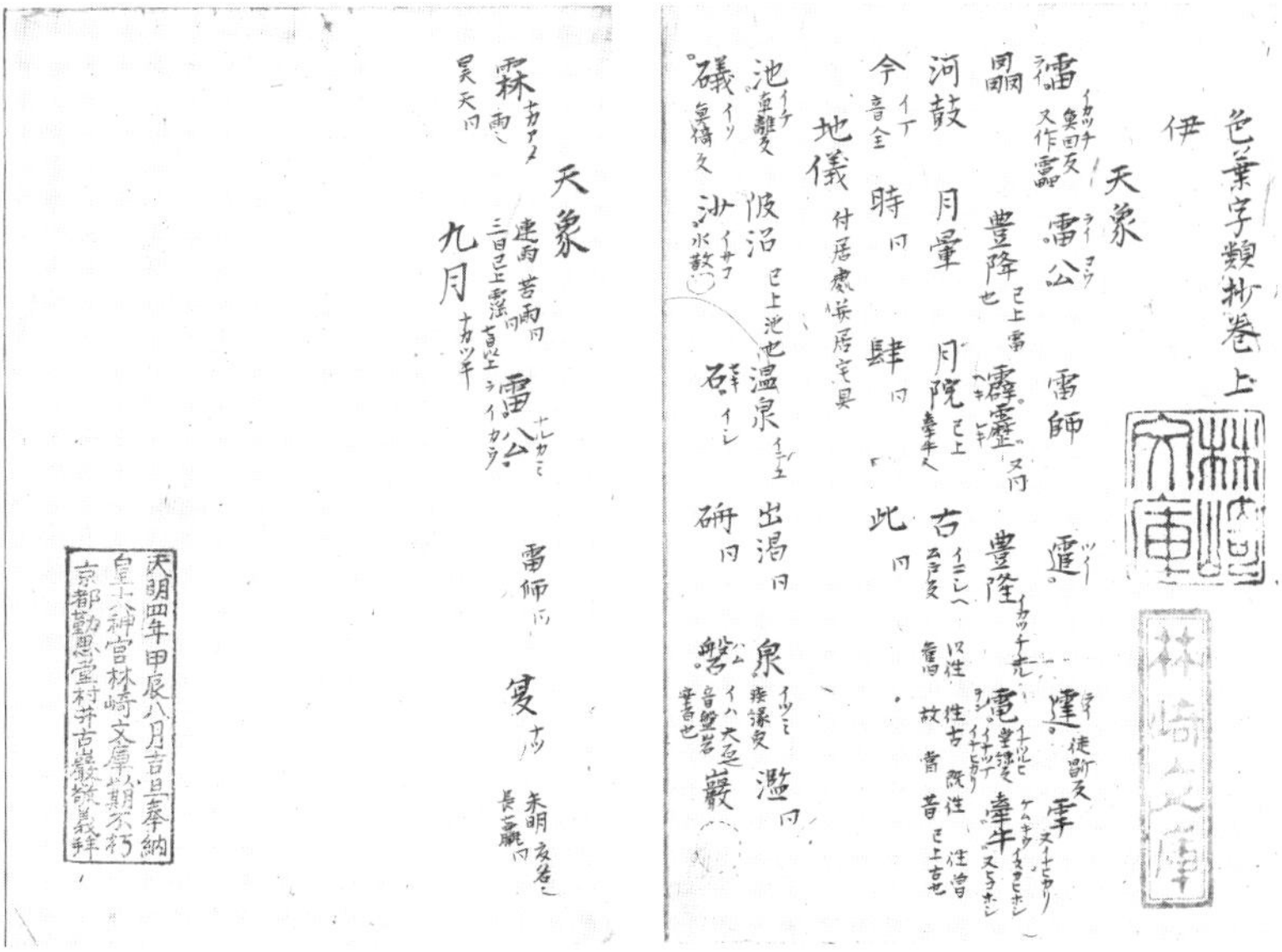

神宮文庫蔵　花山院本色葉字類抄(25b)

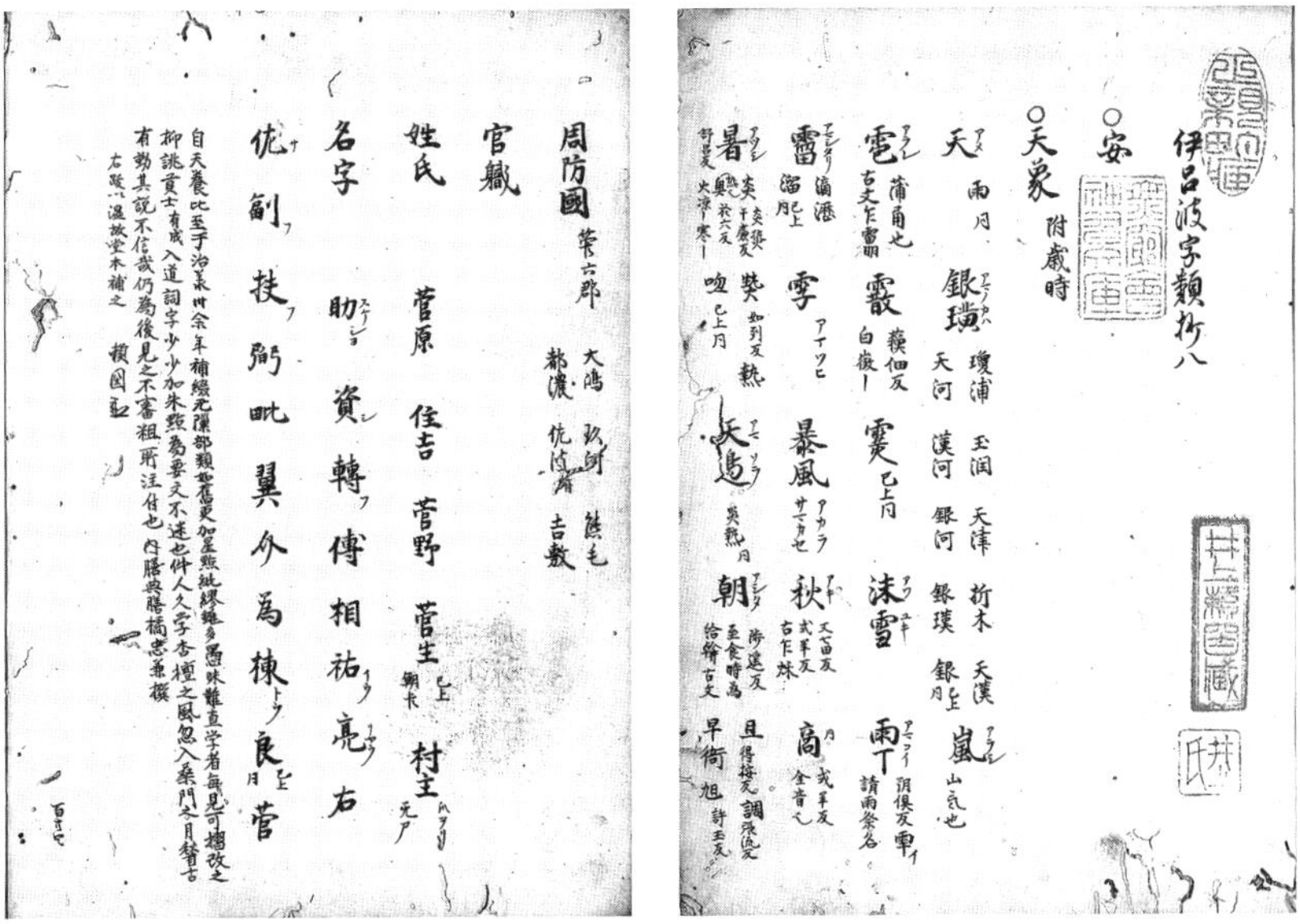

無窮会専門図書館(神習文庫)蔵　花山院本色葉字類抄(32a)

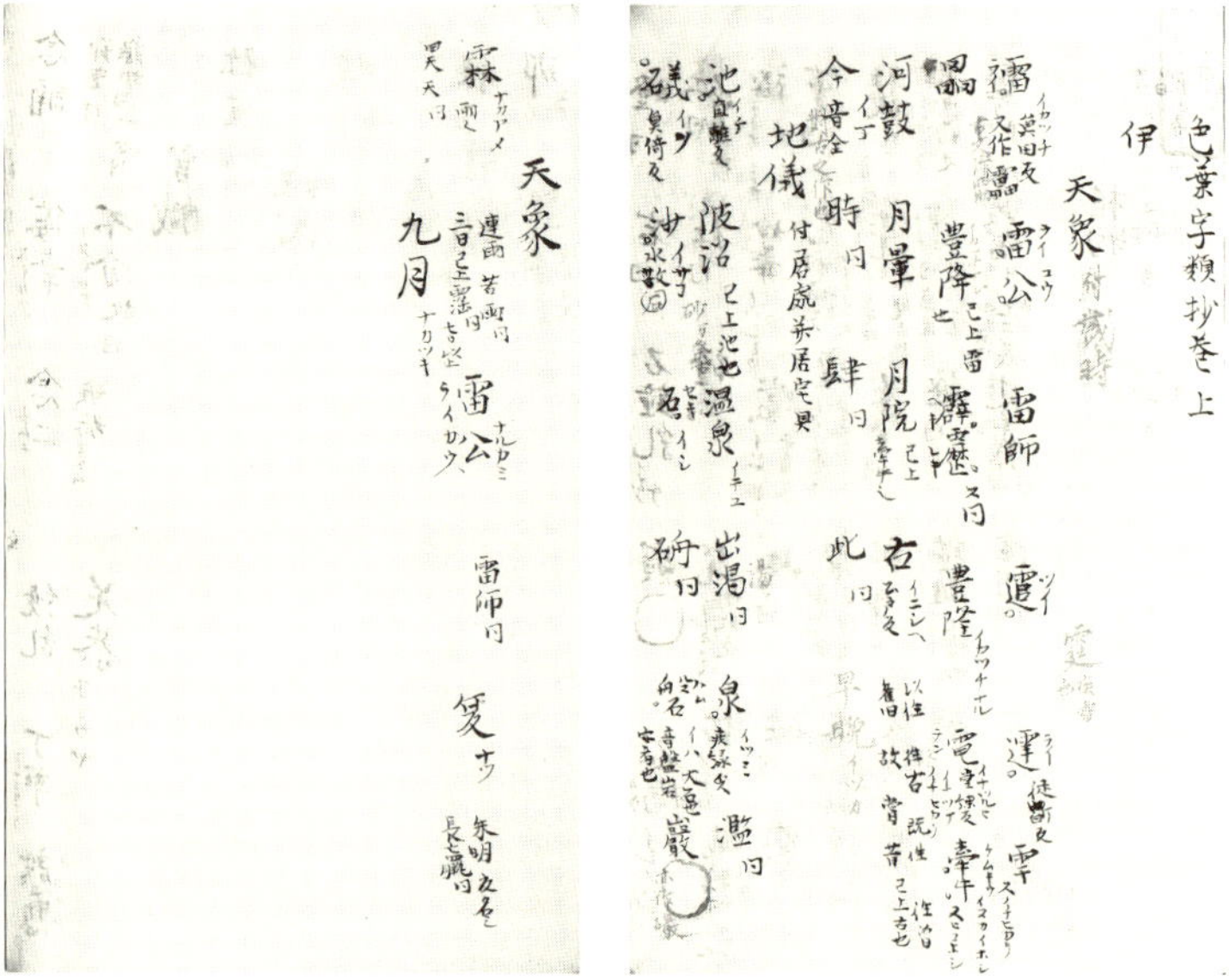


富山市立図書館（山田孝雄文庫）蔵　花山院本色葉字類抄（40a）

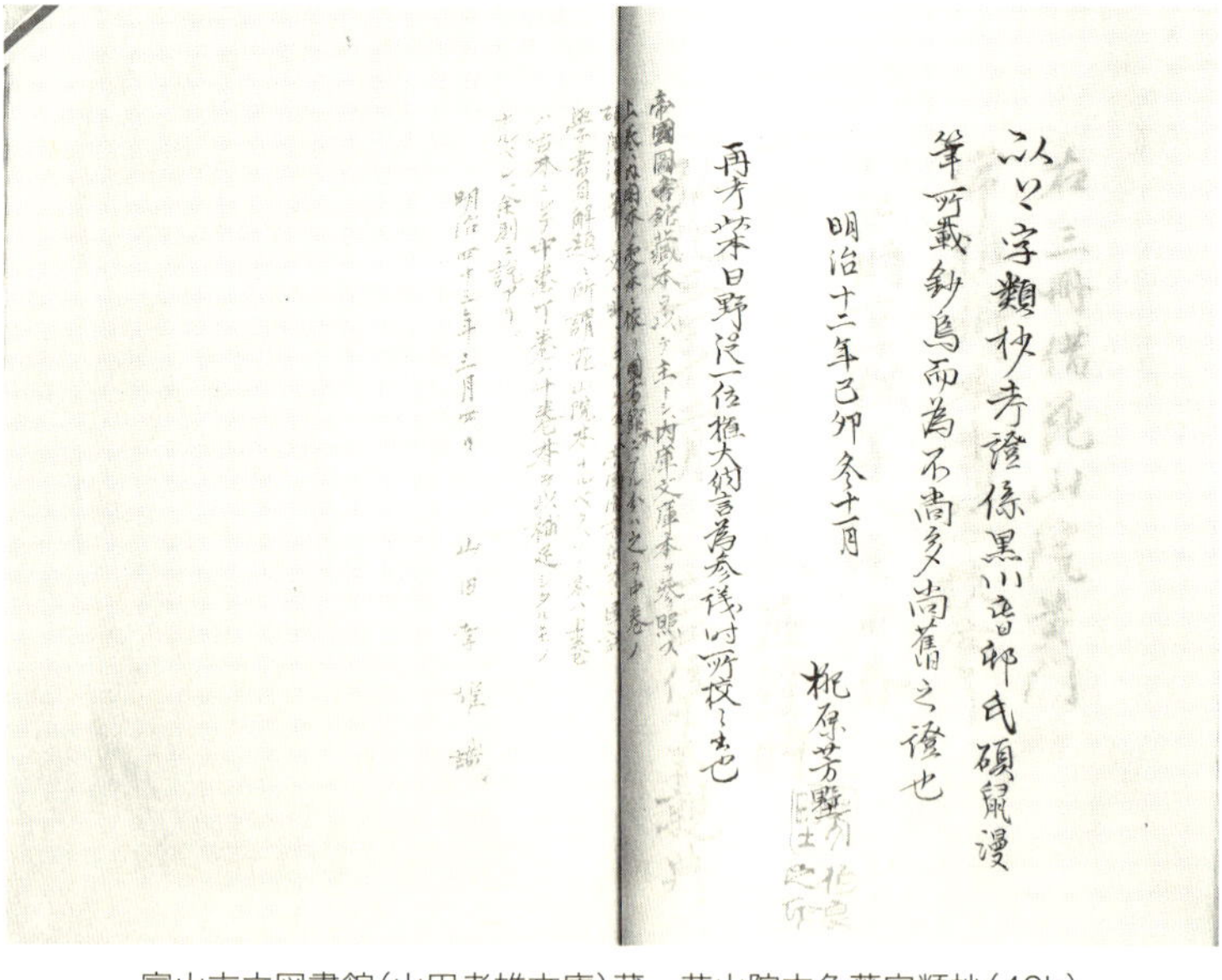


富山市立図書館（山田孝雄文庫）蔵　花山院本色葉字類抄（40b）

【表Ⅱ】『色葉字類抄・伊呂波字類抄』伝本一覧

| 種類(目録) | 媒体 | 参照表 | 整理番号 | | 目録記載情報 | | 所蔵状況 | 種類 | 訂正 |
|---|---|---|---|---|---|---|---|---|---|
| 色葉・伊呂波 | 国書 | — | 1 | a | 国会 | 三巻三冊 | 現存 | 花 | |
| 色葉・伊呂波 | 国書 | — | | b | | 下巻欠、二巻一冊 | 現存 | 花 | |
| 色葉・伊呂波 | 国書 | Ⅳ | | c | | 弘化五写一〇巻一〇冊 | 現存 | 10 | 弘化三～嘉永七 |
| 色葉・伊呂波 | 国書 | Ⅴ | | d | | 一〇冊 | 現存 | 10 | |
| — | — | Ⅳ | | e | | 一〇冊 | 現存 | 10 | 追加 |
| — | — | — | | f | | 三冊 | 現存 | 三 | 追加 |
| 色葉・伊呂波 | 国書 | Ⅵ | | g | 国会亀田 | 嘉永元藤原延栄写一〇巻一〇冊 | 現存 | 10 | |
| 色葉・伊呂波 | 国書 | — | 2 | a | 内閣 | 上巻のみ一冊 | 現存 | 花 | |
| 色葉・伊呂波 | 国書 | Ⅲ | | b | | 一〇巻一〇冊本二部 | 現存 | 10 | |
| 色葉・伊呂波 | 国書 | Ⅴ | | c | | | 現存 | 10 | |
| 色葉・伊呂波 | 国書 | — | | d | | 摂津徴一三四、抄出 | 現存 | 抄 | |
| 色葉・伊呂波 | 国書 | — | 3 | a | 静嘉 | 三巻四冊 | 現存 | 三 | |
| 色葉・伊呂波 | 国書 | Ⅲ | | b | | 一〇巻一〇冊 | 現存 | 10 | |
| 色葉・伊呂波 | 国書 | Ⅲ | | c | | 一〇巻二〇冊 | 現存 | 10 | |
| 色葉・伊呂波 | 国書 | Ⅴ | | d | | 石橋真国写、一〇巻の内巻一・三・四のみ | 現存 | 10 | |
| 色葉・伊呂波 | 国書 | Ⅳ | 4 | a | 東洋岩崎 | 一〇巻二三冊 | 現存 | 10 | |
| 色葉・伊呂波 | 国書 | — | 5 | a | 宮書 | 安政四写三巻三冊 | 現存 | 三 | |
| 色葉・伊呂波 | 国書 | Ⅳ | | b | | 一〇巻一〇冊本三部 | 現存 | 10 | |
| 色葉・伊呂波 | 国書 | Ⅳ | | c | | | 現存 | 10 | |
| 色葉・伊呂波 | 国書 | — | | d | | | 長期貸出中 | 10 | |
| 色葉・伊呂波 | 国書 | Ⅴ | 6 | a | 東博 | 一〇冊 | 現存 | 10 | |
| 色葉・伊呂波 | 国書 | Ⅵ | 7 | a | 学習院 | 二二七枚 | 現存 | 10 | |
| 色葉・伊呂波 | 国書 | — | | b | | 橘忠顕写一〇冊 | 未詳 | (10) | |
| 色葉・伊呂波 | 国書 | Ⅲ | | c | | 一〇冊 | 現存 | 10 | |
| 色葉・伊呂波 | 国書 | Ⅳ | 8 | a | 関大 | 天保一三伴林光平写一〇冊 | 現存 | 10 | 同一写本のためbを削除 |
| 色葉・伊呂波 | 古典籍 | — | | b | 関大岩崎 | 天保一三伴林光平写一〇冊 | | | |
| 色葉・伊呂波 | 国書 | — | 9 | a | 京大 | 三冊 | 現存 | 抄 | |
| 色葉・伊呂波 | 国書 | Ⅲ | | b | | 一〇巻本三部 | 現存 | 10 | |
| 色葉・伊呂波 | 国書 | Ⅴ | | c | | | 現存 | 10 | |
| 色葉・伊呂波 | 国書 | Ⅲ | | d | | | 現存 | 10 | |
| 色葉・伊呂波 | 国書 | — | | e | | 抜萃一巻、伴信友校蔵書八 | 現存 | 抄 | |
| 色葉・伊呂波 | 国書 | Ⅴ | 10 | a | 慶大 | 五冊 | 現存 | 10 | |
| 色葉・伊呂波 | 国書 | — | 11 | a | 慶大斯道 | 三冊 | 現存 | 花 | |
| 色葉・伊呂波 | 国書 | — | 12 | a | 大東文化 | 三冊 | 未詳 | — | |
| 色葉・伊呂波 | 国書 | Ⅳ | 13 | a | 教大 | 文政一二写一〇巻一〇冊 | 現存 | 10 | |
| 色葉・伊呂波 | 国書 | Ⅴ | 14 | a | 東大 | 欠本、伊-波部のみ一冊 | 現存 | 10 | |
| 色葉・伊呂波 | 国書 | — | | b | | 明治四〇写三冊 | 現存 | 花 | |
| 色葉・伊呂波 | 国書 | Ⅲ | | c | | 一〇巻一〇冊本四部 | 現存 | 10 | 五部 |
| 色葉・伊呂波 | 国書 | Ⅳ | | d | | | 現存 | 10 | |
| 色葉・伊呂波 | 国書 | Ⅴ | | e | | | 現存 | 10 | |
| 色葉・伊呂波 | 国書 | Ⅵ | | f | | | 現存 | 10 | |
| — | — | Ⅳ | | g | | | 現存 | 10 | 追加 |

| 種類(目録) | 媒体 | 参照表 | 整理番号 | | 目録記載情報 | | 所蔵状況 | 種類 | 訂正 |
|---|---|---|---|---|---|---|---|---|---|
| 色葉・伊呂波 | 国書 | — | 15 | a | 東北大 | 持明院基時写、登米伊達家文書の内 | 未詳 | — | |
| 色葉・伊呂波 | 国書 | VI | 16 | a | 東北大狩野 | 五冊 | 現存 | 10 | |
| 色葉・伊呂波 | 国書 | — | 17 | a | 早大 | 三巻三冊 | 現存 | 花 | |
| 色葉・伊呂波 | 国書 | III | 18 | a | 大阪府 | 一〇冊 | 現存 | 10 | |
| 色葉・伊呂波 | 国書 | — | 19 | a | 日比谷市村 | 二冊 | 現存 | 影 | 削除 |
| 色葉・伊呂波 | 国書 | — | | b | 日比谷東京 | 二冊 | 現存 | 影 | 削除 |
| 色葉・伊呂波 | 国書補遺 | III | | c | 日比谷諸家 | 一〇冊 | 現存 | 10 | |
| 色葉・伊呂波 | 国書 | IV | 20 | a | 刈谷 | 三冊 | 現存 | 10 | |
| 色葉・伊呂波 | 国書 | IV | | b | | 一〇冊 | 現存 | 10 | |
| 色葉・伊呂波 | DB | — | | c | 刈谷図村上 | 一冊、叢書〈蓬廬雑鈔〉の内 | 現存 | 抄 | |
| 色葉・伊呂波 | 国書 | V | 21 | a | 蓬左 | 一〇巻一〇冊本二部 | 現存 | 10 | 二部のうち一部は影印か |
| 色葉・伊呂波 | 国書 | — | | b | | | 影か | 10 | |
| 色葉・伊呂波 | 国書 | III | 22 | a | 北野 | 一〇冊 | 現存 | 10 | |
| 色葉・伊呂波 | 国書 | — | 23 | a | 桜山 | 一〇冊 | 未詳 | (10) | |
| 色葉・伊呂波 | 国書 | — | 24 | a | 彰考 | 一〇冊 | 焼失 | (10) | |
| 色葉・伊呂波 | 国書 | V | 25 | a | 神宮 | 仁・保部のみ一冊 | 現存 | 10 | |
| 色葉・伊呂波 | 国書 | — | | b | | 一冊 | 現存 | 花 | |
| 色葉・伊呂波 | 国書 | V | | c | | 一〇冊 | 現存 | 10 | |
| 色葉・伊呂波 | 国書補遺 | VI | | d | | 一〇冊 | 現存 | 10 | |
| 色葉・伊呂波 | 国書 | IV | 26 | a | 鈴鹿 | 一〇冊 | 現存 | 10 | |
| — | — | — | | b | | 三冊 | 現存 | 三 | 追加 |
| 色葉・伊呂波 | 国書 | — | 27 | a | 尊経 | 三巻の内中巻欠、鎌倉初期写、重文 | 未見 | 三 | |
| 色葉・伊呂波 | 国書 | — | | b | | 永禄八写二巻四冊 | 現存 | 二 | |
| 色葉・伊呂波 | 国書 | VI | 28 | a | 大東急 | 一〇巻の内巻二・三・四・七・九欠、江戸末期写 | 現存 | 10 | |
| 色葉・伊呂波 | DB | III | | b | | 室町、一〇冊 | 現存 | 10 | |
| 色葉・伊呂波 | DB | V | | c | | 江戸中、一〇冊 | 現存 | 10 | 九冊、巻一欠 |
| 色葉・伊呂波 | 国書 | IV | 29 | a | 天理 | 一〇巻一〇冊 | 現存 | 10 | |
| — | — | IV | | b | | 一〇巻一〇冊 | 現存 | 10 | 追加 |
| 色葉・伊呂波 | 国書 | III | 30 | a | 穂久邇 | 江戸末期写一〇冊 | 現存 | 10 | |
| 色葉・伊呂波 | 国書 | III | 31 | a | 三手 | 一〇巻 | 現存 | 10 | |
| 色葉・伊呂波 | 国書 | — | 32 | a | 無窮神習 | 一冊 | 現存 | 花 | |
| 色葉・伊呂波 | 国書 | VI | | b | | 一〇冊 | 現存 | 10 | |
| 色葉・伊呂波 | 国書 | VI | 33 | a | 陽明 | 一〇冊 | 現存 | 10 | |
| 色葉・伊呂波 | 国書 | — | 34 | a | 竜門 | 江戸中期写一〇巻三冊 | 現存 | 花 | |
| 色葉・伊呂波 | 国書 | — | 35 | a | 旧三井 | 三巻、攷略を付す | 焼失 | — | |
| 色葉・伊呂波 | 国書補遺 | V | 36 | a | 九大 | 巻一、一冊 | 現存 | 10 | |

| 種類(目録) | 媒体 | 参照表 | 整理番号 | | 目録記載情報 | | 所蔵状況 | 種類 | 訂正 |
|---|---|---|---|---|---|---|---|---|---|
| 色葉・伊呂波 | 古典籍 | Ⅴ | 37 | a | 和歌山大紀州藩 | 江戸末期写一〇冊 | 現存 | 10 | |
| 色葉・伊呂波 | 古典籍 | Ⅳ | 38 | a | 宣長記念館 | 一〇冊 | 現存 | 10 | |
| 色葉・伊呂波 | DB | Ⅴ | 39 | a | 北海学園北駕 | 一〇冊 | 現存 | 10 | |
| 色葉・伊呂波 | DB | — | 40 | a | 富山市図山田孝雄 | 一冊、巻上存 | 現存 | 花 | |
| 色葉・伊呂波 | DB | — | | b | | 二冊、明治一二写、明治四三山田孝雄識 | 現存 | 花 | |
| 色葉・伊呂波 | DB | Ⅵ | 41 | a | 津山郷土道家 | 九冊 | 現存 | 10 | |
| — | — | Ⅲ | 42 | a | 高松宮家 | 一〇冊 | 現存 | 10 | 追加 |
| — | — | — | 43 | a | 国学院 | 一〇冊 | 現存 | 10 | 追加 |

凡　例

＊参照表欄…一〇巻本に関して、本稿内で再分類して示した表の番号。

＊種類欄…二→二巻本、三→三巻本、花→花山院本、10→一〇巻本、抄→抄出本、影→写本ではなく前田本（中巻欠）の影印（大正一五年刊）であったもの。括弧は推定。

＊訂正欄…『国書総目録』記載事項への訂正。（目録記載情報欄の該当箇所に下線を付した）

＊43aについては本書613頁（注2）参照。

# 第四節　一〇巻本『伊呂波字類抄』

次に、最も伝本数の多かった一〇巻本についての調査結果を報告する。【表Ⅱ】に見られる通り、『国書総目録』に（一〇巻）（一〇冊）等とあるのは原則として一〇巻本を指すが、前述の龍門文庫本の誤記（一〇巻↓三巻の誤り）や、一〇巻本でも「20ａ刈谷　三冊」等とあるものもあるため、ここに閲覧の叶った全ての一〇巻本伝本について、一定の基準で排列・区分していくこととする。排列は、主に各巻丁数等の体裁の類似に拠ることとし（凡例参照）、次の四種のグループに分類した。

①　総丁数が一四一七～一四四六丁、一面六行のもの…【表Ⅲ】
②Ａ　総丁数が九〇七～九二五丁、一面八行のものと、その零本（奥書有）…【表Ⅳ】
②Ｂ　総丁数が九〇七～九二五丁、一面八行のものと、その零本（奥書無）…【表Ⅴ】
③　その他…【表Ⅵ】

【表Ⅲ】～【表Ⅵ】凡例

＊【表Ⅲ】～【表Ⅵ】に記した伝本は全て一〇巻本（写本）である。

＊時代欄…奥書・蔵書印等から推定される書写年代の上限・下限を示した。ただし、比較的新しい印記等のみの存する場合や、本文の詳細な校合が俟たれる場合はこれを省略し、「—」で示した。括弧内は著者以外（所蔵者、影印の解題者等）による推定である。

＊丁数欄…前後遊紙を含まない丁数を示した。ただし、扉や奥書の有無、最終丁の後ろ見返しへの貼り付け如何等に拠り、同種の写本でも若干の前後がある場合がある。また、【表Ⅲ】３ｃ静嘉堂文庫本・【表Ⅳ】４ａ東洋文庫

本・【表Ⅵ】16ａ狩野文庫本の如く丁数欄を分割したものは、一巻あたりが二分冊ないし三分冊であることを示す。
＊巻首：「類字」（巻）欄…巻二・一〇の巻首を「伊呂波類字抄」とするものについて、その巻数を示した。
＊天像（篇）欄…巻一〇（ヱヒモセス）中で本来「天象」部とあるべきところを「天像」部とするものについて、その篇名を示した。
＊字母欄…篇次の変わり目に記される字母を示した。ただし「土・止（ト）」の字体には必ずしも判然としない場合があったため、概ね「土」の異体字として処理した。
＊蔵書印（主）の情報は、『新編蔵書印譜』「国文学研究資料館：蔵書印データベース」『国史大辞典』『国書人名辞典』『日本人名大辞典』等に拠り、総合的に判断、記述した。
＊印記や本文、論文の引用等で旧字体・異体字体を現行字体に改めた場合がある。
＊各表内の排列は、奥書や前述の「類字」「天像」表記等に注目して区分けした中で、各区分ごとに左から丁数の少ない順に列べたものであり、類似度の高い伝本同士が隣接するものとなっている。

## ①総丁数が一四一七～一四四六丁、一面六行のもの

これらの写本は、明らかに同種と認められる写本群であり、以下の特徴を有する。

・いずれも完本である。
・3ｃ静嘉堂文庫本（二〇冊）を除き、いずれも一〇冊本である。
・一四本中五本について「太（タ）」の字母を欠き、その関係の深さが窺われる。（33ｃ静嘉堂文庫本は別筆で「太」を補う）
・一四本中五本に奥書があり、うち三本は今井似閑[1]（一六五七－一七二三）のものである。
・いずれも伴信友の校正を経ず、中院家の蔵本を祖とする同種の写本である。

・3c静嘉堂文庫本と19c特別買上文庫本（東京都立中央図書館）とは冊数を除けばその体裁が酷似しており、後者が前者を写したものとも考えられるが、他本についても二〇冊本の体裁は一切踏襲されておらず、3c静嘉堂文庫本はあまり広く見られなかったものかもしれない。ただし3c静嘉堂文庫本の蔵書印「中原」「出納」（中原職忠、一五八〇―一六六〇）からは、似閑奥書本よりも早い段階の書写であることも窺える。

【表Ⅲ】を概観するに、主に公家・神官・寺院に所有された伝本群であることが推察される。また、このうち28b大東急記念文庫本は古辞書叢刊また雄松堂出版の複製・影印が刊行され、近年新たに『大東急記念文庫善本叢刊　中古中世篇』として汲古書院から影印が刊行されたが、伴信友校本（写し）、【表Ⅵ】7a学習院大学本と併せ、一〇巻本字類抄として広く利用されてきた一本である。本書についての川瀬氏の解説には以下のようにあり、その筆致より室町初期写のものであることを推測され、特に高く評価されていたことが分かる。（傍線・省略著者）

本書はもと日野角坊文庫、田中教忠翁の旧蔵である。嘗て昭和極初、同文庫において目睹した古辞書の有力な資料二十数部（古往来を含む）の中の白眉であった。その後、筆者の学位論文執筆の研究資料として安田文庫へ購入して戴き、文庫を辞する際、筆者に恵与せられたものであるが、論文を完成して後、これを手離し、現在は再転して大東急記念文庫の有に帰しているのである。伊呂波字類抄の十巻本の伝写本は数多く現存するが、何れも皆江戸中期以降の書写本のみであって、江戸以前の古写本はこの本だけである。そして、この本がすべての現存諸伝本の根源となっていることは、拙著に述べた通りである。それ故に本書の覆製流布は研究上多大の被益となること、真に量り知れざるものがあろう。然も原本の保存が非常によろしかったのと、本文の墨色が鮮明で、且つは達筆である等のためもあって、この覆製になっても大変に見やすく出来上がっている。

（略）書写の識語も伝領の識語も存しないが、本文は頗る達筆な美事な筆蹟であって、室町中期を降らぬ頃、恐らくは室町初期の筆と見てもよかろうと思われる。但し、巻三・六・八・十の四冊は同時に何人かが助筆したもので、その筆蹟は稍劣っている。現存資料の示す処、江戸時代に入って十巻本を最初に伝写したのは今井似閑であるが、似閑は中院家の蔵本を借鈔している。その中院家蔵本というのは恐らく本書ではあるまいかと推測する。

（『伊呂波字類抄』、雄松堂出版、一九七七年）

しかし、本書の書写年代については確証がないのが実際である。そこで本稿では新たに、『国書総目録』には掲載されていなかった42ａ高松宮家本（【表Ⅲ】最右欄）の紹介を行い、今後の伝本研究への足掛かりとしたい。高松宮家本（旧有栖川宮家本）は『高松宮家伝来禁裏本目録』（国立歴史民俗博物館、二〇〇九年）に掲載された一〇冊本である。著者が国立歴史民俗博物館にて調査を行ったところ、高松宮家本が大東急記念文庫本に酷似していることが明らかとなった。詳細な比較調査は後日に譲るが、高松宮家本が、木版罫線や字配りを含め、大東急記念文庫本をかなり忠実に写した一本であることに疑いはなさそうである。

また【表Ⅲ】のうち31ａ三手文庫本は似閑の書写本（元禄一三年奥書）であり、18ａ大阪府立中之島図書館本や22ａ北野天満宮本、３ｂ静嘉堂文庫本（聖護院道承入道親王〈一六九五－一七一四、伏見宮邦永親王第一王子〉の家臣が「某家」の本を享保二年以前に書写）の原写本にあたるものと考えられる。

【表Ⅲ】 一〇巻本字類抄〈総丁数一四一七〜一四四六丁・一面六行〉

| 整理番号 | 30a | 14c | 7c | 3c | 19c | 2b | 9b | 18a | 22a | 31a | 9d | 3b | 28b | 42a |
|---|---|---|---|---|---|---|---|---|---|---|---|---|---|---|
| 事項＼所蔵機関 | 竹本泰一氏 *穂国（穂久邇）文庫 | 東京大学（国語研究室） | 学習院大学（日語日文学科） | 静嘉堂文庫 | 東京都立中央図書館 *特別買上文庫 | 国立公文書館 *内閣文庫 | 京都大学（文学研究科図書館） | 大阪府立中之島図書館 | 北野天満宮 | 賀茂別雷神社 *三手文庫 | 京都大学（附属図書館） | 静嘉堂文庫 | 大東急記念文庫 | 国立歴史民俗博物館 *高松宮家本 |
| 冊数 | 10 | 10 | 10 | 20 | 10 | 10 | 10 | 10 | 10 | 10 | 10 | 10 | 10 | 10 |
| 残欠 | 完 | 完 | 完 | 完 | 完 | 完 | 完 | 完 | 完 | 完 | 完 | 完 | 完 | 完 |
| 時代＊（ ）は推測 | - | -1708 | - | -1660 | -1891 | - | -1929 | 1700- | 1700- | 1700〜1723 | -1837 | -1717 | （室町初） | （江戸中） |
| 丁数 ① | 123 | 124 | 123 | 58　66 | 124 | 123 | 124 | 124 | 123 | 125 | 123 | 123 | 123 | 123 |
| ② | 123 | 123 | 123 | 51　72 | 123 | 123 | 124 | 123 | 123 | 123 | 123 | 123 | 123 | 123 |
| ③ | 169 | 169 | 169 | 68　101 | 169 | 169 | 169 | 168 | 168 | 170 | 169 | 169 | 169 | 169 |
| ④ | 151 | 151 | 152 | 81　69 | 151 | 151 | 152 | 151 | 152 | 155 | 152 | 152 | 152 | 152 |
| ⑤ | 139 | 139 | 139 | 69　70 | 139 | 139 | 140 | 138 | 139 | 141 | 139 | 139 | 139 | 140 |
| ⑥ | 166 | 167 | 166 | 70　97 | 167 | 167 | 167 | 166 | 167 | 169 | 167 | 167 | 167 | 167 |
| ⑦ | 127 | 127 | 127 | 46　81 | 127 | 127 | 127 | 127 | 127 | 129 | 127 | 127 | 127 | 127 |
| ⑧ | 149 | 148 | 148 | 66　82 | 148 | 148 | 148 | 148 | 148 | 149 | 148 | 148 | 148 | 148 |
| ⑨ | 144 | 145 | 145 | 69　76 | 145 | 145 | 145 | 145 | 145 | 147 | 145 | 145 | 145 | 145 |
| ⑩ | 126 | 126 | 126 | 67　60 | 127 | 126 | 127 | 127 | 127 | 129 | 128 | 129 | 126 | 126 |
| 総丁数 | 1417 | 1419 | 1418 | 1419 | 1420 | 1418 | 1423 | 1417 | 1419 | 1437 | 1421 | 1422 | 1419 | 1420 |
| 一面行数 | 6 | 6 | 6 | 6 | 6 | 6 | 6 | 6 | 6 | 6 | 6 | 6 | 6 | 6 |
| 奥書 | × | × | × | × | × | × | × | 似閑（元禄13年=1700） | 似閑（元禄13年=1700） | 似閑（元禄13年=1700） | 連胤（天保8年=1837） | 有馬治部光章（享保2年=1717） | × | × |
| 巻首:「類字」(巻) | 2・10 | 2・10 | 2・10 | 2（第3冊） | 2 | 2・10 | 2・10 | 2・10 | 2 | 2・10 | 2・10 | 10 | 2・10 | 2・10 |
| 「天像」(篇) | ヱヒ | ヱヒ | ヱヒ | × | × | ヱヒ | ヱヒ | ヱ | ヱヒ | ヱヒ | ヱヒ | ヱヒ | ヱヒ | ヱヒ |
| 字母（*右表記と異なる場合のみ記す） 伊呂波 | ——— | ——— | ——— | ——— | ——— | ——— | ——— | ——— | ——— | ——— | ——— | ——— | ——— | ——— |
| 仁保部 | ——— | ——— | ——— | ——— | ——— | ——— | ——— | ——— | ——— | ——— | ——— | ——— | ——— | ——— |
| 土知利 | ——— | ——— | 止—— | 止—— | 止—— | ——— | ——— | ——— | ——— | ——— | ——— | ——— | ——— | ——— |
| 奴留遠 | ——— | ——— | ——— | ——— | ——— | ——— | ——— | ——— | ——— | ——— | ——— | ——— | ——— | ——— |
| 和加与 | ——— | ——— | ——— | ——— | ——— | ——— | ——— | ——— | ——— | ——— | ——— | ——— | ——— | ——— |
| 太礼所 | ——— | ——— | ——— | △—— | ×—— | ×—— | ×—— | ×—— | ——— | ——— | ——— | ——— | ——— | ——— |
| 都祢奈 | ——— | ——— | ——— | ——— | ——— | ——— | ——— | ——— | ——— | ——— | ——— | ——— | ——— | ——— |
| 良无宇 | ——— | ——— | ——— | ——— | ——— | ——— | ——— | ——— | ——— | ——— | ——— | ——— | ——— | ——— |
| 為能於 | ——— | ——— | ——— | ——— | ——— | ——— | ——— | ——— | ——— | ——— | ——— | ——— | ——— | ——— |
| 久也末 | ——— | ——— | ——— | ——— | ——— | ——— | ——— | ——— | ——— | ——— | ——— | ——— | ——— | ——— |
| 計不古 | ——— | ——— | ——— | ——— | ——— | ——— | ——— | ——— | ——— | ——— | ——— | ——— | ——— | ——— |
| 江天安 | ——— | ——— | ——— | ——— | ——— | ——— | ——— | ——— | ——— | ——— | ——— | ——— | ——— | ——— |
| 左幾由 | ——— | ——— | ——— | ——— | ——— | ——— | ——— | ——— | ——— | ——— | ——— | ——— | ——— | ——— |
| 女見志 | ——— | ——— | ——— | ——— | ——— | ——— | ——— | ——— | ——— | ——— | ——— | ——— | ——— | ——— |
| 恵比毛 | ——— | ——— | ——— | ——— | ——— | ——— | ——— | ——— | ——— | ——— | ——— | ——— | ——— | ——— |
| 世須 | —— | —— | —— | —— | —— | —— | —— | —— | —— | —— | —— | —— | —— | —— |
| 印記等（*年月の表示のない現所蔵機関のものは省略する） | 「新」「久迩宮文庫」 | 「芸叢之印」（田村建顕）「芸叢」 | 「藤波家蔵書」 | 「中原」「出納」（中原職忠）「松井氏蔵書章」（松井簡治） | 「落合氏図書記」（落合直澄）「安藤文庫」（安藤正次）「北瀬」 | 「山科蔵書」 | 「読杜艸堂」（寺田望南）「77106・昭和41・10・5」 | 「源□□蔵本」（書写）「大阪府立図書館／15668／昭和廿一年九月十七日」 | × | 「今井似閑」「上鴨奉納」 | 「尚褧舎蔵」（鈴鹿連胤）「民贈・明治三三・三・二〇／京大図」「阿波岐曽能蔵書」「小室三吉寄贈本」 | 「聖護院蔵書記」 | 「中院蔵書」「宝玲文庫」「三柚書屋」（川瀬一馬）「一馬」 | × |

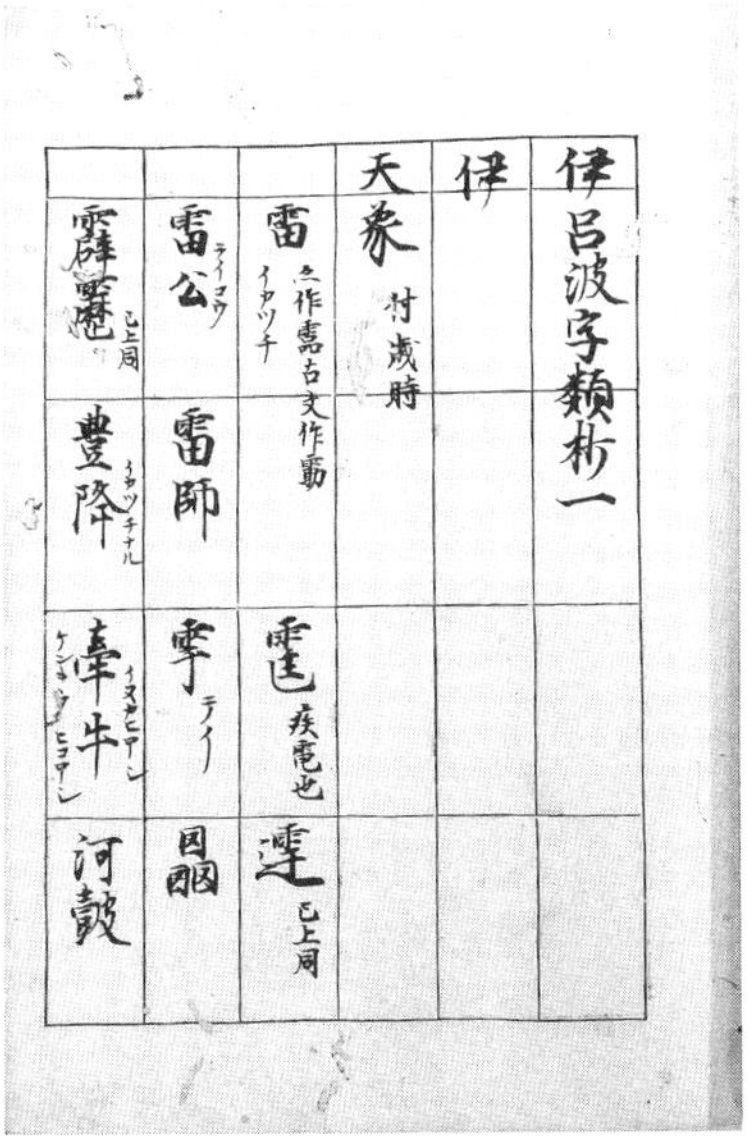


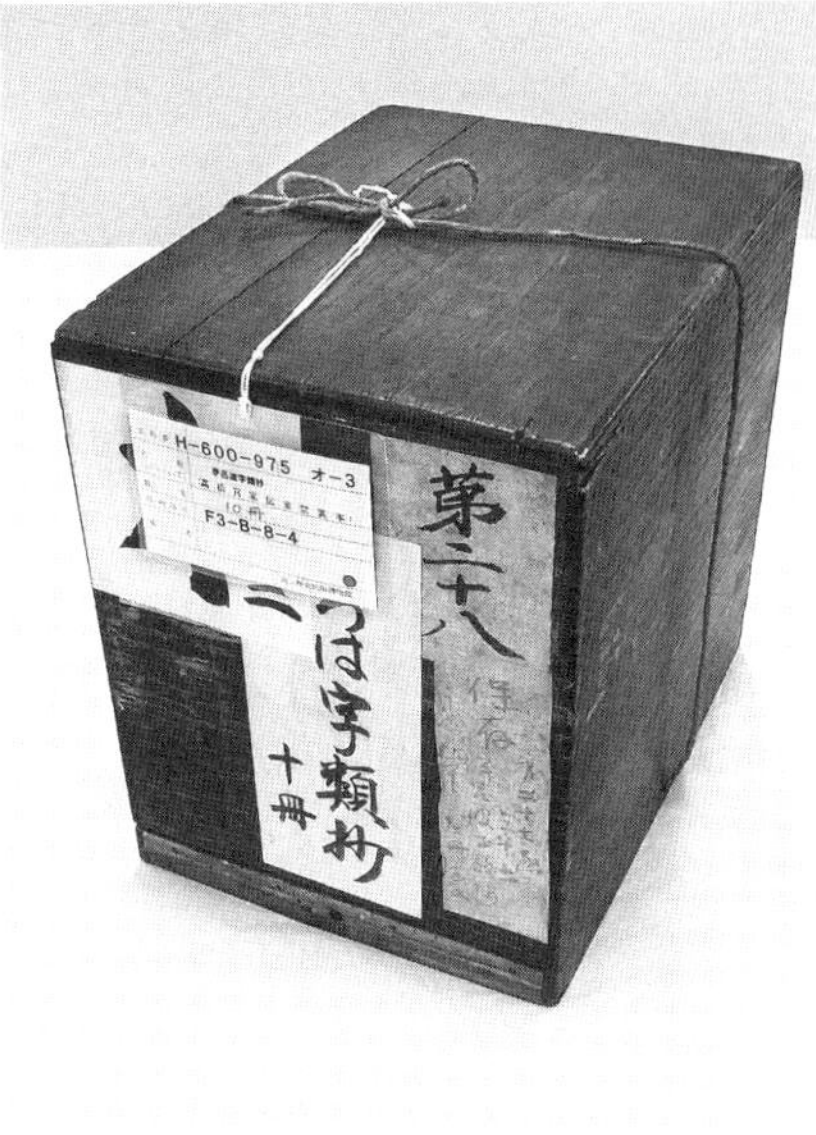


国立歴史民俗博物館蔵　10巻本伊呂波字類抄（42a）

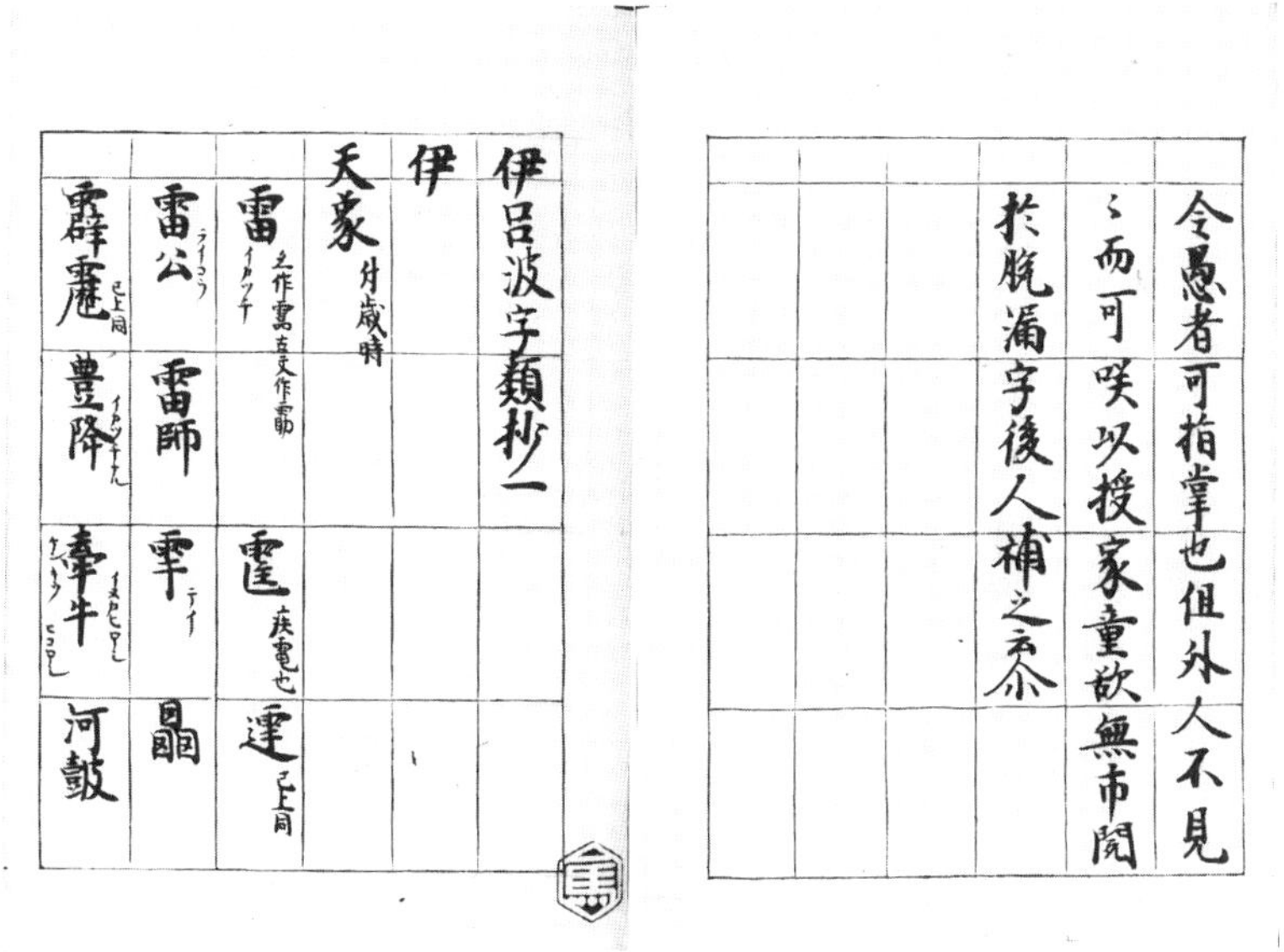


大東急記念文庫蔵　10巻本伊呂波字類抄（28b）

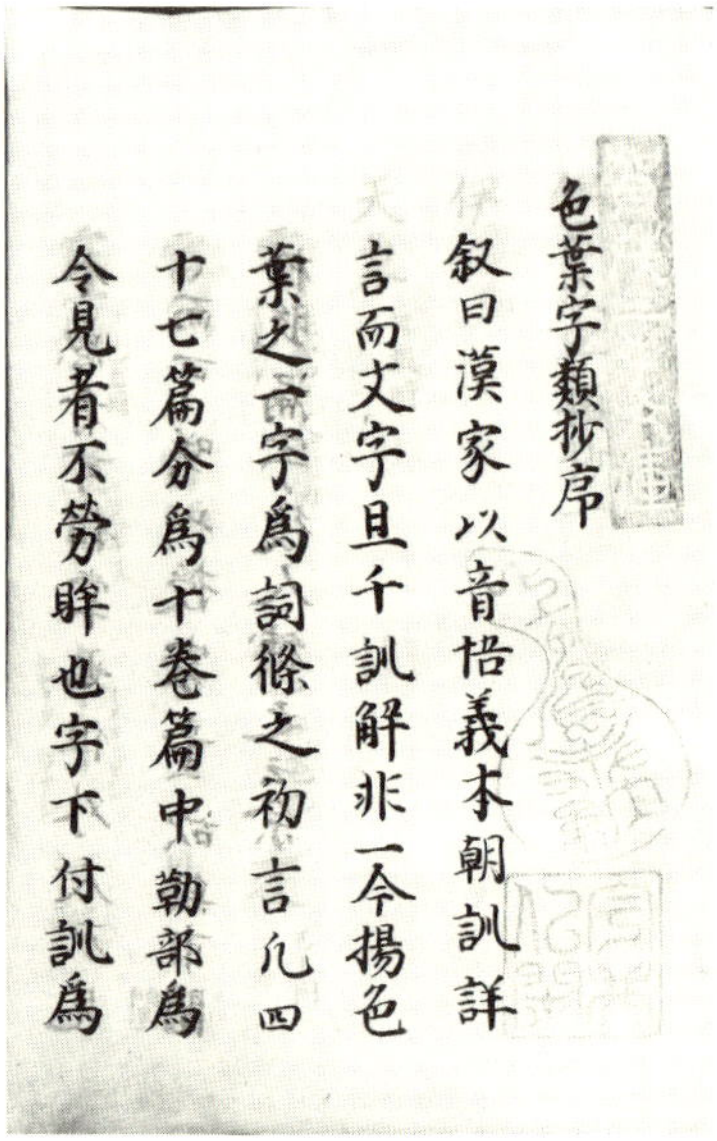

色葉字類抄序
叙曰漢家以音悟義本朝以訓詳
言而文字且千訓解非一今揚色
葉之一字爲詞條之初言凡四
十七篇分爲十巻篇中勒部爲
令見者不勞肸也字下付訓爲

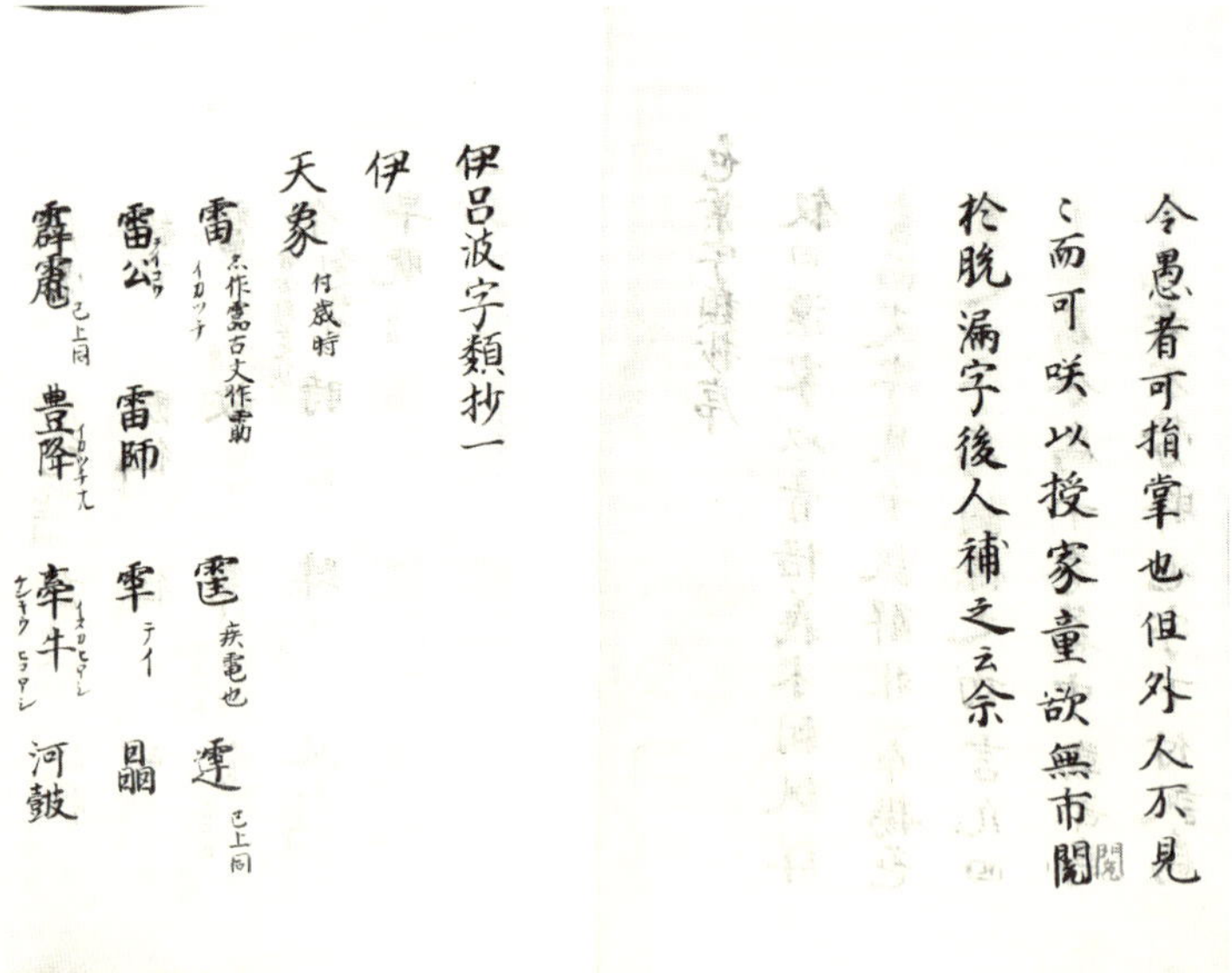

令愚者可指掌也但外人不見
之而可咲以授家童欲無市闇
於脱漏字後人補之云尓

伊呂波字類抄一
伊
天象 付歳時
雷 亦作靁古文作𩆜 イカツチ
霆 疾雷也
𩃎 已上同
雷公 雷師 雫 テイ 䨻
霹靂 已上同
豊隆
牽牛
河鼓

賀茂別雷神社(三手文庫)蔵　10巻本伊呂波字類抄(31a)

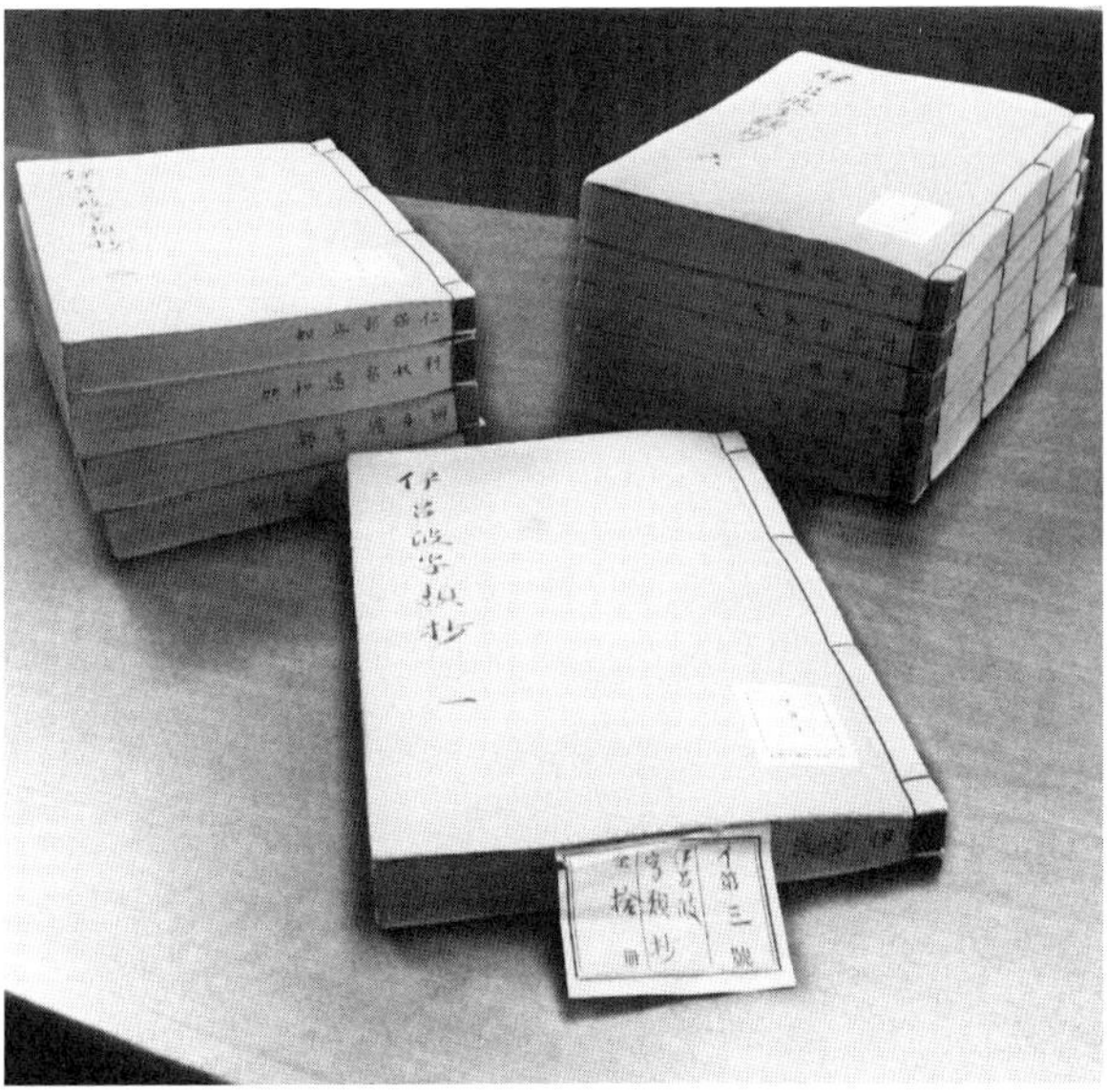


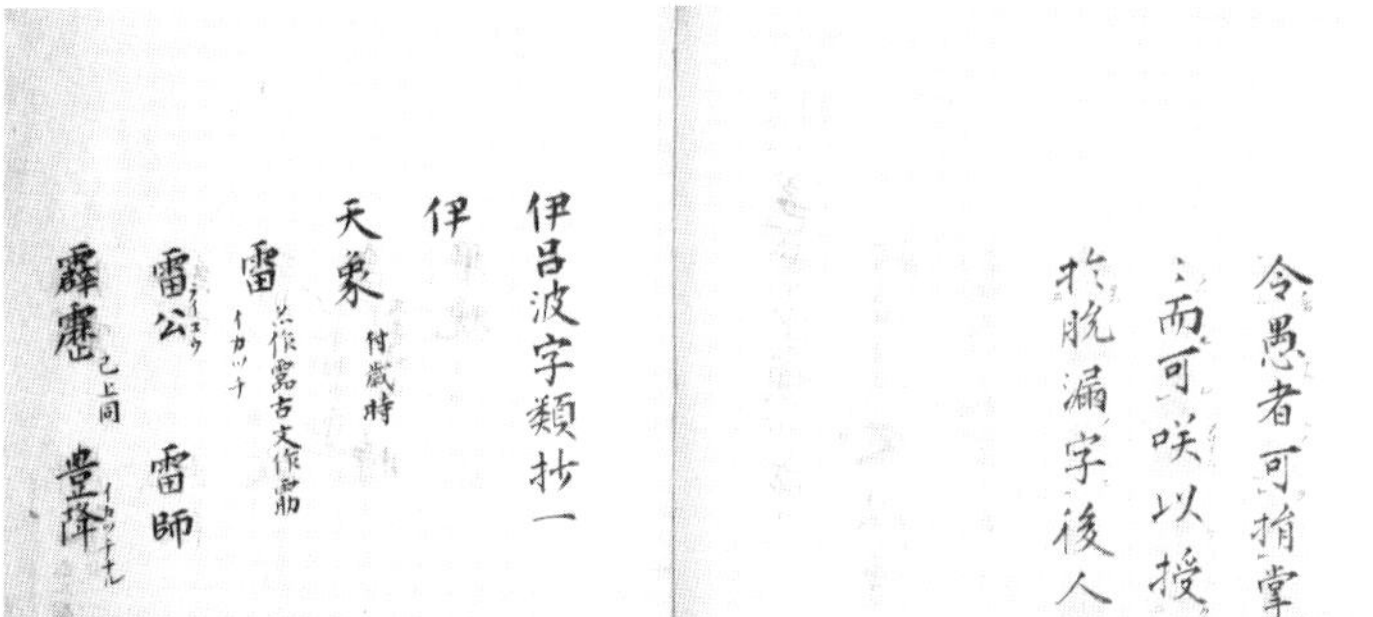
令愚者可指掌也但外人不見
而可咲以授家童欲無市閭
於脱漏字後人補之云余

伊呂波字類抄一
伊
天象　付歳時
雷　霆　遷
雷公　雷師　雫　田
霹靂　豊隆　牽牛　河鼓

北野天満宮蔵　10巻本伊呂波字類抄(22a)

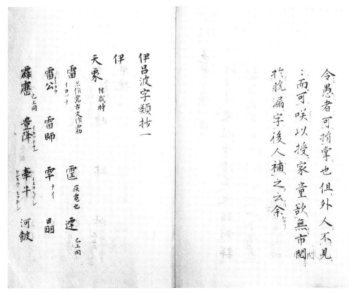

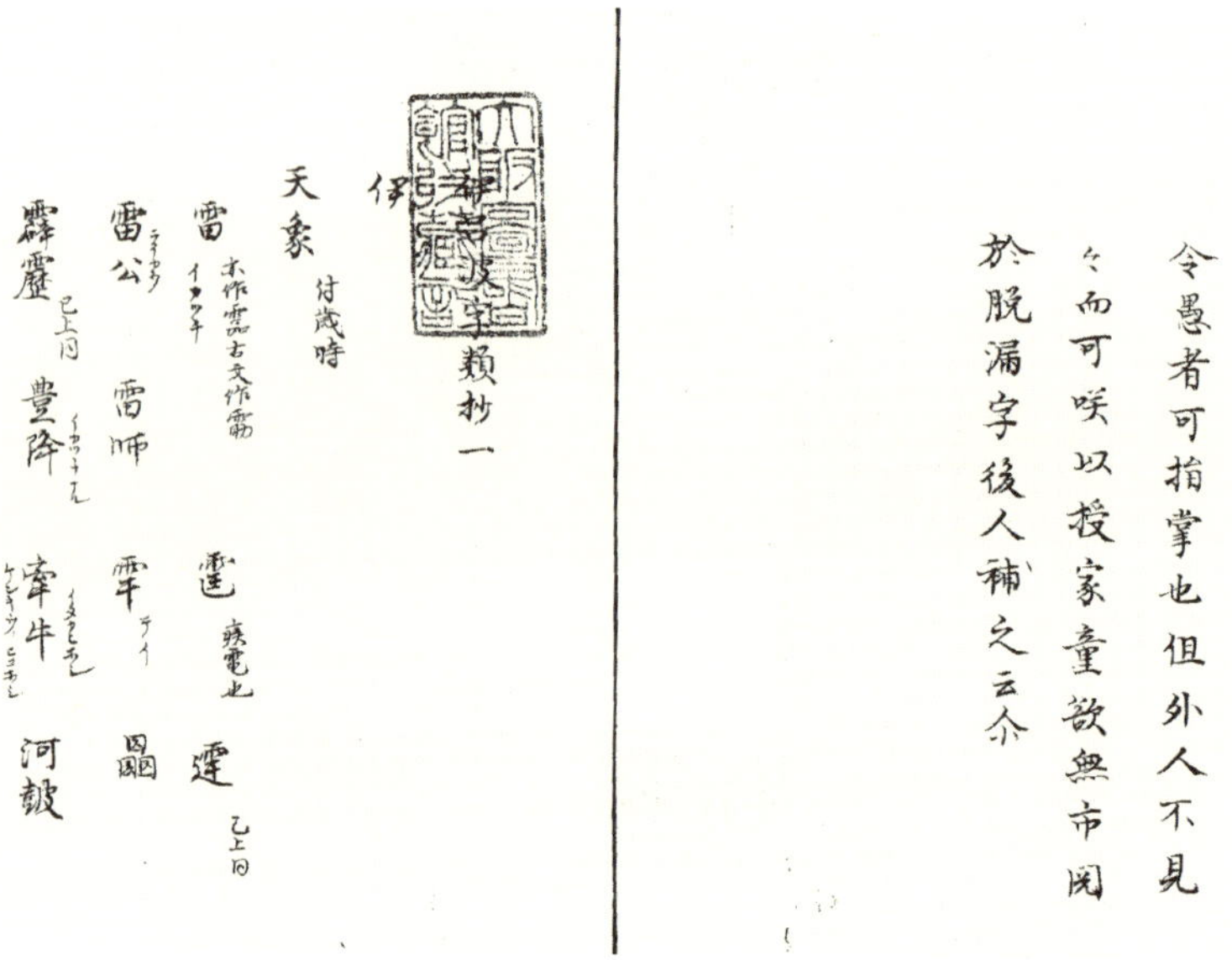
令愚者可指掌也但外人不見
々而可咲以授家童欲無市閲
於脱漏字後人補之云尒

伊呂波字類抄一

伊

天象 付歳時

雷 雷公 雷師 霹靂 豊隆 霆 雫 牽牛 河鼓

大阪府立中之島図書館蔵　10巻本伊呂波字類抄(18a)

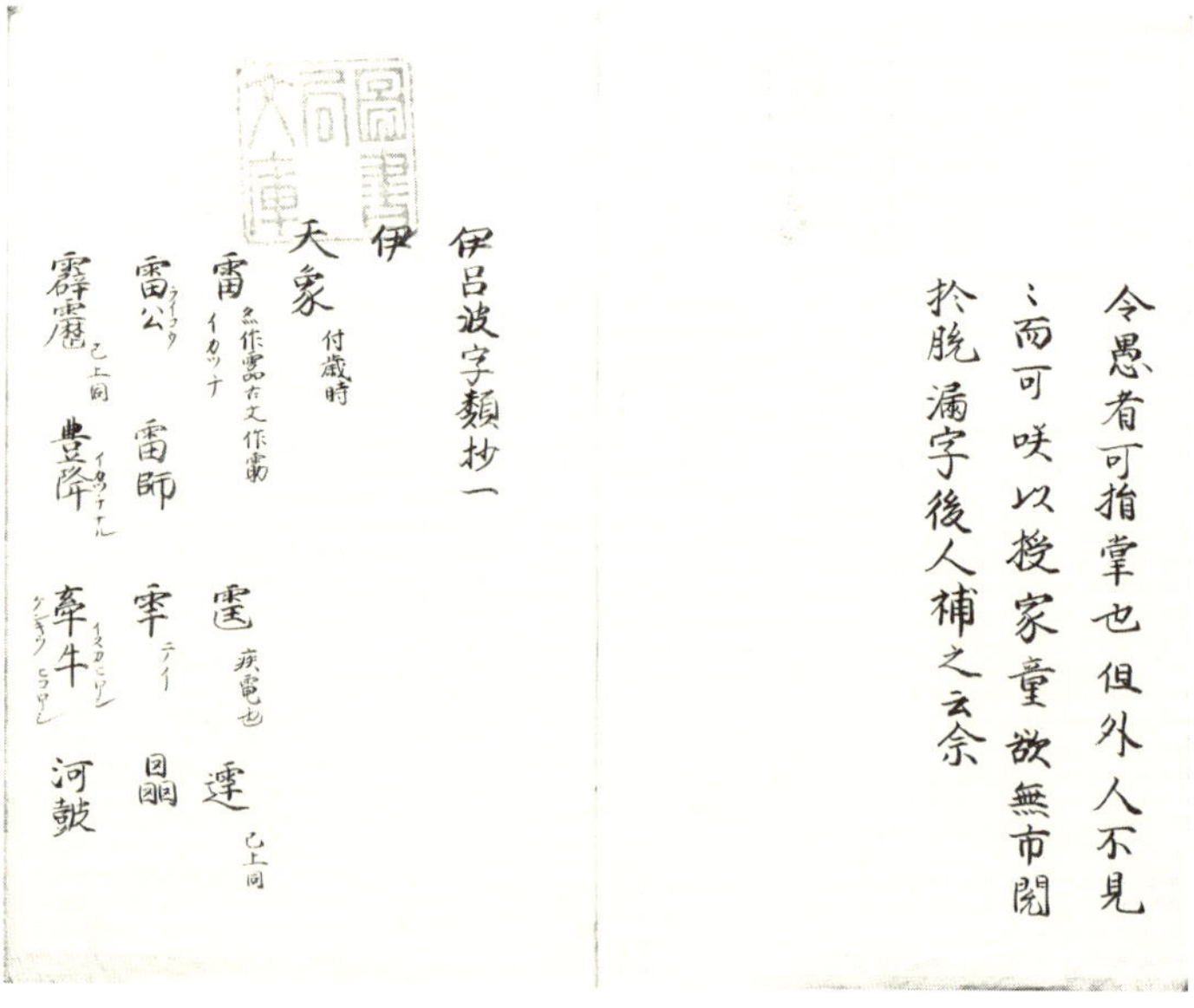
令愚者可指掌也但外人不見
々而可咲以授家童欲無市閲
於脱漏字後人補之云尒

伊呂波字類抄一

伊

天象 付歳時

雷 雷公 雷師 霹靂 豊隆 霆 雫 牽牛 河鼓

国立公文書館(内閣文庫)蔵　10巻本伊呂波字類抄(2b)

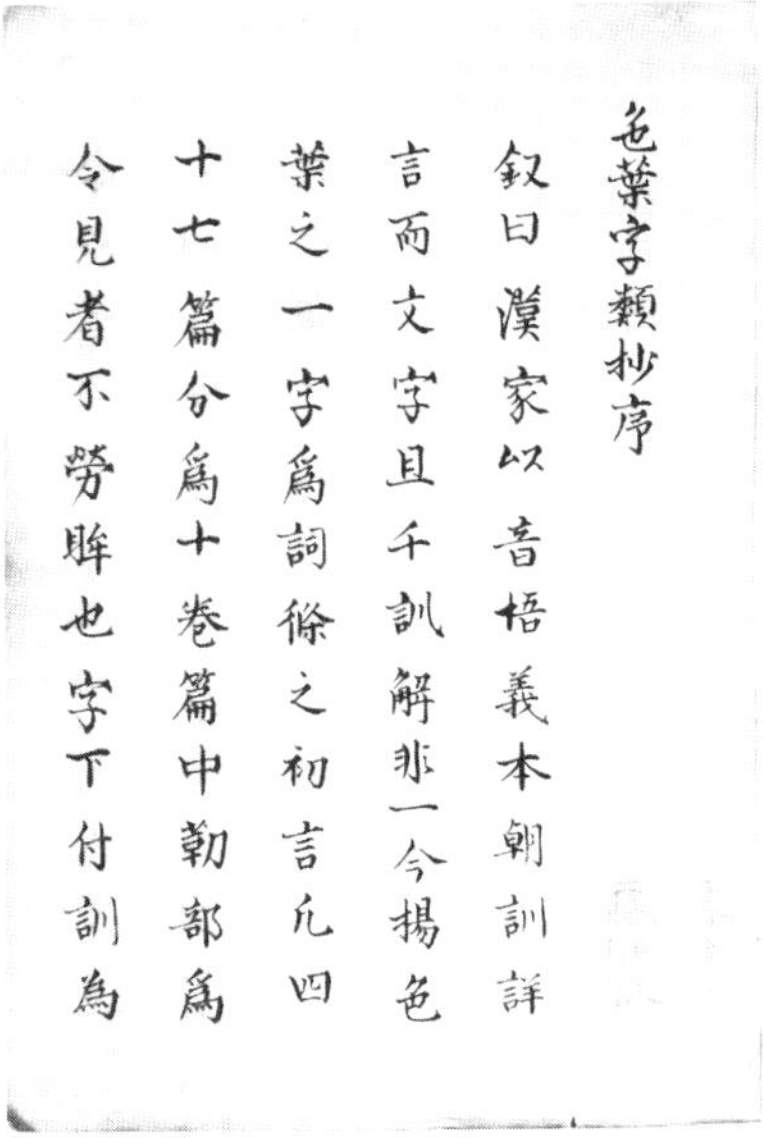
色葉字類抄序
叙曰漢家以音悟義本朝訓詳
言而文字且千訓解非一今揚色
葉之一字爲詞條之初言凡四
十七篇分爲十巻篇中勒部爲
令見者不勞賖也字下付訓爲

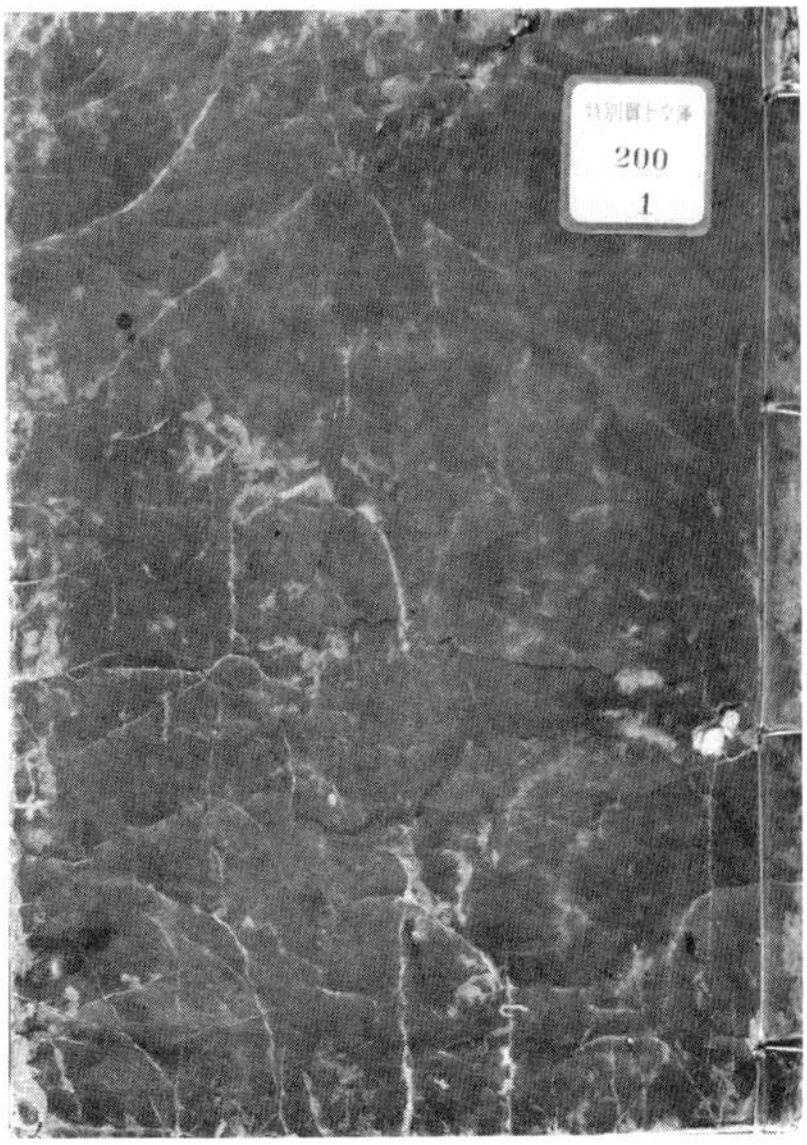


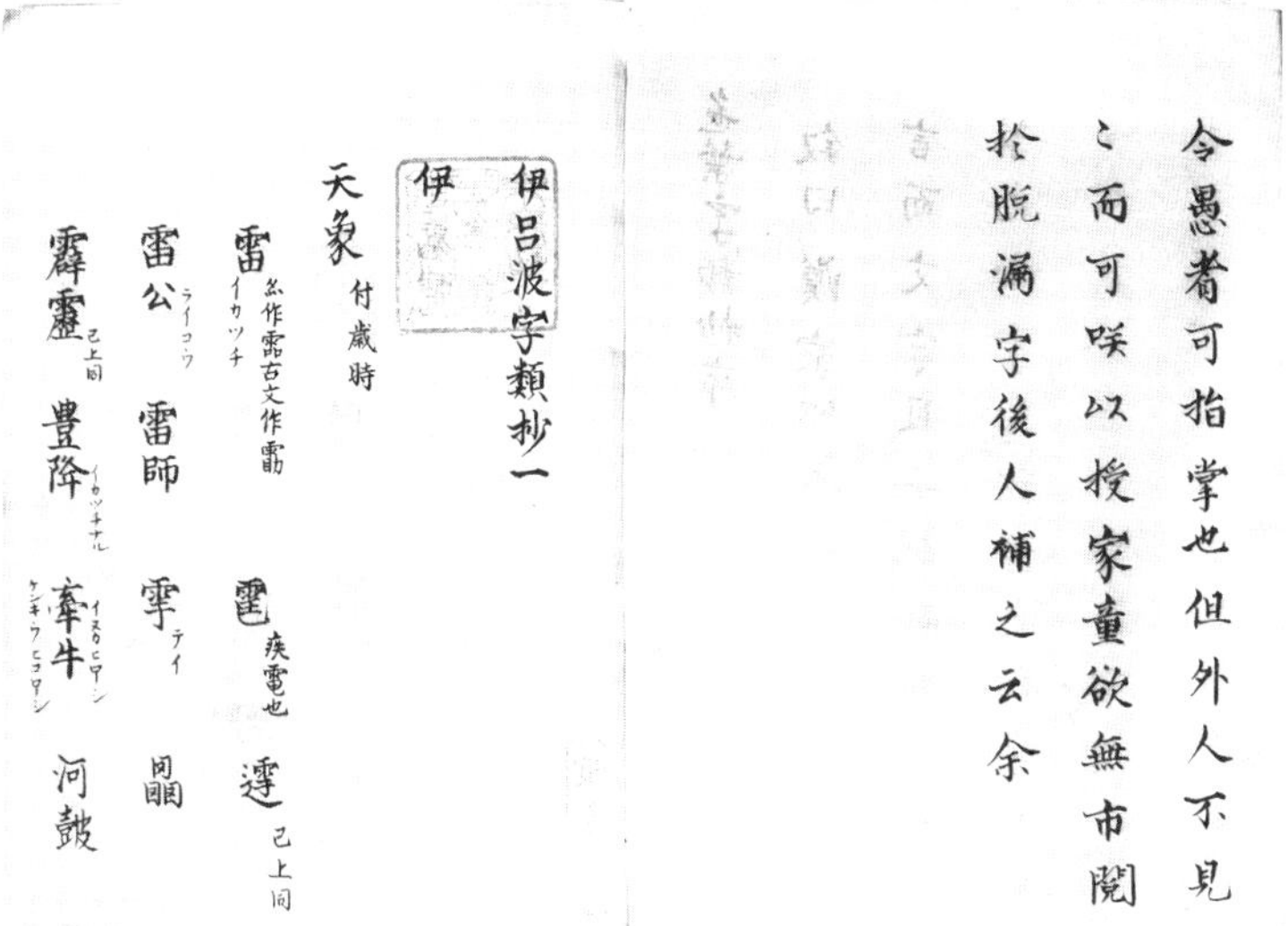
令愚者可指掌也但外人不見
之而可咲以授家童欲無市閲
於脫漏字後人補之云尓

伊呂波字類抄一
伊
天象　付歳時
雷《イカツチ》　亦作靁古文作䨓　霆　疾雷也　遷　已上同
雷公《ライコウ》　雷師　雫《テイ》　䨻
霹靂　已上同　豊隆《イカツチナル》　牽牛《イヌカヒホシ》　河鼓

東京都立中央図書館（特別買上文庫）蔵　10巻本伊呂波字類抄（19c）

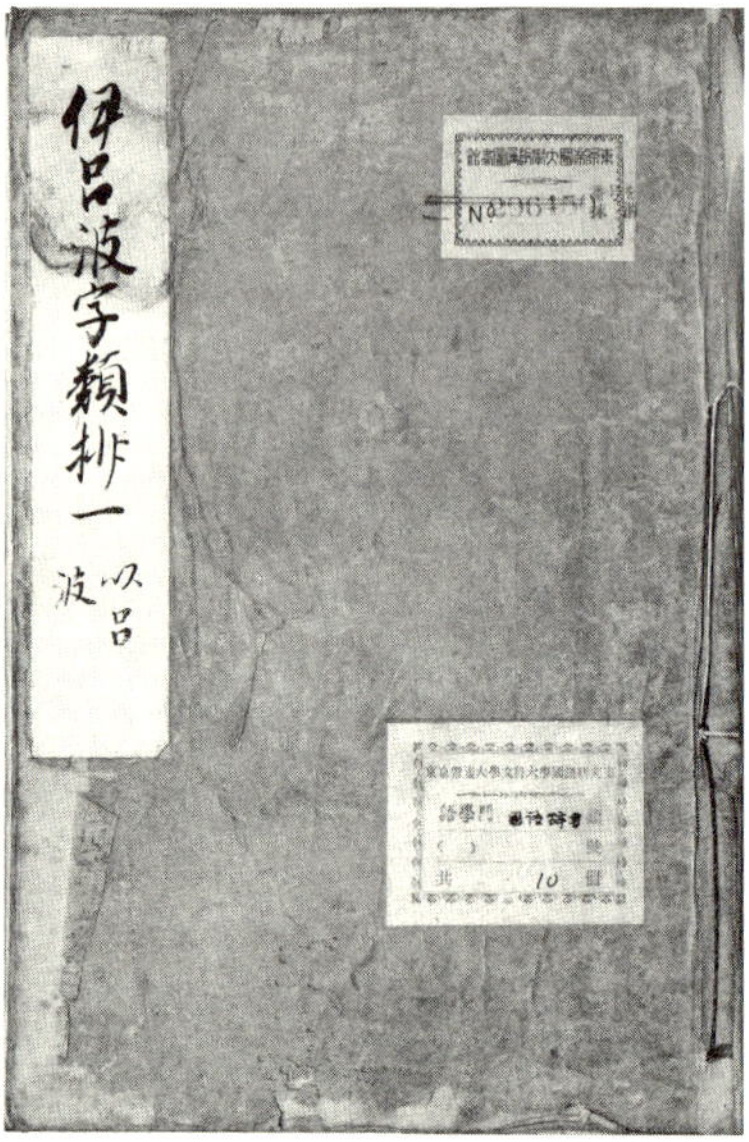

伊呂波字類抄一

以呂波

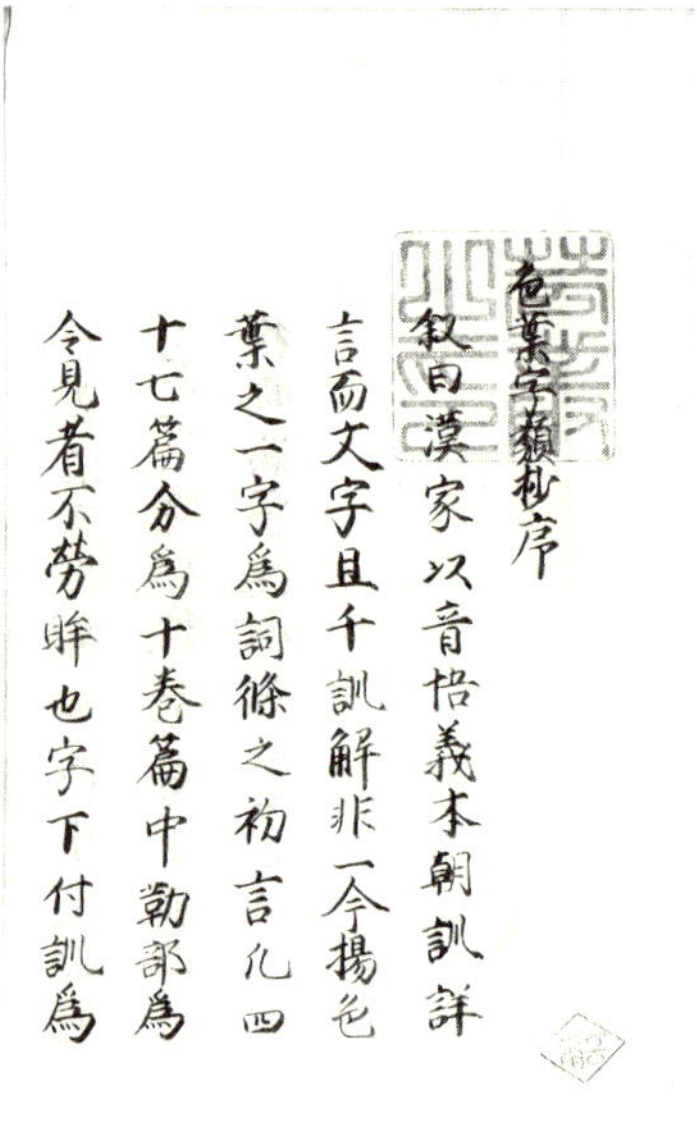

色葉字類抄序

叙曰漢家以音悟義本朝訓詳

言而文字且千訓解非一今揚色

葉之一字為詞條之初言凡四

十七篇分為十巻篇中勒部為

令見者不労眸也字下付訓為

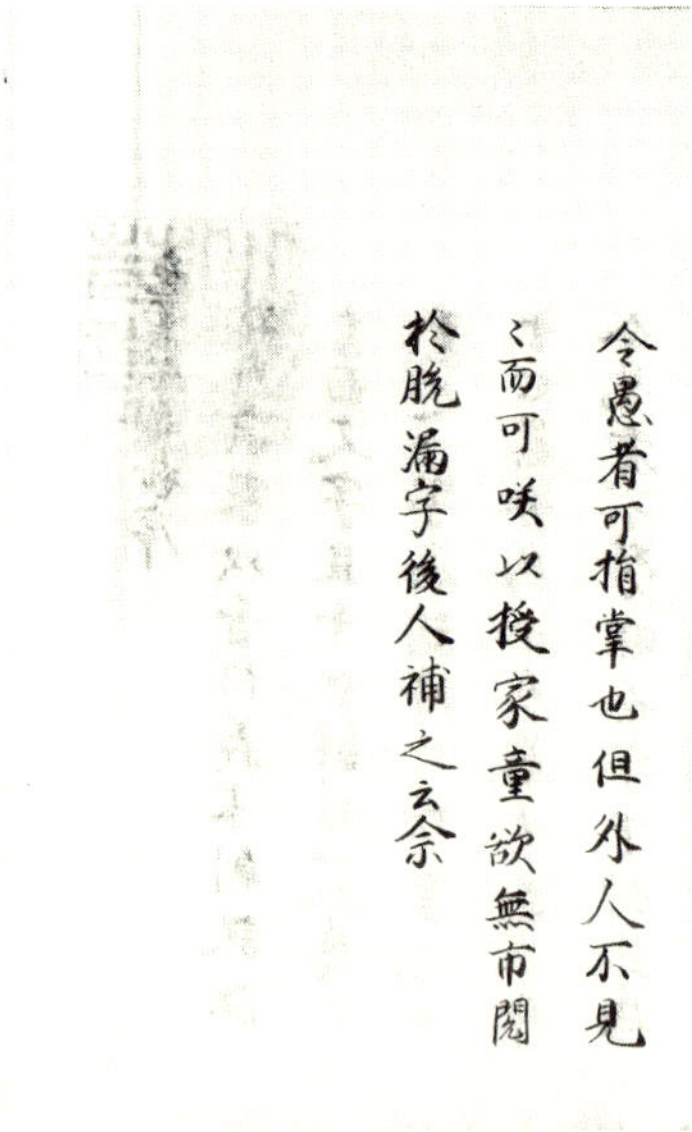

令愚者可指掌也但外人不見

々而可咲以授家童欲無市閣

於脱漏字後人補之云尓

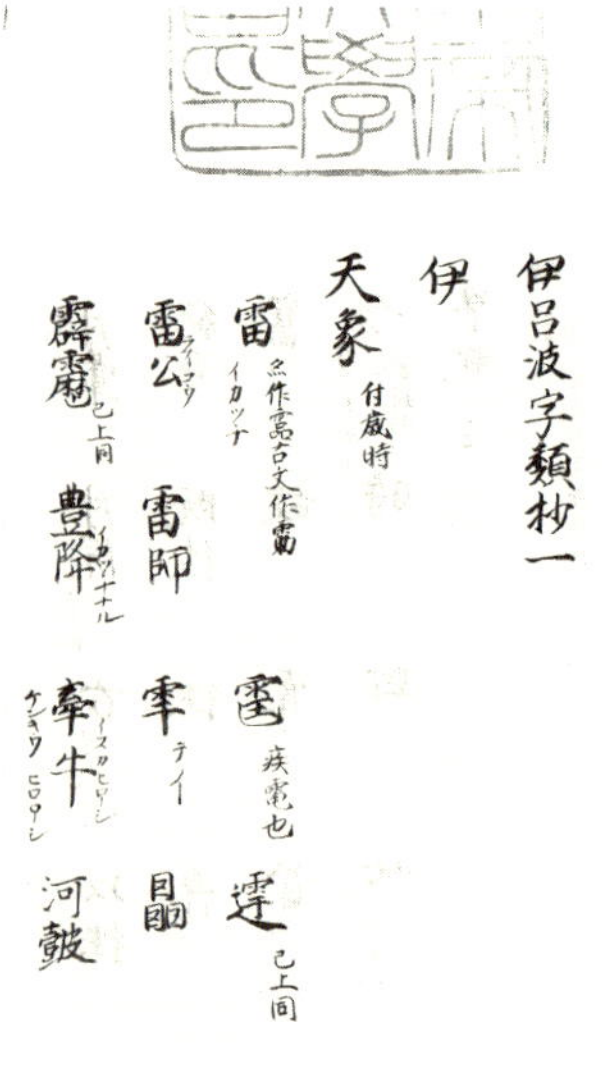

伊呂波字類抄一

伊

天象 付歳時

雷《イカツチ》 亦作靁古文作畾　霆 疾雷也　霆 已上同

雷公　雷師　霆《テイ》　畾

霹靂 已上同　豊隆　牽牛　河鼓

東京大学文学部国語研究室蔵　10巻本伊呂波字類抄(14c)

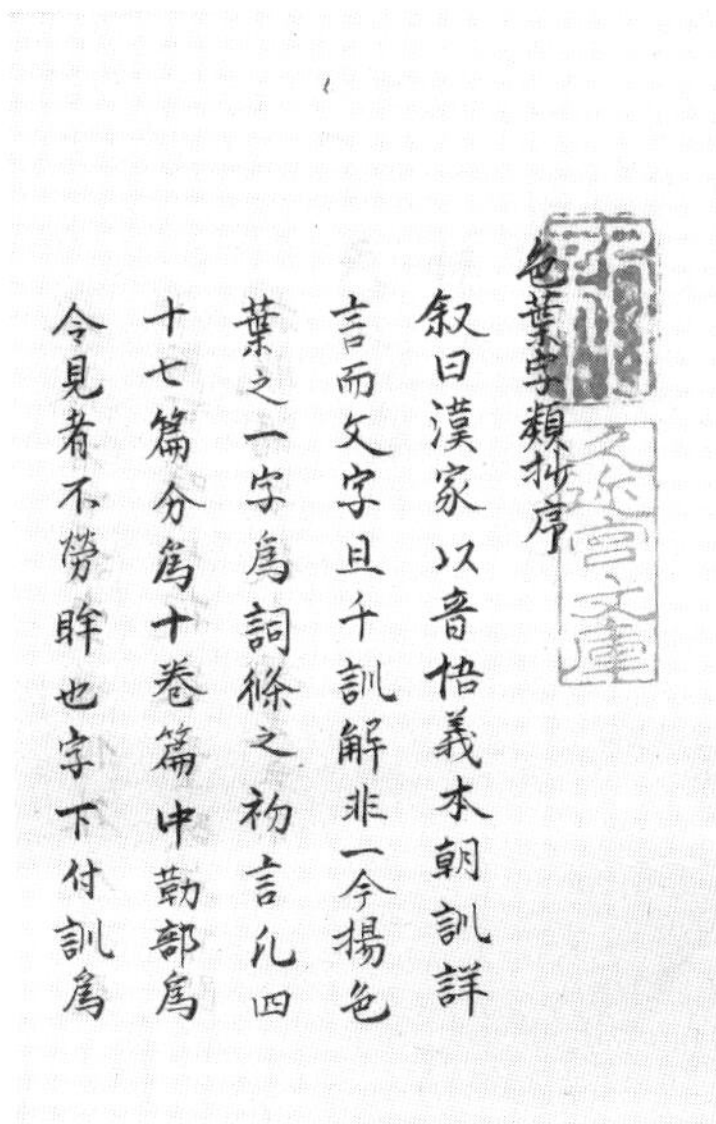

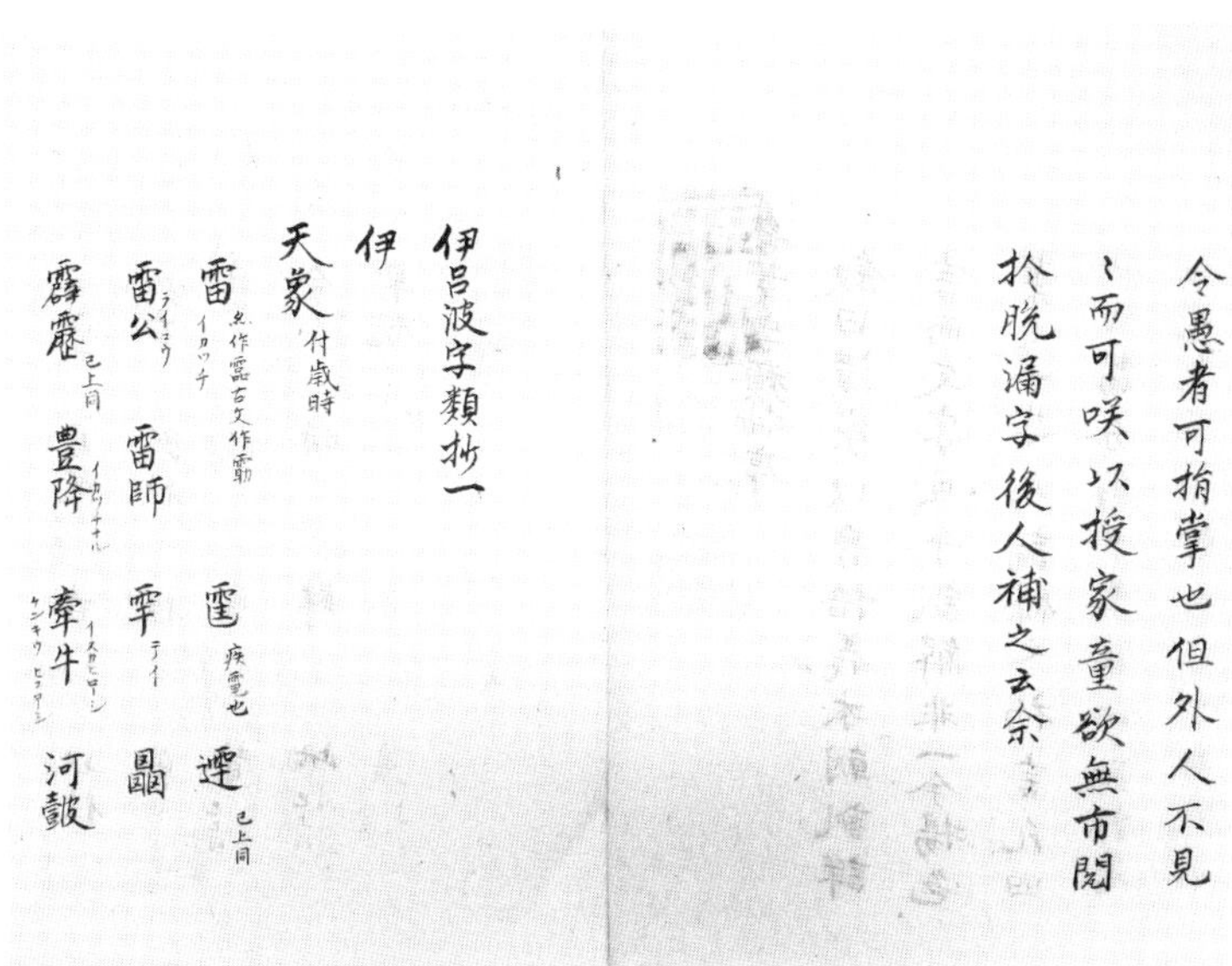

穂国(穂久邇)文庫蔵　10巻本伊呂波字類抄(30a)

②A　総丁数が九〇七～九二五丁、一面八行のものと、その零本（奥書有）

このグループに属する一五本は【表Ⅳ】の通りである。その外見上の特徴を次に挙げる。

・4a東洋文庫本を除く一四本は一〇冊本であり、20a村上文庫本を除いて完本である。

・一五本のうち一一本は似閑の、一〇本は伴信友の奥書を有する。

・26a鈴鹿文庫本、1c国立国会図書館本、29b天理図書館本の字母の一部は、三巻本に拠り校合が行われた形跡がある。

・奥書や体裁等から、［13a筑波大学本と29a天理図書館本］［5b図書寮文庫本と4a東洋文庫本］［1e国立国会図書館本と20b村上文庫本］［26a鈴鹿文庫本と1c国立国会図書館本と29b天理図書館本］とがそれぞれ近しい関係にあることが分かる。

| 1c | 29b | 20a | 5c |
|---|---|---|---|
| 国立国会図書館 | 天理図書館 | 刈谷市中央図書館<br>＊村上文庫 | 宮内庁書陵部<br>＊図書寮文庫 |
| 10 | 10 | 3 | 10 |
| 完 | 完 | ①～③ | 完 |
| 1854- | 1851<br>～1855 | 1858<br>～1861 | 1882 |
| 85 | 85 | 84 | 85 |
| 78 | 79 | 79 | 78 |
| 110 | 110 | 110 | 109 |
| 94 | 95 | × | 95 |
| 88 | 88 | × | 88 |
| 110 | 110 | × | 109 |
| 78 | 79 | × | 79 |
| 94 | 95 | × | 95 |
| 93 | 94 | × | 91 |
| 85 | 87 | × | 82 |
| 915 | 922 | 273 | 911 |
| 8 | 8 | 8 | 8 |
| ○ | ○ | × | × |
| ○ | ○ | × | × |
| ○ | ○ | × | × |
| ○ | ○ | × | × |
| ○ | ○ | × | × |
| 八座資時<br>(享保8年=1723)<br>光棣<br>(文政10年=1827)<br>山根輝実<br>(弘化3年=1846<br>～嘉永7年=1854)<br>岡田希雄<br>(昭和12年=1937、<br>前見返) | 八座資時<br>(享保8年=1723)<br>光棣<br>(文政10年=1827)<br>山根輝実<br>(弘化3年=1846<br>～嘉永7年=1854)<br>神谷克禎<br>(三園、嘉永4年<br>～安政2年=1855) | 村上忠浄<br>(①②安政5年<br>=1858<br>③文久元年<br>=1861) | 常世長胤<br>(明治15年) |
| × | × | × | × |
| × | × | × | × |
| --- | --- | --- | --- |
| --- | --- | --- | --- |
| 止-- | 止-- | 止-- | --- |
| --- | --- | --- | --- |
| --- | --- | --× | --- |
| --所〈曽〉 | --所〈曽〉 | ××× | --- |
| 都〈津〉-- | 都〈津〉-- | ××× | --- |
| --- | --- | ××× | --- |
| --- | --- | ××× | --- |
| -也〈野〉末〈万〉 | -也〈野〉末〈万〉 | ××× | --- |
| -不〈布〉- | -不〈布〉- | ××× | --- |
| -天〈手〉- | -天〈手〉- | ××× | --- |
| --- | --- | ××× | --- |
| -見〈美〉- | -見〈美〉- | ××× | --- |
| 恵〈会〉比〈飛〉- | 恵〈会〉比〈飛〉- | ××× | --- |
| --- | --- | ×× | -- |
| 「山根輝実」「富永」<br>「陸軍予科士官学校図書之印」 | 「月明荘」（反町茂雄）<br>「天理図書館／昭和十五年六月十四日／1071885（～94）」 | × | 「有造館記」<br>「名古屋・本町通・末廣町・<br>□□□□記・□□□□□□<br>□所久平衛」<br>「サカキノヤノシルシ」（常世<br>長胤）「長胤」 |

【表Ⅳ】　一〇巻本字類抄〈総丁数九〇七〜九二五丁・一面八行・奥書有〉

| 整理番号 | 13a | 29a | 14g | 38a | 5b | 4a | 1e | 20b | 8a | 14d | 26a |
|---|---|---|---|---|---|---|---|---|---|---|---|
| 事項＼所蔵機関 | 筑波大学<br>（附属図書館） | 天理図書館 | 東京大学<br>（法学部法制史資料室） | 本居宣長記念館 | 宮内庁書陵部<br>*図書寮文庫 | 東洋文庫<br>*岩崎文庫 | 国立国会図書館 | 刈谷市中央図書館<br>*村上文庫 | 関西大学<br>（図書館） | 東京大学<br>（国語研究室）<br>*黒川文庫 | 大和文華館<br>*鈴鹿文庫 |
| 冊数 | 10 | 10 | 10 | 10 | 10 | 23 | 10 | 10 | 10 | 10 | 10 |
| 残欠 | 完 | 完 | 完 | 完 | 完 | 完 | 完 | 完 | 完 | 完 | 完 |
| 時代 | 1817<br>〜1818 | 1734- | 1700<br>〜1854 | 1833- | 1836- | 1836- | 1841- | 1841- | 1842 | -1878 | 1846<br>〜1854 |
| 丁数 ① | 85 | 85 | 86 | 84 | 85 | 44 41 | 91 | 91 | 85 | 88 | 85 |
| 丁数 ② | 79 | 80 | 79 | 78 | 78 | 35 44 | 80 | 80 | 79 | 79 | 79 |
| 丁数 ③ | 110 | 111 | 110 | 110 | 110 | 34 39 37 | 110 | 110 | 110 | 110 | 108 |
| 丁数 ④ | 95 | 96 | 95 | 94 | 95 | 54 41 | 95 | 95 | 95 | 95 | 83 |
| 丁数 ⑤ | 88 | 89 | 89 | 88 | 88 | 40 48 | 88 | 88 | 88 | 88 | 104 |
| 丁数 ⑥ | 109 | 110 | 110 | 110 | 110 | 40 32 38 | 110 | 110 | 109 | 110 | 110 |
| 丁数 ⑦ | 79 | 80 | 79 | 78 | 79 | 43 36 | 79 | 79 | 79 | 79 | 79 |
| 丁数 ⑧ | 95 | 96 | 95 | 94 | 95 | 41 32 22 | 94 | 95 | 95 | 95 | 95 |
| 丁数 ⑨ | 93 | 94 | 94 | 93 | 94 | 54 40 | 94 | 95 | 94 | 94 | 94 |
| 丁数 ⑩ | 82 | 83 | 83 | 82 | 83 | 39 44 | 82 | 82 | 83 | 85 | 85 |
| 総丁数 | 915 | 924 | 920 | 911 | 917 | 918 | 923 | 925 | 917 | 923 | 922 |
| 一面行数 | 8 | 8 | 8 | 8 | 8 | 8 | 8 | 8 | 8 | 8 | 8 |
| 奥書・識語 小槻（天文元年=1532） | × | × | × | × | × | × | × | × | × | ○ | ○ |
| 奥書・識語 似閑（元禄13年=1700） | × | × | ○ | ○ | ○ | ○ | ○ | ○ | ○ | ○ | ○ |
| 奥書・識語 資時（享保8年=1723） | × | × | × | × | × | × | × | × | × | × | ○ |
| 奥書・識語 信友（天保4年=1833） | × | × | × | ○ | ○ | ○ | ○ | ○ | ○ | ○ | ○ |
| 奥書・識語 信友（弘化3年=1846再識） | × | × | × | × | × | × | × | × | × | × | ○ |
| 奥書・識語 ほか | 奥平廣業<br>（享保19年=1734）<br>不明<br>（文化14年=1817<br>〜文化15年）<br>正鬉<br>（文政12年=1829<br>〜文政13年） | 奥平廣業<br>（享保19年=1734） | - | - | 田澤周任<br>（天保7年<br>=1836） | 田澤周任<br>（天保7年<br>=1836） | 不明<br>（天保12年<br>=1841、<br>①巻首） | 不明<br>（天保12年<br>=1841、<br>①巻首） | 伴林光平<br>（天保13年<br>=1842） | 黒川真頼<br>（明治11<br>年=1878） | 光棣<br>（文政10年=1827）<br>山根輝実<br>（弘化3年=1846<br>〜嘉永7年=1854） |
| 巻首：「類字」（巻） | 2・10 | × | × | × | 2 | × | × | × | × | × | × |
| 「天像」（篇） | ヱヒモ | ヱヒモ | × | × | × | × | × | × | × | × | × |
| 字母（*右表記と異なる場合のみ記す） 伊呂波 | --- | --- | --- | --- | --- | --- | --- | --- | --- | --- | --- |
| 仁保部 | --- | --- | ---〈辺〉 | --- | --- | --- | --- | --- | --- | --- | --- |
| 土知利 | --- | --- | 止-- | 止-- | --- | 止-- | 止-- | 止-- | 止-- | 止-- | 止-- |
| 奴留遠 | --- | --- | --- | --- | --- | --- | --- | --- | --- | --- | --- |
| 和加与 | --- | --- | --- | --- | --- | --- | --- | --- | --- | --- | --- |
| 太礼所 | --- | --- | --- | --- | --- | --- | --- | --- | --- | --- | --所〈曽〉 |
| 都祢奈 | --- | --- | --- | --- | --- | --- | --- | --- | --- | --- | 都〈津〉-- |
| 良无宇 | --- | --- | --- | --- | --- | --- | --- | --- | --- | --- | --- |
| 為能於 | --- | --- | --- | --- | --- | --- | --- | --- | --- | --- | --- |
| 久也末 | --- | --- | --- | --- | --- | --- | --- | --- | --- | --- | -也〈野〉末〈万〉 |
| 計不古 | --- | --- | --- | --- | --- | --- | --- | --- | --- | --- | -不〈布〉- |
| 江天安 | --- | --- | --- | --- | --- | --- | --- | --- | --- | --- | -天〈手〉- |
| 左幾由 | --- | --- | --- | --- | --- | --- | --- | --- | --- | --- | --- |
| 女見志 | --- | --- | --- | --- | --- | --- | --- | --- | --- | --- | -見〈美〉- |
| 恵比毛 | --- | --- | --- | --- | --- | --- | --- | --- | --- | --- | 恵〈会〉比〈飛〉- |
| 世須 | -- | -- | -- | -- | -- | -- | -- | -- | -- | -- | --- |
| 印記等（*年月の表示のない現所蔵機関のものは省略する） | 「さゝの蔵」<br>「高等師範学校図書印」<br>「明治三十二年五月一日文行堂<br>ヨリ購求」<br>*参考「尾張　取田　弘三郎正紹<br>蔵」（写） | 「桑名」（桑名藩松平家）<br>「楽亭文庫」（松平定信）<br>「月明荘」（反町茂雄）<br>「天理図書館／昭和廿二年四月<br>十五日／17708<br>（〜17）」 | 「紀伊小原八三郎／<br>源良直蔵書之記」 | × | × | 「木村辞章」（木村正辞） | 「国立国会図書館／<br>6・9・21」 | × | 「岩崎美隆文庫」<br>「関西大学図書館蔵書／・15<br>0290／昭和32・10・<br>12／吹田市・千里山」 | 「黒川真頼蔵書」<br>「黒川真頼」「黒川<br>真道」 | 「尚褧舎蔵」（鈴鹿連胤） |

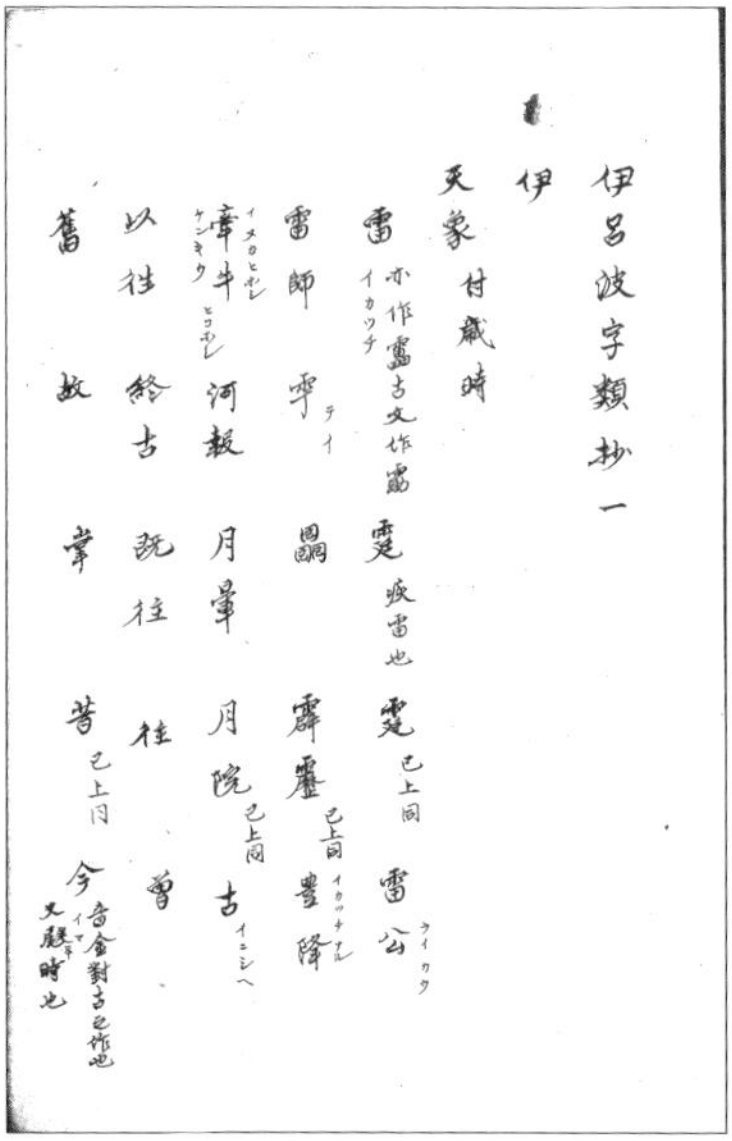

伊呂波字類抄一

伊

天象　付歳時

雷　亦作靁古文作𩄈　霆　疾雷也　霆　已上同　雷公

雷師　雫　靁　霹靂　已上同　豊隆

牽牛　河鼓　月暈　月睆　已上同　古

以往　終古　既往　往　曽

舊　故　常　昔　已上同　今

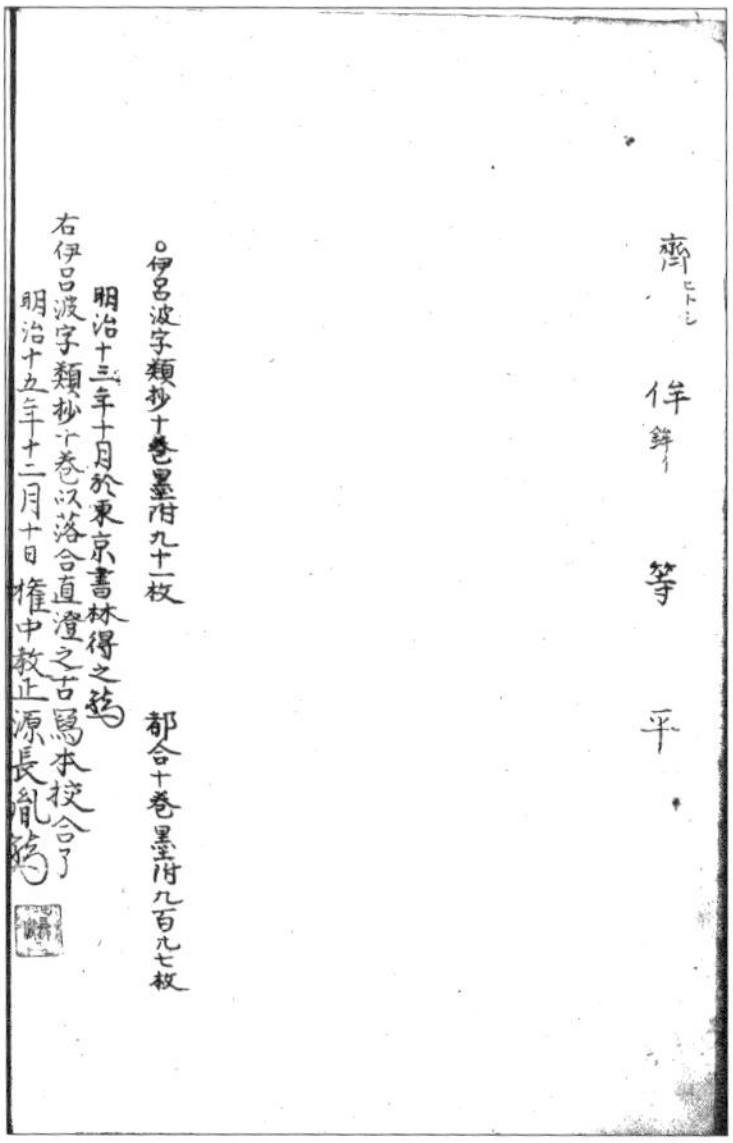

齊《ヒトシ》　侔　等　平

〇伊呂波字類抄十巻 墨附九十一枚　都合十巻 墨附九百九十七枚

明治十三年十月於東京書林得之

右伊呂波字類抄十巻以落合直澄之古寫本挍合了

明治十五年十二月十日　權中教正源長猷

宮内庁書陵部(図書寮文庫)蔵　10巻本伊呂波字類抄(5c)

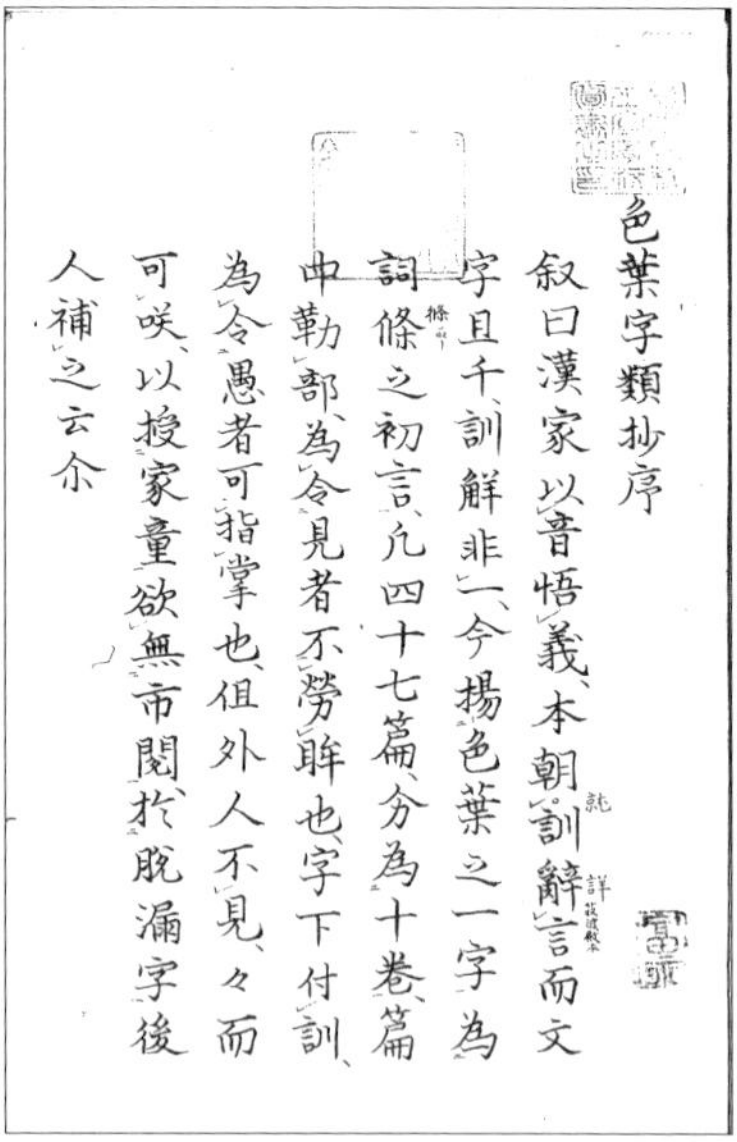

色葉字類抄序

叙曰漢家以音悟義、本朝以訓解言、而文字且千、訓解非一、今揚色葉之一字為詞條之初言、凡四十七篇、分為十巻、篇中勒部、為令見者不勞眸也、字下付訓、為令愚者可指掌也、但外人不見、々而可咲、以授家童、欲無市閲於脱漏字、後人補之云尒

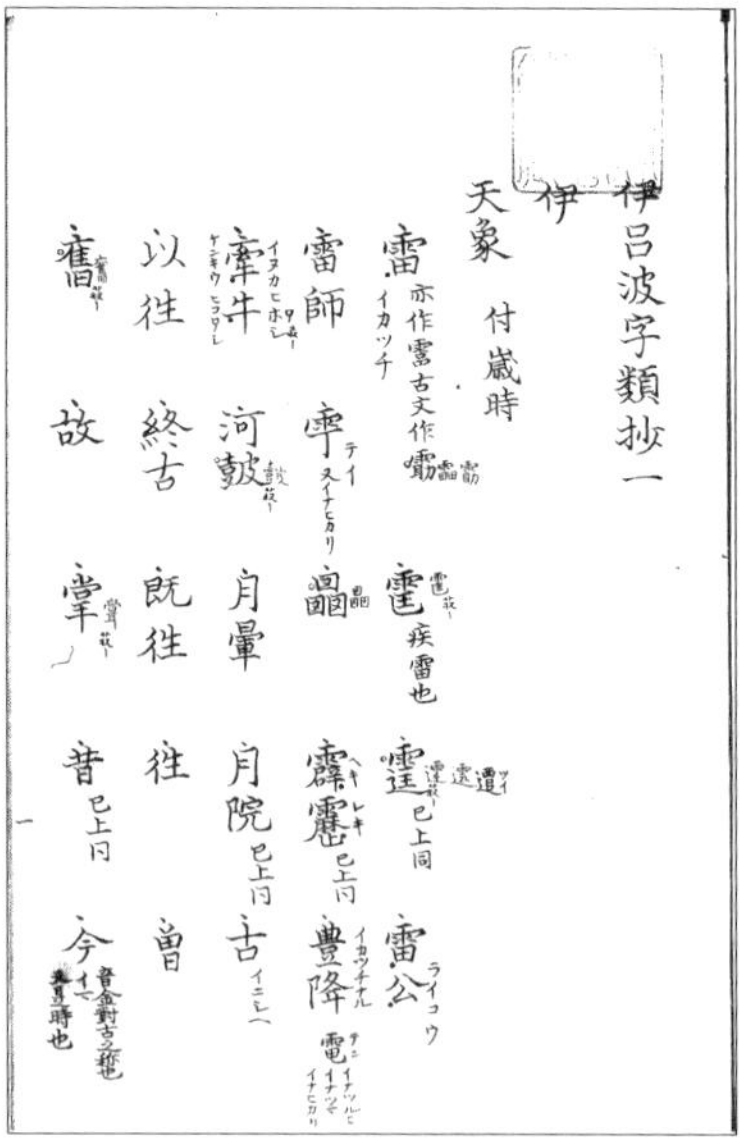

伊呂波字類抄一

伊

天象　付歳時

雷　亦作靁古文作𩄈　霆　疾雷也　霆　已上同　雷公

雷師　雫　靁　霹靂　已上同　豊隆

牽牛　河鼓　月暈　月睆　已上同　古

以往　終古　既往　往　曽

舊　故　常　昔　已上同　今

国立国会図書館蔵　10巻本伊呂波字類抄(1c)

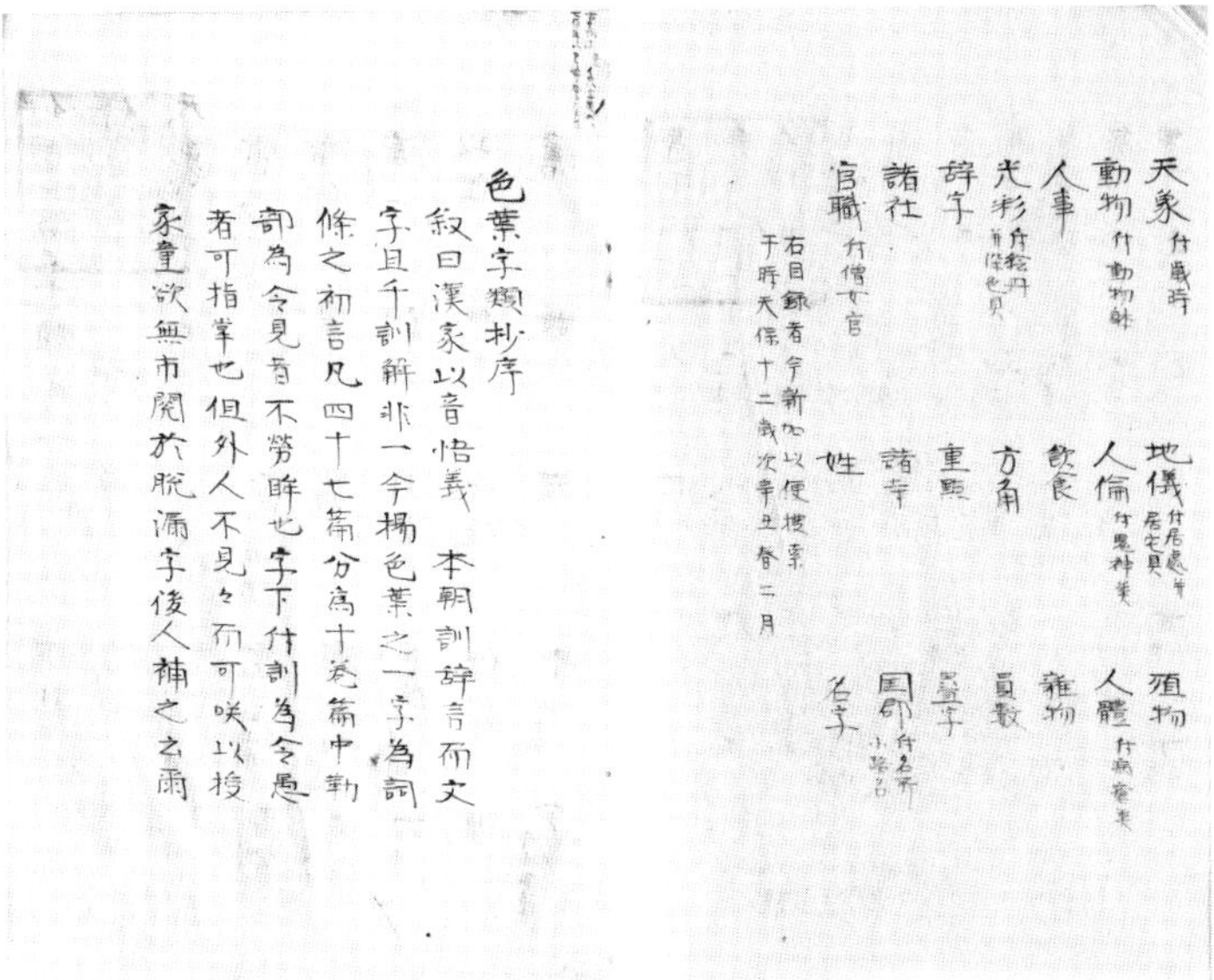

天象 付歳時
動物 付動物部
人事
光彩 并染色具
辞字
諸社
官職 付僧女官

地儀 付居處并居宅具
人倫 付鬼神类
飲食
方角
重點
諸寺
姓

植物
人體 付病瘡等
雜物
員數
疊字
國郡 付名所 小路名
名字

右目録者今新加以便検索
于時天保十二歳次辛丑春二月

色葉字類抄序
叙曰漢家以音悟義　本朝訓詳言而文
字且千訓解非一今揚色葉之一字為詞
條之初言凡四十七篇分爲十巻篇中勒
詞為令見者不労眸也字下付訓為令愚
者可指掌也但外人不見々而可咲以投
家童欲無市閲於脱漏字後人補之云爾

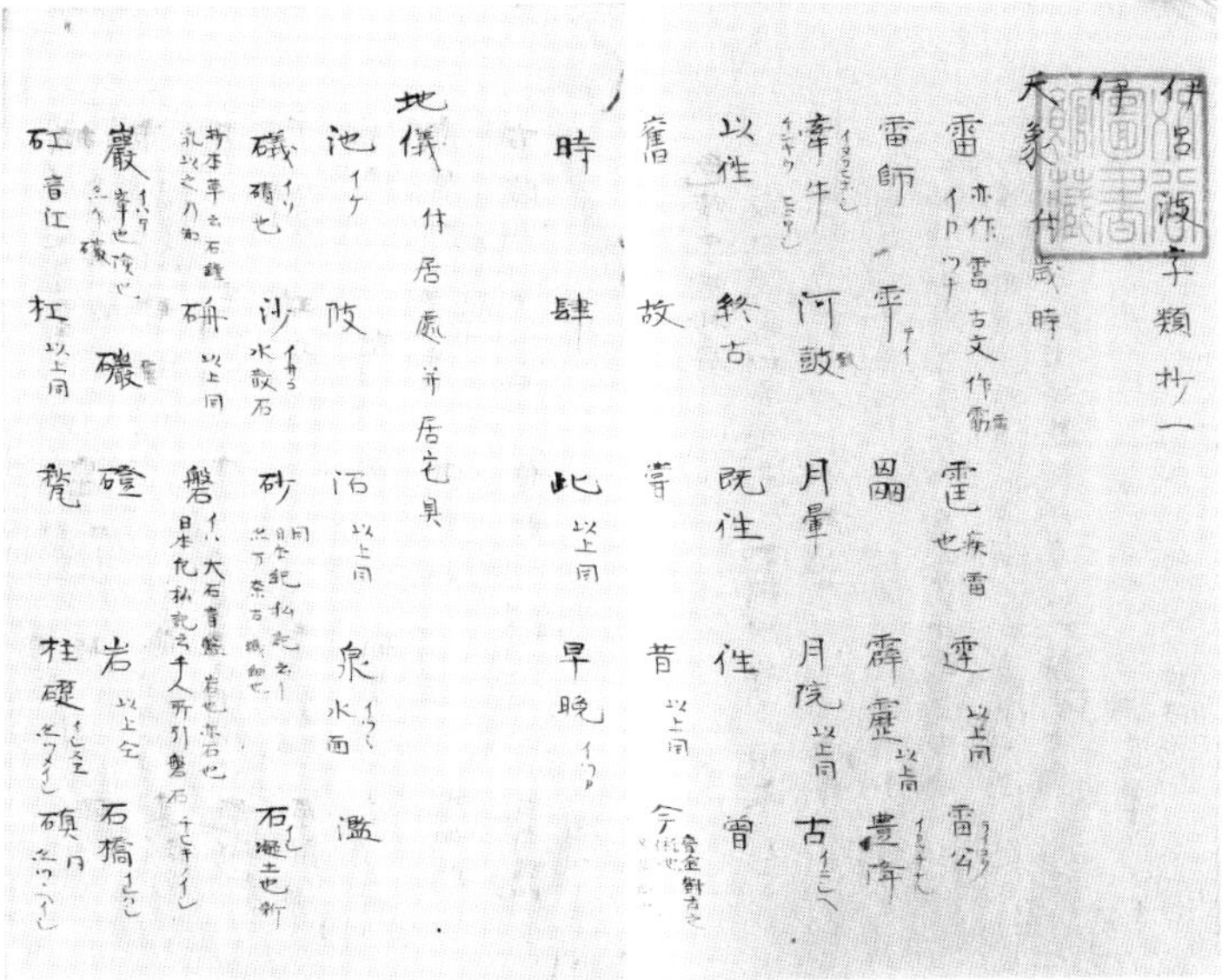

伊呂波字類抄一
伊
天象 付歳時

地儀 付居處并居宅具

刈谷市中央図書館(村上文庫)蔵　10巻本伊呂波字類抄(20a)

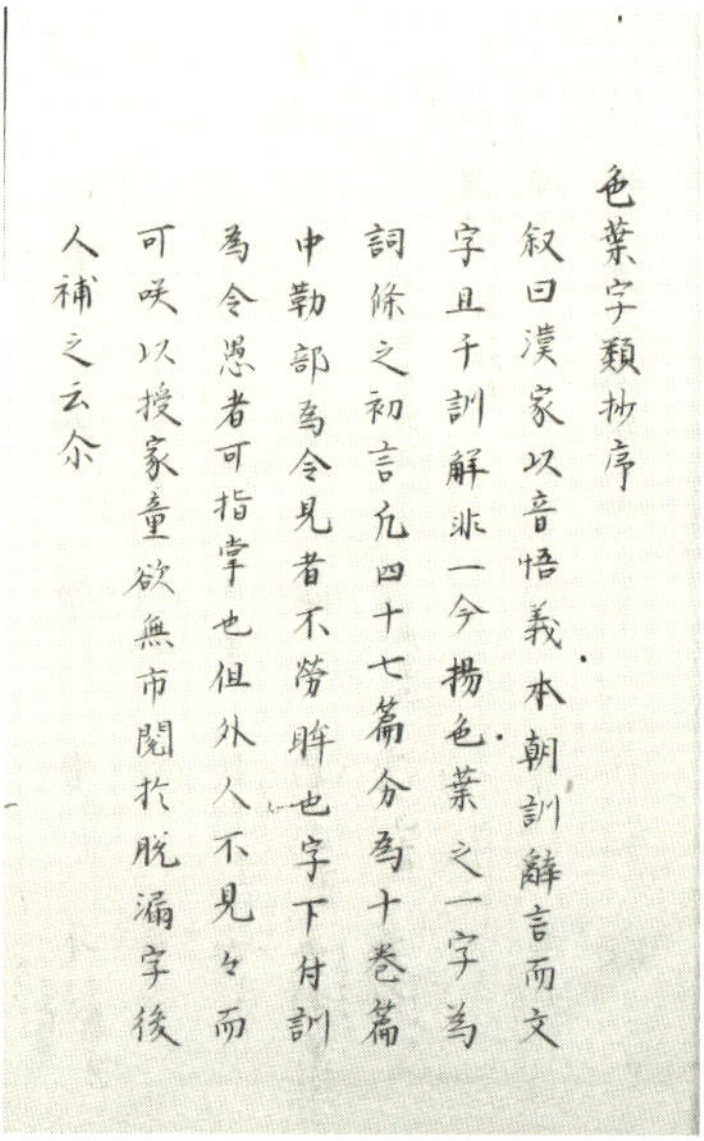
色葉字類抄序
叙曰漢家以音悟義本朝訓辭言而文字且千訓解非一今揚色葉之一字為詞條之初言凡四十七篇分為十巻篇中勒部為令見者不労睟也字下付訓為令愚者可指掌也但外人不見々而可咲以授家童欲無市閲於脱漏字後人補之云尒

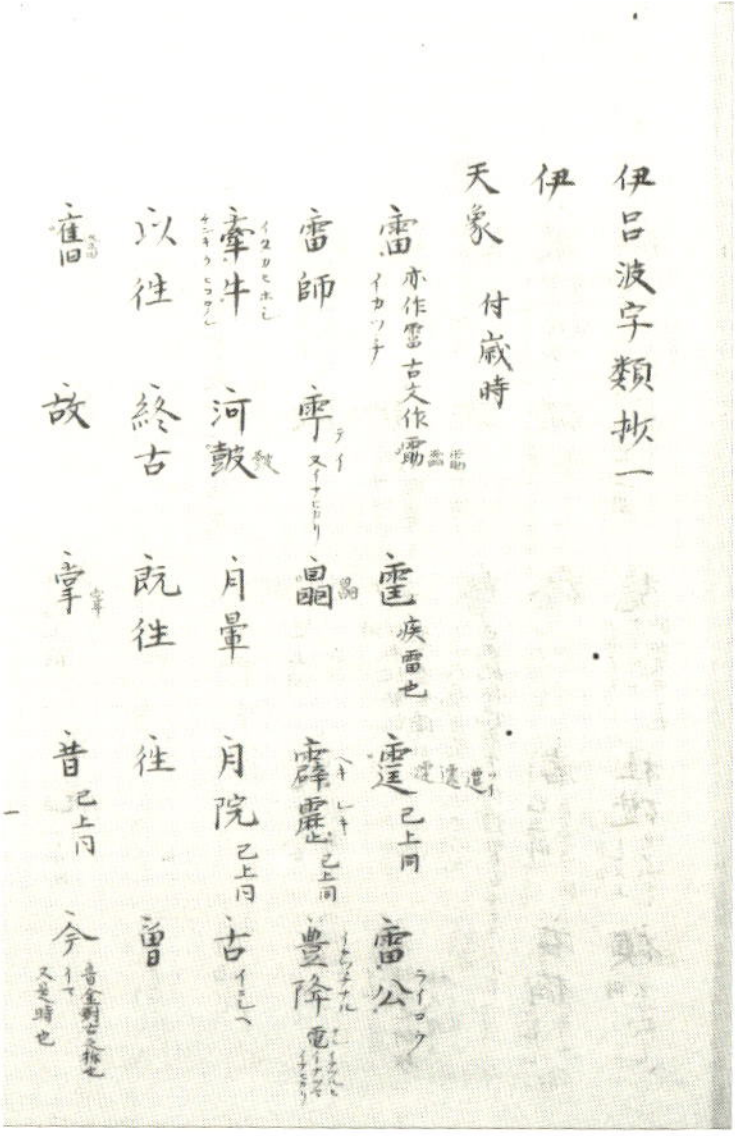
伊呂波字類抄一
伊
天象　付歳時
雷《イカツチ》亦作靁古文作靐　霆 疾雷也　霆 已上同　雷公《ライコウ》
雷師　雫《テイ》　䨓　霹靂 已上同　豊隆
牽牛　河鼓　月暈　月院 已上同　古《イニシヘ》
以往　終古　既往　往　曽
舊　故　曩　昔 已上同　今《イマ》 音金對古之称也 又是時也

大和文華館（鈴鹿文庫）蔵　10巻本伊呂波字類抄（26a）

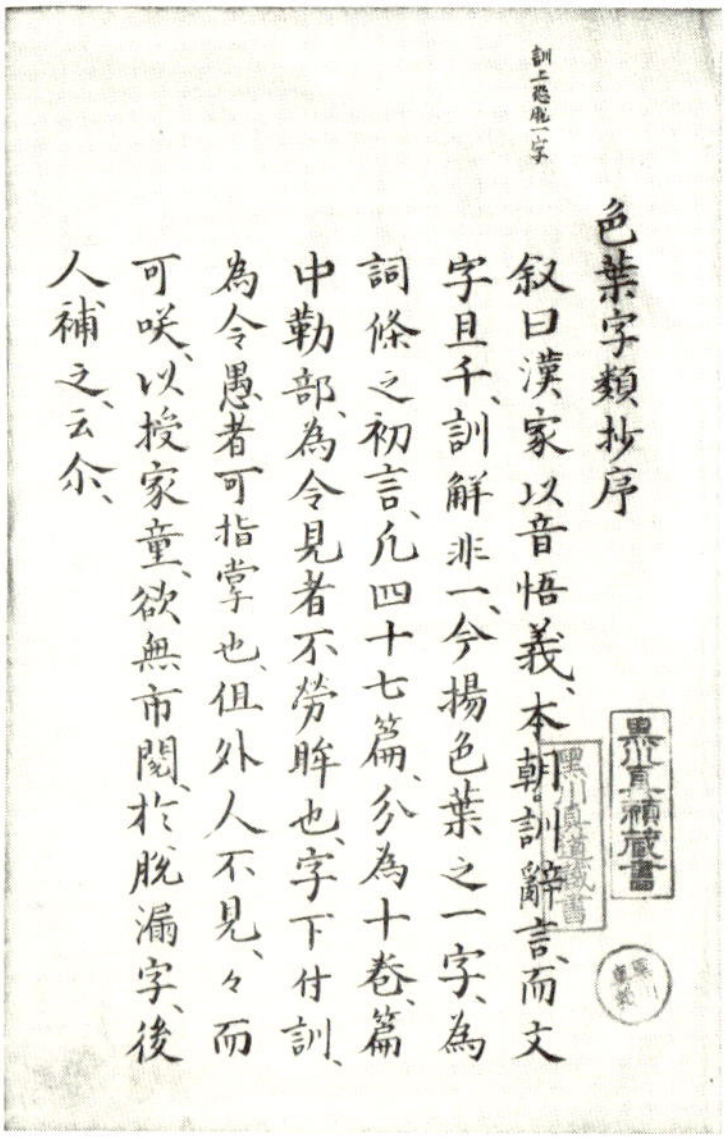
訓上恐脱一字
色葉字類抄序
叙曰漢家以音悟義本朝訓辭言而文字且千訓解非一今揚色葉之一字為詞條之初言凡四十七篇分為十巻篇中勒部為令見者不労睟也字下付訓為令愚者可指掌也但外人不見々而可咲以授家童欲無市閲於脱漏字後人補之云尒


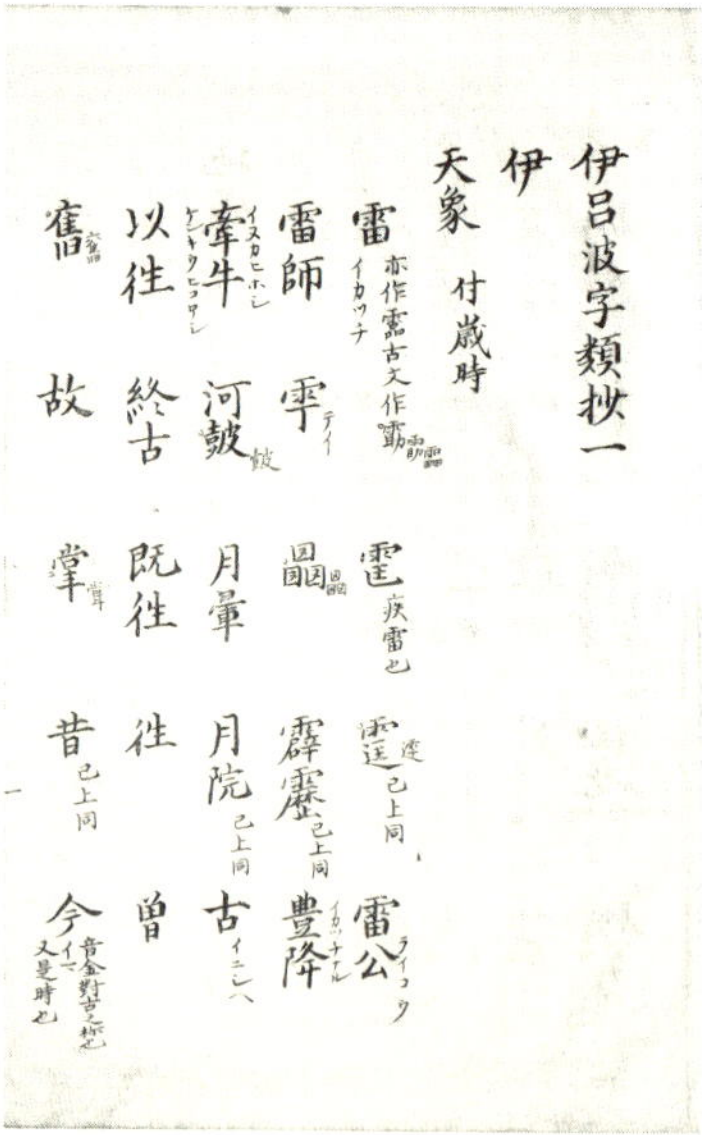
伊呂波字類抄一
伊
天象　付歳時
雷《イカツチ》亦作靁古文作靐　霆 疾雷也　霆 已上同　雷公《ライコウ》
雷師　雫《テイ》　䨓　霹靂 已上同　豊隆
牽牛　河鼓　月暈　月院 已上同　古《イニシヘ》
以往　終古　既往　往　曽
舊　故　曩　昔 已上同　今《イマ》 音金對古之称也 又是時也

東京大学文学部国語研究室（黒川文庫）蔵　10巻本伊呂波字類抄（14d）

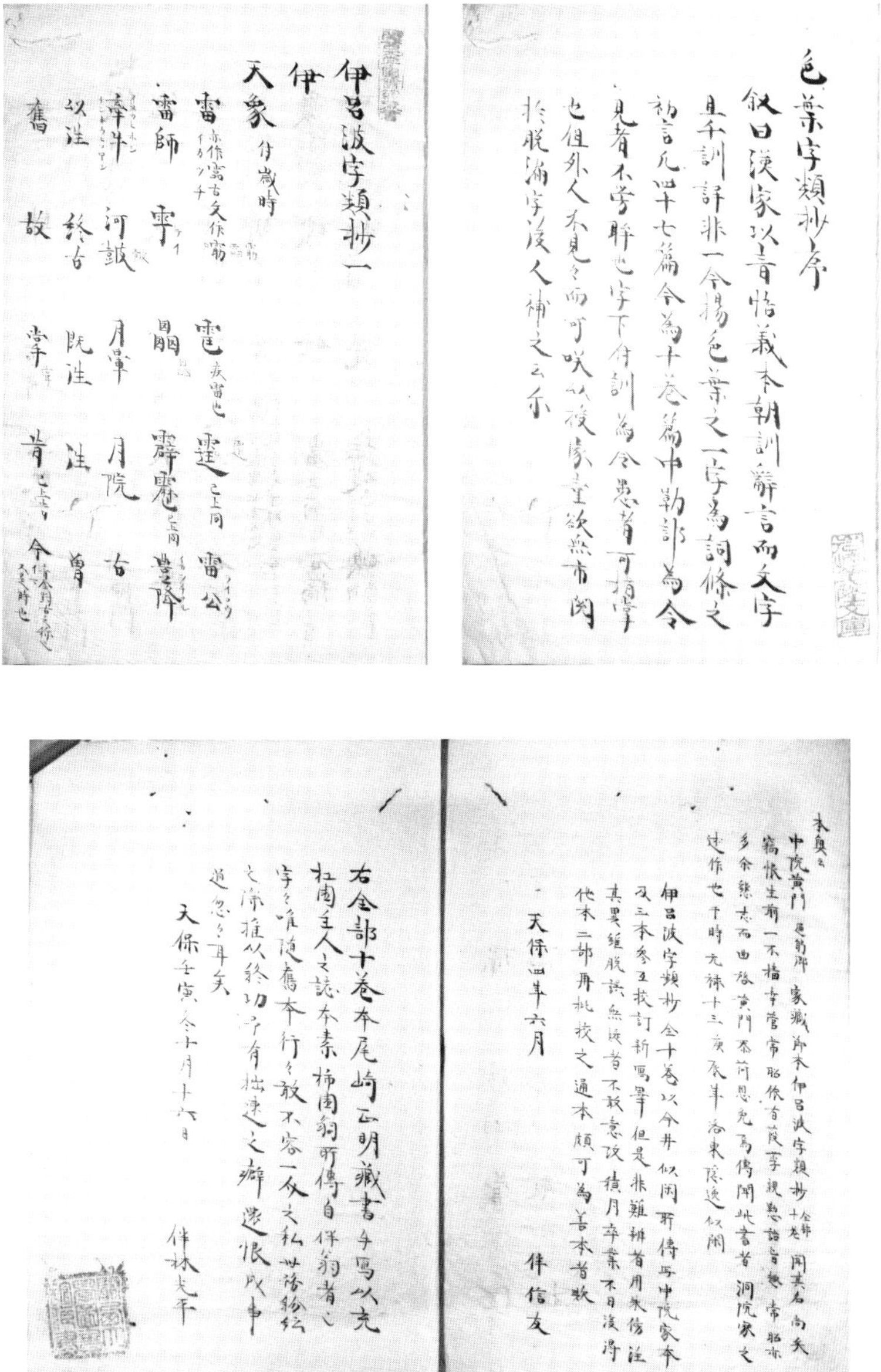

関西大学総合図書館蔵　10巻本伊呂波字類抄(8a)

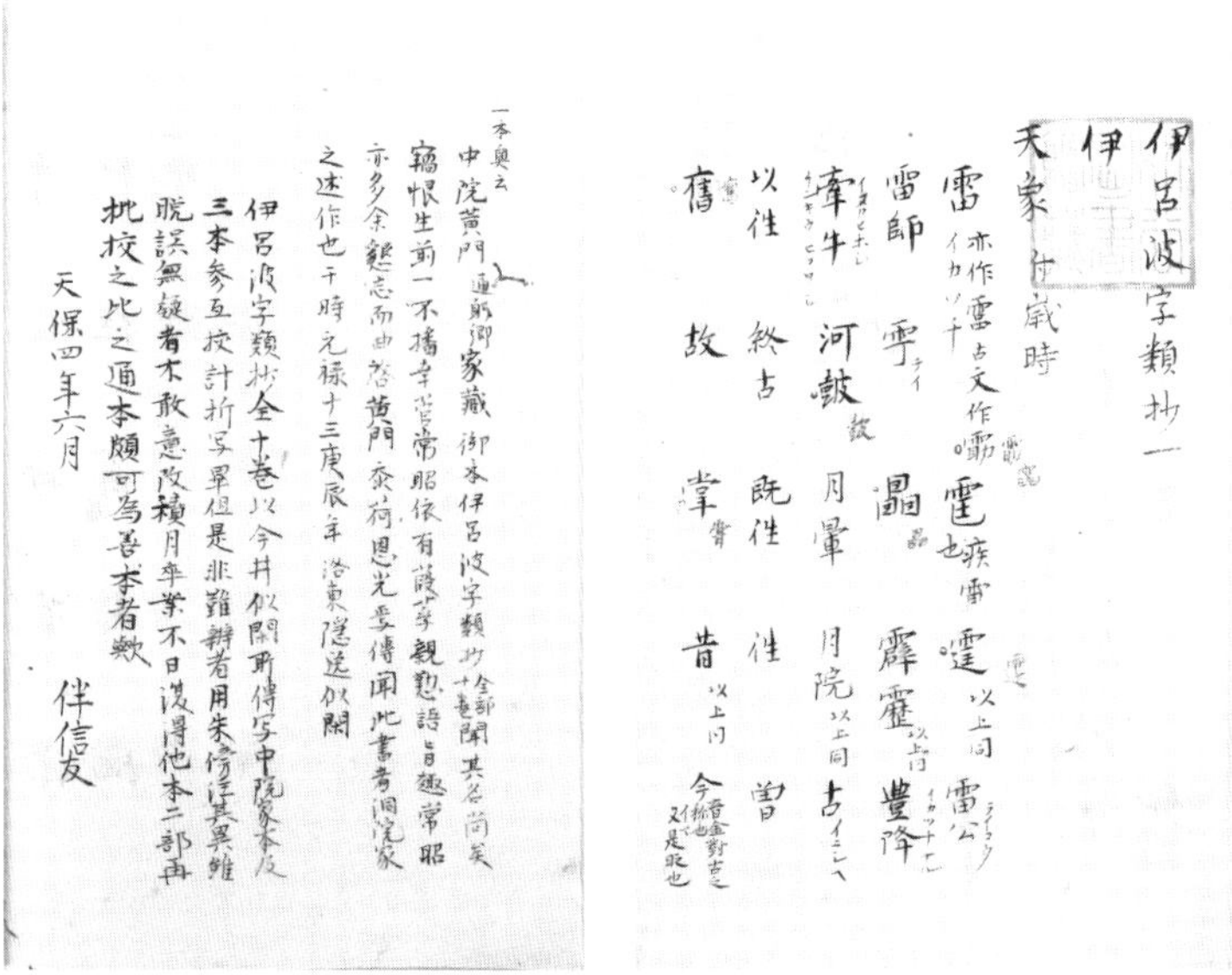
伊呂波字類抄一
伊
天象 付歳時

一本奥云
中院黄門通顕卿家蔵御本伊呂波字類抄全部十巻闕其名而矣
竊恨生前一不掲幸當常昭依有茂学親昵語旨趣常昭
亦多余懇志而由啓黄門恭荷恩允要傳聞此書考同院家
之述作也于時元禄十三庚辰年 洛東隠逸似閑
伊呂波字類抄全十巻以今井似閑所傳写中院家本反
三本参互校訂所写畢但是非難辨者用朱傍注其異雖
脱誤無疑者不敢意改積月卒業不日復得他本二部再
批校之比之通本頗可為善本者歟
天保四年六月
伴信友

刈谷市中央図書館(村上文庫)蔵　10巻本伊呂波字類抄(20b)

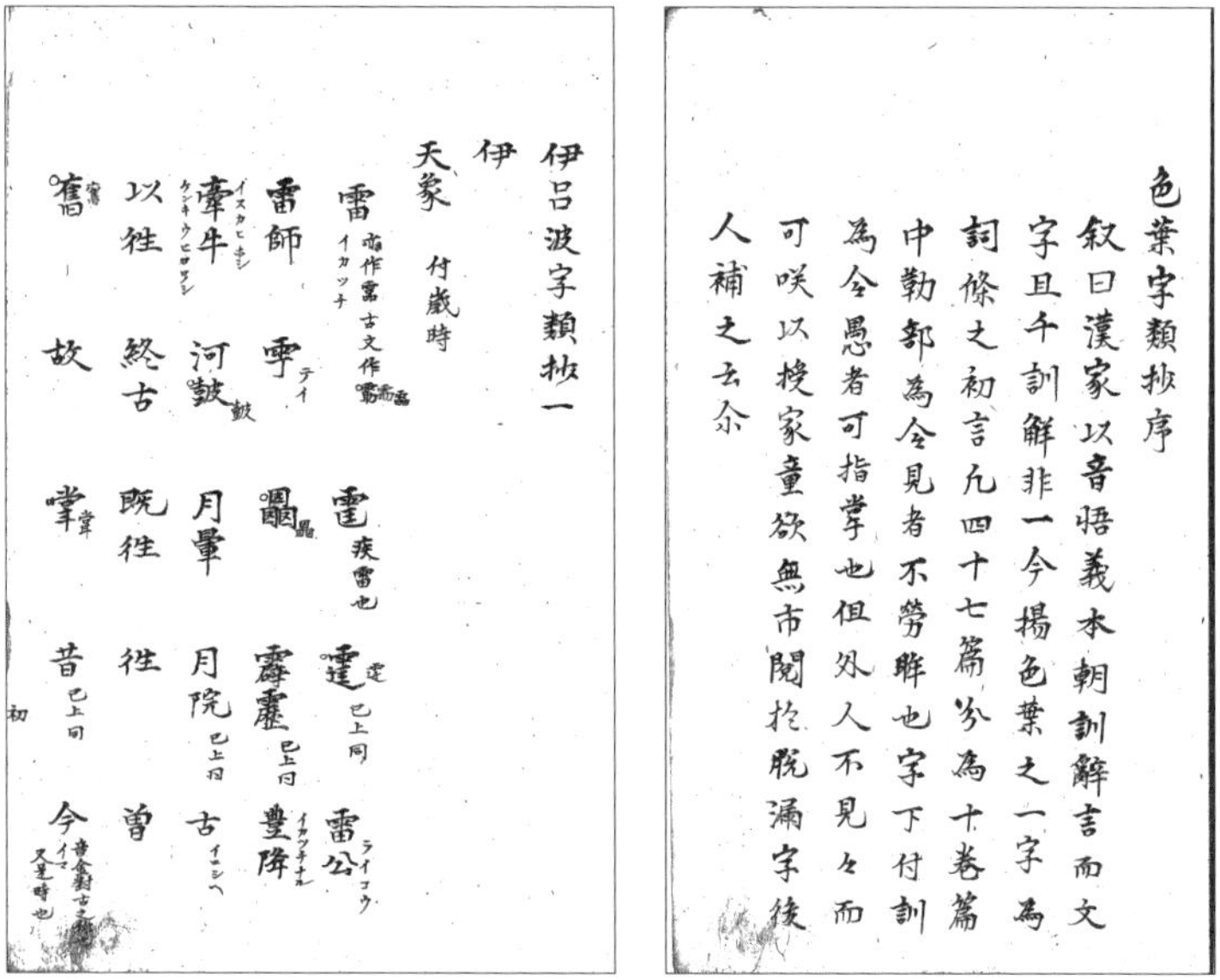
色葉字類抄序
叙曰漢家以音悟義本朝訓解言而文
字且千訓解非一今揚色葉之一字為
詞條之初言凡四十七篇分為十巻篇
中勒部為令見者不勞解也字下付訓
為令愚者可指掌也但外人不見々而
可咲以授家童欲無市閲於脱漏字後
人補之云尒

伊呂波字類抄一
伊
天象 付歳時

国立国会図書館蔵　10巻本伊呂波字類抄(1e)

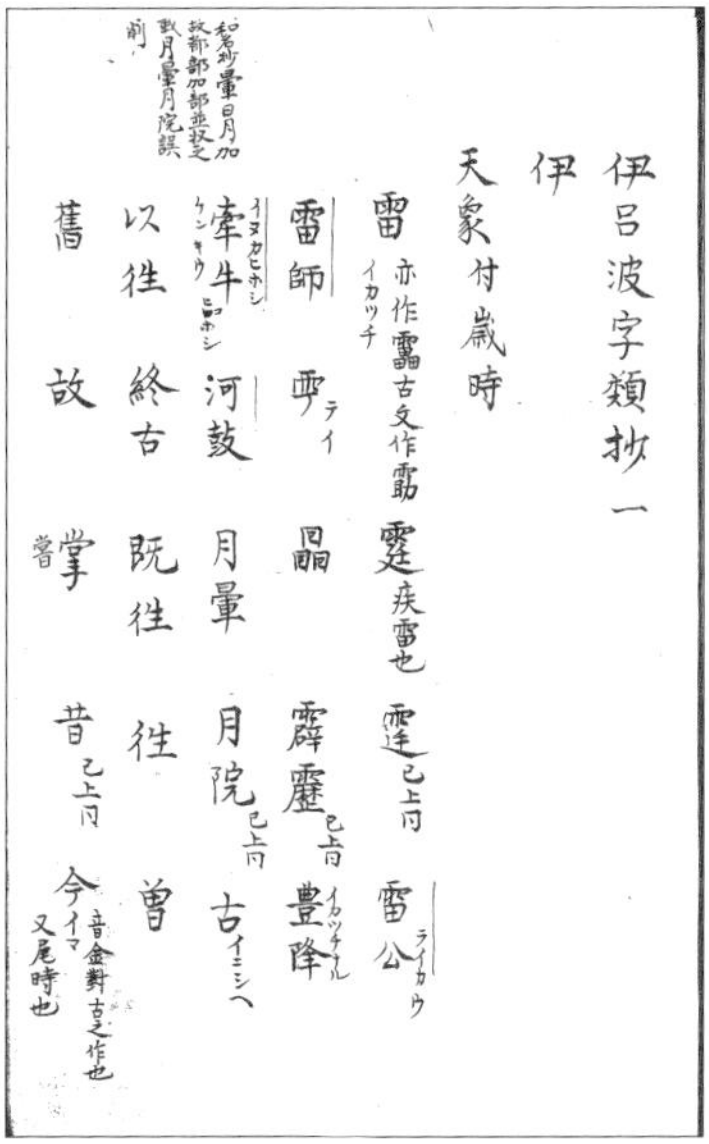

伊呂波字類抄一

伊

天象付歳時

雷《イカツチ》 亦作靁古文作䨓　霆 疾雷也　霳 已上同　雷公《ライカウ》

雷師　雫《テイ》　畾　霹靂 已音　豊隆《イカツチノカミ》

牽牛《イヌカヒホシ ケンキウ ヒコホシ》　河鼓　月暈　月院 已上同　古《イニシヘ》

以往　終古　既往　往　曽

舊　故　掌 嘗　昔 已上同　今《イマ》 音金對古之作也 又尾時也

和名抄暈日月加 暈部加部並以之 戦月暈月院誤 前

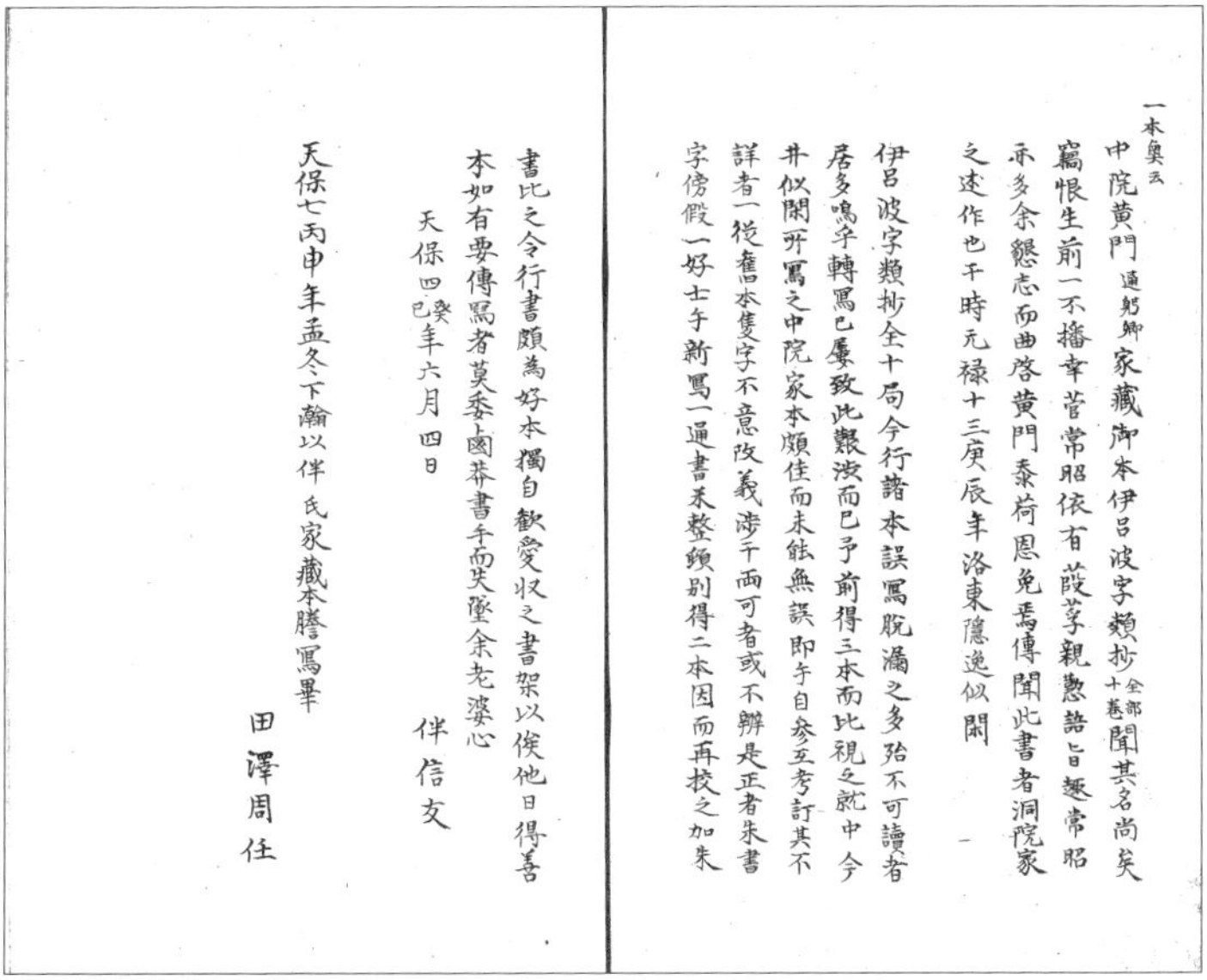

一本奥云

中院黄門通躬卿家藏御本伊呂波字類抄全部十巻聞其名尚矣

竊恨生前一不播卒菅常昭依有葭莩親懇語旨趣常昭

亦多余懇志而曲啓黄門忝荷恩免焉傳聞此書者洞院家

之述作也于時元禄十三庚辰年洛東隠逸似閑

伊呂波字類抄全十局今行諸本誤寫脱漏之多殆不可讀者

居多嗚乎轉寫已屢致此艱渋而已予前得三本而比視之就中今

井似閑所寫之中院家本頗佳而未能無誤即手自参互考訂其不

詳者一從舊本隻字不意改義渉于両可者或不辨是正者朱書

字傍假一好士手新寫一通書未整頓別得二本因而再校之加朱

書比之今行書頗為好本獨自歡愛收之書架以俟他日得善

本如有要傳寫者莫委鹵莽書手而失墜余老婆心

天保四癸巳年六月四日　伴信友

天保七丙申年孟冬下澣以伴氏家藏本謄寫畢

田澤周任

宮内庁書陵部(図書寮文庫)蔵　10巻本伊呂波字類抄(5b)

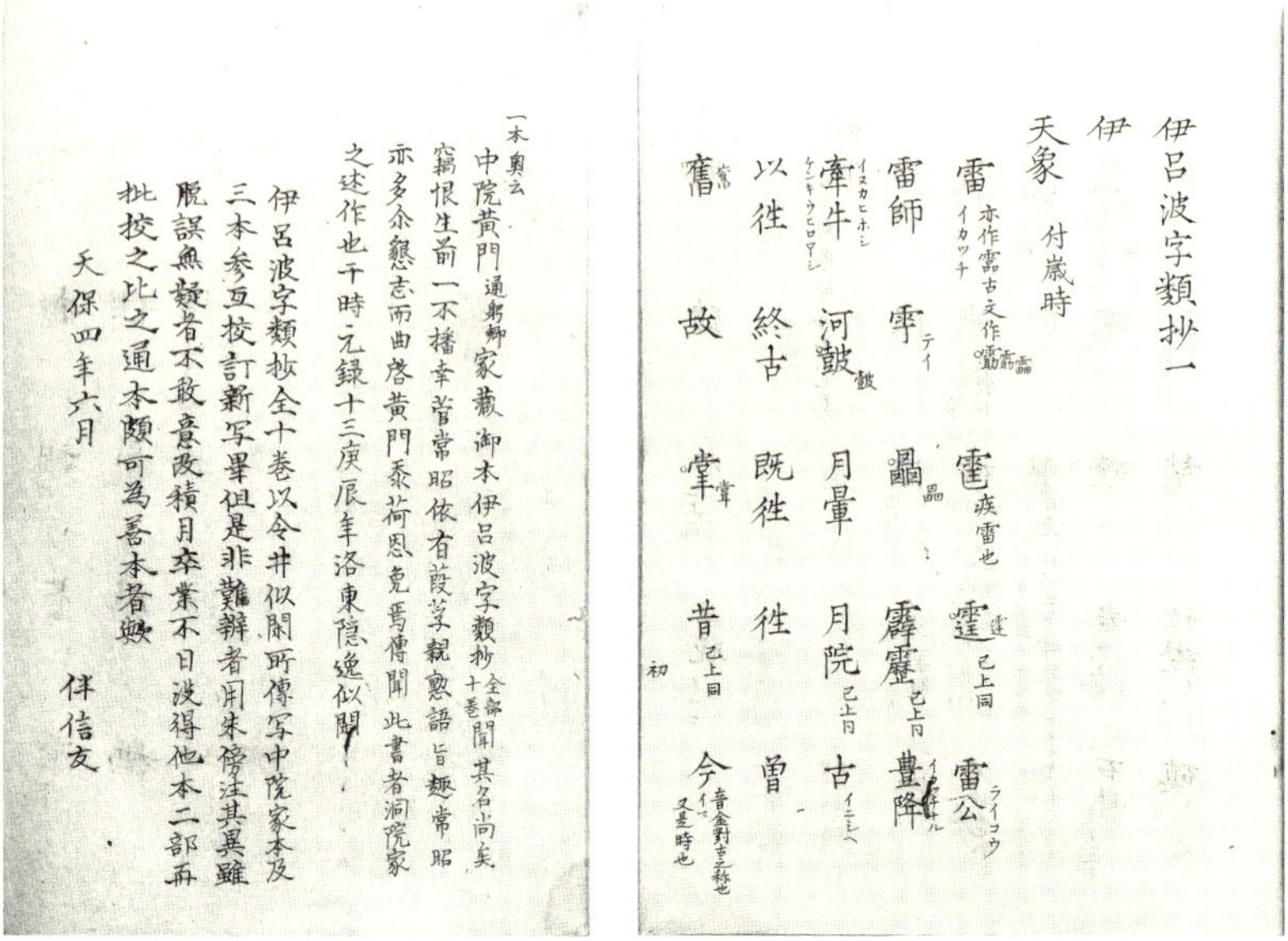
伊呂波字類抄一

伊

天象　付歳時

雷《イカツチ》 亦作靁古文作𩇓　靁 疾雷也　霆 已上同　雷公《ライコウ》

雷師　雫《テイ》　䨻　霹靂 已上同　豊降

牽牛《イヌカヒホシ ケンキウヒコホシ》　河鼓　月暈　月院 已上同　古《イニシヘ》

以往　終古　既往　往　曽

舊　故　掌　昔 已上同　今《イマ》 音金對古之稱也 又是時也

初

一本奥云

中院黄門通躬卿家藏御本伊呂波字類抄全部十巻聞其名尚矣

竊恨生前一不播幸晉常昭依有筱茡親懇語旨趣常昭

亦多尓懇志而曲啓黄門忝荷恩允焉傳聞此書者洞院家

之述作也于時元録十三庚辰年洛東隠逸似閑

伊呂波字類抄全十巻以今井似閑所傳写中院家本及

三本参互校訂新写畢但是非難辨者用朱傍注其異雖

脱誤無疑者不敢意改積月卒業不日沒得他本二部再

批校之比之通本頗可為善本者歟

天保四年六月　伴信友

本居宣長記念館蔵　10巻本伊呂波字類抄(38a)

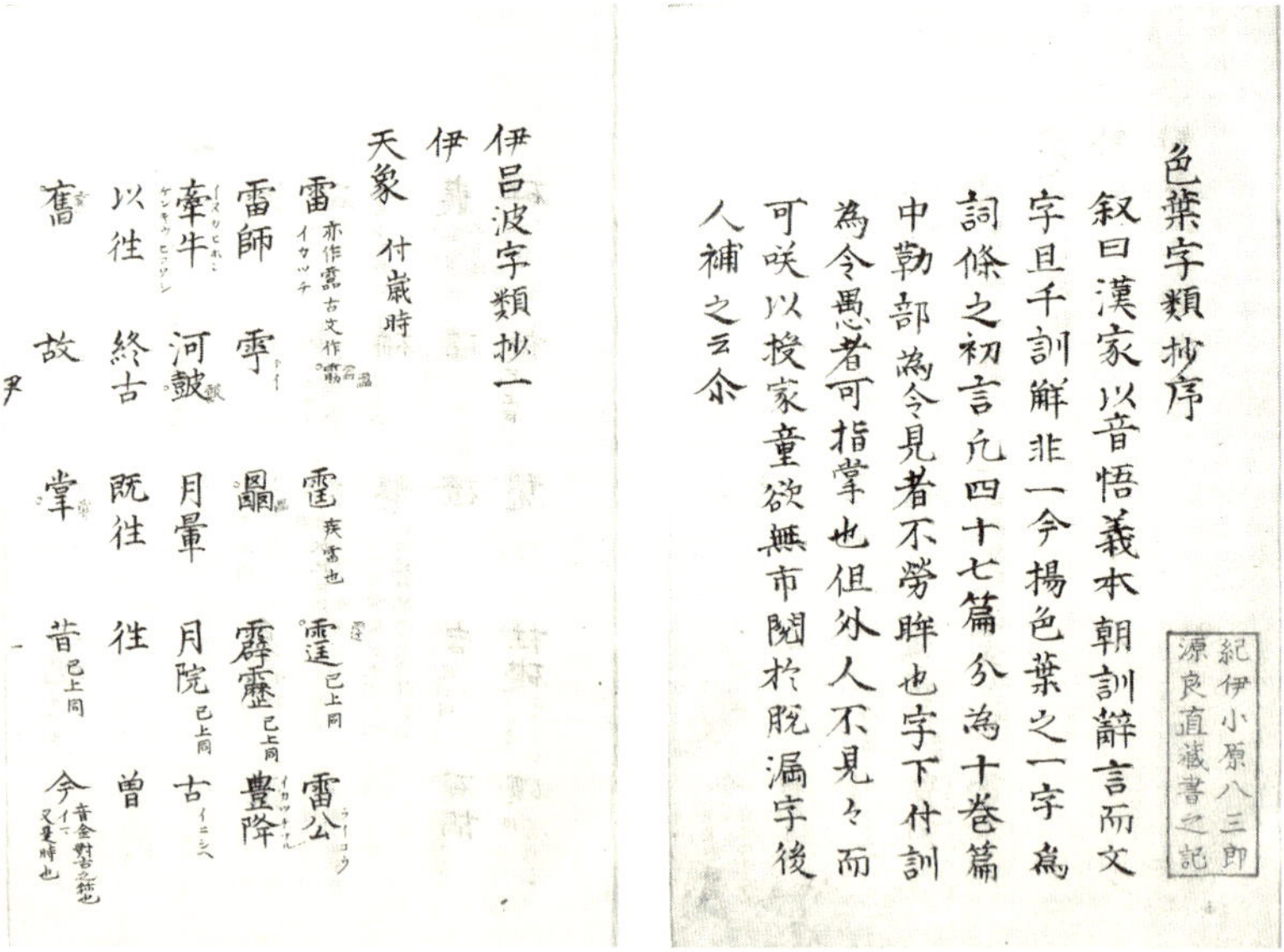
色葉字類抄序

叙曰漢家以音悟義本朝訓辭言而文

字且千訓解非一今揚色葉之一字為

詞條之初言凡四十七篇分為十巻篇

中勒部為令見者不勞眸也字下付訓

為令愚者可指掌也但外人不見々而

可咲以授家童欲無市閲於脱漏宇後

人補之云尓

紀伊小原八三郎源良直藏書之記

伊呂波字類抄一

伊

天象　付歳時

雷《イカツチ》 亦作靁古文作𩇓　靁 疾雷也　霆 已上同　雷公《ライコウ》

雷師　雫《テイ》　䨻　霹靂 已上同　豊降

牽牛《イヌカヒホシ ケンキウヒコホシ》　河鼓　月暈　月院 已上同　古《イニシヘ》

以往　終古　既往　往　曽

舊　故　掌　昔 已上同　今《イマ》 音金對古之稱也 又是時也

東京大学法学部法制史資料室蔵　10巻本伊呂波字類抄(14g)

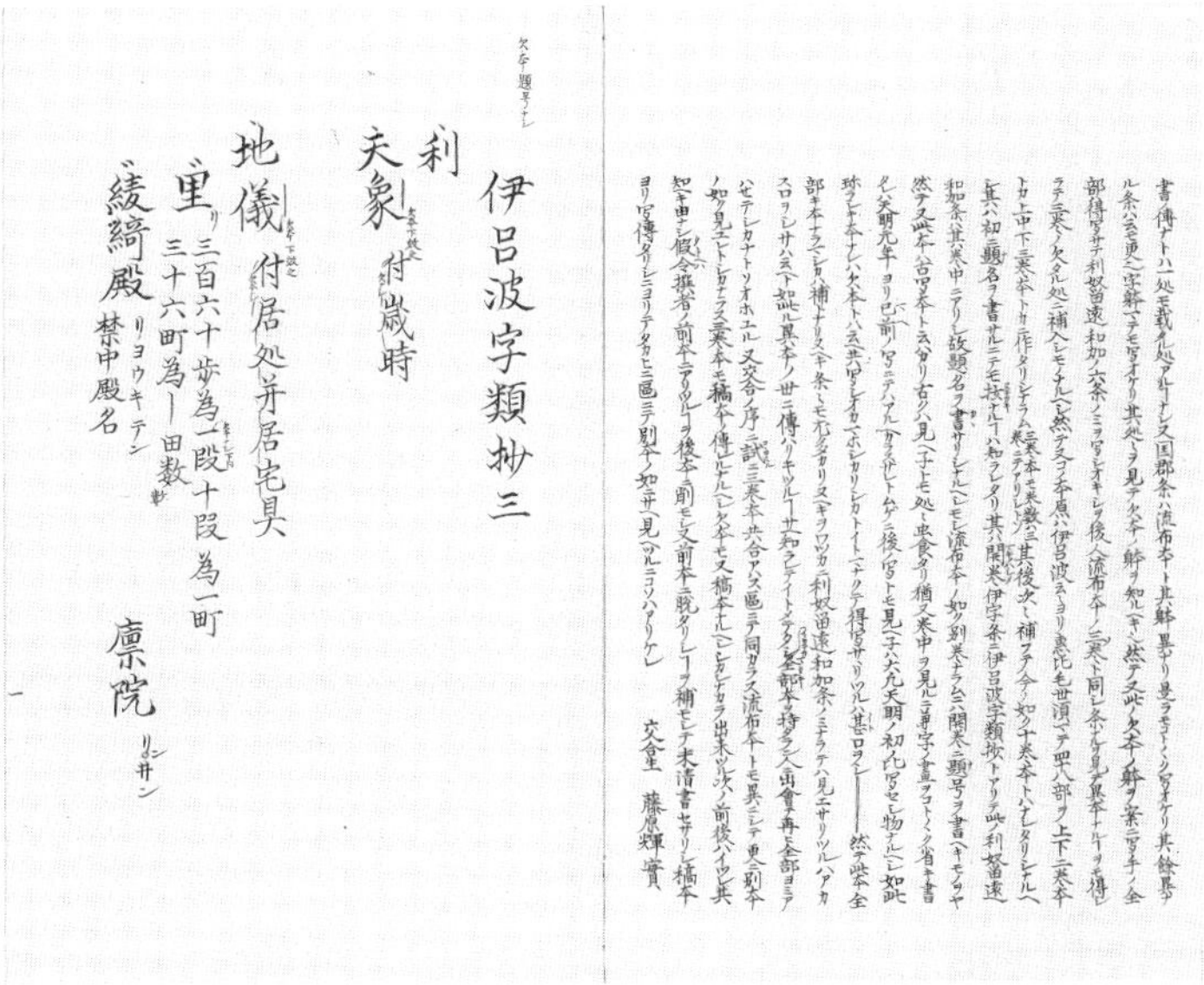


天理大学附属天理図書館蔵　10巻本伊呂波字類抄（29a）

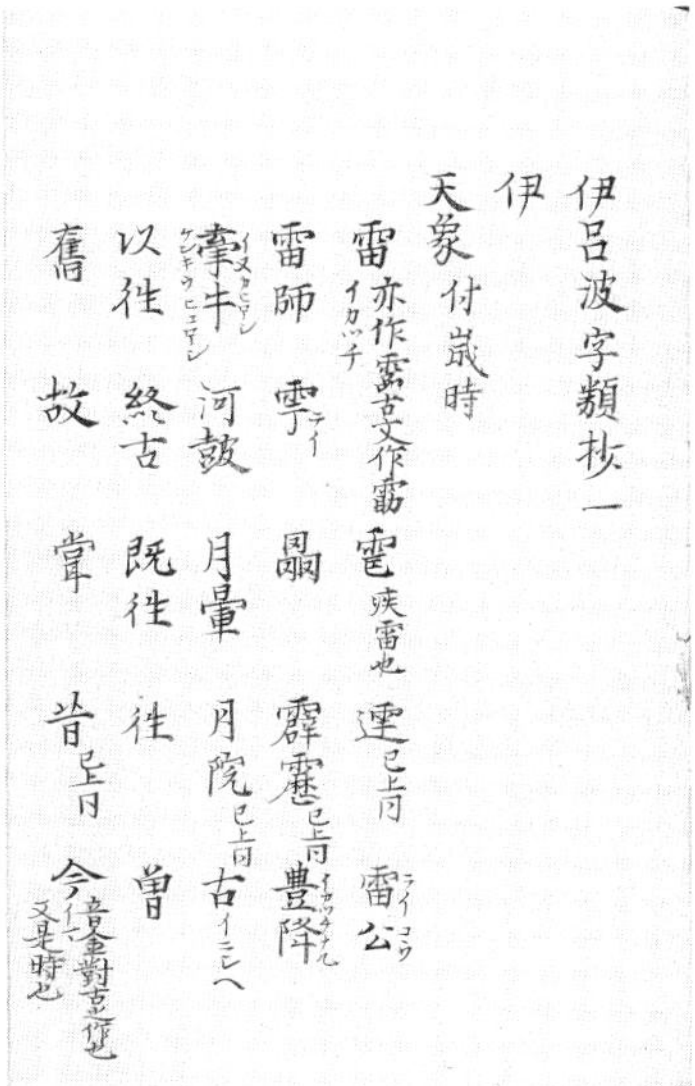


天理大学附属天理図書館蔵　10巻本伊呂波字類抄（29b）

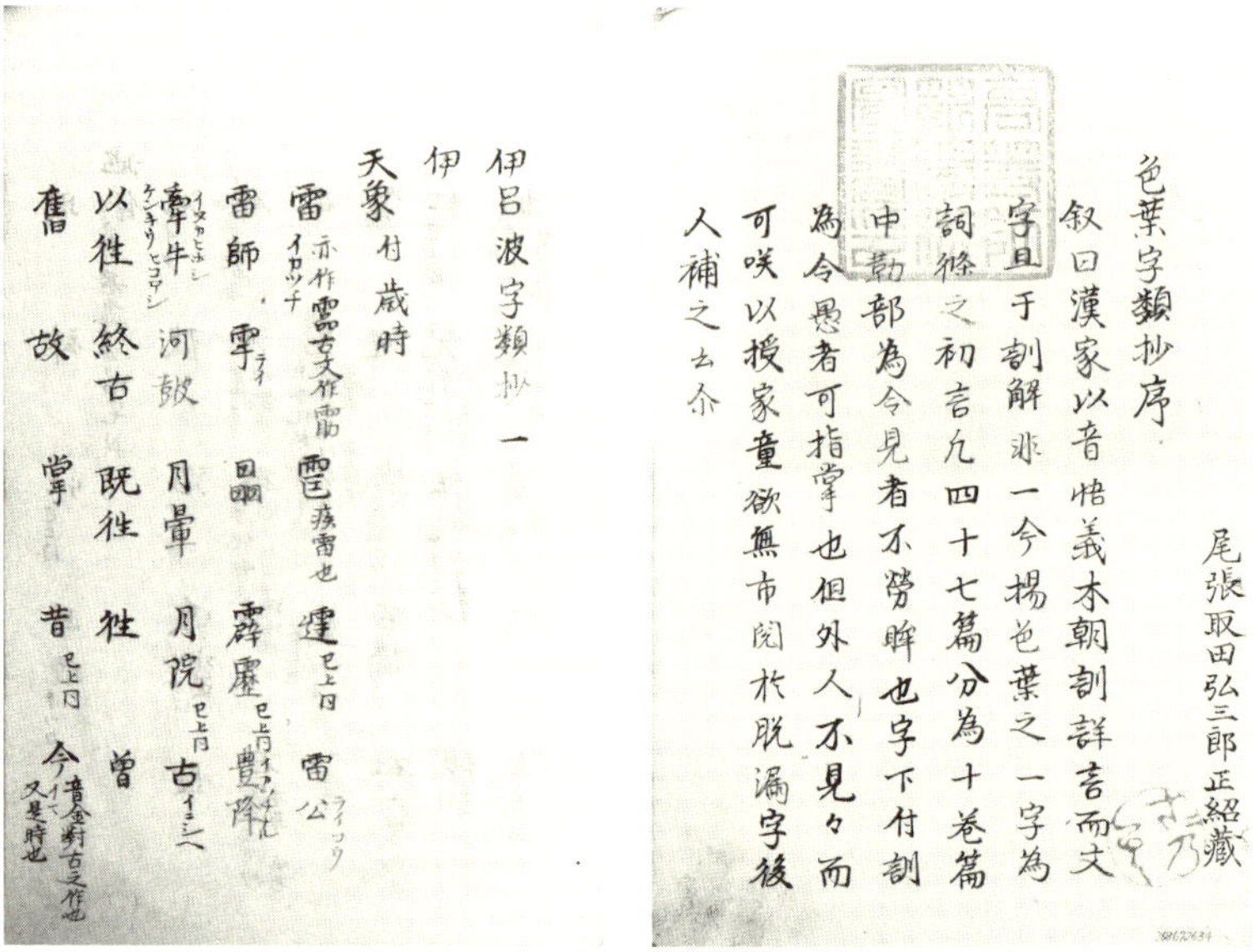

尾張取田弘三郎正紹藏

色葉字類抄序

叙曰漢家以音悟義本朝以訓詳言而文字且于訓解非一今揚色葉之一字為詞條之初言凡四十七篇分為十巻篇中勘部為令見者不労眸也字下付訓為令愚者可指掌也但外人不見々而可咲以授家童欲無市閲於脱漏字後人補之云介

伊呂波字類抄一

伊

天象 付歳時

雷 亦作靁古文作雷 イカツチ 霆 疾雷也 遅 已上日 雷公 ライコウ

雷師 雩 ライ 霹靂 已上音 豊隆

牽牛 河鼓 月暈 月暁 已上 古 イニシヘ

以往 終古 既往 往 曽

舊 故 嘗 昔 已上日 今

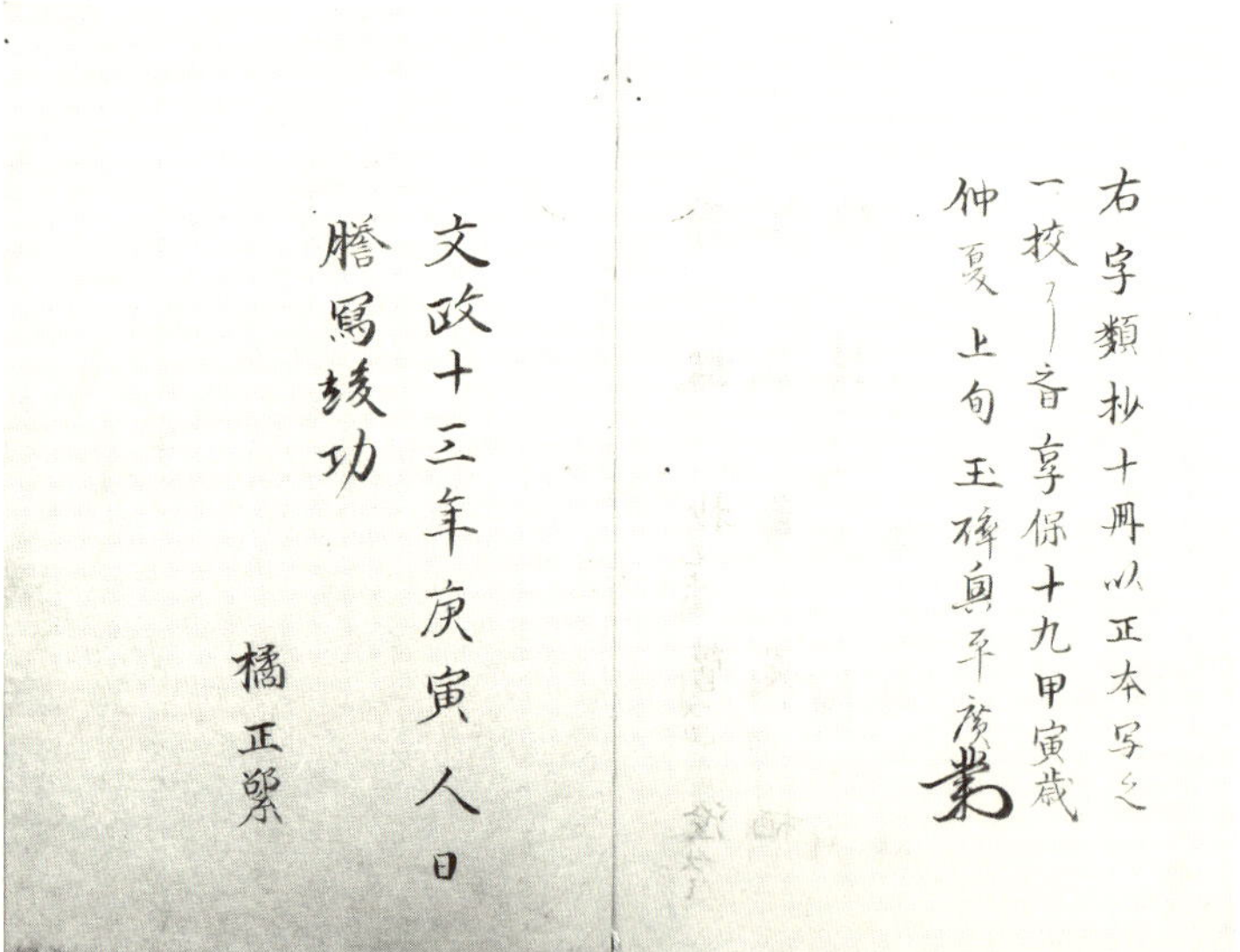

右字類抄十冊以正本写之

一校了 音享保十九甲寅歳

仲夏上旬 玉禅貞平廣業

文政十三年庚寅人日

謄写竣功

橘正黎

筑波大学附属図書館蔵　10巻本伊呂波字類抄(13a)

②B　総丁数が九〇七〜九二五丁、一面八行のものと、その零本（奥書無）

次に、②Aに類するものであるが、奥書を有しないものの一覧を【表Ⅴ】に示す。これらにある蔵書印でいま明らかに出来るもののうち最も古いものは、28c大東急記念文庫本の「賀茂真淵」（神代文字）印（賀茂真淵、一六九七-一七六九）、次いで14e東大本の「木街狩野氏之文庫」印（狩野典信、一七三〇-一七九〇）、9c京大本の「桂氏蔵書」印（桂誉正、一七八二-一八五〇）となろうか。いずれも、これらが江戸中後期に書写されたものである傍証となる。【表Ⅳ】に挙げたものとの先後関係は、内容を詳細に検討しなければ明らかなことは言えないが、【表Ⅳ】のうち奥平廣業（伝未詳）の奥書を有する29a天理大学本・13a筑波大学本と字母や「天像」表記の重なるものが【表Ⅴ】の1d国立国会図書館本以右に見え、【表Ⅳ】・【表Ⅴ】にある伝本群を下位分類した際にも同系統の写本であることが窺われる。そのうち更に、28c大東急記念文庫本と39a北駕文庫本は、前者が巻一を欠くも、巻二以降の丁数また「類字」「天像」表記が全く一致しており、後者が前者を写したものである可能性も十分考えられる（川瀬一馬氏は、3d静嘉堂文庫本も28cの写しとされるが、いま明確なことは述べられない）。また1d国立国会図書館本と21a蓬左文庫本、2c内閣文庫本〜9c京大本もそれぞれ近しい関係であるように見える。なお、【表Ⅴ】左方の25a神宮文庫本を始めとする零本は、いずれも巻一〇を欠き元来奥書を有したものであるかは不明であるが、②ABの他本と同種の伝本であることが明らかである。

【表Ⅴ】 一〇巻本字類抄〈総丁数九〇七～九二五丁・一面八行・奥書無〉

| 整理番号 | | 25a | 14a | 36a | 3d | 10a | 1d | 21a | 2c | 6a | 37a | 25c | 14e | 9c | 28c | 39a |
|---|---|---|---|---|---|---|---|---|---|---|---|---|---|---|---|---|
| 事項＼所蔵機関 | | 神宮文庫 | 東京大学（総合図書館） | 九州大学（附属図書館） | 静嘉堂文庫 | 慶應義塾大学（図書館） | 国立国会図書館 | 蓬左文庫 | 国立公文書館＊内閣文庫 | 東京国立博物館 | 和歌山大学（附属図書館紀州藩文庫） | 神宮文庫 | 東京大学（総合図書館） | 京都大学（文学研究科図書館） | 大東急記念文庫 | 北海学園大学（附属図書館＊北駕文庫） |
| 冊数 | | 1 | 1 | 1 | 3 | 5 | 10 | 10 | 10 | 10 | 10 | 10 | 10 | 10 | 9 | 10 |
| 残欠 | | ②ニホ | ① | ① | ①③④ | ①～⑤ | 完 | 完 | 完 | 完 | 完 | 完 | 完 | 完 | ①欠 | 完 |
| 時代＊（ ）は推測 | | − | − | −1895 | − | −1879 | −1881 | − | −1871 | − | 江戸 | −1906 | −1790 | −1850 | （江戸中）−1769 | −1910 |
| 丁数 | ① | × | 85 | 85 | 85 | 85 | 84 | 85 | 84 | 84 | 85 | 85 | 85 | 84 | × | 85 |
| | ② | 17 | × | × | × | 79 | 78 | 79 | 77 | 78 | 78 | 78 | 79 | 80 | 79 | 79 |
| | ③ | × | × | × | 110 | 110 | 109 | 110 | 109 | 109 | 110 | 110 | 110 | 110 | 110 | 110 |
| | ④ | × | × | × | 95 | 94 | 94 | 95 | 95 | 94 | 95 | 95 | 95 | 96 | 95 | 95 |
| | ⑤ | × | × | × | × | 88 | 88 | 88 | 88 | 88 | 88 | 88 | 88 | 89 | 88 | 88 |
| | ⑥ | × | × | × | × | × | 109 | 109 | 109 | 109 | 109 | 109 | 109 | 110 | 109 | 109 |
| | ⑦ | × | × | × | × | × | 78 | 79 | 79 | 78 | 80 | 79 | 79 | 79 | 79 | 79 |
| | ⑧ | × | × | × | × | × | 94 | 95 | 94 | 94 | 95 | 95 | 95 | 96 | 95 | 95 |
| | ⑨ | × | × | × | × | × | 92 | 93 | 91 | 92 | 92 | 92 | 93 | 95 | 93 | 93 |
| | ⑩ | × | × | × | × | × | 82 | 82 | 81 | 82 | 81 | 82 | 82 | 83 | 82 | 82 |
| 総丁数 | | 17 | 85 | 85 | 290 | 456 | 908 | 915 | 907 | 908 | 913 | 913 | 915 | 922 | 830 | 915 |
| 一面行数 | | 8 | 8 | 8 | 8 | 8 | 8 | 8 | 8 | 8 | 8 | 8 | 8 | 8 | 8 | 8 |
| 奥書 | | × | × | × | × | × | × | × | × | × | × | × | × | × | × | × |
| 巻首:「類字」(巻) | | × | × | × | × | × | 2・10 | 2・10 | 2 | 2 | 2 | 2 | 2 | 2 | 2 | 2 |
| 「天像」(篇) | | × | × | × | × | × | ヱヒモ | ヱヒモ | ヱヒモ | ヱヒモ | ヱヒモ | ヱヒモ | ヱヒモ | ヱヒモ | モ | モ |
| 字母＊右表記と異なる場合のみ記す | 伊呂波 | ××× | −−− | −−− | −−− | −−− | −−− | −−− | −−− | −−− | −−− | −−− | −−− | −−− | ××× | −−− |
| | 仁保部 | −−× | ××× | ××× | ××× | −−− | −−− | −−− | −−− | −−− | −−− | −−− | −−− | −−− | −−− | −−− |
| | 土知利 | ××× | ××× | ××× | ××− | −−− | −−− | −−− | −−− | −−− | −−− | −−− | −−− | −−− | −−− | −−− |
| | 奴留遠 | ××× | ××× | ××× | −−− | −−− | −−− | −−− | −−− | −−− | −−− | −−− | −−− | −−− | −−− | −−− |
| | 和加与 | ××× | ××× | ××× | −−− | −−− | −−− | −−− | −−− | −−− | −−− | −−− | −−− | −−− | −−− | −−− |
| | 太礼所 | ××× | ××× | ××× | −−− | −−− | −−− | −−− | −−− | −−− | −−− | −−− | −−− | −−− | −−− | −−− |
| | 都祢奈 | ××× | ××× | ××× | −×× | −−− | −−− | −−− | −−− | −−− | −−− | −−− | −−− | −−− | −−− | −−− |
| | 良无宇 | ××× | ××× | ××× | ××× | −−− | −−− | −−− | −−− | −−− | −−− | −−− | −−− | −−− | −−− | −−− |
| | 為能於 | ××× | ××× | ××× | ××× | −−× | −−− | −−− | −−− | −−− | −−− | −−− | −−− | −−− | −−− | −×− |
| | 久也末 | ××× | ××× | ××× | ××× | ××× | −−− | −−− | −−− | −−− | −−− | −−− | −−− | −−− | −−− | −−− |
| | 計不古 | ××× | ××× | ××× | ××× | ××× | −−− | −−− | −−− | −−− | −−− | −−− | −−− | −−− | −−− | −−− |
| | 江天安 | ××× | ××× | ××× | ××× | ××× | −−− | −−− | −−− | −−− | −−− | −−− | −−− | −−− | −−− | −−− |
| | 左幾由 | ××× | ××× | ××× | ××× | ××× | −−− | −−− | −−− | −−− | −−− | −−− | −−− | −−− | −−− | −−− |
| | 女見志 | ××× | ××× | ××× | ××× | ××× | −−− | −−− | −−− | −−− | −−− | −−− | −−− | −−− | −−− | −−− |
| | 恵比毛 | ××× | ××× | ××× | ××× | ××× | −−− | −−− | −−− | −−− | −−− | −−− | −−− | −−− | −−− | −−− |
| | 世須 | ×× | ×× | ×× | ××× | ×× | −− | −− | −− | −− | −− | −− | −− | −− | −− | −− |
| 印記等＊年月の表示のない現所蔵機関のものは省略する | | 「徴古館農業館」「江藤文庫」（江藤正澄） | 「南葵文庫」「南葵文庫／購入／古本／紀元二千五百六十三年／明治三十六年十二月廿一日」「貫主大王令旨東叡山開山堂蔵本不可漫出門外」「東叡山開山堂司職真如院十有四世蓮華金剛義厳収蔵之」「発願偏羅和漢典籍蔵之文庫以報四恩後司職之人若有補遺時以闘為義厳記」 | 「東洲文庫」（小中村清矩）「寺尾寿所蔵」「九州帝国大学図書館／71279／昭和5・3・5」 | 「松井氏蔵書章」（松井簡治） | 「由清之印」（横山由清）「月の屋」（横山由清） | 「故榊原芳野納本」「榊原家蔵」 | × | 「井上」「歌堂文庫」（井上文雄）「雀」 | 「大日本帝国図書印」「農商務省図書」 | 「和歌山県尋常師範学校」「紀伊国古学館之印」 | 「鳥羽氏蔵書記」「林崎文庫」 | 「木街狩野氏之文庫」（狩野典信） | 「桂氏蔵書」（桂誉正） | 「賀茂真淵」（神代文字）「岸本家蔵書」（岸本由豆流）「朝田家蔵書」（岸本由豆流）「森氏開萬冊府之記」（森立之）「大槻文彦蔵」「宝玲文庫」「一馬」 | 「杉園蔵」（小杉榲邨）「阿波国文庫」（徳島藩蜂須賀家）「明治四十四年八月辱臨御仍建文庫伝光栄於無窮」 |

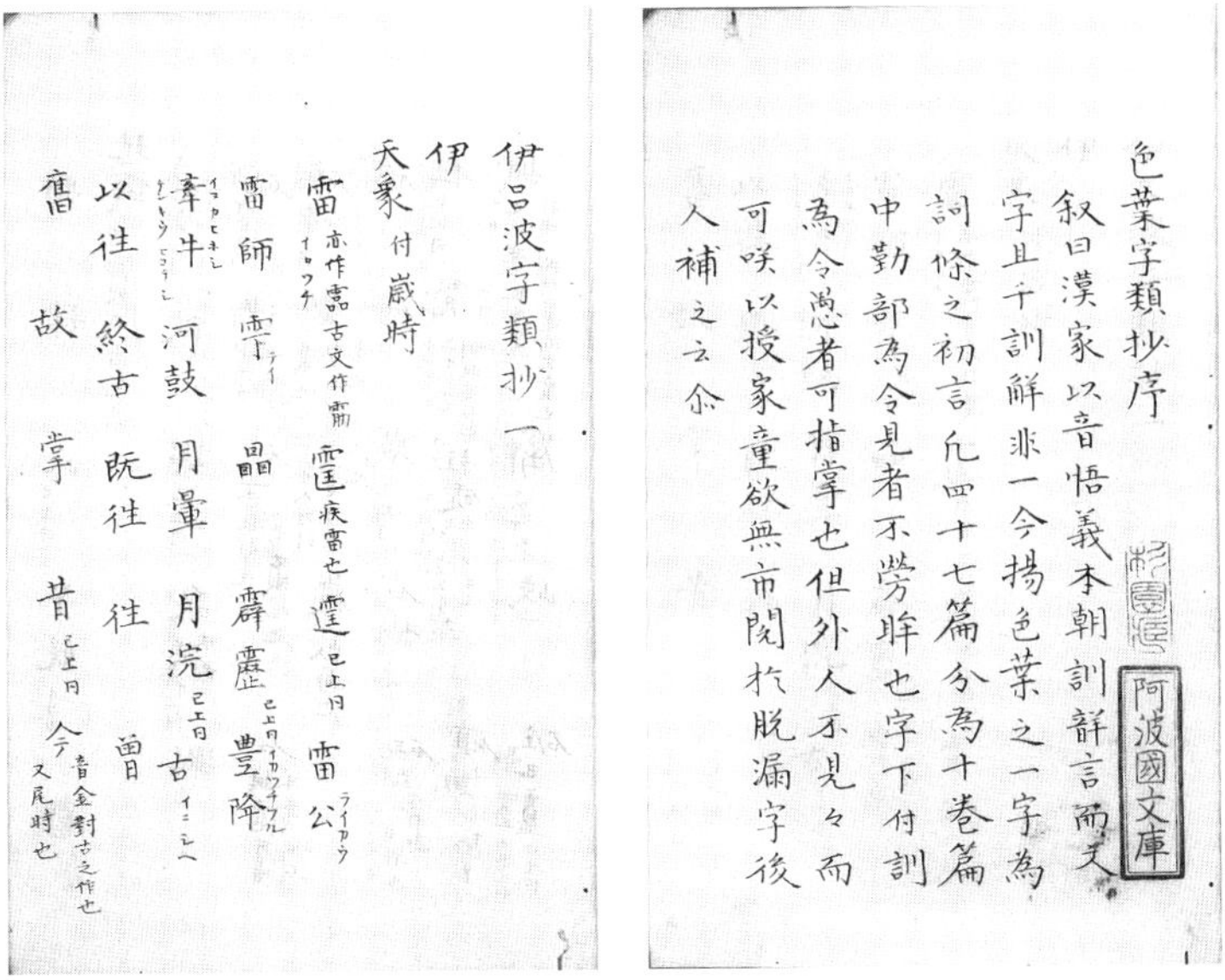

北海学園大学附属図書館（北駕文庫）蔵　10巻本伊呂波字類抄（39a）

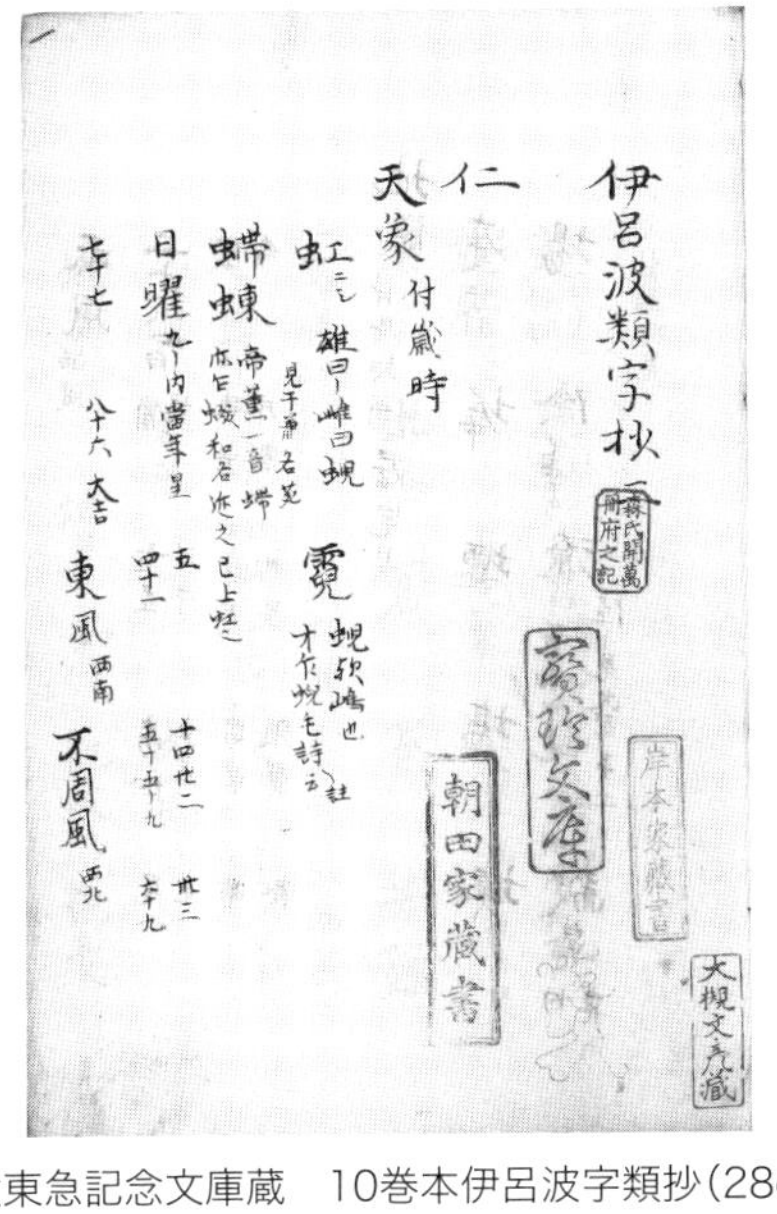

大東急記念文庫蔵　10巻本伊呂波字類抄（28c）

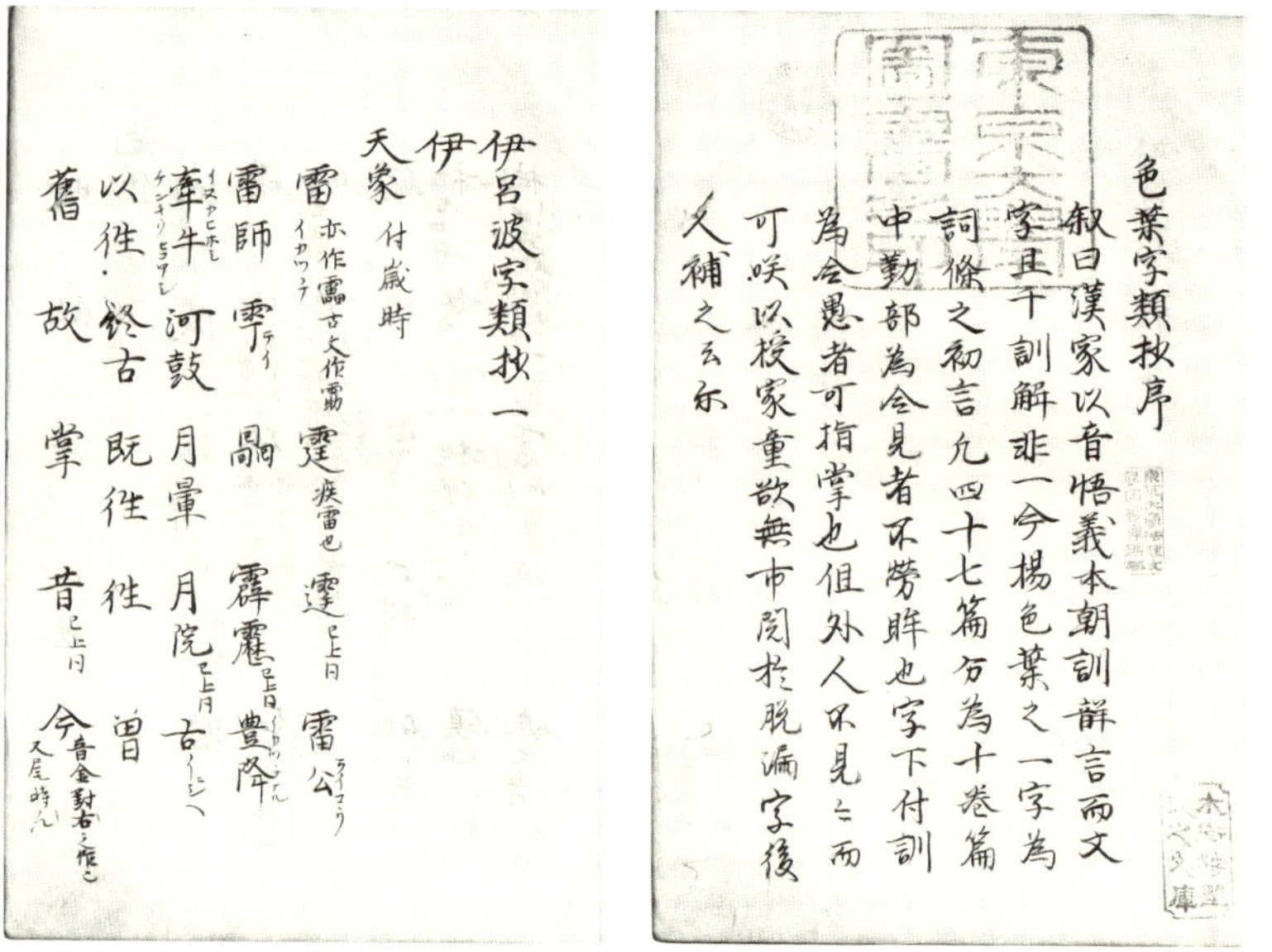

色葉字類抄序
叙曰漢家以音悟義本朝訓解言而文
字且千訓解非一今揚色葉之一字為
詞條之初言凡四十七篇分為十巻篇
中勤部為令見者不労眸也字下付訓
為令愚者可指掌也但外人不見之而
可咲以授家童欲無市閲於脱漏字後
人補之云尓

伊呂波字類抄一
伊
天象 付歳時
雷 亦作靁古文作䨓 霆 疾雷也 霆 已上同 雷公
雷師 雫 䨓 霹靂 已上同 豊隆
牽牛 河鼓 月暈 月院 已上同 古へ
以往 終古 既往 往 曽
舊 故 掌 昔 已上同 今 音金對古之稱也

東京大学総合図書館蔵　10巻本伊呂波字類抄(14e)

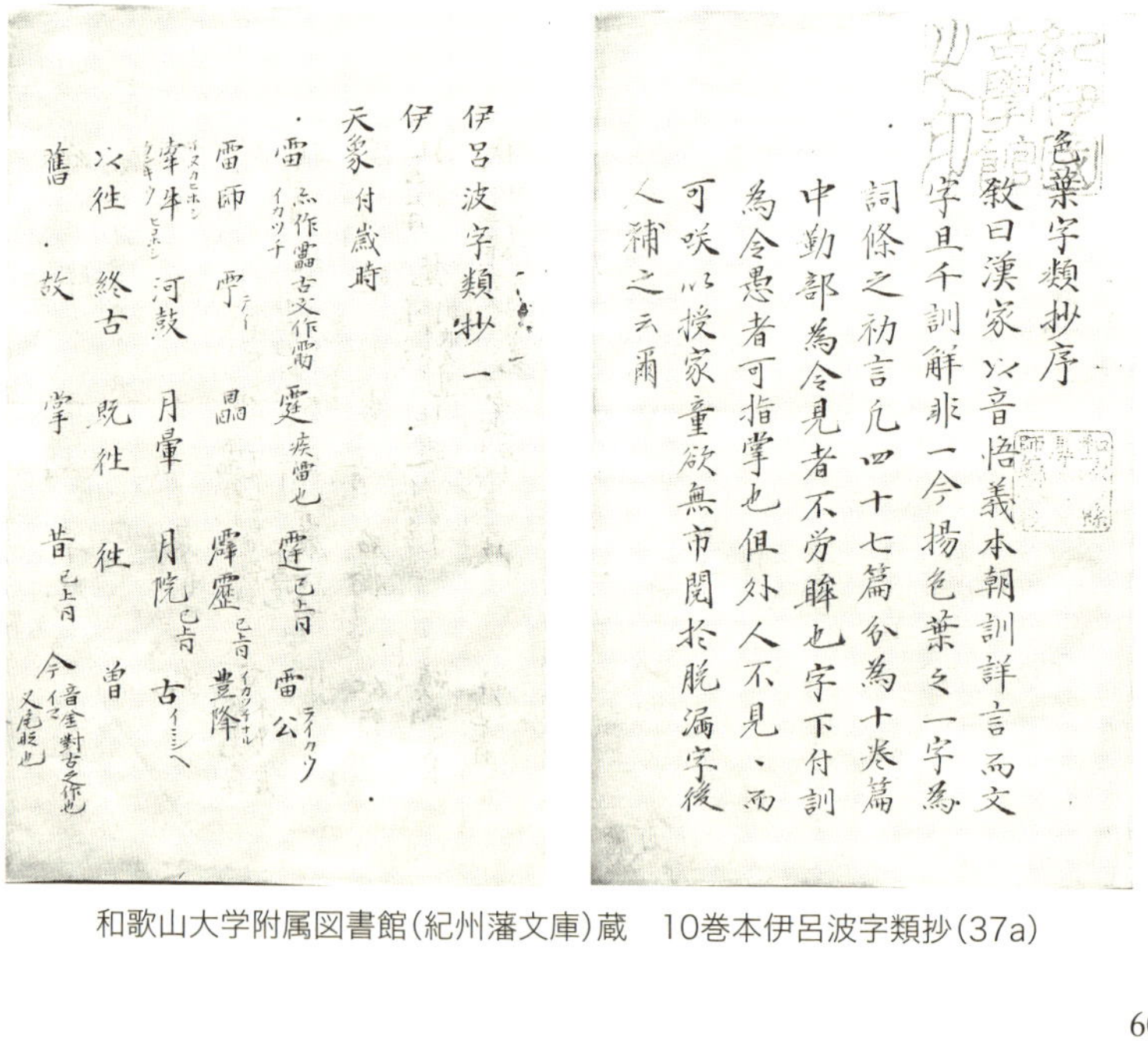

色葉字類抄序
叙曰漢家以音悟義本朝訓詳言而文
字且千訓解非一今揚色葉之一字為
詞條之初言凡四十七篇分為十巻篇
中勤部為令見者不労眸也字下付訓
為令愚者可指掌也但外人不見之而
可咲以授家童欲無市閲於脱漏字後
人補之云爾

伊呂波字類抄一
伊
天象 付歳時
雷 亦作靁古文作䨓 霆 疾雷也 霆 已上同 雷公
雷師 雫 䨓 霹靂 已音 豊隆
牽牛 河鼓 月暈 月院 已音 古へ
以往 終古 既往 往 曽
舊 故 掌 昔 已上同 今 倍金對古之稱也

和歌山大学附属図書館(紀州藩文庫)蔵　10巻本伊呂波字類抄(37a)

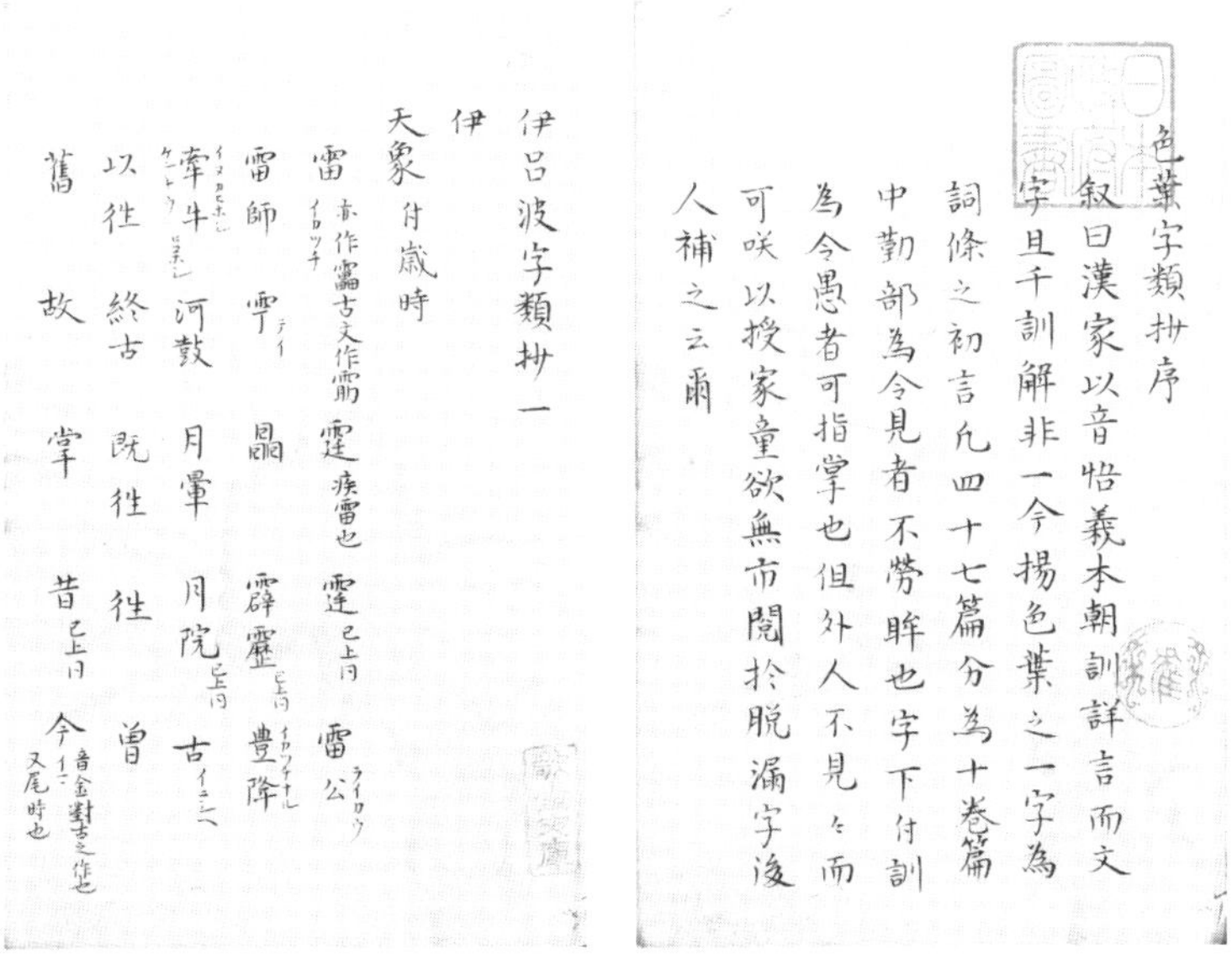

色葉字類抄序
叙曰漢家以音悟義本朝訓詳言而文字且千訓解非一今揚色葉之一字為詞條之初言凢四十七篇分為十巻篇中勤部為令見者不勞眸也字下付訓為令愚者可指掌也但外人不見々而可咲以授家童欲無市閲於脱漏字後人補之云爾

伊呂波字類抄一
伊
天象 付歳時
雷 亦作靁古文作䨓 霆 疾雷也 霳 已上同 雷公
雷師 雫 䨻 霹靂 已上同 豊隆
牽牛 河鼓 月暈 月院 已上同 古
以往 終古 既往 徃 曽
舊 故 掌 昔 已上同 今 音金對古之作也 又尾時也

国立公文書館（内閣文庫）蔵　10巻本伊呂波字類抄（2c）

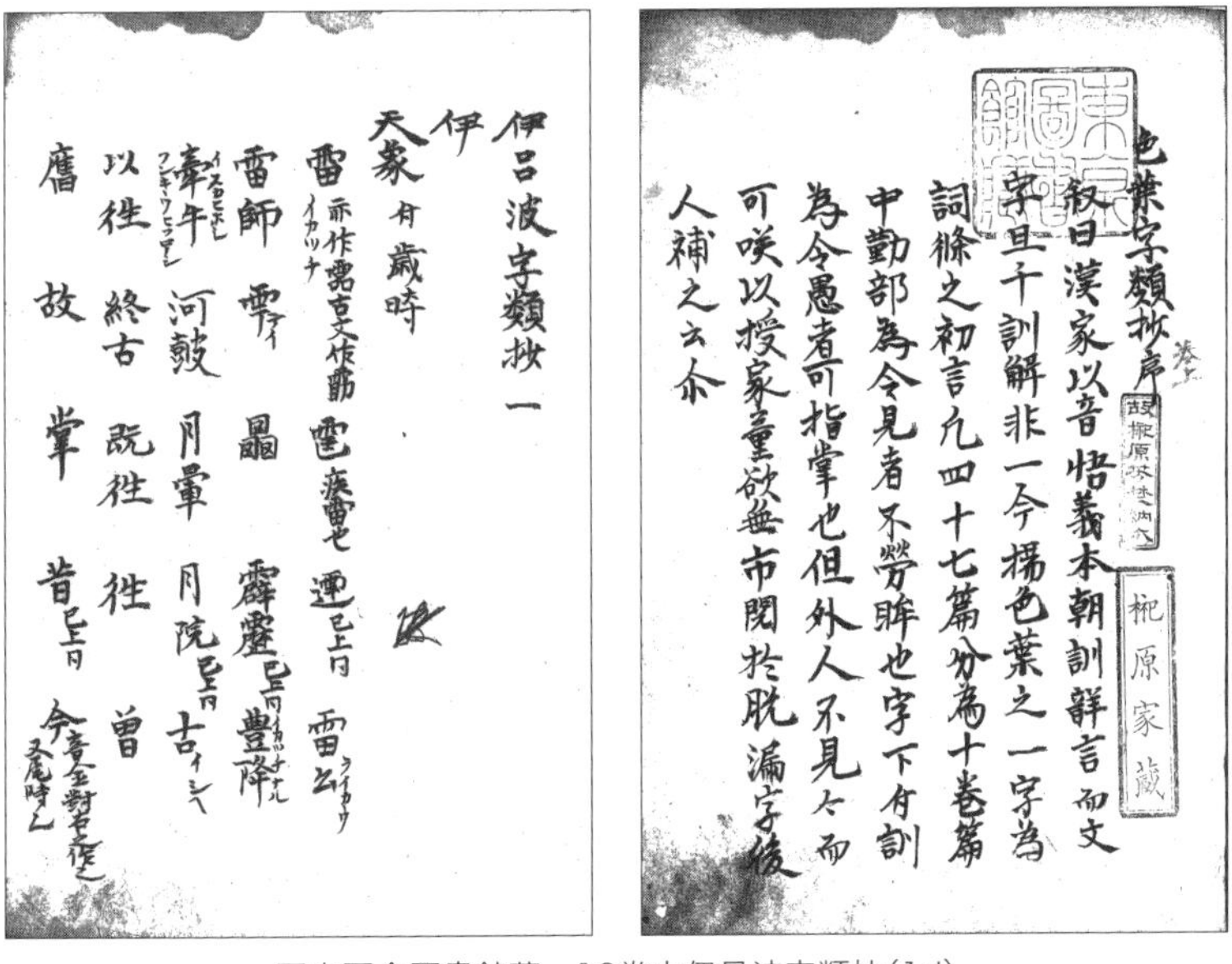

色葉字類抄序
叙曰漢家以音悟義本朝訓詳言而文字且千訓解非一今揚色葉之一字為詞條之初言凢四十七篇分為十巻篇中勤部為令見者不勞眸也字下付訓為令愚者可指掌也但外人不見々而可咲以授家童欲無市閲於脱漏字後人補之云尒
梔原家蔵

伊呂波字類抄一
伊
天象 付歳時
雷 亦作靁古文作䨓 霆 疾雷也 霳 已上同 雷公
雷師 雫 䨻 霹靂 已上同 豊隆
牽牛 河鼓 月暈 月院 已上同 古
以往 終古 既往 徃 曽
舊 故 掌 昔 已上同 今 音金對古之作也 又尾時也

国立国会図書館蔵　10巻本伊呂波字類抄（1d）

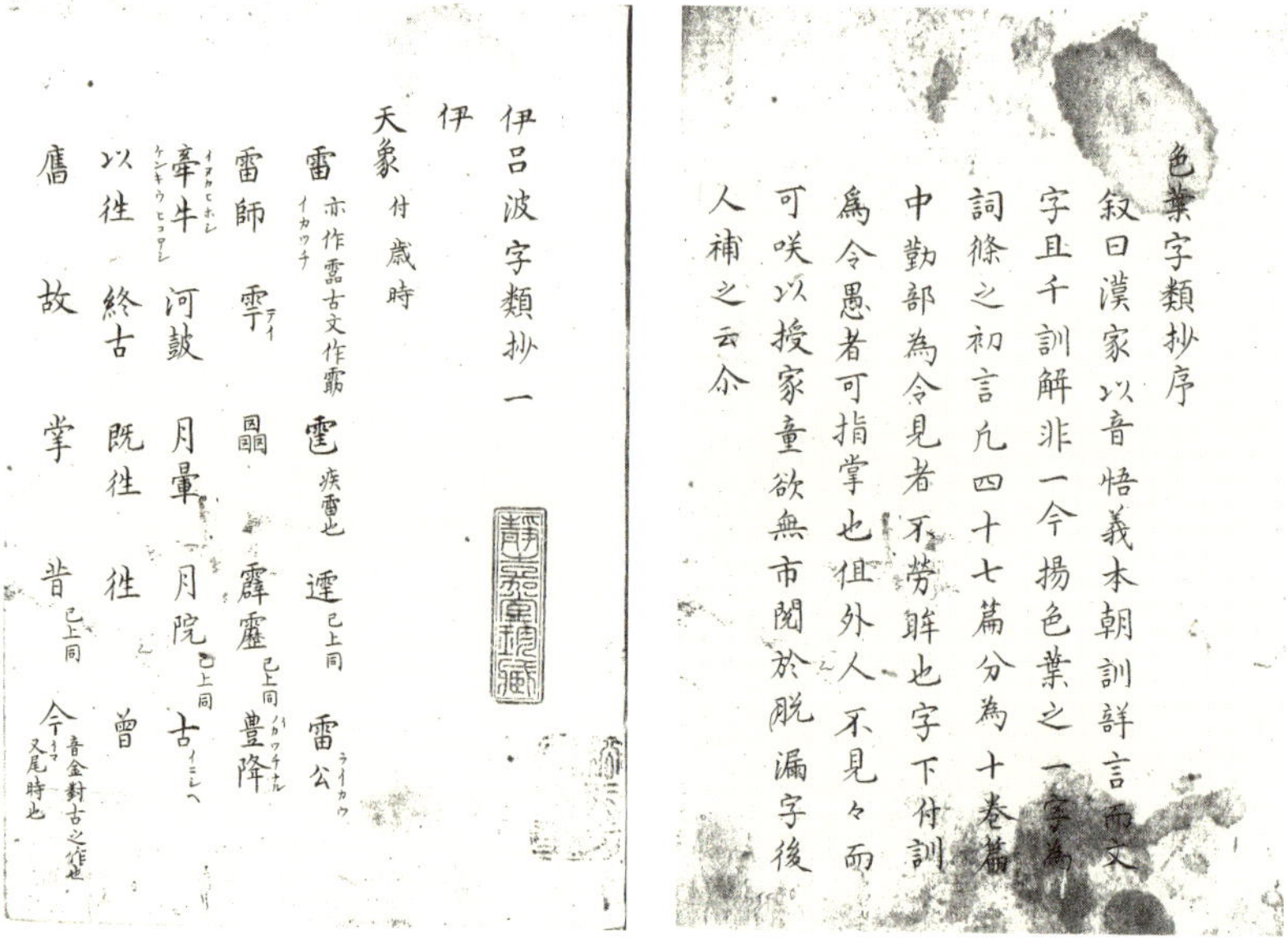

色葉字類抄序
叙曰漢家以音悟義本朝訓詳言而文
字且千訓解非一今揚色葉之一字為
詞條之初言凡四十七篇分為十巻篇
中勤部為令見者不労眸也字下付訓
為令愚者可指掌也但外人不見々而
可咲以授家童欲無市閲於脱漏字後
人補之云尓

伊呂波字類抄一
伊
天象 付歳時
雷《イカツチ》 亦作靁古文作𩃬 霆 疾雷也 霆 已上同 雷公《ライカウ》
雷師 雩《テイ》 畾 霹靂 已上同 豊降《ハカワチナル》
牽牛《イヌカヒホシ ケンキウ ヒコホシ》 河鼓 月暈 月院 已上同 古《イニシヘ》
以往 終古 既往 往 曽
舊 故 掌 昔 已上同 今《イマ》 音金對古之称也 又尾時也

静嘉堂文庫蔵　10巻本伊呂波字類抄(3d)

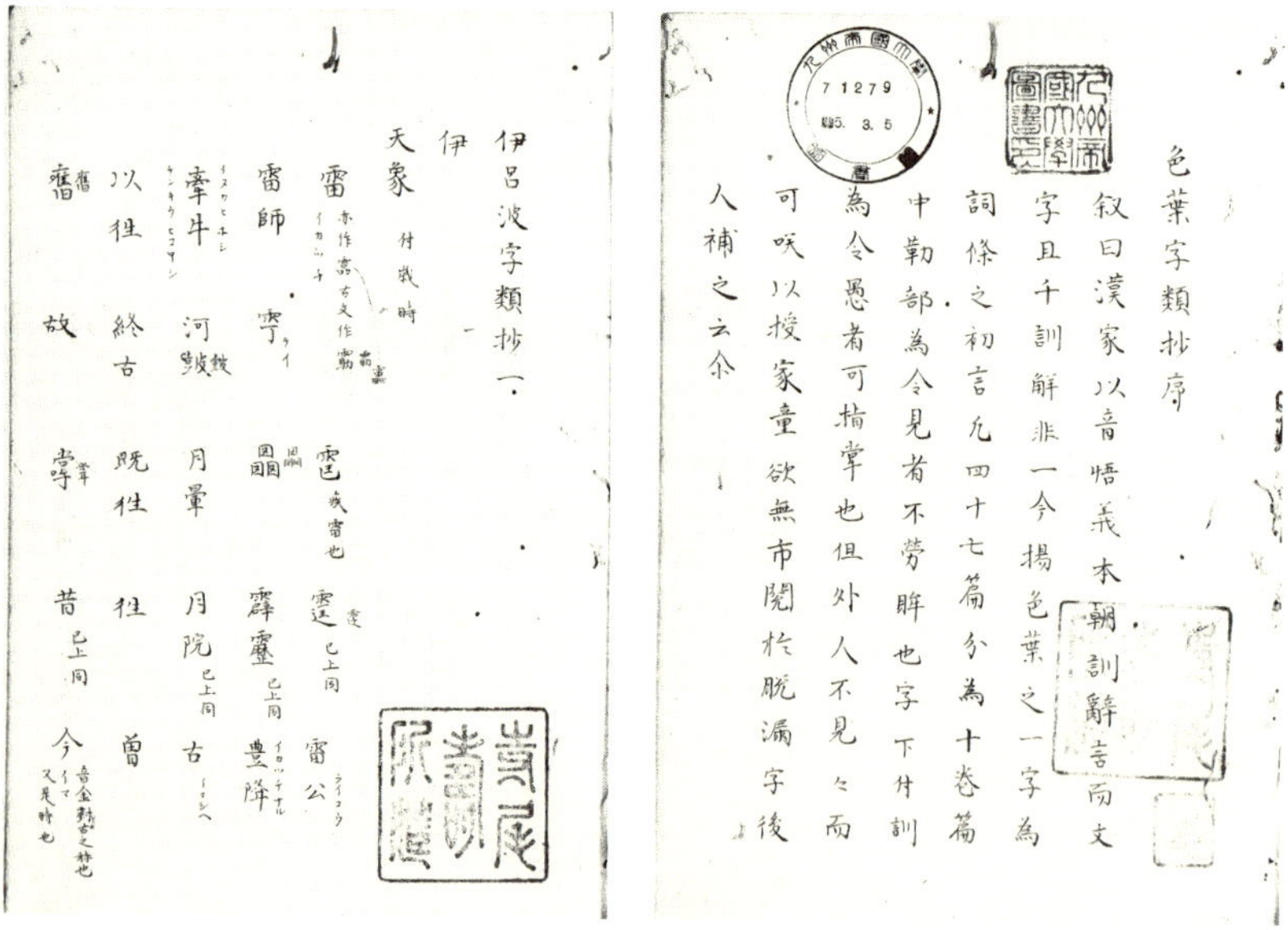

色葉字類抄序
叙曰漢家以音悟義本朝訓辭言而文
字且千訓解非一今揚色葉之一字為
詞條之初言凡四十七篇分為十巻篇
中勤部為令見者不労眸也字下付訓
為令愚者可指掌也但外人不見々而
可咲以授家童欲無市閲於脱漏字後
人補之云尓

伊呂波字類抄一
伊
天象 付歳時
雷《イカツチ》 亦作靁古文作𩃬 霆 疾雷也 霆 已上同 雷公《ライコウ》
雷師 雩《テイ》 畾 霹靂 已上同 豊降《イカツチナル》
牽牛《イヌカヒホシ ケンキウ ヒコホシ》 河鼓 月暈 月院 已上同 古《イニシヘ》
以往 終古 既往 往 曽
舊 故 掌 昔 已上同 今《イマ》 音金對古之称也 又尾時也

九州大学附属図書館(中央図書館)蔵　10巻本伊呂波字類抄(36a)

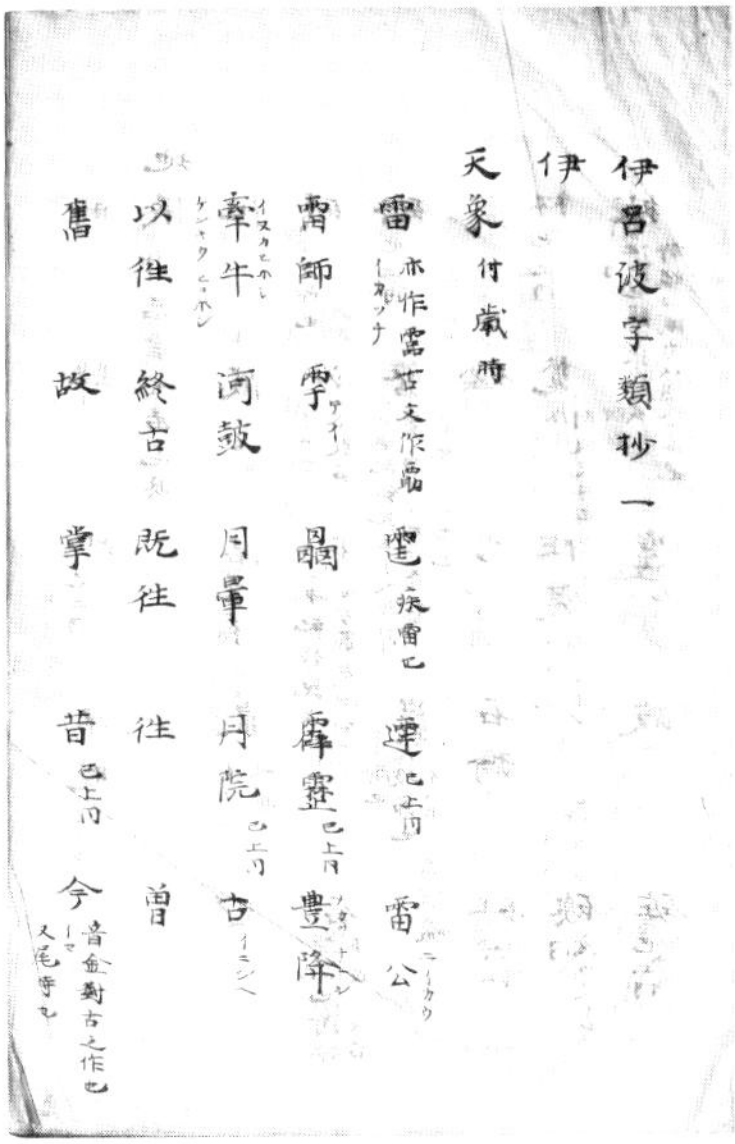

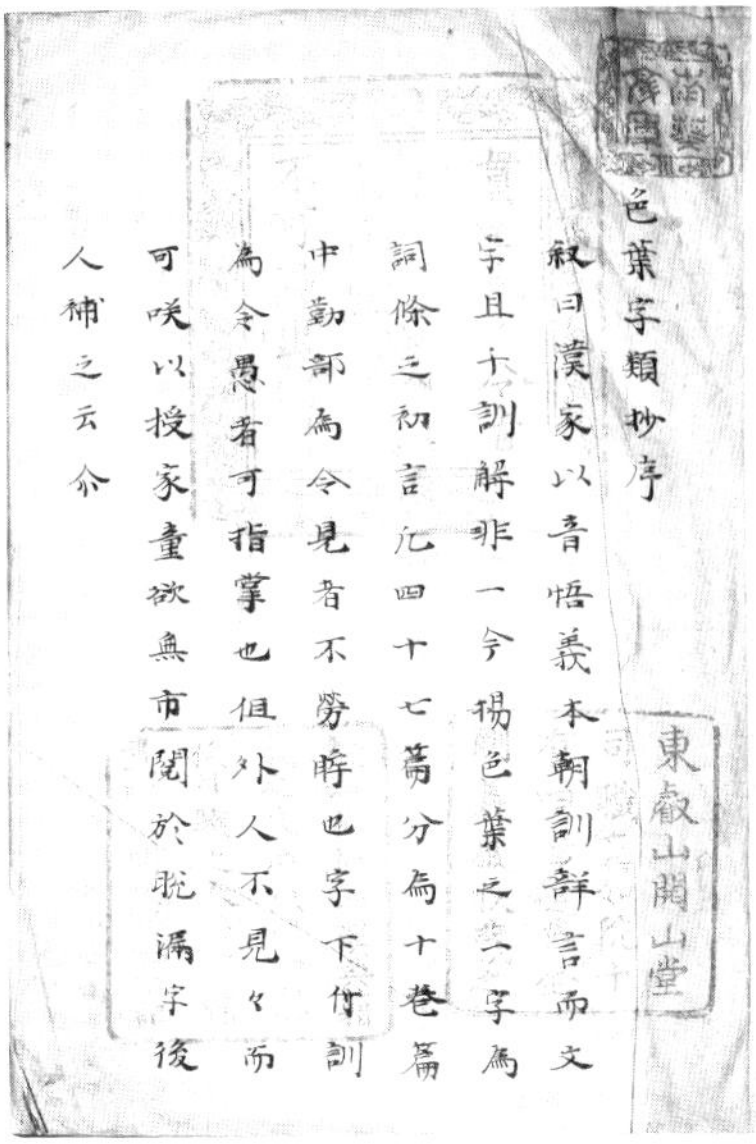

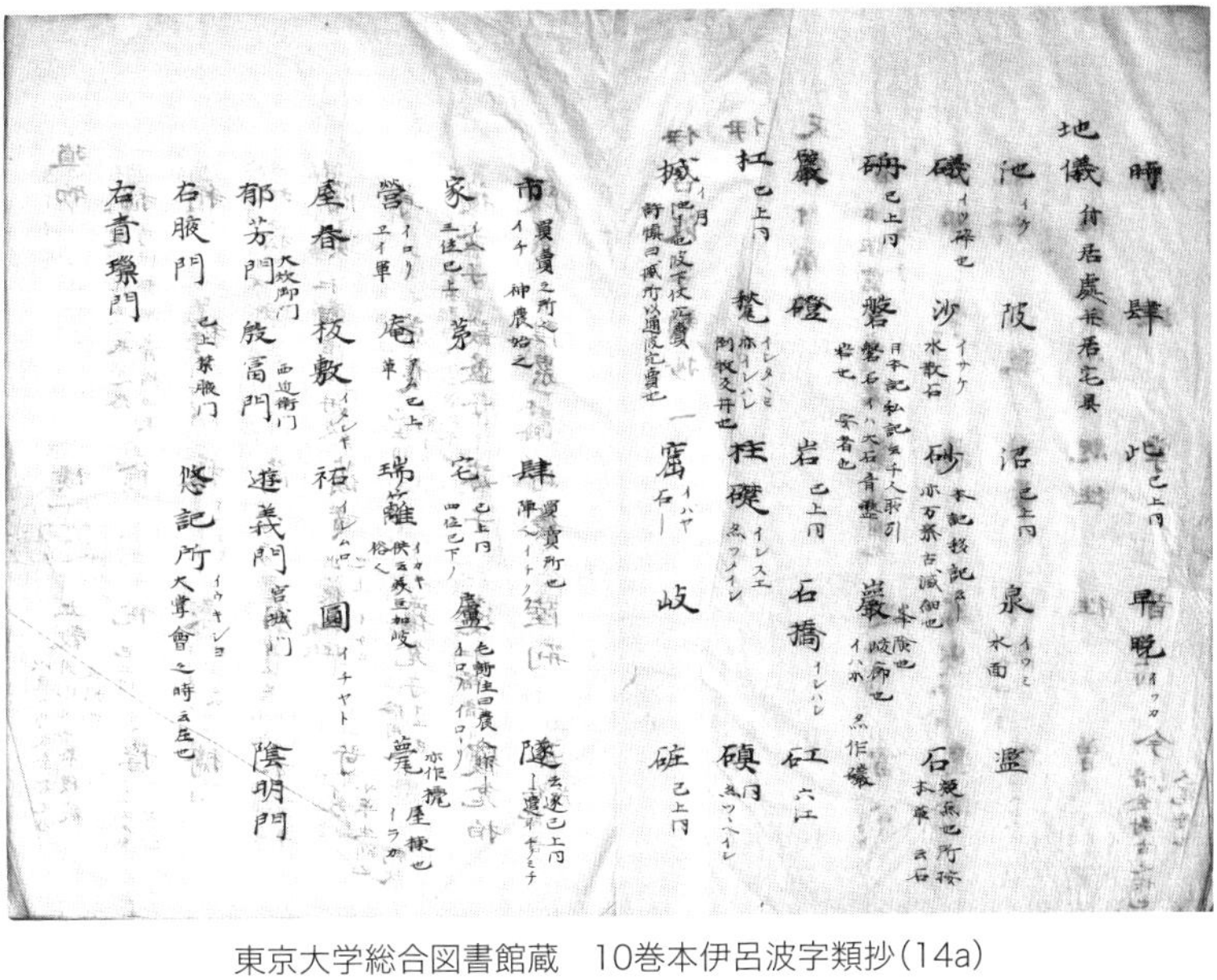

東京大学総合図書館蔵　10巻本伊呂波字類抄(14a)

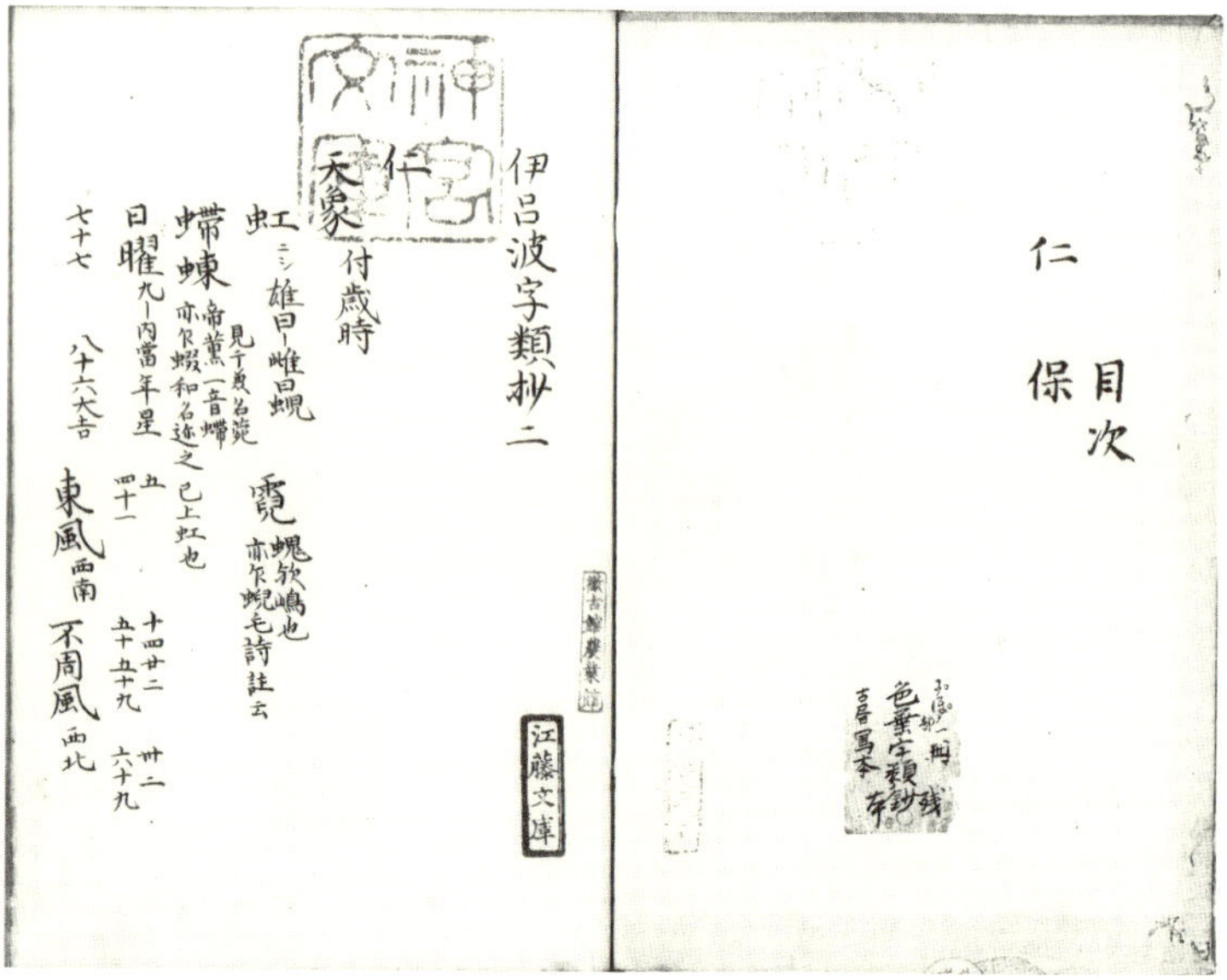

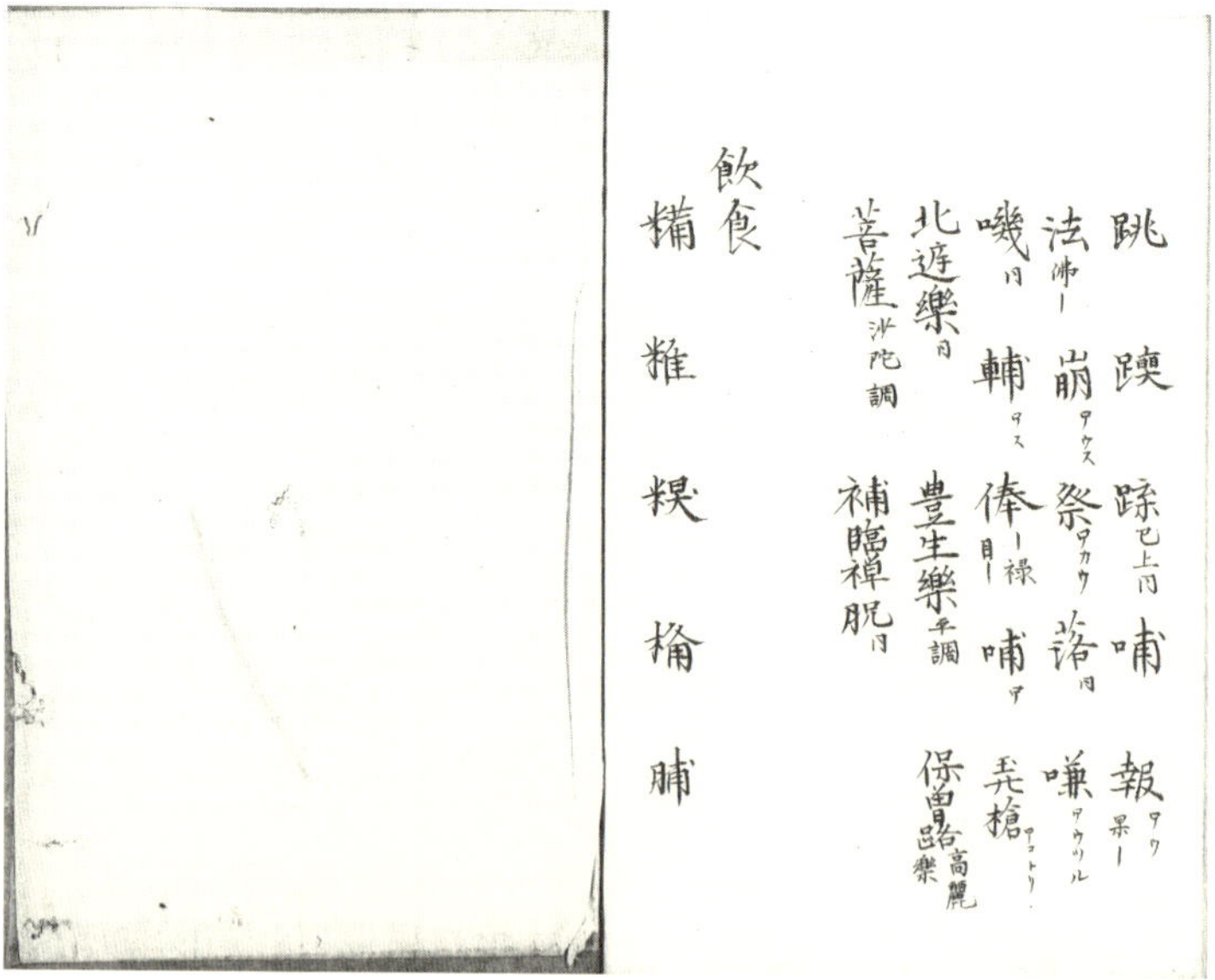

神宮文庫蔵　10巻本伊呂波字類抄（25a）

③その他

ここに分類したものは、主に丁数の在り方が①②と異なるものである。

奥書を有するもののうち以下については、既に挙げた伝本と類似する部分があるが全く一致する訳ではない。例えば16ａ狩野文庫本（弘化五年山根輝実奥書）は、②Ａの26ａ鈴鹿文庫本・1ｃ国立国会図書館本・29ｂ天理図書館本（いずれも弘化三〜嘉永七年の山根輝実の奥書を有する）と一致する部分もあるようであるが、後者が資時等の奥書を有する点で異なる。28ａ大東急記念文庫本も、②Ａ奥平廣業奥書本と同様の差異がある。

また、32ｂ神習文庫本や1ｇ亀田文庫本は一〇巻本字類抄では珍しい一〇行本であり、それぞれ江戸末期に写されたものであるが、前者は不忍文庫本を温故堂（塙忠宝、一八〇七−一八六二）が写したものの更に写し（一周）、後者は藤原教忠（一八二三−一八九一）の蔵書の写しであり、他の点からも、直接の伝写関係は窺われない。（なお①の7ｃ学習院大学本には藤波家の蔵書印がある）

更に、41ａ津山郷土博物館の道家大門文庫本は②Ａ13ａ筑波大学本・29ａ天理図書館本の類の一本を明治一七年に書写したものである旨が奥書より分かるが、原写本を忠実に写したものではなく、写本の複製という目的意識が薄かったものと考えられる。

25ｄ神宮文庫本と14ｆ東大本は他に類する体裁を持つ伝本のない一方で、互いによく似る（東大本の丁数には扉を含む）。またこの二本は「天像」表記がヱモス篇に見られるが、この所在は本表33ａ陽明文庫本を含む三本のみに見られ、陽明文庫本の如き一本をいずれかが体裁（行割）を変えて写したものであるかもしれない。（いずれも行数×丁数＝六二〇〇余行となる）

【表VI】 一〇巻本字類抄〈その他〉

| 整理番号 | 16a | | 28a | 7a | 32b | 41a | 1g | 33a | 25d | 14f |
|---|---|---|---|---|---|---|---|---|---|---|
| 所蔵機関＼事項 | 東北大学＊狩野文庫 | | 大東急記念文庫 | 学習院大学（日語日文学科） | 無窮会＊神習文庫 | 津山郷土博物館＊道家大門文庫 | 国立国会図書館＊亀田文庫 | 陽明文庫 | 神宮文庫 | 東京大学（総合図書館） |
| 冊数 | 5 | | 5 | 2 | 10 | 9 | 10 | 10 | 10 | 10 |
| 残欠 | ①②⑩-1 | | ①②⑤⑧⑩ | ①② | 完 | ⑤欠 | 完 | 完 | 完 | 完 |
| 時代＊( )は推測 | 1848- | | (江戸後) | (室町) | 1862 | 1884〜1885 | 1848 | (江戸中) | - | -1897 |
| 丁数 ① | 45 | 34 | 60 | 117 | 52 | 74 | 73 | 68 | 89 | 90 |
| ② | 38 | 42 | 47 | 110 | 45 | 60 | 69 | 63 | 89 | 90 |
| ③ | × | × | × | × | 63 | 81 | 88 | 90 | 115 | 115 |
| ④ | × | × | × | × | 59 | 61 | 80 | 86 | 116 | 117 |
| ⑤ | × | × | 53 | × | 53 | × | 67 | 77 | 101 | 102 |
| ⑥ | × | × | × | × | 64 | 88 | 85 | 93 | 117 | 119 |
| ⑦ | × | × | × | × | 44 | 62 | 64 | 67 | 87 | 88 |
| ⑧ | × | × | 59 | × | 58 | 78 | 76 | 85 | 115 | 116 |
| ⑨ | × | × | × | × | 55 | 67 | 73 | 84 | 114 | 115 |
| ⑩ | 53 | × | 55 | × | 49 | 58 | 67 | 72 | 97 | 98 |
| 総丁数 | 212 | | 274 | 227 | 542 | 629 | 742 | 785 | 1040 | 1050 |
| 一面行数 | 7〜10 | | 9 | 6 | 10 | 8〜9 | 10 | 8 | 6 | 6 |
| 奥書 | 似閑(元禄13年=1700)<br>信友(天保4年=1833<br>弘化3年=1846再識)<br>小槻(天文元年=1532)<br>山根輝実(弘化5年=1848) | | 似閑(元禄13年=1700)<br>信友(天保4年=1833<br>弘化3年=1846再識)<br>奥平廣業(享保19年=1734、⑩巻首) | × | 屋代弘賢(文化2年=1805)<br>温故堂(塙忠宝、文化7年=1810)<br>一周(文久2年=1862) | 奥平廣業(享保19年=1734)<br>道家大門(明治17年=1884・明治18年) | 藤原延永(嘉永元年=1848) | × | × | × |
| 巻首:「類字」(巻) | × | | × | 2 | × | × | × | 2 | × | × |
| 「天像」(篇) | × | | × | × | ヱヒモ | ヱヒモ | ヱ | ヱモス | ヱモス | ヱモス |
| 字母＊右表記と異なる場合のみ記す 伊呂波 | --- | | --- | --- | --- | --- | --- | --- | --- | --- |
| 仁保部 | --- | | --- | --- | --- | --- | --- | --- | --- | --- |
| 土知利 | 止-× | | 止-× | --× | --- | --- | 止-- | --- | --- | --- |
| 奴留遠 | ××× | | ××× | ××- | --- | --- | --- | --- | --- | --- |
| 和加与 | ××× | | ××× | ××× | --- | --- | --- | --- | --- | --- |
| 太礼所 | ××× | | ××× | ××× | --- | --- | --- | --- | --- | --- |
| 都祢奈 | ××× | | ×-- | ××× | --- | -×× | --- | --- | --- | --- |
| 良无宇 | ××× | | --- | ××× | --- | ××× | --- | --- | --- | --- |
| 為能於 | ××× | | --× | ××× | --- | ××× | --- | --- | --- | --- |
| 久也末 | ××× | | ××× | ××× | --- | ××- | --- | --- | --- | --- |
| 計不古 | ××× | | ××× | ××× | --- | --- | --- | --- | --- | --- |
| 江天安 | ××× | | ××- | ××× | --- | --- | --- | --- | --- | --- |
| 左幾由 | ××× | | --× | ××× | --- | --- | --- | --- | --- | --- |
| 女見志 | ××× | | ××× | ××× | --- | --- | --- | --- | --- | --- |
| 恵比毛 | 恵〈会〉比〈飛〉- | | 恵〈会〉比〈飛〉- | ××× | --- | --- | --- | --- | --- | --- |
| 世須 | ×× | | -- | ×× | -- | -- | -- | -- | -- | -- |
| 印記等＊年月の表示のない現所蔵機関のものは省略する | 「渡部文庫珍蔵書印」（渡部信）「荒井泰治氏ノ寄附金ヲ以テ購入セル文学博士狩野亨吉氏旧蔵書」 | | × | 「三條西公正氏寄贈」 | 「井上氏」「井上頼圀蔵」 | × | 「日野西家蔵書」「亀田蔵書」（亀田次郎）「国立国会図書館／26・10・3」 | × | 「御巫所蔵」ほか一種（昭和二〇年九月奉納の旨） | 「源頼庸」「雲岫」（田中頼庸）「東京帝国大学附属図書館／明治卅八年七月廿五日／112897」 |

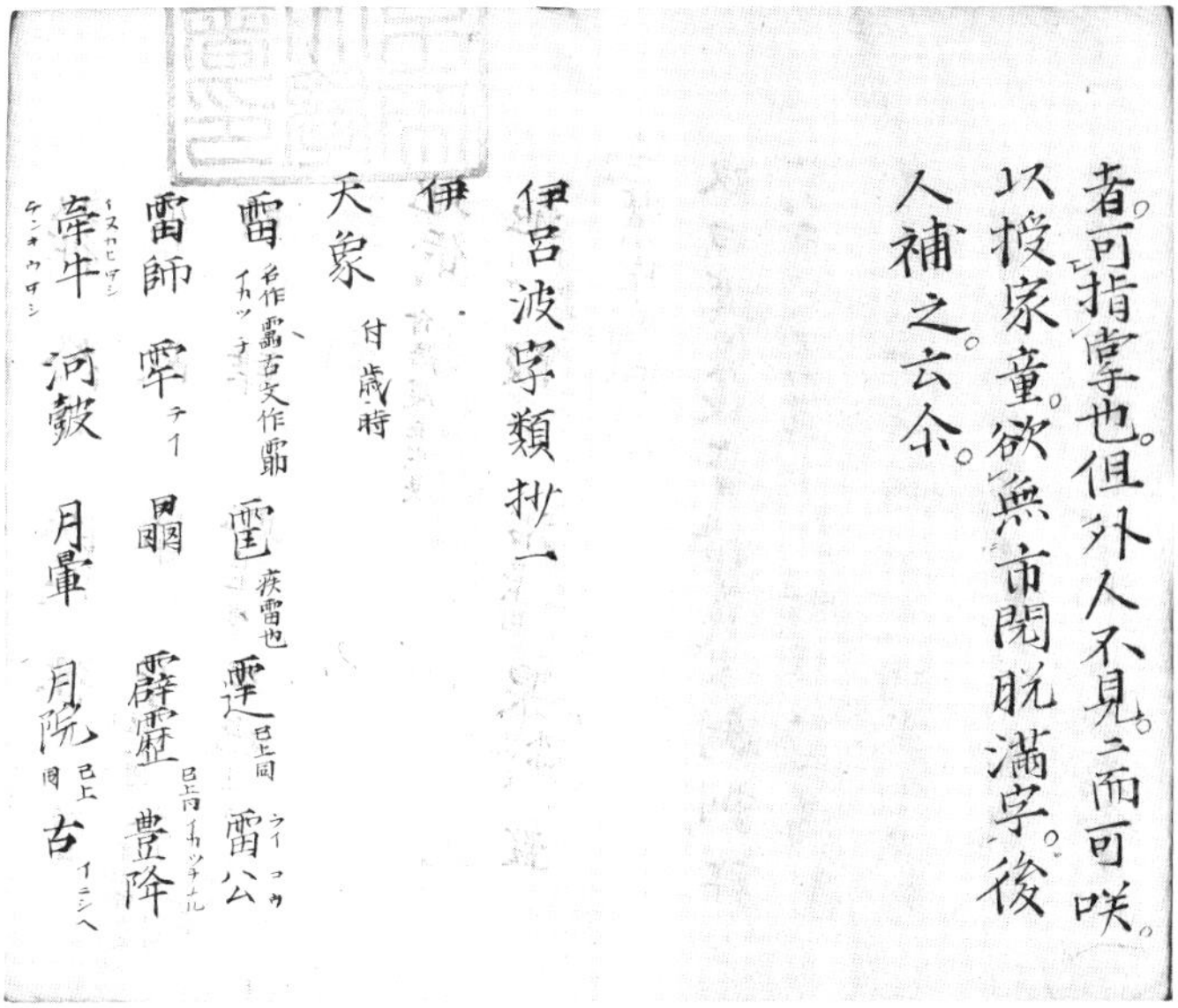

者。可指掌也。但外人不見。而可咲。以授家童。欲無市閲眈満字。後人補之。云尓。

伊呂波字類抄一
伊
天象 付歳時
雷 䨓 霆 雷公
雷師 霆 䨻 霹靂 豊隆
牽牛 河鼓 月暈 月院 古

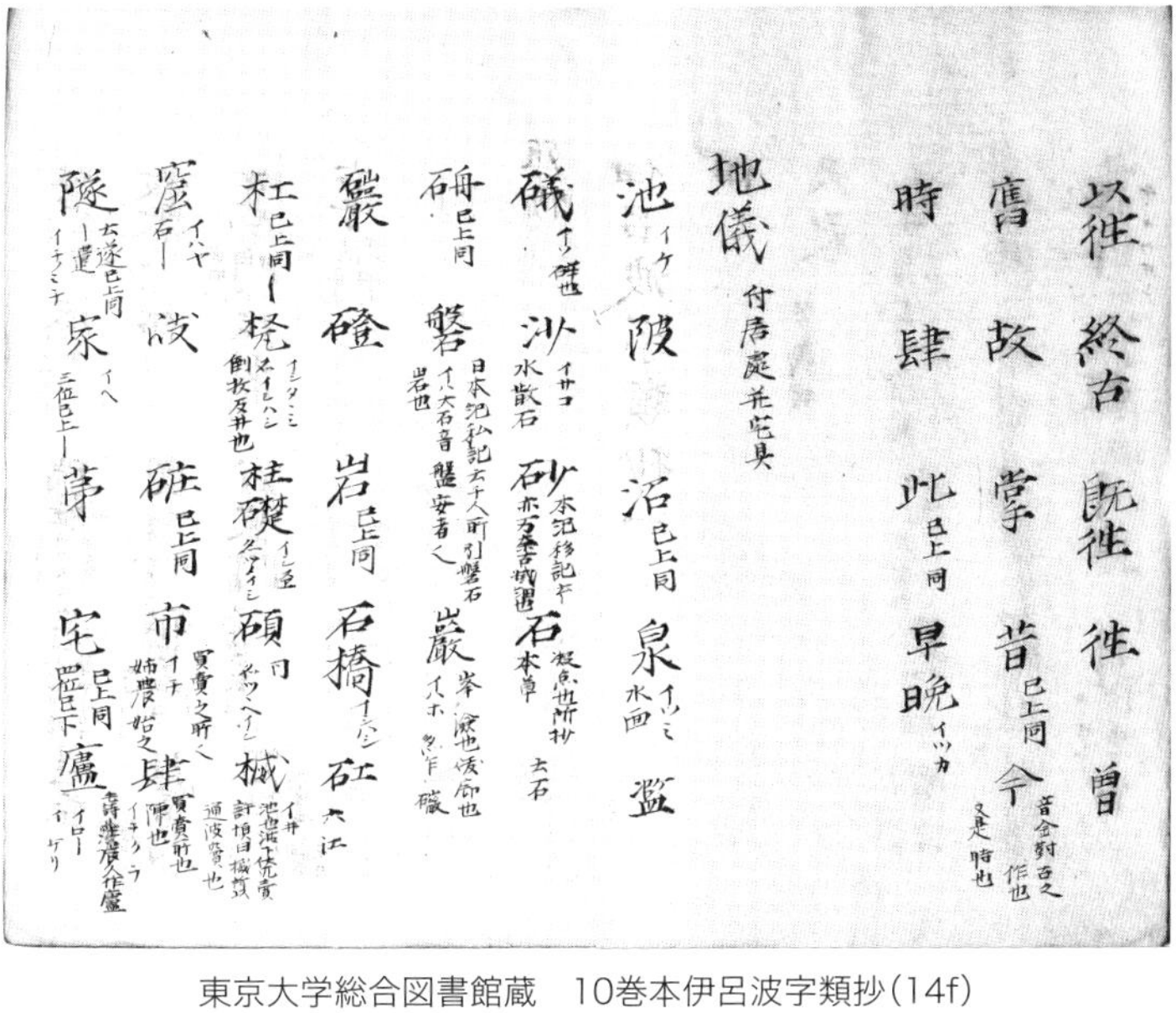

以往 終古 既往 往 曽
曩 故 曩 昔 今
時 肆 此 早晩
地儀 付居處并宅具
池 陂 沼 泉
礒 沙 砂 石
磐 巌
巖 磴 岩 石橋
杠 柱礎 礩 楲
窟 碓 市 肆
隧 冢 宅 廬

東京大学総合図書館蔵　10巻本伊呂波字類抄（14f）

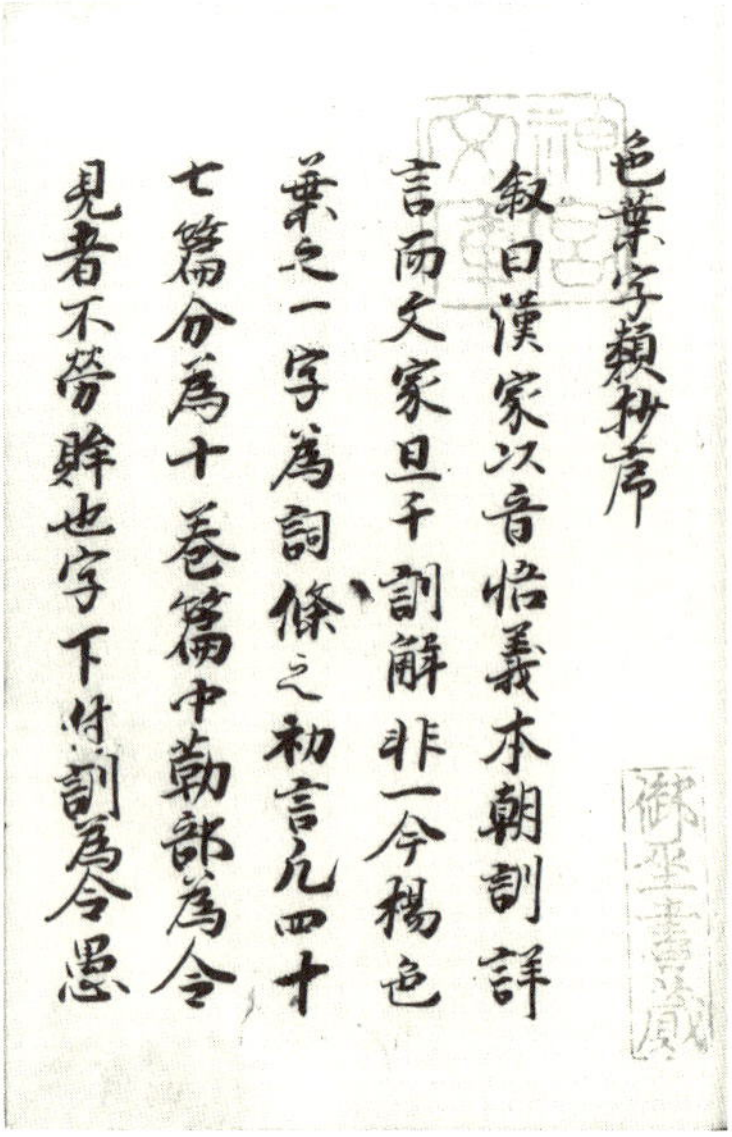


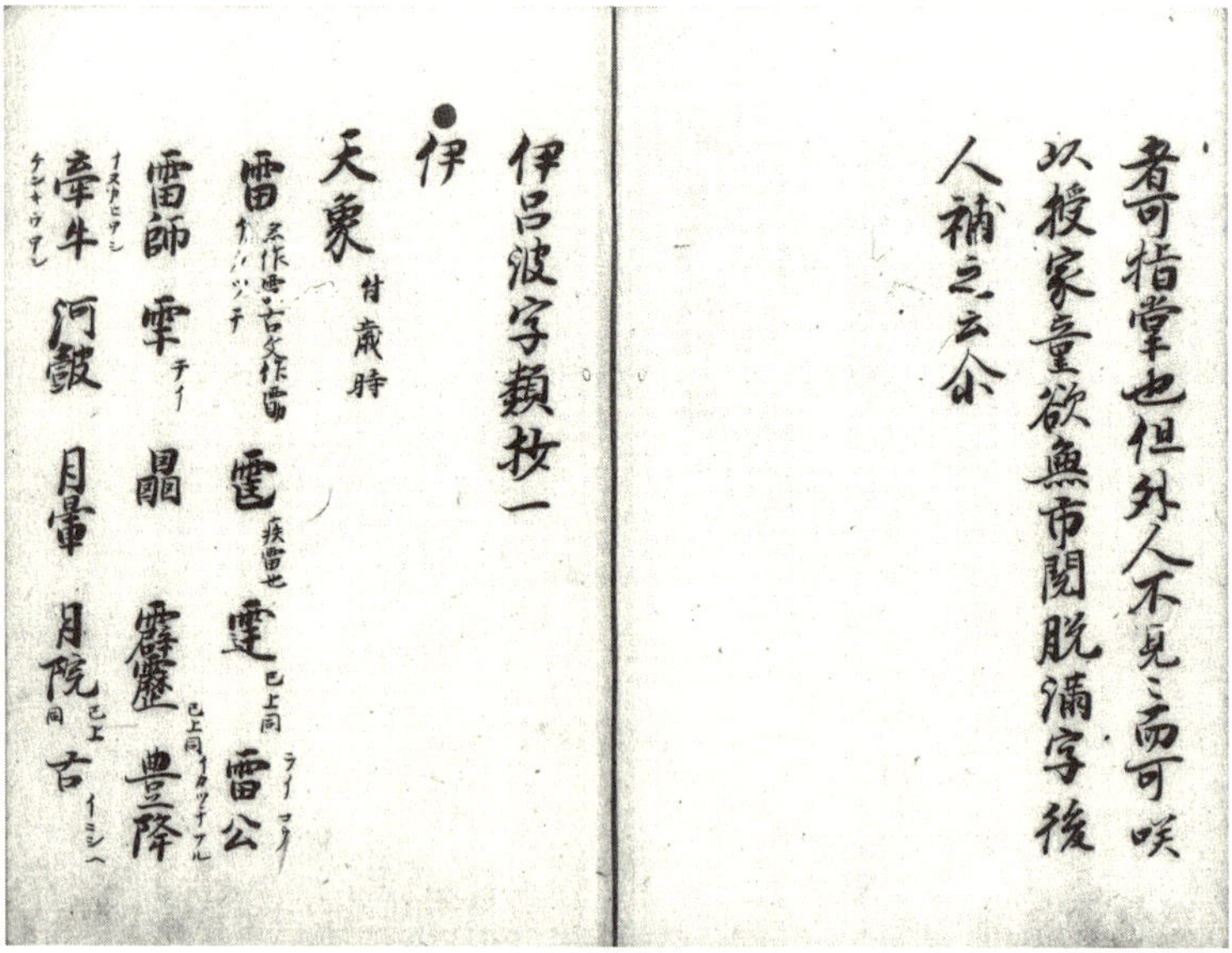


神宮文庫蔵　10巻本伊呂波字類抄(25d)

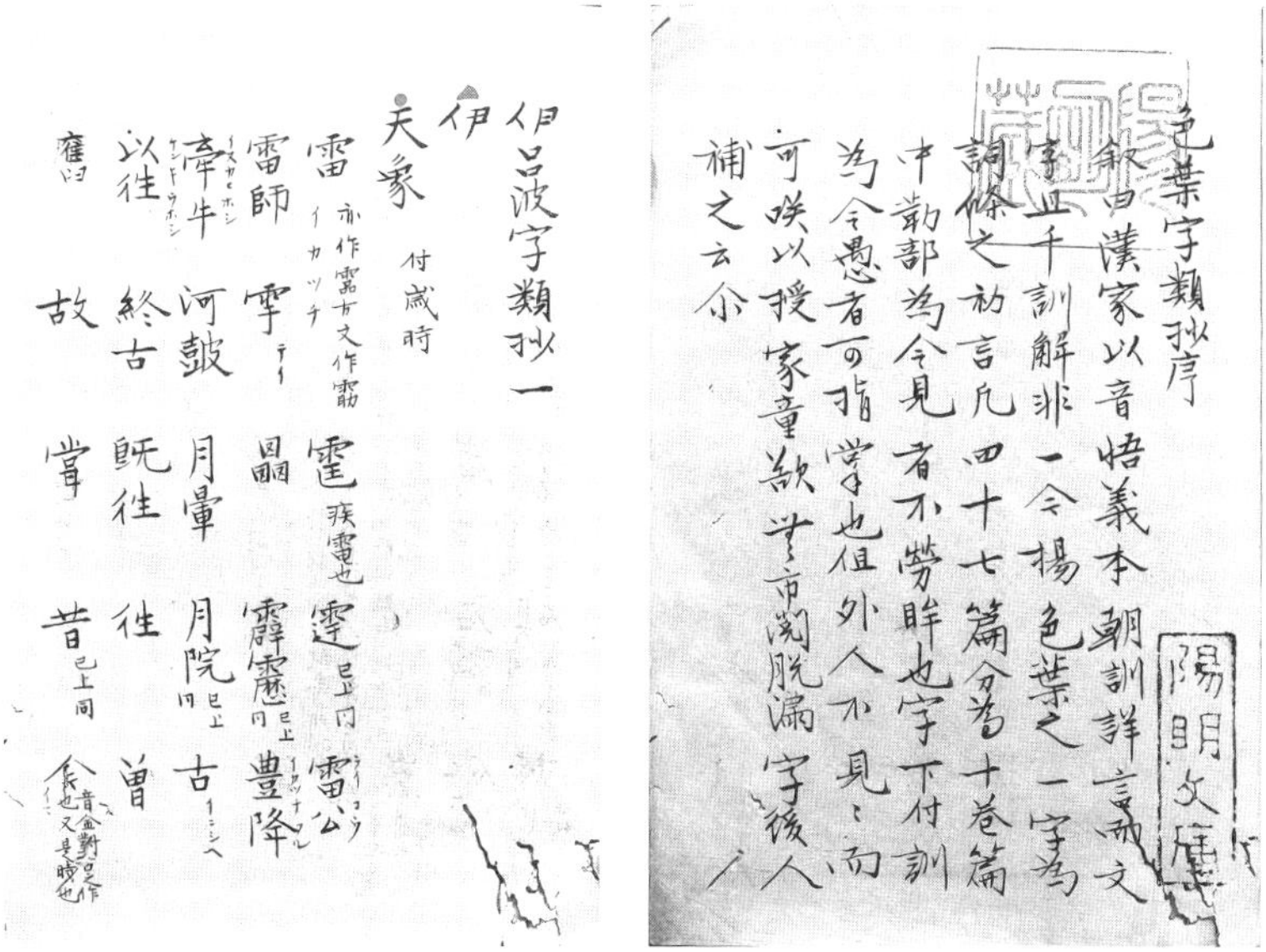

色葉字類抄序
和漢家以音悟義本朝訓詳言両文字竝千訓解非一今揚色葉之一字為詞條之初言凡四十七篇分為十巻篇中勘部為令見者不労眸也字下付訓為令愚者可指掌也但外人不見之而可咲以授家童欲考市閭脱漏字後人補之云尓

伊呂波字類抄一
伊
天象　付歳時
雷　亦作靁古文作䨻　霆　疾雷也　霔　已上同　雷公
雷師　雫　靁　霹靂　同　已上　豊隆
牽牛　河鼓　月暈　月院　同　已上　古
以往　終古　既往　往　曽
嚢日　故　嘗　昔　已上同

陽明文庫蔵　10巻本伊呂波字類抄(33a)

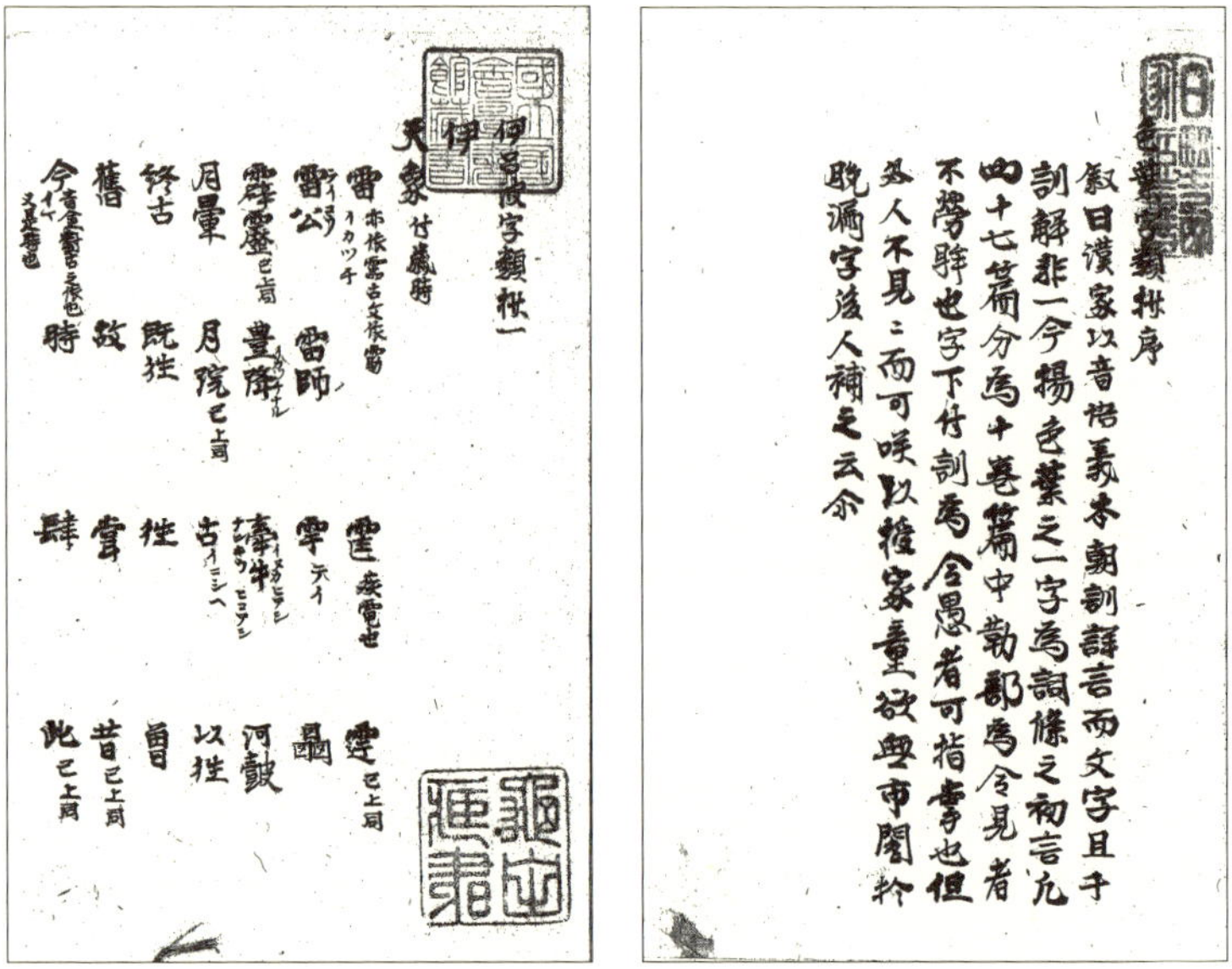

国立国会図書館（亀田文庫）蔵　10巻本伊呂波字類抄（1g）

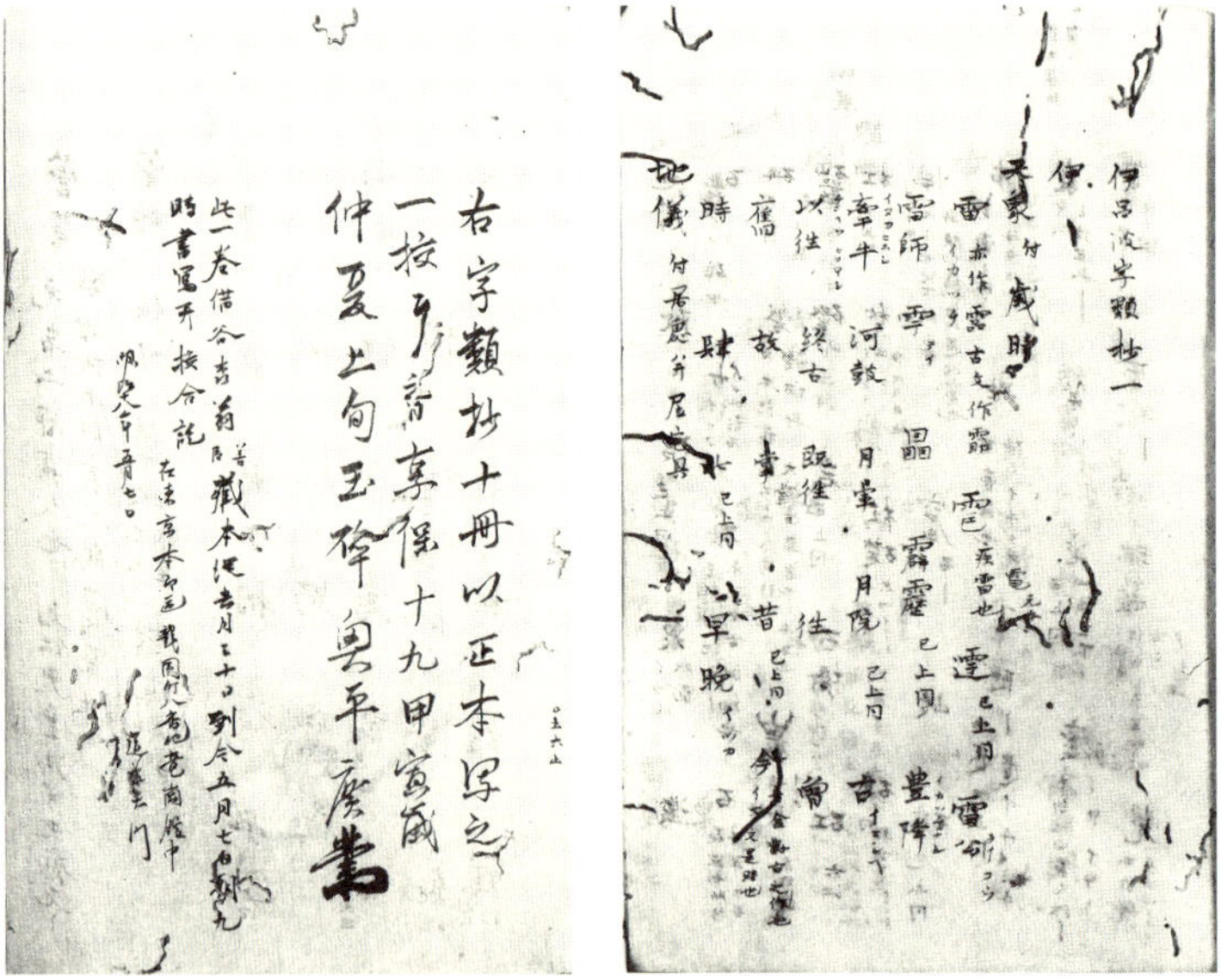

津山郷土博物館（道家大門文庫）蔵　10巻本伊呂波字類抄（41a）

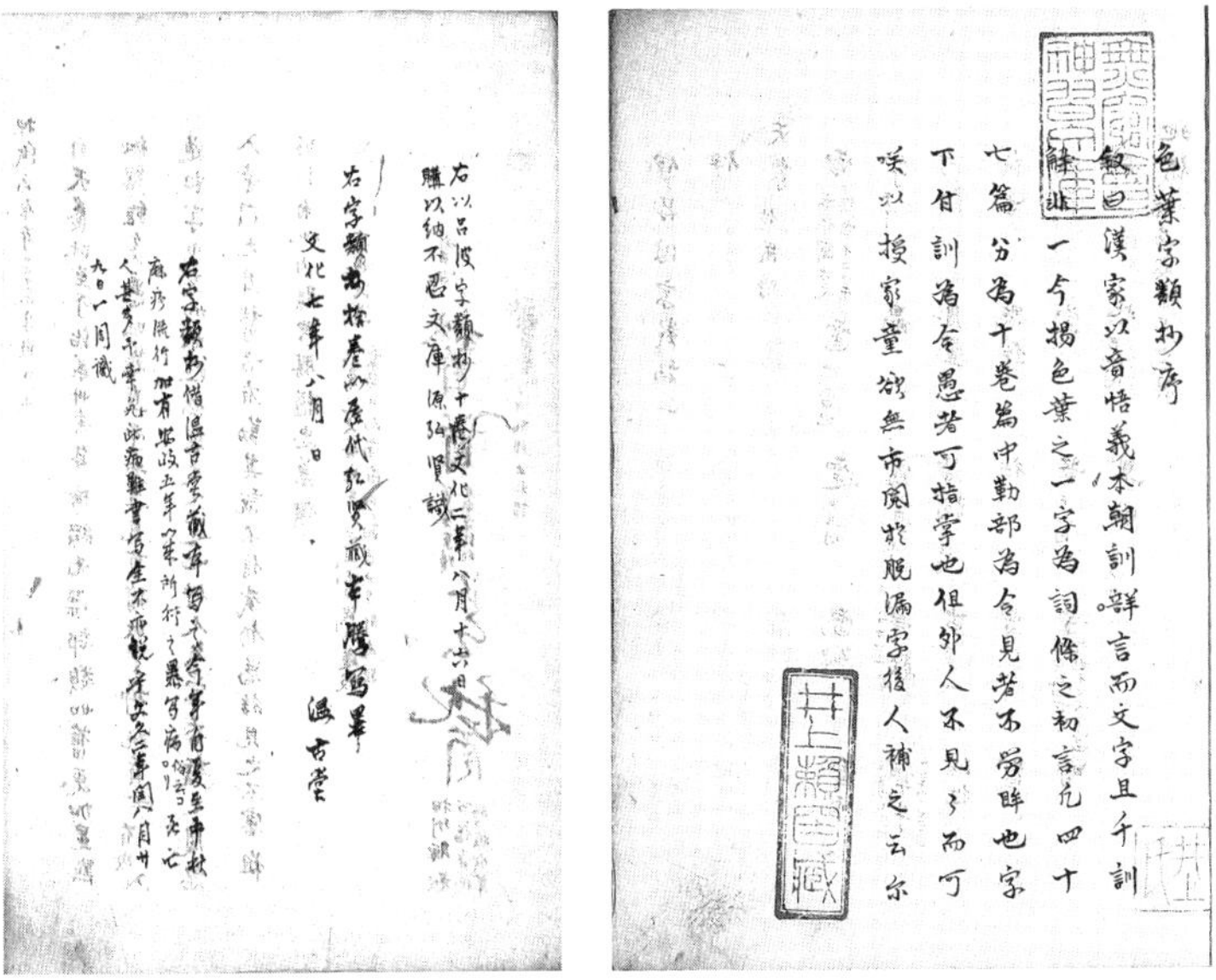
色葉字類抄序
叙曰
漢家以音悟義本朝訓詳言而文字且千訓
一今揚色葉之一字為詞條之初言凡四十
七篇分為十巻篇中勘部為令見者不労睡也字
下付訓為令愚者可指掌也但外人不見之而可
咲以授家童欲無市閲於脱漏字後人補之云尓

右以呂波字類抄十巻文化二年八月十六日
謄以納不忍文庫　源弘賢識
右字類抄於屋代弘賢蔵本謄写畢
文化七年八月　日　温古堂

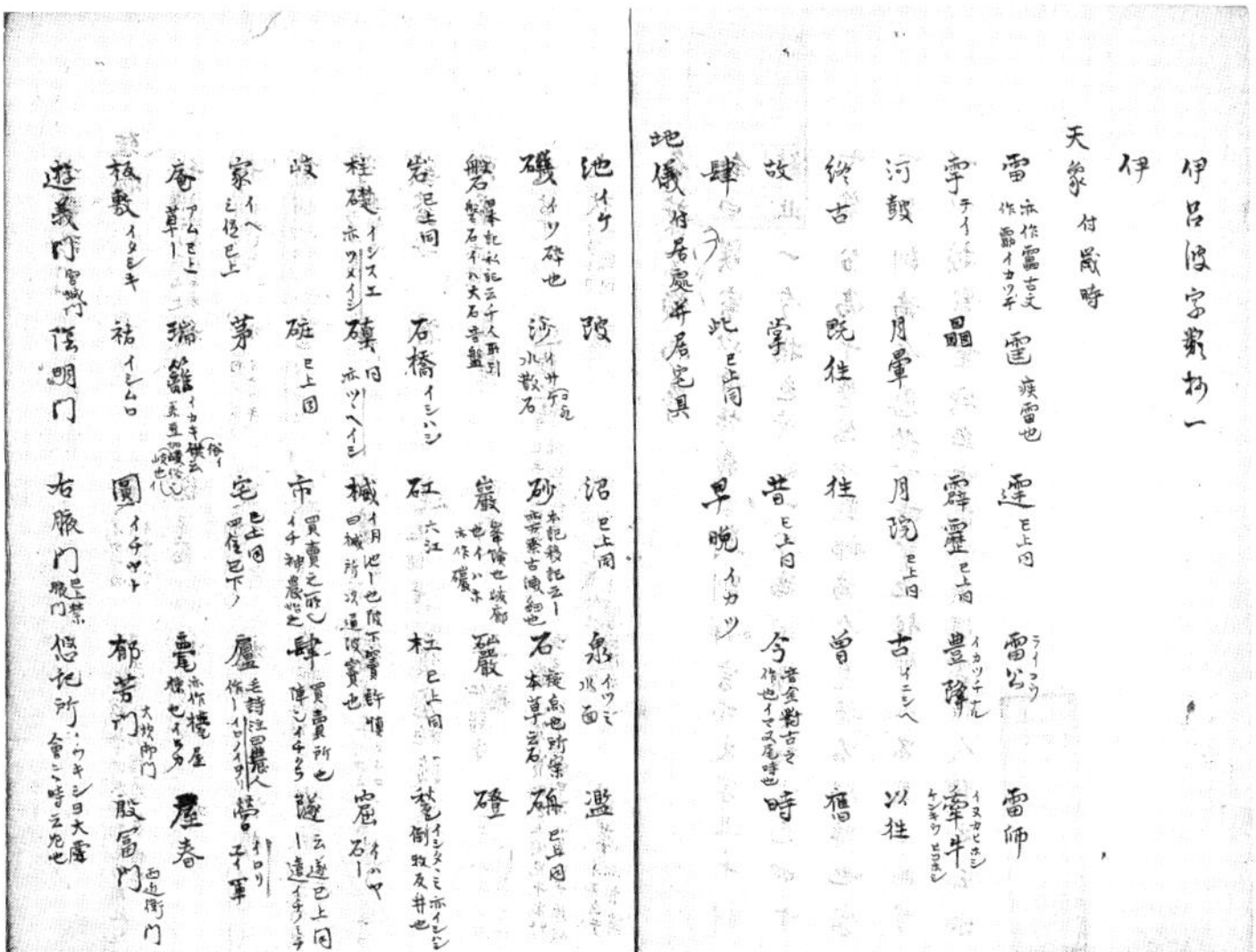
伊呂波字類抄一
伊
天象　付歳時

無窮会専門図書館（神習文庫）蔵　10巻本伊呂波字類抄（32b）

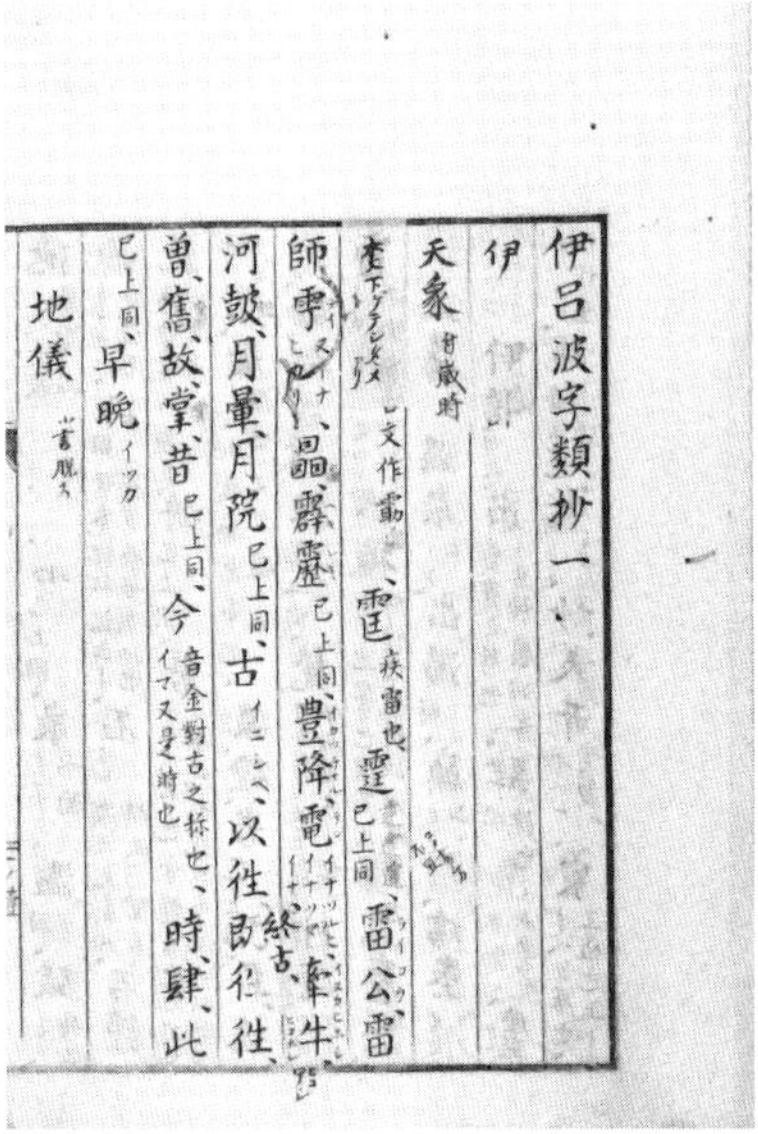
伊呂波字類抄一
伊
天象 付歳時
雷 亦文作靁 、霆 疾雷也 霆 已上同 雷公 雷
師 雫 晶 霹靂 已上同 豊隆 電 牽牛
河鼓 月暈 月院 已上同 古 以往 既往 往
曽 舊 故 曩 昔 已上同 今 音金對古之称也 時 肆 此
已上同 早晩
地儀

大東急記念文庫蔵　10巻本伊呂波字類抄(28a)

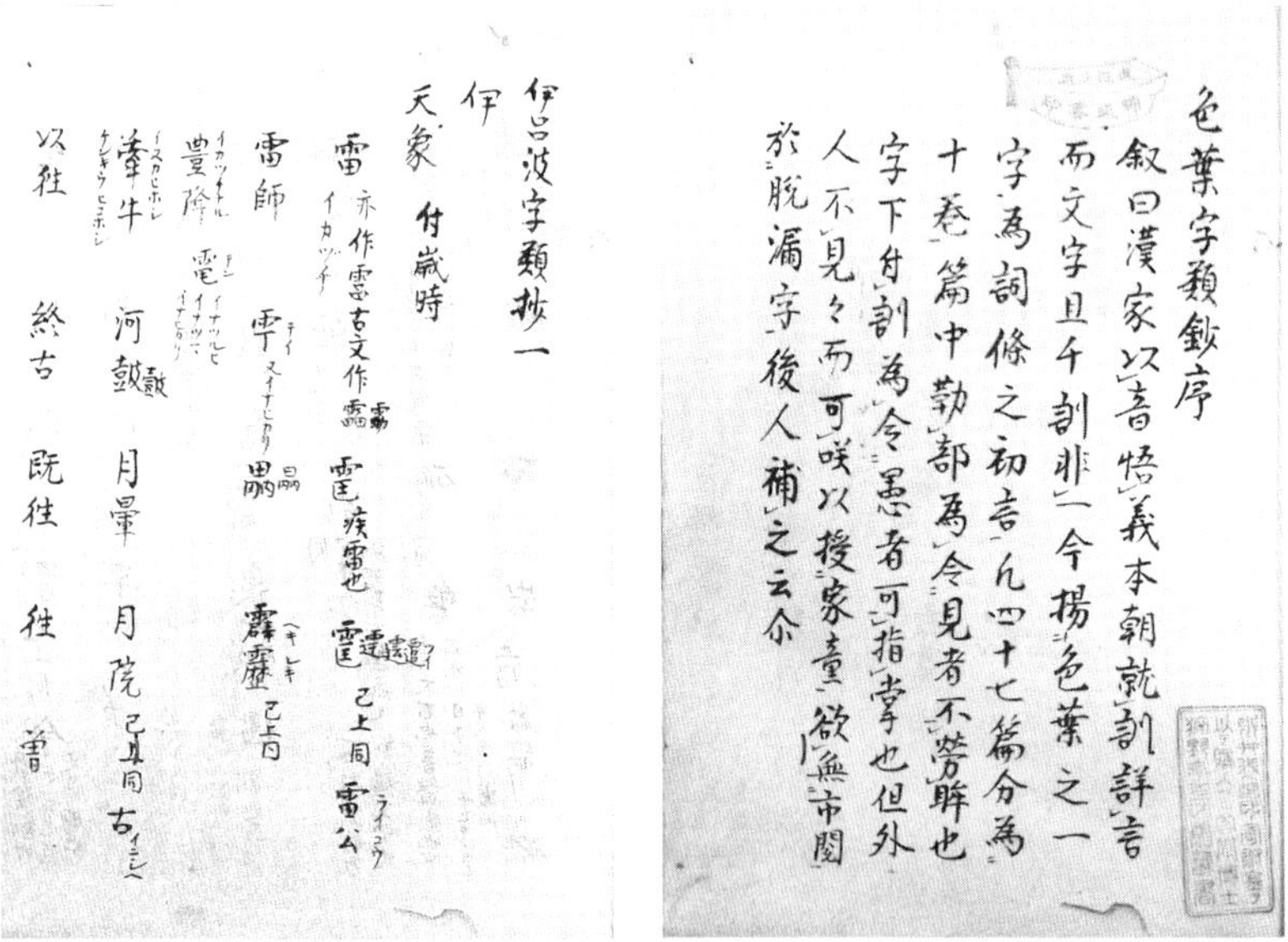
色葉字類鈔序
叙曰漢家以音悟義本朝就訓詳言
而文字且千訓非一今揚色葉之一
字為詞條之初言凡四十七篇分為
十巻篇中勒部為令見者不労解也
字下付訓為令愚者可指掌也但外
人不見々而可咲以授家童欲無市閣
於脱漏字後人補之云尓

伊呂波字類抄一
伊
天象 付歳時
雷 亦作靁古文作靁 霆 疾雷也 霆 已上同 雷公
雷師 雫 晶 霹靂 已上同
豊隆 電 牽牛 河鼓 月暈 月院 已上同 古
以往 終古 既往 往 曽

東北大学附属図書館(狩野文庫)蔵　10巻本伊呂波字類抄(16a)

注

（1）（元禄一三年今井似閑奥書）「中院黄門〈通躬卿〉家蔵御本伊呂波字類抄〈全部十巻〉聞其名尚矣竊恨生前一不播幸菅常昭依有葭莩親懃語旨趣常昭亦多余懇志而曲啓黄門忝荷恩免焉傳聞此書者洞院家之述作也　于時元禄十三庚辰年洛東隠逸似閑」。

## 第五節　まとめと展望

本章本節まで、いろは字類抄伝本の全体像、特に三巻本・花山院本・一〇巻本の輪郭を示すところとなった。更に一〇巻本については大きく二種類の伝本のあることを示した。今後、各伝本の来歴についての詳細な調査、本文の詳細な比較を行うことで、各写本の系統がより明らかになるものと期待される。また所謂抄出本（【表Ⅱ】2d、9a[1]、9e、20c等）や、現存の確認出来なかった伝本類（焼失本、未詳本等）については本稿では扱わなかったが、これらについても新写本の発見と共に後日の補訂を期したい。[2]調査の遺漏は少なからずあろうが、本調査報告が、いろは字類抄の享受史研究の一助となれば幸いである。

注

（1）京都大学蔵三冊本（外題「伊呂波字類抄」）。和名抄を下段に排する。なお本稿では、抄出本の類は『国書総目録』の範囲を超えて示していないが、【表Ⅱ】以外にも国立国会図書館『摂津徴書』が確認される等、今後の調査に俟つべき部分がある。9a、9eについては次節に書誌を掲げた。

（2）その後、奥平廣業奥書を有する一本の国学院大学今泉文庫にあることが判った。②Aに属するものであろう。次節末に書誌のみ付すこととする。御教示いただいた高橋宏幸先生に感謝申し上げる。

# 付節　一〇巻本『伊呂波字類抄』書誌一覧

本節では、最も伝本数の多かった一〇巻本について、本章第三節末に掲げた【表Ⅱ】の順序・整理番号に従い、書誌調査結果を掲げる。

凡例

・一〇巻本の他、京都大学所蔵の抄録本についても書誌を掲げた。
・現段階で不明な点については記載を省略した場合がある。
・所蔵者欄には、所蔵者あるいは所蔵機関を記した。
・表紙の色調は『日本の伝統色――その色名と色調――』（長崎盛輝編、京都書院、一九九六年）を拠り所として示した。
・丁数には遊紙や見返の剝がれを含めないが、その他の白紙（墨附以外）の枚数は原則として計上した。
・印記欄には、所蔵印の他に、整理番号等を示した場合がある。
・天像欄は、「天象」とあるべきところ、「天像」とした篇がある場合に該当篇を記した。
・次に列挙した奥書は同様のものが数か所に現れるため、次の略称で示した。その際、本文の小異については無視し、概ねの一致を以て同定した。

・（略）**元禄十三年　今井似閑**

一本奥云
中院黄門〈通躬卿〉家蔵御本伊呂波字類抄〈全部／十巻〉聞其名尚矣
弱恨生前一不播幸菅常昭依有葭俟親懃語旨趣常昭
示多余懇志而曲啓黄門泰荷恩免焉傳聞此書者洞院家
之述作也于時元禄十三庚辰年洛東隠逸似閑

・（略）天保四年　伴信友
伊呂波字類抄全十熈今行諸本誤寫脱漏之多殆不可讀者
居多嗚乎轉寫已楠致此艱渋而已予前得三本而比視之就中今
井似閑所寫之中院家本頗佳而未能無誤即手自参互考訂其不
詳者一從舊本隻字不意改義渉于両可者或不辨是正者朱書
字傍假一好士手新寫一通書未整頓二本困而再校之加朱
書此之令行書頗為好本獨自歓愛収之書架以俟他日得善
本如有要傳寫者莫意鹵莽書手而朱墜余老婆心
天保四〈癸／巳〉文月四日　伴信友
・（略）天保七年　田澤周任
天保七申年孟冬下瀚以伴氏家藏本謄寫畢／田澤周任
・（略）享保十九年　奥平廣業
右字類抄十冊以正本写之一校了享保十九甲寅歳仲夏上旬玉碎奥平廣業
（以下は既刊黒川本影印の通り）
・（略）天文元年　通議大夫小槻
・（略）弘化三年　伴信友（再識）
・（略）弘化三年　黒河春村

1　国立国会図書館

【1c】
［所蔵者］国立国会図書館（古典籍資料室）
［目録］『帝国図書館和古書目録』（一九八五／七五頁）
［整理番号］わ　813　37

［冊数］一〇巻一〇冊
［状態］良　少虫損　補修
［帙］二帙・帙題「伊呂波字類抄一～五（・六～十止）」
［外題］伊呂波字類抄　一（～十止）（左・直・朱）
［内題］**序　題**　色葉字類抄
　**巻首題**　伊呂波字類抄　一（～十）
［背題］なし
［小口下書入］伊呂波字類抄一（～十）　□□□（共十冊か）
［表紙］**寸　法**　二七・三センチ×一八・八センチ
　**色文様**　丁子引
　**綴　紐**　四つ目綴じ　白糸
　**貼　紙**　（右上）「わ813／37／1（～10止）」
［見返］本文共紙
［丁数（表裏遊紙）］①八五②七八③一一〇④九四⑤八八⑥一一〇⑦七八⑧九四⑨九三（以上一・〇）⑩八五（一・一）
［半葉行数］八
［装丁・料紙］袋綴・楮紙
［印記］（巻首）「国立図書館／24.3.29／寄贈」
（巻首）「陸軍予科士官学校図書登録番号／24442」
（巻首）「国立図書館蔵」（朱方・陽）

（巻首）「陸軍予科士官学校図書之印」（朱方・陽）
（巻首）「富永」（朱方・陽）
（④巻首）「山根輝実」（朱方・陽・墨滅）
＊他一種

［奥書］
①（巻尾・褐）「嘉永六癸丑二月廿二日藤波殿本交合了四廿四再交了　藤原輝実」
（巻尾・墨）「弘化三丙午年八月四日以伴氏本令書写畢[redacted]（上七字墨滅）／（褐）希云山根
主税属輝實」
②（巻尾・褐）「嘉永六癸丑四十二度交合了〈藤波殿本〉藤原輝實」
③（巻尾・褐）「弘化伍申年正月十日欠本交合了　藤原輝實／カ永五年壬子七月四日藤波トノ、本二度
交合了」
⑤（巻尾・褐）「右竹本中巻交了　か永四辛亥五廿五六千《ママ》九已上三度交了　藤原輝實」
⑥（巻尾・褐）「・か永四辛亥年五月廿八日竹本中巻再交了〈六廿／五〉了　・同五年壬子七月二日藤
波殿本二度交了　輝實（花押）」
⑦（巻尾・褐）「藤波トノ本交了カ永七五廿八」
（巻尾・褐）「已上竹本中巻再交六二三度交了〈六廿／六〉／嘉永四辛亥五九交合了／輝實」
⑧（巻尾・褐）「カ永四辛亥五十三交了／六ノ八再交了／三度七ノ五了　輝實」
＊「ノ」字は「月」等に相当、以下同様
⑨（巻尾・褐）「カ永四辛亥五十九竹本交了／六ノ十一再交了三度ノ七ノ十（輝実花押）」
⑩（巻尾・褐）「竹本下巻交合了五月廿二日六ノ十六再交了三度交了〈七ノ／八〉／カ永七甲刀《（ママ）》五廿一

藤ナミトノ、本交合了」

・（略）元禄十三年　今井似閑

・（略）天保四年　伴信友

（巻尾・墨）「弘化二〈乙／巳〉年六月以福井氏蔵本一校了」

（巻尾・墨）「同三〈丙／午〉年二月以所納于上賀茂文庫似閑遺本更批校畢」

「三巻本跋云」

・（三巻本跋文）「自天養比～橘忠兼撰」

・（略）弘化三年　伴信友（再識）

（巻尾・墨）「同五年〈戊／申〉年二月廿五日以伴信友翁本令書写畢／■■■■■■■（上七字墨滅）

（巻尾・貼紙・墨）・（三巻本跋文再掲）「自天養比～橘忠兼撰」

（輝実花押）／（朱）山根主税属輝實」

（巻尾・褐）「竹本三巻奥書」

（巻尾・墨）「右三冊借花山院黄門常雅卿本書写校合／了／二時享保第八癸卯春　八座資時」

（巻尾・褐）「同上」

（巻尾・墨）「右三冊以日野家本令書写一校訖／文政十年孟冬　光棟」

（巻尾・貼紙①・褐）「竹本中巻奥書」

（巻尾・貼紙①・墨）・（略）天文元年通議大夫小槻（「自以至無者古本在□□（斯室か）～通議大夫小槻判」）

（巻尾・貼紙②・褐）「竹本下巻奥書」

（巻尾・貼紙②・墨）・（略）天文元年通議大夫小槻「自以至無志古本在斯室～通議大夫小槻（花押）」

（巻尾・墨）「竹本三巻奥書／右三冊借花山院黄門常雅卿本書写校合／了／二時享保第八巻癸卯春
八座資時」
（巻尾・墨）「同上／右三冊以日野家本令書写一校訖／文政十年孟冬　光棣」
［校合］朱褐藍校合　胡粉による訂正
［字母］伊呂波仁保部止知利奴留遠和加与太礼所〈曾〉都〈津〉祢奈良无宇為能於久也〈野〉末〈万〉計不〈布〉古江天〈手〉安左幾由女見〈美〉志恵〈会〉比〈飛〉毛世須　＊藍書にて右傍に校合
［天像］なし
［備考］・丁付
・書入（鉛筆）「813-37」
・貼紙
・①前見返に昭和一二年岡田希雄氏識語
・校合本について記述あり（29ｂ天理図書館本備考欄参照）

## 【１ｄ】
［所蔵者］国立国会図書館（古典籍資料室）
［目録］『帝国図書館和古書目録』（一九八五／七五頁）
［整理番号］199　55
［冊数］一〇巻一〇冊
［状態］良　少虫損・汚損　補修　後補表紙

［外題］以呂波字類抄　一（〜十）（左・簽・墨）
［内題］序　題　色葉字類抄
　　　巻首題　伊呂波字類抄　一（・三〜九）
　　　　　　　伊呂波類字抄　二（・十）
［背題］なし
［小口下書入］①「一（〜十）以呂波字類　いろは」（＊①「いろは」部分↓②「にほへとち」③「りぬるをわか」④「よたれそつ」⑤「ねならむうゐの」⑥「おくやま」⑦「けふこえて」⑧「あさき」⑨「ゆめみし」⑩「ゑひもせす」）
［表紙］寸　法　二六・三センチ×一九・〇センチ
　　　色文様（原）渋刷毛目（後補）肉色（「帝国図書館」型押）
　　　綴　紐　五つ目綴じ　白糸
　　　貼　紙（原・後補表紙右上）①〜⑩「199／10／55」
　　　　　　（原表紙中央）「東京図書館／和書門／字書類／つ函／一二架／二一號／一〇册／別は五」
　　　　　　（原表紙右下）①〜⑩「不許帯出」
［見返］本文共紙
［丁数（表裏遊紙）］①八四②七八③一〇九④九四⑤八八⑥一〇九⑦七八⑧九四⑨九二⑩八二（いずれも〇・〇）
［半葉行数］八
［装丁・料紙］袋綴・楮紙
［印記］（巻首）「故榊原芳埜納本」（複廓朱方・陽）
　　　（巻首）「榊原家蔵」（複廓朱方・陽）

（巻首）「東京図書館蔵」（朱方・陽）

［奥書］なし

［校合］朱校合

［字母］伊呂波仁保部土知利奴留遠和加与太礼所都祢奈良无宇為能於久也末計不古江天安左幾由女見志恵比毛世須

［天像］ヱヒモ篇

【1e】

［所蔵者］国立国会図書館（古典籍資料室）

［整理番号］W57　N2

［冊数］一〇巻一〇冊

［状態］良　少虫損　補修

［帙］二帙・帙題「伊呂波字類抄　一～五（・六～十止）」

［外題］①色葉字類鈔〈伊呂波〉一（～十）（左・簽・墨）（＊①「伊呂波」部分→②「仁保部止／知」③「利奴留遠／和加」④「与太礼所／都」⑤「祢奈良无／宇為能」⑥「於久也／末」⑦「計不古／江天」⑧「安左幾」⑨「由女見／志」⑩「恵比毛世／須」）

［内題］**序　題**　色葉字類抄

**巻首題**　伊呂波字類抄　一（～十）

［背題］なし

［小口下書入］①イロハ②ニホテトチ③リヌルヲワカ④ヨタレソツ⑤ネナラムウヰノ⑥オクヤマ⑦ケフコエテ⑧アサキ⑨ユメミシ⑩ヱヒモセス
［表紙］寸　法　二五・八センチ×一八・六センチ
色文様　丁子引
綴　紐　四つ目綴じ　白糸
貼　紙　（右上）①～⑩「W57／N2」
（右下）①～⑩「第三千二百九十八號」
［見返］本文共紙　前見返左上に書入（鉛筆、①～⑩「W57／N2」）
［丁数（表裏遊紙）］①九一（〇・〇）②八〇（〇・〇）③一一〇（一・〇）④九五（一・〇）⑤八八（一・一）⑥一一〇（一・〇）⑦七九（一・一）⑧九四（一・〇）⑨九四（〇・〇）⑩八二（一・一）
［半葉行数］八
［装丁・料紙］袋綴・楮紙
［印記］（巻首）「東京図書館蔵」（朱方・陽）
（巻首）「国立国会図書館蔵書／6.9.21」（朱円・陽）
［奥書］⑩・（略）元禄十三年　今井似閑
・（略）天保四年　伴信友
［校合］朱褐校合
［字母］伊呂波仁保部止知利奴留遠和加与太礼所都祢奈良无宇為能於久也末計不古江天安左幾由女見志恵比毛世須

［天像］なし
［備考］・①丁付（七一丁部分空白）
・①巻首目録
・①巻首に書入「右目録者今新加以便捜索／于時天保十二歳次辛丑春二月」

【1g】

［所蔵者］国立国会図書館（古典籍資料室、亀田文庫）
［目録］『帝国図書館和古書目録』（一九八五／七五頁）
［整理番号］813.1　Ta946i　h
［冊数］一〇巻一〇冊
［状態］良
［箱］木箱・蓋表書（墨）「色葉字類抄」・蓋裏書（墨）「日野西家／蔵書／十冊」
［外題］①伊呂波字類抄　一（～十）〈自伊／至波〉（左・直・墨）（＊①「伊・波」部分↓②「仁・智」③「利・加」④「与・都」⑤「祢・能」⑥「於・末」⑦「計・天」⑧「安・幾」⑨「由・志」⑩「恵・須」）
［内題］序　題　色葉字類抄
　巻首題　伊呂波字類抄　一（～三・五～九）＊④（なし）
［背題］なし
［小口下書入］①「甲（～癸）伊呂波字類抄　自伊至波」（＊①「伊・波」部分↓②「仁・智」③「利・加」④「与・都」⑤「祢・能」⑥「於・末」⑦「計・天」⑧「安・幾」⑨「由・志」⑩「恵・須」）

［表紙］寸　法　二三・四センチ×一六・八センチ
　色文様　鳥の子色　無地
　綴　紐　四つ目綴じ　緑色
　貼　紙　（右下）「813.1／Ta943i／hW」
［見返］本文共紙
［丁数（表裏遊紙）］①七三②六九③八八④八〇⑤六七⑥八五⑦六四⑧七六⑨七三⑩六七（いずれも一・一）
［半葉行数］一〇
［装丁・料紙］袋綴・楮紙
［印記］（巻首）「国立国会図書館／26.10.3」
（巻首）「247264（〜247273）」
（巻首）「亀田蔵書」（朱方・陽）
（巻首）「国立国会図書館蔵書」（朱方・陽）
（巻首）「日野西家蔵書」（朱方・陽）
［奥書］⑩（巻尾・墨）「這十冊祭主三位〈教忠卿〉／所持借用令書写畢／于時嘉永元年十一月上旬／出雲権介
藤原延栄」
［校合］胡粉による訂正
［字母］伊呂波仁保部止知利奴留遠和加与太礼所都祢奈良无宇為能於久也末計不古江天安左幾由女見志恵比毛
世須
［天像］ヱ篇

## 2　国立公文書館（内閣文庫）

### 【2b】

[所蔵者]　国立公文書館（内閣文庫）
[目録]『内閣文庫国書分類目録』（一九六一／二四七頁）
[整理番号]　和　43460　10（1）～（10）　208-2
[冊数]　一〇巻一〇冊
[状態]　良
[外題]　なし
[内題]　**序　題**　色葉字類抄
　**巻首題**　伊呂波字類抄　一（・三～九）
　伊呂波類字抄　二（・十）
[背題]　なし
[小口下書入]（褐）一（～十）
[表紙]　**寸　法**　二三・六センチ×一六・〇センチ
　**色文様**　伽羅色（①前のみ、他白橡色）　無地
　**綴　紐**　四つ目綴じ　白糸
　**貼　紙**（中央上）「和書門／四三四六〇號／一三八函／一〇架／一〇冊」
　（中央下）「内閣文庫／和書／四三四六〇號／一〇冊／二〇八函／七架」
　（右下）「内閣文庫／番號　和43460／冊数　10（1～10）　函號　208　2」

［見返］本文共紙
［丁数（表裏遊紙）］①一二三（〇・二）②一二三（以下一・二）③一六九④一五一⑤一三九⑥一六七⑦一二七⑧一四八⑨一四五⑩一二六
［半葉行数］六
［装丁・料紙］袋綴・楮紙
［印記］（巻首）「山科蔵書」（朱方・陽）（巻首）「教部省文庫印」（複廓朱方・陽）（巻首・巻尾）「日本政府図書」（朱方・陽）（巻首・巻尾）「図書局文庫」（朱方・陽）
［奥書］なし
［校合］朱校合（二種以上）
［字母］伊呂波仁保部土知利奴留遠和加与（タなし）礼所都祢奈良无宇為能於久也末計不古江天安左幾由女見志恵比毛世須
［天像］ヱヒ篇
［備考］・複数人の筆跡か

【2c】
［所蔵者］国立公文書館（内閣文庫）
［目録］『内閣文庫国書分類目録』（一九六一／二四七頁）

［整理番号］和　30486　10（1～10）　208-1
［冊数］一〇巻一〇冊
［状態］良　少虫損・水損　補修
［外題］①以呂波字類抄〈従以／至波〉（左・簽・墨）（＊①「以・波」部分↓②「仁・知」③「利・加」④「與・川」⑤「祢・乃」⑥「於・末」⑦「計・天」⑧「安・幾」⑨「由・之」⑩「恵・須」）
＊題簽左下に鉛筆で巻数書き入れ
［内題］**序　題**　色葉字類抄
**巻首題**　伊呂波字類抄　一（・三～十）
伊呂波類字抄　二
［背題］なし
［小口下書入］①以呂波②仁保皿止知③利奴留遠輪加④與太礼曾川⑤祢奈良武宇為乃⑥於久也末⑦計不古江天⑧安佐幾⑨由女美之⑩恵比毛世須
［表紙］**寸　法**　二六・五センチ×一八・二センチ
**色文様**　青鈍色（①表のみ、他錆浅葱色）　布目地
**綴　紐**　四つ目綴じ　白糸
**貼　紙**　（中央）「和書／三〇四八六號／一一六函／九架／一〇册」
（中央下）「内閣文庫／和書／三〇四八六號／一〇册／二〇八函／七架」
（右下）「内閣文庫／番號　和43460／冊数　10（1～10）　函號　208　2」
［見返］本文共紙

【丁数（表裏遊紙）】①八四②七七③一〇九④九五⑤八八⑥一〇九⑦七九⑧九四⑨九一⑩八一（いずれも〇・〇）
【半葉行数】八
【装丁・料紙】袋綴・楮紙
【印記】（①二オ）「井上」（朱円・陽）
（巻首）「雀」（朱円・陽）
（巻首）「歌堂文庫」（複廓朱方・陽）
（巻首・巻尾）「日本政府圖書」（朱方・陽）
【奥書】なし
【校合】なし
【字母】伊呂波仁保部土知利奴留遠和加与太礼所都祢奈良无宇為能於久也末計不古江天安左幾由女見志恵比毛世須
【天像】ヱヒモ篇
【備考】・⑦一ウは誤って二ウを写したもの
・複数人の筆跡か

## 3　静嘉堂文庫

【3b】
【所蔵者】静嘉堂文庫
【目録】『静嘉堂文庫国書分類目録』（一九二九／一四頁）

［整理番号］15758　10　83　41
［冊数］一〇巻一〇冊
［状態］良
［外題］伊呂波字類抄　一（〜十止）（左・簽・墨）
［内題］序　題　色葉字類抄
　巻首題　伊呂波字類抄　一（〜九）
　　伊呂波類字抄　十
［小口下書入］伊呂波字類抄（二〜十止）
［表紙］寸　法　二七・二センチ×一九・九センチ
　色文様　鶯色　桐紋
　綴　紐　四つ目綴じ　一部外れ
　貼　紙（①〜⑩右下）「静嘉堂蔵／15758／10／83　41」
［丁数（表裏遊紙）］①一二三②一二三③一六九④一五二⑤一三九⑥一六七⑦一二七⑧一四八⑨一四五⑩一二九
（いずれも〇・〇）
［半葉行数］六
［装丁・料紙］袋綴・楮紙
［印記］（巻首）「静嘉堂蔵書」（複廓朱方・陽）
（巻首）「聖護院蔵書記」（朱円・陽）
［奥書］⑩（巻尾、墨）「右伊呂波字類抄拾冊者。名実／既鳴於今與古。而編述之家未／文明矣。旧主道承親王。

好古／昔之大雅。慕往時之制度。故使／〈臣〉侍褥右。旦夕之間。論古雅之／可慕可好焉。而今時之可薄可／鄙焉。於是使〈臣〉索諸家之旧／記。〈臣〉索隠之次。得此一部書於／某家。 旧主閲覧之後。令近臣／〈岩波佐悦。西名方福〉二臣。給紙笔於／秘庫。以模取之。二臣奉命。模寫／日勉。其工未竣。旧主有病薨。／二臣悲其成功之不及于 主〇《之》／存日。且追悼 尊志之所在／焉而不措矣。於是胥倶継其工。／勉其事。以今穐其日。既已成其／工焉。二臣之事 主。可謂勉矣。／而 旧主之於臣。亦知水魚之／間。恩義相済矣。〈余〉弗得不記／之以紹同僚。故書其後云／享保二歳次丁酉季穐穀／旦／〈臣〉有馬治部〈光章〉謹識」

[校合] 朱校合

[字母] 伊呂波仁保部土知利奴留遠和加与太礼所都祢奈良无宇為能於久也末計不古江天安左幾由女見志恵比毛世須

[天像] ヱヒ篇

【3c】

[所蔵者] 静嘉堂文庫

[目録] 『静嘉堂文庫国書分類目録　続』（一九三九／一二頁）

[整理番号] 20571　20　507　12

[冊数] 一〇巻二〇冊

[状態] 良　少虫損

[外題] 伊呂波字類抄　一之上（〜十之下計貳十本）（左・簽・墨）

［内題］序　題　色葉字類抄
　　　巻首題　伊呂波字類抄　一（・三〜十）
　　　　　　　伊呂波類字抄　二
　　　　　　＊偶数冊はなし
［小口下書入］なし
［表紙］寸　法　二三・二センチ×一六・八センチ
　　　色文様　茶色砂目地に白色横刷毛目
　　　綴　紐　四つ目綴じ　灰青色糸
　　　貼　紙　（①〜⑳右下）「静嘉堂蔵／20571／20／507　12」
［丁数（表裏遊紙）］①五八②六六③五一④七二⑤六八⑥一〇一⑦八一⑧六九⑨六九⑩七〇⑪七〇⑫九七⑬四六
　⑭八一⑮六六⑯八二⑰六九⑱七六⑲六七⑳六〇（いずれも〇・〇）
［半葉行数］六
［装丁・料紙］袋綴・楮紙
［印記］（巻首）「静嘉堂珍蔵」（複廓朱方・陽）
　（巻首）「松井氏蔵書章」（朱方・陽）
　（巻首）「中原」（複廓朱方・陰）
　（巻首）「出納」（複廓朱菱・陽）
［奥書］なし
［校合］朱校合

［字母］伊呂波仁保部止知利奴留遠和加与太礼所都祢奈良无宇為能於久也末計不古江天安左幾由女見志恵比毛世須
［天像］なし
［備考］・⑳巻末にヒ篇辞字部（雅～平）補遺

【3d】
［所蔵者］静嘉堂文庫
［目録］『静嘉堂文庫国書分類目録　続』（一九三九／一二頁）
［整理番号］20075　3　501　2
［冊数］一〇巻三冊（①③④存）
［状態］並　少虫損　補修
［外題］①色葉字類抄　序（左・簽・墨）
③伊呂波字類抄　三（左・簽・墨）
④（剥がれ）
［内題］**序　題**　色葉字類抄
**巻首題**　伊呂波字類抄　一（・三・四）
［小口下書入］なし
［表紙］**寸　法**　二六・五センチ×一九・七センチ
**色文様**　墨色　雲母刷り

綴　紐　四つ目綴じ
貼　紙　（①③④右下）「静嘉堂蔵／20075／3／501　2」
［丁数（表裏遊紙）］①八五③一二〇④九五（いずれも〇・〇）
［半葉行数］八
［装丁・料紙］袋綴・楮紙
［印記］（巻首）「静嘉堂珍蔵」（複廓朱方・陽）
（巻首）「松井氏蔵書章」（朱方・陽）
［奥書］なし
［校合］朱校合
［字母］伊呂波　利奴留遠和加与太礼所都
［備考］・内容は①序～ハ名字③リ天象～カ姓氏④ヨ天象～ツ姓氏

## 4　東洋文庫（岩崎文庫）

### 【4a】

［所蔵者］東洋文庫（岩崎文庫）
［目録］『岩崎文庫和漢書目録』（一九三四／七一頁）
［整理番号］三　E　73
［冊数］一〇巻二三冊
［状態］並　少虫損・水損

［帙］二帙（上二冊・下二冊）・帙背題①「伊呂波字類抄〈以至乃／第一帙〉」②「伊呂波字類抄〈於至須／第二帙〈／止〉〉」・帙背「寫」「貴」（朱印）・「三／E／73」（貼紙）・帙表題「以呂波字類抄　上（・下）」

［外題］色葉字類抄〈以呂〉巻一〈上〉（左・藍色内曇簽・墨）（＊①「以呂」以下の部分↓②「呂波　巻一〈下〉」③「仁保辺　巻二〈上〉」④「辺止知　巻二〈下〉」⑤「利奴留遠和　巻三〈上〉」⑥「和加　巻三〈中〉」⑦「加　巻三〈下〉」⑧「与多礼　巻四〈上〉」⑨「礼曽門　巻四〈下〉」⑩「祢奈良无　巻五〈上〉」⑪「无宇為乃　巻五〈下〉」⑫「於久　巻六〈上〉」⑬「久也　巻六〈中〉」⑭「也末　巻六〈下〉」⑮「計不己　巻七〈上〉」⑯「己江天　巻七〈下〉」⑰「安　巻八〈上〉」⑱「安佐　巻八〈中〉」⑲「幾　巻八〈下〉」⑳「由女美之　巻九〈上〉」㉑「之　巻九〈下〉」㉒「恵比毛　巻十〈上〉」㉓「世須　巻十〈下／止〉」（㉓は、実際には「毛」も含まれる））

［内題］序　題　色葉字類抄
　　巻首題　伊呂波字類抄　一（〜十）
　　　＊各上巻のみ

［小口下書入］なし

［表紙］寸　法　二六・七センチ×一九・〇センチ
　　色文様　砂色地に灰色横刷毛目　銀箔散らし
　　綴　紐　四つ目綴じ　白糸

［見返］剝がれ

［丁数（表裏遊紙）］①四四②四一③三五④四四⑤三四⑥三九⑦三七⑧五四⑨四一⑩四〇⑪四八⑫四〇⑬三二⑭三八⑮四三⑯三六⑰四一⑱三二⑲二二⑳五四㉑四〇㉒三九㉓四四（いずれも一・二）

［半葉行数］八

［装丁・料紙］袋綴・楮紙
［印記］（巻首）「木村辞章」（朱方・陰）
［奥書］・（略）元禄十三年　今井似閑
・（略）天保四年　伴信友
・（略）天保七年　田澤周任
［校合］朱褐紫校合
［字母］伊呂波仁保部止知利奴留遠和加与太礼所都祢奈良无宇為能於久也末計不古江天安左幾由女見志恵比毛世須
［天像］なし
［備考］・丁付（各巻上中下連番）
・書状（「木村先生」宛か）
・切紙

## 5　宮内庁書陵部（図書寮文庫）

### 【5b】

［所蔵者］宮内庁書陵部（図書寮文庫）
［目録］『和漢図書分類目録　上』（一九五二／六八九頁）
［整理番号］117　104
［冊数］一〇巻一〇冊

[状態] 良　補修（再製本）
[帙] なし
[外題] 以呂波字類抄　一（〜五止　、六〜十止　）（左・簽・墨）
[内題] 序　題　色葉字類抄
　巻首題　伊呂波字類抄　一（・三〜十）
　　伊呂波類字抄　二
[背題] なし
[小口下書入] 以呂波字類抄一（〜十止　）
[表紙] 寸　法　二六・四センチ×一八・六センチ
　色文様　かち色　卍繋ぎ地（型押）
　綴　紐　五つ目綴じ　白糸　⑩外れ
　貼　紙（右下）①〜⑩「圖書寮／番號　19631／冊数　10／函號　117　104」
[見返] 本文共紙
[丁数（表裏遊紙）] ①八五②七八③一一〇④九五⑤八八⑥一一〇⑦七九⑧九五⑨九四⑩八三（いずれも一・〇）
[半葉行数] 八
[装丁・料紙] 袋綴・楮紙
[印記]（巻首）「宮内省図書印」（朱方・陽）
[奥書]・（略）元禄十三年　今井似閑
・（略）天保四年　伴信友

・(略) 天保七年　田澤周任

[校合] 朱藍校合 (傍線多数)

[字母] 伊呂波仁保部土知利奴留遠和加与太礼所都祢奈良无宇為能於久也末計不古江天安左幾由女見志恵比毛世須

[天像] なし

[備考]・⑥〜⑩丁付

・④〜⑩篇次の変わり目に朱で字母

## 【5c】

[所蔵者] 宮内庁書陵部 (図書寮文庫・谷森本)

[目録]『和漢図書分類目録　上』(一九五二／六八九頁)

[整理番号] 谷　219

[冊数] 一〇巻一〇冊

[状態] 良　少虫損　⑩後表紙傷

[外題] 字類抄 (左・直・墨)

[内題] **序　題**　色葉字類抄

**巻首題**　伊呂波字類抄　一(〜十)

[背題] なし

[小口下書入] 字類抄一 (〜十)

［表紙］寸　法　二七・二センチ×一九・四センチ
色文様　渋引
綴　紐　四つ目綴じ
書　入　(外題下・直・墨)①「伊呂波」②「仁保部止知」③「利奴留遠和加」④「與太礼曾都」⑤「祢奈良牟宇為能」⑥「於久也末」⑦「計不古江天」⑧「安左幾」⑨「由免見志」⑩「恵比毛世寸」
(左下角・直・褐)①～⑩「珍書／共十」
貼　紙　(右下)①～⑩「圖書寮／番號　49668／冊数　10／函號　谷219」

［見返］本文共紙　剝がれ

［丁数］(表裏遊紙)①八五②七八③一〇九④九五⑤八八⑥一〇九⑦七九⑧九五⑨九一⑩八二(いずれも一・〇)

［半葉行数］八

［装丁・料紙］袋綴・楮紙

［印記］(巻首)「サカキノヤノシルシ」(朱方・陽)
(巻首)「有造館記」(複廓朱方・陽)＊不明印の上から
(巻首)「百造館印」(写・褐方・陽)＊「有造館記」の写し
(巻首)「宮内省図書印」(朱方・陽)
(巻尾)(擦消)「名古屋・本町通・末廣町・□記／□・□所・久兵衛」(朱円・陽)

［奥書］①(巻尾・褐)○伊呂波字類抄一巻墨附七十四枚＊①～⑨参考
②(巻尾・褐)○伊呂波字類抄二巻墨附八十八枚

③（巻尾・褐）○伊呂波字類抄三巻墨附九十四枚
④（巻尾・褐）○伊呂波字類抄四巻墨附九十五枚
⑤（巻尾・褐）○伊呂波字類抄五巻墨附九十八枚
⑥（巻尾・褐）○伊呂波字類抄六巻墨附百九枚
⑦（巻尾・褐）○伊呂波字類抄七巻墨附八十八枚
⑧（巻尾・褐）○伊呂波字類抄八巻墨附九十五枚
⑨（巻尾・褐）○伊呂波字類抄九巻墨附九十一枚
⑩（巻尾・褐）○伊呂波字類抄十巻墨附九十一枚　都合十巻墨附九百廿?三?枚／明治十三年十月於東京書
林得之（花押）
（巻尾・朱）右伊呂波字類抄四十巻以落合直澄之古写本校合了／明治十五年十二月十日権中教正源長
胤（花押）（印）

［校合］朱褐校合　付箋
［字母］伊呂波仁保部土知利奴留遠和加與太礼所都祢奈良无宇為能於久也末計不古江天安左幾由女見志恵比毛
世須
［天像］なし
［備考］・篇次の変わり目に朱の付箋
・①序上に書入（朱）「此本前ハ勢州津藩藤堂家之蔵書也」
・③巻尾錯簡部分に「○以下前ノ紙ニツヾク」等の書入
・貼紙、切紙

6　東京国立博物館

## 【6a】

［所蔵者］東京国立博物館
［目録］『東京国立博物館蔵書目録　上』（一九五七／三二〇頁）
［整理番号］和　3226　10-1（～10）
［冊数］一〇巻一〇冊
［状態］良　少虫損・少汚損
［外題］色葉字類抄　巻一（～十）（左・簽・墨）
［内題］序　題　色葉字類抄
　　巻首題　伊呂波字類抄　一（・三～十）
　　　　　伊呂波類字抄　二
［背題］なし
［小口下書入］①一（～十）色葉字類抄〈自い／至は〉（①「い・は」部分↓②「に・ち」③「り・か」④「よ・つ」⑤「ね・の」⑥「お・ま」⑦「け・て」⑧「あ・き」⑨「ゆ・し」⑩「ゑ・す」）
［表紙］寸　法　二六・九センチ×一九・三センチ
　　色文様　丁字引
　　綴　紐　四つ目綴じ　一部外れ
　　書　入（右・直・墨）①「イロハ」②「ニホテトチ」③「リヌルヲワカ」④「ヨタレソツ」⑤「ネナラムウヰノ」⑥「オクヤマ」⑦「ケフコエテ」⑧「アサキ」⑨「ユメミシ」⑩「ヱヒモセス」

貼　紙（右上）①～⑩「東京帝室博物館／洋書／番號　2003／種別／函　9／架　2／冊　10」
（右上）①「三」
（右上）②～⑩「026」
（中央）①「二六三六號／北五一架／拾冊」
（中央）②～⑩「農商務省／和圖書／第二五六一號／共一〇冊」
（右下）①～⑩「歴」「和 3226／10-1（～10）」
[見返]本文共紙（反故紙）
[丁数（表裏遊紙）]①八四②七八③一〇九④九四⑤八八⑥一〇九⑦七八⑧九四⑨九二⑩八二（いずれも一・〇）
[半葉行数]八
[装丁・料紙]袋綴・楮紙
[印記]（巻首・巻尾）「大日本帝国図書印」（朱方・陽）
（巻首）「農商務省図書」（複廓朱方・陽）
（巻首）「帝国博物館図書」（朱方・陽）
[奥書]なし
[校合]朱墨校合　胡粉による訂正
[字母]伊呂波仁保部土知利奴留遠和加与太礼所都祢奈良无宇為能於久也末計不古江天安左幾由女見志恵比毛世須
[天像]ヱヒモ篇
[備考]・朱箋

・①序題下に朱印「明治十一年購求」

## 7　学習院大学（日語日文研究室）

### 【7a】

［所蔵者］学習院大学日語日文研究室
［整理番号］813　23　1　＊整理番号①158694②158695
［冊数］一〇巻二冊（①②存）
［状態］並　補修
［箱］紙箱・貼紙「貴重書813／23」
［外題］なし
［内題］**序　題**　色葉字類抄
　**巻首題**　①伊呂波字類抄
　②伊呂波類字抄
［背題］なし
［小口下書入］なし
［表紙］**寸　法**　二五・九センチ×一七・五センチ
　**色文様**　紺色　無地
　**綴　紐**　なし、くるみ表紙（後補）
［見返］後補

[丁数（表裏遊紙）]　①一一七（〇・一）②一一〇（〇・〇）
[半葉行数]　六
[装丁・料紙]　くるみ表紙（もと袋綴）・楮紙
[印記]　（①遊紙）「三條西公正氏（以上墨）寄贈」
（巻首）「学習院図書記」（朱方・陽）
（巻首）「学習院図書」（朱方・陽）
[奥書]　なし
[校合]　朱校合
[字母]　伊呂波仁保部土知　遠
[備考]・『古辞書音義集成14』に影印収載

【7c】
[所蔵者]　学習院大学日語日文研究室
[目録]『学習院図書館和漢図書目録』（一九一三／二三三頁）
[整理番号]　813　25　5001　1（～10）
[冊数]　一〇巻一〇冊
[状態]　良　少虫損　補修
[帙]　一帙・帙題「伊呂波字類抄」（白簽）・貼紙「813.25／5001／1～10」
[外題]　伊呂波字類抄　一（～十）（左・直・墨）

［背題］①〜⑩共十
［小口下書入］伊呂波字類抄〈自伊／至波〉（＊①「伊・波」部分↓②「仁・智」③「利・加」④「与・都」⑤「祢・能」⑥「於・末」⑦「計・天」⑧「安・幾」⑨「由・志」⑩「恵・須」）
［表紙］寸　法　二〇・五センチ×一四・九センチ
色文様　丁字引き
綴　紐　四つ目綴じ
［見返］本文共紙
［丁数（表裏遊紙）］①一二三（二・二）②一二三（二・一）③一六九（二・二）④一五二（二・二）⑤一三九（二・二）⑥一六六（二・二）⑦一二七（二・二）⑧一四八（二・二）⑨一四五（二・二）⑩一二六（二・一）
［半葉行数］六
［装丁・料紙］袋綴・楮紙
［印記］（前遊紙）「学習院図書館／54053（〜54062）／324　36」
（巻首）「藤波家蔵書」（朱方・陽）
（巻首）「学習院図書記」（朱方・陽）
（巻首）「学習院図書館／明治　年　月　日／54053」
［奥書］なし
［校合］朱墨校合
［字母］伊呂波仁保部止知利奴留遠和加与太礼所都祢奈良无宇為能於久也末計不古江天安左幾由女見志恵比毛世須

［天像］ヱヒ篇
［備考］・篇次の変わり目に朱引

## 8　関西大学

### 【8a】

［所蔵者］関西大学総合図書館
［整理番号］L12　JD5　813　T1　1（～10）
［冊数］一〇巻一〇冊
［状態］並　少虫損・破損・汚損　補修
［帙］二帙・帙題「伊呂波字類抄一（・二）」
［外題］①⑨伊呂波字類抄　一（・九）壱（・九）之巻（左・直・墨）
　②～⑧⑩「二（～八）之巻」「十之巻〈／終〉」
［内題］**序　題**　色葉字類抄
　**巻首題**　伊呂波字類抄　一（～十）
［背題］なし
［小口下書入］なし
［表紙］**寸　法**　二四・二センチ×一七・七センチ
　**色文様**　錆浅葱色　布目地
　**綴　紐**　四つ目綴じ　白糸　一部外れ

［見返］楮紙
［丁数（表裏遊紙）］①八五②七九③一一〇④九五⑤八八⑥一〇九⑦七九⑧九五⑨九四⑩八三（いずれも〇・〇）
［半葉行数］八
［装丁・料紙］袋綴・斐紙
［印記］（巻首）「岩崎美隆文庫」（朱方・陽）
（巻首）「関西大学図書館蔵書」（朱方・陽・正方形）
（巻首）「関西大学図書館蔵書」（朱方・陽・長方形）
（巻首）「関西大学図書館蔵書／・150290／昭和32.10.12／吹田市・千里山」（藍円・陽）
（巻中）「関大蔵書」（藍円・陽）
［奥書］・（略）元禄十三年　今井似閑
・（略）天保四年　伴信友
・右全部十巻本尾崎正明蔵書手寫以充／杜園主人之誌本素柿園所傳自伴翁者也／字々唯随舊本行々敢不容一介之私世務紛□／之際推以終功予有拙速之癖還恨成事／過忽々耳矣／天保壬寅冬十月十六日　伴林光平
［校合］墨緑校合　胡粉による訂正
［字母］伊呂波仁保部止知利奴留遠和加与太礼所都祢奈良无宇為能於久也末計不古江天安左幾由女見志恵比毛世須
［天像］なし
［備考］・表見返に貼紙「813／T1／1-1（～10）」

・001502905の整理番号も見える

## 9　京都大学

### 【9a】

[所蔵者] 京都大学文学研究科図書館
[整理番号] 國文學　Bp　1a
[冊数] 三冊（下段に和名抄）
[状態] 良　少虫損　補修
[帙] 一帙・帙題「以呂波字類抄　一帙三冊」
[外題] (原) 伊呂波字類抄 (墨)
(後) 以呂波字類抄　第一冊（〜第三冊終）（左・簽・墨）
[内題] **序　題**　なし
**巻首題**　伊呂波字類抄　一（・三〜九）
伊呂波類字抄　二（・十）
[背題] なし
[小口下書入] なし
[表紙] **寸　法**　二七・四センチ×二〇・二センチ
**色文様**　(原) 丁字引　(後) 赤香色　無地
**綴　紐**　四つ目綴じ　一部外れ

書入（原、右上・墨）①「以」②「與」③「安」
（原、右下・墨）「共三冊」
貼紙（後補、右下）「國文學／Bp／1a」
［見返］本文共紙
［丁数（表裏遊紙）］①一〇一（〇・〇）②一五〇（〇・一）③一〇七（〇・一）
［半葉行数］不統一
［装丁・料紙］袋綴・楮紙
［印記］（巻首）「京都帝国大学図書之印」（朱方・陽）
（巻首）「77109／昭和41.10.5」（紫円・陽）
［奥書］なし
［校合］なし
［字母］以呂波仁保邉止知利奴留遠和加与多礼曾都袮奈良无宇為能於久夜萬計不古江天安佐喜由免美之恵飛毛
勢須

【9b】
［所蔵者］京都大学文学研究科図書館
［整理番号］國文學　Bp　1b
［冊数］一〇巻一〇冊
［状態］並　少虫損・破損・汚損　補修

［帙］二帙・帙題「以呂波字類抄　第一―五冊（・第六―十冊）」
［外題］（後補表紙）以呂波字類抄　第一冊（左・簽・墨）
［内題］扉　題　①伊呂波②～⑤（表紙書入の字母に同じ）⑥～⑦（なし）
　序　題　色葉字類抄
　巻首題　伊呂波字類抄　一（・三～九）
　　伊呂波類字抄　二（・十）
［背題］以呂波字類抄　第一冊
［小口下書入］字類抄　一（～十）
［表紙］寸　法　二一・七センチ×一五・三センチ
　色文様　（原）薄湊鼠色　無地　（後）宍色　布目地
　綴　紐　四つ目綴じ　一部外れ
　書　入　（右・直・墨）①「伊呂波」②「仁保邉登知」③「利奴留遠和加」④「與太礼曾都」⑤「祢奈良武宇為乃」⑥「於久也末」⑦「計不古江天」⑧「安左幾」⑨「由女美之」⑩「恵比毛世寸」
　（右下・直・墨）①～⑩「共拾本」
［見返］剥離
［丁数（表裏遊紙）］①一二四②一二四③一六九④一五二⑤一四〇（以上〇・二）⑥一六七（一・〇）⑦一二七（一・一）⑧一四八（以下〇・〇）⑨一四五⑩一二七
［半葉行数］六
［装丁・料紙］袋綴・楮紙

[印記]（巻首）「京都帝国大学図書之印」（朱方・陽）
（巻首）「読杜艸堂」（朱方・陽）
（巻首）「換」（朱方・陽）
（巻首）「77106／昭和41.10.5」（紫円・陽）
[奥書] なし
[校合] 朱校合
[字母] 伊呂波仁保部土知利奴留遠和加与（タなし）礼所都祢奈良无宇為能於久也末計不古江天安左幾由女見志恵比毛世須
[天像] ヱヒ篇

【9c】
[所蔵者] 京都大学文学研究科図書館
[整理番号] 國文學 Bp 1c
[冊数] 一〇巻一〇冊
[状態] 並 少虫損
[帙] 二帙・帙題「伊呂波字類抄 一～五（・六～十）」
[外題] なし
[内題] 扉 題 ①伊呂波字類抄〈自イ至ハ〉一（～十）（＊①「イ・ハ」部分↓②「ニ・チ」③「リ・カ」④「ヨ・ツ」⑤「ネ・ノ」⑥「オ・マ」⑦「ケ・テ」⑧「ア・キ」⑨「ユ・シ」⑩「ヱ・ス」）

序　題　色葉字類抄
巻首題　伊呂波字類抄　一（・三〜十）
　　　　伊呂波類字抄　二
[表紙]　寸　法　二六・七センチ×一八・八センチ
　色文様　丁字引
　綴　紐　四つ目綴じ　一部外れ
　貼　紙　（右下）①〜⑩「國文學／Bp／1c」
[小口下書入]　なし
[見返]　本文共紙
[丁数（表裏遊紙）]　①八四②八〇③一一〇④九六⑤八九⑥一一〇⑦七九⑧九六⑨九五⑩八三（いずれも○・○）
[半葉行数]　八
[装丁・料紙]　袋綴・楮紙
[印記]　（巻首）「京都帝国大学図書之印」（朱方・陽）
　（巻首）「桂氏蔵書」（朱方・陽）
　（巻首）「446099／昭和5.12.24」（墨円・陽）
[奥書]　なし
[校合]　朱墨校合
[字母]　伊呂波仁保部土知利奴留遠和加与太礼所都袮奈良无宇為能於久也末計不古江天安左幾由女見志恵比毛世須

［天像］ヱヒモ篇
［備考］・⑩巻尾に書入「右原本色葉字類鈔跋字／有成入道〈人車記久壽元年三月三日條入道殿家司／日向守有成朝臣アリ別人歟〉」

## 【9d】

［所蔵者］京都大学附属図書館
［整理番号］4-85　イ　3
［冊数］一〇巻一〇冊
［状態］良　少虫損・汚損
［帙］三帙・帙題「以呂波字類抄〈一―三（・四―六・七―十）〉」
［外題］①以呂波字類抄　一（～十）〈自以／至波〉（左・直・墨）（＊①「以・波」部分→②「仁・知」③「利・加」④「與・津」⑤「祢・能」⑥「於・末」⑦「計・天」⑧「安・幾」⑨「由・志」⑩「恵・須」）
［内題］**序　題**　色葉字類抄
　**巻首題**　伊呂波字類抄　一（・三～九）
　伊呂波類字抄　二（・十）
［背題］以呂波字類抄　一（～十）
［小口下書入］①一（～十）以波（＊①「以波」部分→②「仁知」③「利加」④「與津」⑤「祢能」⑥「於末」⑦「計天」⑧「安幾」⑨「由志」⑩「恵須」）
［表紙］**寸　法**　二三・〇センチ×一六・五センチ

色文様　丁子引
綴　紐　四つ目綴じ　白糸
［見返］本文共紙
［丁数（表裏遊紙）］①一二三②一二三③一六九④一五二⑤一三九⑥一六七⑦一二七⑧一四八⑨一四五⑩一二八
（いずれも一・〇）
［半葉行数］六
［装丁・料紙］袋綴・楮紙
［印記］（巻首）「尚褧舎蔵」（朱方・陽）
（巻首）「8837」
（巻首）「民贈・明治三三・三・二〇／京大図」
（巻首）「京都帝国大学図書之印」（朱方・陽）
（巻首）「阿波岐曾能蔵書」（朱方・陽）
（巻首）「小室三吉寄贈本」（緑方・陽）
（隠し印）「図」（朱円・陽）
［奥書］⑩（巻尾）「右色葉字類抄十巻以小林良典秘本／書寫訖尤雖有訛依無類本不能校合／者也／天保八年二
月朔日　中臣連胤」
［校合］朱校合
［字母］伊呂波仁保部土知利奴留遠和加与太礼所都祢奈良无宇為能於久也末計不古江天安左幾由女見志恵比毛
世須

［天像］ヱヒ篇

【9e】

［所蔵者］京都大学附属図書館
［目録］『京都帝国大学　和漢図書分類目録』（一九三八／二三三頁上段）
［整理番号］21　ハ　4
［冊数］一冊
［状態］並　少虫損
［帙］一帙・帙題「伴信友校蔵書〈自第六二冊／至第七〇冊〉」
［外題］色葉字類鈔〈抜萃〉（左・簽・墨）
［内題］序　題　色葉字類抄
　巻首題　伊呂波字類抄　一
［表紙］寸　法　二三・三センチ×一六・八センチ
　色文様　小豆色　無地
　綴　紐　五つ目綴じ　藍糸　外れ
　貼　紙　（右上）「伴信友校蔵書　第六十四冊」
　　（右下）「21／ハ／4」
［見返］本文共紙
［丁数（表裏遊紙）］二六（〇・〇）

［半葉行数］不統一
［装丁・料紙］袋綴・楮紙
［印記］（巻首）「古川所蔵」（朱方・陽）
（巻首）「京都帝国大学図書之印」（朱方・陽）
（巻首）「91914／13.3.5」
（巻尾）「源伴信友」（朱雲・陽）
［奥書］（巻尾）「文化十三年五月三日抄写早　伴信友（花押）」
［校合］墨褐校合
［備考］・京都大学「貴重資料画像」としてweb上で公開

## 10　慶應義塾大学

### 【10 a】

［所蔵者］慶應義塾図書館
［目録］『慶應義塾図書館和漢図書分類目録　第五巻』（一九四二／五五六頁）
［整理番号］95　75　5
［冊数］一〇巻五冊（①〜⑤存）
［状態］並　少虫損
［帙］一帙・帙題「色葉字類抄」（金箔散らし地簽）
［外題］伊呂波字類抄　一（〜四）（左・簽・墨）

伊呂波類《ママ》抄　五（左・直・墨）

[内題]　扉　題　（見返貼付）①色葉字類抄　一②色葉字類抄　二③色葉字類　三④（なし）⑤（剝がれ）

　　序　題　色葉字類抄

　　巻首題　伊呂波字類抄一（〜五）

[背題]　伊呂波字類抄一（〜五）

[小口下書入]　伊呂波字類抄一（〜五）

[表紙]　寸　法　二七・三センチ×一八・九センチ

　　色文様　丁字引き　＊⑤後補表紙

　　綴　紐　四つ目綴じ

　　貼　紙　（右上）「95／75／5」「準貴」

[見返]　一部反故紙

[丁数（表裏遊紙）]　①八五②七九③一一〇④九四⑤八八

[半葉行数]　八

[装丁・料紙]　袋綴・楮紙

[印記]　（巻首）「慶應義塾図書館蔵書之印」（朱方・陽）

　　（巻首）「由清之印」（朱方・陽）

　　（巻首）「月の屋」（朱方・陽）

[奥書]　なし

[校合]　朱校合　押紙

［字母］伊呂波仁保部土知利奴留遠和加与太礼所都祢奈良无宇為能

## 13　筑波大学附属図書館

### 【13 a】

［所蔵者］筑波大学附属図書館

［整理番号］チ 320-3

［冊数］一〇巻一〇冊

［状態］並　少虫損　補修

［帙］二帙・帙題「伊呂波字類抄〈二帙内第一（二）／五冊〉」

［外題］伊呂波字類抄　一（～十）（左・直・墨）

［内題］**扉　題**　（前見返貼付）①～⑧伊呂波字類抄　一（～八）⑨⑩（なし）　九（・十）

（扉書入）①伊呂波④與太禮所都⑥於久也末⑨ユメミ／シ⑩ヱヒモ／セス

（扉裏貼紙）⑤祢奈良武无宇／為能⑥（剥がれ）於久也末

**序　題**　色葉字類抄

**巻首題**　伊呂波字類抄　一（・三～九）

伊呂波類字抄　二（・十）

［背題］なし

［小口下書入］52伊呂波字類抄一（～十）

［表紙］**寸　法**　二七・二センチ×一九・三センチ

色文様　水色　牡丹唐草紋（型押）
綴紐　五つ目綴じ　白糸　一部補修
書入　（右・直・墨）①「伊至波」②「仁至知」③「利至加」④「與至都」⑤「祢至能」⑥「於至末」
⑦「計至天」⑧「安至幾」⑨「由至志」⑩「恵至須」
（右下・直・墨）①〜⑩「共十」
貼紙　（右上）①〜⑩（②以降は墨滅）「一〇冊／第五二函／第五架／第三二號」
（右上）①（②以降は「高等師範学校図書」を冠する模写）「第九二〇九號／一〇冊」
（右下）①〜⑩「チ 320 ／3」
［見返］本文共紙
［丁数（表裏遊紙）］①八五②七九③一一〇④九五⑤八八⑥一〇九⑦七九⑧九五⑨九三（以上〇・〇）⑩八二（二・〇）
［半葉行数］八
［装丁・料紙］袋綴・楮紙
［印記］（前見返）「明治卅三年五月一日／文行堂ヨリ購求」（朱印に墨で書入）
（巻首）「さゝの蔵」（朱円・陽）
（巻首）「高等師範学校図書印」（朱方・陽）
［奥書］②（後見返貼付裏）「文化丁丑陽月二十四日／謄冩之」
③（後見返貼付裏）「文化十五年戊寅／四月二十六日冩」
④（後見返貼付裏）「文化十五年戊寅四月／二十九日冩」
⑦（七九ウ、朱）「文政十二年巳十一月二日加比校了　正con」

⑧（九五ウ、朱）「文政十二年巳十一月三日加比校了　正綮」
⑨（後見返）「文政十二年巳十二月四日写　正綮」
⑩（八二ウ）・（略）享保十九年　奥平廣業
⑩（後見返）「文政十三年庚寅人日／謄冩竣功／橘正綮」
[校合]⑦⑧朱墨校合　胡粉による訂正
[字母]伊呂波仁保部土知利奴留遠和加与太礼所都祢奈良无宇為能於久也末計不古江天安左幾由女見志恵比毛
世須
[天像]ヱヒモ篇
[備考]・①②巻首に書入（墨）「尾張取田弘三郎正紹」
・鉛筆による書入
・付箋
・③カ篇諸社の次に名字、④ツ篇名字なし、⑦テ篇名字なし

## 14　東京大学

【14 a】
[所蔵者]東京大学総合図書館
[整理番号]D20　129
[冊数]一〇巻一冊（①存）
[状態]良

［帙］一帙・帙題「色葉字類抄」
［外題］色葉字類抄
［内題］序　題　色葉字類抄
　　巻首題　伊呂波字類抄　一
［背題］なし
［小口下書入］色葉字類集《ママ》
［表紙］寸　法　二六・〇センチ×一八・九センチ
　　色文様　朱色　無地
　　綴　紐　四つ目綴じ　白糸
　　貼　紙　（右下）「D20／129」
［見返］本文共紙
［丁数（表裏遊紙）］①八五（〇・〇）
［半葉行数］八
［装丁・料紙］袋綴・斐紙
［印記］（前見返）「B42401」
　　（巻首）「東京帝国文学図書印」（朱方・陽）
　　（巻首）「南葵文庫」（朱方・陽）
　　（巻首）「貫主大王令旨東叡山開山堂蔵本不可漫出門外」（朱方・陽）
　　（巻首）「東叡山開山堂司職真如院十有四世蓮華金剛義厳収蔵之」（朱方・陽）

（巻首）「発願偏羅和漢典籍蔵之文庫以報四恩後司職之人若有補遺時以聞為義厳記」（朱方・陽）
（巻尾）「南葵文庫／購入／古本／紀元二千五百六十三年／明治三十六年／明治三十六年十二月廿一日」
（紫方・陽）

[奥書]　なし
[校合]　なし
[字母]　伊呂波
[備考]・朱の書入

【14c】
[所蔵者]　東京大学文学部国語研究室
[目録]『東京大学文学部国語研究室所蔵古写本・古刊本目録』（一九八六／七七頁）
[整理番号]　19　5　1（～10）
[冊数]　一〇巻一〇冊
[状態]　良　少虫損　補修
[帙]　一帙・帙背題「伊呂波字類抄」
[外題]　①伊呂波字類抄　一〈伊呂／波〉（左・簽・墨）＊②以下剝がれ
[内題]　**序　題**　色葉字類抄
　**巻首題**　伊呂波字類抄　一（・三～九）
　伊呂波類字抄　二（・十）

[背題] 伊呂波字類抄　一（〜十）　共十
[小口下書入] 伊呂波字類一（〜十）
[表紙] 寸　法　二三・七センチ×一六・二センチ
色文様　薄黄色　無地
綴　紐　四つ目綴じ白糸・茶糸　補修　一部外れ
[見返] 本文共紙
[丁数（表裏遊紙）] ①一二四②一二三③一六九④一五一⑤一三九⑥一六七⑦一二七⑧一四八⑨一四五⑩一二六
（いずれも一・二）
[半葉行数] 六
[装丁・料紙] 袋綴・楮紙
[印記]（巻首）「東京帝国大学図書印」（朱方・陽）
（巻首）「叢芸之印」（朱方・陽）
（巻首）「叢芸」（朱菱・陽）
[奥書] なし
[校合] 朱校合
[字母] 伊呂波仁保部土知利奴留遠和加与太礼所都祢奈良无宇為能於久也末計不古江天安左幾由女見志恵比毛
世須
[天像] ヱヒ篇

【14d】
[所蔵者]　東京大学文学部国語研究室（黒川文庫）
[目録]『東京大学文学部国語研究室所蔵古写本・古刊本目録』（一九八六／七七頁）、「東京大学国語研究室蔵黒川文庫目録〈辞書之部〉あ〜う」（日本語学論集6／二〇一〇／三〇頁）
[整理番号]　26　5（・6）　L63136（〜63140）・62915（〜62919）
[冊数]　一〇巻一〇冊
[状態]　良　全体に合紙
[帙]　二帙・帙題「色葉字類抄」
[外題]　色葉字類抄　第一（〜第十）（左・直・墨）
[内題]　**序　題**　色葉字類抄
**巻首題**　伊呂波字類抄　一（〜十）
[背題]　なし
[小口下書入]　①色葉一（〜十）伊至波（＊①「伊／波」部分→②「仁／知」③「利／加」④「与／豆」⑤「祢／乃」⑥「於／万」⑦「計／天」⑧「安／伎」⑨「由／之」⑩「恵／須〈／止〉」）
[表紙]　**寸　法**　二六・九センチ×一八・九センチ
**色文様**　緋色　無地
**綴　紐**　四つ目綴じ　白糸　一部外れ
**書　入**　（右・直・墨）「春村校本／真頼校本」
[丁数（表裏遊紙）]　①八八（三・〇）②七九（〇・〇）③一一〇（〇・〇）④九五（〇・〇）⑤八八（〇・〇）⑥一一

○（○・○）⑦七九（○・○）⑧九五（○・○）⑨九四（○・○）⑩八五（○・二）

［半葉行数］八

［装丁・料紙］袋綴・楮紙

［印記］（表紙）「辞書」（朱円・陽）

（巻首）「黒川真頼蔵書」（朱方・陽）

（巻首）「黒川真頼」（朱円・陽）

（巻首）「黒川真道蔵書」（朱方・陽）

（巻首）「東京帝国大学図書印」（朱方・陽）

（巻首）「国語」（朱方・陽）

（隠し印）「東京大学」（朱円・陽）

（帙）「東京大大学図書印」（朱方・陽）

［奥書］・①（巻尾・褐）「明治十一年五月以一本校合了　黒川真頼」

・⑩（巻尾・貼紙）・（略）天文元年通議大夫小槻

・⑩（巻尾・貼紙左上）「欠本／宇ヨリ須ニ至リテ二巻也」

・（略）元禄十三年　今井似閑

・（略）天保四年　伴信友

［校合］朱校合

［字母］伊呂波仁保部止知利奴留遠和加与太礼所都祢奈良无宇為能於久也末計不古江天安左幾由女見志恵比毛世須

［天像］なし
［備考］・丁表左下に丁付

【14e】
［所蔵者］東京大学総合図書館
［整理番号］D30　585
［冊数］一〇巻一〇冊
［状態］良　少虫損・汚損　補修
［帙］二帙・帙題「橘忠兼　伊呂波字類抄」(金字)
［外題］伊呂波字類抄　一(〜十)(左・簽・墨)
［内題］**序　題**　色葉字類抄
**巻首題**　伊呂波字類抄　一(・三〜十)
伊呂波類字抄　二
［背題］なし
［小口下書入］伊呂波字類抄一(〜十)
［表紙］**寸　法**　二七・五センチ×一九・五センチ
**色文様**　布目地に丁子引
**綴　紐**　四つ目綴じ　白糸　補修
**貼　紙**　(右上・墨の書入、また貼紙剝がし跡の上)①〜⑩「五／三七二七」

［見返］本文共紙、前見返（右上・鉛筆）「D30-585」

（右下）①〜⑩「D30／585」

［丁数（表裏遊紙）］①八五②七九③一一〇④九五⑤八八⑥一〇九⑦七九⑧九五（以上一・〇）⑨九三（一・一）⑩八二（〇・〇）

［半葉行数］八

［装丁・料紙］袋綴・楮紙

［印記］（巻首）「東京帝国大学図書印」（朱方・陽）

（巻首）「木街狩野氏之文庫」（朱方・陽）

（巻首）「東京大学図書之印」（朱方・陽）

（巻首）「東京大学法理文学部書庫所蔵」（朱方・陽）

＊他「閲覧室用」の印

［奥書］なし

［校合］褐校合

［字母］伊呂波仁保部土知利奴留遠和加与太礼所都祢奈良无宇為能於久也末計不古江天安左幾由女見志恵比毛世須

［天像］ヱヒモ篇

【14 f】

［所蔵者］東京大学総合図書館

［整理番号］D30　500
［冊数］一〇巻一〇冊
［状態］並　少汚損　補修
［帙］三帙・帙題「橘忠兼　伊呂波字類抄」（金字）
［外題］伊呂波字類抄　一（・貳・参・四～十）（左・簽・墨）
［内題］扉　題（右上・鉛筆）①８－４
（右・墨）①伊呂波②仁保部土知③利奴留遠和加④與太礼所都⑤禰奈良无宇為乃⑥於久也末⑦計不古江天⑧安左幾⑨由女見志」⑩恵比毛世須
（左・墨）①～③伊呂波字類抄第一（～第三）④～⑩（なし）
序　題　色葉字類抄
巻首題　伊呂波字類抄　一（～九・第十）
［背題］伊呂波字類抄一（～十）
［小口下書入］①以呂波②仁保部土知③利奴留遠和加④与太礼所都⑤祢奈良无宇為乃⑥於久也末⑦計不古江天⑧安左幾⑨由女見志⑩恵比毛世須
［表紙］寸　法　二三・六センチ×一六・〇センチ
色文様　黄朽葉色　卍繋ぎ地（紗綾形）（艶出）
綴　紐　四つ目綴じ　緑糸　一部外れ
貼　紙（右上）「八／一八二三」＊一部剝がれ
（右）「複／８／４」＊一部剝がれ

（右下）①〜⑩「D30／500」
［見返］本文共紙、前見返（右上・鉛筆）「D30-500」
［丁数（表裏遊紙）］①九〇②九〇③一一五④一一七⑤一〇二（以上〇・一）⑥一一九（〇・二）⑦八八（〇・一）⑧
一一六（〇・〇）⑨一一五（〇・一）⑩九八（〇・一）
［半葉行数］六
［装丁・料紙］袋綴・楮紙
［印記］（巻首）「雲岫」（朱方・陰）
（巻首）「東京帝国大学附属図書館／明治卅八年七月廿五日／112897」
（巻首）「東京帝国大学図書印」（朱方・陽）
（巻首）「源頼庸」（朱方・陽）
［奥書］なし
［校合］朱墨校合　胡粉による訂正
［字母］伊呂波仁保部土知利奴留遠和加与太礼所都祢奈良无宇為能於久也末計不古江天安左幾由女見志恵比毛
世須
［天像］ヱモス篇
［備考］・篇次の変わり目に朱引
・複数人の筆跡

【14 g】
[所蔵者] 東京大学法学部（法制史資料室）
[整理番号] 乙　16　136
[冊数] 一〇巻一〇冊
[状態] 良
[箱] 木箱
[外題] ①色葉字類抄〈自以／至波〉一（左・簽・墨）
②伊呂波字類抄〈自爾／至知〉二
③色波字類抄〈自利／至加〉三
④伊呂波字類抄〈自與／至津〉四
⑤色葉字類抄〈自祢／至能〉五
⑥伊魯巴字類抄〈自於／至末〉六
⑦以露皤字類抄〈自計／至弖〉七
⑧色波字類抄〈自阿／至岐〉八　＊「類」は異体字
⑨易盧波字類抄〈自遊／至思〉九　＊「類」は異体字
⑩色葉字類抄〈自恵／至須〉十
[内題] 扉　題（②〜④⑥〜⑨前見返貼付）
（右）①伊呂波〜⑩恵比毛世須
（左）①④⑩伊呂波字類抄　一（・四・十〈終〉）

（左）②③⑤〜⑨色葉字類抄　二（・三・五〜九）
序　題　色葉字類抄
巻首題　伊呂波字類抄　一（〜十）

［背題］なし

［小口下書入］①字類一（〜十）伊呂波（＊①「伊呂波」部分↓②「尓保遏土知」③「利奴留遠和加」④「與多礼曾津」⑤「祢奈良牟宇為能」⑥「於久屋末」⑦「計不古江天」⑧「安左幾」⑨「由女美志」⑩「恵比毛世寸　止」）

［表紙］寸　法　二七・〇センチ×一九・三センチ
色文様　丹色　蜀江錦紋（艶出）
綴　紐　五つ目綴じ　白糸
貼　紙　（右上）「貴重」
（右下）①〜⑩「乙／16／136」

［見返］前見返（鉛筆）「乙十六／136」　後見返（反故紙）

［丁数（表裏遊紙）］①八六②七九③一一〇④九五⑤八九⑥一一〇⑦七九⑧九五⑨九四⑩八三（いずれも〇・〇）

［半葉行数］八

［装丁・料紙］袋綴・楮紙

［印記］（巻首）「東京帝国大学図書印」（朱方・陽）
（巻首）「紀伊小原八三郎／源良直蔵書之記」（朱方・陽）

［奥書］・（略）元禄十三年　今井似閑
「伊呂波字類抄全十巻以今井似閑所傳写中院家本及／三本参互校訂新写畢但是非難辨者用朱傍注

其異雖／脱誤無疑者不敢意改積日卒業不日復得他本二部再／批校之比之通本頗可為善本者歟」

［校合］朱校合

［字母］伊呂波仁保部〈イ邉〉止知利奴留遠和加与太礼所都祢奈良无宇為能於久也末計不古江天安左幾由女見志恵比毛世須

［天像］なし

［備考］・①～⑤丁表左下に丁付

## 16　東北大学附属図書館（狩野文庫）

### 【16a】

［所蔵者］東北大学附属図書館（本館、狩野文庫）

［目録］『東北大学所蔵和漢書古典分類目録　和書　中』（一九七八／一一七三頁）

［整理番号］狩　第四門　九四七五・五

［冊数］一〇巻五冊（原二〇冊、①イロ②ハ③ニホヘ④トチ⑲ヱヒモ存）

［状態］良　少虫損

［帙］一帙・帙題「伊呂波字類抄」

［外題］伊呂波字類抄

［内題］序　題　色葉字類鈔

**巻首題**　伊呂波字類抄　一（③二⑲十）

［背題］なし

［小口下書入］伊呂波
［表紙］寸　法　二六・四センチ×一九・九センチ
色文様　丁字引
綴　紐　仮綴じ
書　入（右・直・墨）①「伊呂」②「波」③「仁保部」④「止知」⑲「恵比毛」
貼　紙（右上）①～④⑲「狩／第4門／9475／5冊」「特別」
［見返］本文共紙、反故紙
［丁数（表裏遊紙）］①四五②三四③三八④四二（以上〇・〇）⑲五三（一・〇）
［半葉行数］七～一〇
［装丁・料紙］袋綴・楮紙
［印記］（巻首）「東北帝国大学図書印」（朱方・陽）
（①巻首）「荒井泰治氏ノ寄附金ヲ／以テ購入セル文学博士／狩野亨吉氏旧蔵書」（複廓朱方・陽）
（巻首・巻尾）「渡部文庫珍蔵書印」（朱船・陽）
［奥書］・（略）天文元年通議大夫小槻
・（略）天文元年通議大夫小槻（再掲）
・（三巻本跋文）「自天養比～橘忠兼撰」
・（略）元禄十三年　今井似閑
・（略）天保四年　伴信友
「弘化二〈乙已〉年六月以福井氏蔵本一校了」

「同三〈丙午〉年二月以所納于上賀茂文庫似閑／遺本更批校畢」
・(三巻本跋文再掲)「自天養比～橘忠兼撰」
・(略) 弘化三年　伴信友 (再識)
「同五〈戊申〉年二月廿五日以伴信友翁本令書写畢／山根主税属輝実 (花押)」
[校合] 墨校合
[字母] 伊呂波仁保部止知　恵〈会〉比〈飛〉毛　＊墨書にて右傍に校合
[天像] なし
[備考]・東北大学附属図書館所蔵狩野文庫マイクロ版集成 [第4門　語学・文学] (丸善／一九九二／DAB-001-0185) 参照

## 18　大阪府立中之島図書館

【18 a】
[所蔵者] 大阪府立中之島図書館
[目録]『大阪府立図書館シリーズ　第八輯　大阪府立図書館蔵稀書解題目録　和漢書の部』(一九六三／一一八頁・二五三)
[整理番号] 甲和　貴　638
[冊数] 一〇巻一〇冊
[状態] 良　少虫損・水損・破損　補修
[帙] 二帙・帙題「色葉字類抄　一―五 (・六―十終)　五冊」

[外題]　なし
[内題]　序　題　色葉字類抄
　　巻首題　伊呂波字類抄　一（・三〜九）
　　　　　伊呂波類字抄　二（・十）
[背題]　一（〜十止）
[小口下書入]　壹（・貳・参・肆・伍・陸・漆・捌・玖・拾）
[表紙]　寸　法　二二・六センチ×一六・三センチ
　　色文様　水色　布目地に水玉紋
　　綴　紐　四つ目綴じ　茶糸　⑧白糸補修
　　貼　紙　（右下）①〜⑩「甲和　貴638」
[見返]　本文共紙　①〜⑩後見返左上に貼紙「甲和／貴638」
[丁数（表裏遊紙）]　①一二四②一二三③一六八④一五一⑤一三八⑥一六六⑦一二七⑧一四八⑨一四五⑩一二七
　（いずれも〇・〇）
[半葉行数]　六
[装丁・料紙]　袋綴・楮紙
[印記]　（巻首）「大阪府立図書館／156668／昭和廿一年九月十七日」（朱円・陽）
　（巻首・巻尾）「大阪図書館所蔵記」（朱方・陽）
　（隠し印）「大阪府立図書館蔵書」（紅方・陽）
[奥書]・（略）元禄十三年　今井似閑

［校合］なし
［字母］伊呂波仁保部土知利奴留遠和加与（タなし）礼所都祢奈良无宇為能於久也末計不古江天安左幾由女見志
　恵比毛世須
［天像］ヱ篇
［備考］・目録（一九六三）に解題あり
　・ラ篇・ム篇の一部乱丁
　・⑩後見返に書入（墨）「源□□蔵本」

## 19　東京都立中央図書館（特別買上文庫）

※「19a　日比谷市村（二冊）b　日比谷東京（二冊）」は東京都立中央図書館蔵「市村文庫」「東京誌料」であるが、原本を調査したところ、『色葉字類抄　上・下』（尊経閣叢刊）（和装二冊／一九二六）であることが判明したため、調査対象から外した。また同書は東京都立中央図書館井上文庫にも蔵せられる。ここでは『国書総目録［補遺］』に挙げられた「日比谷諸家（一〇冊）」について記す。

【19c】
［所蔵者］東京都立中央図書館（特別買上文庫）
［目録］『特別買上文庫目録　諸家　国書（言語・文学）』（一九六八／七頁上段）
［整理番号］特別買上文庫　200　1（～10）
［冊数］一〇巻一〇冊
［状態］良　少虫損　補修

［外題］⑩（後補）伊呂波字類抄（左・簽・墨）
［内題］序　題　色葉字類抄
巻首題　伊呂波字類抄　一（・三〜十）
伊呂波類字抄　二
［背題］なし
［小口下書入］①イロハ字類抄〈イロ／ハ〉一（〜十）（＊①「イロ／ハ」部分↓②「ニホテ／トチ」③「リヌル／ヲワカ」④「ヨタレ／ソツ」⑤「ネナラ／ムウヰ／ノ」⑥「オク／ヤマ」⑦「ケフコ／エテ」⑧「アサ／キ」⑨「ユメ／ミシ」⑩「ヱヒモ／セス」）
［表紙］寸　法　二二・五センチ×一六・四センチ
色文様　白茶色　無地
綴　紐　四つ目綴じ　白糸
貼　紙（右上）①〜⑩「特別買上文庫／200／1（〜10）」
［見返］①〜⑩前見返に貼紙「安藤正次文庫／3289（〜3298）」「昭和34.3.10和／0141782（〜0141791）」
［丁数］（表裏遊紙）①一二四②一二三③一六九④一五一⑤一三九⑥一六七⑦一二七⑧一四八⑨一四五⑩一二七（いずれも一・〇）
［半葉行数］六
［装丁・料紙］袋綴・楮紙
［印記］（巻首）「落合氏図書記」（朱方・陽）
（巻首）「東京都立日比谷図書館蔵書」（朱方・陽）

（巻首）「安藤文庫」（朱方・陽）
（巻尾）「日比谷図書館」（朱方・陽）
（⑧巻尾）「北瀬」（墨円・陽）
［奥書］なし
［校合］朱校合
［字母］伊呂波仁保部止知利奴留遠和加与（タなし）礼所都祢奈良无宇為能於久也末計不古江天安左幾由女見志恵比毛世須
［天像］なし
［備考］・①前遊紙裏に書入
・①～⑩最終丁裏に貼紙「Q8131／2／1（～10）」

## 20　刈谷市中央図書館（村上文庫）

### 【20ａ】

［所蔵者］刈谷市中央図書館（村上文庫）
［目録］『村上文庫図書分類目録』（一九七八／九二頁上段）
［整理番号］2987　3　3　11
［冊数］一〇巻三冊（①②③存）
［状態］並　少虫損　補修
［帙］一帙・帙題「伊呂波字類鈔　三冊」

[外題] ①□波字類鈔〈イロハ〉 一（左上・簽・墨）
＊傍書「伊呂波字類抄」（赤鉛筆）
②色葉字類鈔〈ニホヘトチ〉 二
③（剝がれ）色葉字類鈔〈リヌルヲワカ〉 三

[内題] **序　題** 色葉字類抄
**巻首題** 伊呂波字類抄 一（・三〜九）

[背題] なし

[小口下書入] なし

[表紙] **寸　法** 二四・三センチ×一六・九センチ
**色文様** 鋳浅葱色 布目地
**綴　紐** 四つ目綴じ 白糸 一部外れ 一部補修
**貼　紙** （右上）「（登）2987（冊）3（門）3（號）11」

[見返] 本文共紙 剝離（②前後、③前）

[丁数（表裏遊紙）] ①八四（一・〇）②七九（〇・一）③一一〇（〇・〇）

[半葉行数] 八

[装丁・料紙] 袋綴・楮紙

[印記] （巻首）「刈谷市中央図書館蔵」（朱方・陽）

[奥書] ①（巻尾・墨）「安政五年〈戊／午〉七月廿二三四日夜写之一校了」
②（巻尾・朱）「文久元年春写」

③（巻尾・墨）「文久元年辛酉六月村上忠浄写　草了」

［校合］朱校合

［字母］伊呂波仁保部止知利奴留遠和加

［備考］・のどに丁付

【20b】

［所蔵者］刈谷市中央図書館（村上文庫）

［目録］『村上文庫図書分類目録』（一九七八／九二頁上段）

［整理番号］2115　10　3　10

［冊数］一〇巻一〇冊

［状態］並　少虫損　補修

［帙］二帙・帙題「伊呂波字類抄　一から五（・六から十）」

［外題］⑩伊呂波字類抄（赤鉛筆）

［内題］**序　題**　色葉字類抄

　**巻首題**　伊呂波字類抄　一（～十）

［背題］なし

［小口下書入］字类一（～十）

［表紙］**寸　法**　二六・八センチ×一八・五センチ

　**色文様**　水色　菊唐草紋（型押）

綴　紐　五つ目綴じ　白糸　一部補修
貼　紙　（右上）「（登）2115（册）10（門）3（號）10」
［見返］本文共紙
［丁数（表裏遊紙）］①九一（一・〇）②八〇（〇・〇）③一一〇（一・〇）④九五（一・〇）⑤八八（一・一）⑥一一〇（一・一）⑦七九（一・〇）⑧九五（一・〇）⑨九五（〇・〇）⑩八二（一・一）
［半葉行数］八
［装丁・料紙］袋綴・楮紙
［印記］（巻首）「刈谷図書館蔵（朱方・陽）
［奥書］・（略）元禄十三年　今井似閑
・（略）天保四年　伴信友
［校合］朱褐校合　胡粉による訂正　付箋
［字母］伊呂波仁保部止知利奴留遠和加与太礼所都祢奈良无宇為能於久也末計不古江天安左幾由女見志恵比毛世須
［天像］なし
［備考］・①巻首に原稿用紙貼付
・①巻首に独自の目録（巻、篇、部、丁数表裏の情報）、目録末尾に書入（墨）「右目録今新加以便捜索／于時天保十二歳次辛丑春二月」
・篇次の変わり目に一部朱引
・表丁左下に丁付

## 21　蓬左文庫

### 【21 a】

［所蔵者］蓬左文庫

［目録］『名古屋市蓬左文庫国書分類目録』（一九七六／一一四頁上段）

［整理番号］2　67　1（～10）

［冊数］一〇巻一〇冊

［状態］良　少虫損・水損

［外題］①伊呂波字類抄〈イロハ〉一（～十、「六」「七」は巻数部分貼紙）（左・簽・墨）　酉（印）（＊①「イロハ」部分
→②「ニホヘト」③「リヌルヲ」④「ヨタレソツ」⑤「ネナラムウヰノ」⑥「ヲクヤマ」⑦「ケフコヱテ」⑧「アサキ」⑨
「ユメミシ」⑩（なし））

［内題］序　題　色葉字類抄
巻首題　伊呂波字類抄　一（・三～九）
伊呂波類字抄　二（・十）

［背題］なし

［小口下書入］なし

［表紙］寸　法　二七・五センチ×一九・二センチ
色文様　丁字引
綴　紐　四つ目綴じ
貼　紙　（右上）①～⑩「蓬左文庫／一四三八六（～一四三九五）／部門　二／冊数　一〇／番號　六七」

［見返］本文共紙
［丁数（表裏遊紙）］①八五②七九③一一〇④九五⑤八八⑥一〇九⑦七九⑧九五⑨九三⑩八二（いずれも一・〇）
［半葉行数］八
［装丁・料紙］袋綴・楮紙
［印記］（巻首）「蓬左文庫」（朱方・陽）
［奥書］なし
［校合］朱校合
［字母］伊呂波仁保部土知利奴留遠和加与太礼所都祢奈良无宇為能於久也末計不古江天安左幾由女見志恵比毛世須
［天像］ヱヒモ篇
［備考］・本体下に貼紙①「2-67／①／1～5／蓬左文庫」「伊呂波字類抄／2――67　十冊」⑥「2-67／②／6～10／蓬左文庫」
・切紙（「伊呂波字類抄假字法」、四折、封筒内）
・朱箋

## 22　北野天満宮

**【22a】**

［所蔵者］北野天満宮
［目録］『北野天満宮和書漢籍目録』（一九九〇／一五四頁）

［整理番号］7-3-1　イ　3
［冊数］一〇巻一〇冊
［状態］良　少虫損　補修
［箱］一箱（杉、幅一八・七センチ×高さ二八・三センチ×奥行二六・〇センチ、二段）・箱書「伊呂波字類抄」・貼紙「イ第参號／伊呂波字類抄／全拾冊」「7／3／1／北野天満宮　平成二年」
［外題］伊呂波字類抄　一（～十）（左・直・墨）
［内題］**序　題**　色葉字類抄
**巻首題**　伊呂波字類抄　一（・三～十）
伊呂波類字抄　二
［背題］なし
［小口下書入］①伊呂波②仁保部止知③利奴留遠和加④與多禮曾都⑤禰奈良牟宇為能⑥於久也麻⑦計不古衣天⑧安佐幾⑨由米美志⑩衛比毛勢
［表紙］**寸　法**　二二・八センチ×一六・一センチ
**色文様**　鳥の子色　雲母引き
**綴　紐**　四つ目綴じ　藍糸
**貼　紙**　（右下）「7／3／1／北野天満宮　平成二年」
［見返］本文共紙
［丁数（表裏遊紙）］①一二三②一二三③一六八④一五二⑤一三九⑥一六七⑦一二七（以上一・一）⑧一四八（一・〇）⑨一四五（一・一）⑩一二七（一・一）

［半葉行数］六
［装丁・料紙］袋綴・楮紙
［印記］（巻首）「北野神社蔵書之印」（朱方・陽）
［奥書］・（略）元禄十三年　今井似閑
［校合］朱校合
［字母］伊呂波仁保部土知利奴留遠和加与太礼所都祢奈良无宇為能於久也末計不古江天安左幾由女見志恵比毛世須
［天像］ヱヒ篇
［備考］・（朱）「正種云…」の書入多数

23　桜山文庫
※昭和女子大学からは所蔵せずとの回答を得た。鹿島神宮所蔵状況は不明。

24　彰考館
※昭和の戦火にて焼失との回答を得た。

25　神宮文庫
【25 a】
［所蔵者］神宮文庫

［目録］『神宮文庫図書目録』（神宮司庁／一九二二／三一九頁下段）、『神宮文庫所蔵和書総目録』（戎光祥出版／二〇〇五／三九五頁）
［整理番号］四門　三一五号（両目録に三一七号とあるもの）
［冊数］一〇巻一冊（②仁保篇のみ存）
［状態］良　少虫損・破損　補修
［外題］伊呂波字類鈔残本（左・直・墨）
［内題］**巻首題**　伊呂波字類抄　二
［背題］なし
［小口下書入］なし
［表紙］**寸　法**　二七・二センチ×一九・三センチ
　**色文様**　薄狐色　雲丸紋（型押）
　**綴　紐**　六つ目綴じ　白糸
　**貼　紙**　（上）「906」「19083／1」
　　（中央）「神宮文庫／［四］／315號／1冊」
　　（下）「△三六」「一、〇九九」
　　（本体下部）「△三六」
［見返］本文共紙　（右・墨）「目次／仁保」（下・茶簽）「にほノ部一冊／色葉字類鈔〈残／本〉／古写本」
［丁数（表裏遊紙）］②一七
［半葉行数］八

[装丁・料紙]袋綴・楮紙
[印記](巻首)「神宮文庫」(朱方・陽)
(巻首)「徴古館農業館」(朱方・陽)
(巻首)「江藤文庫」(複廓朱方・陽)
[奥書]なし
[校合]なし
[字母]仁保
[備考]・朱箋
・(見返袋内に切紙(反故紙)「イ一五号/色葉字類鈔/残欠/一冊/(朱)一〇五四」
・本文はニ篇からホ篇飲食部五文字目「脯」まで

【25c】
[所蔵者]神宮文庫
[目録]『神宮文庫図書目録』(神宮司庁/一九二二/三一九頁下段)、『神宮文庫所蔵和書総目録』(戎光祥出版/二〇〇五/三九五頁)
[整理番号]四門　三一六号
[冊数]一〇巻一〇冊
[状態]良　少虫損　補修
[帙]二帙・帙題「色葉字類抄」

［外題］伊呂波字類鈔　第一（〜第十）（左・直・墨）
［内題］序　題　色葉字類抄
　巻首題　伊呂波字類抄　一（・三〜十）
　　伊呂波類字抄　二
［背題］①伊呂波字類鈔　①〜⑩一（〜十〈止〉）
［小口下書入］①イロハ②ニホヘトチ③リヌルヲワカ④ヨタレソツ⑤ネナラムウキノ⑥オクヤマ⑦ケフコエテ
⑧アサキ⑨ユメミシ⑩ヱヒモセス
［表紙］寸　法　二七・七センチ×一九・三センチ
　色文様　①②鳥の子地に薄柿色斜格子紋　③〜⑩丁字引
　綴　紐　四つ目綴じ　白糸
　書　入（右上・直・墨）①「伊呂／波」②「仁保／邉土／知」③「利奴／留遠／和加」④「與太礼所
都」⑤「祢奈／良武／宇為／乃」⑥「於久也末」⑦「計不古江天」⑧「安左幾」⑨「由女
見志」⑩「恵比毛世須」
（右上・直・朱）③〜⑩「め」
（右下・直・朱）①「共拾」
　貼　紙（右）①〜⑩「内國書／受入番號　七四八一／類別　特／冊数　一〇／（函）架／號」（上に（刷・
朱）「特」）
（右）①〜⑩「神宮文庫／［四］／316號／10冊」
（本体下部・朱）①「六十七号」

［見返］本文共紙　前見返（朱）③「りぬるをわか」④「よたれそつ」
［丁数（表裏遊紙）］①八五（一・二）②七八（二・一）③一一〇（以下二・〇）④九五⑤八八⑥一〇九⑦七九⑧九五⑨九二⑩八二
［半葉行数］八
［装丁・料紙］袋綴・楮紙
［印記］（巻首）「鳥羽氏蔵書記」（朱方・陽）（巻首）「林崎文庫」（複廓朱方・陽）
［奥書］なし
［校合］朱褐校合
［字母］伊呂波仁保部土知利奴留遠和加与太礼所都祢奈良无宇為能於久也末計不古江天安左幾由女見志恵比毛世須
［天像］ヱヒモ篇
［備考］・押紙
・①②と③〜⑩は別筆か

## 【25d】

［所蔵者］神宮文庫
［目録］『神宮文庫増加図書目録　第四冊』（一九五八／二九四頁上段）
［整理番号］四門　八八四号

[冊数]　一〇巻一〇冊
[状態]　良　少虫損・水損
[外題]　伊呂波字類抄第一（～十）(左・直・墨)
[内題]　序　題　色葉字類抄
　　　　巻首題　伊呂波字類抄一（～九・第十）
[背題]　なし
[小口下書入]　なし
[表紙]　寸　法　二三・四センチ×一六・九センチ
　　　　色文様　鳥の子地に薄柿色文様（各冊文様が異なる）
　　　　綴　紐　五つ目綴じ　緑糸（⑨白糸）
　　　　貼　紙　(右上)①～⑩「神宮文庫／[四]／884號／10冊」
　　　　書　入　(右・直・墨)①「伊呂波」②「仁保部土／知」③「利奴留遠／和加」④「与太礼所／都」⑤「祢奈良无／宇為能」⑥「於久也末」⑦「計不　古江／天」⑧「安左幾」⑨「由女見志」⑩「恵比毛世須」
[見返]　本文共紙
[丁数(表裏遊紙)]　①八九（一・一）②八九（一・〇）③一一五（一・一）④一一六（一・一）⑤一〇一（一・一）⑥一一七（一・一）⑦八七（一・一）⑧一一五（一・〇）⑨一一四（一・一）⑩九七（一・一）
[半葉行数]　六
[装丁・料紙]　袋綴・楮紙

[印記]（巻首）「御巫所蔵」（朱方・陽）
（巻首）「神宮文庫」（朱方・陽）
＊他一種（昭和二〇年九月奉納の旨）
[奥書] なし
[校合] 朱墨校合（①二九ゥ・八三ォ・八七ォゥ③六五ゥ等）
[字母] 表紙の書入と同一（伊呂波仁保部土知利奴留遠和加与太礼所都祢奈良无宇為能於久也末計不古江天安左幾由女見志恵比毛世須）
[天像] ヱモス篇
[備考]・前遊紙裏に貼紙「神宮文庫／受入番號　32575／受入月日　昭和21年1月31日」

## 26　大和文華館（鈴鹿文庫）

### 【26 a】
[所蔵者] 大和文華館（鈴鹿文庫）
[整理番号] 鈴鹿文庫　0　2875（～2884）
[冊数] 一〇巻一〇冊
[状態] 良　少虫損
[帙] 三帙・帙題「伊呂波字類抄　二八七五－二八七八（・二八七九－二八八一・二八八二－二八八四）」
[外題] 伊呂波字類抄　一（～十〈止〉）（左・直・墨）
[内題] 序　題　色葉字類抄

巻首題　伊呂波字類抄　一（～十）
[背題]　なし
[小口下書入]　①一（～一〇）伊呂波（＊①「伊呂波」部分↓②「仁保部止知」③「利奴留遠和加」④「與太禮曾都」⑤「祢奈良無宇為能」⑥「於久也末」⑦「計不古江天」⑧「安左幾」⑨「由女見志」⑩「恵比毛世須」）
[表紙]　寸　法　二六・九センチ×一八・五センチ
色文様　蘇比色　花菱繋ぎ紋（艶出）
綴　紐　四つ目綴じ　緑糸
貼　紙　（右下）「鈴鹿文庫／0／2875（～2884）」
[見返]　本文共紙
[丁数（表裏遊紙）]　①八五②七九③一〇八④八三⑤一〇四⑥一一〇⑦七九⑧九五⑨九四（以上一・〇）⑩八五（一・一）
[半葉行数]　八
[装丁・料紙]　袋綴・楮紙
[印記]　（巻首）「尚褧舎蔵」（朱方・陽）
（巻首）「大和文華館図書之印」（朱方・陽）
[奥書]・（略）元禄十三年　今井似閑
・（略）天保四年　伴信友
・（三巻本跋文）「自天養比～橘忠兼撰」
・（略）弘化三年　伴信友（再識）

「同五〈戊申〉年二月廿五日以伴信友翁本令書写畢／山根主税属輝実」
「右三冊借花山院黄門常雅卿本書写校合了／二時享保第八癸卯春　八座資時」
「右三冊以日野家本令書写一校訖／文政十年孟冬　光棟」
・（略）天文元年通議大夫小槻
・（略）天文元年通議大夫小槻（再掲）
・（三巻本跋文再掲）「自天養比～橘忠兼撰」
［校合］朱褐藍校合　付箋
［字母］伊呂波仁保部止知利奴留遠和加与太礼所〈曾〉都〈津〉祢奈良无宇為能於久也〈野〉末〈万〉計不〈布〉古江天〈手〉安左幾由女見〈美〉志恵〈会〉比〈飛〉毛世須　＊藍書にて右傍に校合
［天像］なし
［備考］・表丁左下に丁付
・全体に三種校合

## 28　大東急記念文庫

【28 a】
［所蔵者］大東急記念文庫
［目録］『大東急記念文庫書目』（一九五五／二三九頁）
［整理番号］四三函　四〇架　三五〇七番
［冊数］一〇巻五冊（①②⑤⑧⑩存）

［状態］良　少虫損
［帙］一帙・帙題「色葉字類抄」
［外題］色葉字類抄（左・簽・墨）
［内題］扉　題　⑤伊呂波字類抄　五
　⑧色葉字類抄　八
目録題　伊呂波字類抄
序　題　色葉字類抄
巻首題　伊呂波字類抄　一（・二・五・八・十）
［背題］なし
［小口下書入］なし
［表紙］寸　法　二六・九センチ×一九・五センチ
色文様　柿渋色　横波刷毛目
綴　紐　五つ目綴じ　茶糸
貼　紙（右下）「財団法人　大東急記念文庫／43／40／5／3507」
［見返］本文共紙
［丁数（表裏遊紙）］①六〇（〇・一）②四七（以下〇・〇）⑤五三⑧五九⑩五五
［半葉行数］九
［装丁・料紙］袋綴・楮紙
［印記］なし

[奥書]⑩（巻首貼紙）・（略）享保十九年　奥平廣業
・（略）元禄十三年　今井似閑
・（略）天保四年　伴信友
・（略）弘化三年　伴信友（再識）
[校合]朱校合　貼紙
[字母]伊呂波仁保部止知　祢奈良无宇為能　安左幾　恵〈会〉比〈飛〉毛世須　＊墨書にて右傍に校合
[天像]なし
[備考]・①⑤⑧⑩丁付
・原稿用紙（縦罫線）

## 【28b】

[所蔵者]大東急記念文庫
[目録]『大東急記念文庫書目　第二』（一九七八／四八頁）
[整理番号]105　28　1　10
[冊数]一〇巻一〇冊
[状態]良
[箱]桐箱・箱題「伊呂波字類抄　拾冊」・蓋裏書「色葉字類抄　十冊」
[外題]なし
[内題]**序　題**　色葉字類抄

**巻首題**　伊呂波字類抄　一（・三〜九）
伊呂波類字抄　二（・十）
［小口下書入］一（〜十）
［表紙］**寸　法**　二二・一センチ×一六・二センチ
**色文様**　縹色　無地　後補表紙
**綴　紐**　四つ目綴じ　一部外れ
［丁数（表裏遊紙）］①一二三②一二三③一六九④一五二⑤一三九⑥一六七⑦一二七⑧一四八⑨一四五⑩一二六
（いずれも一・一）
［半葉行数］六
［装丁・料紙］袋綴・楮紙
［印記］（巻首）「中院蔵書」（朱方・陽）
（巻首）「宝玲文庫」（朱方・陽）
（巻首）「三柚書屋」（朱方・陽）
（①巻首・①〜⑩巻尾）「一馬」（複廓朱六方・陰）
［奥書］なし
［校合］なし
［字母］伊呂波仁保部土知利奴留遠和加与太礼所都祢奈良无宇為能於久也末計不古江天安左幾由女見志恵比毛
世須
［天像］ヱヒ篇

［備考］・六行五段の木版罫線
・『大東急記念文庫善本叢刊　中古中世篇　別巻二』等に影印収載

【28c】

［所蔵者］大東急記念文庫
［目録］『大東急記念文庫書目　第二』（一九七八／四八頁）
［整理番号］105　29　1　9
［冊数］一〇巻九冊（①欠）
［状態］良
［帙］一帙・帙題なし
［外題］伊呂波字類抄　二（～十）（左・簽・墨）
［内題］**巻首題**　伊呂波類字抄　二
伊呂波字類抄　三（～十）
［背題］なし
［小口下書入］②二（～一〇）仁保部止知（＊②「仁保部止知」部分↓③「利奴留遠和加」④「与多例曾門」⑤「祢奈良武宇為乃」⑥「於久也麻」⑦「計不古江天」⑧「安佐幾」⑨「由女美志」⑩（擦れ））
［表紙］**寸　法**　二七・三センチ×一九・〇センチ
**色文様**　鳥の子地に肉色格子紋
**綴　紐**　四つ目綴じ　桃糸　一部外れ

書　入　（右・直・墨）②「仁保部止知」③「利奴留遠和加」④「与多例曾門」⑤「祢奈良武宇為乃」⑥「於久也麻」⑦「計不古江天」⑧「安佐幾」⑨「由女美志」⑩「恵比毛世須」

（右下・朱印）「朝田所蔵」「三／十九」

貼　紙　（右下）「財団法人　大東急記念文庫／105／29／1／9」

[見返]　本文共紙

[丁数（表裏遊紙）]　②七九③一一〇④九五⑤八八⑥一〇九⑦七九⑧九五⑨九三⑩八二（いずれも〇・〇）

[半葉行数]　八

[装丁・料紙]　袋綴・楮紙

[印記]　（巻首）「森氏開萬冊府之記」（朱方・陽）

（巻首）「岸本家蔵書」（複廓朱方・陽）

（巻首）「宝玲文庫」（朱方・陽）

（巻首）「大槻文彦蔵」（朱方・陽）

（巻首）「賀茂馬淵」（神代文字・陽）

（巻首）「朝田家蔵書」（複廓朱方・陽）

（巻尾）「一馬」（複廓朱六方・陰）

[奥書]　なし

[校合]　朱校合

[字母]　仁保部土知利奴留遠和加与太礼所都祢奈良无宇為能於久也末計不古江天安左幾由女見志恵比毛世須

[天像]　モ篇

# 29　天理図書館

## 【29ａ】

［所蔵者］天理大学附属天理図書館
［目録］『天理図書館稀書目録　和漢書之部　第二』（一九五一／二頁・Ⅱ7）
［整理番号］031　イ17　1（～10）
［冊数］一〇巻一〇冊
［状態］並　少虫損（⑦多）補修
［帙］一帙・帙背題（白簽・墨）「色葉字類抄」・帙表題（白簽金箔散らし地・墨）「色葉字類抄〈白河楽翁公舊蔵寫本〉十冊」・貼紙「031／イ17」
［外題］伊呂波字類抄　二（～十）（左・簽・墨）＊①簽剥がれ
［内題］**扉　題**（扉書入、右・墨）①伊呂波②仁保邉止知③利奴留遠和加④与太礼曾都⑤祢奈良無宇為乃⑥於久也末⑦計布古衣天⑧安左幾⑨由女美之⑩恵比毛世寸
**序　題**　色葉字類抄
**巻首題**　伊呂波字類抄　一（～十）
［背題］なし
［小口下書入］①イロハ　一②ニホヘトチ　二③リヌルヲワカ　三④ヨタレソツ　四⑤子ナラムウエ《ママ》ノ　五⑥オクヤマ　六⑦ケフコキ《ママ》テ　七⑧アサキ　八⑨ユメミシ　九⑩ヱヒモセス　十
［表紙］**寸　法**　二七・一センチ×一九・一センチ
**色文様**　鳥の子色　無地（表紙裏反故紙「刀剣鎧図」等）

綴紐　四つ目綴じ　緑糸
書入　（右上・直・墨）①～⑩「十六字／（朱）い　東」
貼紙　（右・墨）①「伊呂波」②「仁保邉止知」③「利奴留遠和加」④「与太禮曾都」⑤「祢奈良武宇為乃」⑥「於久也末」⑦「計布古衣天」⑧「安佐幾」⑨「由女美之」⑩「恵比毛世壽」
（右下）①～⑩「031／イ17／1（～10）」
[見返]①～⑩前見返・②後見返なし
[丁数（表裏遊紙）]①八五②八〇③一一一④九六⑤八九⑥一一〇⑦八〇⑧九六⑨九四⑩八三（いずれも〇・〇）
[半葉行数]八
[装丁・料紙]袋綴・楮紙
[印記]（巻首）「天理図書館／昭和廿二年四月十五日／177708（～177717）」
（巻首）「天理図書館蔵」（朱方・陽）
（巻首）「桑名」（朱円・陽）
（巻首）「楽亭文庫」（複廓朱方・陽）
（巻首）「月明荘」（朱方・陽）
[奥書]③（巻尾）・（略）享保十九年　奥平廣業
[字母]伊呂波仁保部土知利奴留遠和加与太礼所都祢奈良无宇為能於久也末計不古江天安左幾由女見志恵比毛世須
[天像]ヱヒモ篇

【29b】

[所蔵者] 天理大学附属天理図書館

[目録] 『天理図書館稀書目録　和漢書之部　第一』(一九四〇／二頁・18)

[整理番号] 031　イ5　1(〜10)

[冊数] 一〇巻一〇冊

[状態] 良　少虫損　補修

[帙] 一帙・帙背題「伊呂波字類抄」・帙表題「伊呂波字類抄〈神谷三園本〉」

[外題] ①伊呂波字類抄〈従伊至波〉　一(〜十)(左・直・墨)(＊①「伊・波」部分→②「仁・知」③「利・加」④「與・津」⑤「祢・能」⑥「於・末」⑦「計・天」⑧「安・喜」⑨「由・志」⑩「恵・須」)

[内題] 扉　題 (前見返貼付)①〜⑧伊呂波字類抄　一(〜八)⑨⑩(なし)

序　題　色葉字類抄

巻首題　伊呂波字類抄　一(〜十)

[背題] なし

[小口下書入] ①〈自伊／至波〉伊呂波字類抄一(〜十)(＊①「伊・波」部分→②「仁・知」③「利・加」④「與・津」⑤「祢・能」⑥「於・末」⑦「計・天」⑧「安・喜」⑨「由・志」⑩「恵・須」)

[表紙] 寸　法　二六・七センチ×一八・八センチ

色文様　薄とき浅葱色　不明紋(型押)

綴　紐　四つ目綴じ

貼　紙　(右下)「031／5／1〜10」

[見返]　本文共紙
[丁数（表裏遊紙）]　①八五②七九③一一〇④九五⑤八八⑥一一〇⑦七九⑧九五⑨九四⑩八七（いずれも一・〇）
[半葉行数]　八
[装丁・料紙]　袋綴・楮紙
[印記]　（巻首）「天理図書館／昭和十五年六月十四日／107185（～107194）」
（巻首・巻尾）「天理図書館蔵」（朱方・陽）
（巻首・巻尾）「月明荘」（朱方・陽）
[奥書]　①（巻尾・褐）「嘉永六癸丑二月廿二日藤波殿本交合了四廿四再交了／藤原輝実」
（巻尾・墨）「弘化三丙午年八月四日以伴氏本令書写畢山根主税属輝實」
②（巻尾・褐）「嘉永六癸丑四十二度交合了〈藤波殿本〉藤原輝実」
（巻尾・墨）「令人書一校了／嘉永六癸丑九月廿九日　三園」
③（巻尾・褐）「弘化伍申年正月十日欠本交合了　藤原輝實／カ永五年壬子七月四日藤波トノ丶本二度
交合了」
（巻尾・褐）「安政二年乙卯二月上澣以京師山根氏本寫之畢　神谷克巳」
④（巻尾・墨）「右借山根氏本令摸寫一校了／嘉永六癸丑年四月晦／三園」
⑤（巻尾・褐）「右竹本中巻交了　カ永四辛亥五廿五六千《ママ》九巳上三度交了　藤原輝實」
（巻尾・褐）「右嘉永五壬子年初冬令摸寫同年十二月八日一校　克楨」
⑥（巻尾・褐）「カ永四辛亥年五月廿八日竹本中巻再交了〈六廿／五了〉　輝實（花押）」
（巻尾・褐）「嘉永五壬子年十一月課人令摸寫同十二月七日一校了　克楨（花押）」

⑦（巻尾・褐）「嘉永四辛亥五九交合了／已上竹本中巻再交六二三度交了〈六廿／六〉／輝實」
（巻尾・褐）「嘉永五壬子年課人令摸寫一校了／同年十二月八日　三園」
⑧（巻尾・褐）「カ永四辛亥五十三交了／六ノ八再交了／三度七ノ五了　輝實」
＊「ノ」字は「月」等に相当、以下同様
（巻尾・墨）「右以山根本令摸寫一校了／嘉永癸丑年四月晦日　三園」
⑨（巻尾・褐）「カ永四辛亥五十九竹本交了／六ノ十一再交了三度了七ノ十（花押）」
⑩（巻尾・褐）「竹本下巻交合了五月廿二日六ノ十六再交了三度交了〈七ノ／八〉／カ永七甲刀（ママ）五廿一
藤ナミトノ丶本交合了」
（巻尾）・（略）元禄十三年　今井似閑
（巻尾）・（略）天保四年　伴信友
（巻尾・墨）「弘化二〈乙／巳〉年六月以福井氏蔵本一校了」
（巻尾・墨）「同三〈丙／午〉年二月以所納于上賀茂文庫似閑遺本更批校畢」
「三巻本跋云」
・（三巻本跋文）「自天養比～橘忠兼撰」
・（略）弘化三年　伴信友（再識）
（巻尾・墨）「同五年〈戊／申〉年二月廿五日以伴信友翁本令書写畢／山根主税属輝実（花押）」
（巻尾・褐）「竹本三巻奥書」
（巻尾・墨）「右三冊借花山院黄門常雅卿本書写校合了／二時享保第八癸卯春　八座資時」
（巻尾・褐）「同上」

（巻尾・墨）「右三冊以日野家本令書写一校訖／文政十年孟冬　光棟」
・（三巻本跋文再掲）「自天養比～橘忠兼撰」
（巻尾・褐）「竹本中巻奥書」
（巻尾・褐）「竹本下巻奥書」
（巻尾・褐）・（略）天文元年通議大夫小槻（「自以至無者古本在□□（斯室か）～通議大夫小槻判」）
（巻尾・褐）・（略）天文元年通議大夫小槻「自以至無志古本在斯室～通議大夫小槻（花押）」
（巻尾・褐）「朱　古本　福井本　藍　三巻本　已上伴翁交合／山城名勝志　無標代赭墨　今井似閑本　竹本　已上輝實交合／藤波トノ、本」
［校合］朱墨褐藍校合　胡粉による訂正
［字母］伊呂波仁保部止知利奴留遠和加与太礼所〈曾〉都〈津〉祢奈良无宇為能於久也〈野〉末〈万〉計不〈布〉古江天〈手〉安左幾由女見〈美〉志恵〈会〉比〈飛〉毛世須　＊墨藍にて右傍に校合
［天像］なし
［備考］・目録（一九四〇）に詳細な書誌あり（「古典全集本と同じく今井似閑本を伴信友が天保四年他本と校合筆寫、更に福井氏本と校合　上賀茂文庫本に合し、弘化三年黒川春村入手三巻本と校合す、その本を弘化三年山根輝實寫し竹本（竹屋光棟蔵木）藤波殿の本を以つて校合、それを嘉永四年より安政二年にわたり神谷氏令寫めて蔵せしものなり」）
・全体に押紙、切紙
・（③前遊紙裏・褐）「今井似閑本〈無標〉藤波殿本〈藤ー〉」
・（③一オ・ウ・褐））「交合主　藤原輝實」
・（⑤二八ウに切紙・褐）「朱古本　福井本　藍三巻本／伴翁之字首ニ藍墨ニテ点ウチタルハ三巻ト符合ノ

印也已下同シ／已上伴翁交合／山城名勝志　竹本／輝実云字首ニ代赭墨ニテ点打タルハ竹本ト符合ノ印也以下皆シカリ／已上輝実交合」

・⑥前身返・褐）「朱古本　福井本　藍三巻本　已上伴翁　竹本　輝実」

・⑦前身返・押紙・褐）「朱古本　福井本　藍　三巻本　伴翁　竹本　輝実」「六十九オ押紙タシ押入ヘシ」

・⑧前身返・押紙・褐）「朱　古本　福井本　藍　三巻本　已上伴翁／無標代赭墨　今井似閑本　竹本　已上輝実」

・⑨巻首題下・褐）「朱古本　福井本　藍三巻本　已上伴翁校合／無標代赭墨　今井似閑本　竹本　已上輝実　押帋　八十四ウ〈二〉八十七ウ〈一〉十三枚」

## 30　穂久邇文庫（竹本泰一氏現蔵）

### 【30ａ】

［所蔵者］竹本泰一氏（竹本油脂株式会社相談役）

［整理番号］穂久邇文庫　二　五　15

［冊数］一〇巻一〇冊

［状態］良　少虫損

［外題］色葉字類抄　一（〜十）（左・直・墨）

［内題］**序　題**　色葉字類抄

**巻首題**　伊呂波字類抄　一（・三〜九）

伊呂波類字抄　二（・十）

[背題] なし
[小口下書入] 字類抄一（〜十〈止〉）、①いろは②にほへとち③りぬるをわか④よたれそつ⑤ねならむうゐの⑥おくやま⑦けふこえて⑧あさき⑨ゆめみし⑩ゑひもせす
[表紙] 寸　法　二四・〇センチ×一七・〇センチ
色文様　布目地に渋引
綴　紐　四つ目綴じ　茶糸　一部外れ
貼　紙　（右上）＊剥がれ跡
（右下）①〜⑩「穂久邇文庫　二　五　15」
[見返] 本文共紙
[丁数（表裏遊紙）] ①一二三（一・〇）②一二三（一・二）③一六九（〇・一）④一五一（一・〇）⑤一三九（一・〇）⑥一六六（一・〇）⑦一二七（一・〇）⑧一四九（二・〇）⑨一四四（一・〇）⑩一二六（二・一）＊⑨後見返まで本文
[半葉行数] 六
[装丁・料紙] 袋綴・楮紙
[印記]（巻首・巻尾）「新」（朱方・陰）
（巻首）「久迩宮文庫」（朱方・陽）
[奥書] なし
[校合] 朱校合
[字母] 伊呂波仁保部土知利奴留遠和加与太礼所都祢奈良无宇為能於久也末計不古江天安左幾由女見志恵比毛

世須
［天像］ヱヒ篇

## 31 賀茂別雷神社（三手文庫）

【31ａ】
［所蔵者］賀茂別雷神社（通称上賀茂神社、三手文庫）
［整理番号］国文　戌　一二九号
［冊数］一〇巻一〇冊
［状態］良　少虫損　補修
［帙］なし
［外題］①伊呂波字類抄　一（〜十）〈イヨリ／ハマテ〉（左・直・墨）（＊①「イ・ハ」部分↓②「ニ・チ」③「リ・カ」④「ヨ・ツ」⑤「ネ・ノ」⑥「オ・マ」⑦「ケ・テ」⑧「ア・キ」⑨「ユ・シ」⑩「ヱ・ス」）
［内題］扉　題　伊呂波字類抄　一（〜十）
　序　題　色葉字類抄
　巻首題　伊呂波字類抄　一（・三〜九）
　伊呂波類字抄　二（・十）
［背題］共十
［小口下書入］一（〜十）
［表紙］寸　法　二一・九センチ×一五・九センチ

色文様　柴染色　布目地に斜格子紋（艶出）
綴紐　四つ目綴じ　白糸・藍糸　一部外れ　一部補修
書入　（左上・朱）①～⑩「戌」
（上・朱）①「イロハ」②「ニホヘトチ」③「リヌルヲワカ」④「ヨタレソツ」⑤「ネナラムウヰノ」⑥「オクヤマ」⑦「ケフコエテ」⑧「アサキ」⑨「ユメミシ」⑩「ヱヒモセス」
貼紙　（左上）①～⑩「賀茂別雷神社／類名　國文／冊数　一〇／函　戌／號　一二九」
［見返］本文共紙　剥離
［丁数（表裏遊紙）］①一二五（〇・二）②一二三（〇・二）③一七〇（〇・二）④一五五（〇・三）⑤一四一（〇・二）⑥一六九（〇・二）⑦一二九（〇・二）⑧一四九（二・二）⑨一四七（〇・四）⑩一二九（〇・二）＊扉の次に遊紙のある場合があるが、丁数に計上した（①②⑤⑥⑦⑨⑩一③④二）
［半葉行数］六
［装丁・料紙］袋綴・楮紙
［印記］（巻首）「賀茂三手文庫」（朱方・陰）
（巻首）「今井似閑」（朱方・陽）
（巻首）「上鴨奉納」（朱瓢箪・陽）
［奥書］・（略）元禄十三年　今井似閑
［校合］朱校合
［字母］伊呂波仁保部土知利奴留遠和加与太礼所都祢奈良无宇為能於久也末計不古江天安左幾由女見志恵比毛世須

［天像］ヱヒ篇

［備考］・①巻尾袋内に切紙

## 32　無窮会専門図書館（神習文庫）

### 【32b】

［所蔵者］無窮会専門図書館（神習文庫）

［目録］『神習文庫図書目録』（一九三五／五〇二頁上段）

［整理番号］カ　13774

［冊数］一〇巻一〇冊

［状態］良　少虫損

［外題］いろは字類抄　一（～十）（左・直・墨）

［内題］扉　題　①伊呂波字類抄

序　題　色葉字類抄

巻首題　伊呂波字類抄　一（～十）

［背題］なし

［小口下書入］①字類抄　13774（⑨のみカ13774）　自伊至波（①「伊・波」部分↓②「仁・知」③「利・加」④「与・川」⑤「祢・乃」⑥「於・末」⑦「計・天」⑧「安・幾」⑨「由・之」⑩「恵・寸」）

［表紙］寸　法　二三・八センチ×一六・五センチ

色文様　鬱金色　無地

綴　紐　四つ目綴じ　白糸　一部外れ
書　入　（右・直・墨）①「いろは」②「にほへと／ち」③「りぬるを／わか」④「よたれそ／つ」⑤「ねならむ／うゐの」⑥「おく／やま」⑦「けふこ／えて」⑧「あさ／き」⑨「ゆめ／みし」⑩「ゑひも／せす」
（左下・直・黒）①～⑩「カ13774」
[見返]　本文共紙　（朱印に墨で書入）「一〇門／乙属／番號　壹参七七四」
[丁数（表裏遊紙）]　①五二（〇・二）②四五（以下⑨まで一・二）③六三④五九⑤五三⑥六四⑦四四⑧五八⑨五五⑩四九（〇・二）
[半葉行数]　一〇
[装丁・料紙]　袋綴・楮紙
[印記]　（巻首）「無窮会神習文庫」（朱方・陽）
（巻首）「井上氏」（朱方・陽）
（巻首）「井上頼圀蔵」（複廓朱方・陽）
[奥書]　⑩（巻尾・墨）「押紙云原本色葉字類抄跋」
・（三巻本跋文）「自天養比～橘忠兼撰」
⑩（巻尾・墨）「右以呂波字類抄十巻文化二年八月十六日／購以納不忍文庫原弘賢識」
⑩（巻尾・墨）「右字類抄拾巻以屋代弘賢蔵本謄写畢／文化七年八月日」
⑩（巻尾・墨）「右字類抄借温古堂蔵本寫之今年自夏至中秋／麻疹流行加有安政五年以来所行之暴写病俗云コロリ　死亡／人甚多予幸免此病難書写全不亦悦乎　文久二年閏八月廿／九日一周識」

［校合］朱墨褐校合
［字母］伊呂波仁保部土知利奴留遠和加与太礼所都祢奈良无宇為能於久也末計不古江天安左幾由女見志恵比毛
　世須
［天像］ヱヒモ篇
［備考］・鉛筆による書入
　・付箋
・（①最終丁オ）「水蘇」
・シ篇辞字部「凌　シ□ク」＊□…虫損模写

## 33　陽明文庫

### 【33a】

［所蔵者］陽明文庫
［整理番号］（近　イ　56）
［冊数］一〇巻一〇冊
［状態］良　少虫損　補修
［外題］①色葉字類抄〈伊呂波〉一（～十）（左・簽・墨）（＊①「伊呂波」部分↓②「仁保部／止知」③「利奴留／遠和加」④「與太礼／所都」⑤「祢根《ママ》奈良／无宇為能」⑥「於久也／末」⑦「計不古／江天」⑧「安左／幾」⑨「由女／見志」⑩「恵比毛／世須」）
［内題］序　題　色葉字類抄

巻首題　伊呂波字類抄　一（・三～十）
　　　　伊呂波類字抄　二
[背題]　なし
[小口下書入]　なし
[表紙]　寸　法　二八・五センチ×二〇・二センチ
　　　色文様　草柳色（雲母刷り）二重蔓紋
　　　綴　紐　四つ目綴じ　白糸　一部外れ
[見返]　本文共紙
[丁数（表裏遊紙）]　①六八②六三③九〇④八六⑤七七⑥九三⑦六七⑧八五⑨八四⑩七二（いずれも〇・〇）
[半葉行数]　八
[装丁・料紙]　袋綴・楮紙
[印記]　（巻首）「陽明蔵」（朱方・陽）
　　　（巻首）「陽明文庫」（朱方・陽）
[奥書]　なし
[校合]　朱褐藍校合　上欄書入
[字母]　伊呂波仁保部土〈止〉知利奴留遠和加與太礼所都禰奈良无宇為能於久也末計不古江天安左幾由女見志
　　恵比毛世須
[天像]　ヱモス篇

# 36　九州大学附属図書館

## 【36 a】

［所蔵者］九州大学附属図書館（中央図書館）
［目録］『九州帝国大学図書目録　補遺増加篇』（一九三五／一九頁）
［整理番号］521　イ　4
［冊数］一〇巻一冊（①存）
［状態］良（表紙並）　少虫損　補修
［帙］一帙・帙題「伊呂波字類抄」　貼紙「521／イ／4」
［外題］色葉字類抄（左・直・墨）
［内題］序　題　色葉字類抄
　　巻首題　伊呂波字類抄　一
［背題］なし
［小口下書入］〈色葉／字類〉一〈イロハ〉
［表紙］寸　法　二六・三センチ×一九・〇センチ
　　色文様　薄鋳浅葱色　布目地
　　綴　紐　五つ目綴じ　紫糸　外れ
　　貼　紙（右上）「ね五」
　　　　（右下）「521／イ／4」
［見返］本文共紙　貼紙「521／イ／4」付箋

[丁数（表裏遊紙）]　①八五（〇・〇）
[半葉行数]　八
[装丁・料紙]　袋綴・楮紙
[印記]（巻首）「九州帝国大学／図書館／71279／昭和5.3.5」（墨円・陽）
（巻首）「九州帝国大学図書印」（朱方・陽）
（巻首）「東洲文庫」（朱方・陽）
（巻首）「寺尾寿所蔵」（朱方・陽）
（一八ォ）「九州帝国大学／図書」（朱円・陽）
[奥書]　なし
[校合]　朱褐校合　胡粉による訂正
[字母]　伊呂波
[天像]　なし
[備考]・全丁に合紙

## 37　和歌山大学附属図書館（紀州藩文庫）

### 【37 a】

[所蔵者]　和歌山大学附属図書館（紀州藩文庫）
[目録]『和歌山大学附属図書館真砂町分館蔵　紀州藩文庫目録』（一九七一／一三四頁）
[整理番号]　貴ぉ

［冊数］一〇巻一〇冊
［状態］良　少虫損　補修
［外題］色葉字類抄　一（〜十）（左・簽・墨）
［内題］序　題　色葉字類抄
巻首題　伊呂波字類抄　一（・三〜十）
伊呂波類字抄　二
［背題］なし
［小口下書入］①色葉字類抄一②二（〜十止）
［表紙］寸　法　二六・八センチ×一八・七センチ
色文様　熨斗目花色　亀甲繋ぎ紋（艶出）
綴　紐　四つ目綴じ　白糸　一部外れ
書　入　（右上）①「□十」（文字上に貼紙）
貼　紙　（右上）①〜⑩「部門　字書／番號　一〇／一部ノ冊数　壹〇／所在　貴お」
（右）①「十冊」
［見返］本文共紙
［丁数（表裏遊紙）］①八五②七八③一一〇④九五⑤八八⑥一〇九⑦八〇⑧九五⑨九二⑩八一（いずれも〇・〇）
［半葉行数］八
［装丁・料紙］袋綴・楮紙
［印記］（巻首）「紀伊国古学館之印」（朱方・陽）

（表紙・巻首）「和歌山県尋常師範学校」（朱方・陽）
［奥書］なし
［校合］なし
［字母］伊呂波仁保部土知利奴留遠和加与太礼所都祢奈良无宇為能於久也末計不古江天安左幾由女見志恵比毛世須
［天像］ヱヒモ篇
［備考］・複数人の筆跡

## 38　本居宣長記念館

### 【38a】

［所蔵者］本居宣長記念館
［目録］『本居宣長記念館　蔵書目録（三）』（一九七七／六五頁下段）
［冊数］一〇巻一〇冊
［状態］並　少虫損　補修
［帙］一帙・帙題「以呂波字類抄」
［外題］以呂波字類抄　壹（〜拾）（左・簽・墨）
［内題］**序　題**　色葉字類抄
　**巻首題**　伊呂波字類抄　一（〜十）
［背題］なし
［小口下書入］なし

［表紙］寸　法　二六・二センチ×一九・五センチ
　　　　色文様　鋳浅葱色　布目地
　　　　綴　紐　四つ目綴じ　白糸・赤糸　一部補修
［見返］本文共紙
［丁数（表裏遊紙）］①八四②七八③一一〇④九四⑤八八⑥一一〇⑦七八⑧九四⑨九三⑩八二（いずれも〇・〇）
［半葉行数］八
［装丁・料紙］袋綴・楮紙
［印記］（巻首）「本居文庫」（複廓朱方・陽）
［奥書］なし
［校合］朱墨褐校合
［字母］伊呂波仁保部止知利奴留遠和加与太礼所都祢奈良无宇為能於久也末計不古江天安左幾由女見志恵比毛世須
［天像］なし

## 39　北海学園大学附属図書館（北駕文庫）

### 【39a】

［所蔵者］北海学園大学附属図書館（北駕文庫）
［目録］『〈行啓紀念〉北駕文庫蔵書畧目録　第一巻』（一九一四／二〇一頁）
［整理番号］（小（34）・2・10（1）～（10））
［冊数］一〇巻一〇冊

［状態］良　少虫損　補修
［帙］二帙・帙題「伊呂波字類抄　巻一〜五（・六〜十）」
［外題］伊呂波字類抄　一（〜十）（左・直・墨）
［内題］序　題　色葉字類抄
　巻首題　伊呂波字類抄　一（・三〜十〈止〉）
　　伊呂波類字抄　二
［背題］なし
［小口下書入］伊呂波字類抄一（〜十）
［表紙］寸　法　二七・二センチ×一八・四センチ
　色文様　鳥の子色地に丁字引
　綴　紐　四つ目綴じ　白糸・緑糸
　書　入　（右・直・墨）①「伊呂波」②「仁保部土／知」③「利奴留遠／和加」④「與太礼所／都」⑤「祢奈良无／宇為能」⑥「於久也末」⑦「計不古江／天」⑧「安左幾」⑨「由女見志」⑩「恵比毛世／須」
　　（右下角・直・墨）①〜⑩「共十」
　貼　紙　（右上）①「三二」
　　（右上、朱筆）①〜⑩「共十／キ二」
　　（右下）①〜⑩「小（34）／2／10（1）」
［見返］本文共紙

［丁数（表裏遊紙）］①八五②七九③一一〇④九五（以上一・〇）⑤八八（一・一）⑥一〇九（一・一）⑦七九（以下一・〇）⑧九五⑨九三⑩八二
［半葉行数］八
［装丁・料紙］袋綴・楮紙
［印記］（前見返）「明治卌四年／八月辱／臨御仍建／文庫傳光／榮於無窮」（朱方・陽）
（巻首）「杉園蔵」（朱方・陽）
（巻首）「北駕文庫」（朱方・陽）
（巻首・巻尾）「阿波国文庫」（朱方・陽）
［奥書］なし
［校合］朱校合
［字母］伊呂波仁保部土知利奴留遠和加与太礼所都祢奈良无宇為能於久也末計不古江天安左幾由女見志恵比毛世須
［天像］モ篇
［備考］・表紙、丁下部等に鉛筆による書入（近年のもの）
・付箋

## 41　津山郷土博物館（道家大門文庫）

### 【41a】

［所蔵者］津山郷土博物館（道家大門文庫）

［目録］『津山郷土博物館紀要第十七号　道家大門・花土文太郎文庫資料目録』（二〇〇三／一二頁）
［整理番号］二一　二三五
［冊数］一〇巻九冊（⑤欠）
［状態］不良　虫損・破損・汚損
［外題］伊呂波字類抄　壹（～四・六・八～十）（左・直・墨）
伊呂波字類鈔　七
［内題］（前見返貼付）伊呂波字類抄　壱（～三・七～九・終）
扉　題（扉書入）①伊呂波②仁保邉土知③利奴留遠和加④⑥（不明）⑦計布古江天⑧安左幾⑨由女見志
⑩恵比毛世須
序　題　色葉字類抄
巻首題　伊呂波字類抄　一（～四・六～十）
［背題］なし
［小口下書入］伊呂波字類抄一（～四・六～十）
［表紙］寸　法　①二三・八センチ×一六・三センチ（他巻と小異）
色文様　反故紙（白茶地）
綴　紐　四つ目綴じ　白糸　一部外れ
書　入（右・直・墨）①「伊呂波」②「仁保邉／止知」③「利奴留遠／和加」④「與太禮所／都」⑥「オ久也／末」⑦「計布古／江天」⑧「安左幾」⑨「由女見志」⑩「恵比毛／世須」
貼　紙（右下）①～⑩「書名　伊呂波字類抄／番号　143／冊数　9冊／津山郷土館」「813／大門文

庫／41（～49）／津山郷土館」
[丁数（表裏遊紙）] ①七四②六〇③八一④六一⑥八八⑦六二⑧七八⑨六七⑩五八（いずれも〇・〇）
[半葉行数] 八～九
[装丁・料紙] 袋綴・楮紙
[印記]（巻首）「大門文庫／41（～49）」（朱枠）
[奥書]・（略）享保十九年　奥平廣業
「此一巻借谷森翁〈善臣〉蔵本従去月三十日到今五月七日朝九／時書寫并校合訖／在東京本郷
區龍岡町八番地竜崗館中／明治十八年五月七日／道家大門」
[校合] 朱校合　胡粉による訂正
[字母] 伊呂波仁保部土知利奴留遠和加与太礼所都　於久也末計不古江天安左幾由女見志恵比毛世須
[天像] ヱヒモ篇（モ篇「象」に訂す）
[備考]・⑥～⑩篇次の変わり目に朱引
・付箋

## 42　国立歴史民俗博物館（高松宮家本）

### 【42a】

[所蔵者] 国立歴史民俗博物館（高松宮家本）
[目録]『高松宮家伝来禁裏本目録 [分類目録編]』（二〇〇九／一六二頁）、『高松宮家伝来禁裏本目録 [奥書刊記集成・解説編]』（二〇〇九／一四八頁）

[整理番号] オ　三　1（〜10）
[冊数] 一〇巻一〇冊
[状態] 良　少虫損　補修
[箱] 杉箱
[外題] なし
[内題] **序　題**　色葉字類抄
**巻首題**　伊呂波字類抄　一（・三〜九）
伊呂波類字抄　二（・十）
[背題] なし
[小口下書入] ①一　伊呂波字類自以至波②二　伊呂波字類自仁至知③三　伊呂波字類自利至加④四　伊呂波字類自與至津⑤五　伊呂波字類自祢至乃⑥六　伊呂波字類自於至末⑦七　伊呂波字類自計至天⑧八　伊呂波字類自安至幾⑨九　伊呂波字類自由至之⑩十　伊呂波字類自恵至寸
[表紙] **寸　法**　二二・〇センチ×一六・三センチ
**色文様**　御召御納戸色　無地
**綴　紐**　四つ目綴じ　緑紐　一部外れ
**貼　紙**　（右下）「オ3／1〜10」
[見返] 本文共紙
[丁数（表裏遊紙）] ①一二三②一二三③一六九④一五二⑤一四〇⑥一六七⑦一二七⑧一四八（以上一・二）⑨一四五（〇・二）⑩一二六（〇・二）

［半葉行数］六
［装丁・料紙］袋綴・楮紙
［印記］なし
［奥書］なし
［校合］なし
［字母］伊呂波仁保部土知利奴留遠和加与太礼所都祢奈良无宇為能於久也末計不古江天安左幾由女見志恵比毛世須
［天像］ヱヒ篇
［備考］・六行五段の木版罫線（外枠一七・〇センチ×一二・二センチ）
・28b大東急記念文庫本（室町期写か）に似る

［補遺］

43国学院大学図書館（今泉忠義記念文庫本）
【43a】
［所蔵者］国学院大図書館（たまプラーザ図書館）
［目録］『今泉忠義文庫目録』（一九八五／六一頁）
［整理番号］813.1　1116～1125（目録による）＊原本添付の番号は「1116～1121・1191・1192・1122・1123」
［冊数］一〇巻一〇冊
［状態］良　少虫損・少墨損

［外題］伊呂波字類抄　一（〜拾）（左・直・墨）
［内題］序　題　色葉字類抄
　　　巻首題　伊呂波字類抄　一（・三〜九）
　　　　　　伊呂波類字抄　二（・十）
［背題］なし
［小口下書入］一（〜十）　字類鈔
［表紙］寸　法　二七・五センチ×一九・〇センチ
　　　色文様　丁子引
　　　綴　紐　五つ目綴じ　茶糸　一部外れ　白糸にて補修
　　　書　入（右・直・墨）①「伊呂波」②「仁保部土知」③「利奴留遠和加」④「與太禮所都」⑤「禰奈良
　　　　　　無宇為能」⑥「於久也末」⑦「計不古江天」⑧「安左幾」⑨「由女見志」⑩「恵比毛世須」
　　　　　（外題下・直・朱）①〜⑩「大館氏蔵」
　　　貼　紙（①〜⑩右上）「今泉忠義記念文庫／1116（〜1121・1191・1192・1122・1123）」
［見返］本文共紙
［丁数（表裏遊紙）］①八五②七九③一一一④九五⑤八八⑥一〇九⑦七九⑧九五⑨九三⑩八二（いずれも一・〇）＊
　ただし①は前遊紙に三巻本跋文書入
［半葉行数］八
［装丁・料紙］袋綴・楮紙
［印記］（前見返）「国学院大学図書館印」（朱方・陽）

（巻首）「靖斎図書」（朱方・陽）

（巻尾）「今泉忠義記念文庫／昭和六十年十一月一日／1116（～1121・1191・1192・1122・1123）」

（巻首）他一種（朱方・陽）

［奥書］・（略）享保十九年　奥平廣業

［校合］朱墨校合　胡粉による訂正　①鉛筆書入

［字母］伊呂波仁保部土知利奴留遠和加与太礼所都祢奈良无宇為能於久也末計不古江天安左幾由女見志恵比毛世須

［天像］ヱヒモ篇

［備考］・⑤、⑥ヱ篇の篇次の変わり目に朱引

・①前遊紙に三巻本跋文書入

・鉛筆による書入

・付箋（近代以降のメモ、鉛筆）多数

# 終章　結論

## 第一節　本論のまとめ

本節では、前章までに行った調査研究の結果の概要を、改めて示す。

第二・三章「『色葉字類抄』収録語彙の性格㈠・㈡」では、「畳字部」の語彙を取り上げ、調査を行い、以下の結論を得た。

【イ篇語彙の性格】（第二章第二節）

■『色葉字類抄』の畳字部に採録された語彙の少なくとも約七割は、当時において書記需要のあった語である。その語彙のバリエーションは多彩であり、古記録、漢詩文、説話集等にそれぞれ特有の語彙が含まれている。

■字類抄は和文でよく用いられる漢語の熟語の採集には消極的である。

■字類抄は歌語の採集はしていない。動植物・地名・熟字訓以外の、特に単字の組み合わせによる熟語（和名を表す漢字語）は採録しない傾向がある。

■和漢混淆文、特に『今昔物語集』に用いられる語が字類抄中には存在し、また『今昔物語集』の訓読（掲焉シ（イチジルシ）等）を前提にしたような訓読の熟語の採録がある。

■古記録の語彙は、他のジャンルの語彙よりも明らかに多く字類抄中に採られているが、『玉葉』『中右記』を除けば、他の文献と圧倒的という程の差はない。

■古記録・古往来中には、最低限の簡素な表現のみならず、漢詩文の語彙を前提としたような文芸的・修辞的な表現効果を持つ語彙が現れる。

■訓点資料以外で訓読例の見つかった訓読の熟語は、いずれも定着度（漢字と訓の連結度）の高い語であり、元は漢文訓読語であっても他のジャンルで幅広く使用されるようになったものがあるようである。

■『色葉字類抄』は、語の読みと凡その意味が分かれば、それに当てる漢字を再現することが可能な辞書である。多字多訓の語彙のみならず、二字以上の熟語についても用字を取捨選択する能力を求められるが、これは、利用者層に一定水準以上の漢語知識の持ち主を想定したためであろう。また、本辞書は、特殊な種類の文章を表記するための専用の字書ではなく、結果的に、（既に使用されなくなったような語の保存と共にではあるものの）将来日本語で書かれるであろう文章全般の需要に備えたものとなったという点で、現代国語辞書に似た性格を持っていたものと考えられる。

【訓読語の性格】（第三章第一節）

■畳字部訓読語を品詞別に概観したところ、以下の結果が得られた。

動詞…大部分が漢文訓読上の限定的な訓であり、主な用例は音読によるものと考えられる。訓は類義語を検索する為の意義注か。

形容詞…動詞に同じ。ただし、「器量シ」等、『今昔物語集』等に訓読された語群がある。

形容動詞…動詞に同じ。用例中の音読・訓読の判別は難しい。音読語としても掲出されている語は用例が出易く、より日常的な語であったと推測出来る。

副詞・連体詞…ほぼ全ての語に用例が見出された。読みから熟語を索めることも十分可能である。

接続詞…全ての語に用例が見出された。副詞・連体詞に同じ。名義抄と重なる語は用例が出易く、むしろ基本的な表記であったと考えられる。

感動詞…接続詞と同じく、名義抄と重なる語は用例が出易いことが分かった。

名詞・代名詞…大部分の語については用例が見出された。使用場面における音訓の区別は難しいが、訓による検索は現実的に可能である。

それ以外の句…二巻本から継承した語は、専ら古記録・古往来を中心に使用されるものと、当時代の文献に用例の見出し難い語とに分けられる。また、三巻本で新たに増補された「〜哉」等の語群のあることが注目される。

■訓読語の中で、別の音訓を以て複数の箇所に掲出された語は、そうでない場合に比べて用例が出易い傾向にあった。重複掲出語が、より頻繁に、広範囲に使用された語であり、またそのような理由から複数の音や意味（訓）での検索が可能になるように配置されたものであると予測出来る。

■三巻本畳字部訓読語に新たに「〜哉」等の形式を持つ句の一類が追加されたことは、往来物や願文、また和漢混淆文の如き素地を持つ文における書記需要が高まっていたためであろう。

■山田俊雄氏は「文選読み」や『類聚名義抄』との重複を以て非日常的な要素であるという概括をされたが、

名義抄との重複によって、より一般的な表記が示された場合もあることを考えると、名義抄との比較によって一概に訓読語の性格を位置付けることは適当ではないと言える。

■従来、畳字部訓読語については、主にその異質な部分（漢文訓読的要素）が注目されていたため、それ以外の普通の語の存在が忘れられがちであったが、日常的に用いられ、その使用のためにイロハ引きで漢字を求めることが可能な語も相当数存在していることが明らかとなった。訓読語のグループに属するという要素のみで一概に語の性質を断ずることは出来ず、使用場面を想定した上での議論が望ましい。畳字部訓読語彙が雑多な語の集合であることは明らかであるが、辞書の利用という面から見れば、書記需要を備えた語を十分に含む語群であったと言えるだろう。

【長畳字の性格】（第三章第二節）

■字類抄長畳字のうち、『世俗諺文』と重複した語は八例あったが、字類抄が『世俗諺文』そのものから網羅的に採録を行ったという事実は認められなかった。『世俗諺文』の如きものを参照した可能性はあるが、それが故事成語集のような性格のものであるとすれば、字類抄編者が取捨選択を行ったということになるだろう。また、長畳字の構成字数が多くなるにつれてその使用環境に制約の出ることが考えられるが、軍記物に使用されたと考えると、そもそも軍記物に四字熟語の多数使用されることからも、語の使用目的また位相がこれに類するものであったとも考えられる。

■『今昔物語集』に現れた語は字類抄長畳字一九五語中二三語（約一二パーセント）であったが、本節での調査範囲では『今昔物語集』にしか現れなかったものもあった。このような「宛字」の類の語は、しばしば和漢混淆文に用いられるものである。

■説話や仏教関係書に出るが、古記録等には頻繁に用いられない語群もあった。
■『白氏文集』に出現する二例について、「時勢粧」が他の文献に見られない一方で、「反魂香」は『続古事談』に見られることから、いずれも編纂者が、漢詩文を離れて使用される可能性のある語と認識していたのかもしれない。
■「記録語」と定義され得るような語でも、「有若亡」のように、字類抄成立の頃には、記録・往来・文書類の他、一般の場所でも用いられつつあったと考えることの出来る語もある。一方で、「清浄潔白」「非恪勤」「次第不同」「衆議不同」「時々見」「明々年」「不知法」「不与状」「与同罪」等、専ら古記録類で用いられた語もある。

【字類抄語彙の性格　まとめ】（第三章第三節）
■「記録語彙」字類抄の語彙」とするには、あまりに多くの、古記録語彙とは位相の異なる語群が『色葉字類抄』には収められている。古記録語彙と並んで、和漢混淆文や仏教関係書に頻繁に用いられる語彙が見出されたことは、従来の「日常語」の示す範囲を広げるものであると著者は考える。

**第四章「『色葉字類抄』と他文献との関連」**では、『色葉字類抄』とその先後に成立した文献との関係について述べ、以下の結論を得た。

【和名抄からの引用について】（第二節第一項）

■和名抄に和訓のない語も訓読みあるいは音読みによって字類抄に取り込まれたものがある。
■「金漆」のように和訓のある語でも、字類抄で音読みのみの掲出である場合がある。
■以下のような摂取状況が明らかとなった。
・和名抄巻一三「図絵具」・巻一四「染色具」→字類抄「光彩部」へ
・和名抄巻一五「膠漆具」→字類抄「雑物部」へ

【「式」表記を中心とする和名抄の影響について】(第二節第二項)
■字類抄中で「式」出典名を有する項目は、『延喜式』自体には見えるものの、和名抄を介さず、直接あるいは別書を通して字類抄に採録されたものである。
■字類抄中で「本朝式」出典名を有する項目は、和名抄からの孫引きである。
■和名抄中の「本朝式」出典名は、同音異表記の語がない限り、その殆どが字類抄への採録過程で削られた。
■字類抄に示された出典注記が必ずしも和名抄の孫引きとは限らず、別書より補われた例が少なからず存在しているという事実が確認された。和名抄から継承した出典注記の中に、字類抄中で同音異表記語を持つ語の下位項目があったことからも、残された出典注記の存在は決して典拠削除作業の遺漏によるものなどではなく、字類抄編者が積極的に残そうとした注記である、ということになるだろう。すなわち、編者が必要と考えられる場合に最小限これを残したと考えるのが妥当である。
■字類抄国郡部は、『延喜式』巻二二民部上ではなく、二〇巻本和名抄巻五国郡部を参照して編纂されたことを確認した。なお、字類抄編纂に利用された和名抄は、大東急本に存在する語の増減(誤写を含む)が行われる以前の一本であると考えられる。

【重点部語彙について】（第二節第三項）

■用例調査の結果、日常的に用いられる平易な語の収録が見られる一方で、やはり漢詩文特有の語も少なからず保存される状況が確認された。このことは、重点部語彙という特殊な語群の採録が、正格の漢文という枠組みを越え、変体漢文や和漢混淆文において使用されることも射程に入れていたことを示唆している。すなわち、字類抄以前には駢儷文等で使用された佳句という位置付けのある語であっても、その採録の目的は、語の保存という面と同時に、新しい文学への応用という段階を想定するものではないかと著者は考えるのである。

■辞書史における重点部という側面では、近世に至って、一般庶民の生活に有用な辞書が求められたため、大部の国語辞書の中でもこのような畳語のみを集めた部門が消滅していき、一方で畳語専用の『畳字訓解』等の出現に繋がったと考えることが出来るだろう。

【名字部語彙について】（第二節第四項）

■名字部収録字（同訓中）の排列は字類抄中の他部の排列とは無関係であり、また特定の家に使用される字に偏ったような収録状況も窺うことは出来なかった。

■排列の傾向として、上位字は辞字部等他部に同訓（あるいは用言の終止形）が収録されているもので、一般的に漢字と訓の結び付きが強く現代の人名辞典でも大部分を占める読み方であり、下位字は結び付きが特殊で辞典でも確認されないものが多かった。

■一訓に対して多字を排した背景には「避諱」の風習があったのではないだろうか。すなわち、貴人の実名を避けるため、改名の際に同訓字を参照する、あるいは同訓別字に改めるため参照する等の「同訓意識」があったのではないかと著者は考えた。「避諱」そのものを目的とした採録ではないにせよ、そのような背景があったことは念頭に置いておかねばなるまい。

【先後辞書との関係】（第三節）

■字類抄は、二〇巻本和名抄の影響を受けており、その内容の殆どを引用踏襲している（『延喜式』等、和名抄を介して採られる例もある）。

■『文鳳抄』以下後世の辞書類については、三巻本字類抄から直接影響を受けたものではないと考えられるものもあるが、字類抄からの流れを汲む辞書類である。これらの本が広く流布していたことは、字類抄が間接的にも後世の国語辞書類に与えた影響の大きさを物語るものである。

■『色葉字類抄』がイロハ引きを採用した最初の辞書であるかという点について、『掌中歴』や『多羅葉記』等との先後関係が明らかにならなければ確かなことは言えないが、国語辞書がイロハ引きを採用した最初期の例であることは間違いない。また『掌中歴』と字類抄の先後関係については、従来言われるように『掌中歴』→字類抄という一方的な関係ではなさそうである。

第五章「国語資料としての『色葉字類抄』」では、「仏法部語彙」（二二六語）に付された音注・用例、また「人事部」「辞字部」に収録された語の活用意識を分析することによって、国語資料としての『色葉字類抄』の価値を再検討した結果、以下の結論を得た。

【仏法部語彙の検討から】（第二・三節）

■字類抄仏法部内には、漢音系の声調／漢音形の仮名音注を持つ語があるが、特に仮名音注に関しては、「当時の仏典以外の典籍の中で読まれる中で、そのような形に定着した蓋然性が高いもの」を採録したものと考えられる。この結果は、従来の指摘とは異なる面を示すものであった。すなわち加点者が、漢音系の語を殆ど韻書に依拠して付したものとは別に、仏教語については当代に日本で使用された語形を示そうとした仮名音注例が散見され、声調部分以外での「生きた音韻資料」たる性質が認められたのである。

■字類抄仏法部内には、声調／仮名音注ともに、呉—漢あるいは漢—呉の混淆した形が散見される。仮名音注ではある程度成熟した読み方である場合がありそうだが、声点については誤点と考えられるものも少なくなかった。誤点に見える理由としては以下のことが考えられる。

①加点者が複数人おり、あるいは加点時期に複層性があり、同字注が混乱した。

②畳字としての結合を前提に加点が為されたため、単字に分解すると一見不一致に見える場合がある。

■『色葉字類抄』の仏法部語彙を、当時日本語化しつつあった呉音の声調や音読（両点字・両音字等）の資料として用いることは可能であろう。

■古記録等の実用的な文章を記す目的のための語というよりは、仏教説話等に用いられ、庶民にも通じる程度の難度の語が多く収録されていた事実が浮き彫りになった。『今昔物語集』が仏法部語彙の六四％をカバーしていることからも、その多くは唱導文学に用いられることも期待されたものであったのではないだろうか。

■畳字部語彙については、特定の文体の文章を書記する目的のみならず、雑多な内容の「日本語」を表現するために集められた語の集団であると解釈することが可能である。

【『色葉字類抄』の価値】（第四節）

■高橋久子氏が字類抄の価値とされた次の①～⑤の他、著者は⑥⑦として字類抄の価値を付加した。

①「被及給哉」「可被分給」等の文書用語を収める。

②記録語・書簡用語を収める。

③中国の規範に縛られることなく、日本の文献資料から、日本的漢字用法の用例（中国における意味用法から大きく外れたもの）をも採集している。

④名字の部（名乗字）がある。

⑤助数詞、異名、畳字部の意味分類、また平安時代の一般的な用字が表示されることで、文献解読に役立つ。

⑥当時の姿を反映した仮名音注が存する。（「誤字か通用か」）

⑦（①②の補足として）和漢混淆文の用語を始めとする雑多な性質の語句を収める。

**第六章「字類抄諸伝本」**では、『いろは字類抄』（『節用文字』、二巻本・三巻本・花山院本『色葉字類抄』、二巻本・七巻本『世俗字類抄』、一〇巻本『伊呂波字類抄』）の伝本について、『国書総目録』等に記された機関において調査を行った。本書ではこれらの伝本の書誌に関する概要の紹介や画像掲載を行い、また『国書総目録』に掲載された情報の訂正や現在の所蔵状況を報告した。

## 第二節　結論

前節に前章までのまとめを要約したが、これを踏まえて、本書が問題提起を行い、新たに明らかとした内容のうち、特に注目すべき事項について述べたい。

最も重要と思われる四つの要素を抜粋し、左に挙げる。

■字類抄に示された出典注記は必ずしも和名抄の孫引きとは限らず、他に字類抄編纂時に使用された別書が存在する可能性が高い。

■字類抄仏法部内には、漢音系の声調／漢音形の仮名音注を持つ語があるが、特に仮名音注に関しては、「当時の仏典以外の典籍の中で読まれる中で、そのような形に定着した蓋然性が高いもの」を採録したものと考えられる。すなわち仏教語については当代に日本で使用された語形を示そうとした仮名音注例が散見され、声調部分以外での「生きた音韻資料」たる性質が認められたのである。

■『色葉字類抄』は、語の読みと凡その意味が分かれば、それに当てる漢字を再現することが可能な字書である（すなわち字書と辞書の要素を兼備する）。用字を取捨選択する能力を求められるが、これは、利用者層に一定水準以上の漢語知識の持ち主を想定したためであろう。

■畳字部には、古記録等の実用的な文章を記す目的のための語というよりは、仏教説話等に用いられ、庶民にも通じる程度の難度の語が多く収録されていた事実が浮き彫りになった。すなわち本辞書は、特殊な種類の文章を表記するための専用の字書ではなく、結果的に、（古い要素を含む）語の保存と共に将来の国文全般の需要に備えたものとなったという点で、現代国語辞書に似た性格を持つと考えられる。

以上の点は、多様な視点から行った調査により著者の導き出した結論である。

現在、学界での『色葉字類抄』の内容研究は一段落しており、本辞書の性格をある一定の決定したものとして使用するという段階にあると考えられるが、先行研究を批判的に受けとめ、再調査や新調査を行う余地があるということが、本書により改めて証明されたのである。特に、「字類抄への登載＝記録語である」という認識が誤りであることは、国語学のみならず他分野でも周知されるべきであるだろう。

## 第三節　今後の課題

各章節にて各テーマに関する課題を述べたが、ここでは全体に関わる課題と展望について述べ、本書の締め括りとしたい。

■本書では、『色葉字類抄』の系譜という点を保留にしたままであった。二巻本『色葉字類抄』や『世俗字類抄』との関係は研究の進んでいる分野ではあるが、各本について詳細な比較が為されれば、本書での結論がより補強されることもあるであろう。

■本書では、語彙の意味に踏み込んだ検討を行わなかった。これによっても、本書の結論の補強となる可能性がある。

■『色葉字類抄』の名称が、字類抄以降の文献に出現したり、また出典名として明記されることが少ないため、字類抄の後世への影響という面が見過ごされがちであった。今後、具体的な資料を用いた比較検討が求められる。また観智院本『類聚名義抄』との関係についても同様である。

■『色葉字類抄』系統の写本は『伊呂波字類抄』系統の写本に比べてその伝本の数が限定される。この規模の辞書の写本が殆ど存在しないということは不思議であり、なお探索を続けたく思う。また書誌調査の結果を前章に挙げたが、これらについてもより詳しい比較検討が必要である。

■字類抄の編者や編纂過程、背景については、更に追究の余地があるであろう。

# 色葉字類抄　影印・索引目録

「いろは字類抄」の複製・影印類を以下に挙げる。また索引についての解説を簡潔に施す。

【複製・影印】

一、節用文字

・石川武美記念図書館（旧お茶の水図書館）本

①『節用文字』（一冊、古典保存会、一九三二年）

※徳富猪一郎蔵室町写本のコロタイプ複製・粘葉装

解説　山田孝雄

②『節用文字』（一冊、白帝社、一九六二年）

※古典保存会の複製

二、原形本？

『鎌倉鈔本　色葉字類抄』（古辞書叢刊）（和装一冊、一九七七年）

※残簡　川瀬一馬氏蔵

三、二巻本『色葉字類抄』

・前田本（尊経閣文庫本）

①『色葉字類抄　二巻本』（古辞書叢刊）（和装四冊、一九七七年）

解説　川瀬一馬

②『色葉字類抄　二　二巻本』（尊経閣善本影印集成19）（一冊、八木書店、一九九九年）

解説　峰岸明

四、三巻本『色葉字類抄』

・前田本（尊経閣文庫本・重要文化財）

①『色葉字類抄　上・下』（尊経閣叢刊）（和装二冊、一九二六年）

②『色葉字類抄　研究並びに索引』（一冊、中田祝夫・峰岸明編、風間書房、一九六四年）

③『色葉字類抄』（一冊、前田育徳会編、勉誠社、一九八四年）

解説　太田晶二郎

④『色葉字類抄　一　三巻本』（尊経閣善本影印集成18）（一冊、八木書店、一九九九年）

解説　峰岸明

・黒川本（黒川真前旧蔵本）

①『色葉字類抄　巻上・中・下』（和装三冊、古典保存会、一九二七・一九二八年）

解説　山田孝雄

②『色葉字類抄　研究並びに索引』（一冊、中田祝夫・峰岸明編、風間書房、一九六四年）
③『色葉字類抄　研究並びに総合索引』（一冊、中田祝夫・峰岸明編、風間書房、一九七七年）
解説　峰岸明

五、一〇巻本『伊呂波字類抄』

・伴信友校本の複写本

①『伊呂波字類抄』（和装一〇冊及別二冊、正宗敦夫編、一九二〇年）
※山田孝雄校合
②『伊呂波字類抄』（日本古典全集第3期）（八冊、正宗敦夫編纂校訂、一九二八～一九三〇年）
※一・二巻、四・五巻は合冊
解説　山田孝雄
③『伊呂波字類抄』（二冊、風間書房、一九五四・一九五五年）
解説　山田孝雄
④『伊呂波字類抄』（覆刻日本古典全集）（四冊、正宗敦夫編纂校訂、現代思潮社、一九七八年）
※②の合本複製
⑤『伊呂波字類抄』（一冊、正宗敦夫編、風間書房、一九八八年）
※③の合本複製

・大東急記念文庫本

①『室町初期寫　十巻本伊呂波字類抄』（古辞書叢刊）（木箱一〇冊、雄松堂書店、一九七七年）

解説　川瀬一馬

②『十巻本伊呂波字類抄』（五冊、雄松堂、一九八七年）

解説　川瀬一馬

③『伊呂波字類抄』（大東急記念文庫善本叢刊　中古中世篇　別巻二）（五冊、汲古書院、二〇一二～二〇一五年）

解説　月本雅幸

・学習院大学本

『学習院大学蔵本　伊呂波字類抄』（古辞書音義集成14）（一冊、汲古書院、一九八六年）

解説　土井洋一

六、二巻本『世俗字類抄』

・東京大学国語研究室本

『倭名類聚抄：京本　世俗字類抄：二巻本』（東京大学国語研究室資料叢書13）（一冊、東京大学国語研究室編、汲古書院、一九八五年）

解説　峰岸明

・天理図書館本

『天理図書館蔵　世俗字類抄』（一冊、三宅ちぐさ編、翰林書房、一九八八年）

七、七巻本『世俗字類抄』

・前田本（尊経閣文庫本）

『世俗字類抄』（古辞書叢刊）（和装六冊、一九七三年）

解説　川瀬一馬

【索引】

「いろは字類抄」の索引として主に用いられてきたものについて示す。次に挙げた他、ある篇や部を取り上げてリスト化するもの（左掲の田中（一九六八）に準じる、山田俊雄（一九六三・一〇）や本書二七頁〜・二三二頁〜の如きもの）は多くあるが、ここでは省略する。

・『校刊美術史料　寺院篇上』（藤田経世、一九五三年）

「伊呂波字類抄抄」として、一〇巻本『伊呂波字類抄』（底本は大東急記念文庫本、学習院大学本等による校訂あり）中の「社寺関係の記事」（「諸社部」「諸寺部」の見出し語と注文）を篇別に抄出したものを本書に載録。一九七二年再録。（中央公論美術出版）

・『伊呂波字類抄国語索引』（孔版一冊、木下正俊編、一九五七年）

一〇巻本『伊呂波字類抄』（日本古典全集本）を底本とした五〇音引索引。全集の所在を示す。「漢字音や固有名詞は原則として一切省除したが、紛らはしいもの、國語化したと思しきもの、固有名詞でも催馬楽曲名などは宛字に見るべきものありとして必要に應じてあげた」ものであり、一〇巻本『伊呂波字類抄』の和訓索引と言える。

・『古字書索引　上・下』（長島豊太郎編、一九五八・一九五九年）

『新撰字鏡』『倭名類聚抄』等「八種の古字書に標出された漢字を康熙字典に引あて、その編次に従って康熙字典全字の下に編入し、これに底本に見ゆる各種の異体字を書き連ね、康熙字典には見当らぬ文字はその後に筆画数に準じて標出し、それら標出各自の下に、割注形で各底本の巻次・丁数を掲げてその所在を明記し、主要な附訓をも書添へた総合漢字索引」。字類抄底本は一〇巻本『伊呂波字類抄』（日本古典全集本）。「諸社・諸寺・国郡」各部については首字のみを採ること、「畳字部」では大字で示される項目のみを採り、後は省略すること、「オ」篇の仮名首字を全て「オ」と改めて編次したことなどが凡例に示される。

・『節用文字漢字索引』（古字書索引叢刊、孔版一冊、島田友啓編、一九六三年）

底本は古典保存会複製本。『節用文字』中の漢字を『康熙字典』に拠り排列し、本文・所属部・所在を示したもの。目次（頁数行数対応表）、仮名字体表、漢字部首一覧、索引目次を付す。

・『節用文字仮名索引』（古字書索引叢刊、孔版一冊、島田友啓編、一九六三年）

底本は古典保存会複製本。「国語索引」「仮名字音索引」「諸社・諸寺・国郡・所名・官職索引」の三部から成る。『節用文字』中の片仮名による和訓、字音また諸社〜官職部の語をそれぞれ五〇音順に排列し、本文・所属部・所在を示したもの。目次（頁数行数対応表）、仮名字体表を付す。

・『色葉字類抄研究並びに索引　本文・索引編』（中田祝夫・峰岸明編、風間書房、一九六四年）

三巻本『色葉字類抄』中の片仮名字音・和訓を五〇音順に排列し、本文・所属巻篇部・所在を示したもの。複合語を分解し、部分を参考項目として示す。本文の表示は（特に注文を中心に）簡略化する場合のあること、また声点を省略する方針等が凡例に示されており、あくまでも語（字訓）の所在を探索するための用途にしか向かないため、古字書索引叢刊との併用が必須である。

・『色葉字類抄漢字索引』（古字書索引叢刊、孔版八冊、島田友啓編、一九六六〜一九七〇年）

三巻本『色葉字類抄』中の漢字を『康熙字典』により排列し、本文・所属篇部・所在を示したもの。前田本・黒川本の「仮名字体表」及び「漢字部首一覧」を付す。凡例にて、前田本・黒川本の字体・声点の性格に触れる。

・『色葉字類抄倭訓索引』（古字書索引叢刊、孔版三冊、島田友啓編、一九七一・一九七二年）

三巻本『色葉字類抄』中の片仮名による和訓を五〇音順に排列し、本文・所属篇部・所在を示したもの。複合語の構成要素はその一部（「漢字の訓として参考になるもの」）をも見出しとする。前田本・黒川本の「仮名字体表」を付す。

・『色葉字類抄仮名字音索引』(古字書索引叢刊、孔版五冊、島田友啓編、一九七三〜一九七五年)

三巻本『色葉字類抄』中の片仮名による字音を五〇音順に排列し、本文・所属篇部・所在を示したもの。熟字は構成の各漢字に分解して掲げる。前田本・黒川本の「仮名字体表」を付す。

島田氏の右記三種の索引はいずれも前田本は尊経閣叢刊、黒川本は古典保存会の複製を使用。それぞれに索引目次を付す。声点・合点等も忠実に筆写し、また本文の「同」表記に対しては「同(河海部)」の如く示していることから、字体や内容解釈の一として利用することも可能である。所在は頁数行数を示し親切であるが、頁数は巻首より起算した数字となっており、現在通行の各影印本に対してそのままでは利用出来ない。

(『漢字索引』『倭訓索引』付表の「色葉字類抄目次」を参考に出来る)

・「滋賀県の出土瓦・心礎と仏像彫刻――付十巻本「伊呂波字類抄」の寺名索引――」(田中重久、古代学14-3・4、一九六八年)

一〇巻本『伊呂波字類抄』(三手文庫本、流布本、日本古典全集本)を底本とし、「諸寺部」の見出し語を五〇音順に並べ、見開き二頁に収めたもの。各語の『拾芥抄』、三巻本『色葉字類抄』中の載録状況も記す。

・『色葉字類抄研究並びに総合索引　索引篇』(中田祝夫・峰岸明編、風間書房、一九七七年)

『色葉字類抄研究並びに索引　本文・索引編』所載索引と同一のもの。

・『天理大学附属天理図書館蔵　世俗字類抄　影印並びに研究・索引』(一冊、大友信一監修・三宅ちぐさ編、翰林書房、一九九八年)

二巻本『世俗字類抄』の語彙索引（仮名索引・漢字索引）を付す。仮名索引（五〇音順）では読みの示されない項目についても推定の読みを以て補い示す。また複合語を分解し、部分を参考項目として示す。東大本の所在も掲げる。漢字索引部は、『大漢和辞典』の編次に従って排列される。なお三宅氏は一九八三年より一九九一年にかけ、「二巻本『世俗字類抄』仮名索引」を「東海学園国語国文」に連載された。

・「**学習院大学蔵　伊呂波字類抄　索引**」（『古辞書音義集成14　伊呂波字類抄』、汲古書院、一九八六年）
一〇巻本『伊呂波字類抄』（零本）の語彙索引。五〇音順。「標出漢字に宛てられた和訓語・字音語の類や注文・引用文献の類で、仮名書きされた語句の検索を目的とし、大東急本との異同を示す注記を加えて作成した」もの。複合語を分解し、部分を参考項目として示す。

・「**七巻本『世俗字類抄』仮名索引(1)～(17)**」（三宅ちぐさ、就実論叢22～39、一九九三～二〇一〇年）
七巻本『世俗字類抄』（前田本）の仮名索引。五〇音順。仮名書きの和訓と字音を対象とする。複合語を分解し、部分を参考項目として示す。

# 色葉字類抄研究文献

・以下に、「いろは字類抄」の関連論文を載せる。
・掲載は年代順とする。可能な限り初出論文を記載することとし、著作集等への再録に関しては省略した場合がある。
・項目は、発行年月、著者、論文名（著書名）、誌名巻号（出版社）の順に示す。なお、解題等、発行年月より以前に書かれた場合でも、それを含む著作物の発行年月を上に示した。

一八九七・一一　木村正辞　日本古代字書の説（東京学士会院雑誌19-10）
一八九七・一二　小中村清矩　わが国の辞書（『陽春廬雑考』）
一九〇二・四　赤堀又次郎　いろはじるゐせう（『国語学書目解題』）
一九〇五・七　黒川春村　項目：伊呂波字類抄（『碩鼠漫筆』、吉川弘文館）
一九〇九・九　藤岡作太郎　松雲公蒐集古書画国書類（『松雲公小伝』）
一九一六・三　上田万年・橋本進吉（第五章）我が国の辞書と節用集（『古本節用集の研究』）
一九二〇・五　山田孝雄［解題］（正宗敦夫、『伊呂波字類抄』）
一九二〇・五　正宗敦夫［後書］（正宗敦夫、『伊呂波字類抄』）
一九二六・六　無署名　色葉字類抄解説（『色葉字類抄』、前田家育徳財団）
一九二七・三　幸田成友［書評］尊経閣本色葉字類抄　二冊（史学6-1）
一九二八・二　岡井慎吾　前田家本色葉字類抄を見て（一）（国語国文の研究17）
一九二八・四　岡井慎吾　前田家本色葉字類抄を見て（二）（国語国文の研究19）
一九二八・七　山田孝雄　黒川真前氏蔵色葉字類抄解説（『色葉字類抄　三巻本』、古典保存会）
一九二八・九　山田孝雄『色葉字類抄攷略』（西東書房）
一九二八・一二　山田孝雄　伊呂波字類抄解題（『伊呂波字類抄　第一』、日本古典全集刊行会）

一九二八・一二　山田孝雄　成簣堂の秘籍を覧る（書物の趣味3）
一九三〇・七　正宗敦夫　伊呂波字類抄の奥に（『伊呂波字類抄　第十』、日本古典全集刊行会）
一九三二・一　山田孝雄　徳富猪一郎氏蔵節用文字解説（『節用文字』、古典保存会）
一九三二・六　亀田次郎　伊呂波字類抄（藤村作編『日本文学大辞典　第一巻』、新潮社）
一九三三・八　亀田次郎　伊呂波字類抄（『国語科学講座　第三巻　国語学書目解題』、明治書院）
一九三四・九　岡井慎吾　五〇　伊呂波字類抄　附世俗字類抄　節用文字（『日本漢字学史』、明治書院）
一九三五・五　山田孝雄　四　歌学の興起と国語字書の出現（『国語学史要』、岩波書店）
一九三六・七　河村正夫　伊呂波字類抄の成立に就いて（国学4）
一九三六・一一　和田英松　世俗字類抄　四巻（『本朝書籍目録考證』、明治書院）
一九三九・一〇　重松信弘　二　色葉字類抄（『国語学史概説』、東京武蔵野書院）
一九四〇・一二　時枝誠記　字書の編纂（『国語学史』、岩波書店）
一九四一・四　岡田希雄　二巻本世俗字類抄攷――附・高麗国数詞の一資料――（日本文化19（辞書号））
一九四三・六　川瀬一馬　続群書類従の編纂（『日本書誌学之研究』、大日本雄辯会講談社）
一九四三・七　山田孝雄　第五章　歌学の興起と国語字書の出現（『国語学史』、宝文館）
一九四九・七　石野つる子　節用文字の位置――色葉字類抄及び世俗字類抄との比較より見たる――（国語と国文学26-7）
一九五〇・一二　大野晋　仮名遣の起源について（国語と国文学27-12）
一九五二・一　佐藤喜代治　色葉字類抄考証第一（文化16-1（東北大学文学会））
一九五二・一〇　佐藤喜代治　色葉字類抄考証第二（文芸研究11（日本文芸研究会））
一九五三　藤田経世　伊呂波字類抄　解題（『校刊美術史料　寺院篇上』）
一九五三・一〇　築島裕（『国語学入門講座』）古辞書入門（国語学13・14）
一九五三・一二　佐藤喜代治　色葉字類抄考證（第三）（東北大学文学部研究年報4）
一九五四・六　齋木一馬　国語史料としての古記録の研究――記録語の例解――（国学院雑誌55-2）

一九五五・四　山田俊雄　色葉字類抄畳字門の訓読の語の性質――古辞書研究の意義にふれて――（成城文芸3）
一九五五・八　山田忠雄　色葉字類抄　伊呂波字類抄　世俗字類抄（『国語学辞典』、東京堂）
一九五五・八　正宗敦夫　伊呂波字類抄の合本再販に就て（『伊呂波字類抄　第二巻』、風間書房）
一九五五・一一　川瀬一馬　第三十節　色葉字類抄　附、十巻本伊呂波字類抄（附記）日本事始　第三十一節　世俗字類抄（『古辞書の研究』、大日本雄辯会講談社）
一九五七・一一　青木孝　色葉字類抄「辞字」考（青山学院女子短期大学紀要8）
一九五七・一二　青木孝［発表要旨］色葉字類抄の「辞字」について（国語学31）
一九五七・一二　木下正俊『伊呂波字類抄国語索引』（私家版）
一九五八・五　長島豊太郎『古字書索引　上』（日本古典全集刊行会）
一九五八・六　相坂一成　色葉字類抄の一語彙群（国語学33）
一九五九・四　櫻井茂治　三巻本「色葉字類抄」所載のアクセント――形容詞・サ変動詞について――（国学院雑誌60－4）
一九五九・九　櫻井茂治　漢語アクセントの国語化――主として「出合」以前について――（国学院雑誌60－9）
一九五九・一〇　長島豊太郎『古字書索引　下』（日本古典全集刊行会）
一九五九・一二　北原保雄［発表要旨］三巻本〝色葉字類抄〟所載のアクセントについて（国語学39）
一九六〇・三　山田俊雄　色葉字類抄に見える漢字の字体・用法の注記についての研究（一）（成城文芸21）
一九六〇・一二　山田俊雄　色葉字類抄に見える漢字の字体・用法の注記についての研究（二）（成城文芸24）
一九六一・二　青木孝八　辞書・索引作成の歴史　いろは（色葉・伊呂波）字類抄（佐伯梅友他編『国語国文学研究史大成15　国語学』、三省堂）
一九六一・三　山田俊雄　三巻本色葉字類抄の中の漢字音の清濁一、二について（成城文芸25）
一九六二・一〇　吉田金彦　高山寺蔵「書札礼」について（愛媛大学紀要人文科学8－1）
一九六三・二　鈴木真喜男　三巻本色葉字類抄の漢字音標記（一）――直音音注について――（文芸と思想24（福岡女子大学文学部））

一九六三・五　島田友啓『節用文字仮名索引』（古字書索引叢刊・私家版）
一九六三・七　山田俊雄 色葉字類抄畳字門の語の注「ー詞」の意義（『山田孝雄追憶』史学・語学論集』、宝文館）
一九六三・一〇　山田俊雄 色葉字類抄畳字門の漢語とその用字――その一・字音語――（成城文芸34）
一九六三・一〇　山田巌・広浜文雄『色葉字類抄』の索引作成（国立国語研究所年報14）
一九六三・一一　項目：色葉字類抄（『国書総目録　第一巻』、岩波書店）
一九六三・一一　青木孝 色葉字類抄畳字門語彙の出入について――三巻本と十巻本との比較――
（青山学院女子短期大学紀要17）
一九六三・一二　島田友啓『節用文字漢字索引』（古字書索引叢刊・私家版）
一九六四・五　築島裕 仮名遣いの歴史　辞書の沿革（『国語学』、東京大学出版会）
一九六四・六　中田祝夫・峰岸明 索引編（『色葉字類抄研究並びに索引　本文・索引編』、風間書房）
一九六四・九　山田俊雄 高山寺本古往来に見える漢語（成城文芸37）
一九六四・一〇　峰岸明 前田本色葉字類抄と和名類聚抄との関係について（国語と国文学41－10）
一九六四・一〇　福永静哉 神宮文庫蔵本「色葉字類抄」管見――声点表記を中心に――
（女子大国文35（京都女子大学国文学会））
一九六四・一二　岩淵匡 平安時代における辞書の性格――漢字辞書と歌語辞書――（早稲田大学教育学部学術研究13）
一九六五・三　築島裕［書評］中田祝夫・峰岸明編『色葉字類抄　研究並びに索引　本文索引編』（国語学60）
一九六五・五　山田俊雄 色葉字類抄畳字門の漢語とその用字――その二、訓読の語――（成城文芸39）
一九六五・六　藏中進 色葉字類抄と遊仙窟（神戸外大論叢16－1）
一九六五・一一　峰岸明 三巻本『色葉字類抄』に見える「俗」注記の意義について
（文学論藻32（東洋大学国語国文学会））
一九六六・二　奥村三雄 漢語アクセント小考――三巻本色葉字類抄を中心として――（訓点語と訓点資料32）
一九六六・三　鈴木真喜男 二巻本色葉字類抄における字音注の所在、および、直音音注
（文芸と思想28（福岡女子大学文学部））

一九六六・五　島田友啓『色葉字類抄漢字索引（一）［一、二画］』（古字書索引叢刊・私家版）
一九六六・五　小林芳規 漢籍における声点附和訓の性格（国語学68）
一九六六・七　こまつひでお 声点の分布とその機能（1）――前田家蔵三巻本『色葉字類抄』における差声訓の分布の分析――（国語国文35−7）
一九六六・一二　峰岸明 平安時代の助数詞に関する一考察（一）（東洋大学紀要（文学部篇）20）
一九六六・一二　島田友啓『色葉字類抄漢字索引（二）［三画］』（古字書索引叢刊・私家版）
一九六七・二　吉田金彦 詩苑韻集の部類立てと色葉字類抄（山田忠雄編『〔山田孝雄追憶〕本邦辞書史論叢』、三省堂）
一九六七・二　若杉哲男 世俗字類抄・節用文字から色葉字類抄へ（山田忠雄編『〔山田孝雄追憶〕本邦辞書史論叢』、三省堂）
一九六七・二　鈴木真喜男 永禄八年書写 二巻本色葉字類抄について（山田忠雄編『〔山田孝雄追憶〕本邦辞書史論叢』、三省堂）
一九六七・二　山田忠雄 節用集と色葉字類抄（山田忠雄編『〔山田孝雄追憶〕本邦辞書史論叢』、三省堂）
一九六七・三　築島裕［新刊紹介］島田友啓編「古字書索引叢刊」（既刊八冊）（国語学68）
一九六七・六　こまつひでお 三巻本『色葉字類抄』における「ヲ」「オ」の分布とその分析（国語学69）
一九六七・七　島田友啓『色葉字類抄漢字索引（三）［四画（上）］』（古字書索引叢刊・私家版）
一九六七・九　黒沢弘光 前田家本色葉字類抄畳字門の字音声点――清濁表示よりの考察――（国文学 言語と文芸54）
一九六七・一一　項目：世俗字類抄　節用文字（『国書総目録　第五巻』、岩波書店）
一九六七・一二　峰岸明 平安時代の助数詞に関する一考察（二）（東洋大学紀要（文学部篇）21）
一九六八・二　島田友啓『色葉字類抄漢字索引（四）［四画（下）］』（古字書索引叢刊・私家版）
一九六八・三　田中重久 滋賀県の出土瓦・心礎と仏像彫刻――付十巻本「伊呂波字類抄」の寺名索引――（古代学14−3・4）
一九六八・七　島田友啓『色葉字類抄漢字索引（五）［五画］』（古字書索引叢刊・私家版）
一九六九・五　島田友啓『色葉字類抄漢字索引（六）［六画］』（古字書索引叢刊・私家版）

一九六九・一一　島田友啓『色葉字類抄漢字索引（七）［七画］』（古字書索引叢刊・私家版）
一九七〇・七　島田友啓『色葉字類抄漢字索引（八）［八～十七画］』（古字書索引叢刊・私家版）
一九七〇・一二　舩城俊太郎　変体漢文の「併」字（国語学83）
一九七一・三　峰岸明　今昔物語集における漢字の用法に関する一試論（一）――副詞の漢字表記を中心に――（国語学84）
一九七一・六　峰岸明　今昔物語集における漢字の用法に関する一試論（二）――副詞の漢字表記を中心に――（国語学85）
一九七一・五　島田友啓『色葉字類抄倭訓索引（上）』（古字書索引叢刊・私家版）
一九七一・四　小松英雄『日本声調史論考』（風間書房）
一九七一・九　吉田金彦　第七章　辞書の歴史5　歌学辞書と色葉字類抄（阪倉篤義編『講座国語史　第3巻　語彙史』、大修館書店）
一九七一・一一　島田友啓『色葉字類抄倭訓索引（中）』（古字書索引叢刊・私家版）
一九七二・二　項目：色葉字類抄（補訂版）（『国書総目録　第八巻』、岩波書店）
一九七二・三　峰岸明　高山寺本古往来における漢字の用法について（『高山寺本古往来表白集』、東京大学出版会）
一九七二・六　島田友啓『色葉字類抄倭訓索引（下）』（古字書索引叢刊・私家版）
一九七三・六　築島裕　古辞書における意義分類の基準　五『色葉字類抄』の意義分類（鈴木一彦・林巨樹編『品詞別日本文法講座10　品詞論の周辺』、明治書院）
一九七三・六　島田友啓『色葉字類抄仮名字音索引（一）』（古字書索引叢刊・私家版）
一九七三・九　川瀬一馬　室町中期写　世俗字類抄（七巻本）解説（『世俗字類抄　七巻本　六冊』、雄松堂書店）
一九七三・一二　島田友啓『色葉字類抄仮名字音索引（二）』（古字書索引叢刊・私家版）
一九七四・六　島田友啓『色葉字類抄仮名字音索引（三）』（古字書索引叢刊・私家版）
一九七四・九　渡辺実〈資料紹介〉『世俗字類抄』『掌中歴』『名数語彙』『消息詞・書状文字抄』（国語学98）
一九七五・一　川瀬一馬　永禄八年寫色葉字類抄（二巻本）解説（『色葉字類抄　二巻本　四冊』、雄松堂書店）

一九七五・二　島田友啓『色葉字類抄仮名字音索引（四）』（古字書索引叢刊・私家版）
一九七五・七　山口明穂 古辞書の話3　色葉字類抄（日本古典文学会々報29）
一九七五・一〇　島田友啓『色葉字類抄仮名字音索引（五）』（古字書索引叢刊・私家版）
一九七六・三　舩城俊太郎 三巻本色葉字類抄につけられた朱の合点について（二松学舎大学論集（50年度））
一九七六・四　峰岸明 項目：色葉字類抄（国語学会編『国語史資料集――図録と解説――』、武蔵野書院）
一九七七・三　高橋宏幸「マグル」考――「卒死」の訓読――（語学文学15）
一九七七・五　川瀬一馬 室町初期写　伊呂波字類抄　十巻本　解説（『伊呂波字類抄　十巻本　十冊』、雄松堂書店）
一九七七・五　川瀬一馬 一二　鎌倉初期写　伊呂波字類抄（原形本）（『古辞書概説』、雄松堂書店）
一九七七・五　川瀬一馬（略解説）（『色葉字類抄　一帖』、雄松堂書店）
一九七七・八　峰岸明 三巻本色葉字類抄解説（『色葉字類抄研究並びに総合索引　黒川本・影印篇』、風間書房）
一九七七・八　中田祝夫・峰岸明 索引篇（『色葉字類抄研究並びに総合索引　黒川本・影印篇』、風間書房）
一九七七・一一　佐藤喜代治 項目：色葉字類抄　伊呂波字類抄（『国語学研究事典』、明治書院）
一九七八・二　山田俊雄『日本語と辞書』（中央公論社）
一九七八・三　三宅ちぐさ 七巻本『世俗字類抄』にみられる出典注記（岡大国文論稿6）
一九七八・三　木村晟『伊呂波字類抄』三巻本から十巻本へ――本文篇（一）――（駒沢国文15）
一九七八・七　吉見孝夫 国語研究史各説　増補　八　辞書・索引作成の歴史
（佐伯梅友他編『増補　国語国文学研究史大成15　国語学』、三省堂）
一九七八・一二　大友信一 韻書の系譜（岡山大学法文学部学術紀要39文学）
一九七九・三　二戸麻砂彦 前田家本色葉字類抄音注攷（I）――同音字注の考察――
（国語研究42（国学院大学国語研究会））
一九七九・三　小林芳規『三巻本色葉字類抄登載語の研究――用例集稿・「イ」之部――』（私家版）
一九七九・三　村田正英 前田家本色葉字類抄における訓の並記について（鎌倉時代語研究2）
一九七九・三　木村晟『伊呂波字類抄』三巻本から十巻本へ――本文篇（二）――（駒沢国文16）

一九七九・九　松井栄一　項目：色葉字類抄（林巨樹・池上秋彦編『国語史辞典』、東京堂出版）
一九八〇・三　高松政雄　呉音声調史上の一齣――色葉字類抄の声点――（岐阜大学教育学部研究報告（人文科学）28）
一九八〇・三　村田正英　前田家本色葉字類抄掲出漢字に並記された別訓の機能（鎌倉時代語研究3）
一九八〇・九　峰岸明　項目：色葉字類抄（『国語学大辞典』、東京堂出版）
一九八〇・九　宇野つる子　項目：世俗字類抄（『国語学大辞典』、東京堂出版）
一九八〇・一〇　峰岸明『字鏡集』白河本の和訓に加えられた「正」注記の意義について（訓点語と訓点資料64）
一九八〇・一一　高松政雄　色葉字類抄の声点（訓点語と訓点資料65）
一九八一・三　中村宗彦『色葉字類抄』補訂試稿――文選出典訓を中心に――（大谷女子大国文11）
一九八一・三　河野敏宏［発表要旨］大東急記念文庫蔵十巻本『伊呂波字類抄』の成立に関する一考察――「植物」部「動物」部及び「諸社」部を中心として――（国語学124）
一九八一・三　三宅ちぐさ　二巻本「世俗字類抄」の所収語彙――二巻本及び三巻本「色葉字類抄」との比較から――（岡大国文論稿9）
一九八一・三　木村晟『伊呂波字類抄』三巻本から十巻本へ――本文篇（三）――（駒沢国文18）
一九八一・七　峰岸明　記録語文における漢字表記語の解読方法について――『自筆本御堂関白記』を例として――（『馬淵和夫博士退官記念国語学論集』、大修館書店）
一九八一・八　浅野敏彦　色葉字類抄「器量美人分」考（解釈27-8）
一九八二・二　木村晟『伊呂波字類抄』三巻本から十巻本へ――本文篇（四）――（駒沢国文19）
一九八二・三　三宅ちぐさ「いろは字類抄」における意義分類の変遷とゆれ（岡大国文論稿10）
一九八二・三　高松政雄　前田家本色葉字類抄の声点について（岐阜大学国語国文学15）
一九八二・三　山田俊雄　色葉字類抄畳字門の語の注「―詞」の意義（追加）（成城国文学論集14）
一九八二・五　村田正英　三巻本色葉字類抄における和名類聚抄和訓の受容（鎌倉時代語研究5）
一九八二・九　高松政雄『日本漢字音の研究』（風間書房）
一九八三・三　原卓志　色葉字類抄における掲出語の増補について――和名類聚抄との比較を通して――

一九八三・八　高松政雄 和用法の字音語――色葉字類抄畳字部より――（訓点語と訓点資料69）（国文学攷97）
一九八三・八　高松政雄 準漢語――字類抄畳字部中の「―詞」註記語より――（訓点語と訓点資料69）
一九八三・一〇　三宅ちぐさ 二巻本『世俗字類抄』仮名索引　―一―（東海学園国語国文24）
一九八三・一〇　峰岸明 項目：色葉字類抄（『日本古典文学大辞典　第一巻』、岩波書店）
一九八三・一二　中田祝夫・峰岸明他 項目：日本の古辞書（『古語大辞典』、小学館）
一九八四・三　三宅ちぐさ 二巻本『世俗字類抄』仮名索引　―二―（東海学園国語国文25）
一九八四・四　峰岸明 項目：世俗字類抄（『日本古典文学大辞典　第三巻』、岩波書店）
一九八四・四　太田晶二郎 尊経閣三巻本色葉字類抄解説（『尊経閣蔵三巻本色葉字類抄』、勉誠社）
一九八四・五　村田正英 色葉字類抄における和名類聚抄掲出語の受容――特に「人体」部について――（鎌倉時代語研究7）
一九八四・六　原卓志 色葉字類抄における和訓の増補とその表記形態（国文学攷102）
一九八四・九　佐佐木隆『類聚名義抄』『色葉字類抄』所引の『和名類聚抄』（国語と国文学61-9）
一九八四・九　峰岸明 字類抄の系譜（上）――人事・辞字両部所収語の検討を通して――（国語国文53-9）
一九八四・一〇　峰岸明 字類抄の系譜（中）――人事・辞字両部所収語の検討を通して――（国語国文53-10）
一九八四・一〇　三宅ちぐさ 二巻本『世俗字類抄』仮名索引　―三―（東海学園国語国文26）
一九八四・一一　峰岸明 字類抄の系譜（下）――人事・辞字両部所収語の検討を通して――（国語国文53-11）
一九八四・一一　相坂一成 色葉字類抄の一語彙群　語彙表のA（川口久雄編『古典の変容と新生』、明治書院）
一九八四・一二　原卓志 色葉字類抄における類書の受容（広島大学文学部紀要44）
一九八五・三　相坂一成「色葉字類抄の一語彙群」語彙表のB（金沢大学国語国文10）
一九八五・三　三宅ちぐさ 二巻本「世俗字類抄」仮名索引　―四―（東海学園国語国文27）
一九八五・五　原卓志 色葉字類抄に於ける別名の性格――古往来に於ける使用量と使用場面との分析を通して――（鎌倉時代語研究8）

一九八五・六　峰岸明　解題　世俗字類抄二巻本（『倭名類聚抄：京本　世俗字類抄：二巻本』、汲古書院）
一九八五・九　三宅ちぐさ　二巻本「世俗字類抄」仮名索引　―五―（東海学園国語国文28）
一九八六・二　古屋彰　塵芥の依拠した一資料（金沢大学文学部論集（文学科篇）6）
一九八六・二　峰岸明『平安時代古記録の国語学的研究』（東京大学出版会）
一九八六・三　二戸麻砂彦　前田家本色葉字類抄音注攷（Ⅱ）――反切音注の考察（上）――（山梨県立女子短期大学紀要19）
一九八六・三　三宅ちぐさ　二巻本「世俗字類抄」仮名索引　―六―（東海学園国語国文29）
一九八六・五　佐藤喜代治『色葉字類抄』続考略　第一（『国語論究　第1集』、明治書院）
一九八六・一一　土井洋一　学習院大学蔵　伊呂波字類抄　解題　索引（『伊呂波字類抄』、汲古書院）
一九八六・一二　峰岸明『三巻本色葉字類抄』人事・辞字両部所収漢字の性格について（上）（横浜国立大学人文紀要（語学・文学）33）
一九八六・一二　三宅ちぐさ　二巻本『世俗字類抄』の同義異表記語（東海学園国語国文30）
一九八七・二　古屋彰　いわゆる原形本色葉字類抄をめぐって（金沢大学文学部論集（文学科篇）7）
一九八七・二　河野敏宏　十巻本『伊呂波字類抄』の位置付け（訓点語と訓点資料76）
一九八七・三　二戸麻砂彦　前田家本色葉字類抄音注攷（Ⅱ）――反切音注の考察（下）――（山梨県立女子短期大学紀要20）
一九八七・四　川瀬一馬　室町初期写　伊呂波字類抄　十巻本　解説（『十巻本　伊呂波字類抄　合本五冊』、雄松堂出版）
一九八七・七　三宅ちぐさ「いろは字類抄」と『和名類聚抄』（東海学園女子短期大学紀要22）
一九八七・九　三宅ちぐさ　二巻本「世俗字類抄」仮名索引　―七―（東海学園国語国文32）
一九八七・一〇　峰岸明『三巻本色葉字類抄』人事・辞字両部所収漢字の性格について（中）（横浜国立大学人文紀要（語学・文学）34）
一九八七・一〇　峰岸明『三巻本色葉字類抄』人事・辞字両部所収漢字の性格について（下）（横浜国立大学人文紀要（語学・文学）34）

一九八七・一一　三保忠夫 色葉字類抄畳字門語彙についての試論――「闘乱部」語彙の場合――（国語語彙史の研究8）

一九八七・一二　三保忠夫 色葉字類抄畳字門語彙についての試論――「闘乱部」語彙の場合（続）――（島根大学教育学部紀要（人文・社会科学）21）

一九八八・一　大熊久子『十巻本伊呂波字類抄の研究』（鈴木真喜男）

一九八八・三　三宅ちぐさ 二巻本「世俗字類抄」仮名索引―八―（東海学園国語国文33）

一九八八・八　原卓志 三巻本色葉字類抄畳字部における「―名」注記について（鎌倉時代語研究11）

一九八八・一一　三宅ちぐさ 二巻本「世俗字類抄」仮名索引―九―（東海学園国語国文34）

一九八九・三　三宅ちぐさ 二巻本「世俗字類抄」仮名索引―十―（東海学園国語国文35）

一九八九・三　齋木一馬『古記録の研究　上』（吉川弘文館）

一九八九・九　佐藤喜代治『本朝文粋』の和訓――『色葉字類抄』との関連において――（文芸研究（東北大学）122）

一九八九・一一　三宅ちぐさ 二巻本「世俗字類抄」仮名索引―一一―（東海学園国語国文36）

一九九〇・三　三宅ちぐさ 二巻本「世俗字類抄」仮名索引―一二―（東海学園国語国文37）

一九九〇・六　佐藤喜代治『色葉字類抄』続考略第二（『国語論究　第2集』、明治書院）

一九九〇・一〇　三宅ちぐさ 二巻本「世俗字類抄」仮名索引―一三―（東海学園国語国文38）

一九九一・三　三宅ちぐさ 二巻本「世俗字類抄」仮名索引―一四―（東海学園国語国文39）

一九九一・八　三宅ちぐさ 掲出順位・俗注記等からみた二巻本『世俗字類抄』の同義異表記語（『大友信一博士還暦記念』辞書・外国資料による日本語研究』、和泉書院）

一九九一・一〇　佐藤喜代治『色葉字類抄』続考略第三（『国語論究　第3集』、明治書院）

一九九二・三　兪鳴蒙 色葉字類抄地儀用語の漢字作用――三巻本を中心に――（甲南女子大学大学院論叢14）

一九九二・八　太田晶二郎 尊経閣　三巻本　色葉字類抄　解説（『太田晶二郎著作集　第四冊』、吉川弘文館）

一九九二・一〇　川瀬一馬 色葉字類抄（節用文字）（『お茶の水図書館　新修成簣堂文庫善本書目』、石川文化事業財団　お茶の水図書館）

一九九三・二　三宅ちぐさ 七巻本『世俗字類抄』仮名索引（1）（就実論叢22）
一九九三・二　兪鳴蒙 色葉字類抄天象用語の漢字用法――仮用用法を中心に――（摂大学術（人文科学・社会科学編）11）
一九九三・六　高松政雄『日本漢字音論考』（風間書房）
一九九四・二　三宅ちぐさ 七巻本『世俗字類抄』仮名索引（2）（就実論叢23）
一九九四・二　兪鳴蒙 三巻本色葉字類抄の反切注と出典（その1）（摂大人文科学1）
一九九四・三　田島優 いろは（色葉・伊呂波）字類抄畳字門の重掲出語について（東海学園国語国文45）
一九九五・二　三宅ちぐさ 七巻本『世俗字類抄』仮名索引（3）（就実論叢24）
一九九五・三　高橋久子 真名本伊勢物語と三巻本色葉字類抄（学芸国語国文学27）
一九九五・三　佐藤喜代治『『色葉字類抄』（巻上）略注』（明治書院）
一九九五・四　佐藤喜代治『『色葉字類抄』（巻中）略注』（明治書院）
一九九五・五　江口泰生 第二節　鎌倉時代の辞書（西崎亨編『日本古辞書を学ぶ人のために』、世界思想社）
一九九五・五　乾善彦 項目：十三　色葉字類抄・伊呂波字類抄（西崎亨編『日本古辞書を学ぶ人のために』、世界思想社）
一九九五・六　梅崎光 色葉字類抄の声点小考（語文研究79）
一九九五・七　佐藤喜代治『『色葉字類抄』（巻下）略注』（明治書院）
一九九五・七　佐藤喜代治〈講演〉『色葉字類抄』を読む（新村出記念財団報9）
一九九五・八　藤田夏紀 前田本『色葉字類抄』と黒川本『色葉字類抄』の漢字字体の差異について――伊部の漢字――（鎌倉時代語研究18）
一九九六・二　三宅ちぐさ 七巻本『世俗字類抄』仮名索引（4）（就実論叢25）
一九九六・五　金子彰 項目：色葉字類抄・伊呂波字類抄　世俗字類抄　節用文字（沖森卓也他編『日本辞書辞典』、おうふう）
一九九七・二　三宅ちぐさ 七巻本『世俗字類抄』仮名索引5-1（就実論叢26）
一九九七・三　日下薫 七巻本世俗字類抄の注記について（東京女子大学日本文学87）

一九九七・九　小野正弘本のはなし　第十六回　色葉字類抄（新日本古典文学大系（月報））
一九九八・二　三宅ちぐさ七巻本『世俗字類抄』仮名索引5-2（就実論叢27）
一九九八・八　三宅ちぐさ索引篇　研究篇（『天理大学附属天理図書館蔵世俗字類抄影印並びに研究・索引』、翰林書房）
一九九八・一二　三宅ちぐさ二巻本『世俗字類抄』――天理本・東大本の異同とその関係――（就実語文19）
一九九九・一　峰岸明　尊経閣文庫所蔵『色葉字類抄』三巻本解説（『色葉字類抄　一　三巻本』、八木書店）
一九九九・二　三宅ちぐさ七巻本『世俗字類抄』仮名索引（6）（就実論叢28）
一九九九・三　河野敏宏〈書評〉大友信一監修三宅ちぐさ編著「天理大学附属天理図書館蔵世俗字類抄　影印ならびに研究・索引」（岡大国文論稿27）
一九九九・七　小川知子節用文字と字類抄諸本の系譜（国語国文研究112）
一九九九・一二　三宅ちぐさ「いろは字類抄」と『新撰字鏡』の関わり――重点・畳字（連字）の場合――（就実語文20）
二〇〇〇・一　峰岸明　尊経閣文庫所蔵『色葉字類抄』二巻本解説（『色葉字類抄　二　二巻本』、八木書店）
二〇〇〇・二　三宅ちぐさ七巻本『世俗字類抄』仮名索引（7）（就実論叢29）
二〇〇〇・二　高橋忠彦・高橋久子七巻本世俗字類抄の補綴資料（東京学芸大学紀要（人文科学）51）
二〇〇〇・五　佐藤喜代治和刻本『漢書』の和訓――『色葉字類抄』との関連において――（玉藻36）
二〇〇〇・七　吉井良隆伯家の神祇崇敬について――広・西両宮史の一考察――（神道史研究48-3）
二〇〇〇・九　高橋久子『色葉字類抄』の価値（日本語学228）
二〇〇〇・一一　佐藤喜代治和刻本『漢書』の和訓　続考――『色葉字類抄』との関連において――（『国語論究　第8集』、明治書院）
二〇〇〇・一二　山本秀人改編本類聚名義抄における増補された和訓の色葉字類抄との関係について（高知大国文31）
二〇〇〇・一二　辻星児「二中歴」「世俗字類抄」所引の朝鮮語数詞について（岡山大学言語学論叢8）
二〇〇一・二　三宅ちぐさ七巻本『世俗字類抄』仮名索引（8）（就実論叢30）
二〇〇一・三　二戸麻砂彦二巻本世俗字類抄反切音注考（山梨県立女子短期大学紀要34）

二〇〇一・三　三宅ちぐさ「いろは字類抄」と『新撰字鏡』の関わり――臨時雑要字の場合――（高野山大学国語国文23〜26）
二〇〇一・三　町田亙『色葉字類抄』重点部の語彙――字類抄系統諸本間の相違について――（立教大学日本語研究8）
二〇〇一・一一　二戸麻砂彦 字類抄諸本の改編と反切音注（国学院雑誌102-11）
二〇〇一・一二　町田亙『色葉字類抄』所収語に関する一試論――三巻本重点部の語彙を中心に――（立教大学日本文学87）
二〇〇二・二　三宅ちぐさ 七巻本『世俗字類抄』仮名索引（9）（就実論叢31）
二〇〇二・四　村井宏栄『色葉字類抄』重点門の項目化（名古屋大学日本語学研究室（過去・現在・未来））
二〇〇三・二　三宅ちぐさ 七巻本『世俗字類抄』仮名索引（10）（就実論叢32）
二〇〇三・三　小川知子［博士論文（北海道大学大学院文学研究科）］字類抄諸本の系統的関係（北海道大学）
二〇〇三・三　高橋久子 花山院本伊呂波字類抄の価値（国語語彙史の研究22）
二〇〇三・七　村井宏栄 三巻本『色葉字類抄』畳字門「同」注記の表示法（名古屋大学国語国文学92）
二〇〇四・二　三宅ちぐさ 七巻本『世俗字類抄』仮名索引（11）（就実論叢33）
二〇〇四・三　斎藤平 古辞書における「カケマクモ」について（皇学館大学神道研究所紀要20）
二〇〇五・二　三宅ちぐさ 七巻本『世俗字類抄』仮名索引（12）（就実論叢34）
二〇〇五・五　田島公「東人の荷前」（「東国の調」）と「科野屯倉」――十巻本『伊呂波字類抄』所引「善光寺古縁起」の再検討を通して――（吉村武彦編『律令制国家と古代社会』、塙書房）
二〇〇五・九　村井宏栄 三巻本色葉字類抄「同」注記類の表示法（訓点語と訓点資料115）
二〇〇五・一二　三宅ちぐさ 七巻本『世俗字類抄』に掲載された画人（就実語文26）
二〇〇六・一　高橋忠彦・高橋久子『日本の古辞書　序文・跋文を読む』（大修館書店）
二〇〇六・三　三宅ちぐさ 七巻本『世俗字類抄』仮名索引（13）（就実論叢35）
二〇〇六・三　佐々木勇 改編本『類聚名義抄』と三巻本『色葉字類抄』の漢音（訓点語と訓点資料116）
二〇〇六・一二　三宅ちぐさ 七巻本『世俗字類抄』に掲載された画人（補）（就実表現文化1）

二〇〇七・一　佐藤喜代治　項目：色葉字類抄・伊呂波字類抄（飛田良文他編『日本語学研究事典』、明治書院）
二〇〇七・三　三宅ちぐさ　七巻本『世俗字類抄』仮名索引（14）（就実論叢36）
二〇〇七・一〇　舩城俊太郎　白氏文集と色葉字類抄（人文科学研究（新潟大学）121）
二〇〇七・一二　萩原義雄『色葉字類抄』が典拠とした往来物――『東山往来』の語彙を中心に比較検証――（駒澤日本文化1）
二〇〇八・二　三宅ちぐさ　七巻本『世俗字類抄』仮名索引（15）（就実論叢37）
二〇〇八・三　二戸麻砂彦　二巻本色葉字類抄の同音字注（山梨国際研究3）
二〇〇八・三　藤本灯　三巻本『色葉字類抄』に収録された長畳字の性質について（1）（日本語学論集4）
二〇〇八・三　村越仁美　世俗字類抄の語彙について――植物部を中心に――（日本文学104）
二〇〇八・七　田島公　古代史料として分析した「長谷寺観音造立縁起」――未翻刻史料の紹介と神亀六年三月太政官符の検討を中心に――（浅見和彦編『『古事談』を読み解く』、笠間書院）
二〇〇八・一〇　沖森卓也　項目：色葉字類抄（沖森卓也編『図説日本の辞書』、おうふう）
二〇〇九・二　三宅ちぐさ　七巻本『世俗字類抄』仮名索引（16）（就実論叢38）
二〇〇九・三　藤本灯　三巻本『色葉字類抄』に収録された長畳字の性質について（2）（日本語学論集5）
二〇〇九・三　二戸麻砂彦　二巻本世俗字類抄の音注「如音」（山梨国際研究4）
二〇〇九・五　高橋久子　弘治二年本節用集の編纂資料　其二――図書寮零本欠落部分の検討　其一――（日本語と辞書14）
二〇〇九・五　高橋久子　項目：色葉字類抄（前田富祺・阿辻哲次編『漢字キーワード事典』、朝倉書店）
二〇〇九・九　舩城俊太郎　三巻本色葉字類抄に見いだされる唐時代の白話語の熟語――白氏文集からのそれを中心にして――（人文科学研究（新潟大学）125）
二〇一〇・一　三宅ちぐさ　七巻本『世俗字類抄』に増補された「国郡」門の語彙（就実表現文化4）
二〇一〇・二　三宅ちぐさ　七巻本『世俗字類抄』仮名索引（17・了）（就実論叢39）
二〇一〇・三　二戸麻砂彦　鎌倉初期書写色葉字類抄の音注（山梨国際研究5）

二〇一〇・三　藤本灯 三巻本『色葉字類抄』畳字部の性格――訓読の語について――（日本語学論集6）

二〇一〇・三　藤本灯 三巻本『色葉字類抄』畳字部に収録された訓読の語の性質（訓点語と訓点資料124）

二〇一〇・五　高橋忠彦・高橋久子「おきのる」の漢字表記について（日本語と辞書15）

二〇一〇・一二　萩原義雄『作庭記』の語彙について――古辞書三巻本『色葉字類抄』所載語を対象に――（駒澤日本文化4）

二〇一一・二　舩城俊太郎『院政時代文章様式史論考』（勉誠出版）

二〇一一・三　二戸麻砂彦 節用文字の反切（山梨国際研究6）

二〇一一・三　西崎亨 白キ狗ノ行ト哭ク――『色葉字類抄』重点部と漢語オノマトペの一斑――（国語語彙史の研究30）

二〇一一・三　藤本灯 三巻本『色葉字類抄』重点部の研究（日本語学論集7）

二〇一二・一　村井宏栄 三巻本『色葉字類抄』における「作」注記について（日本語の研究8－4）

二〇一二・三　二戸麻砂彦 節用文字の仮名反切（山梨国際研究7）

二〇一二・三　藤本灯 先行国書と三巻本『色葉字類抄』の関係――『和名類聚抄』を中心として――（日本語学論集8）

二〇一二・五　高橋忠彦・高橋久子 古辞書の陥穽　其二「すはやり」と「すばしり」（日本語と辞書17）

二〇一三・二　藤本灯 三巻本『色葉字類抄』と『和名類聚抄』の関係――『式』注記を通して――（国語と国文学90－2）

二〇一三・三　藤本灯 三巻本『色葉字類抄』仏法部の研究――用例を中心に――（日本語学論集9）

二〇一三・三　藤本灯 字音から見た三巻本『色葉字類抄』「仏法部」の性質（訓点語と訓点資料130）

二〇一三・五　吉田金彦『古辞書と国語』（臨川書店）

二〇一三・五　高橋忠彦・高橋久子 字類抄畳字部所収語彙の位相と諸本の系統（日本語と辞書18）

二〇一三・六　二戸麻砂彦 節用文字の同音字注（国学院雑誌114－6）

二〇一三・九　藤本灯［博士論文（東京大学大学院人文社会系研究科）］『色葉字類抄』の研究（東京大学）

二〇一四・三　二戸麻砂彦 節用文字の仮名音注（山梨国際研究9）
二〇一四・三　藤本灯 三巻本『色葉字類抄』名字部の研究（日本語学論集10）
二〇一四・六　小林雄一『名語記』と『色葉字類抄』（国語国文83-6）
二〇一四・一〇　滋野雅民『今昔物語集』の語彙と表記――『類聚名義抄』と『色葉字類抄』に関連して――（説話12）
二〇一四・一一　二戸麻砂彦 項目：色葉字類抄（佐藤武義・前田富祺編『日本語大事典』、朝倉書店）
二〇一四・一一　高橋久子 項目：伊呂波字類抄（佐藤武義・前田富祺編『日本語大事典』、朝倉書店）
二〇一四・一一　三宅ちぐさ 項目：世俗字類抄（佐藤武義・前田富祺編『日本語大事典』、朝倉書店）
二〇一四・一二　今野真二『辞書をよむ』（平凡社）
二〇一五・二　山本真吾 中古の辞書――色葉字類抄――（悠久139（特集：古辞書））
二〇一五・二　月本雅幸 伊呂波字類抄　解題
（『大東急記念文庫善本叢刊　中古中世篇　別巻二　伊呂波字類抄　第五巻』、汲古書院）
二〇一五・三　藤本灯「いろは字類抄」伝本研究――調査報告を中心として――（訓点語と訓点資料134）
二〇一五・三　藤本灯 三巻本『色葉字類抄』人事部・辞字部の性質（日本語学論集11）
二〇一五・四　小林雄一『名語記』と『色葉字類抄』続考（国語国文84-4）
二〇一五・一〇　二戸麻砂彦『節用文字の音注研究』（汲古書院）

# 構成論文初出一覧

※第二～六章の書き下ろし部分については省略した。

第一章
書き下ろし

第二章
修士論文「色葉字類抄の研究――所収語彙の当時における使用状況を中心に――」（二〇〇六年一二月提出）に加筆修正

第三章
第一節　第二～四項
「三巻本『色葉字類抄』畳字部に収録された訓読の語の性質」
（訓点語学会　第九九回研究発表会、二〇〇八年一〇月一二日）
→「三巻本『色葉字類抄』畳字部の性格――訓読の語について――」（日本語学論集6、二〇一〇年三月）

第一節　第五・六項

「三巻本『色葉字類抄』畳字部に収録された訓読の語の性質」

（訓点語学会　第九九回研究発表会、二〇〇八年一〇月一二日）

→「三巻本『色葉字類抄』畳字部に収録された訓読の語の性質」（訓点語と訓点資料124、二〇一〇年三月）

第二節

「三巻本『色葉字類抄』に収録された長畳字の性質について（1）」（日本語学論集4、二〇〇八年三月）

「三巻本『色葉字類抄』に収録された長畳字の性質について（2）」（日本語学論集5、二〇〇九年三月）

# 第四章

第一節　第一項

「先行国書と『色葉字類抄』収録語彙との関係について」

（訓点語学会　第一〇五回研究発表会、二〇一一年一〇月一六日）

→「先行国書と三巻本『色葉字類抄』の関係——『和名類聚抄』を中心として——」

（日本語学論集8、二〇一二年三月）

第一節　第二項

「先行国書と『色葉字類抄』収録語彙との関係について」

（訓点語学会　第一〇五回研究発表会、二〇一一年一〇月一六日）

↓「三巻本『色葉字類抄』と『和名類聚抄』の関係――『式』注記を通して――」
（国語と国文学90―2、二〇一三年二月）

第一節　第三項

「三巻本『色葉字類抄』重点部語彙の研究」（日本語学会　二〇一〇年度春季大会口頭発表、二〇一〇年五月三〇日）

↓「三巻本『色葉字類抄』重点部の研究」（日本語学論集7、二〇一一年三月）

第一節　第四項

「三巻本『色葉字類抄』に収録された人名について――「名字部」を中心に――」
（訓点語学会　第一〇三回研究発表会、二〇一〇年一〇月一七日）

↓「三巻本『色葉字類抄』名字部の研究」（日本語学論集10、二〇一四年三月）

## 第五章

第二節

『色葉字類抄』「仏法部」の研究」（訓点語学会　第一〇七回研究発表会、二〇一二年一〇月二一日）

↓「字音から見た三巻本『色葉字類抄』「仏法部」の性質」（訓点語と訓点資料130、二〇一三年三月）

第三節

『色葉字類抄』「仏法部」の研究」（訓点語学会　第一〇七回研究発表会、二〇一二年一〇月二一日）

↓「三巻本『色葉字類抄』仏法部の研究――用例を中心に――」（日本語学論集9、二〇一三年三月）

第六章

第一〜五節

「いろは字類抄伝本研究――調査報告を中心に――」（訓点語学会　第一〇九回研究発表会、二〇一三年一〇月二〇日）

↓「「いろは字類抄」伝本研究――調査報告を中心として――」（訓点語と訓点資料134、二〇一五年三月）

終　章

書き下ろし

# 後記

『色葉字類抄』の研究を開始したのは修士課程に入った頃である。まさか一〇年後に、このようにある程度まとまったものを刊行することになるとは夢想だにしなかった。著者の研究の経緯などは本書を眺めていただければ何となく察していただけることであろうから（初出論文の年を追って頁を捲っていただければ、各時期に苦しんだ軌跡が垣間見えるかもしれない）、本書を刊行するまでに賜った数々の学恩ならびにお世話になった方々への感謝を申し上げて後記としたい。

まず学部以来の指導教官の月本雅幸先生には、著者が研究室を離れた後も、こうして御序言をお寄せいただいた。「深謝」の一言であるが、付け加えれば、先生の学部の演習で『類聚名義抄』や『色葉字類抄』を使用したことが著者と古辞書との出会いであったことを考えれば、その後の御指導について述べるまでもなく、先生は本書の生みの親ならぬ、祖父のような存在である。

また月本先生には、故峰岸明先生にお引き合わせいただいた御恩がある。峰岸先生にお会いしたのは二〇〇六年三月二五日、東京大学出版会においてであった。直接お話したのは十数分のことであったが、「重要な研究なので是非続けて下さい」とにこやかに仰っていただいたことは、昨日のように思い出される。実際に、当時著者の思い付くようなアイディアの大抵は、峰岸先生をはじめとする先人の緻密な調査により既に解明されていることが多く、落胆することも多かったが、その後、先生がお身体の具合をお悪くされた後も、抜き刷りをお送りすると、お電話やお手紙で激励いただき、そのことを励みに研究を続けられた面が大きい。先生の生前に本書をお見せできなかったことは悔やまれるが、本書があるのはあの日の峰岸先生のお言葉あってのことである。抜き刷りの代読やお返事の代筆をいただいた奥様にも、この場を借りて、厚く御礼申し上げるとともに、峰岸明先生の御冥福を改めてお祈り申し上げる。

さて、『色葉字類抄』の研究を始めて間もない頃から、継続的に御助言を賜ってきた萩原義雄先生、山田健三先生、山本真吾先生、宮澤俊雅先生（五十音順かついろは順である）には、また殊に感謝の意を表したい。先生方には、学会発表以外の場においても、多くの御指導を賜った。またその後、多くの学界の先生方に御指導いただくこととなり、いま全員のお名前を挙げられないことは誠に心苦しいが、当初は研究者の卵であった著者が、今では雛くらいまで成長できた（と思う）のも、諸先生のお蔭であることは疑いない。今後も学恩に報いられるよう精進したい。

東京大学国語研究室の先生方、先輩、同輩、後輩には、これまで直接、間接に多大の恩恵を受けてきた。学部や大学院の演習でお世話になった鈴木泰先生、副指導教官の肥爪周二先生（本書でも特に第五章第二節につき懇切に御指導を賜った）、公私共に多くの励ましをいただいた岡部嘉幸氏、最も近い先輩として後輩に道を示して下さった石山裕慈氏には特に御礼を申し上げたい。また、本書の元となった博士論文提出のまさに前日・当日に田中草大、南雲千香子、小野響太各氏の助力を得たことも忘れられない。

原稿全体の見直し、また巻末索引作成の提案から実際の語の抽出、最終チェックまで引き受けてくれた田中草大君、索引作成や写本撮影の補助に尽力してくれた北﨑勇帆君にはまた特に謝意を表したい。二人と訪ねた富山の山田孝雄文庫での調査の成果が近く世に出ることを心待ちにしている。

また「いろは字類抄」写本の閲覧や撮影、画像掲載などを御許可下さった各機関の皆様には、長期間にわたり大変お世話になった。安部清哉先生、徳永良次先生、名和修先生、村木敬子氏には閲覧に際し特に御配慮をいただき、大槻信先生、高橋宏幸先生には写本の所在につき御教示を賜った。記して感謝申し上げる。

勉誠出版の吉田祐輔氏、荒井克利氏、青木紀子氏、また直接にお会いすることはなかったが本書の刊行までに御尽力いただいた出版社、印刷所の方々には、お詫びと感謝を申し上げたい。特に吉田氏には著者のルーズな時間管理を律して刊行までお導きいただいた。また本書の刊行に際して、著者の現在の勤め先である国立国語研究所の高田智和氏にも多くのご配慮を賜った。諸氏には心より御礼申し上げる。

最後に、これまで著者の研究を見守ってくださった全ての方に、感謝を申し上げます。

二〇一六年正月　　立川にて　　藤本　灯

附記　本研究は、平成二六～二七年度科学研究費補助金（研究種目：研究活動スタート支援、研究課題番号：26884013、研究題目：「色葉字類抄」を中心とする国語辞書史研究）の助成を受けて行った研究成果の一部である。
また本書の刊行に際しては、平成二七年度科学研究費補助金（研究成果公開促進費：学術図書）の助成を受けた。

# 索　引

## 書名索引

※第一章～終章で言及した近世までの書物を対象としたが､次のものについては除いた。
- 「いろは字類抄」系の諸本名（『世俗字類抄』等)。
- 引用文中の書名。
- 章題に含まれる書名。
- 表等が複数頁にわたる場合、冒頭部分また書名が再掲される以外の部分。
- 字類抄に一度しか出ない出典名（p366「月令」～ p367「本草」)。
- p370 表内の書名。

※文書類は「文書」の下位項目としてまとめた。

### 【ア行】

【サ行】

【タ行】

【マ行】

【ヤ行】



【ラ行】



【ワ行】

# 人名索引

※第一章～終章で言及した古代以降の人物を対象としたが、次のものについては除いた。
・調査資料の底本の編著者名。
・第六章第四節表内、第六章付節内の人名。

【ヤ行】



【ワ行】

# 第六章　「いろは字類抄」所蔵機関索引

【ナ行】



【ハ行】



【マ行】



【ヤ行】



【ラ行】



【ワ行】

著者略歴

**藤本　灯**（ふじもと・あかり）

三重県津市出身。博士（文学）。

平成17年　東京大学文学部言語文化学科日本語日本文学（国語学）専修課程 卒業

平成19年　同大学院人文社会系研究科日本文化研究専攻日本語日本文学専門分野 修士課程 修了

平成23年　同 博士課程 単位取得退学

平成23-26年　日本学術振興会特別研究員(PD)

平成26-27年　東京大学大学院人文社会系研究科 研究員

現在　国立国語研究所 特任助教

# 『色《いろ》葉《は》字《じ》類《るい》抄《しょう》』の研《けん》究《きゅう》

（平成二十七年度日本学術振興会科学研究費補助金「研究成果公開促進費」助成出版）

著者　藤本　灯

発行者　池嶋洋次

発行所　勉誠出版㈱

〒101-0051 東京都千代田区神田神保町三－一〇－二

電話　〇三－五二一五－九〇二一㈹

二〇一六年二月二十六日　初版発行

印刷　太平印刷社

製本　若林製本工場



ISBN978-4-585-28023-1　C3081

公益財団法人東洋文庫［監修］ 石塚晴通・小助川貞次・豊島正之・會谷佳光［解題］

# 東洋文庫善本叢書 全十二巻

## 世界に誇る白眉の書物を原寸原色で初公開！

1 国宝 史記 夏本紀 秦本紀　菊四裁枡形判・二二二頁・本体二五、〇〇〇円（＋税）

2 重要文化財 ドチリーナ・キリシタン 天草版　四六判・二六〇頁・本体一四、〇〇〇円（＋税）

3 重要文化財 楽善録 宋版・円爾旧蔵　A4判・四〇〇頁・本体七〇、〇〇〇円（＋税）

4 サクラメンタ提要 長崎版　四六倍判・四六六頁・本体五七、〇〇〇円（＋税）

5 国宝 毛詩　重要文化財 礼記正義 巻第五残巻　菊四裁枡形判・二二〇頁・本体二六、〇〇〇円（＋税）

6 梵語千字文　胎蔵界真言　菊四裁枡形判・八六頁・本体二五、〇〇〇円（＋税）

7 国宝 古文尚書 巻第三・巻第五・巻第十二　重要文化財 古文尚書 巻第六　菊四裁枡形判・二六八頁・本体四〇、〇〇〇円（＋税）

8 聖教精華 FLOSCVLI　四六倍判・四二四頁・本体五二、〇〇〇円（＋税）

9 国宝 春秋経伝集解 巻第十　重要文化財 論語集解 文永五年写 巻第八　菊四裁枡形判・二二二頁・本体二九、〇〇〇円（＋税）

10 天正十八年本 節用集　A4判・二二六頁・本体二八、〇〇〇円（＋税）

11 重要文化財 論語集解 正和四年写　菊四裁枡形判・三七八頁・本体九八、〇〇〇円（＋税）

12 国宝 文選集注 巻第四十八・第五十九・第六十八・第八十八・第百十三　菊四裁枡形判・四四四頁・本体九八、〇〇〇円（＋税）

全十二巻セット（分売可）・本体五七二、〇〇〇円（＋税）

## 日本古典漢語語彙集成

平安時代より多くの教養人が目を通した、漢文および仮名文学の代表的にみえる漢語を精査・抽出。漢字・漢語研究ならびに国語・国文学研究に必備の基礎資料。

柏谷嘉弘・靏岡昭夫 編・本体七五〇〇〇円（+税）

---

西來寺蔵
## 仮名書き法華経
対照索引並びに研究

西來寺本と妙一記念館本の語彙及び語註記における記述内容を対比して表記。国語辞書への収録状況を分析し、語の種類や性格を詳細に分析した論考も収録。

萩原義雄 編・本体三三〇〇〇円（+税）

---

キリシタン版
## 日葡辞書 カラー影印版

室町期における日本語の、口語・文書語・歌語・仏教語・女房詞・方言・卑語などを豊富な用例・用法で示した対訳辞書『日葡辞書』。原寸・原色で影印。

オックスフォード大学ボードレイアン図書館 所蔵・本体一〇〇〇〇〇円（+税）

---

## 院政時代文章様式史論考

語彙・語法に焦点をあて、漢字仮名まじり文の成立および変体漢文の特殊性、さらには『色葉字類抄』の辞書としての性格を論じる。

舩城俊太郎 著・本体一五七〇〇円（+税）

改訂新版 研究並びに索引

## 文明本節用集

室町中期書写、最古の節用集の一つ。朱・墨によって漢音と呉音を区別。濁点・不濁点も詳細で、漢文章句には細密な和訓附記がある。全文再撮影の上影印篇に収録。

中田祝夫 著・本体四一〇〇〇円（＋税）

改訂新版 研究並びに総合索引

## 古本節用集六種

室町期に書写された節用集、六種を影印。収録全巻の語句検索ができる総合索引を付す。影印箇所の視認性を向上させた。日本文化研究の必携資料、待望の復刊。

中田祝夫 著・本体四三〇〇〇円（＋税）

## 古写本和名類聚抄集成

各古写本の書誌、他本との比較検討を通じて、十巻本・二十巻本成立の経緯、および源順著の原本の様相に示唆を与える。国語アクセント史究明に重要な資料を提供する。

馬渕和夫 著・本体六五〇〇〇円（＋税）

改訂新版 研究並びに索引

## 書言字考節用集

二万数千項の語を掲載する大冊の辞書、『書言字考節用集』。図版の鮮明化、索引の改善、新資料や自筆稿本の研究成果を取り入れた解説など、新版を提供。

中田祝夫・小林祥次郎 著・本体三〇〇〇〇円（＋税）

## 図書寮本類聚名義抄

院政時代古写本。記紀のほか、源為憲口遊・藤原公任卿音義などの国書・漢籍・仏典の引用約一三〇種。観智院本などの略本の形式以前の名義抄の原撰本の姿を遺す。

築島裕 解説／橋本不美男・宮澤俊雅・酒井憲二 索引・本体二〇〇〇〇円（＋税）

## 仮名遣及仮名字体沿革史料

国語音韻の変遷と仮名遣の変遷する状態、片仮名が仏典漢籍の訓点記入のために発生発達した状態を、平安初期より室町末期に至る訓点本資料によりて実証図表化。

大矢透 著
中田祝夫・峰岸明 解説索引・本体一八〇〇〇円（＋税）

## 谷川士清自筆本『倭訓栞』影印・研究・索引

『俚言集覧』、『言海』、『大日本国語辞典』など後世に多大な影響を与えた『倭訓栞』。谷川士清自筆本は、その原点を明らめることのできる極めて貴重な資料。

三澤薫生 編著・本体二八〇〇〇円（＋税）

## B・H・チェンバレン『文字のしるべ』影印・研究

従来の先行研究と資料そのものの調査・分析により、日本語教育書としての価値を再認識し、多数残存する当時の使用形跡から実用度の高さを証明した。

岡墻裕剛 編著・本体二八〇〇〇円（＋税）

京都国立博物館所蔵
## 国宝 岩崎本日本書紀

朱書の仮名・乎古止点・声点（平安時代中期）、墨書の仮名・乎古止点（平安時代後期）という極めて古い時期の書入れを有する貴重資料。全編原寸・原色で影印。

京都国立博物館 編・本体三五〇〇〇円（＋税）

京都国立博物館所蔵
## 国宝 吉田本日本書紀

卜占を家業とし、諸国の神社に仕えた卜部家に伝来した兼方自筆の古写本。朱訓点、欄外の細字注記、裏書にいたるまでフルカラー・原寸で影印。解題を附す。

京都国立博物館 編・本体一〇〇〇〇〇円（＋税）

京都国立博物館所蔵
## 国宝 浄名玄論

六朝時代の趣をたたえた筆致で書写され、また、各所に平安時代初期と推定される白点が施される。訓点資料として国語学上重要な資料。原寸・原色で影印。

京都国立博物館 編・本体一〇〇〇〇〇円（＋税）

## 国宝 西大寺本 金光明最勝王経
天平宝字六年百済豊虫願経

天平写経の最優品を影印、原寸・原色で白点・朱点を完全再現。日本史・国語史・仏教史・文化史等に関する絶大な資料的価値を有する本経巻の全編公開。

総本山西大寺 編・本体一〇〇〇〇〇円（＋税）